CONFÉDÉRATION GÉNÉRALE du TRAVAIL
- XIVe CONGRÈS CONFÉDÉRAL -

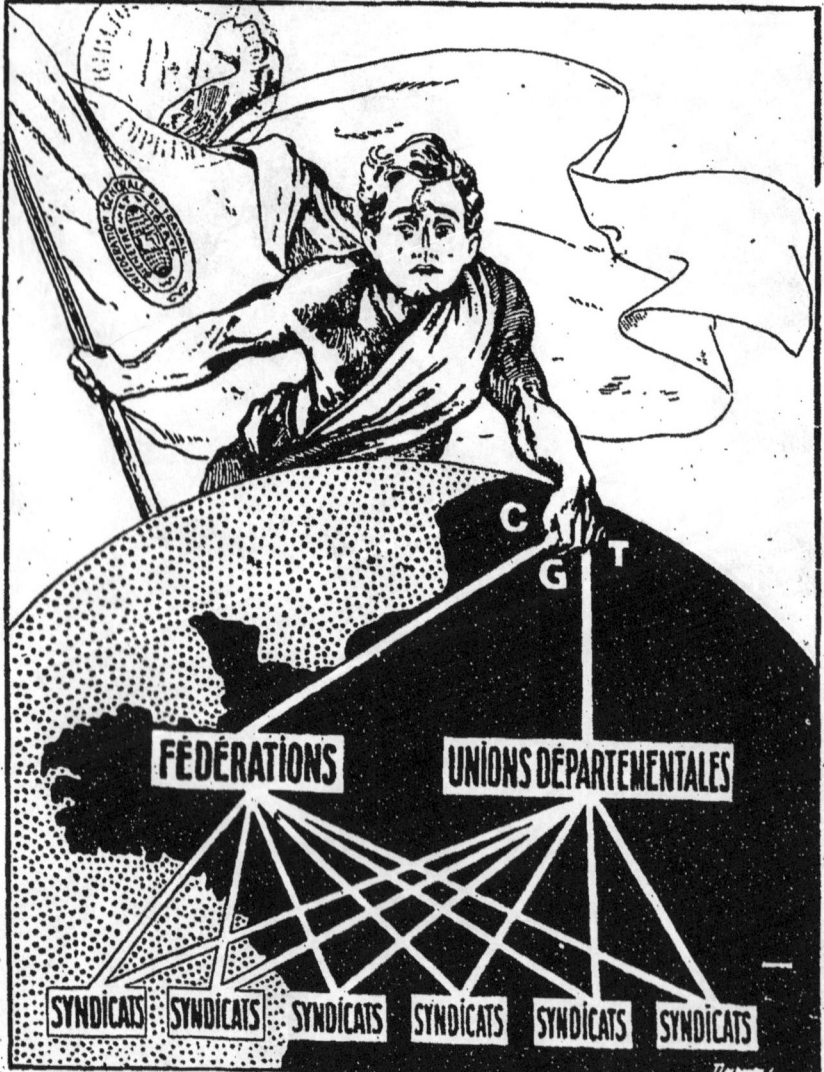

C
G T

FÉDÉRATIONS   UNIONS DÉPARTEMENTALES

SYNDICATS   SYNDICATS   SYNDICATS   SYNDICATS   SYNDICATS   SYNDICATS

LYON - 15 au 21 SEPTEMBRE 1919

Confédération Générale du Travail

XXᵉ CONGRÈS NATIONAL CORPORATIF

(XIVᵉ de la C. G. T.)

Tenu à LYON du 15 au 21 Septembre 1919

COMPTE-RENDU DES TRAVAUX

VILLENEUVE-SAINT-GEORGES
Imprimerie L'UNION TYPOGRAPHIQUE,
26, Rue Hermand-Dalx

PREMIÈRE PARTIE

Les Rapports confédéraux

DEUXIÈME PARTIE

Compte rendu sténographique du Congrès

RAPPORTS

Moral et Financier

DES

COMITÉS CONFÉDÉRAUX et des COMMISSIONS

pour l'Exercice 1918-1919

PRÉSENTÉS AU

XIXᵉ CONGRÈS CORPORATIF

— *14ᵉ de la C. G. T.* —

Tenu à LYON du 15 au 21 Septembre 1919

Aux Organisations Confédérées

Les rapports que nous vous présentons se ressentent forcément de l'époque troublée et difficultueuse que nous avons traversée. Pour diverses raisons, ce travail n'a pas pu être conçu dans des conditions normales de repos qui conviennent à la réflexion nécessaire. Il nous a fallu faire vite au milieu des difficultés de la bataille sociale que nous avons engagée.

C'est ainsi que nous vous présentons un résumé de la vie confédérale dont l'amplitude va du Congrès National de juillet 1918 jusqu'à fin juillet 1919.

Notre désir était de réunir toute la documentation rappelant la vie du Comité Confédéral durant les quatre années de guerre. Ce désir, nous le réaliserons immédiatement après le Congrès de Lyon, et par le moyen d'une forte brochure nous mettrons les organisations en possession de cette documentation.

En même temps que la brochure compte rendu de la Conférence de Clermont-Ferrand, les Syndicats confédérés trouveront dans les présents rapports tout ce qui a trait aux modifications administratives apportées aux rouages de la C. G. T.; les tournées de propagande, les interventions diverses auprès des pouvoirs publics, les relations avec l'Alsace-Lorraine et l'Internationale syndicale, le 1er Mai, la journée de huit heures, etc.

Les grèves feront, ici, l'objet d'un chapitre tout spécial. C'est leur examen, les conditions dans lesquelles elles se sont déroulées, les revendications qui les ont motivées, les résultats qu'elles ont apportés qui placeront l'action de la C. G. T. devant elles.

Quelques-unes d'entre elles, notamment celles de la région parisienne, ont donné lieu à de nombreuses critiques dirigées contre la C. G. T.

La Confédération Générale a été rien moins qu'accusée d'avoir négligé l'heure de la révolution sociale. Il est apparu dans l'esprit de ceux qui ont formulé les critiques — qui ont pris souvent l'allure d'attaques virulentes et de calomnies infâmes — que les militants de la C. G. T. étaient coupables de trahison envers la classe ouvrière.

Notre chapitre sur les grèves fournit là-dessus des explications et, par

RAPPORTS MORAL ET FINANCIER

DES

Comités Confédéraux et des Commissions

pour l'Exercice 1918-1919

PRÉSENTÉS AU

XXe CONGRÈS CORPORATIF

(14e de la C. G. T.)

Tenu à LYON du 15 au 21 Septembre 1919

*voie de conséquences, il pose devant le Congrès la question de la Révo-
lution elle-même. Il place le Congrès dans ces alternatives : Révolution
ou émeute ; transformation sociale ou secousses insurrectionnelles ; prise
de possession des moyens de production ou assauts successifs pour s'emparer des rouages politiques de l'Etat bourgeois ; réalisation du programme économique de la C. G. T. ou déviation politicienne.*

*Nos rapports disent comment et pourquoi fut constitué le Cartel inter-
fédéral et quelle fut son action. Ils apportent des renseignements sur la
marche progressive du recrutement syndical et sur l'emploi et l'état des
finances confédérales.*

*C'est sur le contenu de ces rapports, leur caractère et leur signification
que le Congrès est tout d'abord appelé à se prononcer. Après les avoir
étudiés, les organisations syndicales confédérées, pénétrées plus que
jamais de la nécessité de la discipline qui fait la force de notre mouvement ouvrier, convaincues que la C. G. T., malgré les traquenards et les
difficultés inouïes qu'elle a traversés a rempli sa tâche, approuveront
ces rapports sans réserve.*

I

TRANSFORMATION
DE L'ADMINISTRATION CONFÉDÉRALE

Dans sa séance du 17 juillet 1918, le XIX° Congrès National corporatif avait adopté, après un bref, exposé de son auteur, un rapport verbal établi par le camarade Lapierre d'accord avec les délégués des Unions Départementales-qui s'étaient réunis au nombre d'une quarantaine, avant l'ouverture du Congrès, pour examiner diverses questions ayant trait au fonctionnement du Comité Confédéral et de la Section des Unions Départementales.

Le rapport ne tendait à rien de moins qu'à modifier de façon totale la représentation des U. D. et des Fédérations Nationales au Comité Confédéral, à constituer celui-ci sur la base de la représentation directe des grandes organisations nationales ou régionales. Le camarade Lapierre remarquait que le principal obstacle à cette transformation serait le coût des déplacements des délégués de province, mais il annonçait que les Unions Départementales étaient prêtes à payer les timbres confédéraux au même prix que les Fédérations, et que, par suite, la question pouvait sans difficulté être mise à l'étude. Il ne demandait d'ailleurs au Congrès qu'un avis favorable à cette transformation, déclarant que le Comité Confédéral continuerait à fonctionner comme par le passé jusqu'à ce qu'une Commission de dix membres (5 pour les Fédérations, 5 pour les U. D.) ait étudié la question et convoqué, au plus tard en décembre, un Comité Confédéral.

En même temps, Lapierre proposait un remaniement du Bureau confédéral, demandant que celui-ci soit dorénavant composé d'un secrétaire général, de deux secrétaires de sections (Fédérations et Unions) et d'un secrétaire adjoint nommé par le Comité Confédéral National constitué selon les propositions précédentes.

Il s'agissait donc, précisait le camarade Lapierre, d'apporter de sensibles modifications aux statuts sans attendre le Congrès National suivant, la Commission à nommer ayant tout pouvoir pour décider les transformations et convoquer le Comité National constitué sur la nouvelle base indiquée.

Le rapport fut adopté sans discussion par le Congrès.

Au Comité Confédéral

Ces propositions furent soumises au Comité Confédéral, réuni, le 1ᵉʳ août 1918, sous la forme suivante :

1° Transformation du Comité Confédéral en un Comité Confédéral National se réunissant trimestriellement et étant composé de délégués directs des Fédérations Nationales d'Industrie et des Unions de Syndicats ;

2° Modification de la composition du Bureau Confédéral comme suit : Un Secrétaire Général nommé par les deux sections réunies, deux Secrétaires de section et deux Adjoints nommés par leur section respective, deux Trésoriers nommés par le Conseil National ;

3° Désignation d'une Commission Administrative de douze membres, choisis par moitié par chacune des sections ;

4° Principe de l'augmentation de la cotisation confédérale par les Unions Départementales ;

5° Désignation d'une Commission de douze membres, par les Unions et les Fédérations, pour pouvoir'préparer les modifications aux Statuts Confédéraux dont.le principe est admis par le Congrès ; de convoquer avant décembre 1919, le premier Conseil National et lui présenter un rapport. sur ces diverses questions.

Outre le camarade Lapierre, rapporteur,'les délégués des U. D. avaient désigné comme membres de cette Commission les camarades Chereau (Ille-et-Vilaine), Constant (Loiret), Dubois (Seine-Inférieure), Becirard (Rhône), Rougerie (Haute-Vienne), Saint-Venant (Nord).

Dans la séance du Comité Confédéral, les camarades Jouhaux et Bled firent remarquer que l'augmentation des timbres des Unions ne suffirait pas à couvrir les dépenses occasionnées par les délégations des militants de province à un Comité se réunissant tous les trois mois au moins. Lapierre répondit que cette difficulté financière ne pouvait arrêter la volonté bien déterminée des U. D. d'avoir des représentants directs, choisis par elles dans leur sein.

Après la discussion qui s'engagea et à laquelle prirent part, en outre, les camarades Labe, Rambaud, Barthe, Bourderon, Rivelli, Merrheim, Abriol, Tendero, furent nommés délégués des Fédérations à la Commission proposée, les camarades Lenoir (Métaux), Mammale (Livre), Bidegaray (Chemins de fer), Chanvin (Bâtiment), Bartuel (Sous-Sol), Savoie (Alimentation), Rivelli (Inscrits maritimes). Bled (Seine) fut adjoint aux délégués déjà nommés par les Unions.

A la Commission des Statuts

Ainsi portée à quatorze membres la Commission se réunit le dimanche 13 octobre pour examiner, de concert avec Jouhaux et Calveyrach, le rapport dont était encore chargé Lapierre (1).

Les propositions faites par ce dernier furent adoptées dans leur ensemble après un important échange de vues. La transformation du Comité National Confédéral, basée sur la représentation directe des Fédérations et des Unions Départementales fut adoptée, de même que

(1) Ce rapport a été édité en brochure.

l'organisation nouvelle du Bureau confédéral et de la Commission administrative.

Le principe de l'augmentation de la cotisation confédérale fut admis et son chiffre porté uniformément à 20 francs par mille membres pour les Unions et les Fédérations et à 20 centimes par membre et par mois pour les Syndicats isolés.

Il fut décidé que le nouveau Comité National se réunirait régulièrement trois fois par an. Les modifications aux statuts de la C. G. T., nécessaires pour les mettre en harmonie avec les modifications introduites dans l'administration de l'organisme central, furent adoptées (1).

Enfin, la Commission décida la forme nouvelle dans laquelle devait reparaître, en janvier 1919, la *Voix du Peuple*.

Les conclusions auxquelles s'était arrêtée la Commission furent soumises à la réunion du Comité Confédéral qui suivit immédiatement, le 19 octobre.

Elles furent reprises dans la séance suivante du 29 octobre, où Jouhaux proposa que la première réunion du nouveau Comité Confédéral National fût convoquée pour le 15 décembre, et que les propositions de candidatures au Bureau confédéral fussent signifiées dans la quinzaine, de façon à permettre aux organisations de statuer avant la première réunion du C. C. N. chargé d'élire les membres du nouveau Bureau. La date de convocation fut enfin arrêtée définitivement au comité du 22 novembre.

Le premier Comité Confédéral National

Le premier Comité Confédéral National, ainsi réuni, comprenait les délégués de 68 Unions Départementales et de 41 Fédérations.

Lors de la séance d'ouverture, Jouhaux précisa ainsi le caractère du nouvel organisme qui commençait son action :

Cette première séance ouvre une nouvelle administration et un nouveau fonctionnement de la Confédération Générale du Travail, sans rien retirer à notre principe de décentralisation absolument nécessaire pour le fonctionnement et l'action de la classe ouvrière organisée. Il a cependant paru, à un grand nombre de militants, qu'il était indispensable de pouvoir, à des moments donnés, prendre des décisions d'ensemble qui représentent aussi exactement que possible les aspirations des travailleurs organisés et leurs intérêts. C'est pour cette raison primordiale que le Congrès a décidé la constitution d'un Comité National dans lequel siégeraient les représentants directs des organisations ouvrières, Fédérations nationales corporatives et Unions départementales de Syndicats.

Le secrétaire confédéral déclarait encore qu'il pourrait, sans doute, se produire des difficultés, même des erreurs peut-être dans la mise en train du nouvel organisme; mais l'expérience ne manquerait pas de les

_____

(1) Voir les nouveaux statuts à la suite du rapport.

corriger et de faire valoir l'unité de direction qui doit correspondre à l'unité d'action de la classe ouvrière.

Les modifications aux statuts proposées par le camarade Lapierre, rapporteur, furent ensuite adoptées, après discussion, par le C. C. N.

Ainsi, de ce moment, se trouva instituée la nouvelle administration de l'organisation ouvrière centrale. On peut résumer ainsi le caractère essentiel de ces modifications :

L'ancien article 4 des statuts disait :

« *Chaque organisation adhérente sera représentée à ce Comité par un délégué.*

« *L'ensemble de ces délégués constitue le Comité Confédéral.*

« *Le même délégué pourra représenter, au maximum, trois organisations.* »

La nouvelle rédaction dit :

« *La Confédération Générale du Travail est administrée par un Comité National.*

« *Chaque organisation adhérente sera représentée à ce Comité.*

« *Ces délégués devront être nommés pour deux ans, d'un Congrès Confédéral à l'autre, et être dans la mesure du possible les secrétaires des Fédérations et Unions Départementales ou, à leur défaut, membres des bureaux...* »

Le nouvel article 5 précise qu'au lieu du seul Comité Confédéral sous son ancienne forme, la C. G. T. sera administrée par une Commission de trente membres choisis par le Comité National parmi les délégués résidant en Seine, Seine-et-Oise ou Seine-et-Marne.

Quant au Comité National lui-même, ainsi formé par la réunion des délégués des Fédérations Nationales et des Unions Départementales, il,
« *se réunit en mars, juillet et novembre, et extraordinairement sur la convocation de la C. A. et du Bureau.*

« *Il est l'exécuteur des Congrès nationaux. Il intervient dans tous les événements de la vie ouvrière et se prononce sur tous les points d'ordre général.* »

D'autre part, au lieu des trois Commissions permanentes du Journal, des Grèves et de la Grève Générale, du Contrôle, les nouveaux statuts ne conservent que la dernière, chargée d'élire dans son sein une Sous-Commission des Conflits.

... Depuis, deux autres réunions du Comité Confédéral National ont eu lieu, l'une en mars, l'autre en mai. Nous rappellerons plus loin leurs travaux dans ce rapport. Ils suffiront à montrer que la nouvelle organisation confédérale a bien répondu aux espoirs que l'on avait mis en elle.

Élection du Bureau
et de la Commission Administrative

Le rapport du camarade Lapierre prévoyait, d'autre part, une modification profonde du Bureau confédéral, celui-ci devant être désormais composé d'un secrétaire général, de trois secrétaires adjoints et d'un trésorier.

Le Comité Confédéral National eut à procéder à l'élection du nouveau Bureau. Etaient candidats les membrse déjà en exercice : Jouhaux, Dumoulin, Calveyrach, et les camarades Laurent, présenté par l'Alimentation ; Mammale, présenté par le Livre ; Lapierre, présenté par l'Union des Syndicats de Seine-et-Oise.

Le scrutin donna les résultats suivants :

Votants : 111. — Bulletins nuls : 3.

JOUHAUX	106 voix	Secrétaire général.
CALVEYRACH	107 —	Trésorier.
LAPIERRE	104 —	Secrét. adj. pour les Unions Départementales.
DUMOULIN	82 —	Secrét. adj. pour les Fédérations Nationales.
LAURENT	75 —	Secrét. adj. chargé de la Voix du Peuple.
MAMMALE	50 —	

Le Comité Confédéral National avait également à élire (conformément à l'article 5 des statuts modifiés) une Commission Administrative de 30 membres et une Commission de Contrôle de 6 membres.

Furent élus :

COMMISSION ADMINISTRATIVE

BORDERES (P.T.T.)	106	PERROT (U. des S. de la Seine).	102
ROUX (Cuirs et Peaux)	106	ROLAND (Horticoles)	102
MERRHEIM (Métaux)	105	SAINT-REQUIER (Eclairage)	102
PICHON (Lithographie)	105	BOURDERON (Tonneau)	101
PUYJALON (Ports et Docks)	105	CNUDDE (Textile)	101
SAVOIE (Alimentation)	105	MAMMALE (Livre)	101
TOUSSAINT (Ameublement)	105	CHANVIN (Bâtiment)	99
DOUMENQ (Dessinateurs)	104	DIEM (Préparat. en pharmacie).	99
BIDEGARAY (Cheminots)	103	RIVELLI (Inscrits)	99
CHAUSSY (Agricoles de S.-et-M.)	103	TENDERO (Santé)	99
DELZANT (Verriers)	103	LUQUET (Coiffeurs)	95
LEFÈVRE (Bijouterie)	103	GUINCHARD (Transports)	91
FENOT (Employés)	103	TOMMASI (Voiture)	86
BARTUEL (Sous-sol)	102	ROUX (Sciage)	84
SIMONIN (Allumettiers)	102	DUMAS (Habillement)	78

COMMISSION DE CONTROLE

GALICE, ABRIOL, LEGRIS, PERRINAUX, RIBIER et BENET.

II

. L'ACTION DE 1918

Les débats sur l'action générale de la C .G. T., qui avaient occupé presque tout le Congrès Confédéral de juillet 1918, s'étaient clos sur le vote d'une motion rapportée par Luquet, au nom d'une Commission ainsi composée.

Pour la majorité : Bled, Savoie, Bardy, Laurent, Boutet, Bidegaray, Luquet ;

Pour la minorité : Merrheim, Bourderon, Dumoulin, Frossard, Dejonkère, Thuillier et Tommasi.

A l'exception de ces trois derniers camarades et de Boutet, la Commission avait présenté aux délégués le texte suivant :

Résolution du Congrès de juillet

Le 19ᵉ Congrès National corporatif rappelle le caractère des statuts de la C. G. T. qui assure à toutes les tendances du mouvement ouvrier leur liberté d'expression dans l'unité ouvrière.

Cependant, il ne saurait tolérer que les organisations régulièrement confédérées soient privées de la direction des mouvements corporatifs susceptibles de se produire dans leur sein.

Enregistrant les déclarations faites à sa tribune au nom des tendances : appréciant à leur valeur les efforts salutaires faits de part et d'autre pour dissiper les équivoques qui ont obscurci les positions respectives de chacun et dégagé du passé l'action de la classe ouvrière pour l'avenir :

Considérant que les débats ont prouvé que le souci des intérêts ouvriers et de la paix du monde ont inspiré exclusivement les attitudes au sein des organisations syndicales de la C. G. T. qui en est l'expression nationale :

Déclare faire confiance aux militants et aux organisations régulièrement confédérées :

Ratifie la motion d'action et d'unité votée à la Conférence de Clermont-Ferrand qui condamne toute continuation de la diplomatie secrète et réprouve les tractations faites à l'insu de la Nation ; qui réclame que celle-ci ait connaissance des conditions auxquelles la paix générale juste et durable, la seule possible, pourra être conclue ; conditions qui résument les formules suivantes :

Pas d'annexion ; droit des peuples à disposer d'eux-mêmes ; reconstitution dans leur indépendance et dans leur intégralité territoriale des pays actuellement occupés ; réparation des dommages causés ; pas de contributions de guerre ; pas de guerre économique succédant aux hostilités ; liberté des détroits et des mers ; institution de l'arbitrage obligatoire pour régler les différends internationaux ; constitution de la Société des Nations ; conditions qui sont celles définies par le président Wilson, par la révolution russe à ses débuts et affirmées par toutes les manifestations interalliées et internationales et même par Zimmervald.

Il rappelle aux travailleurs que l'obtention des passeports déjà réclamés pour la Conférence de Clermont-Ferrand, pour une Conférence internationale dépend pour une grande part de leur action forte et disciplinée, appuyant celle qu'il donne mandat à la .C. G. T. de mener de toutes ses forces. par tous ses moyens, pour imposer au besoin au gouvernement par une démonstration d'ensemble la volonté prolétarienne depuis si longtemps exprimée.

Il déclare réprouver toute intervention armée des nations de l'Entente en Russie en dehors de la volonté du peuple russe lui-même.

Il appelle enfin toutes les organisations ouvrières à agir méthodiquement pour imposer à tous la reconnaissance des droits ouvriers.

Le vote donna les résultats suivants :

> Nombre de votants .... :207
> Pour 9o8
> Contre 2ñ3
> Abstentions 46

Au début de la partie de ce rapport qui a pour objet d'exposer l'action générale de la C. G. T. depuis juillet 1918, nous avons tenu à rappeler ce vote et le texte de cette résolution.

L'adoption de celle-ci signifiait la volonté du très grand nombre de délégués de maintenir et de renforcer l'unité ouvrière, de se préparer à répondre par une action que n'affaiblirait point des querelles intestines aux graves problèmes posés et à ceux qui devaient surgir.

D'autre part, en même temps qu'elle donnait aux membres du Bureau confédéral la confiance indispensable pour qu'ils puissent mener à bien leur tâche, la motion fixait les conditions mêmes de l'action et les buts à poursuivre ; elle donnait les directives qui devaient guider jusqu'à un prochain Congrès l'activité des organisations syndicales, déterminait en quelque sorte le cadre du mouvement revendicatif.

Les méthodes de l'action syndicale en France, telles que les a fixées une tradition déjà longue et ininterrompue, c'est que l'assemblée générale des représentants directs des syndicats doit se prononcer sur l'action menée par l'organisme central depuis le jour où lui ont été tracées les dernières directives, apprécier si le mandat a été bien exécuté, et cette sanction donnée aux actes précédents, fixer l'idée générale, les buts à atteindre, la méthode à suivre pour la nouvelle période qui s'ouvre.

Ainsi le Congrès de Lyon aura à dire si les principes d'action posés pour le Congrès précédent ont été bien suivis et fidèlement interprétés ; il aura ensuite à définir les revendications ouvrières les plus urgentes, celles dont la réalisation presse le plus, celles qu'imposent davantage les conditions immédiates ou l'aboutissement total des revendications réalisées en principe ou pour partie. Il aura, d'autre part, à déterminer le caractère général de l'action ouvrière en tant qu'elle s'efforce à réaliser l'objectif final défini par l'article premier des statuts confédéraux : « la disparition du salariat et du patronat ».

Depuis le 19ᵉ Congrès, des faits se sont produits, d'une signification immense. Après cinquante et un mois de luttes effroyables, la guerre mondiale a pris fin. Devant les travailleurs et leurs organisations se sont posés de multiples problèmes, ceux de la paix et ceux du retour à l'état de paix, dont aucun n'est résolu encore et qui se posent avec une acuité incomparable au monde ouvrier.

Le présent rapport a pour objet, en même temps que d'exposer l'action faite en douze mois remplis par de multiples événements, de fournir aux représentants des organisations les éléments d'appréciation nécessaires pour qu'ils puissent juger et décider, au mieux des intérêts du prolétariat.

Nous avons déjà rappelé les dernières réunions du Comité Confédéral sous son ancienne constitution en exposant les modifications profondes apportées dans les statuts de la C. G. T. et le fonctionnement de son administration.

Nous y revenons maintenant pour suivre, au fur et à mesure de ces réunions, l'action confédérale jusqu'au jour où la réunion du premier C. C. N. a inauguré les nouvelles méthodes exposées plus haut.

Les dernières réunions
de l'ancien Comité Confédéral

En premier lieu, il nous faut exposer l'action intérieure.

La première réunion qui eut lieu après le 19ᵉ Congrès se tint le 1ᵉʳ août 1918 ; elle fut consacrée presque tout entière au rapport de Lapierre sur la réorganisation.

Pour les Victimes de l'action

En dehors des questions internationales, dont il sera question plus loin, la seconde — en date du 9 août — s'occupe particulièrement des démarches faites et à faire en faveur des militants mobilisés à l'usine qui, par mesure de représailles contre les grèves, avaient été envoyés à Saint-Dizier, à Nancy ou à Châlons-sur-Marne.

Les démarches répétées du Bureau Confédéral eurent pour résultat le rappel à l'usine du plus grand nombre de ces camarades.

De même, l'organisation ne pouvait, en aucune mesure, se désintéresser du sort des camarades emprisonnés, condamnés pour faits d'ordre syndical et de grèves, ou sous le coup de poursuites devant la justice militaire.

Les divers Comités Confédéraux qui se succédèrent dans cette période montrent l'activité de l'organisation en faveur des victimes de l'action. Des interventions nombreuses et pressantes ne cessèrent d'avoir lieu en leur faveur. Au lendemain même de l'armistice, dans sa séance du 14 novembre, le Comité enregistrait ainsi une démarche faite par Jouhaux, Luquet, Merrheim, Bartuel et Gervaise à la présidence du Conseil ; M. Clemenceau répondit à la demande que lui présentaient les délégués que tous les camarades dont l'instruction n'était pas close seraient libérés le plus rapidement possible ; que pour tous ceux dont l'instruction était close, les dossiers seraient immédiatement repris et examinés pour qu'une décision semblable intervienne ; que pour ceux déjà condamnés, des mesures seraient prises aussi. Le président du Conseil promettait enfin que les ouvriers d'usines déplacés ou envoyés au front seraient ramenés à l'intérieur.

Le Comité Confédéral prit acte de ces promesses, dont l'exécution, d'ailleurs insuffisante, ne pouvait faire oublier aux organisations ouvrières leur volonté d'obtenir une amnistie totale.

L'Affaire Malvy

Dans sa séance du 9 août, le Comité Confédéral eut à envisager la situation faite au prolétariat par le jugement de la Haute Cour contre l'ancien ministre de l'Intérieur Malvy. Celui-ci, on le sait, avait été, le 6 août, condamné à cinq années de bannissement pour « forfaiture », grâce à un misérable artifice de procédure, contraire à la loi et à la Constitution. Jouhaux exposa le véritable caractère de cet arrêt, rendu en haine de l'action ouvrière et qui frappait un ancien ministre parce que celui-ci n'avait pas voulu recourir contre les travailleurs aux mesures brutales que réclamaient les réacteurs politiques et le patronat.

Il exposa que le Bureau confédéral, d'accord avec quelques militants, avait communiqué à la presse une protestation à laquelle le Comité Confédéral décida de s'en tenir, en invitant les organisations à le confirmer.

On n'a pas oublié avec quel élan unanime, Syndicats et militants répondirent à cet appel.

Tournée de Propagande

Le 19 octobre, le Comité Confédéral envisageait l'organisation d'une grande tournée de propagande à travers la France, à partir du moment où les Syndicats seraient en possession du rapport de la Commission chargée d'étudier les modifications à l'organisation confédérale décidée par le Congrès de juillet.

Les tournées prévues, organisées en tenant compte surtout des moyens de transport et des régions étaient les suivantes :

1° Evreux, Caen, Cherbourg, Alençon, Chartres, Dreux.

2° Orléans, Blois, Tours, Angers, Nantes, La Roche-sur-Yon, La Rochelle, Niort, Poitiers.

3° Le Mans, Laval, Rennes, Saint-Brieuc, Brest, Lorient.

4° Auxerre, Dijon, Montceau-les-Mines, Vichy, Commentry, Montluçon, Moulins, Nevers, Bourges.
5° Châteauroux, Limoges, Périgueux, Tulle, Clermont-Ferrand, Aurillac.
6° Montauban, Toulouse, Tarbes, Narbonne, Perpignan.
7° Angoulême, Bordeaux, Agen, Bayonne, les Landes.
8° Avignon, Marseille, Toulon, Nice.
9° Lyon, Saint-Etienne, Grenoble, Valence.
10° Audincourt, Saint-Claude, Bourg, Annecy, Chambéry.
11° Saint-Dizier, Nancy.
12° Rouen, Abbeville.

L'étude de ce programme par le Comité Confédéral montra le souci profond des militants de ne plus revenir sur les discussions de guerre et d'avant-guerre, mais d'appeler les masses à l'action unie sur la base des résolutions arrêtées par les Conférences interalliées, la Conférence de Clermont et le dernier Congrès confédéral.

A ce moment déjà, la paix ne paraissait plus très lointaine. On pouvait nourrir l'espoir que bientôt prendrait fin la monstrueuse catastrophe ; d'où la nécessité, reconnue par tous, d'exposer au prolétariat de ce pays les conditions nécessaires d'une paix des peuples, durable et juste.

Dans le débat sur le programme de cette tournée de propagande, qui se produisait avant la réunion projetée du Comité Confédéral National sous sa nouvelle constitution, les camarades se trouvèrent tous d'accord pour faire valoir les grandes idées générales qui devaient, au sentiment des travailleurs, présider au rétablissement de la paix, à l'élaboration du traité qui devait mettre fin aux hostilités et rétablir des relations normales entre nations, non seulement dans l'ordre politique, mais dans le domaine économique. Déjà, Dumoulin et Jouhaux, notamment, signalaient ce qu'aurait de néfaste un retour peut-être aggravé au protectionnisme et prenaient position sur cette question, qui demeure posée aujourd'hui encore, en raison du renchérissement constant de la vie.

La préparation du Programme d'avenir

Les militants du Comité Confédéral insistèrent pour que ces problèmes fussent réglés dans un esprit international, avec un sens nouveau, en répudiant les vieilles formules diplomatiques, en ne tenant compte ni des aspirations, ni surtout des ambitions particulières à chaque nation belligérante, en s'écartant de toute idée de représailles, en cherchant le nouveau régime international de bonne foi, d'entente entre les peuples, de diplomatie ouverte, seules méthodes capables d'assurer enfin la paix aux peuples ensanglantés par l'horrible tourmente.

Le Comité Confédéral marquait ainsi, une fois de plus, son adhésion aux principes de justice mondiale proclamés par le président

Wilson et auxquels des circonstances prochaines allaient lui donner l'occasion d'affirmer son adhésion solennelle.

En même temps, les militants envisageaient les conditions indispensables à l'œuvre de restauration et au retour aux conditions normales.

Sur la proposition de Jouhaux, une Commission de cinq membres fut nommée avec mandat de rechercher les solutions qu'il convenait d'apporter aux grands problèmes ainsi évoqués. Les camarades Jouhaux, Lenoir, Bled, Dumas, Dumoulin, Savoie furent alors désignés pour en faire partie. En même temps, pour coordonner son action avec celle, du même ordre, que désiraient à ce moment entreprendre les groupements démocratiques de ce pays, et pour répondre aussi aux affiches réactionnaires et chauvines placardées à profusion par une certaine « Ligue Civique », le Comité Confédéral autorisait le Bureau à prendre, le cas échéant, contact avec les organisations qui cherchaient à faire une action semblable.

Un manifeste fut ainsi rédigé, d'accord entre la C. G. T., le Parti Socialiste, la Coalition républicaine et la Ligue des Droits de l'Homme.

Toutes ces questions allaient d'ailleurs être reprises et développées avec plus d'ampleur dans les semaines qui suivirent. Nous allons y revenir.

Le Meeting du Cirque d'Hiver

Au lendemain de l'armistice, une délégation de la Commission exécutive entretenait le ministre de l'Armement, M. Loucheur, de la nécessité de faire une place aux organisations syndicales dans les conseils de démobilisation et de reconstitution économique, afin que les groupements ouvriers pussent ainsi, dans l'intérêt des travailleurs, exercer leur droit légitime de contrôle.

Dans sa séance du 14 novembre, le Comité Confédéral enregistrait et approuvait cette démarche en même temps que celle faite par la délégation à la présidence du Conseil en faveur des emprisonnés.

Ainsi se trouvait posée devant les pouvoirs publics la volonté des groupements syndicaux d'être admis à avoir une part dans la gestion et le contrôle de la grande tâche de réorganisation qui s'ouvrait dans le pays.

« Pour participer à ces travaux, avait déclaré la délégation, nous réclamons la constitution de conseils économiques nationaux et régionaux, dans lesquels entreraient les délégués directs des organisations syndicales, mandatés par elles, pour discuter ces questions et prendre, d'accord avec la classe ouvrière elle-même, les mesures qu'il convient d'apporter dans la situation présente. »

A ce moment devenait possible la réalisation d'un projet déjà formé de convier les travailleurs parisiens dans un vaste meeting au Cirque d'Hiver, afin de leur exposer directement les vues et le programme d'action de la C. G. T.

La démonstration ouvrière, ainsi décidée, fut annoncée dans ces termes par un communiqué du Comité Confédéral :

Sur l'organisation d'une grande démonstration ouvrière à Paris, le Comité en a reporté la date au dimanche 24 novembre, pour pouvoir prendre toutes mesûres indispensables à la pleine sécurité de la manifestation.

C'est donc le dimanche matin 24 qu'aura lieu, au Cirque d'Hiver, cette grande réunion intercorporative, au cours de laquelle il sera donné connaissance des règles générales que les organisations entendent voir appliquer pour la démobilisation et pour le réajustement des productions de guerre aux productions de paix.

Egalement sera donné connaissance du cahier des revendications générales devant servir de bases à l'action des organisations ouvrières.

D'ores et déjà, les Syndicats ouvriers sont invités à prendre toutes dispositions utiles, soit dans leurs Assemblées générales, soit dans leurs réunions de conseils syndicaux, pour donner à notre manifestation toute la valeur démonstrative qu'elle doit avoir.

Des tracts seront à la disposition des organisations dès mardi soir, au secrétariat de l'Union des Syndicats de la Seine.

Le Comité Confédéral compte sur tous pour que par le nombre et la tenue, nous atteignions pleinement au résultat espéré, attendu : affirmer et faire triompher les droits nouveaux du travail et des travailleurs.

Le meeting eut lieu devant une salle comble. Les camarades Jouhaux, Bidegaray, Merrheim, mandatés à cet effet, y prirent la parole, et le scrétaire général donna lecture du programme minimum de revendications qui devait être adopté à l'unanimité par le Comité Confédéral National, le 16 décembre, et que nous reproduisons plus loin.

Nous regrettons d'avoir à dire que cette imposante réunion fût troublée par de petits groupes d'individus et de personnalités sans mandat qui continuaient ainsi leur action néfaste contre l'organisation et ses militants.

Les Travailleurs et la Paix

La période pour laquelle nous venons de retracer la vie intérieure et l'activité générale de la Confédération devait être marquée par des événements d'une importance capitale puisque c'est celle qui vit la fin des épouvantables batailles engagées pendant cinquante et un mois.

Durant tout le laps de temps qui s'écoula de juillet à décembre 1918, l'organisation syndicale eut le plus vif souci, la préoccupation constante, anxieuse même, de travailler de toutes ses forces à préparer et de réaliser la paix qui devait satisfaire aux aspirations les plus sûres des peuples en mettant fin à cette guerre et en empêchant le retour de tout autre conflit.

La motion votée au Congrès de juillet, en définissant les principes généraux que le prolétariat de ce pays tient pour indispensables à l'accomplissement de cette œuvre, indiquait que ces conditions sont celles définies par le président Wilson dans ses célèbres messages du 8 janvier et du 12 février 1918.

La parenté est évidente, en effet, quelles qu'aient pu être les applications des dernières, entre les conceptions du président de la République américaine et celles que la C. G. T., dès les premiers mois de la guerre, fixait ainsi :

1° *Suppression du régime des traités secrets ;*
2° *Respect absolu des nationalités ;*
3° *Limitation immédiate et internationale des armements, mesure qui doit précipiter leur suppression totale ;*
4° *Application du recours à l'arbitrage obligatoire pour tous les conflits entre nations ;*
5° *Constitution des Etats-Unis du Monde.*

On ne saurait donc être surpris que la C. G. T. ait alors, en toute circonstance, appuyé de tous ses moyens les propositions que le président Wilson soumettait au monde comme les seules propres à éviter un retour du conflit. On ne saurait être surpris, d'autre part, qu'elle ait, avec empressement, cherché l'occasion de dire à l'homme d'Etat américain la sympathie avec laquelle le prolétariat français suivait ses efforts.

Les Délégués Américains à la C. G. T.

Le 28 août, le Comité Confédéral eut l'occasion de recevoir deux délégués socialistes américains, en Europe, les camarades Simons et Howat, qui fournirent aux membres du Comité d'intéressantes explications sur l'attitude du prolétariat-américain en ce qui concernait la guerre et la politique du président Wilson.

Un mois plus tard, le 26 septembre, la délégation de l'*American Federation of Labor* fut reçue par le Comité. Elle était accompagnée par le camarade Gompers.

Le camarade Jouhaux, adressant aux représentants des travailleurs américains le salut fraternel du prolétariat organisé de France, leur expliqua la situation faite dans ce pays à la classe ouvrière par la guerre, l'attitude des organisations, leur activité, leurs vues d'avenir. Aux représentants d'un peuple qui venait à peine d'entrer dans la guerre, il n'hésita pas à rappeler les pertes en hommes subies par le pays, les ruines accumulées sur son sol pour réclamer, comme un acte de justice internationale, la solidarité économique et financière des Etats moins éprouvés.

Il rappela enfin les conceptions des travailleurs français sur la paix juste et durable, conceptions, dit-il, qui n'ont point changé depuis le jour où la C. G. T. acceptait la proposition faite par la Fédération Américaine de tenir une Conférence syndicale internationale au même moment et dans le même lieu où se tiendrait la Conférence de la Paix.

Au nom de la délégation, Gompers répondit en exposant les raisons de l'intervention américaine, les efforts des Etats-Unis et les principes de l'action syndicale américaine. Il assura les organisations françaises de la solidarité des groupements ouvriers de l'Amérique. Puis il parla de la Conférence de Londres dont il se déclara satisfait :

— Le point de vue américain a été adopté, dit-il, et, en outre, nous avons appris à faire confiance aux vrais représentants du travail en France et aux vrais représentants du travail anglais. Ici, c'est vous autres ; en Angleterre, ce sont les Trades-Unions et leur Congrès. Avec eux, nous sommes d'accord et nous croyons que la nouvelle Internationale industrielle, exclusivement composée d'ouvriers... »

Il termina en souhaitant que des relations plus étroites s'établissent, malgré la distance, entre les prolétariats organisés de France et des Etats-Unis et en assurant que les travailleurs américains lutteraient jusqu'au bout contre l'autocratie.

L'Armistice et la Révolution Allemande

Cependant, les événements militaires se déroulaient rapides. La fortune des armes tournant en faveur de l'Entente, des poussées de chauvinisme ne manquèrent pas de se produire.

Le Comité Confédéral publia, le 5 octobre, la déclaration que voici :

Le Comité Confédéral, expression de la classe ouvrière organisée, condamne la campagne de presse qui, sous prétexte de « représailles » tend à rendre l'opinion publique française favorable à l'acceptation de méthodes de guerre qui sont indignes d'une démocratie. Ce qui est condamnable au nom de la civilisation ne saurait même par « représailles » prendre les apparences du « droit ».

Emu des actes de violence et de destruction accomplis systématiquement par l'armée allemande dans son repli, le Comité Confédéral fait appel par-dessus la ligne de feu à la conscience du peuple allemand, pour qu'il proteste contre ces procédés barbares et que son intervention énergique y mette fin.

A ce moment de la guerre où apparaît plus fortement que jamais, la nécessité d'une unité de diplomatie dans les pays de l'Entente :

Le Comité Confédéral réclame avec toutes les classes ouvrières des pays alliés qu'il y ait une déclaration commune et publique des gouvernements de l'Entente, fixant d'une façon claire et précise les buts de guerre et les conditions générales de la paix sûre et durable, ainsi que le demande le président Wilson, dans son dernier discours.

Le Comité Confédéral rappelle à cette occasion que la classe ouvrière française s'est prononcée contre toute continuation de la diplomatie secrète, réprouvant les tractations faites par cette diplomatie, à l'insu de la nation ; qu'en accord avec les conférences interalliées ouvrières et socialistes de Londres elle s'est affirmée pour la tenue d'une conférence internationale et pour la paix des peuples sur les bases : « Pas d'annexion, droit des peuples à disposer d'eux-mêmes. »

Que ces principes sont ceux légués par les révolutions passées.

C'est le 20 mai 1790, la Constituante proclamant : « Qu'elle n'entreprendrait jamais de faire de conquête et qu'elle n'employerait jamais ses forces contre la liberté d'aucun peuple. »

C'est Condorcet, dans son exposé du 20 avril 1792, déclarant : « Chaque nation a seule le pouvoir de se donner des lois, le droit inaliénable de les changer : vouloir le ravir par la force à un peuple étranger, c'est devenir l'ennemi du genre humain. »

C'est Lazare Carnot : « Nous avons pour principe que tout peuple, quelle que soit l'exiguïté du pays qu'il habite, est absolument maître chez lui ; qu'il est égal en droit au plus grand et nul autre ne peut légitimement attenter à son indépendance. »

La Confédération Générale du Travail, fidèle à cette tradition révolutionnaire du respect de la liberté et des droits des peuples ; faisant siennes les déclarations du président Wilson, inclues dans le mémorandum interallié ouvrier et socialiste de Londres, s'oppose énergiquement à tout ce qui, dépassant la Défense nationale, revêt un caractère d'impérialisme ou d'annexionnisme, même voilé.

LE COMITE.

Le lendemain, on apprenait par la presse que l'Allemagne, l'Autriche-Hongrie, la Turquie venaient de faire transmettre au président Wilson, par l'entremise du ministre suédois à Washington, une offre d'armistice général et d'ouverture de négociations de paix.

Le Comité Confédéral prit position immédiatement contre un refus possible de ces ouvertures, par cette déclaration rendue publique le 9 octobre :

Le Comité Confédéral, en présence de la proposition adressée au président Wilson par les empires centraux et la Turquie, d'un armistice général immédiat et de l'ouverture des négociations de paix.

Rappelle que la Confédération Générale du Travail s'est toujours prononcée pour la fin de la diplomatie secrète et pour une diplomatie positive et publique.

Que ce faisant, la Confédération Générale du Travail, traduisait les sentiments des masses populaires ainsi que le président Wilson le reconnaît dans son discours du 27 septembre dernier, en déclarant que : « les assemblées et les associations de toute espèce composées de gens du peuple et de travailleurs, ont demandé, presque chaque fois qu'ils se sont réunis, et demandent encore tous les jours, à toute occasion, que les chefs de leurs gouvernements leur déclarent en toute franchise quel est le but qu'ils poursuivent et quelles conditions ils prévoient pour le règlement final.

La Confédération Générale du Travail a également conscience d'avoir traduit les sentiments des masses populaires, en se ralliant aux quatorze points de la proposition Wilson, en réclamant la participation ouvrière à la paix et en déclarant que cette paix des peuples, qui doit mettre fin à la guerre, doit être basée sur les principes généraux : « Pas d'annexion, droit des peuples à disposer d'eux-mêmes. »

Pour ces raisons, et logique avec son attitude, le Comité Confédéral déclare qu'une fin de non-recevoir opposée à la proposition des empires centraux et de la Turquie ne saurait constituer la réponse espérée, réclamée par les travailleurs de ce pays, du front et de l'arrière.

En exhortant le gouvernement de ce pays à ne pas rester silencieux aux appels qui lui sont adressés, le Comité Confédéral voit dans les propositions du président Wilson des garanties pour la conclusion de l'armistice et l'ouverture des négociations de paix.

Mais il entend que ces garanties apportent aux travailleurs de ce pays la certitude que les dommages qui ont été causés seront réparés, que les peuples actuellement soumis à la loi du plus fort seront libérés, que les possibilités de guerre nouvelle seront définitivement écartées.

Ces garanties admises, le Comité Confédéral ne comprendrait pas que les gouvernements de l'Entente opposent un refus catégorique aux propositions des empires centraux et de la Turquie.

Devant ce refus, la Confédération Générale du Travail serait tenue d'en appeler au jugement des travailleurs de ce pays et de dégager sa responsabilité si la guerre devait se poursuivre au delà des limites fixées par les quatorze points de la proposition du président Wilson.

Le Comité Confédéral demande en ces heures graves à la classe ouvrière d'exercer son action en faveur de la diplomatie publique et pour la paix des peuples, au-dessus des sentiments de haine et dans la claire notion du droit international.

LE COMITE CONFEDERAL.

Un mois après c'était, précédant de quelques jours l'armistice, la Révolution allemande et la proclamation de la République.

La Commission Exécutive de la C. G. T. lança le manifeste suivant :

AU PROLETARIAT ORGANISE

Au nom du Comité Confédéral, expression de la classe ouvrière française organisée, la commission exécutive de la C. G. T. salue l'avènement de la République allemande.

Cet événement historique doit marquer la fin du règne de la force et ouvrir l'ère de la réconciliation des peuples.

L'acte révolutionnaire du peuple allemand fixe l'attitude des classes ouvrières des pays de l'Entente, qui doivent exiger de leurs gouvernements, aujourd'hui plus encore qu'hier, que la paix se fasse sur le principe : « de la liberté des peuples à se déterminer eux-mêmes. »

Le militarisme de conquête, la force brutale sont définitivement abattus. C'est sur des bases internationales nouvelles que le monde doit être reconstitué. Dans cette reconstitution tous les peuples doivent être traités sur un pied d'égalité puisque tous seront appelés aux mêmes devoirs d'entr'aide sociale, qui seront la loi de l'humanité régénérée.

Un devoir incombe aux prolétariats des pays de l'Entente : s'opposer à tout entraînement chauvin et ne pas permettre que sous prétexte de « maintenir l'ordre », les forces militaires alliées agissent contre les régimes nouveaux que les peuples de Russie, de l'Autriche-Hongrie, de l'Allemagne, se sont, au prix de sacrifices, librement donnés.

Cela, nous en avons la certitude, la puissance internationale ouvrière, enfin reconstituée, saura l'obtenir.

Notre classe ouvrière organisée a également pour tâche de sauvegarder les libertés acquises; de conquérir pour le travail les droits nouveaux qui lui reviennent, sans lesquels notre pays resterait à l'arrière des autres nations.

L'heure de l'échéance a sonné ; il faudra payer.

Un premier acte s'impose : l'amnistie pleine et entière pour tous.

La fin de l'oppression impérialiste et militariste sur le monde avec l'avènement des Républiques succédant aux gouvernements autocratiques, doit nous ramener la liberté la plus complète de penser, d'écrire et de parler, liberté sans laquelle la démocratie sociale ne saurait vraiment exister.

LA COMMISSION EXECUTIVE DE LA C. G. T.

Ainsi, fidèle à la tradition passionnément pacifique du mouvement ouvrier français, et mettant en pratique les directives fournies par le Congrès de juillet, la C. G. T. n'a pas cessé d'insister pour faire prévaloir les désirs de paix et de justice du prolétariat.

La Classe Ouvrière
et le
Président WILSON

Une autre occasion allait bientôt s'offrir aux organisations ouvrières de manifester de façon éclatante leurs sentiments.

A la nouvelle que le président Wilson se rendait en France pour participer personnellement à l'élaboration du traité de paix, désireuse de rendre hommage à l'homme d'Etat qui avait, le premier, rompu avec les néfastes méthodes de la diplomatie traditionnelle et s'était fait l'apôtre de la Société des Nations, la Commission Exécutive de la C.G.T., d'accord avec la Commission Administrative permanente du Parti Socialiste, décida l'organisation d'une manifestation commune au débarquement du président à Brest.

Des renseignements venant de toutes parts ne laissaient d'ailleurs point douter que la venue du représentant de la grande République américaine donnerait lieu, dans toute la France, à des manifestations de chaude sympathie. C'est donc l'hommage du peuple de France tout entier que devait transmettre au Président la Commission mixte qui fut chargée de se rendre à sa rencontre à Brest.

Elle fut ainsi composée :

Pour la C. G. T. : Jouhaux, Luquet, Merrheim, Bidegaray, Bourderon et Bled ;

Pour le Parti Socialiste : Albert Thomas, Goude, Longuet, Pressemane, Raffin-Dugens, Sembat, Alexandre Varenne et Frossard.

En même temps, les deux organismes prévoyaient l'organisation d'une grandiose manifestation populaire à Paris pour le 14 décembre.

A ce sujet, et pour y faire participer les représentants ouvriers de la province, et tenant compte de la proximité de la première réunion du nouveau Comité Confédéral, le Bureau de la C. G. T. envoyait aux Fédérations et aux Unions Départementales la circulaire suivante :

En raison de l'importance des problèmes soumis à l'examen et à la décision du Comité National, qui se tiendra le 15 décembre prochain, à 9 heures du matin, au siège de la C. G. T., il conviendrait que les délégués au Comité

National prennent leurs dispositions pour être disponibles plusieurs jours, le travail pouvant ne pas être épuisé au cours de la journée du dimanche.

D'autre part, en raison de la venue en France du président Wilson, et pour répondre aux menées sourdes dirigées contre lui et contre sa conception de la Paix des Peuples, le Comité Confédéral a décidé d'organiser une manifestation ouvrière le jour de son arrivée à Paris.

A cet effet, les Syndicats ouvriers parisiens convoqueront leurs membres selon les indications reçues ; le Comité a pensé à associer les organisations syndicales de province à cette manifestation en leur demandant d'organiser des réunions corporatives, au cours desquelles un ordre du jour serait voté et adressé au président Wilson, par l'intermédiaire de l'ambassade américaine à Paris.

Il faut que le président Wilson sache que son langage de raison et de justice internationale a été du premier coup au cœur des masses ouvrières.

Cette double manifestation du Paris ouvrier et de la province ouvrière le lui prouvera et lui apportera l'aide nécessaire pour faire triompher la conception de la Paix des Peuples, sur le principe « de la liberté des Peuples à se déterminer eux-mêmes. »

Il faut, pour que les Peuples ne soient pas volés à la conclusion du drame, « que la paix de demain ne ressemble pas aux paix boiteuses du passé. »

Le Comité Confédéral compte sur la compréhension par les militants ouvriers des heures historiques que nous vivons et sur leur initiative vigilante pour donner à ces démonstrations toute l'ampleur et le caractère qu'elles doivent revêtir.

Recevez, camarade, notre salut fraternel et syndicaliste.

Pour le Comité Confédéral :

Le Secrétaire, L. JOUHAUX.

Le mauvais vouloir, l'étroitesse d'esprit de M. Clemenceau ne permirent pas la réalisation de cette simple et grandiose manifestation. L'appel que nous reproduisons ici explique les raisons pour lesquelles les deux organisations durent renoncer au programme projeté :

AUX TRAVAILLEURS DE PARIS,

La Confédération Générale du Travail et le Parti socialiste avaient projeté de remettre une adresse et d'organiser à cette occasion une grande démonstration de sympathie au président Wilson.

Celle-ci devait avoir lieu le jour même de l'arrivée, dans l'après-midi, gardant ainsi son caractère particulier, tout en se confondant dans l'acclamation générale.

Au dernier moment, un obstacle a surgi par la volonté de notre gouvernement.

Le président du Conseil a déclaré aux délégués que la démonstration ne pouvait avoir lieu que si M. Wilson donnait son acceptation personnelle, non pas seulement à la réception de l'adresse, mais encore à l'organisation de la manifestation elle-même.

Il n'a pas suffi à M. le président du Conseil que les organisateurs prissent par devers eux, au nom des travailleurs et des démocrates parisiens, la responsabilité de l'ordre de la démonstration. Il n'en voulait « courir le risque », a-t-il dit, que si le président Wilson le couvrait pour ainsi dire de sa décision.

La Commission d'organisation a pensé qu'une telle démarche près du président Wilson prendrait un caractère discourtois. Ses délégués ont refusé l'offre que leur faisait M. Clemenceau de communiquer, par un radio, leurs désirs à M. le président Wilson.

Il leur est apparu qu'on voulait simplement éviter que la démonstration marquât la persistance et la pensée vibrante de la classe ouvrière, qu'on voulait, d'autre part, pouvoir reprocher aux organisations d'avoir cherché des incidents, et peut-être au président Wilson de les avoir imprudemment suscités.

Les organisations ne persisteront donc pas dans leur volonté d'une démonstration dans l'après-midi du 14 décembre. Elles invitent seulement tous leurs adhérents à se trouver sur le parcours à l'arrivée du Président, pour le saluer de leurs acclamations.

Elles veulent éviter, dans leur attitude, jusqu'au moindre prétexte, jusqu'au moindre incident dont on puisse se servir afin de diminuer et le président Wilson et l'importance du rôle qu'il doit jouer dans les débats de la paix.

La Commission mixte d'organisation se réunira aujourd'hui pour examiner quelle forme d'action nouvelle la Confédération Générale du Travail et le Parti socialiste proposeront aux travailleurs de Paris pour manifester leur sympathie au président Wilson.

Dans ces conditions, la délégation qui s'était rendue à Brest put bien approcher le Président mais non lui remettre l'adresse rédigée par la C. G. T. et le Parti Socialiste.

Ce fut seulement à Paris, le 14 décembre, qu'elle put être lue à M. Wilson par le citoyen Renaudel, qu'accompagnaient un certain nombre de militants.

En voici le texte :

Monsieur le Président,

En vous adressant au peuple américain et au monde, dans l'un de ces messages qui, dans l'histoire, domineront de toute leur noblesse les horreurs de guerre, vous avez déclaré :

« Ne puis-je ajouter que j'espère, que je crois fermement parler aussi pour les amis de la liberté et de l'humanité dans toutes les nations ? J'aimerais à croire que je parle ici pour les masses silencieuses de l'humanité, pour ces foules, où qu'elles soient, à qui jusqu'à présent ont manqué le lieu et l'occasion de dire leur vraie pensée au sujet des morts et des ruines qu'elles voient s'accumuler sur les êtres et les foyers qui leur sont le plus chers. En faisant entendre que le peuple et le gouvernement des Etats-Unis s'uniront aux autres nations civilisées pour garantir la pérennité de la paix sur les conditions que j'ai énoncées, je parle avec hardiesse et confiance ; car tout homme capable de penser verra clairement dans cette promesse non une infraction aux traditions et à la politique de notre pays, mais plutôt un accomplissement de tout ce que nous avons professé, de tout ce à quoi nous nous sommes efforcés. »

La Confédération Générale du Travail qui se fait forte d'un million de syndiqués, le Parti socialiste qui comptait, au début de la guerre, cent députés au Parlement, représentant un million trois cent quatre-vingt-dix mille citoyens, ont voulu vous témoigner que votre espoir de parler pour les masses jusqu'alors silencieuses ne serait pas déçu...

En participant à votre réception à Brest, la Confédération Générale du Travail vous a déjà dit l'accord profond de pensée des travailleurs français et du président des Etats-Unis sur la conception de la guerre et de la paix.

Les organisations dont les délégués vous parlent ici, Monsieur le Président, seraient fâchées si on pouvait leur reprocher une tentative pour vous imposer un patronage importun. Un tel geste, qui serait vain près de vous, serait indigne d'elles.

Mais comment n'auraient-elles pas tenu à vous affirmer que des milliers et des milliers d'hommes, de femmes et d'enfants de France, « masse silencieuse » dont les aïeux luttèrent tant de fois pour les Droits des citoyens, sont avec vous pour fixer les Droits des Nations et réaliser la Paix des Peuples ?

Vous avez gravé en traits ineffaçables, qui ne peuvent plus être oubliés par la mémoire des hommes, négligés par les actes des diplomaties, les termes d'une paix juste, humaine et durable.

Comment les peuples ne vous en marqueraient-ils pas leur reconnaissance ?

La France s'est jetée tout entière à la guerre parce qu'elle se savait attaquée. Ses soldats sont partis en disant : « Nous voulons que cette guerre soit la dernière ». Il ne leur suffirait pas que la France et ses alliés aient vaincu l'agresseur. « La masse silencieuse » compte que son lourd sacrifice sera payé de l'organisation, au grand jour, d'une paix du monde basée sur des principes contraires à tout ce qui fit le danger du militarisme et de l'impérialisme.

Tâche immense, qui ne sera pas l'œuvre d'un moment, pour laquelle les hommes d'État pourront seulement jeter les germes féconds à la Conférence de la Paix, et compter ensuite sur la chaude volonté des peuples pour en faire mûrir la bienfaisante moisson.

Tâche inévitable, dont vous avez défini les principes moraux, en même temps que vous apportiez à l'Europe l'admirable concours matériel de la nation américaine.

Pour cette tâche, qui se symbolise dans la Société des Nations, comment ne pas dire à votre passage que se tournent vers vous les éléments les plus ardents des démocraties.

Ce n'est pas un hasard de rencontre qui amène vers vous aujourd'hui les travailleurs, les socialistes et les démocrates de France.

Dès février 1915, à Londres, avec des travailleurs et socialistes d'autres pays alliés, les travailleurs et socialistes de France affirmaient :

« Inflexiblement décidés à lutter jusqu'à la victoire pour accomplir cette tâche de libération, ils ne sont pas moins résolus à combattre toute tentative de transformer cette guerre de défense en une guerre de conquêtes qui préparerait de nouveaux conflits, créerait de nouveaux griefs, livrerait les peuples plus que jamais au double fléau des armements et de la guerre.

« Convaincus d'être restés fidèles aux principes de l'Internationale, ils expriment l'espoir que bientôt, reconnaissant l'identité de leurs intérêts fondamentaux, les prolétaires de tous les pays se retrouveront unis contre le militarisme et l'impérialisme capitaliste.

« La victoire des alliés doit être la victoire de la liberté des peuples, de l'unité, de l'indépendance et de l'autonomie des nations, dans la Fédération pacifique des États-Unis de l'Europe et du monde ».

Plus tard, dans une autre conférence à Londres, en février 1918, lorsque plus de trois ans de guerre avaient passé sur le monde pour l'endeuiller et le ravager, les travailleurs et socialistes de France affirmaient encore :

« De toutes les conditions de paix, aucune n'est aussi importante pour tous les peuples du monde entier que de faire en sorte qu'il n'y ait plus de guerre à l'avenir. Quel que soit le vainqueur, les peuples se trouveront en perte si l'on n'établit un régime international destiné à prévenir toute guerre. A quoi servirait de proclamer le Droit des Peuples à disposer d'eux-mêmes, si celui-ci restait à la merci de nouvelles violences, s'il n'était protégé par une force international suprême qui ne peut être autre que la Société des Nations ?

« Par un engagement solennel, tous les Etats, tous les peuples consultés à cet effet, devront donner l'assurance que les conflits naissant entre deux ou plusieurs d'entre eux seront soumis à l'arbitrage ainsi institué.

« Le refus de l'arbitrage ou de sa décision sera la preuve de l'agression préméditée et tous les peuples feront nécessairement cause commune par toutes les sanctions à leur disposition, économiques ou militaires, contre tels ou tels des Etats qui refuseraient de reconnaître l'accord arbitral ou qui voudraient rompre le pacte universel de paix.

« Mais l'acceptation loyale des règles et des décisions de l'organisation internationale comporte une démocratisation complète dans tous les pays.

« Elimination de tous pouvoirs absolus qui, jusqu'ici, se sont chargés de choisir entre la guerre ou la paix ; assemblées parlementaires élues par et pour le droit souverain du peuple ; diplomatie secrète abolie, faisant place à une politique extérieure soumise au contrôle des assemblées législatives ; publication de tous traités, qui ne devront jamais être en contradiction avec les stipulations de la Société des Nations ; responsabilité absolue des gouvernements et particulièrement des ministres des Affaires étrangères de tous les pays devant leurs parlements ; seule une telle politique permettra l'abandon sincère de toute forme d'impérialisme.

« Accompagnée d'une telle généralisation de la démocratie dans un monde où les garanties internationales effectives seront assurées contre toute agression, la Société des Nations aboutira à l'élimination totale de la force comme moyen de trancher les conflits internationaux.

« Ainsi, pour les travailleurs français comme pour vous, Monsieur le Président, le monde doit être sûr pour la démocratie.

« C'est dans ce but que vous avez formulé vos quatorze stipulations de paix.

« Elles ont rallié, en des déclarations expresses, les gouvernements de l'Entente.

« Elles avaient comme ébloui les peuples de leur pure lumière.

« Elles sont allées jusqu'à la conscience troublée du peuple allemand lui-même.

« Elles ont contribué à faire lever la révolution allemande comme un châtiment pour les crimes des gouvernants impériaux.

« Les peuples, tous les peuples, attendent maintenant qu'une paix rapide enregistre et précise les quatorze stipulations pour que puisse enfin sérieusement commencer la reconstruction du monde.

« Ce ne sera pas le moindre service rendu par vous à l'humanité, Monsieur le Président, que vous n'ayez pas cru pouvoir vous soustraire à la nécessité de donner vous-même, de plus près, le commentaire dont ne manquera pas de s'inspirer la Conférence de la Paix.

« Votre présence aidera ainsi à terminer heureusement le cauchemar des peuples et à préparer la paix durable d'où pourra surgir l'organisation du travail dans le monde par la libre et loyale coopération de tous les peuples démocratisés de la terre.

« C'est là ce que signifient les acclamations montées vers vous aujourd'hui.

« C'est là, Monsieur le Président, sans déguisement ni subordination, parlant au grand jour comme vous parlez, comme vous aimez qu'il soit parlé, ce que viennent vous dire les grands groupements ouvriers et socialistes de notre pays.

« LA CONFEDERATION GENERALE DU TRAVAIL. »
« LE PARTI SOCIALISTE. »

A cette adresse, le président Wilson répondit dans les termes suivants :

Je reçois avec beaucoup d'intérêt l'adresse que vous venez de me lire. La guerre par laquelle nous venons de passer a manifesté, d'une manière qui ne pourra jamais être oubliée, les torts extraordinaires que peut perpétuer un pouvoir arbitraire et irresponsable. Il n'est pas possible d'assurer le bonheur et la prospérité des peuples du monde ou d'établir une paix durable si le renouvellement de semblables torts n'est pas rendu impossible.

Cette guerre a été, en vérité, une guerre faite par le peuple ; elle a été conduite contre l'absolutisme et le militarisme, et il faut que ces ennemis de la liberté soient mis dans l'impossibilité d'imposer désormais leur cruel vouloir à l'humanité. Selon ma manière de voir, il ne suffit pas d'établir ce principe : il est nécessaire qu'il soit soutenu par une coopération des nations, basée sur des accords fixes et précis et dont l'action efficace sera assurée par le moyen d'une Ligue des Nations. C'est là, je crois, la conviction de tous les esprits libéraux et réfléchis. Je suis convaincu que c'est la manière de voir de ceux qui dirigent votre grande nation et je suis heureux de penser que je vais pouvoir coopérer avec eux afin d'assurer les garanties nécessaires pour une paix durable de justice et d'équité justifiant les sacrifices de cette guerre et faisant que les hommes considéreront plus tard ces sacrifices comme ayant été le moyen final et dramatique de leur émancipation.

III

LE PROGRAMME MINIMUM DE LA .C. G. T.

La manifestation faite en l'honneur du président Wilson eut son écho
le lendemain à l'ouverture du premier Comité Confédéral National, qui
vota la résolution suivante, avant d'aborder ses travaux :

Le Comité National ouvre ses délibérations en adressant un salut sympathique au président Wilson, défenseur de la paix des peuples, au peuple américain et à l'*American Federation of Labor*.
Il réclame l'amnistie, pleine et entière, pour tous les délits d'ordre politique
et militaire et le rétablissement des libertés de réunions et de presse.
Il regrette que le gouvernement ait cru devoir interdire la démonstration
projetée par la Confédération Générale du Travail et le Parti socialiste en
l'honneur du président Wilson, le jour de son arrivée, démonstration dont
l'objet était de confirmer la volonté de la classe ouvrière de voir la paix
s'établir sur les principes de la liberté des peuples à se déterminer eux-mêmes.
Il réclame énergiquement la représentation des classes ouvrières des pays
belligérants à la Conférence générale de la paix ainsi que le droit syndical
pour tous les fonctionnaires.

Le Premier Comité Confédéral National

Le Comité Confédéral National se réunit pour la première fois, ainsi
que nous l'avons dit en parlant des modifications introduites dans la
constitution de la C. G. T., les 15 et 16 décembre; dans la salle de
la *Bellevilloise*. 111 délégués y assistaient, représentant 42 Fédérations
Nationales et 69 Unions Départementales.
De ses travaux, nous n'avons ici que peu à dire, puisqu'ils furent
presque entièrement consacrés à l'examen et au vote des transformations
apportées aux statuts, à l'élection du Bureau confédéral et de la Commission Administrative. Nous avons exposé, au début de ce rapport, le
caractère de ces modifications et le résultat des élections. Nous n'y
revenons point.

Le Vote du Programme

Du Comité lui-même, nous n'avons à retenir ici que l'acception, à
l'*unanimité*, du programme minimum de la C. G. T.

Le Comité Confédéral National adoptant le programme minimum de revendications élaboré par le Comité Confédéral, charge la Commission administrative et le bureau de la C. G. T. de faire tous leurs efforts pour en préparer la
réalisation rapide.

Cette adhésion de tous les délégués des Fédérations et des Unions au programme minimum avait été précédée d'un court exposé de Jouhaux, suivi d'un échange de vues auquel participèrent les camarades Bidegarray, qui exposa les revendications des cheminots ; Berthelot, sur la journée de huit heures ; Luquet, qui parla plus particulièrement des contrats collectifs, et Dumas, qui rappela l'action pour la semaine anglaise.

Le respect des décisions syndicales

Après de brèves déclarations de Jouhaux, sur la démobilisation et la reconstitution économique, un incident, dont il avait déjà été question dans un récent Comité Confédéral, fut soulevé sur l'action de certains groupements.

Le secrétaire général demanda au C. C. N. de déclarer qu'il ne saurait « accepter que des groupements à côté de l'organisation syndicale se mêlent à l'action syndicale pour en diminuer la valeur en attaquant ces militants ».

La demande de Jouhaux fut adoptée à l'unanimité, moins la voix du camarade Tommasi.

Programme minimum de la C. G. T.

AUX ORGANISATIONS SYNDICALES,
AUX TRAVAILLEURS ORGANISES.

Le programme qui vous est soumis est un programme d'ensemble, destiné d'abord à répondre aux aspirations légitimes du monde du travail et ensuite à donner à l'action ouvrière un but déterminé et précis.

Rien n'est plus dangereux, dans les moments que nous vivons, que la division des efforts, que la bataille en ordre dispersé.

Au moment où certains milieux patronaux mènent campagne contre les quelques rudiments d'organisation qui ont été institués au cours de la guerre, la classe ouvrière veut savoir, si nous allons voir refleurir de plus belle la liberté absolue du commerce ; si les intérêts particuliers vont prendre le pas sur l'intérêt général ; si les richesses collectives vont rester entre les mains d'une oligarchie ou seront une fois de plus, — pour les nouvelles — accaparées par cette même oligarchie, minorité infime dans la nation.

Nous devons nous orienter vers une action positive et ne pas être seulement capables de faire une émeute de rues, mais bien de prendre en mains la direction de la production.

Nous avons, jusqu'ici, trop dit que la classe ouvrière devait faire son émancipation elle-même, pour ne pas essayer — comme premier geste — de lui apprendre le maniement des outils qui la libèreront.

Nous sommes à un moment propice pour cet essai, le laisserons-nous passer?

Tous les regards se tournent vers la classe ouvrière ; d'elle l'on attend la solution de beaucoup de problèmes angoissants, au premier rang desquels figure la démobilisation.

Nous devons répondre présent, et imposer en même temps nos droits nouveaux.

Il y a des résistances sourdes, des menées souterraines, qui s'exercent contre nous, classe ouvrière ; déjouons ces pièges. Et si l'on ne nous entend point, si, attachés au passé, les hommes de pouvoir nous méconnaissent, si la bourgeoisie se cramponne désespérément à son conservatisme social, sans comprendre que le travail doit désormais avoir sa place, sa large place, nous aurons du moins dégagé notre responsabilité, en même temps que nous nous serons armés pour prendre la succession.

Sans nous attarder aux détails, formons donc le faisceau de nos revendications générales et minima.

Songeons qu'il ne suffit pas de changer l'ordre politique pour avoir fait la révolution, mais qu'il faut surtout assurer sa continuité et son développement, par l'incessante progression de la production.

Restons attachés indéfectiblement à notre idéal, en cherchant à le réaliser chaque jour un peu plus, en nous rapprochant quotidiennement du but ultime de nos efforts d'émancipation.

Réaliser des réformes, même partielles, n'est pas abdiquer son idéal, c'est au contraire préparer, ébaucher l'ordre nouveau vers lequel nous nous dirigeons.

Sachons donc où nous voulons aller, ne nous laissons pas surtout devancer par les événements ; que notre cohésion éloigne de nous le spectre de l'impuissance stérile ; sachons utiliser les possibilités de transformations révolutionnaires existantes à l'heure actuelle dans le monde.

C'est dans ce but, et pour ces fins, que votre Comité Confédéral vous adresse aujourd'hui :

VOTRE PROGRAMME MINIMUM DE REVENDICATIONS !

Les conditions de la Paix juste

Au seuil de la Paix, la C. G. T., au nom de la classe ouvrière, renouvelle son attachement aux quatorze propositions du président Wilson, estimant que la Paix des Peuples doit avoir pour base les principes suivants :

1° Constitution de la Société des Nations pour une libre coopération de tous les peuples, ayant pour but la disparition de tout germe de guerre future et l'établissement de la justice internationale ;

2° Pas de guerre économique qui, commencée dans un pays déterminé, entraînerait inévitablement des représailles auxquelles la nation visée pourrait être acculée pour se défendre. Les grandes lignes de communication maritime devront être ouvertes, sans restriction, aux navires de tous les pays, sous la protection de la Société des Nations. Pas de protectionnisme économique qui aboutirait fatalement à la spoliation de la classe ouvrière.

3° Chaque nation appliquant et spécialisant ses forces de production, par une sage sélection conforme à ses ressources physiques et matérielles, la diffusion de ses produits à travers le monde pourra se faire par les moyens d'échange les plus rapides et les plus libres, sans nuire à l'expansion des autres nations ; sans empêcher, par des artifices n'apportant qu'une sécurité trompeuse, les échanges que la nature a rendu nécessaires entre les hommes ou les peuples. Pour cela, création d'un Office international de transport et de la répartition des matières premières, internationalisation du domaine colonial en vue de la meilleure utilisation des ressources du sol et du sous-sol

pour le bénéfice général de l'humanité et pour le relèvement moral et matériel des indigènes ;

4° Pas de représailles basées sur des intentions de vengeance, mais seulement la réparation des dommages causés. Pas d'annexion territoriale et reconnaissance du droit des peuples à se déterminer eux-mêmes ;

5° La Société des Nations, apportant au monde une Constitution juridique,
doit commencer le désarmement général et le mener à bonne fin. Ainsi seulement le militarisme, tous les militarismes auront été vaincus. Seule, la démocratie internationale triomphera.

La participation ouvrière à la Conférence de la Paix

La C. G. T., pour toutes les raisons qui précèdent et pour défendre les clauses
ouvrières à insérer dans le traité de paix, revendique sa place officielle autour
de la table des pourparlers de paix et affirme que les délibérations du Congrès
de la Paix doivent être publiques. Elle déclare aussi nécessaire un Congrès
ouvrier international.

Plus d'entraves à la liberté

Saluant les Révolutions russe, austro-hongroise, allemande, la C. G. T.
réclame que la démocratie française ne leur soit pas inférieure en réalisations
sociales ; elle demande, par conséquent, que soient rétablies toutes les libertés
constitutionnelles : droit de réunion, droit de parole ; que soit supprimée la
Censure ; qu'une amnistie pleine et entière pour tous soit votée et que les
étrangers soient libérés des camps de concentration.

Le Droit ouvrier

Considérant que le travail ne doit plus être une marchandise que le capital
accepte ou refuse à son gré, que la servitude industrielle doit disparaître, la
C. G. T. réclame la reconnaissance du droit syndical pour tous les fonctionnaires de l'Etat ; elle demande que les marins de la flotte marchande aient le
droit de quitter leur navire quand ils sont ancrés au port ; que soit revisé le
Code d'inscription maritime.

Le droit d'intervention des Syndicats doit être reconnu dans toutes les
questions de travail. L'utilisation de bordereaux de salaires doit être généralisée dans toutes les industries, sous la forme de contrats collectifs et sous le
contrôle des organisations syndicales.

La Journée de Huit Heures

Estimant que le développement du progrès industriel doit résulter du
perfectionnement de l'outillage et des modifications des méthodes de production, la C. G. T. demande que la journée de travail dans le commerce, l'industrie et l'agriculture ne dépasse pas *huit heures par jour* ; que le travail de
nuit dans les boulangeries, ainsi que celui dans les industries à feu continu
et insalubre, soient interdits aux femmes et adolescents de moins de dix-huit
ans ; que la prolongation de la scolarité soit fixée à quatorze ans.

Le Contrôle ouvrier

En application de ces principes, la C. G. T. réclame, *tant pour la démobilisation que pour le réajustement rapide des productions de guerre aux produc-*

-tions de *paix*, l'institution d'un Conseil économique national, aidé par des Conseils économiques régionaux, dans lesquels les organisations syndicales auront leurs représentants directs, mandatés par elles et qui, en accord avec la classe ouvrière, détermineront les règles générales de la démobilisation et les conditions de la reprise économique.

Que les fonds de chômage soient reconstitués, que leur répartition soit assurée sous le contrôle des organisations ouvrières.

Pour les Régions détruites

Pour la reconstitution des régions envahies, le mouvement ouvrier français, s'opposant à ce que de nouvelles fortunes scandaleuses s'édifient sur les misères publiques, demande que ces travaux soient, dans la plus large mesure possible, effectués par des organismes collectifs nouveaux, dotés de la personnalité civile et administrative, par les représentants qualifiés des producteurs et des consommateurs.

Le principe du remploi étant assuré, il convient également que les villes, les communes et les usines se reconstruisent sur des formules de progrès, en tenant compte des principes d'hygiène, de salubrité et d'esthétique ; qu'il y soit compris des habitations ouvrières et des espaces libres pour la santé publique et le développement physique de l'enfant.

La Réorganisation économique

Pour l'avenir, la C. G. T. réclame, pour le travail organisé, la place qui lui revient dans la direction et la gestion de la production nationale.

La réorganisation économique doit avoir pour base le développement ininterrompu de l'outillage national ou industriel et la diffusion illimitée de l'enseignement général et technique ; et pour ce but : de permettre l'emploi de tous les talents, de poursuivre l'utilisation de toutes les ressources matérielles et l'application de toutes les inventions et découvertes ; de stimuler les initiatives privées en enlevant toute excuse et toute tranquillité à la routine stérile et meurtrière ; empêcher toute restriction volontaire de la production et tout surmenage des producteurs, dont les conséquences sont nuisibles à la production elle-même.

La classe ouvrière doit donc diriger l'effort national dans ce sens.

La nation ne peut, sans compromettre les droits collectifs dont elle a la garde, abandonner son droit social, créé par le travail des générations passées, maintenu par l'effort commun d'entretien des organes économiques et développés par les sacrifices que chacun consent pour les transformations successives de ces organes, suivant les indications de la science et de besoins du progrès.

La nation doit veiller à l'exercice permanent de ce droit social par un contrôle étroit et vigoureux sur toutes les branches de la production, qui, toutes, à l'origine et dans leur développement, tirent profit de la protection et de l'appui de l'Etat ou de l'utilisation des organes créés et entretenus par lui.

Elle doit tenir sous une dépendance plus étroite encore les entreprises qui ajoutent à ce profit général le bénéfice de véritables délégations de pouvoirs, de donations abusives, ou d'interventions directes et répétées de l'Etat.

S'il est possible d'admettre qu'à titre transitoire ce droit s'exerce simplement dans les cadres sociaux actuels, il ne saurait être question de maintenir les abandons de la propriété collective, consentis par des concessions sans contrôle, ou réalisées par des entreprises abusant de la négligence des pouvoirs publics.

Pour le retour à la Nation des richesses nationales

S'il n'est pas désirable que la gestion directe de l'Etat s'étende à toutes choses sans le concours actif et vivifiant de toutes les initiatives, il n'en reste pas moins essentiel que rien de nécessaire à la vie personnelle, familiale ou nationale ne saurait être livré. à des intérêts privés sans que le contrôle collectif les oblige à diriger leurs efforts dans le sens le plus conforme aux intérêts généraux.

Ce contrôle s'exerçant au nom de l'Etat, pour les producteurs et les consommateurs et principalement par leurs délégués, interviendra dans les formes les plus actives et les plus pratiques, et non seulement sous la forme passive et rétrospective qui est actuellement en usage.

Il sera assez puissant pour garder constamment la maitrise du règlement de la production et de sa valeur, du développement technique et des conditions de travail, de salaire, de prévoyance et d'assurance, ainsi que de la répartition des profits, au-delà des intérêts normaux ou dividendes limités, et des réserves d'assurances contre les pertes.

Ainsi établi, ce contrôle assurera le fonctionnement du régime d'association entre l'industrie et l'Etat dans les entreprises dont la dispersion permet encore le jeu des initiatives et de la libre concurrence.

Mais, toutes les fois que la concentration ou les ententes capitalistes auront sur notre matière première, un produit ou un organe essentiel, une emprise telle qu'il leur soit possible d'en fausser la valeur, le monopole d'Etat s'imposera comme moyen d'équilibrer la production et d'en rectifier les cours.

Dans ce cas, il faudra veiller attentivement à ce que des excès fiscaux ne viennent rétablir ou aggraver les périls dont l'abus du produit par le monopole privé, menaçait l'industrie ou la consommation.

La réorganisation économique ne pourra produire tous ses effets utiles, que si la Nation reprend, maintient ou établit son droit social sur la propriété des richesses collectives et des moyens de les produire ou de les échanger, et si elle en confie, de plus en plus, la gestion autonome mais contrôlée, aux départements, communes, coopératives et surtout à des organes collectifs nouveaux, dotés de la personnalité civile et administrés par des représentants qualifiés des producteurs et des consommateurs.

La lutte contre les fléaux sociaux

Mais, il est essentiel que soient tout d'abord prises ou amplifiées, les mesures d'éducation, de prévoyance et d'assurance.

La sécurité des individus est plus nécessaire encore que la sécurité des biens.

La pleine activité morale et matérielle des hommes est plus féconde en résultats que la mise en valeur des choses.

En conséquence, rien ne doit être négligé pour que la Société dispense à chacun le plein développement de ses facultés intellectuelles, pour que par des mesures de prévoyance, elle préserve contre l'alcoolisme, le taudis, le surmenage et par l'assurance sociale, elle garantisse contre le chômage, la maladie, l'invalidité, la vieillesse, tous les membres de la classe productrice.

Pour qu'elle veille surtout à maintenir constamment l'équilibre de leurs ressources et de leurs charges, notamment, quand ils assument l'aggravation de ces charges au profit social, par l'extension de la famille.

Pour les Ouvriers étrangers

Par ces raisons, la C. G. T. proclame que tout travailleur, quelle que soit sa nationalité, a le droit de travailler là où il peut occuper son activité. Que tout travailleur doit jouir, dans le pays où il exerce cette activité, de toutes les garanties d'ordre syndical, notamment du droit de participer personnellement à l'administration de son Syndicat.

Aucun travailleur ne peut être expulsé pour fait d'ordre syndical ou corporatif.

Aucun travailleur étranger ne doit recevoir de salaire, ni subir de conditions inférieures au salaire normal et courant et aux conditions de travail en usage dans la ville ou la région, pour les travailleurs de la même profession ou de la même spécialité.

Ces salaires et conditions sont spécifiés dans les contrats passés entre les Syndicats patronaux et ouvriers.

Que les migrations ouvrières soient organisées et placées sous le contrôle d'organisations où seront représentées, à côté du gouvernement, les organisations nationales ouvrières et patronales.

Le recrutement de travailleurs dans un pays étranger n'est autorisé qu'après avis favorable des Commissions des pays intéressés qui ont à examiner si, et dans quelles limites, ce recrutement correspond aux besoins réels d'une industrie ou d'une région et si les contrats d'embauche précisent clairement les salaires et les conditions de travail conformes aux prescriptions indiquées ci-dessus.

Le recrutement des émigrants est placé sous le contrôle de l'organisation ouvrière du pays d'émigration.

L'exécution des contrats de travail est placée sous le contrôle de l'organisation ouvrière du pays d'émigration.

Au cas où il serait nécessaire de faire appel à la main-d'œuvre de couleur, son recrutement sera soumis aux mêmes conditions que celui de la main-d'œuvre européenne et elle jouira des mêmes garanties.

De plus, les industriels qui emploient cette main-d'œuvre doivent organiser à leurs frais et sous le contrôle du service de l'instruction publique, les cours nécessaires pour apprendre aux travailleurs de couleur à parler, à lire et écrire.

Extension de l'Assurance sociale

Que les travailleurs, victimes d'accidents du travail, touchent la totalité de leurs salaires pendant leur incapacité de travail. Cette réforme doit être acquise aux ouvriers étrangers et à leurs ayants droits.

Que les maladies professionnelles soient assimilées aux accidents du travail.

Que tout travailleur ait droit à une retraite lui permettant de vivre normalement. Qu'à cet effet, il soit institué un régime unique de retraites, ayant à sa base les principes de l'invalidité.

Que soit développée la législation sur l'hygiène et la sécurité du travail et des travailleurs ; que soit réalisée la prohibition des poisons industriels ; qu'il soit remédié aux procédés de fabrication dangereux ou défectueux. Que dans un délai très bref soit adopté un même système d'accouplement automatique applicable à tous les wagons.

Que soit créé un service de statistique et de contrôle de l'application des lois relatives à la durée du travail, à l'hygiène, à la salubrité, service auquel participeront les organisations ouvrières.

Que soit institué un Office international du travail avec la collaboration du Secrétariat ouvrier international.

Contre la Vie chère

Pour parer aux difficultés résultant pour la classe ouvrière de l'augmentation du coût de la vie, la C. G. T. déclare que tous les droits de douane et d'octroi sur toutes les denrées alimentaires, sur toutes matières de chauffage, d'éclairage doivent être supprimés.

Qu'un service public, national, communal et corporatif d'alimentation populaire doit être organisé, qui suppose la réquisition des produits, le vote de crédits nécessaires et suffisants inscrits au budget annuel de l'Etat et des communes et couverts par un impôt progressif sur la richesse acquise, notamment sur le revenu des successions.

Cet Office fournira ses produits et marchandises, sans bénéfice, aux consommateurs ouvriers, établissant ainsi un coût de production minimum égal au prix de sa vente et régulateur des prix du marché.

Cet Office sera géré par des délégués directs du travail organisé et des consommateurs.

La répartition des charges budgétaires

Pour faire face aux difficultés résultant des charges de la guerre, la C. G. T. demande que l'impôt sur le revenu, que la loi sur les bénéfices de guerre soient appliqués intégralement et qu'une loi nouvelle frappe les héritages dans une proportion à déterminer, afin de diminuer d'autant les charges de la nation.

La C. G. T. déclare que ce programme est un programme minimum et doit être immédiatement réalisé. Pour cela, elle demande aux organisations syndicales d'en faire la base de leur action jusqu'à ce que satisfaction ait été obtenue.

Pour la C. G. T. : LE COMITE CONFEDERAL.

IV

L'Adhésion des Syndicats d'Alsace-Lorraine

La première réunion de la Commission Administrative fonctionnant avec la nouvelle constitution confédérale eut lieu le 24 septembre. Elle fut marquée par un fait important.

Deux délégués des Syndicats alsaciens-lorrains, les camarades Imbs, secrétaire de la Commission générale d'Alsace, et Stehlin, venus spécialement à Paris pour demander l'adhésion de leur organisation à la C. G. T., furent reçus par la Commission Administrative. Imbs exprima la joie que les camarades des deux provinces auraient de rejoindre la famille ouvrière française.

La C. G. T. s'est prononcée favorablement, sans discussion.

Cependant, l'adhésion des syndicats alsaciens-lorrains à la C. G. T. présentant quelques difficultés de formes, en raison de la constitution de ceux-ci, différente de celle des syndicats français, la C. A. examina la question pour apporter les modalités indispensables à leur rattachement.

Le camarade Imbs invita la C. G. T. à fixer une date pour la convocation d'une conférence des syndicats d'Alsace-Lorraine et à envoyer des délégués pour y participer. La date fut fixée au 5 janvier et les délégués choisis furent Jouhaux et Merrheim.

Une autre question se posait : celle des syndicats chrétiens d'Alsace-Lorraine, qui, eux aussi, demandaient leur admission. Après échange de vues avec le camarade Imbs, la C. A. décida d'inviter ceux-ci à assister à la Conférence du 5 janvier à Strasbourg, pour y examiner les possibilités de fusion, de façon à créer en Alsace-Lorraine une unité d'organisation syndicale.

Le Congrès de Strasbourg

Le Congrès syndical ainsi décidé se tint à Strasbourg, les 4 et 5 janvier 1919. Y furent représentés les Syndicats de Colmar, Mulhouse, Strasbourg, Sainte-Marie-aux-Mines, et les usines Dietrich de Niederbronn. Le camarade Imbs présidait. Souhaitant la bienvenue aux deux délégués de la C. G. T. et aux représentants des organisations d'Alsace-Lorraine, il expliqua ainsi l'objet de la réunion :

« Nous allons chercher ensemble les moyens les plus pratiques pour rejoindre la C. G. T. française ; la différence de langue empêchera que la fusion soit aussi rapide que nous le désirons ; la plupart de nos adhérents ne peuvent lire que les journaux écrits en langue allemande. Mais cette difficulté n'est que passagère ; nous la surmonterons rapidement si nous nous mettons d'accord pour grouper tous nos Syndicats en une grande Union régionale qui adhérera à la C. G. T. »

Jouhaux, déclarant aux délégués que la C. G. T. serait heureuse d'admettre leurs organisations dans son sein, fit valoir les principes d'autonomie du syndicalisme français, dont il exposa la constitution dans ses grandes lignes. Il déclara qu'en raison de leur organisation spéciale, les syndicats d'Alsace-Lorraine ne seraient tenus, pour un temps dont eux-mêmes seraient juges, d'adhérer à la C.G.T. que par la voie d'une Union régionale, analogue aux Unions départementales, sans être soumis immédiatement à l'obligation de rallier les Fédérations nationales d'industrie.

Quelques divergences de vues se firent jour dans la deuxième journée du Congrès, les délégués d'Alsace-Lorraine ayant formé le projet de constituer 14 Fédérations régionales, groupant les 48 Syndicats de la province. Les représentants de la C. G. T. firent remarquer les inconvénients de cette méthode qui n'était pas conforme aux principes de l'organisation syndicale française. L'accord fut cependant facile après une longue discussion poursuivie avec attention et en toute cordialité. Finalement. la proposition d'Imbs, acceptée par Jouhaux, rallia l'unanimité des membres présents. Il fut ainsi décidé de regrouper les forces syndicales de la province en organisations de métiers ayant leur siège à Metz pour la Lorraine, à Mulhouse pour la Haute-Alsace, et à Strasbourg pour la Basse-Alsace ; ces syndicats réunis formant l'Union régionale des Syndicats d'Alsace-Lorraine (U. S. A. L.), ayant son siège à Strasbourg, et affiliée à la Confédération Générale du Travail.

Entre temps, s'était produit un fait qui ne s'était encore jamais présenté dans les annales de l'organisation syndicaliste de l'Allemagne. Le camarade Amman, délégué des Syndicats chrétiens, vint annoncer la volonté de ses camarades d'entrer à la C. G. T., et accepta, en leur nom, la constitution nouvelle proposée.

Depuis cette adhésion, l'Union régionale des Syndicats d'Alsace, qui publie deux journaux, l'un à Strasbourg en langue allemande, l'autre à Metz, en langue française, a participé à tous les actes de la vie confédérale, dans le cadre ainsi déterminé. à Strasbourg. Les principes d'autonomie de l'organisation syndicale française ont permis que se réalise l'union avec le minimum de difficultés et sans heurts, et que nos camarades continuent leur action suivant les méthodes auxquelles ils étaient accoutumés. Des relations se sont déjà établies entre les Fédérations nationales d'industrie et les Syndicats correspondants. Tout permet de prévoir que l'union deviendra de plus en plus étroite et se réalisera pleinement dans un minimum de temps.

V

La Conférence Syndicale Internationale de Berne

La Conférence internationale syndicale se tint à Berne, du 5 au 9 février 1919. Ce n'est pas sans peine que ce résultat fut obtenu. Nous ne pouvons pas songer, dans le cadre de ce rapport, à rappeler par le détail toutes les démarches qui précédèrent la convocation définitive de cette Conférence qui devait, d'abord, être tenue à Genève ou à Lausanne le 5 janvier. Mais il faut indiquer ici que le Bureau confédéral a mis tous ses efforts à obtenir cette réunion.

Des correspondances nombreuses furent échangées entre la C. G. T. et les différentes organisations ouvrières des pays de l'Entente et le Secrétariat international provisoire établi à Amsterdam.

Dès que l'armistice eut rendu possible une réunion des représentants des prolétariats de tous les pays, il avait été vite aisé de connaître que le gouvernement français n'en autoriserait point la tenue à Paris. D'autre part, à quelques premiers refus succédèrent des suggestions de réunir probablement une Conférence interalliée ; ces suggestions furent acceptées en principe, mais sans rien abandonner de notre volonté d'arriver au plus tôt à une véritable réunion internationale dont l'urgence nous paraissait extrême, en raison de l'ouverture des travaux de la Conférence de la Paix, afin d'arriver à établir une charte internationale du Travail.

Pour toutes ces raisons, nous avions cru utile de nous réserver, lors d'une convocation à participer à une Conférence interalliée à Londres (elle se tint en septembre 1918), convoquée à l'occasion de l'arrivée en Angleterre des représentants de l'*American Federation of Labor ;* nous fîmes valoir que cette conversation pourrait plus utilement avoir lieu à Paris, où les délégués devaient se rendre.

Une seconde proposition, émanant d'Oudegeest, secrétaire international provisoire, et d'Appleton, secrétaire de la *General Federation of Trade Unions* d'Angleterre, adhérente à l'Internationale syndicale, nous fut faite d'adhérer à une réunion, à Londres, qui devait décider la convocation d'une Conférence internationale à Amsterdam. A ce moment, l'idée de Berne était lancée par nous et acceptée par certains centres nationaux ; nous ne voulions pas retarder la réunion et répondîmes à Oudegeest et Appleton en les y convoquant. La *General Federation* ne devait pas répondre à cette invitation (les travailleurs anglais furent cependant représentés par les délégués du *Trade Unions Congress*) et Oudegeest ne vint qu'en retard.

L'abstention des Belges et des Américains

Cette abstention ne devait pas être la seule. Des conférences tenues à Paris entre la Commission Administrative et les délégués de l'*American Federation of Labor* et de la Commission syndicale de Belgique, une démarche accomplie à Bruxelles ne parvinrent à convaincre ni les Américains ni les Belges de se faire représenter à Berne.

Nous maintînmes notre point de vue, que résumait la résolution suivante :

La C. G. T. déclare, en réponse aux propositions des délégations américaine et belge, qu'il est impossible d'organiser, à l'heure actuelle, utilement, à Paris une conférence interalliée ;

Qu'elle a, depuis l'armistice, réclamé, à plusieurs reprises, l'organisation de cette conférence interalliée, et que l'absence de réponse de la part des pays de l'Entente a, seule, empêché la tenue de cette conférence ;

Que, d'autre part, les questions de responsabilité, de transfert du secrétariat syndical international, ne sauraient être discutées et ne peuvent recevoir de solution qu'au cours d'une conférence véritablement internationale rassemblant l'ensemble des délégués des prolétariats de tous les pays ;

Qu'au surplus, la charte internationale du travail, pour être effective et viable, doit être l'expression de la volonté des travailleurs de tous les pays.

Pour ces raisons, ayant le sentiment de traduire les facteurs de transformation sociale nés de la guerre, avec la notion de servir utilement la cause du travail international ainsi que la cause de la paix humaine et durable, la C. G. T., appliquant la résolution de son dernier congrès national, en accord avec les décisions prises dans les conférences interalliées ouvrières, participera à la conférence syndicale internationale de Berne.

C'est dans ces conditions que nous sommes allés à Berne, ayant très nette la conception que notre point de vue et notre attitude étaient en liaison étroite avec les intérêts supérieurs du prolétariat mondial, qu'une action internationale serait déterminante des événements de demain, mais sachant aussi que notre situation d'isolés nous créerait une condition d'infériorité quant aux questions de la reconstitution immédiate de l'Internationale syndicale et du transfert définitif du siège.

La Conférence syndicale, qui se tint simultanément avec la Conférence socialiste, si elle ne fut pas exactement par sa représentation ce que nous aurions désiré, confirma quand même nos espérances.

Premières difficultés

Jouhaux et Dumoulin se rendirent à Berne, dès le 27 janvier, pour achever l'organisation de la Conférence, qui soulevait de grosses difficultés, relatives à la correspondance gênée par les censures des divers pays, à la lenteur des transports et aux restrictions imposées par les gouvernements, au choix d'une salle, à la constitution des divers services. Toutes furent surmontées, non sans peine, et, pendant que Jouhaux retournait à Paris pour faire un dernier effort afin de convaincre les

Américains et les Belges, Dumoulin put tenir, le 29 janvier, une réunion préalable à laquelle assistaient les délégués présents de sept nations.

Le premier contact entre les délégués avait montré une certaine divergence de vues sur l'ordre du jour à soumettre à la Conférence ; les Suédois, par exemple, qui étaient aussi délégués à la Conférence socialiste, n'attachaient qu'une importance secondaire à la réunion des Centrales syndicales et ne lui reconnaissaient comme prérogative que de discuter la charte internationale du Travail. Dumoulin, appuyé par les Suisses, put cependant faire admettre que la question de la Société des Nations serait discutée elle aussi. Les sept délégations présentes (France, Autriche, Suède, Bulgarie, Bohême, Grèce et Suisse) s'entendirent enfin pour convoquer d'urgence Oudegeest et Legien, secrétaire de la Commission générale des Syndicats d'Allemagne, qui détenait le secrétariat international avant la guerre.

La Conférence prenait enfin tournure ; le 1ᵉʳ février, la Hongrie et l'Allemagne venaient rejoindre les Centrales déjà représentées. Quinze nations étaient enfin présentes lors de la première réunion du 4 février, qui fut privée et se tint à la Maison du Peuple.

En présence de l'opposition renouvelée des Scandinaves, il fut décidé de réserver jusqu'à l'arrivée de Legien et d'Oudegeest la question de la reconstitution de l'Internationale et du transfert du siège (qui serait soumise préalablement à une Commission), et d'ouvrir la Conférence par la discussion de la Charte Internationale et de la Société des Nations.

Il fut enfin décidé que les organisations représentées — adhérentes ou non à l'Union Syndicale Internationale — auraient voix délibérative.

Les Délégations

La délégation confédérale avait été ainsi nommée par la Commission Administrative du 21 janvier 1919 :

Jouhaux, Dumoulin, Merrheim, Bourderon, Doumenq, Bidegaray, Lefèvre, Chanvin, Rivelli, Dumas, Savoie, Luquet, Imbs.

Les délégations complètes des autres pays étaient les suivantes :

Allemagne. — Wilhelm Jansson, Hermann Kube, Carl Hübsch, Hermann Jaeckel.

Autriche allemande. — Franz Domer, Julius Grümwald, Johann Gion.

Bohême. — Rudolf Tayerle, Anton Hampt.

Grande-Bretagne. — G.-H. Stuart Bunning, Miss Bondfield, Robert Shirkie, Thomas Greenall.

Bulgarie. — Dimitroff, Dʳ Sakasoff.

Canada. — Gustave Francq.

Danemark. — J. P. Nielsen, Kiefer.

Espagne. — Largo Caballero.

Grèce. — Petridis

Hollande. — Oudegeest.

Hongrie. — S. Jaszaï.

Italie. — Alfredo Bianchi, Guiseppe Caramati, Umberto Peroni
Norvège. — Ole D. Lian, P. Aarac, Olan Kringen.
Suède. — Ernst Sœderberg, Aron Thorberg, K. W. Holmström.
Suisse. — Karl Dürr, Charles Schürch, E. Ryser, Ernst Marti, Ach.
Grospierre, Konrad Ilg, Emile Düby, Hug. Hugler, Oscar Schneeberger.
Le bureau permanent de la Conférence fut ainsi constitué par des
délégués neutres :
Président : Schneeberger (Suisse) ; vice-présidents : Ryser (Suisse) et
Sœderberg (Suède) ; secrétaire : Bellina (Suisse).

La Législation Internationale du Travail

La première question examinée par la Conférence fut celle de la législation internationale du Travail. Au cours de la discussion qui eut lieu, le délégué allemand Jansson constata que c'est le mérite des camarades français d'avoir réclamé de leur gouvernement que, lors de la conclusion de la paix, soit introduite une nouvelle réglementation du droit ouvrier.

Jouhaux exposa alors les conceptions générales de la délégation française et le caractère des réformes qui avaient été réclamées dans les conférences interalliées de Londres et de Leeds.

Après quelques observations de Stuart Buming (Angleterre) et de Dumoulin, il fut décidé de nommer une Commission chargée d'étudier la Charte du Travail et la législation internationale.

Repris un peu après par Francq (Canada) et Bianchi (Italie), le débat fut momentanément clos par l'adoption d'une déclaration de principes proposée par la délégation française et dont voici le texte :

L'internationale syndicale, réunie à Berne le 5 février et jours suivants, parlant au nom de l'intérêt commun de tous les hommes qui ont à vivre dans une société soucieuse des droits du travail et du bien-être de tous, veut poser les règles destinées à relever le travail de ses déchéances sociales et juridiques, et à rendre à l'Univers anémié ses raisons de vivre et de prospérer.

Les nations ont besoin de tous les travailleurs pour se reconstituer et ne donneront jamais assez pour rendre le travail plus digne et plus fécond.

Le travail doit être considéré comme fonction sociale et pas un homme valide ne doit se soustraire à la production utile. Le bien-être de tous dépend d'une orientation des efforts dans un but d'intérêt général, et non pour la satisfaction d'intérêts égoïstes, comme c'est le cas dans la société capitaliste.

L'Internationale syndicale déclare que le travail ne doit pas être une marchandise, que c'est la fonction la plus noble dans les sociétés modernes ; en conséquence, les producteurs doivent poursuivre la disparition du salariat, de l'exploitation de l'homme par l'homme, survivance d'une conception disparue aujourd'hui par l'évolution humaine et remettre entre les mains des producteurs le contrôle et la gestion des forces de production.

Présentement, la classe ouvrière considère que l'humanité civilisée exige impérieusement l'établissement d'un ordre rationnel dans la répartition de la production, dans la mise en rapport des besoins et des disponibilités du travail humain. Elle exige la fin de l'incohérence que le régime capitaliste et politique d'avant-guerre a laissé persister partout.

En un mot, elle demande une organisation nationale et internationale du travail qui permette l'ajustement, suivant des procédés méthodiques, des activités individuelles aux emplois nécessaires pour les besoins de la communauté humaine.

La classe ouvrière, enseignée par sa longue misère, en présence des dévastations causées par la guerre, doit se mettre hors des atteintes de la concurrence capitaliste internationale en s'assurant un minimum de garanties d'ordre moral et matériel.

La Conférence syndicale internationale de Berne déclare : que réaliser des réformes n'est pas abdiquer son idéal ; que c'est au contraire préparer, ébaucher l'ordre nouveau vers lequel se dirige le monde du travail.

S'inspirant des revendications formulées aux Conférences syndicales tenues à Leeds en 1916 et à Berne en 1917, la présente Conférence internationale syndicale réclame les garanties relatives au droit au travail, droit syndical, au salaire, aux assurances sociales, à la protection de l'enfant, de la femme, à la durée et à l'hygiène du travail.

*
* *

La Conférence syndicale internationale considère que l'efficacité et la continuation de la législation internationale du travail ne peuvent être garanties que par la constitution d'un Office international du travail, partie intégrante de la Société des Nations.

Cet Office doit être créé sous la forme d'un véritable Parlement international et interprofessionnel du travail, dans lequel siégeraient des délégations directes des organisations syndicales ouvrières de tous les pays.

De ce Parlement international et interprofessionnel du travail devront émaner non seulement des conventions internationales n'ayant que le caractère d'accords diplomatiques et dépourvues dans chaque pays de valeur légale, tant qu'elles n'ont pas été converties en lois nationales par la ratification d'un Parlement et la promulgation faite par un Gouvernement, mais les lois internationales ayant, dès leur vote et leur promulgation, la même valeur que les lois nationales.

Cette conception du rôle du Parlement international évoque la nécessité d'un pouvoir légiférant international, s'établissant au profit de la Société des Nations, c'est-à-dire d'une souveraineté supranationale.

Cette inauguration marquera le commencement d'une ère nouvelle au cours de laquelle les classes ouvrières de tous les pays se développeront en force, en conscience, dans la voie du progrès et du mieux-être pour tous.

La Commission nommée par la Conférence avait désigné trois rapporteurs : Jansson (Allemagne), Jouhaux (France) et Miss Bondfield (Angleterre), qui donnèrent lecture du texte arrêté ; il fut adopté par la Conférence syndicale, et la Conférence socialiste devait le faire sien.

Nous le reproduisons intégralement, à la suite du compte rendu des travaux de Berne.

La reconstitution de l'Internationale

En même temps que la Commission chargée de rapporter le projet de la Charte internationale du Travail, la Conférence en avait nommé une autre ayant reçu mandat d'examiner la question de la réorganisation

de l'Internationale. Le texte français, rapporté par Luquet, était le
suivant :

La Conférence syndicale internationale de Berne (février 1919), à laquelle
participent les représentants des travailleurs organisés de France, Allemagne,
Angleterre, Autriche, Bohême, Norvège, Suède, Danemark, Italie, Hollande,
Grèce, Hongrie, Bulgarie, Canada, Suisse, considérant que la guerre et la
paralysie dont elle a frappé le fonctionnement de l'Union syndicale internationale, ont montré l'impérieuse nécessité de reviser la constitution et d'examiner la question du siège de cet organe indispensable à l'action internationale du prolétariat ;

Donne mandat au Bureau international provisoire d'Amsterdam et au
Centre de correspondance institué à Paris par la Conférence de Leeds, de
convoquer une nouvelle Conférence internationale aussitôt que possible et au
plus tard en mai.

Un texte allemand était moins précis. Sur l'insistance du rapporteur
français, il fut indiqué que Jouhaux et Oudegeest auraient mission de
convoquer régulièrement la prochaine Conférence chargée de reconstituer
l'Internationale. De plus, il fut entendu qu'y seraient convoquées toutes
les Centrales nationales représentées à Berne, ou adhérentes au Secrétariat
international avant la guerre ou qui pourraient encore se constituer.

La Société des Nations

Le débat devait être vif sur la Société des Nations. La délégation française avait préparé une résolution qui pouvait être adoptée d'enthousiasme, mais les délégués scandinaves, auxquels se rallièrent Oudegeest
et les Allemands, déclarèrent encore que cette question était du ressort
de la Conférence politique.

Jouhaux, Merrheim, Bourderon, que devaient appuyer Stuart Bunning
(Angleterre), Francq (Canada), Schurch (Suisse) protestèrent avec force,
comme il convenait, contre cette conception surprenante et montrèrent
l'impossibilité pour une réunion prolétarienne, de se refuser à dire sa
pensée sur cette question vitale.

Leur fermeté devait avoir gain de cause. Une Commission de quatre
membres (Jouhaux, Oudegeest, Francq et Kube) fut chargée d'élaborer
un texte clair et précis. Elle revint avec la résolution française légèrement
amendée :

La Conférence syndicale internationale extraordinaire, sans entrer dans les
détails de la Société des Nations, proclame :

Que pour répondre aux désirs des masses populaires, la Société des Nations
ne doit pas être simplement une association de dirigeants basée sur l'arbitrage
obligatoire, la limitation des armements et la menace de mesures coercitives,
mais être établie sur la volonté et par la participation de tous les peuples.

L'ordre international impose l'obligation de la solution suivante : Impossibilité pour les nationalités de se faire justice elles-mêmes.

D'autre part, pour que les Etats soient soumis à un régime de justice, la
Société juridique des Nations doit être indépendante de la pression des Etats.

Le régime de la paix doit être basé sur le désarmement militaire des Etats, la liberté des Nations étant garantie par les sanctions du tribunal international.

La Société des Nations comprend un pouvoir législatif et judiciaire séparés. l'un de l'autre.

La Conférence syndicale internationale exprime l'opinion que le pouvoir législatif de la Société des Nations soit élu par les peuples.

La tâche de la Société des Nations fera un progrès, surtout si les bases économiques de la Société des Nations comprennent :

L'organisation rationnelle et scientifique du travail, la protection ouvrière internationale, la répartition internationale des matières premières et l'internalisation des moyens de transport et d'échanges internationaux.

Mais la Conférence syndicale internationale déclare en outre que, dans la Société actuelle, si la classe ouvrière veut éviter que la Société des Nations soit un centre de réaction et de répression contre les travailleurs de tous les pays, les classes ouvrières doivent s'organiser internationalement de façon. que leur puissance devienne un contrôle efficace de la Société des Nations.

Les Prisonniers de guerre et le blocus

Au cours d'une séance précédente, le délégué allemand Jansson, s'adressant aux délégués français et anglais, avait posé cette question des prisonniers de guerre et du blocus. Jansson demandait aux Français et aux Anglais d'entreprendre une action pour la libération des prisonniers et pour que le blocus cesse. Il fallait répondre à cette question.

Jouhaux fit la déclaration que voici :

Les organisations syndicales françaises se dresseront contre les pays militairement victorieux qui voudront réduire les populations des pays militairement vaincus à la famine. Les organisations françaises ne le toléreront pas. De même elles n'admettront pas que les prisonniers de guerre soient contraints aux travaux forcés. Il est regrettable cependant que l'action que désirent entreprendre les travailleurs français soit amoindrie par le souvenir des déportations d'ouvriers belges et de la retenue des prisonniers russes en Allemagne après la signature du traité de Brest-Litowsk. Contre ces déportations et le maintien de ces prisonniers russes, les chefs du prolétariat allemand n'ont pas suffisamment protesté, et c'est ce qui rend notre situation délicate.

Jouhaux fit remarquer qu'il devait être tenu compte des dévastations subies par la France et des ruines économiques accumulées sur son territoire.

Stuart-Bunning s'associa aux déclarations du secrétaire de la C. G. T.. en ce qui concerne les prisonniers et le blocus.

Les résultats de la Conférence

Tels sont, sommairement indiqués, les résultats des travaux de la Conférence de Berne. Ils sont considérables. Cette première réunion de Centrales ouvrières, tenue depuis le début de la guerre, malgré ceux qui l'ont entravée et longtemps compromise même, a pu exprimer la pensée des travailleurs sur trois questions aussi essentielles que la Société des Nations, la Charte Internationale du Travail — les diplomates officiels de la Conférence de la Paix ont dû eux-mêmes en tenir compte — et la reconstitution de l'Internationale syndicale.

La C. G. T. a tout lieu d'être satisfaite de ses efforts. Berne a été un aboutissement remarquable de toute son œuvre internationale pendant le conflit. N'est-ce pas elle en effet qui, la première, en pleine guerre (Leeds, 1916), proclama la nécessité d'une législation internationale du travail ? C'est encore l'organisation française qui, à Berne, fit triompher l'idée d'un parlement international du travail avec représentation directe des travailleurs organisés et doté du pouvoir législatif et du droit de contrôle et d'enquête.

Un tel programme ne saurait être, d'ailleurs, qu'un début. A l'organisation internationale des travailleurs, reconstituée sur des bases nouvelles, efficaces, de développer la volonté ouvrière pour obtenir une organisation stable et juste des Nations dans laquelle le travail aura la place qui lui revient et sans laquelle tout essai d'équilibre, de paix, de progrès sera inutile et frappé de stérilité.

Programme de la Charte Internationale du Travail

Adopté à la Conférence de Berne

Sous le régime du travail salarié, la classe capitaliste cherche à augmenter son profit en exploitant les travailleurs dans la plus forte mesure possible. Ces méthodes, si elles ne sont pas limitées, amènent nécessairement la déchéance physique, morale et intellectuelle des travailleurs et de leur descendance. Elles entravent le développement de la société, dont l'existence même peut être ainsi compromise.

La tendance du capitalisme à provoquer la dégradation de la classe ouvrière ne peut être arrêtée complètement que par l'abolition de la production capitaliste elle-même. Mais auparavant elle peut être atténuée considérablement, aussi bien par la résistance de l'organisation ouvrière que par l'intervention de l'Etat. Cette double action protège la santé des travailleurs ; elle leur conserve la vie de famille ; elle leur donne la possibilité de se développer intellectuellement et leur permet ainsi de remplir leurs devoirs de citoyen dans la démocratie moderne.

Les limites que se pose le capitalisme sont sont très différentes dans les divers Etats. La concurrence déloyale, qui donne une avance aux pays arriérés, met en danger l'industrie et la classe ouvrière des pays avancés. Pour coordonner les différences qui existent entre les lois de protection ouvrière, adoptées dans les divers pays, il est devenu nécessaire, depuis longtemps, de créer un système de législation ouvrière internationale. La nécessité de cette réforme est devenue doublement urgente à la suite des terribles bouleversements et des ravages énormes que la guerre a fait subir aux forces populaires. Mais, en même temps, nous voyons aussi la possibilité de l'obtenir par la création de la Société des Nations, qui semble imminente.

La Conférence syndicale internationale qui siégea à Berne, à la Maison du Peuple, du 5 au 9 février 1919, et à laquelle prirent part des délégués de Bohême, Bulgarie, Danemark, Allemagne, Angleterre, France, Grèce, Hollande, Italie, Canada, Norvège, Autriche, Suède, Suisse, Espagne et Hongrie, demande que la Société des Nations considère comme une de ses tâches primordiales de créer une législation internationale de protection du travail et d'en assurer l'application. Elle s'en réfère aux résolutions des conférences syndicales internationales de Leeds et de Berne et, sans vouloir porter atteinte aux résolutions éventuellement plus larges des syndicats, elle entend que les revendications minima suivantes, déjà appliquées partiellement dans divers pays, soient incorporées dans le droit international par la Société Nations, au moment de la conclusion de la paix.

1. La Conférence considère que l'enseignement primaire doit être obligatoire dans tous les pays, que le préapprentissage et l'enseignement professionnel général doivent y être organisés. L'enseignement supérieur doit être libre et accessible à tous, les aptitudes et les aspirations ne peuvent être contrariées par les conditions matérielles d'existence dans lesquelles les jeunes gens se trouvent placés. Les enfants au-dessous de l'âge de 15 ans ne pourront être occupés dans l'industrie.

2. Les jeunes gens de 15 à 18 ans ne seront pas occupés au travail plus de six heures par jour, avec une heure et demie de repos après quatre heures de travail ininterrompu. Les jeunes gens des deux sexes assisteront pendant deux heures par jour, à des cours complémentaires d'instruction technique institués en leur faveur et qui auront lieu entre six heures du matin et huit heures du soir. Les jeunes gens doivent pouvoir disposer du temps nécessaire à la fréquentation de ces cours.

L'emploi de jeunes gens sera prohibé : entre huit heures du soir et six heures du matin, les dimanches et jours fériés, dans les industries insalubres, dans les mines souterraines.

3. Le samedi, les ouvrières ne travailleront pas plus de quatre heures et elles seront libres à partir de midi. Les exceptions, qui s'imposent dans certaines industries, seront compensées par une demi-journée de repos prise sur un autre jour de la semaine.

Les ouvrières ne pourront être occupées au travail de nuit. Il sera interdit aux industriels de fournir du travail à domicile après les heures de travail régulières. En règle générale, les femmes ne seront pas occupées dans les exploitations qui sont particulièrement défavorables au point de vue hygiénique et où il est impossible d'écarter ces dangers, de même que dans les mines souterraines.

La femme ne pourra être occupée au travail quatre semaines avant et six semaines après son accouchement, soit, en tout, pendant dix semaines. Tous les Etats contractants introduiront un système d'assurance maternelle, dont les indemnités s'élèveront au taux minimum de l'assurance maladie. Le travail des femmes sera payé, à prestation égale, au taux des salaires des hommes.

4. La durée du travail ne dépassera pas huit heures par jour et 48 heures par semaine. Le travail de nuit, entre huit heures du soir et six heures du

matin, sera interdit dans toutes les exploitations où il ne s'impose pas pour des raisons techniques ou par la nature même du travail. L'introduction du repos du samedi après-midi sera poursuivie dans tous les pays.

5. Le repos hebdomadaire ininterrompu, garanti par la loi, sera d'une durée d'au moins 36 heures et sera accordé entre le samedi et le lundi matin. Lorsque la nature du travail exigera le travail du dimanche, le repos hebdomadaire de 36 heures sera accordé pendant la semaine. Dans les industries à feu continu, les équipes seront relevées de façon à donner congé aux ouvriers alternativement chaque deuxième dimanche, mais il est entendu que ces dispositions s'adapteront aux pays et aux milieux qui ont un autre jour de repos.

Le travail de nuit et du dimanche devra être rémunéré à un taux supérieur.

6. Dans l'intérêt de la protection sanitaire et pour garantir les ouvriers contre les accidents, la durée du travail sera réduite à moins de huit heures dans les industries dangereuses en proportion du danger qu'elles présentent. L'emploi de poisons industriels sera interdit dans tous les cas où il est possible de les remplacer.

Il sera établi une liste internationale et permanente de poisons industriels dont la prohibition sera effectuée de commun accord. L'emploi de phosphore blanc dans l'industrie des allumettes et du blanc de céruse dans les travaux de décorations sera interdit. Un système identique d'accouplement automatique et adaptable à tous les wagons sera introduit internationalement dans les administrations de chemins de fer, dans un délai de cinq ans.

7. Toutes les lois et règlements, concernant la protection du travail industriel, seront appliqués en principe aux industries domiciliaires. Les assurances sociales seront étendues aux travailleurs domiciliaires.

L'industrie à domicile sera interdite :

a) Dans tous les travaux qui pourraient compromettre la santé des travailleurs ou les menacer d'empoisonnement.

b) Dans les industries alimentaires, y compris la confection des sacs et des cartonnages destinés à contenir des aliments.

La notification des maladies infectieuses serait obligatoire dans les industries domiciliaires. Le travail industriel sera interdit dans les habitations où ces maladies auront été reconnues, et de ce chef les ouvriers auront droit à une indemnité. Tous les pays introduiront une inspection médicale des ouvriers occupés dans l'industrie domiciliaire ainsi qu'une inspection des habitations où travaillent les ouvriers de cette industrie.

Il sera dressé des listes — et ces listes seront contrôlées — des ouvriers et des intermédiaires travaillant dans les industries domiciliaires. Des comités de salaires, composés à nombre égal d'employeurs et d'ouvriers, seront constitués dans toutes les régions où il y a des industries domiciliaires. Ces comités auront pouvoir légal de fixer les bases des salaires. Les taux des salaires devront être affichés dans les locaux de travail.

8. Les travailleurs ont le droit de coalition et d'association dans tous les pays. Les lois et décrets, qui placeraient certaines catégories de travailleurs dans des conditions spéciales comparativement à d'autres catégories, ou qui priveraient ces travailleurs des libertés de coalition en les empêchant de faire valoir leurs intérêts et de collaborer à la fixation de leurs conditions de salaire et de travail, seront abrogés. Les travailleurs immigrants jouiront des mêmes droits que les travailleurs des pays dans lesquels ils se rendent ; ils pourront prendre part au mouvement syndical et faire usage du droit de grève. Des punitions seront infligées à tous ceux qui s'opposeront à l'exercice de la liberté de coalition et d'association. Les ouvriers étrangers ont droit au salaire et aux conditions de travail convenus entre les syndicats et les employeurs des

branches d'industrie concernées. A défaut de convention, les travailleurs étrangers auront droit aux conditions de travail et aux salaires en vigueur dans la localité où ils se sont rendus.

9. Les interdictions d'émigration seront abrogées. Les interdictions d'immigration seront également abrogées en règle générale. Cette règle pourra être atténuée dans les cas suivants :

a) Chaque Etat pourra limiter temporairement l'immigration dans des périodes de dépression économique, afin de protéger les travailleurs indigènes aussi bien que les ouvriers émigrants.

b) Chaque Etat a le droit de contrôler l'immigration dans l'intérêt de l'hygiène publique et d'interdire l'immigration pendant un certain temps.

c) Les Etats peuvent exiger des immigrants qu'ils sachent lire et écrire dans leur langue maternelle, dans le but de protéger l'éducation populaire et de rendre possible l'application efficace de la législation de travail dans les branches d'industrie qui emploient des immigrants.

Mais les exceptions ne pourront être admises que d'accord avec la commission prévue à l'article 19.

Les Etats contractants s'engagent à introduire sans retard des lois interdisant l'engagement de travailleurs par contrat pour aller travailler à l'étranger et à mettre ainsi un terme aux abus des agences de placement privées. Le contrat d'engagement préalable est interdit.

Les Etats contractants s'engagent à dresser des statistiques du marché du travail en se basant sur les rapports publiés par les bourses du travail. Ils pratiquent mutuellement l'échange des renseignements aussi souvent que possible par l'intermédiaire d'un office central international. Ces statistiques seront spécialement communiquées aux unions syndicales de chaque pays.

Aucun travailleur ne sera expulsé d'aucun pays pour action syndicale. Il aura droit de recourir aux tribunaux ordinaires pour en appeler de la mesure d'expulsion.

10. Dans les districts où les salaires moyens sont insuffisants pour assurer aux travailleurs une vie normale et s'il est impossible d'amener un accord entre les ouvriers et les patrons, le Gouvernement instituera des commissions paritaires, chargées d'établir des salaires minima égaux.

En outre, les Etats contractants convoqueront aussi rapidement que possible une conférence internationale chargée de prendre des mesures efficaces contre l'avilissement de la puissance d'achat des salaires et d'en assurer le paiement en une monnaie non dépréciée.

11. Afin de diminuer le chômage, les bourses de travail des différents pays entretiendront des relations pour favoriser l'échange des informations relatives aux demandes et aux offres de travail. Un système d'assurance contre le chômage sera institué dans chaque pays.

12. Tous les travailleurs seront assurés par l'Etat contre les accidents du travail. Les indemnités à payer aux travailleurs et agents seront fixées conformément aux lois du pays où se trouve le siège de l'exploitation. Des lois d'assurance en faveur des veuves et des orphelins, de la maladie, de la vieillesse et de l'invalidité seront instituées et applicables aussi bien aux indigènes qu'aux étrangers.

Le travailleur étranger quittant le pays où il travaille, pourra, s'il a été victime d'un accident de travail, recevoir une rente annuelle, si un arrangement dans ce sens a été conclu entre le pays où il a travaillé et son pays d'origine.

13. Un code international spécial sera créé pour assurer la protection de la mer. Il sera appliqué en collaboration avec les syndicats de marins.

14. La mise en vigueur des présentes dispositions sera confiée dans chaque pays à l'administration et à l'inspection du travail. Les inspecteurs seront choisis parmi les experts techniques, sanitaires et économiques et seront assistés d'employés ouvriers des deux sexes.

Les syndicats professionnels contrôleront l'application de la législation du travail. Les employeurs, occupant au moins cinq ouvriers de langues étrangères, afficheront les règlements de travail et les autres notifications importantes dans les langues respectives des ouvriers, et ils feront enseigner la langue du pays à leurs propres frais aux ouvriers étrangers qu'ils occupent.

15. Dans le but de mettre en application et de développer la législation international du travail, les Etats contractants créeront une commission permanente, constituée par moitié de délégués des Etats membres de la Société des Nations et par moitié de délégués de la Fédération internationale des syndicats ouvriers.

Cette Commission permanente convoquera chaque année une Conférence des délégations des Etats contractants, dans le but d'améliorer la législation internationale du travail. Cette Conférence devra comprendre par moitié des représentants des travailleurs organisés de chaque pays ; elle aura le pouvoir dans le cadre de sa compétence de prendre des résolutions ayant force légale internationale.

La Commission travaillera en collaboration permanente avec l'Office international du travail, établi à Bâle, et avec l'Union internationale des syndicats professionnels.

VI

La Réorganisation économique

Les demandes effectuées en décembre 1918 près du sous-secrétaire d'Etat à la démobilisation, et auxquelles nous avons fait allusion plus haut, n'avaient pas donné de solutions satisfaisantes aux problèmes soulevés par la C. G. T. Le sous-secrétariat s'était borné à informer le Bureau confédéral qu'il constituerait un organisme où entreraient, à raison de deux, les délégués des organisations ouvrières et patronales et à demander à la C. G. T. d'y déléguer deux de ses membres.

Dans sa séance du 24 décembre 1918, la Commission Administrative décida de répondre au gouvernement qu'elle considérait que sa proposition était trop limitative pour une question aussi grave et aussi étendue que celle de la reconstitution industrielle et de la démobilisation.

La C. A. invita le secrétariat confédéral à préconiser, dans sa réponse, le retour à la solution déjà indiquée par la C. G. T. et qui tendait à la constitution d'un Conseil national économique, complété par des Conseils régionaux ; ce Conseil aurait les possibilités d'examiner tous les problèmes que pose le retour à l'état de paix.

Le 31 décembre, une délégation composée du Bureau confédéral et de Merrheim, Roux, Dumas, Bartuel, Bidegarray et Bordères se rendit chez le président du Conseil et l'entretint de ces importantes questions et de la création d'organismes appropriés.

Les principes et les lignes générales de ces organismes nouveaux sont résumés dans le rapport suivant qui avait été adopté unanimement par la C. A. :

Projet de constitution
d'un Conseil National Économique

Exposé

Les hommes de ce pays ont un vaste problème à résoudre. Ils ne peuvent l'aborder qu'en se dégageant des querelles de partis, en se plaçant au-dessus de misérables compétitions d'intérêts et de coteries inintelligentes.

Notre pays, après l'épreuve douloureuse qu'il vient de subir, ne peut retrouver sa force que dans l'harmonie qui lui permettra de mettre à profit son génie de production.

Le passage de l'état de guerre à l'état de paix crée une période de difficultés aiguës, telle, que pour en triompher, les collectivités sont obligées de rassembler toutes leurs forces, tous leurs moyens.

Le caractère mondial de l'effort de guerre a épuisé les réserves générales, accumulées par le labeur d'une longue période de paix. Les peuples doivent chercher leur salut en eux-mêmes.

La stagnation économique coïncidant avec la démobilisation crée, chez nous, un désordre qui fait apparaître plus pressante la nécessité de coordonner les moyens nationaux d'action pour une utilisation rationnelle des richesses et un développement intensif de l'effort de production.

Sans entrer dans le domaine de la critique, disons qu'une constatation s'impose : Il manque à ce pays l'organisme qui lui permette de réunir le maximum de moyens propres à assurer, pour une production intensive, le concours des compétences indispensables mises au service de l'intérêt général.

Cet organisme doit être constitué. Il doit avoir pour but de réunir les forces organisées capables d'exercer un droit de contrôle sur tout ce qui relève du domaine économique, de manière à être à même de faire intervenir telles solutions qui seront de nature à corriger des défauts d'organisation ou des faiblesses de gestion.

*
* *

A la base du problème qui se pose devant le pays, se trouvent, selon nous, cinq éléments :

> Les transports ;
> La production ;
> Les matières premières ;
> L'outillage ;
> La main-d'œuvre.

Ces cinq questions sont liées. Constituent-elles, présentement, en ne comptant que sur nos propres forces nationales, un problème insoluble ? Il reste à en faire la preuve ; elle ne peut être fournie que lorsque l'effort combiné des différentes compétences aura été fourni.

Nous croyons que le défaut d'organisation fait que les matières premières sont mal réparties et mal employées ; que la main-d'œuvre est inemployée ou mal utilisée ; que les transports ne fournissent qu'un rendement minimum.

Un organisme, groupant les compétences nécessaires, coordonnant les efforts des représentants des forces collectives, imbues des principes d'intérêt général, doit corriger ces erreurs.

*
* *

La tâche du Conseil national économique comprendra deux stades :

Le premier se caractérisera par une tentative immédiate d'améliorer la situation économique du pays au milieu des circonstances difficiles dans lesquelles il se meut présentement.

Cela consistera en des enquêtes rapides, destinées à faire connaître, d'une façon exacte, les disponibilités, les ressources du pays, les faiblesses de gestion des entreprises publiques et privées jouant un rôle primordial dans la vie de la nation. Le concours de conseillers techniques (ingénieurs, chimistes, etc.) devra être assuré au Conseil national économique.

Puis, des rapports condensés et succincts indiqueront les solutions les plus appropriées à faire intervenir.

Le contact du C. N. E. avec le Pouvoir s'établira par le canal de la présidence du Conseil, afin d'éviter toutes frictions, toujours possibles avec les organismes ministériels.

Le second stade sera abordé avec la préoccupation de créer en France une production ordonnée en utilisant le génie de la race et les ressources du pays en matières premières.

La mise en exploitation intelligente et rationnelle du domaine colonial, avec le concours des populations indigènes bénéficiant de leur part de profits, telle sera la tâche du Conseil national économique.

Composition

Quelle sera la composition de cet organisme ?

Il faut redouter d'en faire un Parlement au petit pied ! Il convient cependant de n'en pas faire un cercle trop étroit, sans ressort, dans l'incapacité matérielle de faire face aux besoins nombreux auxquels il devra répondre.

Cet organisme doit, à nos yeux, comprendre cinq éléments :

1° Des chefs d'industries, représentants d'organisations patronales ;
2° Des travailleurs, représentants d'organisations ouvrières ;
3° Des conseillers techniques (ingénieurs, etc.) ;
4° Des délégués du Gouvernement.

A ces quatre éléments doivent nécessairement s'ajouter, selon nous, des personnalités compétentes en matière de droit et d'économie politique, chargées plus spécialement, d'une façon générale, de conseiller, de se faire l'écho des doléances des consommateurs, de se faire les interprètes de l'opinion publique.

Dix représentants des deux grandes catégories nous paraît être un nombre à la fois nécessaire et raisonnable.

La question, malgré l'intérêt qui s'attache à elle et qui n'a pas échappé à l'opinion, et en dépit des assurances données, comme on va le voir, par le gouvernement, demeure toujours en l'état. Nous estimons qu'elle se pose toujours avec une urgence aussi impérieuse. L'état de crise économique où nous a plongés la guerre, la situation déficitaire dans le monde, ne laissent d'autre alternative que celle de produire pour relever les ruines et augmenter la somme des objets de consommation mis à la disposition de tous. On n'y parviendra que par la mise en œuvre méthodique, complète de toutes les ressources économiques et aussi — l'expérience ne l'a que trop montré depuis — en rompant avec les méthodes administratives incompétentes, incohérentes, insuffisantes à tous égards.

Deux délégations de la C. G. T.

La démarche faite le 31 décembre 1918 à la présidence du Conseil, au cours de laquelle furent également soulevées les questions relatives aux camarades frappés de peines disciplinaires pour les grèves du précédent mois de mai et celle de la Conférence de Berne en préparation, fut suivie d'une autre délégation, le dimanche 12 janvier 1919.

Le président du Conseil s'était déclaré, en principe, favorable au projet que le secrétaire confédéral lui avait soumis et avait demandé aux délégués de revenir le voir pour discuter, de façon plus détaillée, le programme confédéral.

Dans cette seconde entrevue, la délégation remit au président du Conseil le programme minimum des revendications syndicales et les clauses ouvrières à insérer au traité de paix.

A propos de ces dernières, la délégation fit remarquer au gouvernement les inconvénients graves qu'il y aurait à faire traiter ces questions internationales du travail par des fonctionnaires, alors que dans les autres pays, les délégations chargées de traiter ces problèmes seraient composées de techniciens représentatifs du monde du travail. Sans prendre d'engagement formel, le gouvernement se déclara prêt à en appeler aux intéressés pour la discussion et la solution des clauses ouvrières du traité de paix.

La délégation insista ensuite sur la nécessité de réalisation immédiate de la journée de huit heures et sur la constitution rapide d'un Conseil national économique.

Sur ces deux revendications, l'assurance fut donnée aux délégués que ces réformes étaient sur le point d'être réalisées.

La délégation, se conformant au mandat des organisations ouvrières intéressées et qui étaient représentées dans son sein, entretint enfin le président du Conseil des mesures à prendre pour remédier à la crise du chômage qui sévissait notamment à Paris et dans la Seine. Elle obtint la promesse que le versement de l'indemnité de licenciement serait généralisé à toutes les femmes renvoyées des usines de guerre, que les secours de chômage seraient réorganisés, que de grands travaux publics seraient ouverts le plus rapidement possible.

La question du licenciement dans les usines de guerre devait, en outre, provoquer de nouvelles démarches des organisations syndicales, les 4 et 15 février, au ministère de la Reconstitution Industrielle. Elles obtinrent satisfaction.

VII

La Journée de 8 heures

Tant d'objets se sont offerts à l'activité de la C. G. T. dans la période remplie d'événements qui s'est écoulée depuis le Congrès, qu'il est impossible, pour rendre un compte exact et clair de la vie confédérale, do suivre rigoureusement l'ordre historique. C'est ainsi que nous grouperons dans ce chapitre du rapport tout ce qui a trait à la réalisation de cette revendication ouvrière essentielle : la journée de huit heures.

Premières décisions

Dès le début de ses réunions, la Commission administrative réorganisée s'était préoccupée d'étudier les conditions de réalisation de cette réforme qui semblait enfin proche et qui devait marquer la victoire de l'effort ouvrier affirmé à Bourges, en 1904.

Le 21 janvier, une Commission fut nommée, composée du Bureau confédéral et des camarades Bartuel, Delzant, Savoie, Lefèvre, Dumas et Mammalé.

Le 18 février, la question fit l'objet d'une discussion, au cours de laquelle il fut décidé d'adresser, par voie de circulaire, un questionnaire aux Fédérations, afin de connaître comment elles concevaient l'application de la journée de huit heures, quelles modalités devraient intervenir dans chaque corporation, de quels moyens d'action enfin elles disposaient. En un mot, il leur était demandé de fournir une documentation précise et complète, de manière à fixer la C. G. T. dans son action future.

En même temps, la C. A. adoptait la résolution suivante :

La Commission administrative déclare ne pas accepter les explications et les arguments développés, tant à la tribune du Parlement que dans les Assemblées patronales, contre l'application de la journée de huit heures.

La journée de huit heures est devenue aujourd'hui un fait acquis dans de nombreux pays. Par conséquent, l'argument de concurrence étrangère ne saurait être invoqué. La journée de huit heures est, désormais, moralement acquise. Sa nécessité ne se discute plus.

Sans vouloir entrer dans les considérants erronés qui sont opposés de part et d'autre contre la réalisation d'une revendication imposée par les faits eux-mêmes et réclamée depuis des dizaines d'années par la classe ouvrière française, la Commission administrative, rappelant la volonté ouvrière de voir cette réforme insérée dans le traité de paix, proclame qu'elle ne saurait se borner à enregistrer les déclarations faites pour ou contre la journée de huit heures, mais qu'elle entend agir de toutes ses forces, par tous ses moyens pour en obtenir la réalisation rapide.

De plus, au cours de sa séance du 18 mars, la Commission adminis-trative de la C. G. T., après avoir entendu le compte rendu des trois réunions tenues au Ministère du Travail par la Commission intermins-térielle pour l'application de la journée de huit heures, décida d'inviter les Fédérations à faire parvenir aux groupements patronaux de leur industrie respective, un cahier de revendications comprenant la journée de huit heures.

Au deuxième Comité Confédéral National

La question devait tout naturellement être discutée avec une grande ampleur au deuxième Comité Confédéral National, qui se tint à Paris, les 23 et 24 mars.

De nombreux camarades prirent part aux débats.

Merrheim, de la Métallurgie ; Bidegarray, des Cheminots ; Dumas, de l'Habillement ; Million, du Rhône ; Rivelli, des Inscrits Maritimes ; Cnudde, du Textile ; Guinchard, de la Fédération des Transports ; Bar-tuel, des Mineurs ; Mammale, du Livre ; Bourderon, du Tonneau ; Du-moulin, secrétaire adjoint de la C. G. T.; Jullien, des Bouches-du-Rhône ; Chanvin, du Bâtiment ; Roux, des Cuirs et Peaux ; Savoie, de l'Alimen-tation ; Marty-Rollan, de la Haute-Garonne ; Rougerie, de la Haute-Vienne ; Tommasi, de la Voiture ; Perrot, de l'Union des Syndicats de la Seine ; Danrez, du Jura ; Frecon, de la Loire ; Delzant, des Verriers ; Le Guennic, des Côtes-du-Nord ; Berthelot, du Loiret ; Simonin, des Allumettiers ; Laroque, des Travailleurs de la Marine ; Berlier, du Person-nel civil de la Guerre ; Abriol, des Ouvriers des P. T. T.; Bordères, des Sous-Agents des P. T. T.; Caillot, des Travailleurs municipaux ; Jacob, de la Côte-d'Or ; Sarrou, du Lot-et-Garonne ; Simon, de la Haute-Marne ; Jean, de l'Aube ; Cazals, du Doubs ; Delsol, de la Dordogne ; Simons, de l'Indre-et-Loire ; Luquet, des Coiffeurs ; Bartuel, des mineurs, prirent tour à tour la parole.

L'ensemble de ces déclarations ainsi faites constituait en somme une vaste consultation de la classe ouvrière française, qui se prononça, par une sorte de double épreuve, par l'organe des délégués des Fédérations nationales d'industries et des délégués des Unions départementales de syndicats, sur la question des huit heures, ses modalités d'application et les formes et les moyens d'action pour arriver à la réaliser en France.

Bornons-nous, ici, à donner le texte de la résolution qui fut adoptée comme conclusion de ce débat :

Le Comité Confédéral National, prenant acte de la volonté unanime de la classe ouvrière de conquérir la journée de huit heures ; déclare que la produc-tion ne saurait être diminuée du fait de l'application de cette revendication, les progrès réalisés permettant une organisation rationnelle du travail ;

Il considère, le principe de la journée de huit heures étant inscrit dans la Charte internationale du Travail, que la question doit se poser devant les

Parlements de chaque pays et que ce fait crée pour ceux-ci l'obligation de résoudre sans délai la revendication formulée ;

Le Comité Confédéral National estime en outre, que la volonté exprimée par la classe ouvrière de ce pays qui n'exclue pas l'étude des modalités d'application afférentes à chaque industrie, donne à la revendication des huit heures, un caractère d'urgence qui condamne toute possibilité d'ajournement et engage la responsabilité du patronat, du Parlement et du Gouvernement français ;

Dans cette situation, le Comité Confédéral National définit la position de la Confédération Générale du Travail ;

Il enregistre l'accord spontané intervenu entre les Fédérations des Cheminots, Marins, Mineurs, Dockers, Métallurgistes, Ouvriers du Bâtiment et des Transports ;

Il prend acte de ce que le caractère de cet accord repose sur ce fait que chacune des Fédérations intéressées a dressé son cahier de revendications contenant la journée de huit heures, qu'elle a communiqué au groupement patronal de son industrie ;

Il enregistre également la constitution d'une Coalition interfédérale entre les Fédérations de ces industries dans le but de faire aboutir leurs communes revendications ;

Le Comité Confédéral estime que c'est sur ce terrain que la discussion doit s'engager ;

L'attitude du patronat, son indifférence, son intransigeance ou son refus de discuter détermineront le caractère de l'action générale du mouvement ouvrier ;

La C. G. T. doit, dès à présent, coordonner et discipliner les efforts de toutes les organisations, en vue d'assurer une première démonstration de puissance et de volonté le jour du 1er mai 1919 ;

Après l'avertissement qu'exprimera la manifestation du 1er mai, il appartiendra aux fédérations composant la coalition interfédérale et avec le concours de la C. G. T. de limiter la période des pourparlers et de fixer une date pour l'application de la revendication.

Le vote de la loi

La loi, qui devait être promulguée un mois plus tard, le 23 avril, fut discutée et adoptée par la Chambre des députés et par le Sénat, avec une rapidité inaccoutumée en matière de réformes sociales.

L'avant-projet du gouvernement, qui était d'ailleurs sensiblement différent du texte définitif, avait été examiné par la C. A., qui demanda certaines modifications, dont la plus importante était celle ayant trait à la suppression d'un paragraphe qui aurait privé du bénéfice de la loi tous les travailleurs de la petite industrie, et qui était ainsi conçu :

Toutefois, dans les établissements occupant moins de vingt-cinq ouvriers où la production normale se fait par engins mécaniques et dans les autres établissements occupant moins de cinquante ouvriers, cette durée peut être de neuf heures.

La C. G. T. demanda également la suppression de tout ce qui tendait à limiter ou à réduire le bénéfice de la loi pour des catégories de travailleurs telles que ceux des transports, de l'industrie hôtelière, les petits magasins de vente au détail, ainsi qu'à restreindre le plus possible les dérogations...

Voici maintenant le texte même de la loi :

LOI DU 23 AVRIL 1919 REDUISANT LA JOURNEE DE TRAVAIL A 8 HEURES

Article Premier. — Le chapitre II, Durée du travail — du titre premier du livre II du code du travail et de la prévoyance sociale est modifié comme suit :

CHAPITRE II

Durée du travail

Art. 6. — Dans les établissements industriels et commerciaux ou dans leurs dépendances, de quelque nature qu'ils soient, publics ou privés, laïques ou religieux, même s'ils ont un caractère d'enseignement professionnel ou de bienfaisance, la durée du travail effectif des ouvriers ou employés de l'un ou de l'autre sexe et de tout âge, ne peut excéder soit huit heures par jour, soit quarante-huit heures par semaine, soit une limitation équivalente établie sur une période de temps autre que la semaine.

Art. 7. — Des règlements d'administration publique, déterminent par profession, par industrie, par commerce ou par catégorie professionnelle, pour l'ensemble du territoire ou pour une région, les délais et conditions d'application de l'article précédent.

Ces règlements sont pris soit d'office, soit à la demande d'une ou plusieurs organisations patronales ou ouvrières, nationales ou régionales intéressées. Dans l'un et l'autre cas, les organisations patronales et ouvrières intéressées devront être consultés : elles devront donner leur avis dans le délai d'un mois. Ils sont revisés dans les mêmes formes.

Ces règlements devront se référer, dans le cas où il en existera, aux accords intervenus entre les organisations patronales et ouvrières nationales ou régionales intéressées.

Ils devront être obligatoirement revisés lorsque les délais et conditions qui y seront prévus seront contraires aux stipulations des conventions internationales sur la matière.

Art. 8. — Les règlements d'administration publique prévus à l'article précédent détermineront notamment :

1° La répartition des heures de travail dans la semaine de quarante-huit heures, afin de permettre le repos de l'après-midi du samedi ou toute autre modalité équivalente ;

2° La répartition des heures de travail dans une période de temps autre que la semaine ;

3° Les délais dans lesquels la durée actuellement pratiquée dans la profession, dans l'industrie, le commerce ou la catégorie professionnelle considérés, sera ramenée en une ou plusieurs étapes aux limitations fixées à l'article 6 ;

4° Les dérogations permanentes qu'il y aura lieu d'admettre pour permettre aux entreprises de faire face à des surcroîts de travail extraordinaires, à des nécessités d'ordre national ou à des accidents survenus ou imminents ;

6° Les mesures de contrôle des heures de travail et de repos et de la durée du travail effectif, ainsi que la procédure suivant laquelle seront accordées ou utilisées les dérogations ;

7° La région à laquelle ils sont applicables.

ART. 2. — La réduction des heures de travail ne pourra, en aucun cas, être une cause déterminante de la réduction des salaires.

Toute stipulation contraire est nulle et de nul effet.

ART. 3. — Les dispositions du chapitre II, actuellement en vigueur seront abrogées dans chaque région et pour chaque profession, industrie, commerce ou catégorie professionnelle à partir de la mise en application des règlements d'administration publique intéressant ladite profession, industrie, ledit commerce ou ladite catégorie professionnelle dans cette région.

ART. 4. — La présente loi est applicable à l'Algérie et aux Colonies.

Les caractères de la loi

L'importance de la réforme ainsi acquise est telle que nous croyons utile de souligner les caractères essentiels de la loi nouvelle sortie des délibérations du Parlement.

En réalité, cette loi imposée par un effort ouvrier longuement poursuivi, est surtout l'affirmation d'un principe auquel seule l'action syndicale pourra donner toute sa valeur d'application.

La durée du travail quotidien, dit le texte, ne pourra excéder huit heures. Mais comment cette réglementation nouvelle sera-t-elle appliquée, et quand ? Des règlements d'administration publique, dit la loi, détermineront les modalités d'application suivant les industries et les régions. Il est évident que ces cas peuvent être extrêmement nombreux, et le législateur a dû lui-même introduire dans le Code une prescription dont la valeur n'a pas besoin d'être soulignée.

Qui élaborera ces règlements d'administration publique ? Comment seront-ils rédigés ?

La loi dit qu'ils seront « pris soit d'office, soit à la demande d'une ou plusieurs organisations patronales ou ouvrières, nationales ou régionales ». Il est clair que pour que ce mode de réglementation donne tout son effet, c'est la seconde méthode qui doit intervenir, les règlements pris d'office ne pouvant être pris qu'en l'absence d'organisations professionnelles.

En effet, on n'aura pas la naïveté de croire que les patrons ou le gouvernement seront bien pressés de faire appliquer la loi en saisissant de la question le Conseil d'Etat qui, après avoir consulté les organisations patronales ou ouvrières, prendra lui-même le règlement. Une telle procédure, si l'on ne pouvait avoir recours qu'à elle, risquerait fort de faire traîner l'application en longueur.

C'est pour cela que la réforme ne vaudra qu'autant que les organisations ouvrières pourront imposer la nouvelle durée du travail et en assurer le respect. C'est aux Fédérations nationales, aux Unions, aux Syndicats de demander au ministre du Travail, soit directement, soit par l'intermédiaire du préfet, de prendre le règlement d'administration publique qui rendra la loi applicable à une industrie, à une région ou même dans tout le pays. Ainsi saisi, le gouvernement consultera les autres groupements ouvriers de la même profession ou de la même région, s'il en existe, ainsi que les groupements patronaux, et il appellera le Conseil d'Etat à élaborer le réglement préyu.

L'article 7 précise :

« Ces réglements *devront se référer*, dans le cas où il en existera, aux accords intervenus entre les organisations patronales et ouvrières nationales intéressées. »

Dans la pratique, il n'y a aucun doute que la décision du Conseil d'Etat se bornera à enregistrer le contrat ainsi intervenu.

Par là-même, la loi a apporté en plus de la réforme elle-même deux avantages de principe dont on ne peut méconnaître le caractère général : en premier lieu, ce fait considérable au point de vue juridique d'une législation déterminée par les intéressés directs, entre eux ; en second lieu, l'obligation de reconnaître les organisations ouvrières et qu'elles représentent chacune les intérêts des travailleurs de toute une profession, et dans leur ensemble tous les travailleurs...

Les contrats collectifs

Les organisations l'ont compris. La loi n'était pas encore votée que la Fédération des Métaux était entrée en discussion avec le Comité des Forges et avait passé avec lui un contrat collectif concernant le principe de l'application de la journée de huit heures dans l'industrie de la métallurgie et de la mécanique ; ce contrat a été, depuis, complété par une autre convention.

D'autres Fédérations, de plus en plus nombreuses, ont suivi cet exemple. Citons notamment, parmi les plus importantes, le Bâtiment, le Livre, les Cuirs et Peaux, etc... En outre de ces accords intéressant toute la France, de nombreuses conventions ont été ou vont être signées dans des professions ou des localités diverses.

Il n'est pas inutile, d'autre part, de faire remarquer que ces accords ne se bornent point à la journée de huit heures, mais que, par une conséquence directe de l'article 2 stipulant que les salaires ne pourraient être réduits, ils comportent des clauses relatives aux nouveaux tarifs et aux conditions de travail en général.

Ainsi, la pratique des contrats collectifs que le Sénat avait méconnue dans un esprit de réaction contre lequel la C. G. T. avait protesté, se trouve réalisée en fait.

... La question de l'application des huit heures par l'action syndicale devait venir devant le troisième Comité Confédéral National en même temps que l'examen des conséquences sociales de cette loi au point de vue de l'hygiène du domicile, de l'organisation des loisirs, etc. Nous la retrouverons à ce moment.

Revenons maintenant en arrière pour exposer les travaux du deuxième Comité National et les décisions qui y furent prises, en dehors de cette question des huit heures qui fut l'objet, on l'a dit, de la plus grande partie des débats.

Le deuxième Comité Confédéral National

Le deuxième Comité Confédéral National se tint les 23, 24 et 25 mars, à Paris, salle de la *Bellevilloise*.

A la première séance, Hervier, qui présidait, était assisté au bureau par les camarades Becker, de Metz, et Imbs, de Strasbourg, secrétaire de l'Union Syndicale d'Alsace-Lorraine. Celui-ci apporta aux délégués, dans une déclaration émouvante, le salut de ses camarades.

« Nous donnons notre confiance, dit-il, au mouvement ouvrier de France tout entier, qui, par la C. G. T., représente et maintient l'idée de l'Union. Aujourd'hui nous sommes membres de cette dernière. Nous promettons solennellement de remplir notre devoir dans le cadre de l'ensemble des travailleurs français, avec toutes nos forces, pour atteindre le grand but que nous nous sommes fixés : la libération du Prolétariat ! »

Les débats, on l'a vu, portèrent pour la plus grande part sur la journée de huit heures. Nous n'avons pas à y revenir, sauf pour signaler l'importante décision qui devait aboutir à la constitution d'un Cartel interfédéral pour réaliser complètement, grâce à la coordination des efforts, les revendications particulières qui constituent, pour certaines grandes Fédérations, une nécessité immédiate et primordiale, notamment la journée de huit heures.

Le Cartel interfédéral, qui devait tenir sa première réunion le 31 mars, fut composé des Fédérations suivantes : Métallurgie, Chemins de fer, Inscrits maritimes, Transports, Sous-Sol, Bâtiment, Ports et Docks.

Questions intérieures

A l'unanimité moins une voix (celle des Bouches-du-Rhône), après une discussion sur la besogne accomplie depuis la réorganisation confédérale, le C. C. N. adopta la résolution suivante, qui fut présentée par Rougerie :

Le Comité Confédéral National prend acte des travaux de la Commission Administrative et les approuve.

En ce qui concernait encore l'activité intérieure de la C. G. T., et après l'intervention de plusieurs délégués qui s'élevèrent contre les pratiques de violence dont les réunions de propagande avaient été le théâtre à Paris et qui furent exercées par des individualités (1), le Comité National considéra que son vote d'approbation des travaux de la Commission administrative et du Bureau confédéral donnait aux militants toute l'autorité nécessaire pour la continuation de leur action que, seul, le Comité National est qualifié pour juger.

Le secrétaire général donna, ensuite, lecture d'un appel aux travailleurs et à l'opinion publique du pays, dans lequel la C. G.T. élève sa protestation, notamment contre l'intervention armée en Russie, le caractère incomplet de la charte internationale du travail et l'absence de garanties de la Ligue des Nations, qui ne remplit pas les conditions fixées par les quatorze points du président Wilson.

Le Comité National, après avoir chargé sa Commission administrative de l'organisation d'une tournée de propagande dans tout le pays, au cours du mois d'avril, admit le principe de la création de délégués régionaux à la propagande et ratifia la nomination du camarade Jacquemin, en Meurthe-et-Moselle.

Les autres questions à l'étude furent sanctionnées par le vote des résolutions suivantes, qui en déterminent suffisamment le caractère.

Contrat collectif

Le C. C. N., confirmant le point de vue déjà exprimé par sa Commission administrative en ce qui concerne la législation sur les conventions collectives de travail ; constate que le Sénat, à l'ordre des plus réactionnaires de ses membres représentants du patronat, n'a tenu aucun compte des réalités économiques et sociales que la C. A. de la C. G. T. a vainement essayé de lui rappeler opportunément ;

(1). Rappelons ici le texte d'une résolution votée par la C. A. dans sa réunion du 21 janvier :

La Commission Administrative de la C. G. T., réunie le mardi 21 janvier, rappelle à nouveau les termes de la motion du Congrès confédéral de juillet 1918 : « qui assurent à toutes les tendances du mouvement ouvrier leur liberté d'expression dans l'unité ouvrière ».

Mais elle constate que depuis lors certains procédés de polémique employés dans quelques groupements sont non seulement contraires à la discipline syndicale, mais en opposition avec les principes de liberté et de tolérance réciproques.

La C. A. considère que le mouvement syndical ne saurait retarder son action ou la compromettre en se laissant intimider par des menaces ou des violences. Des mesures doivent être prises. Elles seront prises contre les organisations qui encouragent et abritent des personnalités qui assimilent le terrorisme de mauvais aloi à un combat d'idées et de libre et franche discussion.

La C. A., suivant le mandat qui lui a été confié, assurera la défense de l'organisation confédérale et demandera au prochain Comité national d'en finir avec l'équivoque qui permet à des groupements irréguliers de mettre leur action à l'abri du titre de la C. G. T.

Il dénonce, en conséquence l'œuvre de répression sociale accomplie par les hommes du Luxembourg qui, en ratifiant purement et simplement, en 1919, sans tenir compte des progrès même de la jurisprudence en la matière, le projet de loi adopté par la Chambre cinq ans plus tôt, mettent en échec les conventions intervenues ces dernières années ;

Il affirme qu'en s'opposant au projet Strauss, issu de délibérations d'Assemblées où patrons et ouvriers étaient représentés, les réacteurs du Sénat ont rendu stérile toute pratique des conventions collectives ;

Il précise que le Sénat aura la responsabilité entière des conséquences que la promulgation de la loi qu'il vient de voter ne peut manquer d'avoir relativement aux conventions déjà souscrites.

L'Impôt sur les salaires

Le Comité National Confédéral, dans sa deuxième session (mars 1919) :

Considérant que les salaires ne correspondant que faiblement en période normale avec le coût de l'existence, qu'actuellement ils y sont inférieurs d'au moins deux cinquièmes ; ils ne peuvent donc logiquement être considérés comme un revenu pouvant être frappé d'impôt, puisque totalement absorbés pour les besoins immédiats de ceux qui les reçoivent ;

Qu'au surplus, l'impôt ainsi réclamé aux travailleurs n'a nullement son équivalent à l'égard des autres catégories de contribuables tant en impôts cédulaires qu'en impôt général sur les revenus puisque :

Dans les impôts cédulaires sur les bénéfices industriels et commerciaux d'exploitation agricole ou des professions non commerciales le calcul de l'impôt à percevoir s'établit sur le seul bénéfice net à l'exclusion des frais généraux que l'imposable détermine lui-même.

Que dans l'impôt général sur les revenus la partie considérée comme nécessaire à l'existence du contribuable est bien supérieure à celle fixée dans l'impôt sur les salaires, qui, dans les communes de plus de 10.000 habitants, sont frappés à partir de 2.000 francs quelles que soient les charges de famille, tandis que le rentier marié ayant trois enfants ne paie que pour le surplus de 8.000 francs.

C'est ainsi que dans une « Note pour les contribuables », éditée par le Ministère des Finances, on est heureux de souligner que le montant de l'impôt sur le revenu dû par un contribuable marié avec trois enfants mineurs n'est que de 20 francs pour un revenu de 10.000 francs, pendant qu'il suffit que les gains d'un travailleur ayant les mêmes charges de famille, atteignent 3.300 francs pour qu'il soit imposé de la même somme, autant que le rentier qui encaisse 10.000 francs sans rien produire d'utile.

Qu'ainsi l'application qui est faite de l'impôt sur le revenu violente outrageusement le principe de justice fiscale qu'on a voulu mettre à sa base et prive nombre de familles ouvrières d'une partie de leurs trop faibles moyens d'existence, alors qu'elle laisse aux oisifs et aux parasites de trop larges parts de leur superflu.

Le C. C. N. élève une protestation indignée contre l'iniquité des impôts qui frappent le strict nécessaire et souvent des gains inférieurs au nécessaire.

Il charge sa C. A. de faire toutes démarches et action utiles pour obtenir que l'application de la loi soit suspendue et que la loi soit modifiée de telle façon que l'impôt n'atteigne que le superflu.

Pour déterminer l'établissement d'une discrimination entre le nécessaire et le superflu, le C. C. N. réclame que soit constituée, dans chaque canton, une Commission au sein de laquelle les travailleurs seront largement représentés, Commission qui établira annuellement, en le calculant sur le coût de la vie, le minimum de gain ou revenu nécessaire à l'existence des familles en le proportionnant au nombre des personnes vivant à chaque foyer.

Le C. C. N. dénonce à la classe ouvrière la manœuvre des adversaires de toute justice fiscale tendant à prendre prétexte de la protestation légitime des travailleurs pour battre en brèche le principe même de l'impôt sur le revenu et aggraver les autres formes d'impôts directs et indirects qui frappent hypocritement et plus fortement que toute autre la famille ouvrière.

Il précise que c'est par une imposition plus largement progressive, plus juste et partant plus sévère, du superflu et de l'héritage que doivent être couvertes les charges publiques.

Le C. C. N. demande que la loi modifiée, soit appliquée à l'Algérie et aux colonies en passant par-dessus toutes délibérations contraires de leurs délégations financières et que ces modifications aient un effet rétroactif.

Le point de vue de la C. G. T.
sur les grands Problèmes de l'heure

Enfin, la déclaration suivante fut votée, qui fixe le point de vue de la C. G. T. sur les grands problèmes d'une importance vitale pour les travailleurs de ce pays et ceux du monde entier :

La Confédération Générale du Travail croit de son devoir de constater que la situation matérielle et morale du pays s'aggrave chaque jour en l'absence de mesures positives et pratiques.

La reconstitution des régions libérées ne saurait être confiée qu'à des organismes collectifs dotés de la personnalité civile et administrés par les représentants qualifiés des producteurs et des consommateurs.

La réorganisation économique ne se fera qu'avec l'aide d'un Conseil national économique s'appuyant lui-même sur des Conseils régionaux.

La non-application de ces mesures, inscrites au programme minimum de la C. G. T., crée le gâchis industriel, augmente le chômage, le désordre financier, oblige à recourir aux impôts, dont l'impôt sur les salaires.

Aggravation de la cherté de vie, déséquilibre plus grand, impossibilité de la reprise de la vie normale, telles sont, en gros, les conséquences du manque d'ordre et d'initiative que nous nous devons à nous-mêmes et que nous devons au pays de dénoncer.

Pendant ce temps la Conférence de la Paix, dont les travaux tirent en longueur, nous offre une Ligue des Nations et non la Société des Nations, comme l'avaient prévue les quatorze propositions du Président Wilson.

A la paix sûre et durable, faite de l'adhésion des peuples par la reconnaissance de leur droit à la libre disposition d'eux-mêmes, les gouvernements alliés substitueraient donc une paix d'annexion, entraînant la constitution d'armées de mercenaires, excluant le désarmement général, laissant par conséquent subsister tous les dangers de la guerre.

Les peuples se verraient condamner à n'avoir désormais d'autre objectif que le paiement des impôts destinés à équilibrer les budgets d'armements.

La production appauvrie serait à nouveau frustrée de l'activité des jeunes hommes qui lui sont d'autant plus nécessaires que la grande tourmente a fauché et mutilé par millions les producteurs.

La C. G. T. s'élève contre ce surcroît de souffrances. Elle réclame la paix par le désarmement général, seule mesure de liquidation des dettes de la guerre.

Elle demande que la véritable Société des Nations soit instituée entre tous les peuples et que la collaboration financière de toutes les nations permette de réparer les ravages et les désastres issus du conflit mondial.

La C. G. T. réclame également, en application de la résolution de la Conférence syndicale internationale de Berne, la constitution d'une Conférence internationale permanente du travail, dotée des pouvoirs législatifs, procédant dans la souveraineté supra-nationale de la Société des Nations et décidant de conventions internationales du travail ayant force légale dans tous les pays.

Elle demande l'inscription, dans le traité de paix, d'une charte du travail complète, basée sur les droits nouveaux du travail, c'est-à-dire l'accession des travailleurs à la gestion et au contrôle des productions nationales, les droits de la femme égaux à ceux de l'homme, les droits de l'enfant à l'éducation générale et technique, la possibilité d'accession des enfants doués, quelle que soit leur situation sociale à l'enseignement supérieur ; la limitation de la journée de huit heures et à la semaine de 44 heures ; la fixation d'un salaire minimum correspondant aux nécessités de l'existence et aux besoins familiaux ; des garanties pour l'enfant, la femme et l'homme dans le travail ; l'organisation de l'assurance sociale ; le libre droit d'association et de coalition ; des droits égaux à ceux des travailleurs nationaux pour tous les ouvriers étrangers et leurs familles dans les pays où ils résident.

La C. G. T. considère que la reconstitution du monde doit être basée sur la valeur de la production, que, dans ces conditions, il y a lieu de déclarer que tous les hommes valides doivent un travail effectif et utile ; que l'on doit organiser rationnellement et scientifiquement toutes les forces du travail en vue de satisfaire non des intérêts particuliers, mais de répondre aux besoins de la communauté humaine ; que doit être réalisée l'internationalisation des moyens de transports et d'échange ; que doit être instituée la répartition internationale des matières premières et des denrées de consommation.

La C. G. T. condamne toute politique intérieure qui, excluant une amnistie générale nécessaire maintient les mesures d'exceptions et les camps de concentration. Elle condamne de même toute politique extérieure de blocus, de contrainte, d'interventions politiques et d'interventions armées, comme celle qui se produit, notamment, contre la Russie révolutionnaire, et qui risque de faire de notre pays une puissance gardienne des privilèges et des institutions réactionnaires dans le monde.

De la déplorable, de l'humiliante situation actuelle, la C. G. T. rend l'opinion publique juge et lui demande de réagir avec elle pour que cesse un état de choses qui nous mène au gâchis par la désorganisation.

La C. G. T. déclare, en terminant, que les triomphes momentanés d'une politique sur une autre n'éluderont pas les problèmes d'inévitable transformation économique, qui ne peuvent se résoudre en dehors de la volonté de la classe ouvrière et sans elle.

VIII

L'Organisation Internationale du Travail

Au cours de l'exposé fait par lui des travaux accomplis par la Commission Administrative entre le premier et le deuxième Congrès Confédéral National, le secrétaire général avait été amené à faire l'exposé des questions ouvrières discutées devant la Conférence de la Paix par l'intermédiaire de la Commission internationale du Travail, présidée par Gompers, et aux travaux de laquelle le secrétaire général de la C. G. T. fut appelé à participer comme membre suppléant jusqu'au lendemain du Premier Mai, où il donna sa démission.

Les réserves de la C; G. T.

La Commission Administrative, put-il déclarer, y fit défendre par son mandataire les principes sur lesquels s'était déjà prononcé l'ensemble du mouvement ouvrier français dans ses Congrès et Conférences et qu'il avait, plus récemment encore, faits siens à la Conférence de Berne.

— Est-ce à dire, déclara-t-il encore, que la Charte internationale du Travail élaborée à Berne recevra la sanction solennelle du traité de paix qui doit intervenir rapidement? Malheureusement non! Non, parce que nous nous trouvons en face d'hommes qui, poussés par les forces populaires, sont entrés dans une voie nouvelle, mais y sont entrés avec crainte, avec peur, et non avec la volonté et la détermination avec lesquelles il convenait d'y entrer.

Leur Charte internationale du Travail sera incomplète. Elle contiendra néanmoins les principes essentiels comme ceux de la journée de huit heures, de la garantie du travail de la femme et de l'enfant, comme ceux du droit à l'éducation générale de l'enfant, des garanties sociales à accorder aux travailleurs de tous les pays, et comme ceux ayant trait aux droits équivalents de tous les travailleurs, dans quelque pays qu'ils se trouvent, pour les garanties et les droits auxquels ont également droit les ouvriers nationaux de ces pays.

C'est une première garantie que nous devons compléter, que nous pouvons compléter, d'une part, par notre action nationale, mais action d'unité, action d'ensemble qui, *si elle est divergente dans les discussions théoriques, devra être unitaire dans les périodes d'action* ; puis, dans l'action internationale, d'autre part, sur laquelle d'ailleurs nous nous sommes mis d'accord et pour laquelle nous ne ferons que confirmer les accords déjà décidés à la Conférence syndicale internationale de Berne.

Ces réserves, le représentant de l'organisation ouvrière française les avait d'ailleurs exprimées dans une lettre que le Comité Confédéral fit sienne et qu'il est utile de reproduire ici :

Monsieur le Président,

Considérant le caractère limitatif et incomplet de la « Ligue des Nations », telle qu'elle est proposée aux délibérations de la Conférence de la Paix ; considérant l'orientation restrictive des travaux de la Commission de Législation internationale du Travail :

La Confédération Générale du Travail de France déclare faire les réserves suivantes sur la Conférence internationale du Travail qui va être constituée et tiendra vraisemblablement sa première réunion cette année même.

Tout d'abord la Confédération Générale du Travail réclame comme indispensable qu'à cette première réunion, toutes les nations sans exception, y soient représentées ;

En second lieu, la Confédération Générale du Travail considère que la Conférence du Travail ne pourra satisfaire aux espérances ouvrières et remplir le rôle qui lui est dévolu qu'à la condition qu'elle possède, de la façon la plus complète, les pouvoirs de légiférer sur les questions qu'elle sera appelée à discuter et que ses décisions aient force légale, internationalement ;

Il semble bien, en effet, que si l'on doit faire de cette Assemblée une simple Chambre consultative, ce sera, pour un avenir peu éloigné, créer dans les masses les désillusions les plus amères et les plus graves de répercussion, en raison de l'impuissance à laquelle sera vouée la Conférence internationale du Travail ;

Un troisième point est celui de la représentation au sein de cette Conférence ;

Le texte qui se trouve actuellement en discussion attribue un siège à l'élément patronal, un siège à l'élément ouvrier et deux sièges à la représentation de l'Etat ;

Ce système de représentation soulève, au sein de la classe ouvrière, la défiance la plus légitime et par surcroît, offense profondément les traditions d'égalité du peuple français ;

Enfin, la Charte internationale du Travail que l'on se propose d'insérer dans le traité de paix, quoique donnant satisfaction à certaines revendications de la classe ouvrière, est trop incomplète et trop imprécise pour qu'elle puisse satisfaire pleinement les légitimes aspirations de la classe ouvrière française. Un simple examen comparatif des clauses ouvrières admises par la Commission de Législation internationale du Travail et de la Charte internationale du Travail, sortie des délibérations de la Conférence internationale de Berne, suffit pour justifier notre point de vue ;

Pour ces raisons, la Confédération Générale du Travail, au nom des travailleurs français organisés, respectueuse du mandat qu'elle a reçu, renouvelle ses réserves et demande instamment l'adoption de principes essentiels qu'elle formule dans sa déclaration.

La Conférence internationle du Travail doit, en consolidant la paix dans le monde, assurer à tous les travailleurs des conditions de travail dignes de son effort et en rapport du rôle important qu'ils ont dans les Sociétés.

La Charte Internationale du Travail

Nous reproduisons ici les clauses ouvrières établies par la Commission internationale du Travail et qui ont été insérées dans le traité de paix :

Les hautes parties contractantes déclarent accepter les principes ci-après et s'engagent à en poursuivre la réalisation conformément aux indications qui

*seront données, en ce qui concerne leur application, par la Conférence Inter-
nationale du Travail :*

1° Ni en droit ni en fait, le travail d'un être humain ne doit être assimilé
à une marchandise ou à un article de commerce ;

2° Le droit d'association et de coalition est garanti aux employeurs et aux
travailleurs pour toutes fins non contraires aux lois ;

3° Aucun enfant ne sera admis au travail dans l'industrie ou le commerce
avant l'âge de 14 ans, de manière à sauvegarder le développement de ses forces
et de son instruction.

Entre 14 et 18 ans, les jeunes garçons et les jeunes filles ne pourront être
employés qu'à un travail compatible avec leur développement physique et
sous la condition que leur instruction professionnelle ou générale continue à
être assurée ;

4° Tout travailleur a droit à un salaire lui assurant un niveau de vie convenable en rapport avec la civilisation de son temps et de son pays ;

5° Salaire égal, sans distinction de sexe, pour un travail égal en quantité et
en qualité ;

6° Pour tous les travailleurs, repos hebdomadaire comprenant le dimanche ;
en cas d'impossibilité, repos équivalent ;

7° Limitation des heures de travail dans l'industrie sur la base de huit
heures par jour ou de quarante-huit heures par semaine, sauf exception pour
les pays dans lesquels les conditions climatériques, le développement rudimentaire de l'organisation industrielle ou d'autres circonstances spéciales déterminent une différence notable dans le rendement du travail ;

Pour ces pays, la Conférence internationale du Travail indiquera les bases
à adopter, lesquelles devront être approximativement équivalentes à celles
mentionnées ci-dessus ;

8° Les travailleurs étrangers légalement admis dans un pays et leur famille
auront droit, en tout ce qui concerne leur condition de travailleurs et les
assurances sociales, au même traitement que les nationaux des pays dans lesquels ils résident ;

9° Tous les États devront organiser un service d'inspection du travail pour
assurer l'application des lois et règlements relatifs à la protection des travailleurs ; ce service devra comprendre des femmes.

La Conférence de Washington

La C. G. T., on l'a vu, a fait toutes les réserves utiles sur l'absence de
caractère exécutif et l'imprécision des principes ainsi formulés, si valables
qu'ils soient en eux-mêmes.

D'autre part, on l'a vu, ces mêmes réserves portent sur l'organisation
internationale du Travail, prévue par le traité de paix.

Celle-ci comprend dans ses grandes lignes, en premier lieu, l'organisation de Conférences bisannuelles, où seront représentés par quatre
membres (deux nommés par le gouvernement, un par les patrons, un
par les ouvriers) tous les États adhérents à la Société des Nations, et la
constitution d'une Commission permanente internationale.

L'action de l'organisation ouvrière française ne s'est pas bornée aux réserves rappelées plus haut. Préoccupée de faire œuvre positive, convaincue, d'autre part, qu'une paix durable ne pourra se fonder si l'on ne reconnaît pas aux travailleurs un minimum de justice, la C. G. T. a fait admettre par la Commission internationale du Travail un vœu tendant à attribuer aux Conférences internationales le droit de prendre des décisions ayant un caractère exécutoire ; elle s'est également prononcée pour l'admission immédiate aux Conférences de tous les Etats, même ennemis ; elle a enfin présenté et fait admettre un autre vœu tendant à l'institution d'une législation internationale du travail maritime.

La première Conférence internationale, comme il est prévu au traité de Paix, aura lieu à Washington, le 1er octobre. L'ordre du jour a été fixé par une Commission qui a siégé à Londres ; c'est le suivant :

I. — Application internationale de la journée de huit heures ;

II. — Travail des femmes ;

III. — Travail des enfants ;

IV. — Application de la Convention de Berne (1907) notamment sur la prohibition du phosphore blanc dans les fabriques d'allumettes.

Le Premier Mai 1919

Le Premier Mai 1919, les classes ouvrières reprirent la tradition interrompue de la grande démonstration internationale annuelle. A aucun
moment, cette journée n'eut en France une ampleur approchante de celle
qu'elle réalisa cette année.

La préparation

Immédiatement après la tenue du deuxième Comité National Confédéral,
le Bureau et la Commission Administrative eurent à s'occuper de l'organisation de cette journée.

Le Comité avait décidé qu'une vaste tournée de propagande serait
organisée au cours de la semaine qui précéderait le Premier Mai 1919,
afin de permettre qu'un minimum de mesures fussent prises pour assurer
dans toute la France, à la manifestation traditionnelle du prolétariat toute
l'étendue qu'elle mérite.

Voici la liste des délégués et les centres qu'ils furent appelés à visiter :

Blanchard. — Niort, Saintes, Bordeaux, Bayonne, Tarbes, Le Boucau.

Merrheim. — Fumel, Agen, Pamiers, Toulouse, Albi, Saint-Juéry.

Savoie. — Dijon, Chalon-sur-Saône, Lons-le-Saulnier, Besançon.

Roux. — Valence, Avignon, Marseille, Nice, Toulon.

Million. — Annecy, Chambéry, Grenoble.

Lefèvre. — Orléans, Bourges, Châteauroux, Guéret, Clermont-Ferrand.

Lapierre. — Auxerre, Nevers, Moulins, Aurillac, Rodez, Vivier, Cap-
denac.

Dumercq. — Blois, Tours, Châtellerault, Angoulême, Limoges, Brive,
Périgueux, Labouheyre.

Labe. — Troyes, Saint-Dizier, Ronchamps, Belfort, Audincourt, Mont-
béliard.

Delzant. — Caen, Cherbourg, Evreux.

Mammale. — Chartres, Angers, Nantes, Saint-Nazaire, La Roche-sur-
Yon, Rochefort.

Chanvin. — Dunkerque, Calais, Lille, Roubaix, Tourcoing, Valenciennes, Amiens, Rouen.

Dumoulin. — Quimper, Brest, Hennebont, Vannes, Auray et Lorient.

Marty-Rollan. — Saint-Etienne, Firminy, Lyon, Oyonnax.

Jacquemin. — Meurthe-et-Moselle, Meuse, Vosges.

Bourderon. — Perpignan, Narbonne, Béziers, Cette, Nîmes.

De leur côté, les Unions départementales et les Syndicats organisaient
une intense propagande.

Comme les années précédentes, un grand nombre de Syndicats, de

Bourses du Travail et d'Unions départementales avaient demandé des délégués pour leur région au Premier Mai.

La Commission administrative confédérale ayant décidé que le Bureau confédéral devrait en entier rester à Paris ce jour, il fut impossible de répondre à ces demandes.

Cependant il parut indispensable d'envoyer dans les centres importants des délégués ayant le mandat de renseigner la C. G. T. sur l'importance de la démonstration projetée et les événements qui se dérouleraient le Premier Mai dans ces diverses régions.

Quoiqu'elle se soit trouvée dans l'impossibilité de déléguer, comme lors des années précédentes, des orateurs dans les centres industriels, la C. G. T. a cru bon de déléguer un certain nombre de militants dans les grands centres régionaux pour y représenter la C. G. T. et intervenir le cas échéant. Furent ainsi mandatés :

A *Lyon*, Roux, des Cuirs et Peaux ;
A *Bourges*, Savoie, de l'Alimentation ;
A *Bordeaux*, Dumercq, des Métaux ;
A *Toulouse*, Rougerie, de Limoges ;
A *Marseille*, Bourderon, du Tonneau ;
A *Nantes*, Gauthier, de Saint-Nazaire ;
A *Nancy*, Jacquemin, propagandiste confédéral ;
A *Lille*, Cnudde, du Textile ;
A *Rennes*, Dret, des Cuirs et Peaux :
A *Rouen*, Charbonnier, du Bâtiment.

Le caractère de la manifestation

Quel devait être le caractère de cette manifestation ? Il était nécessaire de le fixer de façon précise.

Réunie le 18 avril, la Commission Administrative de la C. G .T. décida de lancer l'appel suivant :

Camarades,

En application des décisions du Comité Confédéral national du 23 mars dernier, la C. G. T. affirme sa volonté arrêtée de faire triompher les revendications contenues dans son programme minimum, qu'elle tient pour réalisable immédiatement et au premier plan duquel se trouve placée la journée de huit heures.

En s'adressant aux grandes organisations industrielles, par l'intermédiaire d'un cartel, la C. G. T. a donné un caractère de force à la volonté d'aboutir au profit de tous les travailleurs de ce pays, sans distinction.

Aujourd'hui, la C. G. T. enregistre des résultats :

Pour les cheminots, les mineurs, les marins, les dockers, les ouvriers de la métallurgie, du bâtiment et des transports, des pourparlers sont engagés, desquels on peut prévoir des conclusions à bref délai en faveur de la journée de huit heures.

Pour l'ensemble du prolétariat :
Le vote du projet de loi de huit heures par la Chambre des Députés, vote qui fait au Sénat l'obligation d'y souscrire rapidement afin que le gouvernement remplisse les engagements solennellement pris vis-à-vis de la classe ouvrière.

A cette occasion, le prolétariat de ce pays marquera la lenteur apportée par le Parlement et le Gouvernement dans l'exécution des promesses faites.

OUVRIERS ET OUVRIERES,

Ces résultats acquis, ajoutés au besoin ouvrier d'obtenir satisfaction complète dans le plus bref délai, doivent renforcer et donner à la manifestation du Premier Mai une ampleur digne de l'heure présente.

Le capitalisme de ce pays ne saurait alléger le fardeau de ses responsabilités en accordant quelques réformes manquant de garantie légale suffisante.

La classe ouvrière lui montrera combien elle est solidaire dans ses aspirations immédiates et dans sa foi d'émancipation totale.

Le chômage sera général. Pour qu'il en soit ainsi, les travailleurs s'inspireront des résolutions et des instructions que leur communiqueront leurs Fédérations respectives.

Le Premier Mai doit être uniquement ouvrier ; strictement limité à une démonstration ouvrière.

La démonstration se fera avec le calme et la dignité que confère la puissance. Pour bien montrer ce que peut la force ouvrière quand elle est disciplinée, le travail reprendra le 2 mai pour juger de la valeur de l'effort et se préparer aux nouveaux combats qui devront se poursuivre.

Hommes et femmes, ouvriers, employés, fonctionnaires, paysans et artisans, vous ferez entendre la même clameur pour marquer votre désir de mieux-être et de liberté.

Le même cri protestataire sortira de vos poitrines contre le maintien d'une armée qui pèse sur la nation et qui ne peut servir aux gouvernements qu'à écraser les révolutions des autres peuples.

Réclamez la démobilisation totale. Exigez une paix sans annexion et sans possibilité de guerre future ! Revendiquez l'amnistie immédiate pleine et entière ! Dressez-vous contre l'intervention armée en Russie ! Contre les formes draconiennes de l'impôt sur les salaires !

Revendiquez les huit heures ! Proclamez la nécessité de la réorganisation économique sur les bases du programme minimum de la C. G. T. !

Pour revendiquer et protester, travailleurs, chômez le Premier Mai !

LA CONFÉDÉRATION GÉNÉRALE DU TRAVAIL.

Une journée grandiose

Partout, la préparation du Premier Mai se fit particulièrement active.

Les travailleurs avaient été appelés à démontrer la force ouvrière par l'arrêt momentané de la production et de l'échange, pour dire leur volonté d'aboutir au plus tôt à l'application complète et loyale des huit heures, pour réclamer l'amnistie totale, la démobilisation immédiate, l'établissement de la paix des peuples, la cessation de l'intervention en Russie, le retour aux libertés, le refus de l'impôt sur les salaires. Ils répondirent à cet appel avec un remarquable élan.

Le mouvement fut grandiose. Partout, à Paris comme dans les grands et petits centres, l'enthousiasme et l'ardeur de nos camarades n'avaient pas été égalés jusqu'à présent. La poussée ouvrière se manifesta irrésistible. Les usines furent closes, les magasins fermés, les ateliers désertés. Le chômage volontaire de 24 heures se réalisa partout avec une impressionnante force.

En province, aucun incident. Dans toutes les villes les réunions, les manifestations, les cortèges purent se dérouler sans empêchement et se firent dans le calme.

A Lyon, à Marseille, à Bordeaux, à Narbonne, Lorient, Hennebont, Auray, Vannes, Tulle, Agen, Bourges, Vierzon, Saint-Florent, Saint-Amand, Orléans, Châteauroux, Argenton, Rouen, Le Havre, Limoges, Le Mans, Nantes, Saint-Nazaire, Angoulême, Versailles, Souppes, Nemours, Montereau, Caen, Lisieux, Creil, Cherbourg, Troyes, Nancy, Dombasle, Neuves-Maisons, Briey, Toulon, Epernay, Laval, Rennes, Fougères, Saint-Etienne, Roanne, Nevers, Toulouse, Epinal, Saint-Claude, Belfort, Audrincourt, Clermont-Ferrand, Brest, Carmaux, Albi, Annecy, Lille, Valenciennes, Roubaix, Vichy, Montluçon, Commentry, Calais, Boulogne, Amiens, Abbeville, Le Vimeu, Cholet, Mortagne, Cette, Montpellier, Béziers, La Rochelle, Tours, Chalon-sur-Saône, Mâcon, Le Creusot, Montceau, Chagny, etc., etc.; et en Alsace-Lorraine, à Strasbourg, à Metz, dans la vallée de la Feutch, à Sainte-Marie-aux-Chênes, à Forbach, à Mulhouse, à Thionville — partout en un mot la démonstration fut impressionnante ; partout le chômage atteignit une proportion jamais atteinte ; nulle part on ne devait signaler d'incidents.

Le Premier Mai à Paris

Mais il ne devait pas en être de même à Paris. Le gouvernement de M. Clemenceau, jaloux de rééditer ses exploits du Premier Mai 1906, répondit par un refus brutal et injustifiable à la décision de manifester prise le 29 avril, par l'Union des Syndicats de la Seine.

Ainsi, le gouvernement refusait aux travailleurs de l'agglomération parisienne le droit de manifester qu'il reconnaissait à leurs camarades de province, malgré l'éclatant témoignage d'ordre que venait d'être la démonstration parisienne à la mémoire du grand Jaurès.

A cette mesure injustifiée et injustifiable, les organisations ouvrières ne pouvaient faire qu'une réponse : maintenir la manifestation. Elles ne pouvaient s'incliner purement et simplement devant un *oukase* qui méconnaissait aussi bien un droit strict et admis partout ailleurs, que le sentiment et la discipline de la classe ouvrière.

La matinée s'était passée partout dans le plus grand calme. Il n'en fut pas de même l'après-midi.

Quand nos camarades voulurent se diriger vers la place de la Concorde, qui était le point de départ prévu pour la manifestation, ils se heurtèrent à des barrages de police, d'infanterie et de cavalerie. Sur tout le parcours des grands boulevards, autour de la Bourse du Travail, près des gares, en différents endroits où se produisirent, dès le début de l'après-midi, une série d'échauffourées dans lesquelles les policiers commencèrent à montrer qu'ils n'ont rien perdu de leur sauvagerie d'antan, si les soldats les fantassins surtout, répugnaient visiblement à la besogne qu'on leur imposait, la police se mit à assaillir la foule avec violence. Des bagarres graves se produisirent. Place de l'Opéra, des coups de feu éclatèrent. Il y eut des blessés, un mort : le jeune mécanicien Charles Lorne.

D'autres charges et de nouvelles collisions se produisirent durant toute l'après-midi sur les boulevards. La brutalité policière se faisait plus sauvage encore à mesure qu'on se rapprochait de la place de la République. Il y eut des bagarres près de l'Ambigu, où notre camarade Jouhaux, qui assistait à la manifestation avec quelques autres militants, fut frappé à la figure d'un coup de matraque quand il se portait au secours d'une femme renversée et frappée par les agents.

Autour de la Bourse du Travail, la police se livra avec acharnement à ses sévices. Peu à peu, les bagarres remontèrent par le boulevard Magenta vers la gare de l'Est et le faubourg Saint-Martin ; des collisions extrêmement vives se produisirent ; les policiers jouèrent du sabre et du revolver contre les manifestants qui, justement exaspérés par ce déchaînement de violences, se défendirent, ébauchèrent des barricades avec des grillages de fonte, les « crinolines » des arbres, des poutres, des réverbères renversés. Il y eut là de très nombreux blessés, dont un député socialiste de la Seine, le citoyen Poncet, frappé de coups de sabre par des agents.

Il y eut aussi un second mort, dont on cacha la fin tragique pendant plus de 24 heures : c'était un garçon de recettes âgé de 48 ans, nommé Alexandre Auger, qui, blessé d'un coup de revolver à la tête, succomba le lendemain à l'hôpital.

Au total, en plus de ces deux tués, c'est à six cents ou sept cents manifestants blessés qu'il fallait, le lendemain, chiffrer le bilan de la provocation gouvernementale et policière.

Les travailleurs de Paris devaient, le 8 mai, faire à l'une des victimes, le jeune syndiqué Lorne, d'imposantes obsèques. De la Morgue au cimetière du Père-Lachaise, un immense cortège formé de travailleurs, de délégués des Syndicats et des groupes socialistes, portant des bannières rouges, se déroula au milieu d'une assistance sympathique.

On ne vit pas un policier sur le parcours du cortège ni à l'issue de la douloureuse cérémonie. C'était peut-être un traquenard du pouvoir, sous une autre forme. Il tourna à sa confusion. Pas un incident ne vint troubler le calme. Ainsi, la preuve complète était faite que seul le pouvoir et sa police étaient responsables du désordre du Premier Mai. Sans l'attitude du gouvernement, sans la brutalité de la police, la journée prolétarienne se fut déroulée à Paris dans l'ordre et dans le calme, comme elle se passa partout ailleurs...

La Protestation de la C. G. T.

On comprend l'émotion qui étreignit les milieux ouvriers.

Le 2 mai, la Commission administrative de la C. G. T., se préoccupant d'affirmer la position du mouvement ouvrier français devant les méthodes gouvernementales, décidait la publication de l'appel suivant :

Peuple de Paris !

TON PREMIER MAI est une démonstration éclatante de la valeur de ton travail.

Elève ta pensée et constate ta puissance.

Tu n'as pas voulu manifester pour te battre, mais pour revendiquer, pour exiger ton droit.

Les violences policières se sont exercées contre toi sans provocations de ta part.

Ne te laisse pas troubler.

Groupe-toi davantage dans tes Syndicats et prépare-toi à d'autres luttes.

Si tu veux rester fort, sois discipliné !

Serrons les rangs ! Confiance aux organisations ! Confiance aux militants !

Aux honnêtes gens !

La France entière a pu chômer et manifester dans des conditions d'ordre et de sécurité.

Partout les organisations policières se sont trouvées en accord avec les autorités. Aucun incident, même dans les grandes villes, n'est venu troubler les manifestations ouvrières.

Seul Paris a fait exception.

Pourquoi ?

Parce que le gouvernement l'a voulu !

Avec nous, vous le rendrez responsable des violences qui ont été exercées, du sang qui a coulé, de la liberté qui a été violentée.

Vous n'oublierez pas que c'est sous le même chef de gouvernement que le sang coula à Narbonne, 1907 ; à Draveil, Villeneuve-Saint-Georges, 1908 ; à Paris, 1er mai 1919.

Aux gouvernants !

Vous êtes responsables.

Parce que vous avez donné des ordres barbares aux policiers ;

Parce que vous avez transformé les soldats, nos frères, en argousins.

Vous avez mis l'armée contre la nation.

Vous êtes coupables !

Nous nous en souviendrons !

Jouhaux démissionne de la Conférence de la Paix

À la suite des incidents du Premier Mai à Paris, le camarade Jouhaux adresse au président du Conseil la lettre suivante :

Monsieur le Président,

J'ai l'honneur de vous déclarer qu'à la date de ce jour je cesse de participer aux travaux de la Conférence de la Paix, où je siégeais comme délégué suppléant.

J'ai le devoir de faire connaître les motifs de cette décision.

Appelé à la Conférence pour y représenter la classe ouvrière française, il m'est impossible de remplir ce mandat au lendemain du jour où votre gouvernement a brutalement interdit aux travailleurs français d'exprimer leur pensée, de manifester leurs aspirations.

Vous avez créé une contradiction inacceptable.

Les principes de droit et de liberté ne valent pas seulement qu'en diplomatie. Le peuple y a droit. Vous les lui avez refusés.

En interdisant une démonstration dont vous saviez qu'elle serait pacifique, en dressant contre les travailleurs parisiens votre police et l'armée, en faisant maltraiter avec une brutalité inouïe des hommes, des femmes, des mutilés qui ne faisaient qu'user d'une liberté essentielle et reconnue à leurs camarades de tous les autres pays, vous avez méconnu le dévouement et l'abnégation dont cette classe ouvrière a fait preuve durant la guerre.

La liberté refusée par vous aux travailleurs, le représentant de ceux-ci ne peut plus l'avoir à la Conférence de la Paix.

Il ne me reste, Monsieur le Président du Conseil, qu'à vous remettre ma démission.

Veuillez agréer mes salutations.

Le secrétaire de la Confédération Générale du Travail, délégué à la Conférence de la Paix :

L. JOUHAUX.

Le 3ᵉ Comité National

Le 3ᵉ Comité Confédéral National se tint les 26 et 27 mai 1919, dans une salle du Globe, à Paris. Nous ne résumerons pas ici les débats qui occupèrent ces deux journées et permirent aux délégués des Fédérations et des Unions de se prononcer sur des questions très importantes et qui engagent toute l'action du mouvement ouvrier.

Nous allons nous borner à résumer très succinctement les débats, de façon à mieux préciser le caractère des décisions qui y furent prises.

Les Huit Heures

Depuis la seconde réunion du C. C. N. qui s'était tenue en mars, la loi établissant la journée de huit heures dans l'industrie a été votée. Ainsi se trouvait reconnue la grande revendication historiquement liée à toute l'organisation de la classe ouvrière et que la C. G. T. avait mis au premier plan de son programme revendicatif. Du.même coup, une double obligation s'imposait au syndicalisme : en premier lieu, les organisations ont à assurer l'application complète et loyale de cette réforme, dont le Parlement lui-même a dû reconnaître qu'elle vaudra seulement dans la mesure où l'action syndicale pourra en garantir la réalisation ; en second lieu, il appartenait tout naturellement au C. C. N. de tirer les conséquences convenables de cette victoire, de rechercher les moyens de lui faire rendre toute sa valeur sociale, et aussi de préparer dès à présent des éléments d'un nouveau programme de revendication et d'action.

Un premier débat, auquel participèrent Jouhaux, Berthelot, Million, Dumoulin, Frecon, Luquet, fut inspiré de ce double caractère. Les suggestions des deux secrétaires confédéraux sur l'hygiène et l'utilisation des loisirs recueillirent l'approbation totale des délégués.

La Commission Administrative avait présenté une première motion que voici :

Le Comité Confédéral national, approuvant le rapport du Bureau confédéral et de la Commission Administrative, donne mandat à la C. G. T. d'assurer aux Fédérations nationales l'appui de la solidarité et de l'action ouvrière pour briser les résistances patronales et assurer l'application intégrale de la journée de huit heures dans toutes les industries ;

Il prend acte des accords conclus entre diverses Fédérations nationales de Syndicats ouvriers et certains groupements patronaux industriels et décide que les derniers délais consentis aux retardataires et aux réfractaires ne pourront aller au-delà du 1ᵉʳ janvier 1920 ;

Le Comité national ne concède aucune mesure d'exception aux situations spéciales et aux régions dévastées par la guerre, considérant que la journée de huit heures crée une situation d'égalité applicable à tous dans la solidarité nationale et internationale.

Prenant en considération les idées émises par la C. A. et le B. C. dans le rapport sur les conséquences de la journée de huit heures, le Comité Confédéral national charge la C. G. T. d'entreprendre une active campagne de propagande et d'action syndicales pour la réforme du logement, de l'habitation et des conditions de vie sociale de la classe ouvrière.

L'après-midi fut consacré à une grande consultation des représentants des Fédérations. Tour à tour, Rivelli, Bordères, Savoie, Bonnet, Merrheim, Bidegaray, Roux, Luquet, Chanvin vinrent dire l'action réalisée et les efforts en cours dans leurs corporations ou définir le caractère des grands contrats collectifs déjà passés avec les représentants patronaux.

D'autres camarades représentant des Unions départementales, Frécon, Jullien, Marty-Rollan, Perrot vinrent préciser quelles étaient, à leur sens, les conditions possibles d'application de la loi.

Une Commission fut chargée de présenter au Comité une résolution qui fut lue par le camarade Luquet, rapporteur, et dont le texte est le suivant :

Le Comité Confédéral National, approuvant le rapport du Bureau confédéral et de la Commission administrative, leur donne mandat d'assurer aux Fédérations nationales l'appui de la solidarité de l'action ouvrière pour briser les résistances patronales et assurer l'application intégrale de la journée de huit heures ou de la semaine de quarante-huit heures au maximum, dans toutes les branches de l'activité économique.

Il prend acte des accords conclus entre diverses Fédérations nationales ouvrières et certains groupements patronaux industriels.

Il s'élève contre toute méthode d'application qui consisterait, sous prétexte de fixer des étapes, à augmenter la durée du travail, soit quotidiennement, soit hebdomadairement, et d'ajourner ainsi indéfiniment l'application intégrale de la réforme.

Au cas où des organisations ouvrières se heurteraient dans leurs pourparlers avec les groupements patronaux correspondants à des lenteurs calculées de ces derniers pour éluder l'application de la loi, le Comité Confédéral National donne mandat à la C. G. T. d'appuyer de toutes les forces ouvrières organisées l'action de ces organisations afin d'anéantir la résistance patronale, en amenant les pouvoirs publics à établir d'office les règlements d'administration publique qui rendent la loi applicable.

Considérant que la journée de huit heures crée une situation d'égalité applicable à tous, dans la solidarité nationale et internationale, le Comité national ne saurait concéder aucune mesure d'exception du bénéfice de la loi.

C'est pour ces considérations qu'il proteste contre l'exclusion dont ont été l'objet les travailleurs de la terre et les salariés de l'Etat, des départements et des communes. Il réclame pour eux l'extension de la législation des huit heures ainsi que le vote au plus tôt du projet de loi déposé sur le même objet pour les travailleurs de la mer.

Prenant en considération les idées émises par la Commission administrative et le Bureau confédéral dans le rapport sur les conséquences de la journée de huit heures, le Comité Confédéral National décide d'entreprendre une active campagne de propagande et d'action syndicale pour la réforme du logement, de l'habitation et des conditions de vie sociale de la classe ouvrière.

Cette résolution fut adoptée à l'unanimité et sans débats.

Les revendications générales

Les incidents du Premier Mai eurent tout naturellement leur écho devant le C. C. N. Aux critiques présentées entre autres par Verdier, Simon, Berthelot, Marty-Rollan et Jullien, Jouhaux répondit en précisant le rôle des militants parisiens dans cette journée.

Mais toutes les raisons d'ordre général qui avaient inspiré la journée du Premier Mai devaient être soulevées à nouveau et le furent au cours de la discussion précédente où fut naturellement envisagée sous certains de ses aspects l'orientation générale du syndicalisme.

Une Commission nommée sur l'initiative de Dumoulin, qui devait en être le rapporteur, revint, le 27, devant le Comité avec le projet de résolution suivant :

Le Comité Confédéral national ayant fixé l'attitude de la C. G. T. en ce qui concerne l'application de la journée de huit heures et mesuré les conséquences directes qui proviennent de la réalisation de cette réforme ;

Pénétré de l'influence morale qu'exerce dans ce pays la Confédération Générale du Travail ;

Renseigné complètement sur la valeur démonstrative et la puissance d'action ouvrière réalisée par la journée du Premier Mai 1919.

Décide de poursuivre immédiatement, par tous les moyens, la réalisation des autres revendications contenues dans le programme minimum de la C. G. T. ;

Il rappelle que ce programme tend à la prise de possession de la part de gestion et de contrôle qui revient à la classe ouvrière dans toutes les branches de l'activité économique pour en assurer le développement, conformément aux besoins de la collectivité ;

Plus que jamais convaincu de l'importance du rôle social que doit remplir la C. G. T., le Comité national entend ne plus se borner simplement à formuler les aspirations de la classe ouvrière ;

Il décide de mettre en œuvre toutes les forces de l'organisation syndicale pour obtenir :

1° Le rétablissement des libertés constitutionnelles ;

2° La démobilisation rapide et totale ;

3° L'amnistie pleine et entière ;

4° La cessation de toute intervention militaire dans les pays étrangers, notamment en Russie et en Hongrie.

Il donne mandat à la C. G. T. de faire appel au Cartel interfédéral. Il charge le Bureau confédéral de se mettre en rapport avec les organisations ouvrières anglaises pour qu'un accord intervienne entre la coalition syndicale d'Angleterre et le Cartel interfédéral français à l'effet de prendre des décisions communes et d'en poursuivre l'application.

Il charge également la C. G. T. d'organiser dans la deuxième quinzaine de juin une première semaine de propagande portant sur l'ensemble du pays y compris l'Algérie et s'adressant aux travailleurs des villes, des campagnes et de la mer.

La C. G. T. organisera une consultation générale des organisations ouvrières en convoquant le Congrès Confédéral qui se tiendra à Lyon, dans la deuxième quinzaine de septembre.

Comme conséquence première de ces décisions, une délégation du Comité national portera à la connaissance du gouvernement l'ensemble de ces revendications.

Après avoir donné lecture de ce texte, Dumoulin indiqua encore que la Commission avait tenu à donner à la C. G. T. des possibilités d'action immédiates.

Un débat suivit, auquel participèrent, avec de courtes interventions, les camarades Berthelot, Simon, Sarrou, Jullien, Million, Verdier, Monleau, Cazal, Dumoulin, Jouhaux et Merrheim.

La motion fut adoptée à l'unanimité.

Dumoulin remarqua alors qu'elle comportait la nomination immédiate de la délégation chargée de porter au gouvernement les revendications corporatives et sociales de la Confédération.

Un échange d'observations auquel prirent part plusieurs délégués, amena Jouhaux à demander que cette délégation comprenne les représentants des grandes régions et des grandes organisations, de façon à en faire l'expression de la force agissante de la C. G. T.

Ce point de vue est adopté, la délégation fut ainsi composée : Perrot (Seine), Million (Rhône), Jullien (Marseille), Dasset (Bordeaux), Marty-Rollan (Toulouse), Saint-Venant (Lille), Chéreau (Rennes), Roger (Nancy), Bidegaray (Cheminots), Merrheim (Métaux), Chanvin (Bâtiment), Mazeaud (Transports en commun), Rivelli (Inscrits maritimes), Bordères (P. T. T.).

Elle eut une entrevue avec le président du Conseil le lendemain 28 mai.

L'organisation des terriens

L'attention du Comité fut alors attirée sur l'importante question de l'organisation des travailleurs ruraux, sur laquelle la Commission administrative avait publié un long rapport.

Une Commission composée des camarades Bornet, Fabre, Rouillée, Hodée, Chaussy, Marty-Rollan, Bourderon et Lapierre se réunit et proposa au C. C. N. le vote de la motion suivante :

Le Comité national déclare que tous les groupements terriens actuellement existants, constitueront, à partir du 1er janvier 1920, une seule et unique organisation qui aura place à la Confédération Générale du Travail, sous le titre « d'Union Fédérative Terrienne », permettant ainsi de développer et d'intensifier le mouvement syndical chez les travailleurs de la terre.

Le recrutement dans la nouvelle organisation se fera par l'adhésion des Syndicats existant actuellement, selon les régions. Provisoirement les Syndicats nouvellement constitués adhéreront à l'une ou l'autre des Fédérations actuellement confédérées. Ne seront admis dans les Syndicats que les travailleurs dont l'intérêt est conforme aux principes et au but admis et poursuivis par la C. G. T.

La Commission nommée par le Comité national se réunira dans un délai très rapproché pour rédiger les projets de Statuts préparés, les règlements qui assureront le fonctionnement de la nouvelle organisation.

Elle recherchera et étudiera également les moyens de propagande à employer susceptibles de donner le maximum de résultats.

Les travaux de cette Commission seront soumis à un Congrès des organisations bûcheronnes, agricoles, viticoles, horticoles actuellement confédérées.

La date de ce Congrès sera fixée par la Commission.

Dans tous les cas il devra se réunir au moins un mois avant le Congrès confédéral.

Ce Congrès établira d'une façon définitive le fonctionnement de la Fédération terrienne que devra ratifier le Congrès Confédéral de septembre 1919.

Il établira également d'une façon nettement définie le programme de revendications à formuler par le prolétariat rural : bénéfice de toutes les lois sociales appliquées à tous les travailleurs de l'industrie et du commerce, concernant les accidents du travail, la prud'homie, l'hygiène, la sécurité, la salubrité, le placement, le recrutement de la main-d'œuvre, etc.

Pour accomplir cette besogne d'éducation et de recrutement syndical, le Comité Confédéral national fait appel au concours des Unions départementales pour qu'elles apportent leur appui moral et financier dans une large mesure afin de favoriser la réussite de l'effort entrepris.

Elles devront également fournir des rapports sur la situation agricole de leur département ainsi que l'a demandé le Bureau Confédéral.

Ce rapport fut également adopté après échange de vues entre les camarades Bornet, rapporteur ; Nicolas, Chaussy, Monteau, Jullien et Jouhaux.

Les Accidents du Travail

Le Congrès fit également siens, sans opposition, deux rapports présentés par Jouhaux au nom du Comité Confédéral et du Bureau. En raison de leur caractère, nous croyons utile d'en reproduire le texte ici.

Voici le premier, dû à la plume du camarade Quillent :

Suivant une décision de la Commission Administrative, le Bureau Confédéral a demandé au camarade Quillent d'exposer, dans un rapport au Comité national, les points sur lesquels doit porter l'action confédérale en vue de réformer la loi sur les accidents.

Tout en s'excusant de ne pouvoir procéder dans un temps aussi court à un examen approfondi, voici les solutions qu'indique notre camarade Quillent :

1º La législation devrait être au plus tôt étendue à tous les salariés du commerce, de l'industrie, de l'agriculture, des professions libérales ; aux domestiques et gens de travail et de service de toutes catégories.

Divers projets adoptés, à cet effet, par la Chambre des Députés, attendent la ratification sénatoriale depuis longtemps.

2° Il est absolument indispensable que le chiffre de 2.100 francs sur lequel porte en plein le calcul de la rente, en cas d'incapacité permanente ou de mort, soit augmenté, dans la proportion des salaires aux taux actuels.

En outre, la loi doit disposer que les salaires supplémentaires payés à certaines catégories de travailleurs, au titre de primes de cherté de vie, soient incorporés dans le calcul du salaire annuel de la victime pour le calcul de sa rente ou de celle de ses ayants droit.

D'après ce qui se passe actuellement, de nombreux accidentés sont gravement lésés pour l'avenir lorsque leurs rentes sont calculées sur le salaire proprement dit, alors qu'ils touchent des « primes de vie chère » parfois supérieures audit salaire, spécialement dans les Compagnies de transports et les administrations de l'Etat.

3° La loi doit obliger les tribunaux à calculer le préjudice réel subi par des victimes qui ne faisaient que des travaux partiels dans l'entreprise où l'accident s'est produit ; ouvriers ou employés n'étant occupés que quelques heures par jour ou quelques jours par semaine ou par mois. Exemple : un employé d'auberge qui n'était occupé qu'un jour par mois, onze mois sur douze, les jours de foire seulement, ayant été atteint d'une incapacité permanente, son salaire annuel fut calculé à raison de 3 francs multipliés par 11, soit trente-trois francs annuellement. On lui alloua une rente de 5 % de ce salaire, soit par an 1 fr. 65. S'il avait été atteint d'incapacité totale de travail, il aurait eu les deux tiers de 33 francs, soit 22 francs de rente annuelle.

Il faut que l'on tienne compte du gain réel des travailleurs qui sont employés par différentes entreprises ou quand le travail n'est pas continu là où s'est produit l'accident, calculer la rente sur un gain normal permettant de vivre.

4° La loi doit empêcher les juges de refuser d'indemniser les incapacités permanentes minimes. Si le membre ou l'organe lésé n'a pas recouvré son intégrité, il y a incapacité permanente, il y a lieu à indemnisation correspondante. Sans cette obligation, il n'y a pas de limite à l'arbitraire des juges et des experts.

5° La loi doit prévoir le droit à indemnisation des ascendants directs des victimes d'accidents mortels, lorsqu'il n'est pas établi qu'ils ont des ressources suffisantes pour vivre indépendamment de leur salaire personnel ; tout parent, père ou mère, est en droit de compter sur le soutien de son enfant en cas de besoin et il est inadmissible que les juges puissent décider que tel a droit à une rente et tel autre, non.

6° La veuve d'un accidenté du travail doit pouvoir bénéficier de la rente qui lui a été allouée pendant toute sa vie, sans être obligée pour cela à ne plus contracter un nouveau mariage. Puisqu'elle y aurait droit en restant dans le veuvage, du fait qu'elle se remarie, cela n'augmente en rien les charges de son débiteur.

7° La loi ayant consacré le libre choix du médecin pour l'accidenté, elle ne doit pas lui concéder un droit illusoire ; il faut donc que le médecin sollicité par le blessé trouve un avantage certain à lui donner ses soins. En conséquence, dans l'intérêt même des travailleurs, victimes d'accidents, le médecin doit être rétribué d'après un tarif rémunérateur et trouver dans la loi toute protection contre les agissements de ceux qui ont intérêt à évincer les médecins indépendants.

8° Le droit donné au patron, à l'article 4 de la loi de 1898, de faire désigner un expert devrait également être conféré au blessé, ceci pour éviter la manœuvre d'adversaires qui font trainer la procédure en cas de demande de demi-salaire devant le juge de paix, jusqu'à ce qu'un expert ne puisse plus se prononcer sur la date de la guérison sans entrer dans le domaine de l'hypothèse.

9° Les maladies professionnelles, affections parfois graves, qui sont la conséquence d'atteintes à la santé de certains travailleurs que l'exercice de leur métier expose plus particulièrement, ont fait l'objet d'un projet de loi. Celui-ci est voté depuis plusieurs années par la Chambre des Députés ; nous attendons que le Sénat veuille statuer sur son sort.

10° La loi devrait disposer que le droit à l'indemnité journalière existe du lendemain du jour de l'accident, quelle que soit la durée de l'incapacité temporaire. Les débiteurs desdites indemnités auraient autant d'avantages que les blessés à ce que cette modification soit apportée, car le système actuel incite le médecin de la compagnie d'assurances ou du patron à limiter le traitement au deçà de sa nécessité et celui du blessé dans l'intérêt de son client, à la prolonger sans raison valable.

11° Les travailleurs se plaignent légitimement de recevoir une indemnité ne représentant que la moitié de leur gain journalier, alors que leurs besoins sont les mêmes, au moins, que lorsqu'ils peuvent travailler. Lorsque l'incapacité temporaire est de longue durée, c'est la misère profonde qui s'installe au logis. Dans nombre de grandes administrations, on a compris que les travailleurs blessés devaient recevoir l'indemnité équivalente à leur salaire de travail ; ce qui a été fait là peut être généralisé.

12° Une modification à examiner sérieusement est la nationalisation des assurances. A mon avis, les accidentés seraient moins spoliés par une caisse d'assurances nationale, contrôlée par la C. G. T., que par les entreprises qui font des opérations commerciales et financières et non de la solidarité.

Voici, exposées très brièvement, les réformes qu'il conviendrait, à mon avis, d'apporter à la législation des accidents du travail ; mais, j'émets à nouveau l'opinion qu'un examen approfondi devrait être entrepris par le Conseil judiciaire à l'effet de présenter au Comité un rapport plus détaillé et plus complet.

Le second rapport, signé du Bureau confédéral, exposait ainsi les questions relatives à l'unification des retraites et aux assurances sociales :

Depuis dix ans, des préoccupations pressantes n'ont pas permis à l'ensemble de la classe ouvrière de poursuivre son effort en vue de l'obtention d'un système satisfaisant de retraites. Au moment où le prolétariat manifeste sa volonté d'aboutir à des réalisations immédiates, nous croyons qu'il est de son devoir d'inscrire dans son programme de réformes un plan général d'assurances sociales sans lesquelles le statut des salariés, menacés par la maladie, l'invalidité, la vieillesse et le chômage, demeurera toujours précaire et incertain.

La classe ouvrière a toujours reconnu la nécessité de semblables réformes. Si la Confédération Générale du Travail a mené une vive campagne contre la loi sur les retraites ouvrières, ce n'était pas par opposition au principe même, mais, au contraire, pour obtenir une meilleure organisation et une répartition plus satisfaisante de ces retraites.

Telle qu'elle est, même sérieusement améliorée à la suite de notre opposition, la loi du 5 avril 1910 est loin de répondre à nos désirs. Nous devons en poursuivre la refonte et l'amélioration.

D'autres faits, d'ailleurs, rendent nécessaire la reprise de cette action et lui assignent une portée plus générale. Le régime des retraites pour la vieillesse est en France dispersé et tend à accentuer la division du prolétariat en catégories particulières.

Sans parler des retraites militaires — qui ne nous intéressent point et ne sont d'ailleurs, à proprement parler, qu'une prolongation de solde — nous sommes en présence d'une loi sur les pensions civiles appliquée aux fonctionnaires, d'une autre sur les retraites ouvrières et paysannes proprement dites, d'une caisse de retraites pour les mineurs, d'une caisse des invalides de la marine.

Un tel état de choses, si on le laissait subsister et surtout se développer, ne manquerait pas d'être une menace pour cette unité du prolétariat que nous devons travailler à réaliser de plus en plus.

Un autre fait vient donner au problème un caractère immédiat : l'action syndicaliste des fonctionnaires, à la veille d'être enfin reconnue par la loi, a déjà amené à la C. G. T. des groupements de travailleurs des services publics et en fera venir d'autres en nombre toujours plus grand. Le prolétariat de l'industrie et le prolétariat administratif entendent ne faire qu'un, et se déclarent solidaires l'un de l'autre. Mais qui ne voit qu'au point de vue des retraites, sous leur forme actuelle, le statut de ces deux grandes catégories de travailleurs est très différent ?

Enfin, l'incorporation de l'Alsace-Lorraine à la France et la nécessité de conserver à nos camarades de ces provinces les avantages qu'ils trouvaient dans le système allemand des assurances sociales, beaucoup plus complet et beaucoup plus cohérent que le nôtre, ne contribuent pas pour peu à poser la question d'une refonte et d'une généralisation des retraites appliquées aux travailleurs.

Ainsi, le souci d'unité de la classe ouvrière nous amène forcément à envisager le problème de l'unification des retraites, des régimes multiples ne pouvant plus subsister.

D'autre part, il suffit de jeter les yeux sur la législation française dans ce domaine pour constater combien elle est insuffisante, rudimentaire, incohérente même. Les assujettis de toutes catégories réclament chacun de leur côté. La question, à notre avis, est d'arriver à grouper ces revendications et ces efforts dans le sens d'une action générale et pour obtenir l'unification des situations et des droits, étant bien entendu, comme il va de soi, que nous ne concevons pas une réforme qui diminuerait les avantages acquis.

Il ne saurait être question dans ce rapport succinct, d'examiner sous tous ses aspects et dans tous ses détails un problème aussi complexe. Du moins, pouvons-nous essayer, dès à présent, de fixer les conditions principales de la réforme d'ensemble que nous demandons.

LE RÉGIME ACTUEL

Les assurances sociales doivent avoir pour objet de fournir aux salariés des garanties indispensables contre les vicissitudes de leur vie laborieuse. Celles-ci se ramènent à une cause unique : le chômage, qui empêche l'ouvrier d'utiliser sa force de travail et lui enlève son unique moyen d'existence. Qu'il s'agisse de chômage temporaire, par suite de maladie, d'accident ou du manque de travail pur et simple, ou du chômage permanent auquel le travailleur peut être réduit par l'invalidité et la vieillesse, nous posons en principe qu'un système d'assurances sociales doit viser à garantir le salaire contre ce risque et que la collectivité sociale ne peut se désintéresser du sort de· ceux qui la font vivre.

Un tel principe est d'ailleurs entré dès maintenant dans les esprits et même en partie dans la loi, son application étant d'ailleurs loin de répondre aux désirs des travailleurs, en France surtout.

Examinons, en effet, l'état actuel de la législation dans ce pays.

Au point de vue maladie, l'assurance n'existe point. Tout au plus l'Etat favorise-t-il, dans une certaine mesure, la mutualité et l'assistance. C'est dire que dans ce sens tout est à faire. . -

Au point de vue accidents, la loi inscrit le principe de la réparation par l'employeur du dommage causé à l'employé. Ce système, dont la légitimité est d'ailleurs incontestable, est suffisant à la condition que la réparation soit équitablement calculée.

En ce qui concerne les retraites de vieillesse, nous avons montré la dispersion des institutions dont le but est de les assurer. Nous croyons, d'autre part, inutile d'insister ici sur le caractère peu satisfaisant de la loi de 1910, en ce qui concerne le taux des pensions et l'âge de la retraite, et sur l'organisation présente des caisses.

Notre effort passé est à reprendre et à poursuivre pour obtenir que ce système soit mis en harmonie avec les revendications des travailleurs. Mais nous avons aussi montré la nécessité de constituer un régime général commun à toutes les catégories du prolétariat.

Quelles sont les conceptions qui doivent guider notre effort dans ce sens et peuvent nous permettre de réaliser cette unité ?

Une idée essentielle domine la question. C'est que le principe de cette assurance doit être entièrement modifié.

A l'heure actuelle, il ne s'agit que d'une *retraite pour la vieillesse*. La loi de 1910 prévoit bien que « l'assujetti » peut faire liquider sa pension pour cause d'invalidité naturelle, mais seulement dans le cas où son incapacité de travail est absolue et permanente. L'invalidité n'est donc visée par la loi française que de façon accessoire et exceptionnelle.

Ce système doit être complètement renversé. Nous disons que la loi d'assurances (ainsi qu'elle existe par exemple en Allemagne), doit être en premier lieu une *loi d'invalidité*. Le salarié qui, pour une raison ou pour une autre, est frappé d'une incapacité permanente de travail a droit à la retraite pleine, non à un secours insuffisant pour lui permettre de vivre et dont la modicité l'oblige à rechercher ces infimes et misérables besognes auxquelles sont astreints de trop nombreux vieillards.

On remarquera d'ailleurs que dans la pratique cette conception n'aboutirait point à un bouleversement essentiel, puisque dans la plupart des cas, c'est la vieillesse qui constituera la cause de l'incapacité du travail. Du moins son introduction dans la loi, au lieu du système forfaitaire actuel, aura-t-elle pour effet de reconnaître d'abord un principe de justice sociale, ensuite de permettre l'unification du système de retraites.

En effet, l'invalidité s'appliquera sans rien léser de leurs droits acquis aux travailleurs des corporations où le travail pénible et périlleux use plus vite les hommes. Et du même coup tombent les raisons que l'on pourrait faire valoir pour justifier le maintien de régimes particuliers.

Il est donc possible d'aboutir à l'unification que nous réclamons. Mais, dans ce travail de refonte, les organisations ouvrières ne peuvent pas oublier les idées qui les ont guidées constamment lorsqu'il s'est agi de retraites. Notre opposition à la loi de 1910 portait essentiellement sur l'organisation même du système. A ce moment, nous ne voulions pas de la capitalisation, inéquitable et dangereuse ; nous réclamions à sa place la répartition des versements effectués. Notre effort de demain devra s'exercer dans le même sens.

Nous ne voulions pas davantage d'un système à la gestion et au contrôle duquel la classe ouvrière demeurait étrangère et qui aboutissait, par voie de conséquence directe, à mettre entre les mains de l'Etat seul les sommes énormes amassées au titre des versements capitalisés. Demain encore, nous demanderons que les travailleurs aient leur part dans l'administration des caisses d'assurances sociales.

Le modèle du régime nouveau que nous réclamons est dans l'ensemble celui qui est déjà appliqué aux mineurs. Dans notre esprit, ces caisses de retraite devraient être établies par industrie pour tenir justement compte des questions d'invalidité que soulèvent les différentes professions, constituées en partie par les versements obligatoires des ouvriers et gérées également en partie par les représentants des organisations des travailleurs intéressés.

L'ASSURANCE CONTRE LE CHOMAGE

Ainsi constituées, ces caisses professionnelles pourraient assurer le service non seulement des retraites d'invalidité-vieillesse, mais des assurances en cas de maladie (auxquelles devrait être adjoint un système d'assurance pour les femmes en couches), et aussi l'assurance contre le chômage, que nous réclamons dès à présent.

Celle-ci, nous la considérons comme un droit social d'une importance qui ne saurait être méconnue. Elle est réalisable, puisqu'un certain nombre de nos organisations l'appliquent dès maintenant. Mais ces premiers efforts ne peuvent pas nous faire oublier que ce n'est pas aux travailleurs seuls qu'incombe l'obligation de parer, par la mutualité, aux risques du manque de travail. C'est à la collectivité de le faire puisqu'elle a profité du travail et puisqu'elle est responsable du système qui laisse des bras inoccupés. L'assurance de chômage relève d'ailleurs du principe général que nous définissons plus haut et d'après lequel l'assurance sociale doit s'appliquer à toutes les vicissitudes qui menacent le salarié parce qu'il est salarié. Sans elle, tout système d'assurances demeurera incomplet et le sort du travailleur demeurera précaire.

AVANTAGES D'UNE ACTION GENERALE

Il ne pouvait s'agir dans ce rapport que de poser le problème et d'en définir les grandes lignes. Elles permettent du moins, croyons-nous, de se rendre compte de la nécessité de l'effort que nous proposons aux Syndicats.

L'organisation ouvrière de ce pays ne s'est jamais bornée à grouper des travailleurs pour des actions particulières. Toujours elle a cherché à assigner au mouvement des revendications générales et communes à tous, puisque c'est par là que la solidarité prolétarienne s'affirme de la façon la plus concrète et que peut le mieux se réaliser une union de plus en plus étroite de nos groupements.

L'unification et la généralisation des assurances sociales est une de ces actions. La classe ouvrière se doit de travailler à cette réforme générale et de réclamer, dans les institutions nouvelles qu'elle demande, sa part légitime de contrôle et de direction.

Les Travailleurs et la Paix

De même allons-nous rappeler ici, sans autres commentaires, le texte de la motion présentée par Jouhaux au nom de la Commission administrative et du Bureau confédéral sur les dispositions du traité de paix, motion qui fut adoptée à l'unanimité moins deux abstentions, celle de Tommasi (Voiture) et de Cazals (Doubs) :

Bien qu'il ne connaisse les clauses du traité de paix entre les puissances alliées et associées de l'Entente et l'Allemagne, que sous la forme d'un résumé officiel, insuffisant, sinon tendancieux, le Comité Confédéral national de la C. G. T. déclare que cette ignorance où le peuple de ce pays est tenu contre sa volonté, ne saurait être une raison suffisante pour qu'il tarde à exprimer l'opinion du prolétariat organisé.

Il tient d'abord à élever une fois de plus sa voix contre le régime du silence imposé à ce pays et contre ce fait inadmissible que le peuple va se trouver en présence de l'acte accompli sans avoir pu connaître ni discuter les clauses qui intéressent son existence immédiate et son avenir.

Il ne saurait trouver de condamnation plus décisive de cette méthode qui reproduit et aggrave les pires traditions de la diplomatie secrète, que dans la formule donnée par le Président Wilson, au cours de son discours historique du 8 janvier 1918, comme le premier des quatorze principes devant servir de base à la paix mondiale :

« Des conventions de paix, au grand jour, préparées au grand jour : après quoi, il n'y aura plus d'ententes particulières et secrètes d'aucune sorte entre les nations, mais la diplomatie procédera toujours franchement et en vue de tous. »

Le malaise indéniable qui s'est emparé de tous les pays et dont les hommes d'Etat ont dû eux-mêmes avouer l'existence, n'a pas d'autre cause, avec le retard apporté à la conclusion d'une paix passionnément désirée par tous, que la méconnaissance par les diplomates officiels du grand mouvement d'idées que traduisait ainsi le chef de la République américaine.

Non seulement les peuples ne connaissent ni le but ni la fin recherchés par leurs gouvernements, non seulement la Conférence de Paris ressemble de façon étrange aux « Congrès des patrons » du passé dont parlait encore le Président Wilson, mais le résultat auquel ont abouti des travaux menés dans le secret et l'incohérence, ne saurait satisfaire des aspirations certaines et justifiées.

*

Soucieux, à cette heure grave, de rappeler sa pensée sur les conditions d'une paix juste et durable, le C. C. N. déclare que les dispositions essentielles du traité ne correspondent en aucune façon aux désirs des travailleurs.

Sous les réserves qu'entraîne nécessairement une connaissance incomplète du traité, le C. C. N. proteste, dès à présent :

1° Contre les négations certaines du droit des peuples à disposer d'eux-mêmes.

Il signale comme éminemment iniques et périlleuses les tractations faites autour de territoires sans que la volonté des habitants de ceux-ci ait été exprimée.

Hors de ce droit, qui ressortait pourtant comme la leçon décisive de la guerre, il ne peut y avoir de paix durable. En le méconnaissant notamment dans un cas aussi grave que celui du bassin de la Sarre, la Conférence de la Paix a créé des sources de protestation constante et de griefs entre nations.

En tenant compte des traités secrets passés au cours de la guerre, elle s'est interdit à elle-même la recherche des intérêts supérieurs de l'humanité pour se livrer à des marchandages d'enjeux, à des arrangements et des compromis, ayant pour but des satisfactions d'impérialisme, ou la recherche d'un système d'équilibre des forces à jamais discrédité.

2° *Contre les annexions déguisées de territoires*, non seulement parce qu'elles violent le principe ci-dessus énoncé, mais parce qu'elles constituent une menace pour la paix future, et que, dans l'avenir immédiat, elles obligent au maintien d'une armée d'occupation et déterminent en fait la continuation du service militaire obligatoire.

Sous quelque forme qu'on les présente, ces annexions sont injustifiables. Les ressources cherchées en remplacement des richesses détruites pendant la guerre pouvaient être obtenues par des accords économiques et sans que violence fût faite aux sentiments des populations.

En ce qui concerne le bassin de la Sarre, le C. C. N. dénonce des conflits économiques et politiques qui ne manqueront pas de surgir entre les travailleurs de cette région et les autorités d'occupation. Les ouvriers français se doivent de protester contre la servitude que subiront en fait des travailleurs soumis à un régime pour lequel ils n'ont pas été consultés.

3° *Contre la négation des engagements solennels concernant la Société des Nations.*

Le Comité Confédéral national ne saurait, en effet, admettre que le texte inclus dans le traité de paix réponde à ce que l'on attendait d'une Société des Nations. L'absence d'organismes internationaux véritables et de sanctions nettement définies enlève à ce projet toute son efficacité, en même temps que l'exclusion même temporaire de certains peuples vicie le principe de justice impartiale qui devait en être la base.

Sans une conception supérieure s'imposant à tous les Etats et une organisation capable de faire prévaloir ses décisions et ses arbitrages, une Ligue des Nations n'est qu'une formule inopérante.

Le fait encore qu'un continent tout entier se trouve (doctrine de Monroë) soustrait à la pleine juridiction de la Société, le rejet du principe de l'égalité des races, le refus de la liberté des mers, ne peuvent qu'accentuer nos réserves et notre protestation.

4° *Contre le retour aux vieux systèmes d'alliances*, groupant pays contre pays, dressant impérialisme contre impérialisme, continuant les antagonismes nationaux et de races.

Ce système, qui fut une des causes les plus lourdes du conflit mondial, était frappé de condamnation par la guerre et ne devait pas trouver place dans le code général de la Ligue des Nations. Y revenir, c'est méconnaître la volonté certaine des peuples et c'est retomber sans délai dans l'état de choses et les errements néfastes où le monde se trouvait avant le conflit européen.

5° *Contre l'impossibilité du désarmement général* qui ne pouvait précisément sortir que d'une organisation mondiale nouvelle fondée sur d'autres principes que ceux qui avaient prévalu jusqu'à présent et que le traité de paix reprend.

De même que le C. C. N. protestait plus haut contre la persistance du service obligatoire au moment où aucun bras ne devrait être distrait des besognes productives, de même il signale que sans le désarmement général, la liquidation des dettes de guerre est un espoir vain, les budgets militaires et les charges résultant des armements continuant à peser sur les peuples et à entraver la tâche de reconstitution sans laquelle on ne peut compter relever les ruines accumulées pendant plus de quatre ans.

6° *Contre la continuation du colonialisme*, autre source de conflits et contre l'absence de toute réglementation internationale concernant l'administration des colonies inaptes à se gouverner elles-mêmes.

La solution du problème colonial qui a constitué dans le passé un grave élément de discordes ne pouvait être que dans l'internationalisation de l'exploitation des richesses indispensables à l'activité économique d'après-guerre, que recèlent les pays neufs, et dans la préparation à la vie moderne et libre des indigènes asservis. L'attribution des colonies allemandes à certains pays, même sous le couvert d'un mandat de la Société des Nations, ne correspond nullement à cette solution. Elle n'est d'ailleurs qu'une annexion à peine déguisée dans laquelle les intérêts des indigènes n'ont pas été pris en considération.

7° *Contre l'absence de tout système financier international*, destiné à répartir entre toutes les nations et à faire garantir par toutes, les charges écrasantes résultant de la guerre. Le Comité Confédéral National constate que cette lacune qui contredit des promesses formelles, laisse ce pays chargé de ruines et qui a supporté le plus lourd poids du conflit, en face de problèmes financiers insolubles et rend impossible son prompt relèvement.

8° *Contre l'absence d'un organisme international économique*, chargé d'assurer la répartition des matières premières et leur transport.

Alors que la situation mondiale déficitaire, alors que les besoins et des demandes dépassent les offres de produits nécessaires à la restauration de la vie collective normale, la création d'un organisme international de répartition était indispensable. En laissant subsister, à l'heure actuelle, la concurrence entre nations très inégalement atteintes par la guerre, on met certaines d'entre elles en état manifeste d'infériorité et l'on doit craindre encore la constitution d'un impérialisme commercial venant ajouter aux dangers d'un militarisme non détruit.

Les travailleurs ne peuvent pas accepter que certaines nations soient gavées de richesses matérielles et que d'autres subissent un surcroît de misère.

9° *Contre la continuation de la guerre économique et d'un blocus non déguisé*, tout boycottage économique ayant pour conséquence certaine de mettre les pays vaincus dans l'impossibilité de faire face aux lourds engagements que leur impose le traité et de continuer pour une période indéterminée l'hostilité entre peuples et le déséquilibre international.

10° *Contre l'absence d'une vraie charte internationale du travail*, les principes généraux inscrits dans le traité, quelle que soit leur valeur morale, n'ayant aucun caractère exécutoire.

Sur ce dernier point, le Comité Confédéral National renouvelle ses réserves et ses protestations précédentes, ainsi que celles déjà formulées par ses représentants à la Commission du Travail de la Conférence.

La paix devait, en mettant fin à la guerre la plus atroce qu'ait connue le monde, exclure tout germe de guerre nouvelle.

C'est parce qu'ils l'ont pensé et voulu, parce qu'ils l'ont espéré de toutes leurs forces, que les peuples ont pu trouver eux-mêmes l'effrayante somme d'énergie nécessaire pour faire face au conflit.

Renouvelant encore ses protestations contre les expéditions militaires à l'étranger auxquelles le traité, loin d'y mettre fin, va donner de nouveaux prétextes, le C. C. N. estime que l'instrument diplomatique issu de la Conférence de la Paix ne correspond en rien aux aspirations exprimées par les peuples en guerre, par tous les peuples ;

Que le traité continue les actes issus d'une diplomatie secrète maintenant indéfendable ;

Que loin d'établir le régime mondial nouveau qui rendrait impossible tout retour de guerre, il laisse subsister des germes de conflit pour le moins comparables à ceux qui ont entraîné l'humanité dans la catastrophe.

Ce n'est pas par de tels textes que sera réalisée la paix juste et durable, voulue par les travailleurs du monde entier.

Le traité de paix laissera une situation aggravée par les rivalités territoriales, les haines accrues, les désirs de revanche, l'impossibilité de reconstitutions économiques, le déséquilibre intérieur aussi bien qu'international.

Pour tous ces motifs, constatant que des principes ont été affirmés dans cette guerre et que le traité les méconnaît, que des promesses ont été faites dont il n'est plus tenu compte, qu'aucun des espoirs nourris par les peuples n'a été réalisé ;

Devant l'impuissance ou le mauvais vouloir des gouvernements à faire une œuvre équitable et humaine, il déclare que c'est à l'action ouvrière de travailler au redressement de cette paix, afin de réaliser la paix véritable des peuples et l'organisation mondiale stable destinée à la garantir comme à assurer la reprise de la vie économique qui en est la condition principale.

Fidèle aux principes de liberté, de paix et de justice qui la guident, la classe ouvrière de ce pays s'emploiera résolument à réaliser cette tâche nécessaire, tant par son action nationale qu'en joignant ses efforts à ceux des travailleurs des autres pays.

Pour reconstruire l'Internationale

Il est impossible de ne pas rapprocher des conceptions exprimées dans ce rapport les principes qui ont guidé le C. C. N. dans la discussion qui se produisit enfin sur la participation de la C. G. T. au Congrès d'Amsterdam, qui devait avoir pour tâche essentielle de reconstruire l'Internationale syndicale, et de sceller, avec plus de force même qu'avant la guerre, les liens du prolétariat mondial.

De plus en plus, d'ailleurs, les questions ouvrières se posent sur le terrain international. Les diplomates ont dû en admettre le principe dans leur traité, il doit avoir pour conséquence que les travailleurs eux-mêmes s'appliqueront à développer des principes insuffisamment reconnus.

L'organisation ouvrière française, qui a tant fait avant la guerre et pendant la guerre pour donner à cette organisation un caractère d'efficacité, pour l'amener à ne pas être seulement un bureau de statistiques corporatives, devait s'employer de toutes ses forces pour que, des délibérations à venir, sorte un organisme fait pour l'action et qui réponde aux nécessités de l' « action directe » internationale dont les débuts ont eu lieu dès maintenant...

Tel a été le sens des décisions prises par le C. C. N. dans son étude des statuts nouveaux de l'organisation à refaire.

Nous dirons plus loin, à la fin de ce rapport, comment a été réalisée cette œuvre historique dans le Congrès qui se tint du 26 juillet au 2 août, et auquel le Comité National décida d'envoyer pour représenter la Centrale française, les camarades Jouhaux, Dumoulin, Merrheim, Bidegaray, Mammale, Savoie, Million, Bartuel, Dumas, Bourderon, Doumencq et Rivelli.

Les Grèves de Juin 1919

Nous n'avons pu, dans ce rapport, forcément absorbé dans sa plus grande part par l'action intense de la Confédération du Travail elle-même, faire une place aux mouvements revendicatifs particuliers aux corporations. L'examen de ceux-ci, comme leur conduite, relèvent d'ailleurs plus naturellement des Syndicats et des Fédérations elles-mêmes et nous n'avons ici qu'à signaler le caractère général de ces actions en tant qu'elles ont été de nature à influer sur le mouvement ouvrier général de ce pays.

Ainsi, quelle que soit notre réserve à cet égard, nous ne pouvons passer sous silence les grands mouvements de grève qui se sont déclenchés au cours du mois de juin.

La cause de cette agitation intense ne doit évidemment pas être cherchée ailleurs que dans des causes strictement corporatives.

L'application de la loi sur la journée de huit heures et le réajustement des salaires au nouvel horaire de travail, à quoi s'opposait l'esprit de mauvaise volonté et de chicane d'un très grand nombre de patrons ont été la première raison de ces nombreux conflits.

La seconde, le plus souvent combinée avec celle-là, doit être attribuée au renchérissement de la vie qui n'a cessé de croître depuis l'armistice, grâce à la spéculation éhontée des uns et à l'absence de toute politique économique de la part des gouvernants.

Toutes ces causes furent d'ailleurs exposées dans le manifeste signé par les membres de la Commission administrative et qui fut publié le 7 juin.

On y lisait :

Manifeste publié le 7 Juin 1919 par la Commission Administrative

Les avertissements et les appels des militants ouvriers adressés aux gouvernants et au patronat n'ont pas été entendus. De ce fait, des grèves nombreuses ont éclaté à Paris et en province.

Ces grèves ont leur origine dans les résistances rencontrées pour l'application de la journée de huit heures. Elles ont leur source dans l'augmentation incessante du coût de la vie, provoquée par la fermeture des frontières, les interdictions d'importation, l'épuisement des stocks, la faiblesse des productions, les moyens de transports réduits, la spéculation des mercantis de toutes catégories.

Nul ne saurait nier le caractère revendicatif et corporatif de ces mouvements, dont l'origine apparaît ici en pleine lumière. La classe ouvrière entend conserver à ces grèves leur caractère propre.

A LA POPULATION PARISIENNE

Par des calomnies infâmes, par des manœuvres condamnables, on essaye de te dresser contre les travailleurs en grève.

Criminels sont ceux qui, dénaturant le mouvement, veulent lui trouver des origines suspectes.

Les grévistes sont-ils responsables des lenteurs apportées à la conclusion de la Paix ? Sont-ils responsables de l'ignorance dans laquelle est maintenu le peuple souverain ? Sont-ils responsables des impôts nouveaux qu'une absence de politique financière rend inévitables? Sont-ils responsables de la politique financière douanière poursuivie en ce moment, avec le souci exclusif de protéger les intérêts particuliers au détriment de l'intérêt général ?

Les coupables sont ceux qui ont trompé le peuple avec des espérances irréalisables, sachant que le travail seul était capable de remédier au déséquilibre présent et à ces menaces.

AUX TRAVAILLEURS !

En présence de ces manœuvres et devant ces faits, la C. G. T. vous demande d'avoir de la clairvoyance, du sang-froid, de l'énergie, de la ténacité. Elle sait qu'à côté des revendications matérielles — huit heures et augmentation des salaires — il y a des revendications d'ordre social qui nous tiennent à cœur.

Pour ces revendications, elle est prête à l'action, elle en prépare la réalisation. C'est pourquoi vos grèves actuelles doivent se limiter aux revendications corporatives posées par vous.

Le mandat d'appliquer les décisions prises par le dernier Comité National appartient à la C. G. T. Nous n'oublions pas que le Comité National a proclamé l'urgence de l'amnistie, de la démobilisation, de la cessation de toute intervention militaire à l'étranger, de la paix rapide, sûre et durable.

Dès la semaine prochaine, les délégués confédéraux partiront dans tous les centres de province, conformément aux décisions du Comité National, pour exposer ces revendications sociales aux travailleurs des villes et des champs.

D'autre part, les organisations ouvrières anglaises ayant décidé, de leur côté, un effort semblable, la C. G. T. leur a demandé de coordonner l'action commune aux prolétariats des deux pays, puisqu'ils poursuivent le même but.

La réponse de nos camarades britanniques, le résultat de notre semaine de propagande doivent décider de l'heure de notre action.

AU GOUVERNEMENT ! AU PARLEMENT !

L'irritation, le mécontentement qui se manifestent dans les grèves actuelles, vous les connaissez ! Ils sont la résultante du malaise général qui pèse sur le pays ; ils sont la conséquence de la politique du silence et de la contrainte imposée aux aspirations populaires ; de l'oubli des engagements solennels annonçant la paix des peuples et préparant la coopération féconde des nations dans le travail. Ce mécontentement profond est également la condamnation de l'appui donné à la réaction mondiale.

Veut-on aujourd'hui avoir raison des protestations populaires par la répression ? Va-t-on renouveler les procédés d'autrefois et remettre l'armée en face des grévistes ?

La C. G. T. dénonce le péril. Elle est prête à la résistance.

La C. G. T., représentation naturelle des travailleurs, déclare que les problèmes économiques posés par les grèves doivent être résolus rapidement ; que les problèmes sociaux et internationaux, dont la solution est réclamée ardemment par la population, doivent l'être aussi.

Le voudra-t-on ?

Parlementaires et gouvernement comprendront-ils enfin ?

Une fois de plus, au nom de la classe ouvrière organisée, la C. G. T. proclame ces vérités. Elle prend ses responsabilités, décidée à soutenir les grèves en cours et à poursuivre sa route, avec la certitude de répondre aux aspirations des travailleurs.

Jouhaux, Lapierre, Dumoulin, Laurent, Calveyrach, Bartuel, Bidegaray, Bordères, Bourderon, Chanvin, Chaussy, Cnudde, Delzant, Diem, Doumenq, Dumas, Fenot, Guinchard, Lefèvre, Luquet, Mammalc, Merrheim, Perrot, Pichon, Puyjalon, Rivelli, Roux (cuirs et peaux), Roux (sciage mécanique), Saint-Requier, Savoie, Simonin, Tendero, Tommasi, Toussaint.

Qu'il en fût ainsi, la généralité elle-même des mouvements le démontrait avec évidence. Sans prétendre à être complets, loin de là, nous pouvons relever pour le seul début du mois de juin la longue série de mouvements suivants, auxquels il faudrait assurément en ajouter beaucoup d'autres qui ne nous ont pas été connus :

A *Bordeaux*, le bâtiment, les ouvriers du port et des constructions navales, les camionneurs ; à *Lyon*, les employés de tramways, les biscuitiers, les tullistes, les ouvriers et ouvrière du tissage et du moulinage ; dans la région lyonnaise, les charrons, les drapiers, les chauffeurs d'*Oullins*, le bâtiment de *Vienne* ; dans la *Loire*, les métallurgistes ; dans la région des Alpes, les maçons de *Gap*, les ébénistes de *Pont-de-Beauvoisin*, les métallurgistes de *Grenoble*, les terrassiers d'*Allevard* ; dans le Midi, les ouvriers et employés des constructions navales de la Provence, les métallurgistes et les coiffeurs de *Nice*, le bâtiment, l'habillement, les tonneliers de *Béziers*, les garçons de café de *Narbonne* ; en Saône-et-Loire, les produits réfractaires de *Digoin*, les couturières, les ouvriers des verreries de Saint-Gobain à *Chalon-sur-Saône*, le bâtiment (lock-out) à *Mâcon*; à *Vichy*, les métallurgistes et les boulangers ; dans l'Est, les gaziers de *Lure* et une série de petites grèves en Franche-Comté ; le textile dans les *Vosges*, à *Belfort* et à *Mulhouse*, les électriciens à *Strasbourg* ; dans le Nord, le textile ; dans l'Ouest, à *Nantes*, les paveurs, les ferblantiers, les employés de tramways, le bâtiment, l'ameublement ; à *Châteaubriant*, les métallurgistes ; à *Angers*, le bâtiment ; le bâtiment encore à *Tours*, ainsi que les tramways ; à *Saint-Brieuc*, les boulangers ; à *Rennes*, le bâtiment ; à *Rouen*, le textile ; à *Dreux*, la chaussure ; à *Pont-l'Evêque*, les peintres et menuisiers, etc., etc. Et répétons que cette liste est forcément très incomplète..

Mais ces grèves furent dépassées dans l'attention générale par les mouvements nombreux qui éclatèrent à Paris.

Les Conflits Parisiens

Donnons la liste des conflits en cours dans la région parisienne durant la seule première quinzaine de juin. Ce furent, qu'il s'agisse de grèves générales ou partielles : l'habillement avec toutes ses spécialités et les branches voisines, par exemple, la mode ; les raffineurs de sucre, les ouvriers des produits chimiques, les peintres, les polisseurs, les électro-mécaniciens, la chaussure, les employés de magasin, le textile, les scieurs-découpeurs, les blanchisseurs, les teinturiers-dégraisseurs, les charpentiers en fer, les tonneliers, les scieurs de pierre dure, les litiers, les caoutchou-tiers, les vidangeurs, enfin et surtout les ouvriers de la métallurgie et ceux des transports en commun.

Quatre de ces grèves sont retenir ici notre attention. Nous allons en emprunter l'historique aux organisations elles-mêmes.

Dans l'Habillement

Rappelons brièvement la genèse de la grève de nos camarades de l'Habillement, qui fut la suite de celles de mai 1917 et d'octobre 1918. Les avantages de ces derniers mouvements n'étaient que le prélude d'au- tres à obtenir tant au point de vue moral que matériel. La grève d'octobre, purement doctrinale dans son esprit, avait posé le problème de l'établis- sement de la semaine de 44 heures. C'est donc sur ce terrain qu'une action générale fut entreprise dès le mois de mars par une propagande intense dans toutes nos Sections et par une série de réunions de quartier. C'est donc par cette préparation méthodique sur le principe de la dimi- nution des heures de travail et l'établissement d'un salaire minimum par spécialité, qu'à la date du 23 avril les tailleurs pompiers déclaraient la grève de leur spécialité, ce qui entraîna le mouvement général devançant en fait l'action d'ensemble décidée pour la première quinzaine de mai.

Pendant la première quinzaine de grève nous n'avions pu entrer en discussion avec nos patrons et c'est ainsi qu'ayant fait les premiers pas vers la conciliation nous abandonnions momentanément la lutte pour les 44 heures pour discuter sur les 48 heures, leurs modalités d'application et le minimum de salaires. Pendant sept semaines de lutte et grâce à l'appui des organisations ouvrières, de la C. G. T. et de l'Union des Syndicats de la Seine, nous réussîmes à obtenir avec les 48 heures le repos du samedi après-midi et le minimum de salaire par spécialité.

Qu'avons-nous obtenu : principe moral des conventions intersyndicales, du salaire minimum, de la diminution des heures de veillée et des déro- gations, la suppression du travail aux pièces dans les ateliers de pompe, la garantie d'un salaire à la semaine même pour ceux aux pièces, la limi- tation du chômage à 48 jours par année dans la couture et augmentation générale de salaires de 35 à 50 % sur les prix de 1918.

De ce grand mouvement, il s'en suit donc que l'organisation syndicale dans l'habillement a obtenu une nouvelle force morale.

La Grève des Métaux de la Seine

L'*Union des Métaux*, organe de la Fédération des Métaux et similaires, a publié dans son numéro de juin-juillet un historique de la grève des Métaux de la région parisienne et des incidents qu'elle a provoqués. C'est un document très long et qu'il n'est pas possible de publier en entier.

Cet exposé des faits débute par le récit des conditions dans lesquelles furent préparées et signées les deux grandes conventions collectives passées entre les représentants ouvriers et ceux du patronat métallurgiste, et donne le texte de l'accord intervenu le 24 mai.

Les revendications des ouvriers de la Seine

Il vint immédiatement à la pensée du Secrétariat qu'il était urgent que les 13 Syndicats de la Seine se réunissent, pour se concerter et désigner une délégation qui représenterait l'ensemble des intérêts, pour discuter éventuellement avec les divers syndicats patronaux de la région parisienne.

Lenoir, seul à Paris à cette date, représenta la Fédération des Métaux. Il exposa rapidement le but de la réunion, la nécessité d'établir un accord entre les syndicats intéressés, pour discuter des modalités d'application de la journée de huit heures. Il expliqua que la Fédération ne pourrait prétendre régler tous les détails d'une telle réforme et que les syndicats seuls étaient autorisés à définir les règles susceptibles de correspondre aux sentiments de leurs adhérents.

Prost, secrétaire du syndicat des mécaniciens de la Seine, prit immédiatement la parole et donna lecture d'une liste de revendications qui devaient s'appliquer en même temps que la journée de 8 heures.

Le débat glissa immédiatement sur des questions secondaires relatives aux arrêts plus ou moins prolongés pour les repas et, finalement, sans que la moindre critique fût élevée à l'égard de la convention signée par la Fédération, les Conseils syndicaux votèrent les revendications soumises par l'Union des Mécaniciens et qui réclamaient :

1° Semaine de 44 heures avec la « semaine anglaise » ;

2° Salaire minimum de 150 francs par semaine pour les professionnels ; 132 francs pour les manœuvres spécialisés, 110 francs pour les manœuvres. En plus, diverses revendications relatives à l'abus de demandes reconventionnelles en matière prud'homale, à l'abus des essais professionnels, contre les inscriptions et l'embauchage après enquête personnelle.

C'est donc sur ces bases que s'engagèrent les pourparlers dont nous parlerons plus loin. et qui furent d'abord entrepris par correspondance.

Avant le conflit

Ayant exposé l'état d'esprit des ouvriers et 'des patrons de la région parisienne, l'*Union des Métaux* expose ainsi les préliminaires immédiats du conflit :

Le vendredi 23 mai, au matin, les secrétaires fédéraux terminaient, comme nous l'indiquons plus haut, la discussion sur l'accord complémentaire du 24 mai qui fut, en effet, signé le lendemain.

Le même jour, mais le soir, la délégation des syndicats prenait contact, pour la première fois avec l'organisation patronale, pour discuter les exigences ouvrières. Cette première rencontre se limita à un exposé des revendications, fait par les représentants ouvriers, devant M. Richemont, président du groupe des industriels parisiens et en même temps vice-président de l'Union des industries métallurgiques et minières, qui avait collaboré assidûment et loyalement aux accords des 17 avril et 24 mai.

M. Richemont, qu'assistait un de ses collègues, prit seulement acte des demandes formulées, se limitant à une simple et ironique question : « Vous demandez tout cela et vous n'accordez aucun délai ? » Puis, rendez-vous fut pris pour le lendemain 24 mai, quelques heures après la signature de l'accord complémentaire.

Comme il avait été convenu, la rencontre eut lieu le 24, mais cette fois avec une représentation patronale plus importante.

Immédiatement M. Richemont, président, fit état de l'accord signé par la Fédération quelques heures avant et l'opposa, par une lecture rapide, aux revendications des syndicats parisiens et notamment à l'exigence de la semaine de 44 heures.

Nous n'avons pas ici à porter un jugement sur la circonspection et la suffisance des hommes, mais de l'aveu même de la plupart, ils furent stupéfiés par cette lecture.

Désarmés par un tel document, leurs moyens d'action se trouvèrent paralysés, et sans apprécier la gravité d'un renvoi prolongé de la discussion, ils acceptèrent la reprise des pourparlers pour le 6 juin, c'est-à-dire après l'application de la journée de huit heures.

Le 27 mai eut lieu une réunion des Conseils syndicaux ; elle avait pour but d'examiner la situation créée à la suite du renvoi au 6 juin de la discussion des revendications soumises.

Elle s'ouvrit dans une atmosphère des plus irritantes.

Depuis une heure seulement, la Fédération possédait l'accord complémentaire imprimé. Un sentiment d'hostilité pesait lourdement sur les deux secrétaires de la Fédération, Lenoir et Merrheim, qui étaient présents et invités par le Comité d'entente à assister à la réunion.

Des critiques acerbes furent faites contre le contrat complémentaire du 24 mai. C'était le triomphe patronal ! Eux seuls, en truquant les textes, en en faussant l'esprit et la lettre, en appliquant autoritairement sans consulter les syndicats, apparaissaient comme respectant loyalement un accord par lequel la Fédération avait livré les ouvriers parisiens à l'avidité patronale.

Lenoir fit effort pour rétablir les faits, en faisant ressortir les garanties nouvelles contenues dans l'accord incriminé.

Cudot, secrétaire du syndicat des Mécaniciens, prit aussitôt la convention à parti, reprochant au secrétariat d'avoir agi sans mandat, d'avoir signé sans consultation, d'agir en dictateur.

C'est alors que Couergou, secrétaire du syndicat des Métaux, qui venait d'arriver, prit la parole et déclara :

« Le 23 mai, lorsque nous nous rencontrâmes le soir, avec M. Richemont, lorsqu'il eut pris connaissance de nos revendications, il nous demanda seulement si nous avions l'intention d'accorder un délai.

« Nous considérions donc que nous pouvions obtenir la semaine de quarante-quatre heures puisque le différend, sur ce point, reposait sur une question de délai. Or, le lendemain, lorsque nous nous sommes rendus à nouveau auprès du syndicat patronal, dès que nous prononçâmes les premières paroles concernant les quarante-quatre heures par semaine, M. Richemont *qui, la veille, nous avait promis, nous déclara : « Trop « lard, Messieurs ! Votre Fédération a signé ce matin même une conven- « tion qui vous impose* la semaine de quarante-huit heures », et en même temps il brandit un document, dont il nous donna lecture.

« Couergou ajouta alors : « A la lecture de ce document, *nous avons « vu que nous étions roulés. Nous sommes restés stupéfaits et forclos..»*

C'était donc l'aveu certain, fait par le secrétaire du Syndicat des Métaux de la Seine, que la manœuvre patronale avait complètement réussi et Couergou n'hésita pas à déclarer comme exact le fait que les quatre secrétaires de la Fédération, de complicité avec l'organisation patronale, avaient, le matin même, anéanti la réalisation de la semaine anglaise dans le département de la Seine.

Cette impression fut si profonde et si durable, que le Conseil syndical des Mécaniciens, réuni deux jours après, le 29 juin, épousa la plus infamante des insinuations en votant l'ordre du jour suivant, qui fut envoyé le 30 mai au secrétariat de la Fédération.

Paris, le 30 mai 1919.

Au Secrétariat de la Fédération des Métaux.

Camarades Secrétaires,

Le Conseil syndical de l'Union des Ouvriers mécaniciens de la Seine, dans sa séance du 29 mai 1919 :

Après lecture et discussion de l'accord complémentaire à la convention signée le 17 avril dernier, est stupéfait de voir la signature des Secrétaires Fédéraux au bas d'un pareil document ;

Désapprouve le Bureau Fédéral d'avoir conclu cet accord sans consulter les organisations intéressées et, dans ces conditions, se voit dans l'obligation de dégager sa responsabilité quant à son application.

Le Secrétaire : CUDOT.

Voilà dans quel esprit, avec quelles préventions, les militants qualifiés des deux plus importants groupements de la Seine allaient engager le formidable conflit, pour le succès duquel toutes les forces morales et matérielles de la Fédération étaient nécessaires...

Une réunion du Comité fédéral national eut lieu les 31 mai et 1er juin.

La situation parisienne y fut examinée très attentivement. Couergou, délégué de premier groupe, reproduisit ses critiques et lecture fut donnée de la protestation de l'Union des Mécaniciens.

Le secrétariat de la Fédération fournit les explications sur son attitude qui fut approuvée dans un ordre du jour voté à l'unanimité moins trois abstentions.

La Grève

Le lundi 2 juin, le travail fut abandonné par la plupart des Métallurgistes parisiens. Le lendemain, la grève était totale et s'étendait à Argenteuil, Chatou et Meudon, trois syndicats du département de Seine-et-Oise. Mouvement imposant et impérieux.

Les lieux de réunions virent défiler de véritables vagues humaines, un chiffre presque incalculable de grévistes, plus de cent mille, peut-être plus de cent cinquante mille. Un mouvement monstre, difficile à organiser, que les organisations syndicales ne pouvaient espérer maintenir sous leur influence que par des cadres fidèles et disciplinés qui s'inpireraient uniquement de décisions du Comité d'entente et n'agiraient qu'avec mandat régulier. Intention purement théorique que la pratique n'a pu réaliser. Et on aura une idée du débordement des organisations quand nous aurons indiqué que les 13 syndicats parisiens comptaient 10.000 adhérents au 1er mai, et que 80.000 cartes furent délivrées jusqu'à la fin du conflit.

Pendant quelques jours, elle se poursuivit normalement et se heurtait à une hostilité évidente. La Fédération, néanmoins, était tenue à l'écart. Pourtant, le 5 juin, quand le caractère de la grève se déformait déjà sous la pression de certains éléments, quand le Comité d'Entente des Syndicats ressentait déjà les premières emprises de la calomnie, il se préoccupa de la situation et désigna deux de ses membres qui avaient le mandat de se rendre quotidiennement au siège de la Fédération pour la tenir au courant des faits.

Au cours des rencontres qui se produisirent, dès le deuxième jour de la grève, le problème des revendications fut abordé dans le sens inverse de leur importance.

Ce procédé prolongea de quelques jours les tractations qui roulaient sur des agissements inavouables que les industriels ne pouvaient, moralement, élever à la hauteur de principes. Ce n'est donc qu'à la fin de la semaine, que la question des salaires fut agitée. Les manœuvres obtinrent le relèvement de leur taux d'affûtage à 1 franc au lieu de 0 fr. 85, ce qui, avec la journée de huit heures, faisait 1 fr. 25. La prime de cherté de vie, qui était antérieurement de 3 francs, fut portée à 5 francs, au total 15 francs.

Ce point réglé, les salaires des professionnels furent abordés, sans le moindre résultat, et les pourparlers furent rompus.

Le Comité d'entente eut, à ce moment, la vision nette que le conflit se trouvait placé sur un terrain d'intransigeance patronale qui allait exiger de rudes efforts.

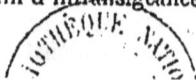

Le 6 juin, les représentants du ministère de la Reconstitution industrielle, tentant de renouer les pourparlers rompus, firent valoir aux secrétaires des syndicats que l'intervention de la Fédération pouvait être utile,
mais le bureau de celle-ci ne jugea pas possible d'intervenir sans être mandaté à cet effet par les syndicats parisiens, seuls qualifiés pour poursuivre
la discussion.

Le mouvement dévie

L'état d'esprit général, l'instabilité des conditions d'existence aboutissent, dans la grave période actuelle, à un état de fébrilité qui rend la
masse sensible susceptible de passer presque spontanément d'une idée à
une autre, de changer son point de vue, de modifier son itinéraire sous
les impressions les plus superficielles et les plus éphémères. Il fallait tenir
compte de cette prédisposition collective, mais il eût fallu surtout que le
Comité d'entente conservât la direction morale et effective de la grève.

Deux hommes, Bestel et Rimbault, ont joué un rôle considérable et
dissolvant au cours de cette grève. Ces deux hommes ont intimement
collaboré à l'œuvre de calomnie la plus effroyable, à la déformation la
plus cynique du caractère de la grève.

Ils portent une lourde part de responsabilité du lamentable état moral
dans lequel s'est évanoui le conflit.

Ils furent les porte-parole des cohortes qui envahirent, à diverses
reprises, la réunion du Comité d'entente, la réunion du Comité fédéral
et les bureaux de la Fédération des Métaux et de la C. G. T.

Dès les premiers jours de la cessation du travail, Bestel et Rimbault,
qui firent rapidement école, s'attachèrent à disqualifier la valeur des
revendications proposées par les syndicats, à affirmer la nécessité d'abandonner ces avantages fugitifs, à proclamer la révolution sociale en donnant au mouvement le caractère d'expropriation.

Parallèlement à cette propagande, les syndicats travaillaient involontai-
rement à l'évanouissement de leur autorité et de leur principe en se
livrant à un recrutement fantastique.

C'est ainsi que le nombre de 10.000 à 12.000 métallurgistes fédérés
s'éleva vertigineusement à 40.000, 50.000, 60.000 et 90.000.

La conception profondément syndicale, le sens de l'organisation, la
valeur de l'expérience et le sentiment des responsabilités se trouvèrent
ainsi dilués dans un torrent de colères, d'illusions et d'irresponsabilités.

Et pendant quatre semaines, ce fut devant ces cent mille travailleurs,
indifférents hier, surexcités, inquiets à ce moment, que fut poursuivie la
plus immonde campagne de calomnies, versé à doses meurtrières le
poison de la haine, du scepticisme, du découragement. Ces milliers et ces
milliers de travailleurs, secoués, quelques semaines auparavant, par la
vision des forces collectives, enthousiasmés par les résultats acquis, qui
allaient bénéficier des efforts de trente années d'activité syndicale, applaudissaient soudain les pires injures, répétaient les pires outrages à l'adresse

de la Fédération des Métaux et de la C. G. T., trouvant ainsi la justification la plus inespérée à leur isolement d'hier et de demain.

Oui, les accusations les plus graves furent vociférées à toutes les tribunes : « Vendus au patronat, au gouvernement, au Comité des Forges ! Vendus à tous et partout ! » Tout cela, épithètes courantes, langage normal.

Au-dessus de cette besogne de désagrégation et d'impuissance, des ordres du jour de négation, des décisions de révolution enfantine, des pétarades de formules dont quelques-unes portent le stigmate de la démence dans leur foudroyante puérilité.

Nous ne voulons pas abuser de ces documents. En voici un, il est typique, il est court et, en quelques lignes, il réalise les plus gigantesques espérances et précise avec la plus effarante simplicité des problèmes sociaux à résoudre :

Le Comité intersyndical de Saint-Denis, transformé en Comité de grève, décide de se mettre en rapport avec les Comités intersyndicaux régionaux afin d'examiner si, en présence de l'extension du mouvement, il n'y a pas lieu de sommer la C. G. T., de faire le geste nécessaire auprès du Gouvernement pour l'obliger à laisser au prolétariat le soin de décider des destinées du pays.

Motion votée à l'unanimité par les camarades en grève de Saint-Denis.

Le Secrétaire du Comité intersyndical et du Comité de grève,

P. O. : BESTEL.

C'est à ce moment que commença à apparaître, avec les premiers symptômes de découragement, l'idée d'étendre la grève. La première proposition de soumettre à la Fédération l'idée d'une grève générale de la métallurgie fut faite, le 8 juin, par Bouyé, l'un des secrétaires du Syndicat des Métaux.

La Fédération et le Comité d'entente

Saisi de cette demande le 10 juin, le secrétariat convoqua d'urgence la Commission exécutive et invita le Comité d'entente à y envoyer trois délégués.

Cette réunion eut lieu le lendemain 11 juin.

Perdon, l'un des trois délégués du Comité d'Entente, prit aussitôt la parole pour exprimer les désirs dudit Comité, conformément au mandat qu'il avait reçu.

Ces demandes portaient sur trois points : 1° Concours financier de la Fédération ; 2° Reprise de contact de cette dernière avec l'Union des industries métallurgiques et minières de France, dans le but d'interpréter certains paragraphes contestés des accords des 17 avril et 24 mai ; 3° Concours moral de la Fédération se résumant à collaborer effectivement avec le Comité d'entente et à assister la délégation des syndicats dans les discussions éventuelles.

De plus, il fit ressortir qu'un certain fléchissement se constatait parmi les grévistes, qu'un grand réconfort leur viendrait si le lendemain, dans la presse, on pouvait lire dans le communiqué du Comité d'entente que la Fédération apportait aux grévistes une aide pécuniaire importante.

Spontanément, le secrétariat affirma sa complète solidarité avec les organisations parisiennes en lutte. Il se tint à leur entière disposition et, interprétant la décision du Comité fédéral national dans son esprit le plus large, il proposa à la Commission exécutive d'approuver le versement d'une somme quotidienne pour permettre l'organisation de la résistance. Dix mille francs par jour furent proposés et adoptés à l'unanimité moins une voix.

Pourtant, le secrétariat fit remarquer que ces mesures ne correspondaient nullement à la demande des conseils syndicaux parisiens tendant à étendre la grève à toute la métallurgie française.

Il y avait, en effet, une contradiction trop flagrante entre la demande de secours, celle de l'intervention fédérale auprès des organismes patronaux, à côté de la demande de grève généralisée dans les métaux, qui impliquait fatalement l'impossibilité des secours de grève comme l'inutilité d'interpréter des conventions qui se trouvaient déchirées par l'abandon exigé du travail dans les usines où elles étaient respectées et loyalement appliquées.

Bouyé fit alors la proposition de réunir en commun les conseils syndicaux de la Seine avec la Commission exécutive des Métaux. Cette demande fut immédiatement adoptée et cette réunion fut décidée pour le lendemain soir 12 juin, à 20 heures, la Commission exécutive tenant absolument à connaître le désir exact des syndicats...

... A cette réunion, un exposé assez complet fut fait de la situation. Une véritable dépression morale semblait s'être emparée du plus grand nombre des représentants des syndicats.

Les secrétaires de la Fédération exposèrent successivement la situation, les conséquences diverses de l'extension de la grève à toute la métallurgie, ainsi que la possibilité d'organiser la résistance avec les ressources fédérales et par un appel pressant adressé à tous les fédérés, dans le cas où la grève ne serait pas généralisée.

Ils affirmèrent que la grève n'était nullement dans une situation désespérée et qu'il était incontesatble qu'elle pourrait être solutionnée d'une façon digne pour l'organisation ouvrière.

Ensuite les conseils syndicaux furent mis au courant des deux démarches faites, le matin même, sur la demande des deux ministères du Travail et de la Reconstitution industrielle.

La réunion se termina par le vote, par syndicat, sur la question de la généralisation de la grève des métaux à toute la France.

Très fermement, les deux principales organisations des Métaux et des Mécaniciens se trouvèrent divisées sur cette question. Bouyé et Couergou soutinrent opiniâtrement la grève générale corporative, en déclarant que c'était l'unique moyen de sauver la situation compromise.

Finalement, l'extension du conflit fut repoussée par 6 voix contre 2 et 4 abstentions.

La réunion terminée, le secrétariat informa le camarade Prost, secrétaire du Comité d'entente, qu'il désirait faire une communication à ce comité. Il fut donc convenu que le Comité d'entente se réunirait le lendemain matin 13 juin, au siège de la Fédération.

La Fédération intervient

Entre temps, en effet, un fait nouveau s'était produit. Le matin même du 12 juin, le secrétariat fédéral recevait à nouveau une invitation à causer de la part des ministres du Travail et de la Reconstitution industrielle. Autorisé, cette fois, par le Comité d'entente à intervenir, il répondit favorablement à ces deux demandes.

Des entretiens qu'ils eurent avec M. Loucheur d'abord, M. Picquenard, chef du cabinet de M. Colliard, ensuite, il ressortit l'impression que le conflit apparaissait insoluble, en raison de l'esprit de résistance des industriels, qu'on ne pouvait plus espérer réunir avec les délégués ouvriers si des propositions nouvelles n'étaient pas jetées d'une façon ou d'une autre dans le débat.

Mais rien ne fut arrêté. Les secrétaires fédéraux se réservèrent de répondre après s'être entretenus avec le Comité d'entente.

C'était l'objet de la nouvelle réunion.

Le secrétariat fit part au Comité d'entente, dans leur détail, des déclarations qui leur avaient été faites, la veille, aux ministères du Travail et de la Reconstitution.

Unanimement, la situation fut considérée difficile et fortement compromise, en raison de la campagne abominable qui se poursuivait dans les réunions, contre les syndicats, contre le Comité d'entente, contre la Fédération, contre l'Union des syndicats et la C. G. T.

Chaque jour, des manifestations d'hostilité symptomatique se constataient dans la cour de l'immeuble habité par ces organismes. Les « hou ! hou ! », les sifflets indiquaient les premiers résultats d'une odieuse propagande.

Enfin, acculé par les circonstances coalisées, agissant de plus en plus dans une atmosphère de défiance, affaibli par le soupçon de trahison, le Comité d'entente se mit d'accord pour donner aux secrétaires fédéraux le mandat de tenter de renouer les pourparlers avec le groupe des industriels parisiens sur les nouvelles bases suivantes :

Manœuvres : 1 fr. 50 de l'heure, plus 3 francs de vie chère, soit un total journalier de 15 francs ;

Manœuvres spécialisés : 2 fr. 50 de l'heure, plus 3 francs de vie chère, soit 20 francs ;

Professionnels : 2 fr. 75 de l'heure, soit 22 francs.

FEMMES. — *Manœuvres :* 9 francs pour 8 heures, plus 3 francs de vie chère, soit un total journalier de 12 francs ; *Manœuvres spécialisées :* 2 francs de l'heure, plus 3 francs de vie chère, soit 16 francs.

Travail aux pièces : Même tarif que pour les hommes.

Le Comité d'entente précisa en plus que le minimum de 20 francs pour les professionnels serait considéré, en dernier ressort, comme un résultat satisfaisant.

Les secrétaires acceptèrent ce mandat, bien qu'il pressentissent les lourdes calomnies qui allaient se multiplier, en constatant que la Fédération allait se livrer à une œuvre de concession pour sauver la grève, pour sauvegarder l'influence morale des organisations parisiennes en mettant fin au conflit par la signature d'un contrat qui donnerait un maximum de satisfaction matérielle èt un maximum de garantie syndicale.

Le but à atteindre était de trouver une base d'accord susceptible d'être acceptée par le syndicat patronal et correspondant aux nouvelles propositions ouvrières. Cette certitude acquise, il s'agissait de replacer les syndicats ouvriers en présence du groupe des industriels parisiens, de façon que la Fédération puisse s'effacer à un certain moment pour laisser s'affirmer intacte l'autorité des syndicats, seuls qualifiés pour traiter en dernier lieu et signer l'accord.

Confié le matin, ce mandat reçut un commencement d'exécution le soir même et une première entrevue fut résolue pour le lendemain samedi 14 juin, à 15 heures, avec un industriel des plus qualifiés pour examiner le problème.

Labe et Lenoir se rendirent au rendez-vous et, après un examen qui dura près de trois heures (il était près de 19 heures), sur l'insistance du ministre de la Reconstitution industrielle, rendez-vous était fixé d'un commun accord pour le lendemain dimanche 13 juin, à 18 heures, pour poursuivre la discussion, qui avait déjà réalisé des résultats.

A ce moment, M. Borel, secrétaire du ministre de la Reconstitution, reçut une communication téléphonique du ministère du Travail, qui venait de recevoir une lettre du Comité d'entente. Aux termes de cette lettre, qui répondait à une communication du ministre, il était dit que les syndicats parisiens se considéraient seuls qualifiés pour traiter et intervenir au nom des grévistes.

Les secrétaires fédéraux prirent acte de ce désaveu, considérèrent leur mission terminée et abandonnèrent la rencontre fixée au lendemain.

Le 15 juin, à la réunion du Comité d'Entente, les deux secrétaires de la Fédération demandèrent quelques renseignements sur les motifs d'un pareil désaveu. Les explications fournies par Prost et Couergou parurent satisfaisantes et la Fédération, sur une attestation écrite qui lui fut remise, put reprendre le soir même la conversation un moment rompue

Celle-ci donna les résultats espérés. Un accord fut établi sur de nouvelles bases, et le mardi 17 juin eut lieu une réunion des délégués fédéraux avec les représentants de l'Union métallurgique et minière.

Les trois secrétaires fédéraux présents défendirent, sans concession, les propositions pour lesquelles le Comité d'entente les avait mandatés. Il s'agissait d'assurer la garantie d'un minimum de salaire de 2 fr. 50 de l'heure aux professionnels. Ce résultat apparut atteint au moyen d'une modification de la prime de vie chère, qui partait de 5 francs pour les salaires de 10 francs pour tomber à zéro au salaire de 25 francs.

Une fois ce premier résultat acquis, les délégués patronaux se rendirent auprès de l'assemblée des industriels parisiens, qui étaient réunis pour discuter ces nouvelles propositions.

Seulement, à peine réalisé, cet accord se heurta à l'intransigeance des patrons de la Seine qui, réunis en même temps et avisés des nouvelles propositions, les rejetèrent.

Rien ne fut abandonné cependant et un rendez-vous fut pris pour le lendemain 19 juin. La discussion fut vive dans cette nouvelle rencontre. Les secrétaires fédéraux maintinrent la nécessité absolue de garantir un minimum de 20 francs, pour 8 heures de travail, aux professionnels. Aucune concession ne pouvait être faite sur ce point.

C'est alors qu'une proposition fut jetée dans le débat par un industriel, qui consistait à garantir une majoration de 25 % sur leur taux d'affutage à tous ceux qui travaillaient aux pièces.

La question n'était pourtant pas résolue. Il s'agissait d'assurer — et c'était le gros osbtacle — un minimum équivalent aux professionnels qui travaillent constamment ou alternativement à l'heure.

D'autre part, à cette même date, un nouveau résultat était acquis. Le samedi 21 juin, les syndicats ouvriers et le syndicat patronal se réunissaient en effet à nouveau pour reprendre les pourparlers rompus depuis quinze jours.

« Mais, ajoute l'exposé de la Fédération, pour la clarté de cet historique, il est utile de passer en revue les faits inouïs qui s'étaient produits au cours de cette dernière semaine. »

Le " Comité d'Action "

Le lundi matin 16 juin, Labe et Lenoir se trouvaient réunis avec le Comité d'entente des Métaux, à la Bourse du Travail, pour rendre compte des premiers résultats de leurs efforts. La séance fut interrompue soudain par l'arrivée d'une délégation désignée par le *Comité d'action*, constitué sur l'initiative du Comité de grève de Saint-Denis.

Cette délégation de 40 membres, conduite par Bestel et Rimbault, était venue, non point collaborer amicalement mais exercer une pression sur le Comité d'entente de la manière que voici :

Ce fut Bestel et Rimbault qui exposèrent le point de vue, au nom des grévistes. Plus de salaires, plus d'atermoiements, de l'action, la révolution tout simplement et sans détours ! Le Comité d'entente fut vivement pris à partie.

Prost, secrétaire du Comité d'entente, demanda alors : « Faut-il rompre les pourparlers repris et abandonner les revendications économiques ? » Bestel fit alors cette extraordinaire réponse : « Nous devons faire la Révolution et, si nous ne réussissons pas, nous reprendrons les revendications économiques ! »

Véritable puérilité qui dénote une appréciation quelque peu ridicule des conséquences du succès ou de la défaite d'un mouvement révolutionnaire.

Pourtant cette argumentation ne fut pas sans effet. Le Comité d'entente, se conformant aux injonctions, décida de réunir les conseils syndicaux le lendemain mardi 17 juin, à 20 heures.

Provoqués pour une demande qui tendait à transformer la grève parisienne des métaux en grève générale révolutionnaire, les éléments du Comité d'action, Bestel et ses partisans, sans souci de la contradiction de leur attitude, se rallièrent à la grève économique généralisée dans la métallurgie.

Ce fut une simple manœuvre suggérée par Tomasi, délégué de la Fédération de la Voiture, qui déclara qu'en votant la grève générale dans les métaux, la Fédération pouvait ensuite, automatiquement, faire jouer le cartel interfédéral et déclencher le mouvement national, interprétation totalement fausse.

Conception insensée qui conçoit le déclenchement d'un formidable mouvement au moyen d'un incident prémédité devant lequel il ne resterait plus, aux Fédérations comme à la C. G. T., que le pouvoir ou la ressource de s'incliner.

Les conseils syndicaux, qui s'étaient prononcés contre la grève générale, quelques jours auparavant, donnèrent à nouveau leur avis.

Le résultat positif du vote fut que les deux Syndicats, Mécaniciens et Métaux de la Seine, restaient d'avis opposés. Puis vinrent les votes plus ou moins réguliers de huit autres syndicats, qui se divisèrent en deux tranches égales. Donc consultation nulle : 5 voix contre 5. Cela n'avait d'ailleurs aucun inconvénient. Un camarade du syndicat en grève d'Argenteuil (Seine-et-Oise), qui était présent, départagea les voix en votant, et la grève générale fut votée par 6 voix contre 5. Mais ne chicanons pas. Les syndicats de Chatou et de Meudon, en grève, et également en Seine-et-Oise, auraient renversé la majorité, si toutefois on les avait consultés.

Finalement, la décision fut communiquée officiellement le lendemain 18 juin, à la Fédération. Le même jour, le Comité National, seul qualifié pour examiner cette demande, fut convoqué pour le dimanche 22 juin.

Cette même semaine avait également accentué le déchaînement d'injures et de violences. Il eût été impossible aux secrétaires de la Fédération ou de la C. G. T. de se présenter dans une réunion des grévistes sans être assaillis d'outrages, sans la moindre chance d'être écoutés.

Apogée de la calomnie, triomphe du mensonge, humiliation des organisations ouvrières, aux applaudissements d'une foule trompée et chargée de haine.

Malgré ces incidents graves, la Fédération des Métaux poursuivait son action générale. Le 21 juin, elle signait avec les représentants de l'Union des Industries métallurgiques et minières, un nouvel accord complémentaire au contrat général du 17 avril sur les huit heures.

Mais ce même jour, il apparaissait clairement que le désarroi et le désordre des esprits s'étendait sur le mouvement parisien. La dépression morale et le manque d'autorité, provoqués par un discrédit systématiquement organisé, enlevaient aux syndicats leurs principaux moyens et l'on devait craindre que les efforts du Comité d'entente pour apporter au conflit une solution qui sauvegarderait les intérêts moraux et matériels des travailleurs en lutte ne fussent violemment repoussés par les grévistes.

Alors qu'il apparaissait que les résistances patronales pouvaient être réduites et qu'une tactique de résistance de deux ou trois jours amènerait la fin de la grève avec de satisfactions appréciables, les représentants des syndicats, paralysés pour ainsi dire, relâchaient ostensiblement la discussion.

« Au lieu de serrer de près le problème, d'insister sur les points restés en litige, on ressentait la crainte de trouver une solution qui, le lendemain, serait repoussée sans examen par les meetings, prévenus et irrités contre les organisations. »

C'est sur ces entrefaites que s'ouvrit le lendemain dimanche le Comité fédéral national qui devait durer deux jours.

Le Comité Fédéral National

Le matin, premier intermède. Une délégation du Comité d'action fait irruption dans les bureaux de la Fédération et déclare qu'elle a le mandat de demander qu'une délégation du Comité d'action assiste aux séances du Comité national. Les secrétaires déclarent que cela était statutairement impossible, ces réunions n'étant et ne pouvant être publiques, et que d'ailleurs les comités de grève locaux, comme le Comité d'action, ne constituaient pas des organismes réguliers pouvant prétendre à des droits de cette nature.

Nous considérons que la Fédération bourre le crâne à la province et nous voulons éclairer ses délégués.

Telle était l'invariable réponse qui était faite.

Vers 10 heures, les délégués se réunissent. Le camarade Seux est désigné pour présider. Immédiatement, la demande du Comité d'action est examinée et il est décidé à l'unanimité de déclarer cette demande irrecevable.

Au même instant, une délégation pénètre et demande la réponse qui lui est immédiatement donnée, et elle se retire.

Mais cette réponse n'était pas susceptible de solutionner le litige. Quelques instants après, les membres appelés pour exercer la pression sur le Comité fédéral national montèrent dans la salle et l'un d'eux déclara : *Nous avons décidé de rentrer.*

Immédiatement, le président déclare qu'il ne pouvait faire autrement que de lever la séance. Sans injure, comme devant les auditeurs des meetings, Rimbault répéta les raisons invoquées : Bourrage de crâne fédéral, etc., etc... Enfin, voyant que le Comité fédéral ne céderait pas et qu'il abandonnerait plutôt tout espoir de délibérer, Bestel et Rimbault saisirent la déclaration de quelques membres de bien vouloir les entendre en dehors des séances. Cela ramena le calme et le Conseil national poursuivit ses travaux sans autre incident.

Après un exposé rapide de chaque délégué il apparut qu'unanimement les groupes étaient opposés à l'extension de la grève pour soutenir exclusivement des revendications de salaires.

L'ordre du jour ci-dessous, voté à l'unanimité, résume exactement la pensée qui s'est dégagée de ces débats :

Le Conseil fédéral national, réuni pour examiner la situation générale dans la Métallurgie,

Enregistre les grèves parisiennes et de province provoquées soit par des interprétations abusives des conventions établies, soit par des nécessités d'augmentation de salaires. Il les assure toutes de sa complète solidarité et prend les dispositions pour les soutenir moralement et pécuniairement jusqu'à complète satisfaction.

Le Comité fédéral national constate la multiplicité et la répétition des conflits nécessités par l'élévation constante du coût de la vie.

Il estime — et cela en parfait accord avec l'opinion publique — que les solutions basées exclusivement sur l'augmentation des salaires ne sauraient plus être considérées comme des solutions durables au malaise profond qui perturbe sans cesse le travail et la consommation :

Que l'augmentation du gain des travailleurs étant constamment suivie d'une hausse équivalente du coût de la vie, elle n'apparaît donc qu'un remède empirique et sans lendemain, qui maintient une perpétuelle instabilité dans la situation ouvrière ;

Que, d'autre part, d'après les affirmations mêmes de certains industriels, la résistance qu'ils opposent aux revendications ouvrières, repose surtout sur leur propre conviction que l'augmentation des salaires ne produit qu'un apaisement momentané que viennent troubler aussitôt les mercantis, les spéculateurs et les charges écrasantes qui pèsent et pèseront de plus en plus sur le consommateur.

Le Comité fédéral national affirme que le pouvoir, soit par complicité, soit par impuissance, n'a rien tenté de sérieux pour remédier à une situation qu'il aggrave impudemment par le maintien de millions de producteurs sous les armes, qu'il destine à l'écrasement des peuples qui se libèrent de la servitude capitaliste.

Il apparaît ainsi qu'une action syndicale maintenue sur ce domaine est aussi décevante que stérile, et qu'il s'agit aujourd'hui d'examiner le problème social d'une façon plus totale, plus profonde et plus efficace. Que seules des transformations dans le régime de la production et de la répartition des produits sont susceptibles d'amener des remèdes certains et durables.

En accord avec le programme social et économique de la C. G. T., qui affirme cette nécessité, le Comité pense que le moment est venu d'en assurer la réalisation.

En conséquence, il donne mandat à la Fédération des Métaux de provoquer immédiatement la réunion du Cartel interfédéral dans le but de décider une action d'ensemble qui, par sa puissance, fasse reculer toutes les forces de routine et de conservation sociale.

Il compte sur le Bureau fédéral et sur la Commission exécutive pour user de toute leur influence auprès des Fédérations nationales afin d'obtenir la prompte décision que commandent les événements qu'il faut saisir avec opportunité.

Cette action qui implique la grève générale de toutes les industries simultanément engagées (arme essentielle dont dispose la classe ouvrière) devra exiger en outre la démobilisation rapide et totale, l'abandon de toute intervention militaire en Russie comme en Hongrie, ainsi que l'amnistie entière en faveur de toutes les victimes des tribunaux civils et militaires frappés sans garantie de justice par des juges implacables et inhumains.

Paris, le 23 juin 1919.

1ᵉʳ Groupe (Paris), Dubreuil ; 2ᵉ groupe (Lille), Lebreton ; 3ᵉ groupe (Dunkerque), Ternynck ; 4ᵉ groupe (Saint-Dizier), Tusseault ; 5ᵉ groupe (Vierzon), Augrand ; 6ᵉ groupe (Le Mans), Pottier ; 7ᵉ groupe (Rouen), Gilles ; 8ᵉ groupe (cette région n'est pas représentée) ; 9ᵉ groupe (Nancy), Dantraiques ; 10ᵉ groupe (Belfort), Mack Edouard ; 1ᵉ groupe (Lyon), J. Masson ; 12ᵉ groupe (Grenoble), Barbaret ; 13ᵉ groupe (Clermont-Ferrand), Seux ; 14ᵉ groupe (Marseille), Coron ; 15ᵉ groupe (Decazeville), Verdier ; 16ᵉ groupe (Bordeaux), Gaye ; 17ᵉ groupe (Le Boucau), Viro ; 18ᵉ groupe (Nantes), Le Gallo.

Les résultats

« Le dimanche 22 juin suscitera longtemps des pensées amères et, pour certains, le départ sans retour de quelques douces et réconfortantes illusions. »

Ainsi s'exprime l'exposé de la Fédération, qui s'étend sur le caractère désastreux de l'état d'esprit de méfiance et de haine à l'égard des organisations responsables et de leurs militants par l'action de certains individus.

Quand on songe que la probité, que la conscience du devoir accompli, la valeur des résultats acquis n'offrent qu'une cuirasse imparfaite aux morsures affreuses qui paralysent l'espoir, on doute que l'homme normal soit assez vil pour mentir aussi cyniquement, pour anéantir jusqu'au droit pour chacun d'être honnête.

Et alors, cette œuvre accomplie, la confiance en l'organisation totalement évanouie, en pouvait faire voter les ordres du jour les plus brutalement hostiles ; on pouvait, sous l'allure la plus captieuse, sous l'apparence d'une énergie la plu dévouée, faire signer à ces cent mille travailleurs l'abandon de leur désir, leur faire briser leurs propres armes et les livrer, désemparés et aigris, à un patronat triomphant et sans générosité.

Et l'inévitable se produisit.

Alors que la Fédération pouvait déjà enregistrer des concessions notables, imposées au patronat par la force de l'action corporative, au moment même où un contrat allait être signé grâce auquel tous les ouvriers métallurgistes de la Seine allaient pouvoir rentrer dans les ateliers avec des droits nouveaux et syndicalement contrôlés, la « décision de folie » qui fit abandonner le caractère corporatif de la grève allait aboutir à un résultat désastreux.

Le 24 juin se tint la réunion du Cartel ainsi provoquée et dont nous donnons le compte rendu d'autre part.

La décision du cartel connue, les éléments qui avaient fait dévier le mouvement continuèrent leur œuvre de décomposition et de capitulation.

Les réunions étaient d'ailleurs loin d'avoir l'ampleur des deux premières semaines. Un découragement s'était emparé du plus grand nombre qui ne comprenait plus rien au caractère du mouvement.

Une réunion organisée en plein air par le Comité d'action préconisa la fin de la grève, et enfin le Comité d'entente, seul organisme qualifié, consacra cette décision le samedi 28 juin.

La capitulation était sans condition. Le patronat ressaisissait tous ses pouvoirs. Les syndicats parisiens étaient vaincus.

Nous n'avons pas voulu, dans cet exposé, insister sur les multiples incidents, sur les plus extravagantes décisions, les plus burlesques ordres du jour qui illustrèrent cette grève douloureuse à tant de points de vue.

Les fantaisies les plus indignes se donnèrent libre cours. Des milliers de grévistes, réunis salle de l'Union des Syndicats, se payèrent la satisfaction d'envahir les bureaux de la C. G. T. et d'emporter littéralement un de ses secrétaires et de lui imposer son exhibition à la tribune. Même fantaisie et même indignité s'est produite pour la Fédération des Métaux.

La Grève des Transports en commun de Paris

La grève des Métaux fut immédiatement suivie de celle des transports en commun de Paris et du département de la Seine. Ceux-ci (employés et ouvriers des tramways et omnibus, employés et ouvriers du Métropolitain et du Nord-Sud) avaient des griefs à faire valoir. Les questions concernant les retraites et l'établissement d'un salaire minimum, etc., depuis longtemps présentées aux puissantes Compagnies qui détiennent l'exploitation de ces services publics, étaient en suspens et attendaient toujours une solution. D'autre part, le mauvais vouloir apporté à l'application de la journée de huit heures et le refus des administrateurs de faire leurs les modalités d'application réclamées par les employés aggravaient le malaise.

Pourtant, le 2 juin, les Syndicats des transports en commun (omnibus et tramways) firent parvenir au Syndicat des Métropolitains une proposition tendant à reporter le mouvement de grève à une date ultérieure, de façon que, le cas échéant, une action d'ensemble puisse être entreprise en vue d'aboutir pour tous les travailleurs des transports en commun.

Soumise dans la soirée au Conseil syndical du Métropolitain, qui se tenait avant l'ouverture d'un meeting de cette corporation, la proposition ne reçut point l'assentiment des délégués des dépôts et de la traction. Ceux-ci se prononcèrent pour une action immédiate des agents du

Métropolitain et du Nord-Sud. « Ils n'est pas possible, ont-ils déclaré, étant donné l'état d'esprit qui règne parmi le personnel, de différer la grève, ne fut-ce que de quelques jours.

En effet, la réunion vota la grève des transports du sous-sol (Métropolitain de Paris), qui fut effective quelques heures après, le mardi 3 juin.

Le même jour, dans l'après-midi, spontanément la cessation du travail s'étendit aux travailleurs des transports en commun de la surface (autobus et tramways). Et cette grève de fait fut ratifiée dans un meeting tenu la nuit même.

Le mouvement fut général dès les premières heures. Un service public aussi important que celui des transports en commun et qui intéressait directement la population de l'agglomération parisienne se trouva paralysé et, malgré les efforts des Compagnies, favorisées par la complicité tacite de l'administration municipale, malgré le recrutement de jaunes et l'emploi de la main-d'œuvre militaire, il ne put jamais être rétabli dans une mesure assez grande pour briser le mouvement.

Les Compagnies se montraient intransigeantes. Elles ne daignèrent même point répondre aux offres de négociations faites au nom des grévistes. Quant aux pouvoirs publics responsables, ils devaient complètement négliger de mettre le patronat en demeure de se conformer aux obligations acceptées par lui.

Devant ce silence, la situation menaçait de demeurer insoluble. Seule l'intervention des grandes organisations devait réussir à la régler.

C'est le 11 juin que la Commission administrative de la C. G. T. fut saisie de la situation par les représentants des syndicats intéressés. Il fut décidé que le Comité de la Fédération des moyens de transport examinerait les propositions du Comité de grève pour prendre des décisions qui seraient communiquées à la C. G. T.

Elles sont indiquées, ainsi que les premières mesures prises, dans le communiqué suivant fait le 14 juin par le bureau confédéral :

A la suite d'une décision de son Comité Fédéral, la Fédération des Moyens de Transport, en accord avec les Comités des corporations en grève, a sollicité la C. G. T. pour appuyer une démarche auprès du gouvernement.

Répondant aux désirs des intéressés, les camarades Jouhaux, Dumoulin et Laurent, du Bureau Confédéral, ont, dans la journée d'hier, à deux reprises différentes, accompagné la délégation des grévistes des Transports à la présidence du Conseil.

La première entrevue a eu lieu le matin à dix heures. Au cours de celle-ci, la délégation a exposé à M. Clemenceau l'origine et les causes du conflit : l'absence de pourparlers avec les Compagnies qui se sont refusées jusqu'ici à discuter avec leur personnel. La délégation a tenu à protester contre l'emploi de la main-d'œuvre militaire, ce qui constitue une violation du droit de grève en même temps qu'une provocation.

Pour clore cette première entrevue, le président du Conseil a demandé aux délégués de lui fournir pour l'après-midi, sous forme d'un rapport succinct, les revendications et les plaintes des grévistes.

La conversation a repris à deux heures trente de l'après-midi, en présence du général Gassouin et des ministres des Travaux publics et du Travail. Les délégués ouvriers ont remis leur rapport au président du Conseil qui a immédiatement saisi les ministres intéressés de la question.

Il résulte de ces entrevues que dès aujourd'hui, des pourparlers seront engagés avec les dirigeants des Compagnies de transports en commun. Ces pourparlers commenceront par une réunion mixte des délégués patrons et ouvriers à la présidence du Conseil.

Tel est présentement le rôle de la C. G. T. dans la grève des Transports. Sollicitée pour agir dans le sens des pourparlers, c'est dans cette voie qu'elle a dirigé ses efforts.

A la suite d'une entrevue qui eut lieu le 14 juin à la présidence du Conseil et où le camarade Laurent, secrétaire adjoint, représentait le Bureau confédéral, la possibilité d'un accord apparut, à la condition que les Compagnies consentent à discuter sur les salaires et renoncent à leur dessein de procéder à des révocations.

Une nouvelle entrevue eut lieu le même jour à 20 heures. Le président du Conseil fit connaître aux délégués ouvriers qu'il avait obtenu des Compagnies qu'aucune sanction ne serait prise contre les grévistes, puis il renvoya la délégation au cabinet du ministre des Travaux publics pour examiner les points sur lesquels un accord immédiat était possible.

La délégation se rendit alors au ministère des Travaux publics, où se trouvait le préfet de la Seine.

Les propositions qui lui furent faites furent soumises le lendemain matin aux grévistes des tramways et dans l'après-midi à ceux du métro. Les grévistes les approuvèrent et la reprise du travail fut décidée pour le lendemain matin.

La Grève Générale des Mineurs

Indépendamment de plusieurs grèves locales qui se sont déroulées en avril-mai 1919 à Petite-Rosselle (Lorraine), à Bosmoreau (Creuse), à Champagne (Cantal), les mineurs se sont trouvés dans l'obligation de décréter la grève générale corporative pour obtenir l'application légale et selon leur conception de la journée de huit heures. (Décision du Congrès de Marseille, 28-31 mai 1919.)

Cette grève s'est déroulée du 16 juin au 11 juillet 1919, avec un ensemble parfait. La discipline syndicale fut généralement bien observée et contribua largement au succès obtenu.

Préalablement à ce mouvement, décrété par la Fédération Nationale du Sous-Sol, les mineurs du Pas-de-Calais et du Nord, qui, à ce moment, n'appartenaient pas encore à la Fédération Nationale, avaient effectué un mouvement de grève qui dura du 3 au 16 juin 1919 et affecta toute cette région. Il avait pour objet principal le relèvement des salaires et aussi la diminution des heures de travail. Ces camarades obtinrent un succès relatif assez important, qui fut complété par la suite par les résultats obtenus par la Fédération Nationale du Sous-Sol. Car il faut dire qu'au moment où la grève du 16 juin fut exécutée, les mineurs greffèrent sur la question des huit heures, la question du minimum de salaire, des Commissions mixtes et des Retraites minières. Pour les deux premières seulement, il était demandé une solution immédiate. Les deux autres devant être reprises (si elles n'ont pas eu de solution conforme d'ici là) après le Congrès confédéral de Lyon.

Le résultat de ces mouvements fut que les huit heures sont acquises dans toute la corporation du sous-sol ; le minimum de salaire est acquis en ce qui concerne les mines de houille seulement. Ces revendications essentielles étaient posées depuis plus de quarante ans. Malgré les difficultés que font naître les exploitants qui rechignent à s'incliner devant le fait acquis, difficultés qui seront surmontées grâce à l'activité soutenue des syndicats et de la Fédération Nationale, on est en droit de considérer que la grève du sous-sol a abouti à une réelle victoire, d'autant plus significative que gouvernement et Parlement ont dû capituler et revenir (fait sans précédent) sur un vote acquis à la Chambre et au Sénat.

Il est certain que la Fédération du Sous-Sol ne s'arrêtera pas là, d'autant plus que sa puissance d'action s'est considérablement accrue du fait de la réalisation en pleine grève de l'unité minière. Elle pourra ainsi, avec la même discipline et la même cohésion, poursuivre avantageusement la réalisation de ses revendications corporatives, de même que dans le cadre confédéral elle devient un appoint solide et sûr, pour l'action commune à venir. Il ne faut pas oublier, en effet, que cette Fédération d'industrie, qui groupait péniblement avant la guerre une douzaine de mille d'adhérents, en compte aujourd'hui plus de cent mille, réunis dans 151 syndicats, dont deux nouveaux en Algérie.

Avec de la persévérance, ces chiffres ne pourront que s'augmenter dans l'avenir.

Parfaire l'éducation syndicale dans ce milieu de premier plan ; aider à la reconstitution de l'Internationale minière dans le cadre de l'Internationale ouvrière sont deux choses qui doivent retenir l'attention soutenue de la Confédération Générale du Travail.

Les réunions du Cartel interfédéral

Les grandes grèves de juin qui intéressèrent trois des grandes organisations adhérentes au Cartel interfédéral constitué en mars, lors du 2° Comité National Confédéral, nécessitèrent plusieurs réunions du Comité du Cartel.

La première eut lieu le 10 juin et donna lieu au communiqué suivant :

Réunis extraordinairement le mardi 10 juin, les représentants des Fédérations composant le Cartel interfédéral :

Mineurs, Marins, Cheminots, Ports et Docks, Moyens de Transports, Métaux et Bâtiment, ont examiné la situation générale et la situation particulière des grèves en cours.

Le Cartel interfédéral a enregistré que la Fédération des mineurs apprquera la décision de grève générale pour le 16 juin si les revendications minières ne sont pas réalisées ; il a enregistré également que des décisions analogues et pour la même date ont été prises par la Fédération des Inscrits Maritimes.

En présence de cette situation, le Cartel décide d'appliquer les mesures de solidarité qui assureront rapidement la victoire des revendications professionnelles des Marins et des Mineurs.

D'autre part, le Cartel interfédéral prend acte de la rupture des pourparlers entre les grévistes de la Métallurgie et l'Union des industriels de la région parisienne ; de ce que les Compagnies concessionnaires des transports se refusent à tout examen des revendications de leur personnel.

En ce qui concerne cette situation, le Cartel considère que l'esprit de résistance des grévistes doit avoir raison de l'intransigeance patronale, des procédés d'intimidation et de provocations gouvernementales. Il assure les Fédérations des Métaux et Moyens de Transports que la même action décidée en faveur des mineurs et des marins sera appliquée si la situation des grèves parisiennes exige un effort national de la part de ces Fédérations.

En ce qui concerne la situation générale faite au pays : 1° par l'attente démesurément prolongée de la paix, alors que la guerre est terminée depuis sept mois ; 2° par l'augmentation croissante du coût de la vie ; 3° par la menace de nouveaux impôts de consommation ; 4° par l'atteinte portée à la liberté des peuples de disposer d'eux-mêmes, par la tentative d'étranglement des révolutions russe et hongroise ; 5° par les retards apportés à la démobilisation et à l'amnistie nécessaires ; le Cartel, convaincu qu'il est indispensable pour remédier à cette situation que l'action se produise avec ensemble, nationalement et internationalement, afin d'aboutir à des résultats pratiques qui sauveront, avec les destinées ouvrières, le pays lui-même, déclare s'en tenir rigoureusement aux décisions prises par le dernier Comité Confédéral National.

A cette même réunion, la Section fédérale des forces motrices et industries électriques fit connaître par une lettre son intention d'adhérer au Cartel et d'apporter aux décisions que pourrait prendre celui-ci l'appui de son concours.

La grève des mineurs, effective le 16 juin, provoqua une nouvelle réunion à laquelle assistaient les représentants des grandes organisations adhérentes au Cartel (mineurs : Bartuel ; dockers : Vignaud ; cheminots : Bidegaray ; électriciens : Passerieu ; bâtiment : Chanvin ; métaux : Merrheim ; inscrits : Rivelli), qui délibérèrent en commun avec les délégués des grands centres de province et les militants de la C. A.

La résolution suivante fut prise ·

La C. A. de la C. G. T., réunie avec le Cartel interfédéral et les délégués des principales régions du pays, a pris connaissance de la situation des grèves ;

La C. A. et le Cartel ont enregistré les renseignements et les explications de la Fédération du Sous-Sol sur la grève des Mineurs.

La C. A. et le Cartel déclarent qu'ils ne sont pas dupes des procédés de division qu'emploie le gouvernement, à la fois contre la corporation minière et les autres travailleurs en grève.

Ces manœuvres divisionnistes ne font qu'aggraver la situation générale en apportant la confusion dans l'esprit public et le trouble dans les consciences ouvrières.

A ces procédés gouvernementaux, la C. G. T. et le Cartel opposeront la force de cohésion des travailleurs.

En ce qui concerne la grève générale des Mineurs, à la demande de la Fédération du Sous-Sol, la C. G. T. et le Cartel appliqueront l'action de solidarité décidée aujourd'hui, au moment où la Fédération du Sous-Sol elle-même considérera que cette action est devenue nécessaire.

Cheminots, Marins et Dockers vont être mis au courant de ces décisions en ce qui les concerne.

D'autre part, la C. A. de la C. G. T. est chargée d'appliquer, en accord avec le Cartel et la Fédération du Sous-Sol, l'ensemble de ces décisions.

A cet effet, le Bureau Confédéral restera en contact permanent avec le Bureau Fédéral du Sous-Sol ainsi qu'avec les Bureaux des Fédérations composant le Cartel.

Enfin, une troisième convocation fut provoquée par la décision des Métaux.

Le 23 juin, aussitôt que le Comité fédéral des Métaux eut pris, dans les circonstances que nous avons rappelées plus haut, la décision de provoquer une réunion du Cartel interfédéral, le secrétariat de la Fédération la communiqua au secrétaire confédéral chargé de convoquer cet organisme. La réunion eut lieu le mercredi 24 juin, à 16 heures.

Les représentants des Métaux exposèrent la position de la grève parisienne et très longuement la situation fut envisagée.

Il ne pouvait venir à la pensée d'aucun militant que les Fédérations qui constituent le cartel abandonneraient la maîtrise de leur décision sous la poussée d'événements organisés par tactique, dans le but de provoquer une décision qui pouvait avoir les pires conséquences.

Enfin, le cartel, à l'unanimité de ses membres, la Fédération des Métaux n'ayant pas pris part au vote, vota la résolution suivante :

LA DÉCISION DU CARTEL

Le Cartel interfédéral, réuni le mercredi 25 juin, au siège de la C. G. T., après avoir examiné longuement la résolution votée par le Conseil National de la Fédération des Métaux du 23 juin,

Approuve sans réserve le point de vue exprimé par cette résolution concordant en tous points avec les décisions de la C. G. T. tant en ce qui concerne la question de la vie chère — à laquelle les hausses successives de salaires ne sont que palliatifs — qu'en ce qui touche la démobilisation, l'amnistie et l'intervention armée en Russie.

En accord avec la Fédération des Métaux, le Cartel déclare que les inévitables transformations dans le régime de la production et de la répartition des produits sont seules capables d'apporter les solutions au problème posé, au terme de la guerre mondiale qui a tari les sources de richesses collectives et amoindri les forces de la production.

Mais en toute loyauté, le Cartel ne peut laisser croire aux travailleurs actuellement en grève, ni à ceux de la Métallurgie de la région parisienne, ni à ceux des autres corporations ou des autres régions, que le succès des revendications, pour lesquelles ils sont sortis des ateliers et des chantiers, dépend uniquement d'une grève générale étendue à tout le pays et à toutes les corporations.

Le Cartel doit très franchement déclarer qu'il n'est pas en son pouvoir, à l'heure où cela lui est demandé, de rendre suffisamment effective une pareille décision.

Il rappelle que, conformément à la résolution du dernier Congrès Confédéral National prévoyant un mouvement protestataire pour les objets moraux et sociaux ci-dessus énumérés, une grève générale est également en préparation pour faire cesser l'intervention armée en Russie et qu'elle doit, pour être efficace, se produire simultanément en France, en Italie et en Angleterre.

C'est pour ces fins que des démarches sont actuellement tentées par les représentants de la C. G. T. italienne et française près des organisations ouvrières anglaises.

La date de ce mouvement ne peut être avancée, ses formes ne peuvent être modifiées sans en compromettre la réussite.

L'échec en serait d'une gravité sociale et économique qui ne peut échapper à aucun de ceux qui visent ardemment au résultat recherché.

Mais, si une grève générale immédiate est matériellement impossible pour venir en aide aux grèves en cours, notamment à celle de la Métallurgie de la région parisienne, le Cartel affirme que la grève générale, arme ultime, n'est pas l'arme unique de la classe ouvrière.

En faisant appel à la solidarité financière de tous les travailleurs qu'il représente, pour les maintenir, le Cartel demande aux grévistes de ne pas reprendre le travail sans avoir obtenu ce que leur doivent leurs propres patrons.

Les revendications pour lesquelles les usines ont été désertées doivent aboutir.

Rentrer à l'usine sans garanties pour eux et sans engagements de leurs employeurs à l'égard de l'organisation ouvrière, ce serait sacrifier non seulement les droits légitimes des grévistes, mais aussi, par répercussion, diminuer en force, les revendications générales posées par l'ensemble des travailleurs.

La solidarité ouvrière s'exerçant efficacement en faveur des familles des grévistes, ceux-ci ne peuvent et ne doivent rentrer vaincus.

La confiance la plus grande en l'organisation, la coordination, et la discipline ouvrières sont plus nécessaires que jamais et c'est à la double condition d'une victoire corporative et d'un renouveau de confiance en les forces syndicales, fédérales et confédérales, que demain d'autres actions plus larges et plus vastes, devenues indispensables, seront engagées avec succès.

La Démonstration du 21 Juillet

On a lu, dans le compte rendu du 3⁰ Comité Confédéral National, le texte de la résolution d'action qui fut votée à l'unanimité. Son application devait amener la C. G. T. à décider la participation du mouvement ouvrier de ce pays à une démonstration internationale dont la date fut fixée au 21 juillet dans les circonstances que nous allons rappeler brièvement.

La Conférence franco-italienne

La résolution d'action elle-même faisait appel à une participation des travailleurs d'Angleterre, de Belgique et d'Italie.

Le 14 juin eut lieu, comme il avait été décidé dans une réunion tenue le 10 par la C. A., une entrevue entre les représentants de la C. G. T. et les délégués des organisations anglaises, belges et italiennes. Les camarades de Belgique et d'Angleterre s'étant excusés de n'y pouvoir participer, seuls assistaient à cette réunion, à laquelle participaient aussi les représentants des grands centres industriels de France, les camarades D'Aragona, secrétaire de la C. G. T. italienne, et De Ambris, secrétaire de l'Union Syndicale Italienne.

Les représentants des organisations syndicales de France et d'Italie ont décidé d'un mouvement d'ensemble pour les buts indiqués plus haut.

En présence de l'impossibilité dans laquelle s'étaient trouvés les délégués anglais d'assister à l'entrevue, les représentants des organisations syndicales de France et d'Italie désignèrent une délégation qui devra se rendre immédiatement auprès des organisations ouvrières anglaises pour leur faire connaître les décisions prises.

Cette conversation franco-italienne, rappelons-le, avait été précédée les 11 et 12 juin par une entrevue de la C. A. et des délégués du Parti socialiste, à l'issue de laquelle fut publié le communiqué suivant :

Les deux organisations, C. G. T. et Parti Socialiste, se sont réunies. Elles ont examiné les conditions dans lesquelles elles devaient agir pour assurer le maxima d'autonomie et d'indépendance de chacune d'elles le parallélisme d'action nécessité par les circonstances actuelles.

En conformité de l'accord qui s'est manifesté, elles ont décidé ce qui suit, en vue des Conférences syndicales et socialistes qui doivent se tenir à la fin de la semaine entre les organisations d'Angleterre, de France, d'Italie et de Belgique :

Ces Conférences ont pour but, suivant des résolutions qui ont déjà été prises par la C. G. T. dans son Comité Confédéral National et le Parti dans son dernier Congrès, d'organiser en accord avec les différents pays représentés, une démonstration internationale.

Il a été convenu que le caractère de cette démonstration sera préalablement discuté par la Conférence syndicale qui se tiendra à la même date que la Conférence socialiste.

La Délégation en Angleterre

Nous ne rappellerons pas ici dans ses détails la délégation en Angleterre pour laquelle furent désignés Jouhaux et Dumoulin. Tous les détails utiles ont été publiés dans la *Voix du Peuple* (n° 7) et les camarades pourront s'y reporter utilement.

Il nous suffira de rappeler ici la résolution adoptée le 27 juin au Congrès du *Labour Party*, d'accord avec les délégués français et italiens :

Les délégués de la classe ouvrière et des mouvements socialistes de Grande-Bretagne, de France et d'Italie, qui se sont rencontrés à Southport et ont examiné la situation, déclarent qu'une démonstration générale doit être faite afin de prouver la résolution des travailleurs organisés pour empêcher les gouvernements d'adopter une politique réactionnaire à travers l'Europe.

Une telle politique ne peut manquer d'avoir pour effet d'empêcher les peuples de choisir leurs propres formes de gouvernement.

Par suite, toute sorte d'intervention militaire d'un pays contre un autre doit être condamnée.

En particulier, la classe ouvrière doit protester contre l'aide donnée aux éléments réactionnaires dans leur essai de triompher de la révolution et de la démocratie nouvelle, que cette aide prenne ou non la forme d'envoi de munitions.

Un tel cas est l'assistance maintenant donnée à l'amiral Koltchak.

Cette démonstration aura lieu les 20 et 21 juillet.

La classe ouvrière de chacun des pays désignés tiendra sa propre démonstration à ces dates dans la forme la mieux adaptée aux circonstances et suivant les méthodes en usage dans chaque pays.

Les organisations de la classe ouvrière de chaque pays peuvent en même temps agir pour les buts particuliers, politiques ou économiques que demandent les circonstances dans ce pays.

La décision de la Commission Administrative

Le jeudi 3 juillet, la Commission Administrative de la C. G. T. adoptait la résolution suivante :

La Commission Administrative de la C. G. T. s'est réunie jeudi 3 juillet. Elle a arrêté diverses mesures en vue de la démonstration internationale de 24 heures décidée par son dernier Comité National, en commun avec les organisations italiennes et anglaises. En France et en Italie, le travail sera interrompu, pour toutes les professions, durant la journée du 21 juillet.

Dans le but de donner à cette démonstration l'ampleur et la puissance en rapport avec la grandeur et l'urgence des buts poursuivis, la C. G. T. adressera un appel énergique aux travailleurs français. Elle leur rappellera que les prolétaires de France, d'Italie et d'Angleterre ne peuvent se satisfaire en ce qui touche la politique extérieure des peuples, des paroles de M. Clemenceau en France, de M. Bonar Law en Angleterre, et des mesures inopérantes et complices des gouvernants italiens.

La C. G. T. rappellera, en outre, au gouvernement de ce pays que les questions de la démobilisation, de l'armistice et du rétablissement des libertés constitutionnelles restent entières et qu'elles doivent d'urgence être résolues.

La question de la cherté de vie, si grosse de conséquences sociales et économiques, aura, dans l'appel de la C. G. T., une place de premier plan ; les travailleurs de France, utilisant le caractère de la résolution internationale, feront porter leur démonstration sur l'impérieuse nécessité d'apporter un remède à la situation créée par le coût de la vie, en créant à la consommation des sources nouvelles, en insurgeant une politique économique hardie rompant les barrières douanières pour que nos usines reçoivent dans de bonnes conditions des matières premières, conjuguée avec une politique de ravitaillement d'où seront exclus les spéculateurs sans vergogne, afin que nos magasins reçoivent des produits et des vivres à un taux normal.

Enfin, pour que des mesures soient prises qui fassent instaurer une politique financière conforme aux nécessités de l'heure présente, qui ne peuvent pas être surmontées sans péril pour la nation par le moyen ordinaire de l'impôt de consommation accru et multiplié.

La C. G. T. en cette occasion rappellera son propre programme économique, qui implique des transformations péofondes dans le régime de la production et de répartition des produits. Elle dira que l'élévation successive du taux des salaires n'apporte qu'une solution temporaire ; qu'elle n'est qu'un remède momentané, cette élévation étant toujours exploitée par les mercantis de toutes grandeurs.

La démonstration du 21 juillet, qui sera un avertissement formidable par l'arrêt du travail qu'elle provoquera pendant 24 heures dans notre pays, aura donc cette signification :

Démobilisation rapide et sans restriction.
Rétablissement des libertés constitutionnelles.
Amnistie pleine et entière.
Cessation de toute intervention armée en Russie.
Mais elle signifiera aussi et surtout :
Guerre à la vie chère, et par tous les moyens!

Un Appel de la C. G. T.

Cette décision, suivie aussitôt d'instructions adressées par le Bureau Confédéral aux Unions départementales et aux Fédérations, reçut l'adhésion des organisations.

Le 14 juillet, l'appel suivant était lancé qui venait préciser le sens de la démonstration projetée :

AUX TRAVAILLEURS DE FRANCE
Aux ouvriers, aux ouvrières des villes et des campagnes!

En vous donnant l'ordre de suspendre le travail pendant 24 heures, le 21 juillet, la C. G. T. exécute les décisions qui ont été prises par l'unanimité des organisations dans la réunion de son Comité National du 27 mai 1919.

En agissant ainsi, la Confédération Générale du Travail proclame qu'elle n'obéit à aucune suggestion, ni passion, ni intervention extérieure de personne ou de partis politiques.

Elle rappelle que les buts qu'elle poursuit et les revendications qu'elle a formulées ont l'avantage d'être identiques aux buts que poursuivent les prolétaires d'Italie et d'Angleterre qui participeront en même temps qu'elle au mouvement du 21 juillet.

Ces buts et ces revendications, vous les connaissez.

En son temps, la C. G. T. a dénoncé les vices fondamentaux d'un traité de paix basé sur le système des alliances ; elle a indiqué les principes humains selon lesquels sa revision devait être poursuivie.

Depuis huit mois, en votre nom, nous avons dit au gouvernement de ce pays qu'il fallait :

1° Une démobilisation rapide et totale préparant le désarmement général ;

2° La cessation de l'intervention armée en Russie et en Hongrie, consacrant le respect des peuples à disposer librement d'eux-mêmes ;

3° L'amnistie pleine et entière pour les condamnés politiques et militaires ;

4° Le rétablissement des libertés constitutionnelles en commençant par la suppression de la censure.

Sur ces quatre revendications précises, le gouvernement ne nous a fait jusqu'ici que des promesses qui n'ont pas été tenues. Et dans le même temps où il nous faisait ces promesses, il donnait des gages de complicité matérielle et morale aux entreprises réactionnaires dirigées contre la Russie et la Hongrie, nous aliénant ainsi la sympathie de peuples s'éveillant à la liberté ; il se refusait à supprimer la censure, à accorder l'amnistie et à rendre complète la démobilisation.

Notre mouvement du 21 juillet a donc comme premier objet de rappeler le gouvernement au respect de ses engagements en le mettant en présence de ses responsabilités

Camarades ouvriers et ouvrières,

Vous tous qui avez des fils, des frères et des maris, qui ont cinq, six et huit années de service militaire, dont quatre ans et demi de guerre ; vous qui en avez qui gémissent dans les bagnes militaires ; vous qui voulez la paix totale, la fin de la guerre aussi bien avec la Russie et la Hongrie qu'avec les pays qui ont signé le traité de paix, vous appliquerez les décisions de la C. G. T. ; vous chômerez vingt-quatre heures pour que cesse rapidement cet état de servitude, d'emprisonnement et d'étouffement.

Paix avec tous les peuples, amnistie, démobilisation, liberté.

*
* *

D'autre part, depuis huit mois, la C. G. T. a signalé l'immense péril existant dans notre pays par l'épuisement de ses stocks de vivres, l'absence d'une politique de production, d'organisation du travail et de circulation internationale des matières premières.

Pour conjurer ce péril et pour garantir les droits du travail, la C. G. T. a dressé son programme économique de revendications qu'elle a soumis au Gouvernement.

Ici encore le Gouvernement, après avoir promis la constitution du « Conseil National Economique », organe d'intérêt général seul capable de déterminer et d'appliquer des mesures efficaces et salutaires, n'a pas rempli ses engagements.

Ce n'est que contraint et forcé, en présence de la démonstration puissante et menaçante du Premier Mai 1919, qu'il a fait voter la loi de huit heures.

Aujourd'hui, le péril s'est aggravé, la crise s'est étendue et le malaise est de plus en plus profond.

Crise de la vie chère que la hausse des salaires est impuissante à conjurer, gabegie, agiotage, spéculation, mercantilisme, intérêts particuliers, égoïsme individuel, toutes ces choses continuent d'appauvrir le pays, de rançonner et d'affamer le peuple, parce que le Gouvernement n'a pas su ou voulu apporter de remèdes efficaces.

Crise du logement et des loyers qui constitue un scandale permanent en même temps que gêne et inquiétude.

Dans tous les domaines, malgré les avertissements répétés de la classe ouvrière, malgré ses conseils pratiques, on ne se résout qu'aux palliatifs et aux mesures insuffisantes.

C'est pourquoi la C. G. T. persiste à réclamer l'application de son programme économique. Elle demande l'établissement d'accords internationaux pour favoriser l'importation ; elle demande l'ouverture des frontières, la suppression des barrières douanières, l'abrogation des droits *ad valorem*, la création d'offices de ravitaillement sur la base coopérative ; elle veut que ce pays puisse vivre et travailler pour produire.

La C. G. T. demande que l'on mette fin à la crise du logement par la création d'un service municipal ayant le droit de connaître, de répartir les logements vides et d'en fixer le prix de location.

La C. G. T. veut aboutir. Pour y parvenir, elle sait qu'elle ne peut plus compter sur les promesses gouvernementales et qu'un acte de puissance est devenu nécessaire.

CAMARADES DE TOUTES LES INDUSTRIES, DES USINES ET DES MINES, DE LA TERRE ET DE LA MER, DES MAGASINS ET DES BUREAUX, vous appliquerez les décisions de la C. G. T. qui sont les vôtres et, suivant le mandat que vous nous avez confié, nous vous donnons l'ordre de chômer 24 heures le 21 juillet.

Le mouvement est ajourné

Mais en même temps, effrayé par l'ampleur avec laquelle se développait le mouvement préparatoire, le Pouvoir se livrait à des menaces contre les Postiers et les Cheminots. De plus, une campagne d'affiches d'une intensité inouïe et une fielleuse campagne de presse s'étalaient surtout à Paris.

Quelles qu'en fussent les causes réelles, il parut évident qu'un flottement se produisait dans les masses syndiquées. Il y eut comme une espèce de désagrégation...

D'autre part, après une entrevue orageuse demandée par le président du Conseil, la C. A. eut connaissance d'un vote par lequel la Chambre condamnait la politique économique du gouvernement et paraissait donner satisfaction aux revendications populaires. Dans ces conditions, tout pesé, et pour ne pas courir le risque de déclancher un mouvement trop faible, venant surtout après la magnifique journée du 1er Mai, la C. A. décidait, dans la nuit du 18 au 19 juillet, de surseoir à sa réalisation et de convoquer immédiatement un Comité National extraordinaire.

Le Comité National Extraordinaire
des 21 et 22 Juillet

Convoqué d'urgence par la Commission Administrative en même temps que celle-ci ajournait la démonstration projetée pour le 21 juillet, le Comité National de la C. G. T. s'est réuni le jour même où aurait dû se produire le mouvement de grève générale et dans le même local où il avait adopté, le 27 mai précédent, la « Résolution d'action » qui avait été à l'origine du mouvement.

Malgré le peu de temps qui s'était écoulé entre la convocation télégraphique et la réunion, presque toutes les organisations étaient représentées à ce C. C. N. extraordinaire dont les débats durèrent deux journées.

Le Bureau qui devait rester en fonctions pendant les quatre séances fut ainsi constitué :

Président : *Marty-Rollan* (Union départementale de la Haute-Garonne) ; assesseurs : *Cazals* (Doubs) et *Bondoux* (Nièvre).

Les débats

Presque toute la première séance devait être consacrée à un exposé historique du mouvement fait par le Secrétaire de la C. G. T.

La discussion elle-même amorcée le matin par le camarade *Guinchard*, des Transports, et de courtes interventions de *Bourderon* (Tonneau) et de *Marty-Rollan* (Haute-Garonne), ne prit toute son ampleur que l'après-midi.

Tour à tour les camarades *Rivelli* (Inscrits Maritimes), *Dumoulin*, Secrétaire Confédéral, *Jullien* (Bouches-du-Rhône), *Bourderon* (Tonneau), *Becker* (Lorraine), *Mammale* (Livre), *Tommasi* (Voiture), *Tilliet* (Céramique), *Jacquemin* (Meurthe-et-Moselle), *Perrot* (Seine), *Luquet* (Coiffeurs), *Chéreau* (Ille-et-Vilaine), *Bidegaray* (Chemins de fer) et *Bordères* (Sous-Agents des P. T. T.) vinrent apporter des explications sur le rôle ou les sentiments de leurs organisations respectives.

La discussion fut alors suspendue. Après un court débat, on décida de procéder à la nomination d'une Commission de sept membres chargés de rapporter un projet de résolution et qui fut composée de *Million* (Rhône), *Le Guennic* (Côtes-du-Nord), *Jacob* (Côte-d'Or), *Chéreau*, (Rennes), *Bondoux* (Nièvre), *Marty-Rollan* (Haute-Garonne) et *Luquet* (Drôme).

Avant que fut levée la séance, *Jouhaux* fit adopter un ordre du jour sur la vie chère qui devait être développé le lendemain dans une résolution plus détaillée.

Le matin du mardi 22 juillet, les explications reprirent avec *Merrheim*

(Métaux), *Lébraly* (Personnel civil de la guerre), *Obriet* (Var), *Robert* (Etablissements de la Marine), *Delsol* (Dordogne), *Jacob* (Côte-d'Or), *Bois-joly* (Calvados), *Verdier* (Aveyron), *Sarrou* (Lot-et-Garonne), *Bartuel* (Sous-Sol), *Dejonkère* (Charente), *Le Guennic* (Côtes-du-Nord), *Bidegaray* (Cheminots).

La dernière séance fut particulièrement marquée, après les interventions de *Cazals* (Doubs), et de *Marty-Rollan* (Haute-Garonne), par un discours de *Jouhaux* sur les conceptions générales du syndicalisme dont les Congrès décida que la reproduction sténographique serait insérée dans les organes corporatifs et la presse ouvrière et publié en brochure.

Le vote du C. C. N.

La discussion, dont on ne saurait dire qu'elle n'avait pas été approfondie, était close.

Le président donna lecture des ordres du jour. L'un, déjà lu, des Unions du Var, de Vaucluse, des Alpes-Maritimes, des Bouches-du-Rhône, comportait un blâme catégorique pour la C. A.

En voici le texte :

Le Comité Confédéral National blâme l'attitude de la Commission Administrative et la met en demeure de démissionner. La Commission Exécutive assurera le service jusqu'au prochain Congrès Confédéral.

Un autre, de la Drôme, comportait une simple censure. Le Comité ne retint que la résolution présentée par la Commission de sept membres nommée la veille et que voici :

Le Comité National Confédéral, après avoir pris connaissance des raisons qui ont déterminé l'attitude prise par la C. A. pour la journée du 21 juillet, constate que les décisions arrêtées ont été conformes à l'intérêt général du mouvement ouvrier.

Il résulte de l'exposé des faits nouveaux produits par la menace même du mouvement, que ce dernier ne s'imposait plus, le préjudice qui en serait résulté dépassant les avantages qui restaient à obtenir.

Le Comité National, s'inspirant des leçons qui découlent de la période préparatoire du mouvement ajourné, déclare que les réalisations pratiques à l'ordre du jour de la C. G. T. ne sauraient être obtenues que par une action disciplinée et dans une atmosphère de confiance et de camaraderie.

Le Comité National, toutes explications entendues, porte à l'ordre du jour du Congrès Confédéral de septembre, à Lyon, l'établissement d'une formule d'action liant toutes les organisations adhérentes, afin que plus de méthode, d'ordre et de cohésion soient réalisés sans discussion possible dans tous les mouvements futurs de la C. G. T.

Le Comité National rappelle à tous que la C. G. T. agit surtout par la vigueur de ses militants et la force de leur idéal ; les convie à une propagande continue dans tous les milieux pour répondre à la campagne de calomnie déchaînée dans le pays et faire ainsi que l'action ouvrière proprement dite réponde à l'action sociale élevée qui inspire la Confédération Générale du Travail.

Considérant que les camarades qui assument la lourde tâche d'exécuter les décisions prises par le Congrès et le Comité National sont solidaires dans la gestion de la C. G. T.

Le Comité National déclare conserver sa confiance au Bureau Confédéral et à la Commission Administrative.

La C. G. T., confiante dans sa puissance et fière de sa mission civilisatrice, poursuivra jusqu'à complète satisfaction la lutte contre la vie chère, pour la démobilisation rapide, le vote d'une loi d'amnistie et la cessation de toute intervention contre les révolutions ouvrières russe et hongroise.

En terminant sa délibération, le Comité National Confédéral envoie ses sentiments de fraternité aux travailleurs du monde entier en lutte pour leur émancipation.

La lecture de cette résolution fut suivie par les explications de vote habituelles. Puis on procéda au scrutin par appel nominal ; il donna les résultats suivants :

Pour, 9o ; contre, 17 ; abstentions, 8.

Les votes des Unions départementales se décomposent ainsi : *Pour, 53 ; contre, 15 ; abstentions, 3.* Ceux des Fédérations sont les suivants : *Pour, 37 ; contre, 2.; abstentions, 5.*

La Politique économique de la C. G. T.

La veille, le C. C. N. avait adopté une motion préliminaire sur la politique économique de la C. G. T. Elle fut, comme il avait été annoncé, développée dans la motion suivante votée à l'unanimité :

Le Comité Confédéral National, réuni extraordinairement les 21 et 22 juillet, réclame impérieusement que la politique économique du pays s'inspire des principes de la Société des Nations et de cette vérité essentielle : « La vie des peuples dominée de haut par les conditions économiques attend son amélioration du mode de production, d'échange et de répartition qui lui sera fait. »

Le Comité Confédéral National considère que la méconnaissance de ces principes nous conduit au rétablissement des anciennes rivalités économiques. c'est-à-dire à la guerre économique, facteur inéluctable de conflagration militaire.

Il rappelle que la classe ouvrière de ce pays a toujours protesté contre cette politique qui la plonge aujourd'hui dans une crise épouvantable de vie chère.

Le Comité Confédéral National, certain d'exprimer les sentiments populaires, réclame, tant sur le terrain de la production que sur celui de la répartition des échanges, les pratiques de malthusianisme, d'impérialisme et de protectionnisme économique soient exclues.

Qu'une conception nette des mesures à prendre, des organismes à créer, fasse justice des intérêts particuliers pour ne donner satisfaction qu'au seul intérêt général de la collectivité.

Dans cet esprit, le Comité Confédéral National réclame que soient supprimées les barrières douanières qui ne peuvent qu'entraver le développement industriel nécessaire à assurer la vie et le relèvement du pays.

Que puissent entrer en France les produits fabriqués et les matières premières en provenance de tous les pays ;

Que soit modifié le système financier en supprimant le régime des assignats qui a mis en circulation quarante milliards de billets de banque sans valeur et sans puissance d'achat ;

Que disparaissent les impôts de consommation et les taxes qui frappent le vin, le sucre, le café et les aliments les plus indispensables ;

Que soit institué un système fiscal basé sur l'impôt direct, sur les fortunes et les bénéfices capitalistes, afin de rétablir l'équilibre financier, d'alléger le peuple des charges qui pèsent sur lui en donnant confiance aux pays étrangers et en remettant le change à un cours normal rehaussant le crédit extérieur ;

Que la production soit stimulée et accrue par tous les moyens : La vraie richesse étant le résultat du travail, toutes les richesses nationales doivent être exploitées rationnellement au bénéfice de la collectivité, sous l'impulsion et le contrôle d'un organisme d'intérêt général : le Conseil National Economique réclamé par la C. G. T. ;

Que soit poursuivie la création d'un Office national et d'offices départementaux et communaux de ravitaillement.

Le pays, par la faute et l'impéritie de ses gouvernants, est sorti de la vie économique internationale, replié sur lui-même dans l'affaiblissement de sa valeur travail et de sa valeur monétaire.

En conséquence, le Comité Confédéral National se refuse à comprendre un gouvernement qui laisse couvrir d'opprobre la classe ouvrière.

Il n'accepte pas de dire au peuple de ce pays que la catastrophe organisée par le gouvernement est conjurée.

Il ne prend pas à sa charge une politique économique et financière qui conduit notre pays à la ruine.

Le Comité National enregistre les engagements pris en faveur de l'amnistie et de la démobilisation comme une conséquence de l'action de la C. G. T. ; de même il enregistre la levée du blocus de l'Allemagne ; en dehors des mesures économiques qu'il réclame, il persiste à revendiquer la même mesure pour la Russie et la Hongrie que celle qui a été prise à l'égard de l'Allemagne, seule condition de faire la paix avec tous les peuples.

Contre l'intervention en Russie

A l'unanimité également fut adoptée la résolution que voici protestant contre les interventions militaires en Russie et en Hongrie :

Le Comité Confédéral National envoie son salut fraternel aux organisations ouvrières des autres pays et s'engage à travailler à anéantir le militarisme sous toutes ses formes à travers le monde.

Il déclare que la politique des gouvernements qui s'engagent actuellement dans les actes d'hostilité contre les pays en voie de transformation sociale et fournissent d'armes et de munitions les chefs des contre-révolutions est inspirée par les intérêts du capitalisme et des autocraties monarchiques.

L'Assemblée déclare ensuite qu'il est du devoir des classes ouvrières dans chaque pays d'exiger que les opérations militaires contre les républiques sociales et politiques de ces révolutions soient arrêtées, et que le blocus économique et militaire dirigé contre elles soit immédiatement levé.

Elle demande enfin que ces républiques puissent, sans intervention étrangère, régler les formes de gouvernement qu'elles désirent adopter, et qu'elles soient ensuite reconnues par les autres gouvernements.

Dans ce but, le devoir des organisations de la classe ouvrière est d'agir sur leurs Parlements et d'exercer, une pression énergique d'après les situations nationales sur les autorités gouvernementales des divers pays.

Enfin, à 18 h. 3o, après de courtes discussions sur quelques questions particulières et notamment sur l'ordre du jour du prochain Congrès, le président déclarait clos les travaux du Congrès National extraordinaire.

Le Congrès Syndical International d'Amsterdam

Le Congrès syndical international, dont le compte rendu des importants travaux va clore cet exposé de l'activité considérable, se tint à Amsterdam du 26 juillet au 2 août. Comme on l'a vu plus haut, il est sorti d'une décision de la Conférence internationale tenue à Berne, du 5 au 9 février.

Voici d'ailleurs le texte de la résolution adoptée à Berne :

Si déjà avant la guerre l'existence d'un mouvement syndicaliste permanent et à base solide était une des conditions principales pour l'avancement de la cause ouvrière, la nécessité d'un pareil mouvement se fait sentir encore davantage pour l'avenir. La restauration des énergies populaires détruites ainsi que le soin constant des intérêts tant matériels que moraux des classes ouvrières exigeront indubitablement des organisations plus fortes dans tous les pays et qui seront d'autant plus puissantes qu'elles rencontreront un appui et une disposition à l'aide mutuelle chez les organisations des autres pays.

En face de ces considérations, la Conférence syndicale internationale, rassemblée à Berne et où sont représentés quinze pays, se prononce en faveur d'une reconstruction rapide de l'U. S. I. En conséquence, elle invite le « bureau intérimaire d'Amsterdam » à prendre, de concert avec les Centrales des différents pays affiliés à l'Union et avec le Bureau de Correspondance des Syndicats des pays de l'Entente, aussi vite que le permettront les circonstances présentes, des mesures pour convoquer une Conférence syndicale internationale à laquelle incombera la tâche de rétablir l'unité ainsi que la solidarité du mouvement syndicaliste international.

Le Congrès d'Amsterdam fut donc convoqué d'un commun accord par les deux organes de liaison nés de la guerre : le secrétariat d'Amsterdam et le bureau de Paris. Son but essentiel était de reconstituer sur des bases nouvelles l'Internationale syndicale.

Les Délégations

Y furent représentées les délégations suivantes :

ÉTATS-UNIS (Fédération américaine du Travail) : *Samuel Gompers, Daniel J. Tobin, John H. Hynes.*

BELGIQUE (Commission syndicale du Parti ouvrier et des Syndicats indépendants) : *Guillaume Solau, Corneille Mertens, Ernest Martel, Louts Uyteoever.*

BOHEME (Union syndicale tchéco-slovaque) : *Rud. Tayerle, Val. Skursky.*

DANEMARK (Fédération des syndicats) : *Carl F. Madsen, William P. Arup, I.-A. Hansen, J.-P. Nielsen, Rudolf Poulsen, Karl Kiefer.*

ALLEMAGNE (Commission générale des syndicats) : *C. Legien, J. Sassenbach, O. Schumann, Jos. Seitz, Carl Hübsch, Theodor Leipart, H. Sachse, F. Paeplow, August Brey.*

Commission administrative de l'Union libre des syndicats (indépendants) : *Fritz Kater.*

ANGLETERRE (Délégation mixte de la Fédération générale des Trade-Unions et du Comité parlementaire du Congrès des. Trade-Unions) : *Thomas Greenall, Ben Tillett, J. Asquith, James Crinion, W.-A. Appleton, Will Thorne, G.-H. Stuart-Bunning, Jos. B. Williams, J. Hill.*

FRANCE (Confédération Générale du Travail) : *L. Jouhaux, G. Dumou lin, Million, Bidegaray, A. Savoie, P. Dumas, A. Doumenq, A. Rivelli, C Bartuel, A. Bourderon, F. Mammale, A. Merrheim.*

HOLLANDE (Union néerlandaise des syndicats, N. V. V.) : *J. Oudegeest, Edo Fimmen, H.-J. Bruens, J. Brautigam, P. Moltmaker, R. Stenhuis, H.-J.-J. Eichelsheim, P. Hiemstra, P. Danz, Henri Polak.*

Secrétariat national du travail (indépendants) : *B. Lansink jeune, B. Lansink aîné, S. van den Berg, E. Bouwman, H. Snewliet, L. Kelder, G.-J.-A. Wesselingh, C. Wolf, Th. J. Dissel, C. de Soet.*

LUXEMBOURG (Commission syndicale) : *Adolphe Krieps, Peter Krier, Michel Schettle.*

NORVÈGE (Organisation nationale des Syndicats ouvriers) : *Ole O. Lian, Jens Teigen, Rich. Hansen.*

AUTRICHE (Commission Syndicale) : *A. Hueber, Stephan Huppert,*

— 126 —

Franz Domes, Karl Pik J. Gruenwald, A. Böschek, J. Paulik, Gottl. Loria.

ESPAGNE (Union générale des Travailleurs) : *Julian Besteiro, Francisco L. Caballero.*

SUÈDE (Organisation nationale) : *Arvid Thorberg, C. E. Tholin, Anders Sjœstedt, Jeanne Hœnsson, Chr. Sjœstrœm.*

SUISSE (Union Syndicale) : *A. Grospierre, Ch. Schürch, Karl Dürr.*

Deux pays dont on avait annoncé la participation ne purent être représentés : d'une part, l'Argentine, dont le délégué ne put être présent pour des raisons encore inconnues ; d'autre part, la délégation italienne fut arrêtée par le refus du consul français à Milan de viser les passeports ; ce fait motiva une énergique protestation de la délégation française, à la suite de laquelle l'ordre fut donné d'accorder le visa, mais il était trop tard.

La liquidation de l'ancienne Internationale

Le Congrès consultatif de la nouvelle Internationale syndicale eut pour préliminaire la liquidation de l'ancienne qui provoqua une Conférence préalable le 26 juillet et amena, à la suite d'un débat sur les responsabilités de la guerre, une série d'incidents dont le rapport qu'on va lire, communiqué au Congrès le 29 juillet au matin, donna le compte-rendu exact :

À la réunion de l'*Union Internationale du Travail* du samedi 26 juillet 1919, la délégation de la Belgique s'est plainte amèrement de l'attitude des militants du mouvement du travail allemand dont quelques-uns étaient aussi les leaders de l'Union. Elle s'est plainte du mal, de l'injustice et des cruautés infligées aux ouvriers belges et au peuple belge en général.

Une discussion a suivi l'intervention de la délégation belge, dans laquelle d'autres accusations d'un caractère semblable ont été exprimées par les délégués d'autres pays. Comme suite à ce débat, très tard dans la soirée, Sassenbach a lu à la Conférence, en son nom et en celui de Legien, une déclaration sur la position des ouvriers organisés d'Allemagne pendant la guerre. Après une autre discussion, la Conférence a décidé de soumettre ce sujet à une Commission spéciale ainsi composée :

Norvège, Ole Lian ; Suède, Thorberg ; Danemark, Mozen ; Suisse, Dürr ; Allemagne, Sassenbach ; États-Unis, Gompers ; Angleterre, Appleton ; Belgique, Solau ; Autriche, Hueber ; Espagne, Besteiro ; France, Jouhaux ; Hollande, Fimmen, président.

Cette Commission a tenu plusieurs séances très longues. Elle s'est trouvée d'accord sur la résolution suivante de Jouhaux, adoptée à l'unanimité moins la voix de Sassenbach qui s'est abstenu :

La Commission, après avoir entendu les griefs formulés par la délégation des Syndicats belges, les exposés généraux auxquels ils ont donné lieu et les explications de la délégation allemande ;
Considérant que le but essentiel du Congrès syndical international d'Ams-

terdam est de reconstituer l'Internationale syndicale, de telle manière que les faits constatés dans la période qui a précédé immédiatement la guerre et au cours de celle-ci ne puissent pas se renouveler ;

Enregistre la déclaration qui a clos la discussion du samedi 26 juillet faite au nom de la délégation allemande, constate les regrets qu'elle contient et passe à l'ordre du jour.

De plus la Commission a été d'accord que la déclaration de Sassenbach sera imprimée dans le rapport, que les regrets qui y seront exprimés seront enregistrés, que la délégation ouvrière allemande la confirmera d'une manière franche, loyale et satisfaisante ; alors la Conférence passera à l'ordre du jour, sinon chaque nation se réservera sa liberté d'action.

Considérant que le but suprême de la Conférence est de protéger les droits, les intérêts et le bien-être des masses ouvrières chez tous les peuples et dans tous les pays du monde, que c'est par le travail organisé que cela peut le mieux se faire, qu'il est évident que toute action doit être faite pour empêcher la guerre, la Conférence procédera à la tâche pour laquelle elle a été convoquée.

Voici d'ailleurs le texte de la déclaration allemande ainsi enregistrée :

Les syndicats allemands ont toujours eu l'opinion qu'on a traité la Belgique d'une manière injuste et se sont toujours opposés aux cruautés commises pendant l'occupation de ce pays. Les déportations d'ouvriers belges n'ont jamais eu l'approbation des ouvriers allemands qui les ont toujours combattues autant qu'il était possible de le faire pendant la guerre.

L'attitude des ouvriers allemands au commencement de la guerre leur a été prescrite par les circonstances. La ferme conviction que l'Allemagne menait une guerre défensive a été celle du peuple allemand en général, cela est prouvé par l'attitude des socialistes indépendants qui a été la même que celle des socialistes majoritaires au début du conflit.

La classe ouvrière allemande s'est toujours opposée à l'attitude impérialiste de son gouvernement. Si, au début de la guerre, les ouvriers allemands avaient su ce qu'ils savent maintenant, s'ils n'avaient pas été dupés par leur gouvernement, l'attitude de la classe ouvrière et de ses représentants aurait été tout autre.

Si la classe ouvrière allemande avait eu la conviction que l'Allemagne était la nation agressive, sans doute aurait-elle tenté d'empêcher la guerre avec tous les moyens à sa disposition.

Nous devons avouer que beaucoup d'actes de la classe ouvrière allemande pendant la guerre ne peuvent pas être acceptés par les ouvriers des autres pays. Mais tout ce qu'elle a fait l'a été par suite de la conviction que le peuple allemand devait défendre ses intérêts vitaux.

Maintenant que la vérité est connue, nous devons avouer que tout ce qui a été fait dans la conviction que le droit était de notre côté n'était pas complètement juste, mais tout ce qui a été fait l'a été parce que nous croyions les intérêts allemands engagés et avec la ferme pensée de ne pas nuire aux intérêts de la classe ouvrière des autres pays.

L'incident fut enfin réglé à la suite de la déclaration verbale suivante faite par *Sassenbach*, au nom des délégués allemands :

La délégation du mouvement syndical allemand à cette dernière confé-
rence de l'ancienne Internationale syndicale confirme l'esprit de la décla-
ration de Sassenbach de samedi dernier, espérant aider ainsi efficacement
à la reconstruction du mouvement syndical international, sur des bases
plus larges et plus solides, au moment de la liquidation des travaux de
l'ancienne Internationale syndicale.

La liquidation de l'ancienne Internationale fut achevée par l'approbation des comptes et des rapports présentés, l'un par le secrétariat intérimaire d'Amsterdam, l'autre par la délégation française pour le bureau
de correspondance de Paris.

La Nouvelle Internationale

Le travail de réorganisation de la nouvelle Internationale ne commença
réellement, en séance publique, que le jeudi 31 juillet. La séance tenue
le lundi 28 et celle du mardi 29 furent la première une journée d'ouverture de pure forme, l'autre consacrée à la nomination des commissions
qui se mirent aussitôt au travail et y employèrent toute la journée du
lendemain.

Il y eut trois commissions au sein desquelles la délégation française fut
représentée respectivement par *Dumoulin, Jouhaux* et *Merrheim.*

Cette journée du 31 fut consacrée à l'adoption des Statuts dont nous
donnons le texte en annexe de ce rapport. Ils avaient fait l'objet des travaux de la première Commission.

Il n'y eut de débat que sur le mode de représentation au sein du
Congrès bisannuel ou plutôt sur le nombre de voix attribuées aux Centrales, mais il fut vif et alla même jusqu'à une menace de rupture de la part
des délégations anglo-saxonnes.

Anglais et Américains demandaient en effet que chaque Centrale put
disposer d'un nombre de voix égal à une par 250.000 adhérents. Cette
proposition souleva la protestation des petites nationalités dont Jouhaux
défendit vigoureusement la cause.

Après une discussion à laquelle prirent part *Schürch* (Suisse), *Gompers*
et *Tobin* (Amérique), *Ben Tillett* (Angleterre), *Legien* (Allemagne) et *Ou-*
degeest (Hollande), le Congrès se rallia à la proposition transactionnelle
que voici : Jusqu'à 250.000 adhérents, une voix ; deux voix jusqu'à
500.000 ; trois voix pour le premier million, et au-dessus de celui-ci, une
voix supplémentaire par 500.000 membres.

Il fut entendu que ce mode de votation serait immédiatement appliqué,
ce qui donnait les chiffres suivants :

Angleterre, 11 ; *Etats-Unis*, 9 ; *Allemagne*, 12 (plus une voix pour les
syndicalistes indépendants) ; *France*, 4 ; *Autriche*, 2 ; *Belgique*, 2 ; *Da-*
nemark, 2 ; *Hollande*, 2 (dont une pour le Secrétariat national indépen-
dant) ; *Espagne, Luxembourg, Norvège, Suède* et *Tchéco-Slovaquie*, chacune une voix.

Les Élections du Bureau

La première Commission avait proposé de fixer en Hollande le siège de la nouvelle Internationale ; le Congrès ratifia ce choix sans débat.

Le lendemain matin, vendredi 1ᵉʳ août, après avoir fixé le chiffre de la cotisation à o fr. o25 par membre et par an, le Congrès eut à élire le Bureau de la nouvelle organisation.

Ce fut l'occasion de longues et parfois difficiles discussions dans le détail desquelles nous ne pouvons entrer ici. Donnons donc les résultats des votes.

Furent élus :

Président, *Appleton* (Angleterre), par 31 voix contre 18 à *Oudegeest* (Hollande).

Premier vice-président, *Jouhaux* (France), par 30 voix contre 19 à *Legien* (Allemagne).

Deuxième vice-président (les délégations allemande et autrichienne ayant refusé toute candidature), *Mertens* (Belgique), par 28 voix.

Secrétaires-trésoriers, *Oudegeest* et *Fimmen* (Hollande), par 35 voix.

Le Comité de Direction fut ensuite constitué en partie par les délégations des dix groupes de Centrales. Voici les résultats acquis :

1ᵉʳ groupe (Etats-Unis), *Gompers*.
2ᵉ groupe (Amérique centrale et du Sud), réservé.
3ᵉ groupe (Empire britannique), *Williams*.
4ᵉ groupe (Belgique, France, Luxembourg), *Dumoulin*.
5ᵉ groupe (Italie, Espagne, Portugal), *Caballero*.
6ᵉ groupe (Allemagne, Autriche allemande), réservé.
7ᵉ groupe (Russie et provinces baltiques), réservé.
8ᵉ groupe (Tchéco-Slovaquie, Pologne, Yougo-Slavie), *Tayerle*.
9ᵉ groupe (Hongrie, Grèce, Balkans, Suisse), réservé.
10ᵉ groupe (Danemark, Suède, Norvège, Finlande), *Lindquist*.

Le Programme de Berne

La deuxième Commission, dont *Jouhaux* était le Secrétaire, présenta ensuite, sur le programme de Berne et la Charte du Travail, la résolution suivante :

La Conférence internationale syndicale d'Amsterdam déclare qu'elle ne peut pas accepter comme l'expression intégrale des revendications des classes ouvrières de tous les pays les clauses contenues dans la « Charte du Travail » inscrite dans le traité de paix de Versailles (titre XIII, section II).

Un simple examen comparatif des clauses de la convention officielle du traité de paix et du programme adopté à Berne (février 1919) par les organisations syndicales réunies internationalement, fait ressortir de la façon la plus claire l'insuffisance de cette charte.

1° *Travail des enfants et des jeunes gens.* — C'est ainsi qu'à Berne nous réclamions (art. 1er) l'obligation de l'enseignement primaire dans tous les pays, l'accessibilité à tous de l'enseignement supérieur, l'interdiction du travail diurne et l'obligation de l'instruction complémentaire technique des jeunes gens de 15 à 18 ans.

Le texte officiel (clause 6) est muet sur l'éducation générale ; c'est en termes vagues qu'il parle de la suppression du travail des enfants, sans fixer d'âge limite, et des limitations à apporter à celui des jeunes gens, sans dire lesquelles.

2° *Travail des femmes.* — Nous demandions (art. 3 et 4) que le travail des femmes le samedi, s'arrête à midi et n'excède point quatre heures.

Le texte officiel est muet sur ce point. Il ne parle pas davantage de la réglementation du travail à domicile ni de l'interdiction du travail nocturne, des occupations dangereuses pour les femmes ou de l'emploi avant et après l'accouchement. Le fait que ces questions doivent être portées devant la Conférence Internationale de Washington montre de façon suffisante que les principes demandés par nous ne sont pas admis. Il n'y est pas non plus question d'un système d'assurances maternelles. La seule concession faite à nos revendications est de proclamer l'égalité de salaire pour l'égalité de travail.

3° *Journée de huit heures.* — La clause 4 du traité déclare que la journée de huit heures ou la semaine de 48 heures sont le but à atteindre partout où il n'a pas encore été obtenu.

Nous demandions (art. 4. de Berne) la fixation positive de la journée de travail réduite, nous réclamions aussi la semaine anglaise dont le traité ne parle pas.

Il ne fait pas allusion, d'autre part, à la diminution plus complète de la journée de travail dans les industries insalubres ni à la suppression des poisons professionnels. (Berne, art. 6).

4° *Repos hebdomadaire.* — Nous demandions (art. 5) le repos hebdomadaire ininterrompu de 36 heures. La clause 5 du traité ne fixe ce repos qu'à 24 heures.

5° *Travail à domicile.* — Aucune allusion relative à la réglementation ou à l'interdiction du travail à domicile demandée dans notre article 7, ni à la surveillance sanitaire à exercer sur les industries domiciliaires.

6° *Droit de coalition.* — Nous demandions (art. 8) la reconnaissance du droit de coalition et d'association pour les travailleurs dans tous les pays, la suppression des lois et décrets contraires à ce principe.

La clause 2 du traité reconnaît seulement « le droit d'association en vue de tous objets non contraires aux lois », texte tellement défectueux qu'il suffirait à un État de déclarer illégal le droit de grève pour pouvoir nier le droit d'association.

7° *Travail des étrangers.* — Dans le même article 8 nous demandions l'extension aux travailleurs immigrants de tous les droits reconnus aux ouvriers du pays où ils sont employés, ceux d'association et de coalition compris. La clause 8 du traité ne parle que d'assurer un traitement économique équitable à tous les travailleurs résidant légalement dans le pays. Cette restriction est inacceptable ; elle peut ne viser que les salaires et encore sans assurer l'égalité.

De même nous demandions la suppression en règle générale, des interdictions d'immigrations avec des atténuations à ce principe. Le traité est muet sur ce point.

8° *Minimum de salaire.* — Le traité de paix admet bien (clause 3) le paiement d'un salaire assurant aux travailleurs un niveau de vie convenable. Il ne prévoit aucune des mesures prévues par le programme de Berne (art. 10), pour réaliser l'application d'un salaire minimum.

9° *Revendications diverses.* — La charte du travail ne parle point enfin de nos revendications relatives à l'organisation de la lutte contre le chômage (art. 11) et aux assurances du travail (art. 12) ; l'organisation de l'inspection du travail est insuffisante telle qu'elle est présentée dans la clause 9 et dernière du traité.

Pour ces raisons essentielles, et considérant que les clauses inscrites au traité de paix ne procèdent pas des transformations profondes qui se sont opérées dans le monde ni de l'application de ce principe de justice à l'égard du travail sans lequel une Société des Nations restera inopérante et la paix insuffisamment établie ;

Considérant en outre que les classes ouvrières doivent demeurer maîtresses de leur action revendicatrice ;

La Conférence Internationale d'Amsterdam confirme le programme de Berne et fait obligation à chaque mouvement national de travailler à sa complète et prompte réalisation.

Un débat assez vif fut provoqué par la contre-proposition suivante de *Gompers :*

Le Congrès syndical international déclare que la Charte de Travail qui fait partie du traité de paix ne donne pas l'expression de toutes les revendications de la classe ouvrière et fait appel à toutes les organisations ouvrières pour lutter pour la réalisation rapide du programme ouvrier nouvellement présenté.

Après intervention de *Gompers, Jouhaux* et *Grünwald* (Autriche), la résolution de la Commission fut adoptée par 31 voix contre 18.

La Conférence de Washington

L'Amérique et l'Angleterre firent également des réserves sur la motion suivante, présentée aussi par la deuxième Commission, relative à la participation ouvrière à la Conférence de Washington :

Le Congrès de la Fédération Syndicale Internationale, composé des délégations des Centrales nationales des pays suivants : Amérique, Allemagne, Angleterre, Autriche, Belgique, Danemark, France, Espagne, Hollande, Luxembourg, Norvège, Suède, Suisse, Tchéco-Slovaquie, exprime son regret profond que la Charte du Travail ne réponde presque en aucun point au programme revendicatif élaboré à Berne (février 1919) par les organisations syndicales des principaux pays d'Europe.

Elle reconnaît pourtant que cette Charte peut devenir la base d'une Ligue qui ne sera pas seulement une Ligue des gouvernements, mais aussi une Ligue des peuples.

Pour ces raisons elle déclare vouloir donner sa collaboration à la Conférence qui se tiendra à Washington, sous réserve :

1° Que soient invités et admis à la Conférence les représentants du mouvement syndical de tous les pays, sans aucune exception.

2° Que seront reconnus comme représentants du travail les délégués désignés par les Centrales nationales syndicales adhérentes à la Fédération Syndicale Internationale.

Si ces conditions n'étaient pas acceptées, les Centrales nationales syndicales représentées au présent Congrès devront s'abstenir de participer à la Conférence de Washington.

Le Congrès International d'Amsterdam déclare en outre que le mouvement du travail organisé participant à la Conférence de Washington, ses délégués auront le devoir de lutter énergiquement pour :

1° Que le programme de Berne devienne la Charte du travail ;

2° Que dans les délégations de chaque pays la représentation gouvernementale soit de un membre comme les délégations ouvrière et patronale ;

3° Que les décisions de la Conférence soient valables lorsqu'elles auront été prises à la majorité absolue, c'est-à-dire à la moitié des voix plus une, et non aux deux tiers, comme le réclame la convention comprise dans le traité de paix.

Le Congrès syndical International déclare que cette résolution est applicable à toutes les Centrales nationales représentées à Amsterdam.

La discussion, qui occupa une bonne partie de la dernière séance (samedi 2 août) fut marquée par les interventions de Stuart Bunning (Angleterre), *Gompers* (Amérique), *Dürr* (Suisse), *Besteiro* (Espagne), *Legien* (Allemagne) et Jouhaux (France). Finalement la résolution de la Commission fut adoptée par 29 voix contre 11 (l'Angleterre étant absente).

La Situation Internationale

Après des explications satisfaisantes provoquées par la délégation française sur les huit heures en Allemagne, le Congrès adopta, presque sans débat, les résolutions que présentait *Merrheim*, au nom de la troisième Commission :

La Commission demande au Congrès de condamner le blocus organisé par les gouvernements alliés contre la Russie et la Hongrie en déclarant qu'il est du devoir des Centrales nationales intéressées d'agir dans leur pays respectif pour faire cesser rapidement le blocus.

La Commission considère en outre qu'une des premières tâches du Bureau de l'Internationale Syndicale reconstitué est d'ouvrir une enquête sur le mouvement syndical en Russie, afin que les Centrales syndicales puissent être renseignées et se prononcer ensuite en toute connaissance de cause sur les moyens d'aider le mouvement syndical russe.

L'ACTION DE L'INTERNATIONALE

La Commission demande au Congrès d'exprimer l'opinion que de la situation économique créée par la guerre découle l'impuissance du capitalisme à réorganiser la production de façon à assurer le bien-être des masses populaires.

Reconnaissant le grand travail accompli pour tous les travailleurs en général, et pour les syndiqués en particulier, par l'action syndicale, le Congrès déclare qu'il est indispensable que les efforts et l'action du prolétariat de tous les pays soient dirigés vers le but de socialiser les moyens de production, considérant que les Syndicats sont la condition préalable comme la base de réalisation de la socialisation.

Dans ce but, le Congrès chargera le bureau syndical international de recueillir, et de les tenir constamment à jour, tous les documents de nature à faire connaître les résultats obtenus par la socialisation des moyens de production de telles ou telles industries dans les pays où cette expérience a été réalisée, afin de les communiquer aux Centrales nationales adhérentes.

Mais la Commission demande au Congrès de rappeler à tous, que même les moyens de production socialisés, c'est surtout par une production normale, scientifiquement et progressivement développée que le bien-être général et individuel peut s'obtenir et être garanti à tous et partout. La Commission considère que cette garantie permettra seule de rendre possible et efficace la socialisation.

LA SOCIETE DES NATIONS

Le premier Congrès syndical international tenu à Amsterdam, du 28 juillet au 2 août 1919, déclare que la Ligue des Nations doit être basée sur la volonté et la collaboration de tous les peuples. Les peuples n'auront plus le droit de se faire justice à eux-mêmes.

D'autre part il faut, dans le but de fortifier parmi les peuples le sentiment du droit international, que la Ligue des Nations devienne une communauté juridique, libre de la pression des gouvernements des différents Etats.

La transition à l'état de paix devra se faire par le désarmement universel et la liberté des peuples devra être protégée exclusivement par les organes exécutifs de la Cour internationale.

La Ligue des Nations aura à la fois un pouvoir législatif et juridictionnel qu'il conviendra de ne pas confondre.

Le premier Congrès syndical international des Syndicats exprime la ferme conviction que le corps législatif de la Ligue des Nations soit élu par les nations elles-mêmes.

Que l'activité de la Ligue des Nations ne sera pas restreinte au seul domaine politique, mais qu'elle devra aussi favoriser les relations économiques entre les différents peuples.

La tâche économique de la Ligue des Nations aura pour conséquence de fortifier les forces ouvrières des peuples, de favoriser la protection ouvrière, l'organisation rationnelle et scientifique du travail, la plus grande utilisation possible des ressources naturelles, la répartition internationale des matières premières par le règlement des payements et du trafic international.

C'est pour les motifs que nous venons d'énoncer que le Congrès syndical international déclare que si la classe ouvrière veut empêcher que la Ligue des Nations ne devienne un centre de réaction et d'oppression elle devra s'organiser internationalement et arriver ainsi à un pouvoir tel qu'elle devienne un organe de contrôle efficace de cette Ligue.

La clôture du Congrès

L'ordre du jour soumis au Congrès était épuisé. Ses travaux furent déclarés clos après les discours de clôture de *Gompers*, des délégations scandinave et hollandaise, de Dürr, de Legien et d'Oudegeest.

Quelques mots suffisent à apprécier l'œuvre réalisée à Amsterdam.

Si elle n'a pas réalisé toutes les espérances de l'organisation française, ces réserves ne peuvent pas faire oublier l'importance considérable du fait que l'Internationale des travailleurs est reconstituée.

Une Entente Syndicale franco-belge

Depuis de longues années, des discussions s'élevaient entre les ouvriers belges venant chaque jour travailler en France et les Syndicats français rapprochés de la frontière ; la plupart de ces travailleurs n'étant syndiqués ni en France, ni en Belgique, d'autres syndiqués dans leur pays d'origine se désintéressaient complètement de l'action engagée contre leurs patrons.

Au cours d'une réunion qui se tint le 19 juillet à la Bourse du Travail de Lille, un accord a pu s'établir entre délégués des organismes centraux et fédéraux français et belges sur les bases suivantes :

1° Les groupements français sont seuls responsables de l'action engagée dans l'étendue de leur région.

Seuls ils peuvent déterminer la forme de propagande qui leur convient, dresser des cahiers de revendications à présenter au patronat, décider des ordres de cessation ou de reprise du travail.

Les organisations belges, sur la demande des groupements français, aideront dans la préparation de ces mouvements.

2° Les Syndicats français n'accepteront dans leur sein que des ouvriers belges à jour de leur cotisation en·Belgique et qui continueront à payer cette cotisation.

3° En réciprocité, les ouvriers belges résidant en Belgique et travaillant en France devront adhérer aux Syndicats français et se conformer à leur règlement, pour ce qui a trait à la tactique, à l'administration, à la cotisation, etc.

4° A leur rentrée en Belgique, les ouvriers belges ne seront considérés comme anciens syndiqués et n'auront leurs droits statutaires sans restrictions que s'ils peuvent faire la preuve qu'ils ont rempli leurs obligations auprès des organismes confédérés français, pendant la période qu'ils ont travaillé en France.

5° Ces obligations ne sont pas imposées aux ouvriers belges qui résident en France.

Statuts
de la Confédération Générale
du Travail

Modifiés par le Comité Confédéral National
des 15 au 17 décembre 1918

CHAPITRE PREMIER

But et Constitution

ARTICLE PREMIER

La Confédération Générale du Travail, régie par les présents Statuts, a pour but :

1° Le groupement des salariés pour la défense de leurs intérêts moraux et matériels, économiques et professionnels ;

2° Elle groupe, en dehors de toute école politique, tous les travailleurs conscients de la lutte à mener pour la disparition du Salariat et du Patronat.

Nul ne peut se servir de son titre de Confédéré ou d'une fonction de la Confédération dans un acte électoral politique quelconque.

ARTICLE 2

La Confédération Générale du Travail est constituée par :

1° Les Fédérations nationales d'industrie ;

2° Les Unions départementales de Syndicats divers.

ARTICLE 3

Nul Syndicat ne pourra faire partie de la Confédération Générale du Travail s'il n'est fédéré nationalement et adhérent à l'Union départementale de Syndicats divers de son département.

L'abonnement à la revue confédérale *La Voix du Peuple* est obligatoire pour les Unions, les Fédérations et les Syndicats.

CHAPITRE II

Administration

ARTICLE 4

La Confédération Générale du Travail est administrée par un Comité National.

Chaque organisation adhérente sera représentée à ce Comité.

Ces délégués devront être nommés pour deux ans, d'un Congrès Confédéral à l'autre et être dans la mesure du possible les secrétaires des Fédérations et Unions départementales, ou à leur défaut membres des bureaux. Ces délégués pourront être relevés de leur mandat sur décision motivée de l'organisation qui les mandate.

Ils devront remplir les conditions stipulées à l'article 3 et être confédérés depuis au moins trois ans à partir de la constitution de l'Union départementale ou de la Fédération.

Les délégués des Unions devront toujours résider dans le département qu'ils représentent.

ARTICLE 5

Le Comité National nomme dans son sein une Commission de contrôle de six membres, et une Commission administrative de trente membres choisis parmi les délégués du Conseil national résidant dans les départements de Seine, Seine-et-Oise et Seine-et-Marne.

ARTICLE 6

Tout différend ou conflit qui s'élèverait :

1° Entre Syndicats ou entre Syndicat et une ou plusieurs Fédérations ou Unions départementales ;

2° Entre Fédération et Union départementale ;

3° Entre diverses Fédérations ou Unions départementales, sera examiné et tranché par voie d'arbitrage.

A cet effet, au sein de la Commission administrative, une sous-commission de dix membres sera désignée, permettant aux parties en conflit de choisir chacune deux représentants arbitres respectifs.

La Commission administrative choisira un tiers-arbitre pour connaître et rapporter le conflit.

Les conclusions établies pour chacun des différends seront soumises pour examen ou modification à l'approbation de la Commission administrative qui, ainsi adoptée, deviendrait la règle pour les parties intéressées.

Si l'une ou les parties intéressées n'acceptaient pas ces conclusions, elles pourraient faire appel de leur cas devant le Conseil National.

Cet appel pour tous différends ne s'établira que par écrit.

Commission de Contrôle

ARTICLE 7

La Commission de contrôle est composée de six membres désignés par le C. N. C.

Elle nomme son secrétaire chargé de la convoquer et de rédiger les procès-verbaux.

ARTICLE 8

La Commission de contrôle a pour objet de veiller à la bonne gestion financière des divers services de la Confédération.

Les résultats de ses opérations sont consignés dans un rapport d'ensemble qui est soumis au C. N. C. et publié dans le journal de la Confédération.

Comité National

ARTICLE 9

Le Comité National est formé par la réunion des délégués des Fédérations nationales et des Unions départementales. Il se réunit trois fois chaque année en mars, juillet et novembre, et extraordinairement sur convocation de la C. A. et du bureau.

Il est l'exécuteur des décisions des Congrès nationaux. Il intervient dans tous les événements de la vie ouvrière et se prononce sur tous les points d'ordre général.

ARTICLE 10

Étant donné que tous les éléments qui constituent la Confédération doivent se tenir en dehors de toute école politique, les discussions, les conférences, causeries organisées par le Comité confédéral ne peuvent porter que sur des points d'ordre économique ou d'éducation syndicale et scientifique.

Bureau

ARTICLE 11

Le Bureau de la Confédération nommé par le Comité National, et après chaque Congrès confédéral est composé d'un Secrétaire général, de trois Secrétaires-adjoints, d'un Trésorier.

Le Secrétaire général a la responsabilité du travail à accomplir au Bureau confédéral.

Tous les Secrétaires-adjoints collaborent au même titre à l'activité confédérale.

•Ils devront cependant s'intéresser particulièrement, et chacun d'eux :

1° De ce qui a trait aux relations des Fédérations et de la C. G. T. ;

2° Des rapports entre les U. D. et la C. G. T. ; de la statistique et de la documentation fournies par les rapports trimestriels adressés aux Unions. De dresser un état de la vie nationale industrielle.

3° De la préparation, classification et rédaction, de tout ce qui a trait à la Revue mensuelle confédérale : *La Voix du Peuple.*

Les appointements des membres du bureau sont fixés par le Comité National.

Les employés, traducteur et sténographes occupés au Bureau confédéral ne font partie ni de la C. A., ni du bureau.

ARTICLE 12

Les membres du bureau sont élus et révocables par le Comité National. Ils sont rééligibles.

Quand un membre du C. N. sera nommé membre du Bureau confédéral, il sera pourvu à son remplacement au C. N. par l'organisation qu'il représentait.

Les fonctionnaires confédéraux ne pourront faire acte de candidat à une fonction politique. Leur acte de candidature impliquera leur démission du Bureau confédéral.

Le Bureau confédéral avisera les organisations adhérentes au moins un mois avant ce renouvellement, afin qu'elles puissent se réunir et désigner les candidats pour que les noms de ceux-ci puissent être publiés quinze jours avant l'élection.

Les membres du bureau devront être choisis parmi les membres du Comité National, ou leurs suppléants.

ARTICLE 13

Les appointements des employés, les frais de délégation des délégués confédéraux en province seront fixés par la C. A.

Les membres du Bureau, ou les délégués des Unions et Fédérations pourpont être envoyés en délégation au nom de la C. G. T. par la C. A. et, en cas d'urgence absolue, par le Bureau confédéral.

La date et les motifs nécessitant ces délégations seront consignés sur un registre spécial, qui indiquera également, avec les noms des organisations visitées, les noms et organisations des délégués de la C. G. T.

CHAPITRE III

Cotisations

ARTICLE 14

Pour permettre à la Confédération Générale du Travail d'assurer ses divers services, les organisations confédérées sont tenues de verser des cotisations comme suit, représentées par des timbres mobiles,

1° Unions départementales et Fédérations d'industrie ; vingt francs par mille membres et par mois ;

2° Syndicats isolés : vingt centimes par membre et par mois.

ARTICLE 15

Les Fédérations et Unions départementales devront adresser régulièrement leurs rapports financiers au Bureau confédéral, dans le but de faciliter le contrôle des cotisations payées par chaque organisation.

ARTICLE 16

Un prélèvement de 15 % sera opéré sur les cotisations confédérales pour assurer le fonctionnement du viaticum, régi par un règlement spécial.

CHAPITRE IV

Règlement intérieur

ARTICLE 17

Seules, les organisations remplissant les conditions prescrites à l'article 3 des présents Statuts auront droit à la marque distinctive appelée Label confédéral.

ARTICLE 18

Toute organisation qui en mars de chaque année n'aurait pas demandé de timbres au Bureau confédéral, sera considérée comme démissionnaire, après lettre-avis restée sans effet et décision prise par le Comité National Confédéral.

La carte confédérale et le double timbre sont obligatoires et doivent être délivrés par tous les Syndicats confédérés à leurs adhérents.

ARTICLE 19

Pour tous les cas autres que ceux prévus à l'article précédent, la radiation ne pourra être prononcée que par un Congrès. Toutefois, dans une circonstance grave, le Comité National Confédéral peut prononcer la suspension de l'organisation incriminée jusqu'au Congrès suivant, qui prononcera définitivement.

Les cotisations versées par les organisations démissionnaires ou radiées resteront acquises à la Confédération.

ARTICLE 20

Les délégués au Comité National Confédéral sont tenus d'assister régulièrement aux séances pour lesquelles ils sont convoqués, dans l'intérêt même des organisations qu'ils représentent.

Lorsqu'un délégué aura manqué à une réunion du Comité National sans excuse, le Bureau s'informera des raisons de cette absence auprès de l'organisation intéressée.

Les procès-verbaux de chacune des séances du Comité National donneront les noms des organisations représentées, excusées et absentes.

La revue *La Voix du Peuple* donnera un compte rendu analytique de ces réunions.

Les délégués ne sont tenus de rendre compte des discussions des divers comités qu'à leurs mandants.

CHAPITRE V

Congrès et divers

ARTICLE 21

La Confédération organise vers le mois de septembre, tous les deux ans, un Congrès National du Travail, auquel sont invitées à prendre part les organisations adhérentes à la Confédération.

L'ordre du jour de ces Congrès sera établi par les soins du Comité confédéral et adressé au moins deux mois à l'avance, aux organisations confédérées après les avoir consultées.

Le Comité National Confédéral peut déléguer partie de ses pouvoirs aux organisations confédérées ayant leur siège dans la ville où se tiendra le Congrès, sous réserve qu'il se sera assuré que les villes possèdent les éléments nécessaires.

Ne pourront assister au Congrès que les organisations ayant rempli leurs obligations envers la Confédération Générale du Travail, c'est-à-dire seront adhérents à la Fédération nationale de leur industrie, à leur Union départementale et abonnés à la revue *La Voix du Peuple*.

N'ont voix délibérative au Congrès que les unités syndicales ; les Fédérations et Unions ont voix consultative.

ARTICLE 22

La Confédération Générale du Travail préparera pour chaque Congrès des rapports moraux et financier sur sa gestion, qui seront soumis à l'approbation du Congrès.

ARTICLE 23

Le compte rendu du Congrès sera publié sous la responsabilité de la Confédération Générale du Travail.

Un duplicata de la minute sténographique, les rapports des organisations et des Commissions, ainsi que les propositions déposées sur le Bureau seront versés aux archives de la Confédération.

ARTICLE 24

Chaque organisation représentée au Congrès n'aura droit qu'à une voix, chaque délégué ne pourra représenter que dix Syndicats au maximum.

Les mandats arrivés au Congrès après le premier jour seront déclarés nuls. Un règlement spécial des Congrès fixera les autres détails d'organisation.

ARTICLE 25

Les Unions départementales et les Fédérations pourront tenir des Conférences particulières après chaque Congrès et Comités Nationaux.
L'ordre du jour de ces Conférences sera établi par le Comité National.

ARTICLE 26

La C. G. T. est adhérente au Secrétariat International Syndical.

ARTICLE 27

La Confédération Générale du Travail, basée sur le principe du fédéralisme et de la liberté, assure et respecte la complète autonomie des organisations qui se seront conformées aux présents statuts.

ARTICLE 28

Le siège social de la Confédération Générale du Travail est fixé à Paris, 33, rue de la Grange-aux-Belles.

ARTICLE 29

Les présents Statuts ne peuvent être modifiés que par un Congrès, à condition que le texte des propositions de modifications ait été publié dans l'ordre du jour de ce Congrès.

ARTICLE 30

Les présents Statuts, modifiés par les Congrès d'Amiens 1906, de Marseille 1908, du Havre 1912 et Paris 1918, et le Comité National de décembre 1918 sont en vigueur depuis le 1er janvier 1903.

Statuts
de l'Internationale Syndicale
Adoptés au Congrès d'Amsterdam
— AOUT 1919 —

ORGANISATION

Les Centres nationaux des Syndicats se groupent en Union Syndicale Internationale, où l'autonomie du mouvement ouvrier de chaque pays reste garantie.

SIEGE

Le siège de l'Union Syndicale Internationale sera désigné par le Congrès international.

CONSTITUTION

L'U. S. I. se compose des Centrales nationales des différents pays.
Une seule Centrale nationale syndicale de chaque pays sera admise à l'U.S.I.
Toutes les controverses relatives à l'affiliation seront examinées par le Bureau et le Congrès biennal de l'U. S. I.
N.-B. — Dans les pays où il existe plusieurs Centrales nationales, celle-ci devront avoir fusionné pour le prochain Congrès qui n'admettra qu'une seule Centrale par pays.

BUTS DE LA FEDERATION

Les buts à poursuivre par l'U. S. I. sont :
1° De soutenir les intérêts et de seconder les efforts des organisations affiliées sur le terrain syndical national et international ;
2° D'encourager le mouvement syndical national et international des pays non affiliés ;
3° De diriger l'action combinée sur toutes les questions d'un intérêt syndical commun ;
4° De protéger les travailleurs en lutte contre les briseurs de grève d'autres pays ;
5° De réunir les fonds pour réaliser les buts énoncés ci-dessus et tous les autres objets indiqués par les Statuts.

DIRECTION

La direction de l'U. S. I. est constituée par le Bureau, le Comité de Direction, ainsi que par le Congrès biennal :
1° Le Bureau se compose du président, d'un premier et d'un second vice-présidents, d'un trésorier et d'un secrétaire-rédacteur, pris, autant que possible, parmi les membres de différentes nations ;
2° D'autres vice-présidents seront nommés pour chaque groupe de nation et adjoints au Bureau dans le but de former le Comité de Direction. Le Bureau et le Comité de Direction seront nommés par le Congrès et resteront en fonctions (sauf les cas de force majeure et de mauvaise conduite) jusqu'au Congrès suivant.
Chaque délégué présent au premier Congrès sera éligible à n'importe quelle

fonction au sein du Bureau ou du Comité de Direction, pour toute tâche spéciale décidée éventuellement par le Congrès, mais il sera tenu compte des revendications spéciales des nationalités affiliées, groupées comme suit :

1. Etats-Unis ; 2. Etats de l'Amérique centrale et du Sud ; 3. Grande-Bretagne et colonies ; 4. France, Belgique, Luxembourg ; 5. Italie, Espagne, Portugal ; 6. Allemagne, Autriche et Suisse ; 7. Russie et provinces baltiques ; 8. Bohême, Pologne et Yougo-Slavie ; 9. Hongrie, Grèce et Etats balkaniques ; 10. Danemark, Norvège, Suède, Finlande et Pays-Bas.

Dans le cas où un membre, soit du Bureau, soit du Comité de Direction, serait empêché d'assister à la réunion du Bureau ou du Comité général, la Centrale nationale dont il est membre aura le droit de nommer un suppléant ; toutefois, ledit suppléant ne pourra assumer les fonctions ni de président, ni de trésorier, ni de secrétaire, à moins du vote unanime des autres membres du Comité.

Dans le cas où un suppléant n'aurait pas été élu pour une des fonctions mentionnées, le Comité élira lui-même parmi ceux qui auront été dûment délégués des occupants temporaires pour les fonctions de président, de trésorier et de secrétaire.

LE CONGRES (Réunion)

Le Congrès réglementaire de l'U. S. I. aura lieu tous les deux ans et, si possible, en automne.

Le Bureau fixera la date, le lieu et l'ordre du jour du Congrès dans le cas où ceux-ci n'auraient pas été arrêtés au Congrès précédent.

Le secrétaire annoncera à toutes les Centrales syndicales la date, le lieu provisoire du Congrès biennal, au moins six mois avant le commencement de celui-ci. Toutes les propositions accompagnées éventuellement d'explications, devront être envoyées au secrétaire au plus tard trois mois avant la réunion du Congrès.

Un vote aura lieu si un tiers des membres du Congrès le proposent. Il sera décidé sur les propositions à la simple majorité de voix ; dans le cas où les voix seraient partagées, la proposition sera considérée comme ayant été rejetée.

Les amendements présentés après la réunion du Congrès ou au cours des discussions pourront seulement être considérés avec le consentement de deux tiers des membres présents. Des Congrès extraordinaires pourront être convoqués sur la décision du Bureau, appuyé par une majorité des deux tiers du Comité de Direction et confirmée par au moins la moitié des Centrales Nationales. Les votes desdites Centrales seront recueillis télégraphiquement.

LE CONGRES (Composition)

Le Congrès de l'Union Internationale des Syndicats se composera du Comité de Direction et des représentants des Centrales Nationales affiliées.

Tous les représentants des Centrales Nationales devront être domiciliés et organisés dans les pays représentés par eux.

Chaque organisation nationale affiliée a le droit d'envoyer à la Conférence un délégué aux frais de l'Union Internationale des Syndicats ouvriers.

Chaque Centrale Nationale affiliée peut, à ses propres frais, envoyer des délégués additionnels.

LE CONGRES (Représentation)

Chaque Centrale Nationale représentée au Congrès aura droit à une voix pour 250.000 membres, deux voix jusqu'à 500.000, trois voix jusqu'à un million de membres et une voix pour chaque demi-million d'adhérents en plus (1).

Les mandats de tous les délégués assistant à la Conférence seront examinés par le Comité exécutif avant l'ouverture de la Conférence et les résultats à ce sujet seront annoncés à la Conférence avant de passer à l'ordre du jour.

LE CONGRES (Ses devoirs)

Le Congrès nommera tous les fonctionnaires de l'U. S. I.

Ces nominations auront lieu au scrutin écrit et secret. Le candidat obtenant la majorité des voix sera déclaré élu. Si, au premier scrutin, aucun candidat n'avait une majorité absolue, un second tour de scrutin aura lieu entre les trois candidats ayant obtenu le plus grand nombre de voix. Si, alors, aucun candidat n'a encore de majorité absolue, un troisième tour de scrutin aura lieu entre les deux candidats ayant recueilli le plus grand nombre de voix au second tour de scrutin, publiées entre les Congrès bisannuels, et elle examinera la situation financière après que les comptes auront été dûment vérifiés par une Commission.

Le Congrès élira une Commission de trois membres pour examiner dûment les livres et comptes de l'Union.

La Conférence pourvoira à :

L'examen de toutes les propositions soumises ;

L'élection du Bureau, ainsi que du Comité de Direction ;

La fixation du taux de cotisation pour la prochaine période financière qui embrassera l'espace de temps s'écoulant entre deux Conférences bisannuelles.

Le Congrès a seul qualité pour trancher toutes les questions, tant de principe, que de tactique qui relèvent du domaine syndical, sauf dans les cas exceptionnels.

LE BUREAU ET LE COMITE DE DIRECTION

Le président de la Fédération présidera toutes les réunions du Comité exécutif, du Comité Directeur et de la Conférence. De concert avec le Bureau, il dirigera les affaires de l'Union Internationale des Syndicats et il sera responsable envers la Conférence pour les faits et gestes des fonctionnaires, délégués et employés de la Fédération. Aux réunions du Bureau et du Comité de Direction, c'est la voix du président qui décidera en dernière instance s'il a pris part au vote.

Le premier vice-président sera le représentant et le suppléant du président. Il pourvoira, en outre, à :

a) La propagande pour l'extension de l'Union Internationale des Syndicats.

b) La propagande pour favoriser le mouvement tant national qu'international dans les pays non affiliés.

Le second vice-président représentera ou suppléera le premier vice-président. Il pourvoira en outre :

a) A la préparation des revendications sociales et économiques de la Fédération Syndicale Internationale ;

b) Aux travaux préliminaires relatifs aux difficultés intérieures du mouvement.

Le trésorier aura charge de toutes les dépenses. Il signera tous les chèques et papiers relatifs aux paiement effectués et sera tenu pour responsable de tous les comptes de l'administration de la Fédération. Il élaborera toutes les sta-

(1) Disposition adoptée par le Congrès : le texte écrit de l'amendement n'a pas été communiqué.

tistiques désirées par la Fédération. Il recevra toutes les demandes de secours pécuniaires et contrôlera le résultat des dites demandes.

Le secrétaire-rédacteur sera chargé de la gestion de l'office de l'Union Internationale des Syndicats et il sera responsable de la direction du Bureau des traductions.

Il couchera par écrit les procès-verbaux de toutes les réunions et Conférences qu'il soumettra au Comité de Direction, ainsi qu'aux Centrales Nationales. Le président, ou celui qui. le représentera, signera ces procès-verbaux.

Il aura le soin de la publication d'un organe périodique ainsi que de la rédaction d'autres publications émanant de l'Union Internationale des Syndicats.

Le Bureau se réunira une fois par mois au siège social de l'Union Internationale des Syndicats. A la dite réunion, les rapports sur l'activité des Centrales affiliées et, éventuellement, l'action projetée par celles-ci, seront mises à l'étude.

La copie des procès-verbaux des réunions, de même que les rapports présentés par les membres du Bureau seront expédiés le plus tôt possible au Comité.

Le Bureau a qualité pour nommer des délégués aux fonctions syndicales des divers pays ou pour charger ceux-ci du mouvement syndical dans les pays affiliés ou non-affiliés.

A la demande d'une Centrale Nationale, le Bureau mettra un de ses membres à la disposition de cette Centrale dans le cas où elle en aurait besoin dans l'intérêt du mouvement syndical et où elle serait disposée à restituer au Bureau les frais occasionnés de ce chef.

Le Comité de Direction se réunira deux fois par an.

Le Bureau fixera la date, le lieu et l'ordre du jour provisoire de ces réunions en tenant compte des moyens de communication disponibles ainsi que d'autres difficultés.

Les convocations ou réunions du Comité de Direction devront être envoyées aux membres au moins un mois avant ces réunions.

Le Bureau, ainsi que le Comité de Direction seront remboursés de leurs frais de voyage.

DEVOIRS SPECIAUX DU COMITE DE DIRECTION

Les membres du Comité de Direction auront pour devoir :

a) De favoriser les buts de l'Union Internationale des Syndicats, spécialement dans leur propre pays et les pays limitrophes ;

b) De représenter l'Union Internationale des Syndicats dans le cas d'actions individuelles dans leur propre pays ;

c) D'aider le Bureau à réunir des matériaux devant servir les buts de l'Union Syndicale Internationale, en ce qui concerne les demandes de secours, en vue de la propagande dans les pays où celle-ci est mal organisée ou d'une façon défectueuse ;

d) De prêter sa collaboration pour l'examen des moyens pécuniaires, ainsi que de l'activité du Bureau depuis la dernière réunion et du programme d'action pour le semestre suivant ;

e) D'examiner toutes les propositions délaissées par le Bureau et de régler tous les différends non solutionnés ;

f) D'examiner toutes les plaintes et toutes les propositions nouvelles ;

g) De préparer l'ordre du jour de la Conférence réglementaire ;

h) De se prononcer sur l'admission ou la non-admission de Centrales Nationales en attendant la consécration de ses décisions par la prochaine Conférence ;

i) De prendre des décisions à l'égard de demandes spéciales de secours pécuniaires, d'accord avec la proposition du Bureau ;

j) D'élaborer la gestion financière pour le semestre suivant.

Une copie au moins du procès-verbal de la réunion devra être envoyée dans le plus bref délai à toutes les Centrales Nationales.

Tout ce qui concerne l'activité et les décisions du Bureau et du Comité de Direction, sera porté à la connaissance des Centrales Nationales et soumis à l'approbation de la Conférence bisannuelle.

AFFILIATION, DÉMISSION ET EXCLUSION

Une Centrale Syndicale Nationale seulement de chaque pays sera admise à l'Union Internationale.

C'est la Conférence Internationale des Syndicats qui se prononcera en dernier ressort, sur toutes les questions d'affiliation.

La démission comme membre de l'Union Syndicale Internationale ne pourra avoir lieu qu'à la fin d'une période courante après un avertissement préalable de six mois au Bureau.

Les Centrales Nationales étant en retard de plus de deux années de cotisations, . pourront être suspendues comme membres par le Bureau jusqu'à la réunion de la prochaine Conférence.

Toute Centrale Nationale pourra être exclue de la Fédération Internationale pour cotisations arriérées, pour grave infraction aux règlements ou pour hostilité constante envers une autre. C'est la Conférence bisannuelle qui pourra prononcer l'expulsion.

PROGRAMME

Les moyens pour réaliser les buts de la Fédération Internationale seront :

a) L'échange de toutes les informations et expériences acquises intéressant le mouvement, des publications officielles et des Conférences ;

b) L'élaboration de statistiques sur une base uniforme ;

c) Les secours réciproques lors d'un conflit ;

d) La propagande syndicale dans les pays affiliés, lorsque celle-ci est proposée par la Centrale Nationale d'un pays déterminé ;

e) Le règlement de différends au sein du mouvement ;

f) L'extension du mouvement syndical dans les pays non-affiliés pour autant que cela sera possible ;

g) La collection des matériaux sur la législation sociale et économique de tous les pays ;

h) Le règlement de l'émigration et l'immigration dans l'intérêt des Unions syndicales ;

i) L'établissement des conventions pour favoriser l'indépendance de mouvement des membres affiliés et destinées à régler l'échange de personnes entre les différentes organisations ;

j) La publication d'un Revue Internationale.

Les membres du Bureau qui auraient persisté à manquer gravement à leur devoir pourront être suspendus de leurs fonctions jusqu'au prochain Congrès à une séance du Comité convoqué spécialement pour traiter cet objet.

Quand des membres rétribués du Comité ne sont pas réélus à la Conférence régulière, ils ont droit au salaire précédent pour une nouvelle année, cependant le Comité peut exiger que pendant ce temps ils exécutent les travaux donnés par le Comité pour l'U. S. I. et correspondant à leur ancienne activité.

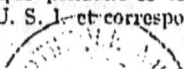

RAPPORT FINANCIER

du

=== 1er Juin 1914 ===

au

=== 31 Mai 1919 ===

Fédérations Nationales.
Timbres pris pendant les années 1914 à 1918.

Désignation	1914	1915	1916	1917	1918
Agricoles du Midi	16.000	"	2.000	7.000	9.000
Alimentation	30.250	3.400	6.500	18.000	30.900
Allumettiers	15.000	20.000	10.000	10.000	8.000
Ameublement	40.000	"	"	545	11.000
Bâtiment	300.000	"	37.000	120.000	170.500
Bijouterie-Orfèvrerie	13.000	1.000	2.000	4.500	8.000
Blanchisseurs	740	"	50	1.500	1.600
Brossiers-Tabletiers	10.000	1.000	480	2.000	13.400
Bûcherons	25.000	"	"	300	15
Céramique	18.490	3.000	6.000	7.000	14.500
Chapellerie	30.000	10.000	12.000	15.000	12.000
Chemins de fer	187.673	130.500	320.000	958.000	1.850.000
Coiffeurs	8.000	1.800	4.700	4.000	5.100
Cuirs et Peaux	60.000	1.000	23.300	46.600	110.000
Dessinateurs	1.400	"	"	"	770
Éclairage	87.500	34.500	42.000	47.500	69.700
Employés	55.100	10.500	9.000	27.700	41.300
Guerre (Magasins)	8.000	"	"	5.000	35.000
Guerre (Pers. Civil)	94.000	12.000	104.450	237.600	414.570
Habillement	23.200	6.700	30.600	119.440	215.500
Horticoles	2.000	100	300	700	500
Instituteurs	31.500	7.300	7.450	8.000	10.100
Lithographes-Papetiers	14.700	500	5.000	24.000	24.000
Livre	99.000	10.000	11.000	9.000	22.000
Maréchalerie	3.000	"	"	"	1.000
Marine et État	80.000	33.000	27.000	114.650	169.200
Synd. Maritimes	34.950	6.000	6.700	9.900	40.300
Métaux	175.000	13.000	62.000	620.000	1.257.000
Ports et Docks	81.000	17.000	10.000	17.000	51.000
Ouvriers des P.T.T.	75.700	35.000	45.000	44.000	46.000
Sous-Agents des P.T.T.	26.000	16.000	17.400	28.500	56.000
à Reporter	1.646.203	373.300	801.930	2.504.405	4.697.955

Fédérations Nationales (Suite).

Désignation	1914	1915	1916	1917	1918
Report	1.646.203	373.300	801.930	2.504.405	4.697.955
Poudreries-Raffineries	30.000	"	10.000	49.700	177.000
Préparat.en Pharmacie	3.000	"	800	3.000	1.500
Produits Chimiques	6.050	100	200	13.500	49.660
Sciage Mécanique	3.000	500	500	2.500	6.100
Service de Santé	40.950	16.850	24.000	31.000	74.000
Sous-Sol	92.000	45.300	57.600	125.200	362.000
Spectacle	7.000	"	"	3.000	8.000
Tabacs	96.000	"	"	"	108.600
Teinturiers-Dégraisseurs	1.635	1.200	460	2.200	1.520
Teinturiers-Apprêt.(Suisieanté)	6.000	1.500	"	"	"
Textile	315.650	8.000	29.000	84.000	220.000
Tonneau	12.000	500	2.000	2.500	8.000
Transports	171.000	4.000	26.000	52.200	106.240
Travailleurs Municip.ux	108.000	48.000	51.500	53.000	83.000
Vernis	15.000	"	500	615	14.405
Vignerons de la Marne	6.000	500	"	500	"
Voiture	5.500	"	1.000	29.900	59.500
Synd.des Monnaies et Médailles	2.635	"	"	1.400	2.801
Totaux	2.567.613	499.750	1.005.490	2.958.620	5.985.281

Unions Départementales.
Timbres pris pendant les Années 1914 à 1918.

Désignation	1914	1915	1916	1917	1918
Ain	6.000	"	"	3.300	12.800
Aisne	4.500	"	"	"	600
Alger	8.000	"	"	20.000	50.000
Allier	15.000	"	5.000	17.500	60.000
Alpes (Basses)	"	"	"	"	1.470
Alpes (Hautes)	"	"	"	209	4.544
Alpes Maritimes	12.150	"	14	812	6.615
Ardennes	14.000	"	"	"	1.150
Aube	14.000	"	1.000	19.000	47.000
Aude	12.000	"	4.500	6.000	15.000
Aveyron	6.000	4.000	4.330	31.080	80.000
Bouches-du-Rhône	58.200	"	10.000	45.500	150.000
Calvados	9.000	5.000	6.500	25.000	40.000
Cantal	7.000	"	1.000	4.000	15.500
Charente	10.000	1.500	5.911	28.000	72.500
Charente-Inférieure	13.000	8.000	16.250	31.300	50.000
Cher	40.000	"	10.000	55.000	134.600
Constantine	8.000	6.000	14.000	14.430	22.500
Corrèze	"	"	"	22.857	40.000
Corse	430	"	"	"	"
Côte d'Or	9.000	5.000	6.000	37.050	96.500
Côtes-du-Nord	2.000	1.000	"	2.200	10.500
Creuse	3.000	"	400	2.556	9.289
Dordogne	6.000	1.300	12.000	29.000	55.714
Doubs	10.000	"	250	1.644	92.119
Drôme-Ardèche	13.000	1.500	6.000	21.600	68.000
Eure	5.925	715	2.000	10.570	30.150
Eure-et-Loir	3.500	525	5.552	13.000	27.000
Finistère	24.000	2.000	2.000	27.000	56.000
Gard	13.000	3.000	1.000	18.922	50.070
à Reporter	324.705	39.540	111.707	487.530	1.299.621

Unions Départementales. (Suite)

Désignation	1914	1915	1916	1917	1918
Report	321.705	39.540	111.707	487.530	1.299.621
Garonne (Haute-)	24.000	2.860	6.288	35.000	190.200
Gers	2.000	"	"	"	"
Gironde	45.500	20.250	37.500	85.000	140.000
Guadeloupe	"	"	"	2.000	"
Hérault	15.000	4.285	11.000	18.000	40.000
Ile-et-Vilaine	60.000	8.000	50.000	95.000	145.000
Indre	11.500	1.000	3.000	4.100	18.000
Indre-et-Loire	15.000	6.300	20.357	60.000	100.000
Isère	28.175	"	4.500	43.000	120.000
Jura	14.000	"	200	391	20.066
Landes	"	"	"	"	3.425
Loire	42.000	11.100	29.000	145.000	200.000
Loir-et-Cher	2.000	"	"	500	8.000
Loire Inférieure	50.217	4.000	24.700	90.500	130.000
Loiret	12.660	1.843	8.435	26.000	49.000
Lot	1.000	"	"	3.160	6.480
Lot-et-Garonne	7.000	"	"	4.500	17.000
Lozère	"	"	"	"	140
Maine-et-Loire	30.000	"	"	18.500	42.000
Manche	11.435	8.560	9.070	27.642	46.000
Marne	19.000	3.000	3.500	13.000	32.000
Haute-Marne	2.000	"	"	"	37.000
Mayenne	10.000	2.000	6.300	9.150	16.100
Meurthe-et-Moselle	7.000	"	715	8.000	37.145
Meuse	1.000	"	"	"	1.485
Morbihan	30.000	4.000	5.000	19.000	35.000
Nièvre	15.000	"	"	35.000	70.000
Nord	430.000	500	17.000	13.000	38.000
Oise	2.000	"	"	"	41.158
Orne	5.000	1.750	5.000	14.000	34.000
Pas-de-Calais	27.850	"	40	6.150	54.308
Puy-de-Dôme	10.000	1.000	6.000	25.750	65.000
à Reporter	1.252.042	119.988	359.312	1.286.873	3.036.128

Désignation	1914	1915	1916	1917	1918
Report	1.252.042	119.988	359.312	1.286.873	3.036.128
Pyrénées (Basses)	5.365	"	"	210	40.000
Pyrénées (Hautes)	10.000	2.285	3.572	10.000	35.957
Pyrénées Orientales	6.000	1.000	2.000	2.000	13.000
Rhin (Haut)	4.290	200	"	"	70.000
Rhône	110.870	4.000	35.000	107.500	220.000
Saône (Haute)	"	"	"	"	5.500
Saône-et-Loire	13.000	"	4.000	35.714	90.000
Sarthe	10.000	5.250	9.000	24.000	54.000
Savoie	2.500	250	350	7.100	23.000
Savoie (Haute)	4.000	300	1.500	1.500	8.000
Seine	628.825	165.000	325.000	738.750	1.300.000
Seine-et-Marne	8.000	"	"	1.200	17.700
Seine-et-Oise	61.221	"	8.500	79.500	170.000
Seine-Inférieure	71.000	5.255	35.000	151.700	287.300
Sèvres (Deux)	5.000	1.500	2.000	12.000	15.500
Somme	10.000	"	7.143	15.143	41.000
Tarn	30.000	750	7.550	65.000	94.000
Tarn-et-Garonne	2.500	"	"	2.142	11.568
Tunisie	"	"	"	"	4.000
Var	30.000	7.000	3.000	38.000	82.000
Vaucluse	4.000	"	2.000	7.000	24.000
Vendée	1.000	204	750	4.350	10.000
Vienne	10.000	7.000	9.000	20.100	45.000
Vienne (Haute)	44.500	"	13.600	21.000	45.000
Vosges	5.840	"	"	"	1.630
Yonne	12.000	700	1.310	6.000	24.000
Totaux	2.371.453	320.682	829.587	2.636.782	5.768.283

Rapport financier de la Caisse Centrale.

1° Recettes du 1ᵉʳ Juin 1914 au 31 Mai 1918.

Prélèvements pour léviaticum	Timbres		Cartes Confédérales	Brochures	Labels	Souscriptions	Divers.	Totaux
	Fédérations.	Unions des Syndicats						
2.304,10	83.629,30	53.466,15	116.291,90	997,45	96,45	8.466,55	5.803,00	271.054,90

2° Dépenses du 1ᵉʳ Juin 1914 au 31 Mai 1918.

Correspondance	Impressions	Frais de Bureau	Délégations	Appointements	Cotisations.	Loyers	Divers	Expéditions	Totaux
1.904,65	131.120,30	3.028,80	25.509,35	41.770,00	6.961,15	250,00	21.380,75	648,45	232.543,45

Bilan de la Caisse Centrale
du 1er Juin 1914 au 31 Mai 1918.

Recettes.		Dépenses.	
Prélèvements pour la Caisse du Viaticum	2.304,10	Correspondance	1.904,65
Timbres { Fédérations	83.629,30	Impressions	131.120,30
Timbres { Unions des Syndicats	53.466,15	Provisions, Frais de bureau	3.028,80
Cartes Confédérales	116.291,90	Délégations	25.509,35
Brochures diverses	997,45	Appointements	41.770,"
Labels Confédéraux	96,45	Cotisations et Versements à la Caisse du Viaticum	6.961,15
Souscriptions diverses	8.466,55	Loyers	250,"
Divers	5.803,"	Divers	21.380,75
		Expéditions diverses	618,45
Total	271.054,90	Total	232.543,45
En Caisse au 31 Mai 1914	13.880,"	En Caisse au 31 Mai 1918	52.391,45
	284.934,90		284.934,90

Fédérations Nationales.

Désignations	de Janvier à fin Mai 1919	Désignation	de Janvier à fin Mai 1919.
Agricoles du Midi	9.500	Report	2.387.385
Alimentation	51.200	Maréchalerie	1.000
Allumettiers	6.500	Marine d'État	95.000
Ameublement	16.500	Synd. Maritimes	69.500
Bâtiment	204.000	Métaux	500.000
Bijouterie-Orfèvrerie	9.600	Ports et Docks	185.000
Blanchisseurs	2.200	Ouvriers des P.T.T.	46.000
Brossiers-Tablettiers	20.000	Sous-Agents des P.T.T.	129.000
Bûcherons	760	Poudreries-Raffineries	40.000
Céramique	11.000	Préparateurs en Pharmacie	2.000
Chapellerie	15.000	Produits Chimiques	11.850
Chemins de fer	1.452.000	Sciage Mécanique	11.000
Coiffeurs	5.100	Service de Santé	56.000
Cuirs et Peaux	90.000	Sous-Sol	222.500
Dessinateurs	2.700	Spectacle	18.000
Éclairage	89.000	Tabacs	59.500
Employés	79.400	Teinturiers-Dégraisseurs	1.420
Guerre (Magasins)	20.000	Teintures-Apprêts (fusionnés)	
Guerre (Pers. Civil)	83.575	Textile	190.000
Habillement	135.000	Tonneau	25.000
Horticoles	350	Transport	130.000
Instituteurs	30.000	Travailleurs-Municipaux	78.500
Lithographes-Papetiers	20.000	Verriers	16.000
Livre	34.000	Vignerons de la Marne	2.000
		Voiture	29.000
		Synd. des Monnaies et Médailles	2.250
à Reporter	2.387.385	Totaux	4.337.905

Unions Départementales.

Désignation	de Janvier à fin Mai 1819	Désignation	de Janvier à fin Mai 1819
Ain	10.000	Report	711.457
Aisne	4.700	Doubs	55.000
Alger	44.000	Drôme Ardèche	35.000
Allier	40.000	Eure	24.000
Alpes (Basses)	1.900	Eure-et-Loir	17.000
Alpes (Hautes)	2.989	Finistère	25.055
Alpes Maritimes	25.000	Gard	25.000
Ardennes	4.328	Garonne (Haute)	61.000
Aube	45.000	Gers	
Aude	15.000	Gironde	90.000
Aveyron	57.000	Guadeloupe	
Bouches-du-Rhône	100.000	Hérault	50.000
Calvados	50.000	Ile-et-Vilaine	65.000
Cantal	10.000	Indre	16.000
Charente	30.000	Indre-et-Loire	60.000
Charente-Inférieure	48.000	Isère	65.000
Cher	65.000	Jura	30.000
Constantine	15.225	Landes	5.890
Corrèze	20.000	Loire	132.000
Corse	500	Loir-et-Cher	10.000
Côte d'Or	54.000	Loire-Inférieure	89.125
Côtes-du-Nord	10.000	Loiret	42.000
Creuse	11.630	Lot	3.990
Dordogne	47.185	Lot-et-Garonne	12.000
		Lozère	
		Maine-et-Loire	30.000
		Manche	40.000
à Reporter	711.457	à Reporter	1.694.517

Unions Départementales (suite)

Désignation	de Janvier à fin Mai 1919	Désignation	de Janvier à fin Mai 1919
Report	1.694.517	Report	3.883.092
Marne	36.700	Seine-Inférieure	250.000
Marne (H̄ᵉ)	35.000	Sèvres (Deux)	20.000
Mayenne	15.000	Somme	40.000
Meurthe-et-Moselle	100.000	Tarn	45.000
Meuse	5.000	Tarn-et-Garonne	4.000
Morbihan	16.000	Tunisie	15.150
Nièvre	20.000	Var	55.000
Nord	130.000	Vaucluse	20.000
Oise	24.950	Vendée	10.000
Orne	20.000	Vienne	20.000
Pas-de-Calais	121.000	Vienne (Haute)	40.000
Puy-de-Dôme	40.000	Vosges	5.100
Pyrénées (Basses)	28.425	Yonne	20.000
Pyrénées (Hautes)	35.000		
Pyrénées (Orᵗˡᵉˢ)	15.000	Totaux	4.427.342
Rhin (Haut)	49.000		
Rhône	200.000		
Saône (Haute)	9.000		
Saône-et-Loire	80.000		
Sarthe	35.000		
Savoie	10.000		
Savoie (Haute)	9.000		
Seine	1.000.000		
Seine-et-Marne	22.500		
Seine-et-Oise	132.000		
à Reporter	3.883.092		

Bilan de la Caisse Centrale
du 1er Juin 1918 au 31 Mai 1919.

Recettes.		Dépenses.	
Timbres { Fédérations	114.859,95	Correspondance	1.220,45
Timbres { Unions des Syndicats	102.138,95	Impressions	128.924,65
Cartes Confédérales	67.892,40	Frais de bureau	3.193,65
Brochures diverses	4.909,80	Délégations	86.730,85
Labels Confédéraux	228,25	Appointements	35.659,50
Souscriptions diverses	27.725,65	Versements à la Caisse du Viaticum	24.910,95
Divers	20.830,75	Loyers	1.876,.
		Divers	54.097,05
		Expéditions diverses	381,25
Total	338.585,75	Total	336.994,35
En Caisse au 31 Mai 1918	52.391,45	En Caisse au 31 Mai 1919	53.982,85
	390.977,20		390.977,20

Rapport financier de la Caisse Centrale.
Recettes du 1er Juin 1918 au 31 Mai 1919.

Années	Mois	Timbres		Cartes Confédérales	Brochures	Labels	Souscriptions	Divers	Totaux
		Fédérations	Union des Syndicats						
1918	Juin	2.328,95	2.530,25	5.603,10	8,.	19,.	"	"	10.489,30
	Juillet	6.045,65	2.684,20	7.930,65	54,.	25,50	100,.	6.664,75	28.501,75
	Août	5.637,50	2.364,60	734,40	64,20	3,.	8.725,.	"	17.528,70
	Septembre	4.794,.	3.629,70	4.031,.	63,.	9,.	2.831,.	14.041,.	29.398,70
	Octobre	3.293,.	3.035,.	8.425,30	28,25	3,.	3.438,50	.	17.923,05
	Novembre	3.240,20	1.776,85	1.755,70	55,10	3,.	529,15	.	7.360,.
	Décembre	2.031,50	7.537,55	1.965,05	44,.	7,50	146,50	.	11.729,10
1919	Janvier	9.858,90	13.302,90	5.401,70	303,60	.	3.736,75	.	32.603,85
	Février	30.072,60	15.344,35	21.130,45	165,80	42,50	5.897,.	.	72.652,70
	Mars	10.404,.	14.160,10	3.524,05	124,05	44,.	2.322,50	.	30.572,70
	Avril	11.324,45	13.960,35	2.464,80	1.204,35	19,50	125,.	125,.	28.917,45
	Mai	25.832,20	21.846,10	5.229,20	2.804,45	52,25	174,25	.	55.908,45
	Totaux	114.859,95	102.138,95	67.892,40	4.909,80	228,25	27.725,65	20.830,75	338.585,75

Rapport financier de la Caisse Centrale

Dépenses du 1er Juin 1918 au 31 Mai 1919.

Années	Mois	Correspon.ce	Impressions	Frais de bureau	Délégations	Appointements	Versements pour le Vialleum	Loyers	Divers	Expéditions	Totaux
	Juin	167,95	10.426,15	92,25	20?,	1.070,	.	376,	1.307,80	8,25	13.468,40
	Juillet	74,20	10.523,85	132,70	1.468,25	2.687,50	"	,	191,95	9,40	15.084,55
	Août	189,65	3.763,45	332,20	3.263,05	1.625,	"	"	5.025,20	17,95	14.216,50
1918	Septembre	53,65	6.352,20	225,	1.031,60	2.012,	"	"	6.510,40	13,65	16.198,50
	Octobre	44,50	3.468,60	61,50	1.865,65	2.355,	.		14.141,	30,35	21.966,60
	Novembre	39,65	3.526,40	24,	3.398,80	2.330,	"		700,	6,05	10.024,90
	Décembre	41,40	6.029,35	228,50	16.401,65	2.450,	,	1.125	9.155,45	80,40	35.509,75
	Janvier	108,25	1.336,80	415,60	2.697,85	4.030,	3.474,30		7.758,20	24,	19.844,80
	Février	58,90	28.325,05	928,	8.722,80	4.140,	6.512,55		2.970,	16,55	51.973,85
1919	Mars	105,10	4.884,30	166,	20.912,45	4.200,	3.684,60		3.428,70	19,60	37.400,75
	Avril	167,05	27.614,90	97,90	4.855,95	4.380,	3.793,25	375	2.400,	138,65	43.821,70
	Mai	173,15	22.673,60	492,	22.093,	4.380,	7.147,25		508,35	16,70	57.484,05
	Totaux	1.220,45	128.924,65	3.193,65	86.730,85	35.659,50	24.910,95	1.876,	54.097,05	381,25	336.994,35

164.

Bilan de la Caisse du Viaticum
du 1er Juin 1914 au 31 Mai 1919.

Prélèvements sur les cotisations			Remboursements effectués aux Unions de Syndicats		
Prélèvements du 1er Trimestre 1914	4.882	70	Remboursements 1er Trimestre 1914	1.563	"
" — 2e — " — " —	3.760	40	" — 2e — " — " —	7.754	25
" — 1er — " — 1919	13.971	45	" — 1er — " — 1919	112	"
" — jusqu'au 31 Mai —	10.930	50			
	33.545	05		9.429	25
Encaisse au 31 Décembre 1913	3.643	45	Encaisse au 31 Mai 1919	27.759	25
	37.188	50		37.188	50

Sur les remboursements effectués le 2e Trimestre 1914 il convient de remarquer le virement de 5.800 effectué à la Caisse Centrale.
Les Prélèvements ont été de 25% jusqu'au 31 Décembre 1918 et de 15% depuis le 1er Janvier 1919.

Rapport Financier
de la Caisse des Grèves.

Recettes.			Dépenses.		
Souscriptions perçues	13.350	55	Versements aux Grèves	5.490	05
En caisse au 31 Mai 1914	2.527	20	En caisse au 31 Mai 1919	10.387	70
	15.877	75		15.877	75

Bilan de la "Voix du Peuple"
du 1er Juin 1914 au 31 Mai 1919.

Recettes.			Dépenses.		
Abonnements	27.553	40	Frais de Bureau	745	85
Vente au bureau	91	15	Appointements	600	"
" en Province	14	55	Impressions	19.722	15
" Hachette	31	85	Frais d'expéditions postales	1.054	05
" de Nos spéciaux	7.566	70	" pr les Nos speciaux	42	40
			Loyers	250	"
	35.257	65		22.414	45
En caisse au 31 Mai 1914	2.258	20	En caisse au 31 Mai 1919	15.101	40
	37.515	85		37.515	85

Rapport de la Commission de Contrôle.

La Commission de Contrôle après examen de la comptabilité et de la vérification de toutes les pièces de recettes et dépenses, constate la régularité et la bonne tenue des livres.

La Commission constate que l'augmentation de la cotisation a permis de boucler le budget plus facilement que pendant les années antérieures.

Caisse du Viaticum. — Elle constate que le prélèvement actuel 15% sur les cotisations serait plutôt élevé, cette caisse tout en faisant face à ses paiements va toujours en augmentant, il serait préférable De Diminuer le taux du pourcentage, qui restant à la caisse centrale permettrait D'étendre la propagande.

Caisse des Grèves. — Cette caisse n'est pas statutaire, elle ne fonctionne qu'à titre d'intermédiaire, entre les organisations en lutte auxquelles les fonds sont destinés.

Les sommes parvenant à la C.G.E. sans destination spéciale, sont versées à cette Caisse et réparties aussi équitablement que possible aux grèves.

Ribier.   Perrineau.
Dutailly   Legris.

COMPTE RENDU STÉNOGRAPHIQUE

DES DÉBATS

du

XIVᴱ CONGRÈS DE LA C. G. T.

tenu à LYON

Salle de l'ancienne Exposition

(15-21 Septembre 1919)

CONGRÈS CONFÉDÉRAL DE LYON

PREMIÈRE JOURNÉE
Lundi 15 Septembre

Séance du matin

JOUHAUX. — Nous vous proposons comme président le camarade
MILLION ; comme assesseurs, la camarade CHEVENARD et le camarade
CHARBIAL ; comme secrétaire, le camarade DREYER.

Maintenant, camarades, vous savez que nous avons un travail de
vérification à faire. Il est évident que pour que ce travail se fasse
rapidement il est nécessaire que la salle des Commissions dans
laquelle seront remis les mandats ne soit pas obstruée par une foule
de camarades. Par conséquent, nous proposons que seuls les secrétaires de Fédérations aillent auprès du trésorier de la Confédération
Générale du Travail pour recevoir la liste des mandats et les cartes
de délégués. C'est eux-mêmes qui les répartiront ; ainsi, nous gagne-
rons un peu de temps.

Si cette proposition est acceptée, je demande que les secrétaires de
Fédérations, aussitôt que notre camarade Million aura ouvert le
Congrès, se rendent dans la salle de Commissions pour y recevoir les
mandats de leurs Fédérations.

D'autre part, il y a des mandats qui n'ont pas encore été donnés.
Il est nécessaire que ces mandats soient produits après la distribution
des premiers reçus de façon que nous puissions les enregistrer dans
le minimum de temps.

Je crois que cette proposition ne souffre pas d'opposition ?
Il en est ainsi décidé.

MILLION (*secrétaire de l'U. D. du Rhône*). — Au nom de l'Union des Syndicats ouvriers du Rhône, fraternellement je vous souhaite la bienvenue, à vous tous qui êtes venus participer aux travaux du Congrès confédéral.

Egalement à nos camarades de l'Internationale syndicale représentée ici par le vice-président, le camarade MERTENS ; le secrétaire. le camarade OUDEGEEST, et par les délégués de la République Argentine, je souhaite une cordiale bienvenue.

Vous savez que nos travaux auront une réelle importance. Il y a aujourd'hui quelque chose de changé sur le passé. Il y a eu des Congrès confédéraux à Lyon ; tout au moins, nous avons eu un Congrès qui a vu le début de notre Confédération Générale du Travail. Mais, quelle différence avec aujourd'hui ! Nous étions une poignée à la Bourse du Travail de Lyon, en 1901, et, à ce moment-là, la C. G. T. qui devait se former à Montpellier comprenait une vingtaine de représentants de Fédérations, une vingtaine de Bourses du Travail et 402 syndicats isolés. Vous voyez quel a été le chemin parcouru en dix-huit années.

Et, si nous suivions les étapes, de Congrès à Congrès, nous pourrions dire avec fierté que notre Confédération Générale du Travail a toujours vu accroître la prospérité et la force de son organisme.

Après Lyon, c'était Montpellier qui recevait, en 1902, nos camarades des syndicats ouvriers. Là, déjà, l'organisme prenait une forme définitive et les débats de tendances s'affirmèrent comme une preuve de vitalité de l'organisme ouvrier. En 1904, c'était Bourges où les débats sur la représentation proportionnelle appelaient l'attention de tous les délégués présents. Ensuite, Amiens, en 1906, a fixé la Charte de l'organisme syndical, Charte sur laquelle nous vivons aujourd'hui et qui sera fort probablement rappelée à ce Congrès. En 1908, Marseille, qui lutte aujourd'hui avec une énergie que nous admirons, recevait les congressistes de tous les coins de la France. A Marseille, c'était la question de l'antimilitarisme qui prédominait, antimilitarisme qui malheureusement n'a pu empêcher la guerre. En 1910, Toulouse, avec la question de la Maison des Fédérations comme débat principal ; débat intérieur peut-être, mais qui à juste titre doit rester gravé dans notre mémoire.

Pendant la guerre, camarades, j'étais absent comme beaucoup d'autres... Vous avez eu, à Clermont-Ferrand, Paris, des Conférences extraordinaires. Nous nous retrouvons, sortis de la tourmente, dans le Congrès de Lyon qui dépasse en importance tous ceux que nous avons connus. Importance, par le fait du nombre de délégués présents et c'est quelque chose ; importance aussi, par la force d'action qu'a aujourd'hui la Confédération Générale du Travail, non pas simplement dans les milieux ouvriers, mais dans l'opinion publique en général.

De ce Congrès sortira une directive déterminée qui, peut-être, orientera vers une autre voie notre syndicalisme et beaucoup d'organisations des pays voisins. Mais nous espérons, en tout cas, qu'une grande figure se dressera au-dessus des débats. Je veux parler de Pelloutier, l'homme qui s'est donné à la constitution du mouvement ouvrier. Ce serait méconnaître tout son passé de lutteur que d'ouvrir le Congrès de Lyon sans adresser notre souvenir à notre camarade Pelloutier qui est mort à la tâche, alors qu'il avait donné au prolétariat tout ce qu'il avait de cœur, tout ce qu'il avait d'énergie ! (*Applaudissements*.)

Nous avons tenu à Amsterdam une Conférence syndicale internationale où se sont retrouvés les éléments des mouvements ouvriers de la plupart des nationalités. Il en manquait, certes, et nous l'avons regretté. Là-bas, s'est créé un embryon d'organisation syndicale internationale. Oh ! je sais que l'œuvre n'est pas parfaite; mais un organisme a été créé, et nous espérons qu'il en sortira quelque chose.

Aujourd'hui, nous avons devant nous un programme chargé. Vous connaissez tous l'ordre du jour du Congrès :

1° Discussion du rapport moral ;

2° Modifications aux statuts.

Là-dessus, camarades, je vous demande, avec toute l'impartialité qui convient pour une organisation qui a assumé la tâche matérielle du Congrès, de placer au-dessus des questions irritantes le domaine de l'idée toujours intact, toujours également cher à tous. Oui, je voudrais que dans ce Congrès se produise un fait que nous souhaitons à Lyon.

Ici, dans l'Union du Rhône, il y a des camarades de toutes les tendances. Or, nous ne connaissons pas l'acrimonie. Je voudrais bien, sans avoir la prétention de donner une leçon à qui que ce soit et surtout aux militants plus anciens que moi dans l'action, trouver dans ce Congrès une atmosphère identique à celle que nous respirons à Lyon. Oui, il est possible de ne pas céder une parcelle de ses idées sans pour cela se dresser les uns contre les autres avec une acrimonie qui disqualifie toujours les accusations que nous pouvons lancer ! Oui, nous pouvons ne pas vouloir faire une seule concession et cependant faire en sorte que devant l'opinion publique tout entière, on dise que les débats de la C. G. T. se sont déroulés avec une tenue élevée, devant laquelle le monde est obligé de s'incliner !

Certes, il y a des passions, des convictions ardentes; mais cela, ce sont les symptômes de la sincérité que l'on respire dans le milieu ouvrier, où il est logique que lorsque des hommes ont mis leur vie avec tant de conviction, ces hommes-là se dressent parfois avec des attitudes passionnées. Nous disons : « Ne craignez rien ! Cela prouve la force de notre mouvement ouvrier, et soyez assurés qu'en dehors de cela, ce sont des camarades unis pour la lutte. »

Nous avons aussi à l'ordre du jour la transformation sociale et économique. Il est inutile de souligner toute l'importance de cette question.

Il serait désirable qu'il sorte du débat qui va s'ouvrir une motion positive qui affirme nos intentions et qui dise : la classe ouvrière est capable de se dresser demain pour remplacer l'organisation sociale existante.

Nous avons mis également à l'ordre du jour les lois sociales. En effet, nous voulons montrer, aux yeux de nos dirigeants, les ouvriers qui, au déclin de leur vie, sont obligés de mourir de misère ou de mendier leur morceau de pain.

Nous voulons dire que l'on avait offert, une fois, une caricature que l'on, appelait loi sur les retraites ouvrières et paysannes. Ce que nous voulons faire admettre, c'est le principe suivant lequel, lorsque le travailleur a peiné toute sa vie au service du patronat, il a droit à un repos bien mérité.

Nous voulons aussi que l'on examine la question de la réforme de l'enseignement.

Il n'est pas admissible que le prolétariat ouvrier se soit presque désintéressé jusqu'ici de ce que l'on fait de nos enfants. On prend les gosses dans les familles ouvrières sous prétexte d'apprentissage et on les jette dans la fournaise industrielle. De ces gosses, on en fait des petits manœuvres, des petits martyrs. Jusqu'ici, le prolétariat a supporté cela. Il faut que le Congrès donne sur ce point des indications précises et se dresse unanimement contre le fait que nous n'admettons pas que l'on abîme le cerveau de nos gosses.

Nous devons dire aussi comment nous devons disposer des loisirs qui nous sont donnés par la journée de huit heures, et nous devons affirmer que nous nous opposerons à tout retour en arrière sur la journée de huit heures.

Ah ! si messieurs les industriels estiment qu'il sera possible de passer sur la volonté ouvrière pour retourner en arrière, ils se trompent, parce que le prolétariat est unanime pour garder la journée de huit heures que nous avons conquise par notre action directe.

Camarades, je ne voudrais pas terminer cette petite séance du matin sans vous dire quelques mots des questions qui nous tiennent au cœur.

En ce moment, il y a encore dans les prisons de la République démocratique, que nous subissons, de nombreux des nôtres emprisonnés pour des questions d'idées ou pour avoir fait preuve d'indépendance sous le régime militaire. Il ne sera pas dit que le Congrès n'élèvera pas une protestation contre le retard apporté à l'amnistie. Nous voulons une amnistie entière, large, générale, et nous disons que le peuple devrait vigoureusement réclamer qu'on laisse ses enfants retenus pour des peccadilles et aussi parce qu'il y avait parmi eux des cerveaux trop fiers pour plier sous la férule militaire.

Il faudra que sorte de ce Congrès une indication pour l'action que la C. G. T. devra mener pour arracher ceux des nôtres qui sont encore emprisonnés. Et aussi, camarades, nous ne pouvons pas oublier qu'il y a là-bas, dans l'Est, une révolution qui se débat contre le capitalisme; il ne serait pas digne de nous de ne pas envoyer notre sympathie aux camarades russes qui se battent pour leur libération et en même temps pour la nôtre.

Cela dit, camarades, je ne veux pas vous retenir plus longtemps.

Je crois nécessaire cependant de vous demander d'apporter tous vos efforts pour qu'il sorte quelque chose de ce Congrès. La discussion sur le passé est nécessaire. Il faut que toutes les questions irritantes soient liquidées. Il faut que chacun apporte ce qu'il a à apporter pour que le débat soit complet; mais il ne faut pas cependant nous condamner à une besogne passive et que, lorsque nous partirons d'ici dimanche prochain, on puisse dire qu'il n'y a rien eu de fait.

Il faut que le Congrès aborde tout son ordre du jour et pour cela il faut dire seulement des choses utiles qui aboutissent à un résultat. Il faut que lorsque nous nous retrouverons dans nos organisations respectives nous puissions dire à nos camarades : la C. G. T. repart avec un nouvel élan; elle est décidée à une action d'ensemble. Il faut que l'enthousiasme qui existait, alors qu'il n'y avait que 450.000 syndiqués, se retrouve avec les deux millions qui composent actuellement la C. G. T. Alors, nous pourrons aller à l'action et, guidés par notre idéal et les directives qui sortiront de ce Congrès, nous devrons former l'ère de justice et de progrès que nous voulons réaliser. (*Applaudissements.*)

JOUHAUX. — Camarades, je crois que nous ne pouvons pas entamer la discussion sur le rapport moral, qui est la première question à l'ordre du jour, avant d'avoir nommé la Commission de vérification des mandats.

Je ne pense pas que cette Commission de vérification des mandats doive être nombreuse. Je crois que cinq membres de Fédérations et cinq membres des Unions départementales seraient suffisants pour faire ce travail.

Je vous demande de bien vouloir accepter cette proposition pour que nous puissions immédiatement commencer la vérification des mandats.

Sont désignés :

Pour les Fédérations : VIGNAUD, ROUX, GUINCHARD, TOULOUSE, BARTUEL.

Pour les Unions départementales : ROUGERIE, SAINT-VENANT, BONDOUX, DELSOL, DUMOLLARD.

JOUHAUX. — En ce qui concerne les mandats, je rappelle que les secrétaires de Fédérations doivent retirer leur liste de mandats à la salle des Commissions et répartir leurs cartes à leurs adhérents ou représentants de leurs syndicats.

Nous pouvons faire cette besogne ce matin de façon à déblayer le terrain et commencer le Congrès cet après-midi.

Il reste une autre question, c'est la publicité de nos débats. Je ne crois pas que nous voulions aujourd'hui, à Lyon, faire que nos débats soient secrets. Je crois que nos débats doivent être publics. Par conséquent, je pose la question au Congrès.

Il est décidé que la presse est admise aux travaux du Congrès.

Ménic. — A condition cependant que ces messieurs donneront des comptes rendus exacts. S'ils veulent que nous ayons de la sympathie pour eux, qu'ils aient la pudeur de donner des comptes rendus exacts.

Jouhaux. — Voici un ordre du jour présenté par le Bureau :

A l'ouverture de ses travaux, le 14ᵉ Congrès national de la Confédération Générale du Travail réuni à Lyon, le 15 septembre 1919 :

« Salue la mémoire des soldats de tous les pays tombés sur les champs de carnage ;

« Il salue tous ceux qui ont souffert de cet état de choses abominable, tous les mutilés, tous ceux qui ont été meurtris dans leurs sentiments les plus chers, tous ceux des régions dévastées dont les foyers ont été anéantis ;

« Il salue le retour des survivants qui reprennent leur place dans l'armée du Travail et dans les rangs de l'organisation ouvrière ;

« Il voudrait pouvoir saluer la Paix des Peuples que la C. G. T. n'a jamais cessé de réclamer, la démobilisation totale et la disparition de tous les militarismes :

« Il constate que l'état de guerre persiste sur les fronts d'Orient et qu'après avoir écrasé la Révolution populaire de Hongrie, les gouvernements de l'Entente poursuivent l'écrasement de la Révolution russe ;

« Indépendamment de l'action que le prolétariat poursuivra pour faire cesser les interventions armées et assurer la Paix des Peuples, le Congrès adresse l'expression de son entière sympathie aux prolétaires de Russie et de Hongrie ;

« Il engage les travailleurs de tous les pays à s'unir toujours plus étroitement dans l'Internationale, et c'est avec cette espérance que le Congrès confédéral envoie son salut fraternel à l'Internationale syndicale reconstituée après cinq années de souffrances et de heurts sanglants ;

« Il adresse ses souhaits de bienvenue aux délégations ouvrières des autres pays venues assister à ses travaux, témoignant ainsi de la fraternité des rapports entretenus entre les classes ouvrières en marche vers la libération. »

L'ordre du jour est adopté unanimement.

Voici un autre ordre du jour au sujet des grèves de Marseille :

« Le Congrès adresse son salut fraternel aux travailleurs marseillais en lutte ;

« Affirmant sa solidarité de classe, il proteste contre les interventions de la force armée et contre les mesures politiques prises à l'égard des grévistes ;

« Il réclame le retrait des troupes dites « d'ordre » et la mise en liberté de tous ceux, militants ou ouvriers, qui ont été arrêtés ;

« Le Congrès proclame que c'est attenter au droit ouvrier que de faire peser l'état de siège sur une ville pour briser les revendications des travailleurs, et il dénonce l'attitude provocatrice prise par le Gouvernement :

« Il assure aux camarades marseillais la sympathie et la solidarité de la classe ouvrière et leur adresse les vœux de victoire de tout le prolétariat organisé. »

L'ordre du jour est adopté à l'unanimité.

Un autre ordre du jour présenté par l'Union départementale de la Vienne :

« Le Congrès envoie son salut fraternel aux grévistes du textile de la Vienne, et proteste contre les arrestations arbitraires dont sont victimes les militants du textile de la Vienne et spécialement le camarade Richetta, dont le procès doit venir demain mardi ;

« Le Congrès réclame la libération immédiate de tous ces camarades victimes du régime capitaliste. »

L'ordre du jour est adopté à l'unanimité.

Un ordre du jour présenté par le Bureau :

« Le 11e Congrès de la C. G. T. envoie son salut à tous les prisonniers, victimes de la bataille sociale, qui payent dans les prisons la rançon de leur idéal ;

« Aux soldats, aux marins victimes des tribunaux militaires et dont les condamnations ne font que mieux apparaître les véritables responsabilités placées au sommet de la hiérarchie militaire et gouvernementale ;

« Le Congrès déclare que la classe ouvrière ne saurait accepter la juridiction des Conseils de guerre qui ne frappent les soldats que pour mieux masquer les défaillances des chefs ;

« Le Congrès affirme rigoureusement sa volonté de voir intervenir à l'égard de tous les condamnés politiques et militaires une amnistie totale qui ne constituera qu'une réparation et une mesure de stricte justice ;

« Le Congrès adresse ses sympathies et l'expression de son entière solidarité aux fonctionnaires frappés administrativement avant et depuis 1914 pour délit d'opinion et réclame une amnistie administrative complétant l'amnistie judiciaire. »

L'ordre du jour est adopté à l'unanimité.

MILLION. — Des ordres du jour sont parvenus au Bureau. Ils seront transmis à une Commission.

Nos camarades agents et sous-agents des P. T. T. ont fait une manifestation. Au nom du Congrès, nous devons déclarer que nous sommes avec eux.

Le Syndicat de Givors propose de faire une collecte, à la sortie du Congrès, pour les grèves en cours.

La séance est levée à midi et remise à deux heures.

Séance de l'après-midi

MILLION. — Voici une proposition présentée par le camarade Toussaint, de la Fédération de l'Ameublement :

« Le 10ᵉ Congrès national de l'Ameublement tenu à Lyon, estimant que l'examen de l'attitude du Comité confédéral pendant les périodes 1914-1919 ne doit pas absorber toutes les séances du Congrès :

« Qu'il est indispensable pour le mouvement ouvrier, d'établir un plan d'action et de propagande sur les buts nettement déterminés ;

« Invite le Congrès confédéral à limiter à deux jours l'examen et la discussion sur le rapport moral de la C. G. T.

PÉRICAT. — Je demande qu'il n'y ait pas de limite pour la discussion du rapport moral. Cela durera ce que cela durera, mais il faut que ce soit liquidé à fond.

Un délégué. — Je voudrais que la discussion du rapport moral vienne à la fin; si on doit limiter les débats, c'est seulement quand on en verra l'utilité. Il me semble que la question est assez importante pour que nous lui donnions toute l'ampleur nécessaire. Lorsque le Congrès constatera qu'il est utile d'arrêter la discussion, il sera qualifié pour prendre la décision qui conviendra.

MILLION. — Je crois, camarades, que nous pouvons ouvrir la discussion.

Un délégué. — Je voudrais que dans un Congrès de cette importance on cesse les conversations particulières. Si vous voulez entendre la discussion, il faut écouter. J'estime que vous êtes des militants et que vous devez savoir vous imposer la discipline nécessaire.

MILLION. — Je vais mettre aux voix la proposition de l'Ameublement.

Un délégué. — On ne peut effectuer un vote tant que la vérification des mandats n'est pas faite.

MILLION. — Une observation m'a été présentée; elle me paraît juste.

Si vous voulez, nous allons commencer la discussion ; lorsque les mandats auront été validés, nous mettrons la proposition de l'Ameublement aux voix.

Il en est ainsi décidé, et la parole est donnée à Jouhaux pour le rapport moral.

Le rapport moral

JOUHAUX. — Camarades, je n'ai pas besoin de vous dire que la proposition de la Fédération de l'Ameublement émane d'elle seule et que le Bureau de la Confédération Générale du Travail n'a pas été mis au courant.

Nous sommes venus ici pour examiner une situation générale, pour analyser une gestion morale. Déjà, au cours des années passées, nous avons eu, dans des assemblées plus restreintes, à rendre compte de notre attitude et de notre action. Nous l'avons fait avec toute l'ampleur désirable. Aujourd'hui, nous nous trouvons devant un Congrès confédéral qui revêt le caractère de nos Congrès d'avant la guerre, c'est-à-dire qu'il représente l'ensemble des organisations confédérées. Je ne voudrais pas, pour ma part, limiter le débat.

Depuis cinq ans, des critiques ont été exercées à l'égard du Bureau confédéral. Depuis cinq ans, des situations douloureuses ont été vécues par les membres du Bureau confédéral, qui n'oublient pas et qui n'oublieront jamais l'action menée en commun dans les époques passées, qui savent que l'on peut différer de méthodes, avoir des conceptions différentes, mais qu'il doit y avoir entre ceux qui ont été mêlés à une lutte commune, qui ont confondu leurs idées, leur responsabilités, un respect qui doit s'arrêter où commence la calomnie.

Nous voulons que le Congrès connaisse l'action que nous avons menée les uns et les autres.

C'est seulement au cours de cet examen que tout ce qu'il y a d'exagéré dans l'interprétation des uns et des autres, pourra disparaître. C'est seulement dans l'examen impartial des faits que nous serons amenés les uns et les autres à fixer notre jugement, car — entendez-le bien — c'est un jugement que nous entendons voir sortir de ce Congrès.

Nous estimons que si vraiment nous avons trahi le mouvement ouvrier, si vraiment nous n'avons pas répondu aux aspirations des masses ouvrières, si vraiment nous avons entraîné le mouvement ouvrier dans un chemin qui n'était pas le sien, si vraiment nous avons confondu la théorie syndicale avec toutes les théories sociales, il faudra que le Congrès confédéral de Lyon le dise !

Million déclarait ce matin que le Congrès confédéral d'aujourd'hui revêtait un caractère d'une importance considérable, non seulement parce qu'il se présentait avec un plus grand nombre de délégués que celui qui s'était tenu en 1901, mais aussi parce qu'il s'agissait de fixer dans le temps et sur des bases l'attitude de l'action du mouvement ouvrier. Oui, il s'agit de la fixer une fois pour toutes; il s'agit de savoir quelle doit être l'action que mènera la Confédération Générale du Travail, à la fois sur le terrain national et sur le terrain international, et vous avez, vous délégués, une responsabilité très grande, car si vous votez dans l'équivoque, si vous votez avec l'arrière-pensée de ne pas appliquer les décisions prises, de ne pas apporter toute la somme d'énergie nécessaire pour réaliser les directives que vous aurez décidées, c'est vous qui assumerez ici une responsabilité formidable.

Il convient donc que dans la clarté des conceptions, dans la clarté des idées, nous essayions de dégager ce que fut l'action du mouvement ouvrier et ce qu'elle doit être. C'est pour cela, que pour ma part, d'accord avec le Bureau confédéral tout entier, d'accord avec la Commission administrative de la C. G. T., je demande ici que l'on aborde cette tribune avec la volonté très nette d'apporter des idées, des conceptions dont les uns et les autres peuvent faire leur profit, et qui permettent de déterminer d'une façon nette et précise la direction de la C. G. T.

Je pourrais dire que des Congrès ont jugé; je ne veux pas le dire. S'il est des responsabilités personnelles engagées, je les assume complètement; s'il est des responsabilités collectives, j'entends ne m'en pas dégager. Que d'une façon définitive au moins nous sortions de ce Congrès, non plus avec une atmosphère d'équivoque, non plus avec une atmosphère de méfiance, mais avec une atmosphère de confiance qui nous permette de réaliser les décisions prises !

Voilà, camarades congressistes, ce que je vous demande de prendre en considération; telles sont les raisons pour lesquelles je vous demande d'agir avec la plus entière clarté.

Il y a dans l'examen que vous allez faire deux époques : 1914-1918, 1918-1919.

Sur l'une comme sur l'autre nous sommes disposés à donner toutes les explications nécessaires, d'autant plus que nous les avons déjà données. Nous sommes disposés à éclairer les coins et recoins de la discussion qui seraient jusqu'ici restés dans l'obscurité. Nous ne vous demandons qu'une chose, c'est d'avoir du respect les uns pour les autres, et de n'aborder cette tribune que sur le terrain des idées, laissant bien loin en arrière les questions de personnalités. Là encore, je dois vous dire que si demain il apparaissait que des personnalités doivent disparaître de l'organisation syndicale pour le bien général de l'organisation syndicale, moi, qui suis venu à l'organisation ouvrière dans un moment de trouble, moi, qui suis venu appelé par des camarades avec lesquels je me trouve aujourd'hui en opposition de conceptions, moi qui ai apporté dans ce mouvement toute la somme d'énergie, de volonté dont je pouvais être capable, je déclare que si l'intérêt général du mouvement ouvrier voulait que je disparaisse, sans aucune récrimination — vous entendez bien ! — sans mener aucune lutte extérieure au mouvement ouvrier, je laisserai à d'autres le soin de conduire l'action confédérale vers des fins meilleures. (Applaudissements.)

Je vous demande donc, camarades, de n'aborder cette tribune que sous l'angle des idées générales. Nous sommes à une heure où il convient que dans le désarroi moral de ce pays, comme dans le désarroi des autres pays, se fixent l'attitude et l'action du mouvement ouvrier.

Vous êtes aujourd'hui plus qu'un Congrès confédéral : vous êtes les *Etats généraux du Travail*. Vous avez à fixer, non seulement l'action de la classe ouvrière sur le terrain des réalisations immédiates, mais à définir également l'action de la Confédération générale du Travail sur le terrain des transformations sociales. Et, s'il devait sortir de ce Congrès une théorie d'impuissance, c'est vous-mêmes qui auriez signé l'arrêt de mort du mouvement ouvrier français. (*Applaudissements*.)

Il convient donc que nous fassions une besogne utile et profitable à tous et qu'ainsi, en dehors, au-dessus des personnalités, se fixent les directives du mouvement ouvrier, ce qui nous permettra aux uns et aux autres, obéissant à la discipline librement consentie, d'accomplir toute l'action décidée par ce Congrès.

MILLION. — Camarades, ceux qui désirent prendre la parole sur le Rapport moral doivent se faire inscrire.

La parole est au camarade Tommasi, de la Voiture.

Discours de Tommasi

TOMMASI. — Camarades, ce n'est pas comme représentant d'une organisation syndicale que j'ai demandé la parole, c'est comme membre de la Commission administrative de la Confédération Générale du Travail. Je veux déclarer tout de suite qu'en tant que membre de la Commission administrative, je n'accepte pas de prendre la responsabilité qu'indiquait tout à l'heure notre camarade Jouhaux.

Je ne suis pas d'accord avec le Rapport moral qui vous est présenté, et je vais vous en donner les raisons.

Jouhaux disait que nous devrions intervenir à cette tribune en nous extériorisant et en nous élevant au-dessus des personnalités. Pour ma part, je crois que ce reproche ne pourra m'être fait par mes camarades de la Commission administrative, car toujours, dans toutes les discussions que nous avons eues, c'est toujours avec politesse que je suis intervenu et je ne crois pas qu'ici on puisse dire que c'est aux personnalités que je m'attaque.

Il faut que chacun ait ici le courage de venir dire sa pensée et, pour moi, je veux dire ce que je pense de l'action de la Commission administrative; je veux dire aussi, qu'à mon avis, la Commission administrative n'a pas été à la hauteur de sa tâche (*Applaudissements*) et quand notre camarade Jouhaux dit : « Je prendrai mes responsabilités personnelles et, collectivement, je prendrai mes responsabilités avec la Commission administrative », je dis qu'alors nous devons rechercher si véritablement les uns et les autres ont fait tout leur devoir.

Je voudrais, pour ma part (et je ne me suis pas réservé, dans ce Congrès, de venir prendre la théorie dans sa totalité), m'attacher simplement aux événements les plus importants qui ont été discutés au sein de cette Commission administrative. Vous verrez, camarades, que cela en vaut la peine.

Lorsque, après le Congrès de l'an dernier, après la motion que vous votiez pour la plupart, camarades, une directive fut donnée au mouvement syndical français, vous considériez, à cette époque, que pour que cette directive fût suivie, il fallait donner à votre Confédération générale du Travail un nouvel organisme de direction. Et, sur la proposition de notre camarade Lapierre, il ·fut décidé de la nomination d'un Comité national. Au sein de ce Comité national fut choisie une Commission administrative.

Cette˙Commission administrative ne vient pas aujourd'hui devant le Congrès en tant que représentant telle ou telle Fédération, mais se présente devant vous comme la seule responsable du mouvement ouvrier depuis le jour où vous l'avez désignée. (*Applaudissements.*)

Il y a deux points particuliers qui font que je ne veux pas accepter le Rapport moral qui vous est présenté.

Tout d'abord, ce Rapport n'est pas venu en discussion devant la Commission administrative ; s'il y était venu, je n'aurais pas accepté qu'une partie aussi importante que celle qui a trait au mouvement de juin, à Paris, soit l'expression de la pensée d'un camarade ou de plusieurs camarades et non l'expression de la Commission administrative.

Je dis qu'en ce qui touche les mouvements de juin, et je ne veux pas entrer dans le fond des débats, une partie intéressée n'avait pas le droit de donner la substance d'un Rapport moral parce que je dis qu'immédiatement·cette partie est entachée de partialité.

Il y a un second point, et c'est celui sur lequel je veux plus particulièrement m'arrêter. Et, camarades, tous ici, j'en ai la conviction profonde, c'est un peu ce point qui vous intéresse ! Ce sont les raisons qui ont fait qu'un mouvement, décidé à l'unanimité par les représentants responsables du syndicalisme français, a pu en quelques jours passer de l'organisation à la désorganisation totale. Je veux parler du mouvement du 21 juillet.

Au cours d'un Comité national tenu à Paris, il fut décidé que, sur des points de politique générale, pourrait-on dire, une action serait préparée. Votre Commission administrative se mit immédiatement à l'œuvre et l'organisation commença.

Dès les premiers jours, camarades, ceux-là même qui avaient voté unanimement pour le mouvement commencèrent à le démolir. Nous en apporterons des preuves tout à l'heure.

Des membres responsables (puisque l'on cause souvent de responsabilité sur un ton ironique), des membres responsables du mouvement commencèrent les manœuvres insidieuses. Certains envoyèrent des circulaires à leurs syndicats en indiquant que peut-être le mouvement n'était pas ce qu'il devrait être et qu'il fallait se méfier parce que la main politicienne était là qui guettait le mouvement.

D'autres disaient : « Le mouvement que l'on prépare est un mouvement qui dépasse les cadres du corporatisme et nous n'avons pas à nous en occuper ».

D'autres membres de la Commission administrative de la C. ·G. T. s'en allaient dans leurs sections syndicales et combattaient le mouvement qu'ils avaient voté avec leurs camarades du Comité national.

C'est dans cet état d'esprit que votre Commission administrative devait fonctionner. Si je veux m'appesantir sur ce point, c'est parce que, moi comme les autres, j'ai ma part de responsabilité que je veux prendre tout entière. Et, d'aucuns qui ont souvent souri en traitant leurs camarades d'extrémistes et de provocateurs, n'ont pas eu le courage de venir à la Commission administrative ou se sont retirés au moment de prendre les responsabilités. (*Applaudissements.*)

Il faut que vous sachiez les discussions qui eurent lieu à votre Commission administrative, discussions que j'aurais voulu voir sténographiées et en main de chacun de nos camarades du Congrès. Oh ! je sais et je suis d'avis qu'il y a certaines réserves à faire, qu'il y a des points douloureux qu'il n'est pas toujours bien de faire connaître à la masse des néophytes. Mais aujourd'hui, ce ne sont pas des néophytes qui sont ici, ce sont des militants, et ces militants ont le droit de savoir dans quelles conditions ceux auxquels ils avaient donné mandat d'agir ont fait le contraire de l'action, c'est-à-dire la désorganisation. (*Applaudissements.*)

Au cours des différentes réunions de la Commission administrative, je vous ai dit, pour ma part, que dès le lendemain du jour où le Comité national confiait à la Commission administrative l'organisation du mouvement, j'avais l'impression que certains qui avaient voté pour ce mouvement étaient disposés à faire tout le contraire pour sa réussite.

Nous allâmes à la bataille dans ces conditions. Il faut bien dire que, même entre gens qui pensent exactement de la même façon, on est très rarement d'accord à la Commission administrative ; il faut bien dire que s'il n'y a qu'un seul camarade qu'il est convenu de qualifier de minoritaire, il y a encore des fractionnements dans ce qu'il est convenu d'appeler les majoritaires et que, lorsqu'il a fallu discuter sur les points d'organisation de cette manifestation, il y eut bien — je ne pense pas être démenti — quelques divergences de vues...

Les réunions de la Commission administrative se suivirent ; et, tandis que l'on allait déclarant que le prolétariat français était organisé, était nettement organisé et capable de faire tout son devoir, il n'empêchait qu'au sein de cette Commission administrative, c'était l'opinion contraire qui prévalait et que la plupart des militants estimaient que les troupes ne valaient pas grand'chose. D'aucuns ont dit: « Ce sont les extrémistes qui sont responsables de cela ; ce sont les révolutionnaires à tout crin, ceux qui veulent tout chambarder, ceux qui, au cours de juin, étaient dans la rue et prétendaient nous entraîner à faire la Révolution. » Conception insensée, a-t-on dit. Peut-être ! Vous ne l'avez pas prouvé... En tout cas, ce que je sais bien, c'est qu'au sein de cette C. A. vous avez prouvé, pour la plupart, que vous n'étiez pas disposés à cette action.

Je veux situer des points et je voudrais que mon intervention ait cet effet d'amener les membres du Bureau confédéral à dire s'ils s'associent à la politique d'une grosse fraction de la Commission administrative.

Je n'attaque ni mon camarade Jouhaux, ni mon camarade Dumoulin. Pour l'instant, je ne veux pas les connaître. Je veux simplement, en toute bonne foi — et j'ai dit tout à l'heure que j'avais la prétention de n'en avoir jamais manqué — je veux expliquer que votre Commission administrative n'a pas su comprendre la leçon que vous aviez tenté de lui donner dans la motion de l'année dernière au Congrès de Paris.

Je dis que certains avaient accepté cette motion en levant la main, tandis qu'ils n'en pensaient pas un mot, et que tout le recul ou toute la stagnation du mouvement ouvrier français provient de cela : incompréhension ou difficulté d'évolution.

Je dis qu'à la Commission administrative, tandis que d'aucuns évoluaient vers les nécessités de l'action, d'autres se cramponnaient à leur vieille conception que « le mieux est de ne rien faire et que tout finit par s'arranger ». (Applaudissements.)

Partant de cette conception, nous sommes arrivés à des moments douloureux, surtout pour ceux qui, comme moi, ont la prétention de ne pas se payer de mots et de prendre leurs responsabilités, même contre leurs camarades d'action, et je m'expliquerai tout à l'heure.

Au cours des différentes Commissions administratives où le Bureau, sentant bien qu'il y avait quelque chose qui se désagrégeait, tentait de ressaisir les membres de la C. A. et les convoquait pour venir s'expliquer enfin et où — pour plus de propreté morale, dirai-je — on invitait aussi à venir s'expliquer les membres des Fédérations ou des organisations intéressées n'appartenant pas à la C. A. mais ayant tout de même droit à la parole, il y a des camarades qui considéraient que la Commission administrative ne valait pas le dérangement. D'autres venaient et trouvaient le moyen d'apporter deux opinions différentes en l'espace de trois jours ; et puis, on s'en allait comme cela jusqu'à la veille de la fameuse réception de M. Clemenceau.

D'aucuns ont voulu dire que c'était M. Clemenceau qui avait démoli le mouvement. Notre camarade Dumoulin, l'an dernier, disait que le trac était un sentiment bien naturel. J'aurais peut-être accepté cette excuse pour certains ; j'aurais peut-être accepté qu'ils disent : « Le vieux nous a fait les gros yeux et nous avons cru devoir changer d'opinion » ; mais je dis que cela n'est pas, parce que la veille, le jeudi, le mouvement était déjà assassiné. Et, je vais vous dire pourquoi.

Un membre d'une Fédération, un membre qui voudra bien prendre ses responsabilités, venait à la C. A. déclarer : « Mon organisation se refuse à marcher dans les conditions du Premier Mai : elle n'acceptera pas de marcher d'une façon fractionnée ; les cheminots seront dans le mouvement tout entier ou n'y seront pas du tout ». (Applaudissements.) Et, le jeudi, l'on venait à la C. A. (et c'est cela que je demande aux représentants des syndicats de bien retenir). l'on venait à la Commission administrative et l'on disait : « Plus rien à faire. J'ai reçu des lettres, j'en ai tout un paquet. » Il y en avait pas mal d'anonymes, paraît-il ; il y avait des lettres de syndicats que l'on pourrait qualifier de mort-nés. Mais, en tout cas, on en faisait état pour dire que les camarades cheminots étaient incapables de bouger pour autre chose que pour des questions de gros sous et que, lorsqu'il s'agissait d'aller au secours de la Révolution russe, lorsqu'il s'agissait de combattre pour l'amnistie ou pour un peu d'idéalisme, ils en étaient incapables.

Et ce ne fut pas seulement cette organisation qui fit de telles déclarations. Ce furent toutes les grosses fédérations intéressant la vie publique. Parce que, tout de même, il faut s'entendre, une grève générale n'est pas seulement l'apanage de l'industrie privée... Camarades, les hommes qui sont dans les administrations publiques doivent bien savoir qu'ils ont un ennemi; s'il ne s'appelle pas patron proprement dit, il s'appelle l'État-patron; de même que les ouvriers de l'industrie privée ils peuvent se faire mettre à la porte, ce qui nous arrive assez souvent.

C'est un état d'esprit que je vous explique et il me servira pour ma conclusion.

Je veux dire que nous en fûmes réduits, à la C. A., à indiquer que nous laissions à nos camarades cheminots la possibilité de fractionner leur mouvement, malgré les déclarations faites antérieurement. Et, immédiatement, certains (parce que tout de même il ne faudrait pas que dans ce jeu il n'y ait que nos camarades cheminots d'entraînés), immédiatement certains qui, courageusement s'étaient abrités, se dévoilaient et disaient : « Eh bien ! puisque les cheminots ne marchent plus, il faut bien vous dire que nous ne marchons plus non plus ! » Ils n'avaient pas eu le temps, cependant, d'aller demander l'avis de leurs adhérents, de leurs organisations. C'était tout de même sous leur bonnet qu'ils prenaient cette décision, décision qu'ils n'auraient pas dû prendre parce qu'ils ne sont pas à la C. A. pour jouer de telle ou telle opinion qui est la leur, mais pour appliquer les décisions du Comité confédéral.

Le lendemain, ce fut la visite chez M. Clemenceau, visite que notre camarade Jouhaux a relaté d'une façon très exacte. Les menaces des gouvernants, vous les connaissez toutes, camarades; vous n'avez pas la prétention que ceux que vous vous apprêtez à dépouiller demain, vont retourner leurs poches pour vous donner moins de fatigue !

Je dis que la réception chez le souteneur de la République ne fut pas le fait qui décida de surseoir au mouvement. Je dis que le mouvement était assassiné depuis la veille, le jeudi, au moment où l'on avait décidé que les cheminots seraient autorisés à ne pas faire grève totalement et où l'on n'avait pas osé prendre la responsabilité de l'annoncer; on sentait à ce moment que s'il fallait déclarer cela, que s'il fallait dire que les cheminots n'étaient pas sûrs de leurs groupes, que les transports en commun n'étaient pas certains de leurs troupes,

c'était quelque chose de dangereux en même temps que douloureux
à faire connaître. ·

Le vendredi soir, après la réception de M. Clemenceau, nous nous
réunissions. Je pensais, moi que l'on qualifiait de minoritaire, que
les hommes qui avaient eu l'honneur d'être désignés pour ces responsabilités seraient tous présents. Il en manquait dix à l'appel. Une
fois de plus, l'on n'avait pas cru nécessaire de se déranger. Il ne
s'agissait que de l'écrasement de la révolution russe et de renier la
parole donnée à nos camarades d'Angleterre et d'Italie ! Vous voyez
que ce n'était pas grand'chose. Et alors, quelle fut notre situation à ce
moment ? Je n'ai pas à rechercher ici quel était l'état d'esprit du
Bureau. Je dois dire cependant que j'ai eu l'impression que la majorité du Bureau voulait le mouvement malgré tout. Après plusieurs
heures de discussion très orageuse, comme on le dit dans le Rapport,
vos mandants chargés de prendre les responsabilités en votre nom
n'en avaient plus le courage. On barbotait depuis deux heures quand
un camarade se décida enfin à dire : « Il faut tout de même que la
situation soit clarifiée; il faut dire par un vote ce que nous allons
faire ». Nous avons voté, camarades : huit voix contre, dix pour et
deux abstentions. Je dis que dans les dix qui votèrent pour la continuation du mouvement, il n'y avait que des représentants de l'industrie privée. Je ne citerai que ma fédération, qui ne pèse pas beaucoup à côté d'autres fédérations.

Un délégué. — Et les mineurs, ils ne comptent pas ?

TOMMASI. — Je ne sais pas quelle aurait été l'attitude des mineurs.
On nous a dit qu'ils étaient partisans du mouvement, mais il n'y
avait pas de représentant des mineurs à la Commission administrative.

Un délégué. — J'en blâme le représentant des mineurs.

TOMMASI. — Vous sentez bien qu'une des plus grosses questions
que vous aurez à débattre ici, c'est bien ce mouvement du 21 juillet.
Et je viens le premier, et certainement le seul puisque seul au sein
de la Commission Administrative à soutenir cette conception non pas
pour le mouvement, mais à soutenir la conception dite minoritaire,
— j'ai voulu prendre le premier la parole parce que j'estimais que
nos camarades congressistes avaient le droit de connaître la vérité.
Je ne veux pas faire état de l'attitude de tel ou tel camarade. Je
veux simplement, en conclusion, rechercher si les hommes qui sont
au sein de la Commission Administrative, et qui ont bien autant de
responsabilité que le Bureau, sont à la hauteur de la tâche que vous
leur avez donnée et si leur mentalité a évolué comme le demandent
les événements. C'est tout ce que je recherche, et je dis que dans ces
dix voix « pour » il n'y avait que des représentants de l'industrie privée, à quelque chose près.

Je sais que nos camarades mineurs étaient partisans de l'action,

mais je répète qu'ils n'étaient pas présents et, en face, qu'avions-
nous ? Tous ceux qui la veille déclaraient, soit dans leurs Congrès
personnels, soit à la Commission Administrative de la C. G. T. qu'ils
étaient prêts à faire leur devoir; au vote, il y en avait tout de même
huit qui pensaient que le devoir avait bien pu changer de côté !

Et puis, il fallut prendre la responsabilité de surseoir au mouvement ; pour moi, qui aime le mouvement autant que quiconque ici, je
vous affirme que si j'ai quelquefois souffert dans ma vie, c'est au
moment où j'ai dû, devant des hommes qui n'osaient pas prendre la
responsabilité de surseoir au mouvement, la prendre pour eux, tandis
que j'étais partisan de l'action. Aujourd'hui, pour la plupart, vous
vous en servez contre moi. J'ai la prétention de dire que, même au
Bureau, on a considéré que j'aurais pu éviter de prendre cette attitude. Je dis que personne n'a osé prendre ses responsabilités et que ce
fut un de ces démagogues qui a dû, malgré son peu de présence au
sein de la Commission Administrative, dire : « Puisque vous ne voulez pas prendre cette responsabilité, je vais la prendre pour vous. »
Et c'est moi qui ai dit : « Puisque vous avez assassiné le mouvement,
je ne veux pas que vous alliez au fiasco une fois de plus et je ne veux
pas non plus que l'on se serve demain, contre la Fédération des Métaux et d'autres fédérations, de ces paroles insidieuses : que nous
sommes bons pour la « gueule », et que nous sommes incapables de
faire de l'action ! »

Camarades, je voulais tout de même dire que certains déclaraient
qu'ils espéraient bien qu'une bonne fois pour toutes on se débarrasse-
rait de certains éléments qui gênaient le syndicalisme.

Et, camarades, je me suis apesanti sur ce point parce que tout à
l'heure notre camarade secrétaire de la Confédération générale du
Travail disait : « Mes responsabilités individuelles, je les prends ;
mes responsabilités collectives, je les prends également. » Et je lui
dis : « Il y a des responsabilités collectives; j'ai vu votre attitude au
sein du Bureau, au sein de la Commission Administrative, et je viens
vous demander, devant le Congrès, si vous partagez les conceptions
et les méthodes appliquées par ceux qui ont assassiné le mouvement
du 21 juillet ? »

En quelques mots, avant de descendre de cette tribune, je veux indiquer pourquoi je pense que les camarades qui ont la responsabilité
de diriger le mouvement à l'heure actuelle, sont incapables de continuer de le diriger en face des éléments qu'ils ont.

Vous avez dit, à une époque où il y avait très peu de syndiqués :
« Peu importent les gros bataillons; ce qu'il nous faut, ce sont des
minorités conscientes qui ne craignent pas de faire de l'action. » Aujourd'hui, les gros bataillons sont arrivés, et je ne veux pas dire si
c'est telle ou telle tendance qui les a amenés à la C. G. T.; je me contenterai de dire que ce sont les événements douloureux que nous
avons vécus qui ont dégagé la conscience de certains qui n'étaient
que des timorés jusqu'à ce jour et ont fait que nous sommes aujour-

d'hui deux millions ou presque à la Confédération générale du Travail.

Mais alors se pose le problème. Vous n'avez pas la prétention de nier l'évolution (évitons de prononcer le mot révolution, puisque nous sommes tous révolutionnaires); vous n'avez pas la prétention de nier l'évolution dans les masses, et je dis que tandis que les masses ont évolué vers une action tous les jours plus précise, vers l'action de classes, vous êtes subjugués par les gros bataillons, et vous n'avez pas la certitude que ces grosses masses répondront au jour de l'action.

Je dis, moi, qu'on manque un peu, non pas de courage, parce que tous nous n'en manquons pas, mais de sens psychologique; je dis que d'aucuns se refusent à évoluer et, qu'ils le veuillent ou non, la question se pose comme cela. Il faudra que le Bureau nous dise s'il est disposé à évoluer comme le lui indiquait, l'an dernier, la motion votée au Congrès de Paris. S'il en est incapable, qu'il le dise encore: mais qu'au moins il vienne nous dire quels sont ceux qui sont responsables de ce manque d'évolution de sa part !

LE PRÉSIDENT. — La parole est au camarade Monatte, délégué des Instituteurs du Finistère.

MONATTE. — Camarades, je ne me propose pas d'entrer dès maintenant dans l'examen du Rapport du Comité confédéral. Je tiens simplement à faire deux remarques que je crois indispensables pour la clarté des discussions qui vont s'ouvrir.

La première est peut-être inutile après les déclarations de Jouhaux. Elle consistait dans ce désir que la discussion qui s'ouvre, qui est ouverte dès maintenant, ne soit pas limitée à la période de juillet 1918, où s'est tenu le précédent Congrès confédéral, à septembre 1919.

J'estime qu'il est impossible qu'à ce Congrès ne soit pas examinée la politique confédérale de guerre. L'année qui vient de s'écouler n'en est qu'une partie, et je ne crois pas que le Congrès puisse refuser à ceux qui viennent seulement d'être démobilisés, à ceux qui, comme moi, sont partis et revenus, de dire leur pensée sur toute la politique confédérale de guerre. (Applaudissements.) Je veux croire que Jouhaux nous a donné ici l'espoir que le débat ne serait pas limité.

Mais, — et c'est l'objet de ma deuxième remarque —; je dois exprimer un regret très vif; c'est que pour cette discussion des éléments importants vont nous manquer. Je crois qu'il était du devoir du Bureau confédéral, au lendemain de la guerre, d'apporter, en vue des discussions du premier Congrès confédéral, les procès-verbaux des discussions du Comité confédéral.

Ce sont là les deux remarques que j'avais à formuler. Sur le fond, je reviendrai.

FOY. — Camarades, je ne viens pas critiquer la Commission Administrative depuis le commencement de la guerre. Mais, mon syndicat, d'accord avec deux autres syndicats, les Lapidaires et les Lamineurs-

Tréfileurs de Paris, adhérents à la Fédération du Bijou, m'a donné mandat de critiquer l'action de la C. A. de ces derniers temps.

Je ne veux pas critiquer les camarades parce que je sais ce que c'est que le travail des militants; je connais les controverses qui se heurtent au point de vue des initiatives à prendre sur l'état général, sur la lutte de classes. Je veux simplement dire, au nom des organisations que je représente, que la Confédération Générale du Travail, c'est-à-dire la Commission Administrative, n'a pas été assez à gauche et qu'elle a fait trop de collaboration de classes. Même à l'heure actuelle, pour la vie chère, on crée des comités de vigilance, on va avec des bourgeois essayer d'enrayer la vie chère; alors que le gouvernement seul en est responsable; nous autres ouvriers nous allons aider, dans ces Comités de vigilance, à sauver la responsabilité de MM. Clemenceau et consorts. Je dis que ce n'est pas notre droit et que c'est à eux de faire le nécessaire. Nous ne pouvons pas, nous, aller prendre les ordres du gouvernement comme Gompers va prendre les ordres à la Maison Blanche. Voilà le danger que mon syndicat croit devoir signaler au Congrès.

D'autre part, je demande au Congrès de s'en tenir à la période de 1918-1919.

Au nom des organisations que je vous ai citées tout à l'heure, je vais vous lire une motion qui a été votée dans une Assemblée générale :

« Le syndicat du Bijou : d'une part, déclare qu'en ce qui concerne le mouvement du 21 juillet, qui aurait pu être gros de conséquences, la C. G .T. n'aurait pas dû décider un mouvement de cette envergure sans avoir la certitude d'être suivie par les organisations, donnant ainsi l'impression à la classe bourgeoise que la cohésion n'existe pas dans la classe ouvrière ;

« Blâme la Commission administrative de s'être rendue à la convocation de Clemenceau, l'homme de Narbonne, de Draveil et du 1er mai ;

« D'autre part, au point de vue des revendications du prolétariat, considère que le rôle de la C. G. T. dans la société actuelle est de poursuivre la lutte à mener pour arriver à la disparition du salariat et du patronat, ainsi qu'elle le déclare dans le deuxième paragraphe de l'article premier de ses statuts, pour ce but la lutte de classes devant être la base de son action, la collaboration de classes devant être condamnée ;

« En conséquence, donne mandat à son délégué au Congrès de Lyon de voter contre les rapports du Comité confédéral et de la Commission administrative. »

Intervention de Jullien

LE PRÉSIDENT. — La parole est au camarade Jullien, des Machinistes de Marseille.

JULLIEN. — Ici, camarades, je ne viens pas au nom de l'Union départementale des Bouches-du-Rhône, mais simplement parce que c'est un Congrès confédéral et non un Comité national, au nom des huit organisations qui m'ont mandaté.

Cependant, je ne pourrai pas oublier que j'ai été membre du Comité National et, dans la discussion, je serai appelé à me servir de mon titre de membre du C. N., non pas pour approuver ou désapprouver mon attitude, mais pour préciser les décisions qui ont été prises et qui n'ont pas été mises en exécution.

Tantôt, le camarade Monatte est venu faire une franche déclaration. En effet, il avait raison. Il disait : « Je suppose que le Congrès actuel ne va pas se borner à discuter le rapport moral depuis le dernier Congrès de Paris, mais qu'il va faire revenir la discussion à toute la période de guerre. Pendant la guerre, il y a eu un Congrès confédéral, mais à ce Congrès confédéral, où ne pouvaient assister les camarades qui n'étaient pas encore démobilisés, on aurait dû, d'après les organisations que je représente, s'occuper seulement de l'avenir de la Confédération générale du Travail et renvoyer à ce Congrès-ci l'examen de la période de guerre, où tous les camarades, retour de la guerre, rentrés dans leurs organisations syndicales, et ayant pris part aux votes des assemblées générales de leurs organisations respectives, sont mieux qualifiés pour juger de l'attitude du Comité confédéral pendant la guerre ».

C'est pourquoi nous disons que toute la période de guerre doit être examinée.

Camarades, personnellement je ne viendrai pas discuter la période de guerre, parce qu'il y a ici, au point de vue tendance, des camarades qui ont un talent oratoire meilleur que le mien ; il y a aussi des camarades qui sont plus anciens que moi dans le syndicalisme ; des camarades qui ont vécu les Congrès de Toulouse, de Marseille, du Havre, qui peuvent ressortir les arguments que l'on sortait à ces époques au camarade Niel, le représentant de la tendance réformiste. Ils sont plus qualifiés que moi, et je ne veux pas empiéter sur eux.

Je tiens cependant à déclarer que vraiment nous étions logiques avec nous-mêmes, puisque le camarade Monatte le reconnaît, lui qui est un représentant de la minorité, lorsqu'au Congrès de l'Union départementale, pour la première Conférence de décembre, à Clermont-Ferrand, notre organisation disait :

Le délégué de l'U. D. des Bouches-du-Rhône reçoit, sur la première question portée à l'ordre du jour de la Conférence des Bouches-du-Rhône (Attitude du Comité confédéral depuis août 1914), un mandat ferme ainsi conçu :

« 1° L'U. D. des Bouches-du-Rhône demande que l'attitude du Comité confédéral depuis août 1914 ne soit discutée que dans un Congrès confédéral, après quoi il doit voter contre toute proposition de discussion de cette question à la Conférence ;

« 2° Si la discussion a lieu, il ne pourra y prendre part au nom de l'U. D. des Bouches-du-Rhône et il ne votera ni pour ni contre le Comité confédéral. »

Voilà, camarades, pour vous prouver que les organisations qui m'ont mandaté sont logiques avec elles-mêmes.

Ceci dit, je suis forcé de faire intervenir ma qualité de membre du Comité National et de représentant des Bouches-du-Rhône, parce que je dois dire au nom des organisations que je représente, je ne pourrai pas voter le rapport moral : 1° parce que nous avions demandé que le compte rendu sténographique de toutes les Conférences qui eurent lieu depuis la déclaration de la guerre parvienne, sinon aux organisations syndicales, tout au moins aux organisations centrales. Camarades, nous n'avons pas en mains cette documentation; nous n'avons pas en mains les paroles prononcées par les délégués au sein du Comité National. On écrit dans les journaux que le camarade Jullien était le représentant extrême de la tendance extrême, cela ne suffit pas pour établir un rapport sténographique. Il faut que les écrits restent et que nous ne soyons pas réduits à juger la Commission Administrative et le Bureau confédéral sur des racontars de journaux comme l'*Information ouvrière* ou l'*Humanité*. Il faudrait que nous ayons un compte rendu sténographique des séances du Comité confédéral et de la Commission Administrative; or, ces comptes rendus, nous ne les avons pas. Nous voyons dans la *Voix du Peuple* les discours des camarades Jouhaux et Merrheim, mais les interventions des délégués d'Unions départementales ou de Fédérations restent dans l'inconnu, de sorte que ce n'est pas un compte rendu exact de ce qui a été dit dans les Comités Nationaux, dans les Commissions Administratives, que nous avons, mais les comptes rendus de ce que nous présente le Bureau confédéral. Nous pouvons le repousser ou l'approuver, mais nous ne pouvons pas dire que nous ayons l'exacte vérité sur ce qui s'est passé.

Et, Lapierre, tu ne peux pas dire que je ne t'ai pas demandé ces comptes rendus, dans les réunions des Comités Nationaux. Je l'ai fait à plusieurs reprises, justement pour que les camarades soient bien au courant de toutes les questions, pour que les camarades sachent bien comment les représentants des Unions et des Fédérations avaient voté et aussi les raisons qui avaient motivé leur vote.

Ces rapports, nous ne les avons pas et à cause de cela, nous voterons contre le Rapport moral.

Deuxième point : En tant que membre du Comité National, je dois dire que dans les Bouches-du-Rhône et particulièrement à Marseille, nous avons pu constater que, pour le Premier Mai, une action générale avait abouti à un chômage général.

Nous avons pu constater aussi que, lors de la grève du Bâtiment et des Métaux, la solidarité ouvrière de Marseille n'avait pas fait défaut à ces deux organisations et qu'à Marseille on savait sortir dans la rue, non seulement pour des questions de salaires, mais aussi pour une question d'idéal et de solidarité.

Nous avons remarqué encore qu'actuellement des syndicats puissants et des syndicats que nous pouvons qualifier de réformistes sont descendus dans la rue et y seraient restés si ceux qui sont à la tête n'avaient pas commis un acte de trahison, non pas pour des revendications de salaires, mais par solidarité.

Nous avons aussi le droit de dire que le mouvement du 21 juillet nous effrayait. Nous avons déclaré dans une assemblée de l'Union départementale que la grève générale n'était pas une chose dont on devait se servir comme d'un jouet et que si l'on entrait en grève par solidarité pour une organisation qui demande une augmentation de salaires, il arriverait ceci : c'est que, ayant des organisations qui constamment demandent des augmentations de salaires, nous serions en grève du 1er janvier jusqu'à la Saint-Sylvestre. Mais nous avons considéré que lorsque des syndicats comme la métallurgie réclamaient les 20 francs et les huit heures, comme le syndicat des Dockers, qui n'est pas considéré comme un syndicat révolutionnaire, il appartient à tout le prolétariat d'entrer dans la lutte jusqu'à complète satisfaction.

Nous arrivons au mouvement du 21 juillet.

Dans une lettre particulière au camarade Jouhaux, nous disions ceci : « Il sera très difficile de faire marcher les organisations syndicales pour le 21 juillet si les cheminots ne marchent pas, parce que nous avions déjà eu ces grèves de cinq minutes chez les cheminots et les camarades disaient : c'est du bluff si les cheminots ne marchent pas. » Je l'ai déclaré également à la Commission Administrative.

Ce qui manque dans les milieux syndicalistes, ce qui manque dans la Confédération générale du Travail, c'est la foi dans la réalisation du mouvement.

Eh bien ! c'est parce que nous avions la foi que nous avons fait des réunions des Unions locales et départementales, où tous les éléments d'extrême-droite comme d'extrême-gauche, étaient représentés ; nous pouvons dire que dans les Bouches-du-Rhône nous étions arrivés à ce résultat que le 21 juillet la grève aurait été générale.

Nous nous demandons pourquoi la Commission Administrative, qui s'était prononcée pour la grève générale, sur les ordres du Comité National, a donné le contre-ordre de cette grève générale. Nous voyons les conséquences de ce contre-ordre dans la grève des Dockers.

Jouhaux nous disait tout à l'heure : « Je prends toutes mes responsabilités. » Mais, camarade, si à la Commission Administrative vous preniez toutes vos responsabilités pour arrêter le mouvement, pourquoi ne les preniez-vous pas aussi pour engager le mouvement, puisque vous en aviez l'ordre ?

Est-ce que dans la réunion du C. N. on vous avait dit : « La grève devra avoir lieu à telle ou telle date ? » Non, camarade, à la réunion du Comité National, on avait dit : « Nous mènerons une action d'ensemble contre l'intervention en Russie, pour l'amnistie, la démobilisation, enfin pour les quatre questions à l'ordre du jour. Mais on ne vous disait pas quand vous deviez mener cette action d'ensemble. Et alors, camarades, si vous n'étiez pas prêts, pourquoi avoir lancé l'ordre de grève, ce qui, lorsque le contre-ordre a été donné, a jeté le désarroi dans les organisations ? On nous dit : « Vous êtes des fumistes, comme ceux qui sont à la tête de la C. G. T. ! »

Il fallait réfléchir avant de lancer le mot d'ordre.

Oh ! je sais que le camarade Jouhaux était un de ceux qui étaient partisans du mouvement. Mais je sais, comme l'a déclaré Tommasi, que dans les réunions de la Commission exécutive de l'Union départementale — et il y a ici des camarades qui ne pourront pas me démentir — on avait l'impression qu'on lançait ce mouvement avec l'arrière-pensée de ne pas le faire, et cela a été déclaré au sein même de la Commission exécutive de l'Union départementale. Quels sont donc ces responsables ? Il faut qu'ils s'expliquent ici. Il faut que nous sachions quels sont ceux qui ont mis la Confédération Générale du Travail dans le « pastisse » où elle a été.

Je n'ai qu'un souci ici : c'est de défendre l'Union départementale que je représentais à l'époque et je dis que si nous avons dit que nous étions prêts, c'est que nous l'étions réellement. Du fait que ce mouvement a été renvoyé, nous en avons supporté les conséquences, non seulement dans les Bouches-du-Rhône, mais ailleurs.

Eh bien ! il appartiendra à ceux qui ont la tête du mouvement, à ceux qui ont la responsabilité de l'organisation confédérale, de venir dégager ici leurs responsabilités.

Je répète que du fait même que les Inscrits maritimes, les tramways sont entrés dans le mouvement pour appuyer la cause des dockers, du fait qu'il n'y a plus à Marseille ni théâtre, ni cinéma, nous pouvons dire que dans les Bouches-du-Rhône on était prêt pour le mouvement du 21 juillet et que le représentant n'a pas failli à son mandat.

Discours de Bouet

BOUET. — Camarades, la Fédération des syndicats d'instituteurs que je représente ici et qui est devenue Fédération des syndicats de l'Enseignement a été, dès 1915, parmi les organisations qui ont fait de l'opposition au Bureau confédéral et elle a persévéré dans cette attitude jusqu'à maintenant.

Nous avons pensé, nous instituteurs, qu'il était utile de dire ici, aujourd'hui, les raisons de notre attitude et je suis bien d'accord avec Monatte, avec Jullien, pour que nous examinions ensemble, dans ce Congrès, non pas seulement l'action du Comité national depuis le mois de juillet 1918, mais encore pour que nous examinions et que nous jugions toute l'action du Comité confédéral depuis août 1914, ou du moins des camarades qui étaient alors à la tête de la C. G. T. et qui y sont encore.

Mais, pour être bref, je me contenterai de voir avec vous en ce moment, les points particuliers qui se placent à la période qui va du Congrès de 1918 à nos jours.

D'autres, plus qualifiés que moi et mieux placés pour être au courant du mouvement, prendront la parole sans doute sur les événements qui se sont passés depuis août 1914 à juillet 1918.

Il y a, camarades, dans la déclaration du secrétaire général deux choses que je veux retenir.

Il nous a demandé de rester sur le terrain des idées et il a demandé encore à ceux qui avaient des critiques à formuler de s'arrêter là où la calomnie commence.

Je suis d'accord avec lui là-dessus.

Eh oui ! nous devons rester sur le terrain des idées. Mais, il faut s'entendre là-dessus, camarades. Il y a des hommes qui représentent les idées et, quand on veut examiner les idées, on est bien obligé de parler de ces hommes et l'on est obligé d'en parler surtout quand ce sont ceux qui sont à la tête des organisations. Voilà pourquoi nous avons été obligés de parler d'hommes comme Jouhaux, Dumoulin, qui sont à la tête de la C. G. T., qui représentaient avant 1918 des idées, qui représentent encore aujourd'hui des idées. Ces idées ne sont plus les mêmes ; mais enfin, quand on veut examiner ces idées, les juger, on est bien obligé de parler de ces individus. Quand on parle de ces hommes, on ne fait pas de personnalités.

Je suis d'accord encore avec Jouhaux quand il dit : « Vos critiques devront s'arrêter là où commence la calomnie ».

Je suis d'accord, mais il faut que ce soit réciproque.

Quand nous faisons connaître nos critiques sur l'action confédérale, il se trouve toujours quelqu'un du Bureau confédéral pour dire : « Ce sont des irresponsables, des démagogues ! » N'est-ce pas de la calomnie cela, camarades ? Oh ! l'expression n'est pas nouvelle ! Ces termes mêmes d'irresponsables et de démagogues que l'on emploie aujourd'hui contre nous, quand Bourderon et Merrheim sont allés à Zimmervald, il s'est trouvé des gens à la C. G. T. pour dire : « Ce sont des irresponsables, des démagogues ! » Eh bien ! quand j'entends retourner ces mêmes expressions contre nous, par ces camarades, je crois qu'il y a lieu de m'indigner. Il y a parmi nous des hommes qui ne sont pas qualifiés pour employer ces termes puisque c'était contre eux que l'on usait de ces mêmes termes quand ils faisaient de l'action.

Jouhaux a dit encore : « Il ne faut pas d'équivoque. » Je suis de ceux qui vont s'employer à faire qu'il n'y ait pas d'équivoque. Mais alors, encore une fois, il faut que tous s'arrangent pour dissiper les équivoques. Et il y en a une qu'il faut dissiper tout de suite ! L'équivoque, camarades, elle est dans le fait d'avoir changé d'attitude et de prétendre que l'on n'en a pas changé. (*Applaudissements.*)

Vous connaissez l'expression : « Il n'y a que les imbéciles qui ne changent pas. » Vous l'avez tous entendu formuler. Je ne sais pas si les imbéciles ne changent pas. Je crois même qu'ils changent beaucoup parce qu'ils changent au gré des événements ; mais ce que je sais bien, c'est que nous changeons tous. Et, c'est le sage de l'antiquité qui disait : « Jamais le même homme ne s'est baigné dans l'eau du même fleuve », qui avait raison. Il voulait dire par là que l'eau du fleuve avait changé et que l'homme n'était pas non plus tout à fait pareil. Il avait raison ce sage, camarades. Nous changeons tous. Vous avez changé. J'ai changé. Je ne suis pas exactement ce que j'étais avant la guerre. Avant la guerre, je me plaçais parmi ceux que l'on qualifiait de révolutionnaires. Mon idéal, c'était la Révolution. Mais je ne répugnais pas tout de même à faire la collaboration, parce que je pensais qu'il ne faut négliger aucun moyen d'action et que, tout en essayant de préparer, d'amener la Révolution sociale, il fallait en même temps faire-le recrutement de nos organisations et pour l'assurer, faire des démarches, au besoin de la collaboration, ce n'est peut-être pas le mot propre, mais enfin obtenir de petites améliorations. Je croyais cela. Eh bien ! j'ai changé et ce sont les événements qui m'ont fait changer. Je croyais cela, parce qu'à ce moment-là je pensais qu'il était possible de se rencontrer de temps en temps avec ceux qui étaient à la tête. Je sais ce qu'ils valaient, mais ils n'avaient pas fait leurs preuves ; tandis que maintenant, ils ont fait leurs preuves.

Ah ! camarades, on a prétendu que les gouvernants français n'étaient pas les plus responsables. On a prétendu cela. Eh bien ! je ne veux même pas discuter aujourd'hui l'origine de la guerre. Mais, il y a un fait sur lequel il faut nous mettre d'accord : dans la continuation de la guerre, il est impossible d'affirmer que les gouvernants français n'ont pas une très grande part. (*Applaudissements.*)

Il y a des faits, camarades, contre lesquels il est impossible de s'inscrire. Il y eut des propositions de faites et l'on sait bien que les gouvernants français n'ont rien voulu connaître de ces propositions. La guerre a continué. Les ruines se sont accumulées et la maladie, cette peste que l'on a baptisée « grippe espagnole », s'est abattue sur nous. Eh bien ! de tout cela, je dis que nos gouvernants sont en grande partie responsables. Ils ont sur la tête des centaines de mille morts. Et, camarades, c'est avec ceux-là que le Comité confédéral a fait de la collaboration de classes et c'est avec ceux-là que j'estime que nous ne devons pas en faire. (*Applaudissements.*) Quant à eux, ils ont aussi changé, mais dans un sens tout différent. Ils étaient révolutionnaires avec moi, avant la guerre. Et puis, peu à peu, — oh ! cela ne s'est pas fait brusquement, en un seul jour, — peu à peu ils ont changé. Et, c'est cela que je leur demande de reconnaître pour dissiper toute équivoque.

A notre Congrès fédéral de Tours, il y a quelques semaines, Dumoulin, qui était le porte-parole de la C. G. T., répondant à des critiques que nous avons formulées, disait : « Eh bien ! c'est vrai, personnellement (car c'était surtout l'attitude depuis 1918 qui avait été mise en cause et particulièrement celle de Dumoulin parce que c'était lui qui était là et que nous voulions faire nos critiques face à face) ; oui, en 1918, au Congrès de Paris, j'ai accepté de rentrer à la C. G. T.

avec la majorité du temps de guerre parce que j'estimais qu'il était nécessaire de faire face à l'unité confédérale des sacrifices d'idées. C'est pour maintenir cette unité que je suis rentré à la C. G. T. et ça été pour moi un grand effort sur moi-même. »

Eh bien ! je veux lui demander aujourd'hui, devant vous tous, camarades, jusqu'où il entend aller dans ses sacrifices d'idées. Parce qu'enfin, il est entré là en 1918, alors que pendant quatre ans, avec nous, il avait mené la lutte contre le Comité confédéral, contre les membres du Bureau confédéral, tout au moins, car ce Comité ne se réunissait plus guère et était quelque peu squelettique ; il faut tout de même voir ce qu'il a fait après ce sacrifice d'idées pour essayer de changer l'orientation. Il est juste que nous demandions maintenant : « Qu'a fait Dumoulin ? ». Je suis de ceux qui lui ont fait crédit pendant plusieurs mois ; j'attendais quelque chose de lui. Eh bien ! il a participé à la collaboration. Et, où mène cette collaboration, camarades ? Nous avons des faits aujourd'hui et ce sont ces faits-là qu'il faut voir.

On a déjà parlé de la journée du 21 juillet. Le camarade Tommasi nous a expliqué comment les choses s'étaient passées à Paris. Mais nous, dans la province, bien que n'étant pas sur les lieux, nous essayons tout de même de nous faire une idée de ces choses, de les examiner, et voici comment nous les avons vues :

D'abord, dans cette journée du 21 juillet, nous savions que les membres du Bureau confédéral avaient fait des démarches auprès des ministres; nous savions notamment qu'ils y étaient allés une fois et que Clemenceau leur avait fait des déclarations. L'un d'eux nous a fait connaître ces déclarations et puis, quelques jours plus tard, dans la presse, Clemenceau a déclaré : « Mais non, je n'ai pas dit cela. » Vous voyez, camarades, où cela mène, la collaboration de classes. Elle mène à ces camouflets. On les a traités de menteurs et, après avoir encaissé cela, ils sont retournés chez les ministres. Et à quel moment ? A la veille du 21 juillet, à la veille de ce mouvement qu'ils avaient organisé. C'est après cette nouvelle entrevue avec le Président du Conseil qu'ils ont décommandé la grève qui devait se faire en France, en accord avec les camarades d'Italie et d'Angleterre.

Voilà les faits comme nous les voyons dans la province. Et voyez-vous ces hommes qui nous disent : « Mais nous ne demandons pas mieux de marcher; nous voulons bien marcher, mais c'est la masse qui ne suit pas; c'est l'ensemble des organisations qui ne suivent pas; c'est vous qui ne marchez pas, et tout de même, nous ne pouvons pas marcher tout seuls. Pour faire un mouvement, il faut qu'il y ait des militants; pour faire une grève, il faut qu'il y ait des grévistes, et alors, que pouvons-nous faire s'il n'y a pas suffisamment de grévistes ? » Voilà ce qu'ils nous disent. Eh bien ! je l'ai déjà dit à Dumoulin, et je veux le répéter : Ils avaient une occasion unique de montrer qu'ils étaient conscients, c'était, même après avoir reçu les renseignements qu'ils disent avoir reçus sur la façon dont on accueillait la grève, de la faire quand même. On aurait vu ce qu'elle aurait donné. Cette occasion, ils n'ont pas voulu la saisir.

Un camarade. — Les Instituteurs auraient-ils marché ?

BOUET. — Camarades, nous nous expliquerons tout à l'heure sur le cas des Instituteurs...

Ils peuvent dire : « Nous n'aurions pas voulu donner une impression de faiblesse qui aurait porté un coup mortel à l'organisation. » Mais ce coup mortel, ils l'ont porté tout de même, puisqu'après avoir pris pour prétexte la démission du ministre Borret, ils ont fait savoir que les organisations n'auraient pas marché. Par conséquent ce prétexte n'est pas réel et cette preuve de faiblesse ils l'ont donnée après coup. Et le résultat, camarades ? Eh bien ! le résultat, c'est que l'organisation est disqualifiée; on peut maintenant venir parler de grève générale de protestation, vous verrez comment l'on nous accueillera. On nous dira : « Est-ce pour vous f... de nous que vous nous parlez encore de cela ? » L'autre résultat, c'est l'écrasement de la révolution hongroise qui est venu peu de jours après.

Voilà où nous mène la collaboration de classes.

Sur le fond même du rôle de la C. G. T., sommes-nous bien d'accord ? Il y a toujours dans les statuts confédéraux cette indication que la C. G. T. a pour but la suppression du salariat.

Si j'ai bien compris les déclarations de Dumoulin, à Tours, il ne semble pas que la C. G. T. ait pour mandat de prendre la tête d'un mouvement révolutionnaire. On a parlé de questions économiques. mais sur le mouvement révolutionnaire lui-même, dans son ensemble, il ne semble pas que nous soyons d'accord et il est bon de s'en expliquer.

Ils disent : « La révolution, oui, bien sûr ! Mais il faut d'abord faire l'éducation de la masse, et la révolution ne sera possible que lorsque la masse sera éduquée. » Et ils ont même employé cette expression : « Nous ne sommes pas pour une révolution de famine, parce que nous savons trop ce qu'il en sortirait; il n'en sortirait rien de bon. »

Eh bien ! je vous le demande, camarades, croyez-vous qu'il y ait eu dans l'histoire d'autres révolutions que des révolutions de famine? Pour qu'une révolution puisse éclater, il faut que la masse marche. Eh bien ! la masse, ce sont les besoins, les grands besoins, les besoins extrêmes qui la font marcher. Et ce moment peut venir. Et lorsque ce moment est venu, lorsque la masse se met à marcher, ce qu'elle donne est évidemment quelque chose de chaotique, quelque chose d'impuissant, si vous le voulez. Mais, il appartient alors aux minorités que nous sommes, aux militants que nous sommes, à ceux que nous avons mis à la tête de notre organisation, de diriger cette masse et de faire sortir du mouvement le maximum de bonnes choses. Voilà ce qu'ont fait nos camarades de Russie et voilà ce qu'il faudra faire partout, sur tout le globe, là où les mouvements de masse se feront. Et je dis plus, ces mouvements de masse, il faut en effet les préparer; mais il faut aussi les hâter parce que demain, quand les gouvernements de l'Entente auront écrasé la révolution russe comme ils ont écrasé la révolution hongroise, lorsqu'une révolution éclatera dans un autre pays, ils pourront l'écraser de la même manière.

Voilà, camarades, pourquoi il faut se hâter ! Il faut se hâter, parce que d'autres ont commencé et que ce sera le moment demain. Et alors, il appartiendra à ceux en qui nous avons confiance de prendre la tête de ce mouvement et de faire que la révolution chaotique devienne une véritable révolution sociale.

Cela, c'est le rôle de la C. G. T., tel que nous l'avons toujours compris. C'est cela qu'il y a dans les mots : « Suppression du salariat et du patronat ».

La révolution sociale ! Voilà ce que l'on a fait en Russie, et voilà ce que les gouvernements de l'Entente écrasent où ils le peuvent, et voilà ce qu'ils écraseront chez nous si nous n'avons pas à la tête de l'organisation les hommes qu'il faut.

A la fin de la discussion, à Tours, Hélène Brion, pour résumer le débat, disait : « Nous répéterons la parole de Jaurès en nous adressant aux camarades qui sont actuellement à la tête de la C. G. T., nous leur dirons : « Allez-vous en et que Dieu vous pardonne ! » (*Applaudissements.*)

Le camarade Dumoulin n'a pas fort goûté cette expression, surtout en ce qui concerne le Bon Dieu, dit-il. Oui, je suis bien d'accord avec vous. On peut modifier l'expression. On peut dire, on peut rappeler plutôt l'expression de Shakespeare : « Pardon est le mot pour tous. » Oui, je suis bien d'accord avec Jaurès; mais ce n'est pas cela qui a le plus gêné le camarade Dumoulin. C'est : « Allez-vous en ! »... Car il en a parlé dans la *Bataille*. Il a dit : « Ce n'est pas suffisant de dire : « allez-vous en », il faut qu'il y ait quelque chose à la place. » Eh bien ! je reprends, moi, en ce moment, cette parole : « Pardon, oui, mais quand vous vous n'y serez plus; quand il y aura d'autres hommes à votre place, car nous n'avons plus confiance en vous ! » (*Applaudissements.*)

En 1918, Dumoulin faisait à un délégué ce reproche : « Vous n'avez pas la foi ! » Il ne s'agissait pas précisément de manquer de foi, mais de raison, et je crois l'avoir assez montré.

Je maintiens tout entière l'expression et je vous demande, camarades délégués, de la faire vôtre en votant contre le Bureau confédéral actuel.

La vérification des mandats

Le Président. — Camarades, la Commission de vérification des mandats a terminé ses travaux et Roux (Cuirs et Peaux), qui est le rapporteur, va vous donner lecture de son rapport.

Roux. — La Commission de vérification des mandats que vous avez nommée ce matin ayant terminé ses travaux, je vais vous donner connaissance du résultat :

Mandats représentés : pour les Fédérations, 41 ; pour les Unions départementales, 67 ; pour les Syndicats, 1.807.

Il y a, d'autre part, 87 syndicats dont les mandats sont irréguliers. Je tiens à déclarer qu'ils ne sont pas contestés. Les secrétaires d'Unions ou de Fédérations, simplement, n'ont pas apposé le timbre de leur organisation, en conséquence, ils devront se rendre à la salle des Commissions pour faire le nécessaire.

Il y a à ajouter les vingt syndicats de cheminots parisiens. Je tiens à vous déclarer qu'après examen de la situation de ces vingt syndicats, en tenant compte du précédent du Congrès confédéral de 1918, la Commission a émis l'avis de les accepter au Congrès. Le Congrès jugera des travaux de la vérification des mandats.

PERROT (*U. D. Seine*). — Mon intervention sera sans doute inutile après l'avis que vient d'émettre la Commission de vérification des mandats. Cependant, je ne peux pas ne pas élever une protestation, au nom de l'Union des Syndicats de la Seine, contre l'admission de vingt syndicats de chemins de fer dans le département de la Seine.

Nous avons, dans le département de la Seine, des statuts qui disent qu'il ne doit pas y avoir de syndicats locaux, mais que tous les syndicats doivent être départementaux. Cette règle est appliquée rigoureusement pour toutes les Fédérations. Je crois que le Congrès devrait comprendre que ce n'est pas en violant les statuts des Unions ou des Fédérations que l'on peut inspirer le respect aux syndicats.

J'estime que le Congrès devrait se conformer à la décision prise par les syndicats parisiens, décision qui fut ratifiée en 1917 lorsque ces syndicats demandèrent leur admission à l'Union. A ce moment, elle fut repoussée. Dernièrement encore, lorsque nos camarades cheminots vinrent à l'Union pour faire timbrer leurs mandats, je leur ai dit que la question serait posée à la prochaine réunion du Comité général de l'Union et, là encore, le Comité a décidé qu'il n'y avait pas lieu de faire pour les cheminots ce que l'on ne voulait pas faire pour les autres organisations.

Camarades, je vous ai mis au courant de la situation. Je regrette de dire ces choses ; mais elles sont l'expression de la vérité. Ce n'est pas parce qu'on les a admis en 1918, qu'on doit les admettre aujourd'hui.

Je demande que l'on s'en tienne aux statuts, c'est-à-dire que l'on n'admette qu'un seul syndicat de cheminots pour le département de la Seine.

SIROLLE (*Cheminots de la Seine*). — Camarades, je ne voudrais pas envenimer le débat ; seulement, il y a lieu, après l'exposé que vient de faire le camarade Perrot, de revenir sur l'action des syndicats parisiens dans la région parisienne et en même temps aux discussions qui ont eu lieu au siège de l'Union.

Avant 1918, après la fusion de toutes les organisations de chemins de fer, nous avons décidé de constituer dans la région parisienne un Comité d'entente des syndicats de cette région. Etant syndicats autonomes, remplissant les trois obligations demandées par la C. G. T., c'est-à-dire abonnés à *la Voix du Peuple*, adhérents à la Fédération et à notre Union, nous avons demandé à l'Union des syndicats de la Seine de nous reconnaître comme syndicats autonomes et d'avoir un délégué direct au sein de l'Union.

Les camarades Lefèvre et Bled nous ont reçus en délégation et nous nous sommes expliqués. Ils nous ont dit que les statuts qui régissaient l'Union ne permettaient pas notre représentation au sein de cette Union. Ils nous déclarèrent : « Nous sommes en période de guerre ; il est impossible de faire une revision des statuts avant que les camarades soient revenus des armées. A ce moment-là, nous pourrons convoquer un Congrès général de l'Union et nous étudierons la question et nous verrons s'il y a lieu de modifier les statuts pour vous donner satisfaction. Mais, en attendant, nous ne ferons pas de difficultés pour que vous soyez admis, en tant que syndicats autonomes, au Congrès de 1918 ».

Cette année, nous sommes dans la même situation ; il n'y a pas eu de Congrès pour essayer de modifier les statuts de l'Union. Nous avons fait, et vous allez voir qu'il y a là une chose très sérieuse, nous avons fait l'unité dans les chemins de fer. Il n'y a plus qu'une seule organisation syndicale. Nous pourrions, si nous avions voulu manœuvrer, au lieu d'être syndicats d'industrie, nous former en syndicats de métiers et nous aurions un représentant direct au sein de l'Union. Nous ne l'avons pas voulu pour ne pas briser l'unité dans les chemins de fer. Est-ce que vous voulez obliger aujourd'hui les syndicats les plus puissants de la Fédération et peut-être les plus actifs, — sans insulter les autres, soyez-en persuadés, — à creuser le fossé entre les organismes centraux.

Le Congrès répondra.

En tout cas, il serait inadmissible qu'on refuse les délégués des syndicats parisiens, alors qu'il existe, dans d'autres Unions, sept, huit et dix syndicats de cheminots et qu'ils sont ici représentés.

J'espère que vous ne laisserez pas supposer qu'il y a un point de vue de tendance qui dirige cette question et que vous vous déclarerez unanimes pour que les délégués des syndicats de cheminots de la région parisienne aient le droit d'assister au Congrès et d'y discuter. Vous ne les mettrez pas à la porte, parce qu'il y aura une solidarité étroite entre tous les syndicats de cheminots. (*Applaudissements.*)

THYS (*Cheminots*). — Camarades, après l'exposé du camarade Sirolle, je ne serai pas long. Je voudrais expliquer aux camarades délégués du Congrès comment ce syndicat a été créé et pourquoi.

Quand nous avons formé la Fédération des Cheminots, la subvention municipale de la Ville de Paris allait, à l'époque, au Syndicat national. Nous n'étions pas, à ce moment, créés pour toucher cette subvention. Nous avons créé à côté un groupement de coordination, d'effort et de propagande et non pas de syndicats. J'en appelle ici au secrétaire de la Fédération des Cheminots ; la preuve, c'est que les syndicats parisiens ne sont pas reconnus par la Fédération. Donc nous ne sommes pas cheminots parisiens. Mais alors, pour la représentation à l'Union des syndicats, il fallait faire un groupement autonome pour avoir notre représentation. Des camarades ont été délégués à plusieurs reprises pour réformer ce mode de représentation à l'Union. Demain, camarades congressistes, comme vous l'a dit le camarade Sirolle, si vous refusez le mandat aux syndicats autonomes de la région parisienne, ce sera la scission immédiate avec l'Union des syndicats de la Seine, c'est-à-dire que nous reprendrons nos places respectives au sein de notre organisation et de nos syndicats autonomes. Et là, en règle avec la C. G. T., avec notre Fédération, nous irons à l'Union en disant : « Je représente tel syndicat et nous voulons être admis à l'Union ». Voilà ce que j'appelle la scission. Je ne veux pas dire que nous nous retirerons des organisations. Mais nous dissoudrons les syndicats parisiens qui n'existent que pour les subventions, pour coordonner les efforts de propagande et non pour donner des directives.

Il n'y a pas de raison, puisqu'au Congrès de Paris 1918 nous avons été reçus à 33, pour qu'on ne nous admette pas aujourd'hui.

RHUL (*Gaziers de la Seine*). — Au nom de plusieurs organisations parisiennes très puissantes, nous venons protester contre la décision qui pourrait être prise d'admettre plusieurs syndicats de la même profession à ce Congrès.

Nous avions, il y a quelques années, plusieurs syndicats du gaz ; l'Union des syndicats de la Seine nous a obligé à fusionner de façon qu'il n'y ait qu'un seul syndicat dans le département de la Seine.

Nous demandons que l'on fasse respecter les mêmes décisions aux autres organisations, seraient-elles même celles des cheminots.

JOUHAUX. — Camarades, mon attitude sur cette question n'a jamais varié. J'ai toujours été contre la décision prise par l'Union des syndicats de la Seine. J'ai lutté et bataillé au sein de cette Union pour qu'elle ait la même organisation que les autres Unions départementales en ce qui concerne les Unions locales et les Bourses du Travail. Par conséquent, mon sentiment particulier c'est qu'évidemment il est difficile de déclarer qu'il ne peut y avoir dans le département de la Seine qu'un seul syndicat de cheminots.

Mais, d'un autre côté, vous vous trouvez en face d'un article des statuts de l'Union des syndicats de la Seine qui n'a jamais été abrogé ni modifié, qui est resté le même malgré les combats qui se sont livrés autour de lui, car ce n'est pas la première fois que la question s'est posée à l'Union des syndicats de la Seine et à la Confédération Générale du Travail. Il y a là comme une question insoluble par elle-même si l'on reste sur la rigidité des statuts ; soluble, si l'on veut apporter de la conciliation dans l'examen de la situation.

Je comprends très bien que notre camarade Perrot, secrétaire de l'Union des syndicats de la Seine, soit venu faire ici la déclaration qu'il a faite ; il se devait à lui-même de la faire ; il devait à l'Union des syndicats de la Seine de la faire. Mais, je lui demanderai et je demanderai aux représentants des organisations syndicales du département de la Seine de faire le même effort de conciliation que celui que Bled lui-même a fait sur cette question. Bled aussi a été sur cette question aussi ferme, aussi résolu que peut l'être notre camarade Perrot, Dubreuil et autres secrétaires de l'Union des syndicats de la Seine. Mais il a admis qu'au moment où toutes les organisations syndicales étaient appelées à examiner une situation, à prendre des décisions engageant l'avenir, il ne soit permis à aucune de dire : « Nous ne pouvons pas nous ranger aux décisions prises, parce que nous n'avons pas été admis aux discussions. »

Je demande au Congrès de déclarer que l'Union des syndicats de la Seine, dans la plénitude de sa souveraineté, aura à examiner cette situation particulière et à y apporter une solution définitive et qu'aujourd'hui, à titre de conciliation, les syndicats de cheminots soient admis à participer à ce Congrès.

Je vous demande de faire cet effort de conciliation et j'ai l'assurance que vous le ferez.

PERROT. — Je ne veux pas m'élever contre le désir formulé par Jouhaux. Je demande simplement au Congrès qu'à l'avenir, au prochain Congrès confédéral, les cheminots soient tenus de se conformer aux décisions prises par l'Union des syndicats de la Seine.

JOUHAUX. — Camarades, je ne crois pas qu'il faille allonger ce débat. Des camarades viennent ici protester contre la déclaration de Perrot. Or, Perrot a fait un effort de conciliation qui n'est pas niable. Perrot a ajouté que dans l'avenir les cheminots devront se conformer aux décisions de l'Union des syndicats de la Seine. C'est son droit et c'est son devoir et vous n'avez pas à protester contre cela.

Vous aurez à fournir, au cours des discussions qui s'établiront, les raisons mêmes pour lesquelles vous réclamez une autre solution. Peut-être que comme moi, en 1906, en 1908, en 1910, vous serez battus. Vous vous inclinerez. Mais la question qui se pose à l'heure actuelle est votre admission à ce Congrès. Eh bien ! du fait même de la déclaration de Perrot, votre admission est acceptée.

Je considère donc que l'incident est clos.

ROUX. — Camarades, puisque vous allez être appelés à voter sur le vœu émis par la Commission de vérification des mandats, j'ai deux lettres que j'avais épargnées au Congrès dont je vais vous donner lecture :

1° D'abord une lettre de l'Union de la Sarthe :

« En raison de la violation de la journée de 8 heures par la Fédération des Tabacs, l'Union des syndicats de la Sarthe conteste le mandat de ladite Fédération et du syndicat des Tabacs du Mans.

« *Le délégué de l'Union de la Sarthe*, J. POTTIER. »

2° Une lettre du syndicat de l'Habillement de la Seine :

« Le syndicat général des travailleurs de l'Habillement du département de la Seine, dans ses Assemblées générales des 11 août et 13 septembre 1919, ayant exclu le camarade Dumas, nous estimons qu'au Congrès national de la Confédération Générale du Travail, ce camarade ne peut être qualifié pour représenter les organisations audit Congrès.

« Pour le syndicat et par ordre :

« *Le secrétaire*, MILLERAT. »

Je tiens à vous dire tout de suite que la Commission de vérification des mandats n'a pas retenu ces deux lettres. Pour le cas du camarade Dumas, nous avons pensé que le fait remontant au 13 septembre, le camarade n'avait pas eu le temps de faire appel de la décision de son syndicat. Nous avons estimé que jusqu'à ce jour, ce camarade représentant sa Fédération et sa Fédération étant en règle, nous n'avions pas à nous immiscer dans cette situation particulière.

En ce qui concerne la Fédération des Tabacs, il peut se faire que le secrétaire fédéral n'ait pas fait tout ce qui était en son pouvoir pour les huit heures ; mais je demande au Congrès de la C. G. T., qui n'est pas un Congrès de la Fédération des Tabacs, de ne pas examiner cette situation qui ressort de la Fédération nationale et d'admettre en conclusion les explications que je vous ai fournies, ainsi que le nombre des organisations représentées.

MILLION. — Je mets aux voix l'adoption du rapport de la Commission de vérification des mandats y compris les vingt syndicats de cheminots.

Le rapport est adopté.

Le Bureau présenté pour demain : *président*, SAVOIE (Alimentation) ; *assesseurs*, Mlle BOUVIER (Habillement) et LECLERC (Voiture).

La séance est levée à 6 heures.

DEUXIÈME JOURNÉE
Mardi 16 Septembre

Séance du matin

Président : SAVOIE.

Assesseurs : JEANNE BOUVIER et LECLERC (Voiture).

LE PRÉSIDENT. — Je vais vous donner connaissance de deux propositions parvenues au Bureau :

1° Proposition de l'Union des Deux-Sèvres qui demande au rapporteur de la Commission de vérification, pour faciliter la régularisation des mandats incomplets, de donner connaissance au Congrès de la liste des 8 mandats qui ne sont pas en règle. Cela ne souffre pas de discussion ;

2° Une proposition qui a été renvoyée à aujourd'hui, c'est-à-dire après la vérification des mandats. Elle consiste à limiter la discussion sur le rapport moral. Le Congrès dira s'il est opportun de voter cette proposition qui vient de la Fédération de l'Ameublement.

On vous a déjà donné connaissance de cette proposition. Est-ce que vous croyez que le moment est venu de la mettre aux voix ?

Plusieurs délégués. — Non ! non ! non !

LE PRÉSIDENT. — Par conséquent, camarades, la discussion continue. La parole est au camarade Méric, pour la discussion du rapport moral.

Discours de Méric

MÉRIC. — Je tiens à vous prévenir que si du bruit est fait dans la salle pendant mon court exposé, je m'arrêterai et j'attendrai. Ceci dit, je dois féliciter Monatte d'avoir posé une question qui à mon sens est capitale, puisque depuis 1914 jusqu'à ce jour nous n'avons pas eu le plaisir de voir parmi nous un certain nombre de camarades et que la bêtise des uns et des autres a voulu qu'ils se battent sur les champs de bataille. Aujourd'hui, nous en pleurons un certain nombre qui sont restés sur les champs de bataille, qui auraient pu apporter leurs paroles à cette tribune, et venir dire ce qu'ils pensaient de l'attitude du Comité confédéral jusqu'à ce jour. Mais puisqu'il ne sont pas là, et que la plupart de nous avons encore dans nos poches les lettres qu'ils nous écrivaient, nous lâcherons, sans vouloir faire de questions de personnes, de dire quelle était leur pensée.

D'où vient cette faute, cette capitulation de part et d'autre ? C'est qu'à la tête de nos organisations syndicales, en France comme en Allemagne, je considère qu'il y avait des hommes qui, tant qu'ils n'assumaient que la responsabilité du violon, comme on dit en province, pouvaient assumer cette responsabilité et entraîner la classe ouvrière dans des mouvements. Et je dis qu'il ne faut pas, au début, condamner tous ceux qui étaient à la tête des organisations ouvrières; il faut que chacun de nous fasse son *mea culpa*... Jamais nous ne vous avons reproché de ne pas vous êtes insurgés au début, car l'on voyait le 2 août, le premier jour de la mobilisation, des ouvriers, dans des villes que l'on prétendait révolutionnaires, crier : « A Berlin ! » C'étaient beaucoup de syndiqués, de socialistes, qui se prétendaient ainsi des travailleurs organisés, qui Allemands ou Français, couraient à la frontière comme des fous. (*Applaudissements.*)

Mais, à un moment donné, lorsque cette folie était passée, que de part et d'autre on a enfin compris qu'on a fait une bêtise en partant ainsi, ceux qui restaient à l'arrière avaient pour devoir de chercher à savoir si l'on n'avait pas été trompés, de part et d'autre, par cette presse infâme dont disposent le Gouvernement et tous les requins de la finance, dans laquelle des hommes pour 25 francs ou pour 50 francs écrivent des articles qu'ils devraient plutôt mettre dans les boîtes à ordures. Oui ! on a chauffé à blanc la classe ouvrière tout entière ! Mais après quelques mois de guerre on s'apercevait de part et d'autre que l'on se battait sans savoir exactement pourquoi, puisque jamais, pas plus les Allemands que les Français, les Anglais que les Italiens n'ont montré patte blanche. Ils avaient une arrière-pensée les uns et les autres et c'est pour ces raisons que je dis : « Quelle folie avons-nous commise de couper dans le panneau tant que les gouvernements ne nous ont pas de part et d'autre montré patte blanche ! »

Dès 1915, n'y avait-il pas moyen de réfléchir ? Seulement, à cette époque, sous prétexte de défense nationale que je pourrais appeler « destruction nationale », nous avons eu un représentant du prolétariat français qui est allé siéger avec sa pipe à côté du cardinal Amette ; nous avons eu aussi dans le Parti socialiste des hommes comme Guesde, Thomas, Marcel Sembat qui aujourd'hui ont éreinté nos mouvements ouvriers politiques. Et, ici on disait : « En Allemagne, ils n'ont pas voulu marcher, ils sont aux pieds du Kaiser ». L'on ajoutait : « Ici en France, si l'on essayait de remonter le courant, de faire entendre la voix de la Paix, avec ces hommes ce n'est pas possible. » Je crois qu'ils auraient mieux fait, au lieu de tenir ces propos, de se regarder dans une glace. Ils pouvaient très bien se tendre la main ; ils étaient tous à la remorque du Gouvernement français, à la remorque du bandit d'Allemagne.

Quand nous avons essayé à ce moment-là de mener en France une action contre la guerre, qu'avons-nous vu ? Quelques militants seulement en pleine boucherie ayant le courage de s'élever contre elle. Et pourtant n'était-ce pas le devoir de la Confédération Générale du Travail qui, au 4 août 1914, n'avait pas fait l'insurrection contre la guerre, d'essayer de se ressaisir et de réorganiser les travailleurs, d'essayer d'amener d'autres travailleurs à l'organisation et de les orienter dans la voie contre la guerre ? Au contraire toujours vous les avez vus, sous prétexte de défense nationale, à la remorque du plus fort chauvinisme national qui ait existé en France et avec tous les requins de la finance qui siégeaient là-bas, au Parlement.

Nous, à ce moment-là, nous constituions, en France, un Comité qui s'appelait : « Le Comité pour la reprise des relations internationales ». Dans ce Comité, nous avons pu essayer de mener une action contre la guerre. Qu'est-ce que nous avons vu ? C'est que seuls quelques militants avaient le courage d'assumer toutes les responsabilités parce que notre Confédération Générale du Travail avait abdiqué d'un bout à l'autre sa vraie tradition révolutionnaire d'avant-guerre. En temps de paix, ils risquaient simplement la Santé, mais en temps de guerre ils avaient trop peur d'aller plus loin. C'est pour cette raison sans doute qu'ils n'ont pas voulu essayer de remonter le courant et de dresser les travailleurs contre le Gouvernement.

Oui, Zimmerwald est venu, puis ce Comité a été constitué en France pour stimuler nos camarades de la Confédération Générale du Travail. Nous avons persévéré dans cette voie ; nous avons aiguillonné les camarades de la majorité. A ce moment-là, il n'y avait pour ainsi dire plus de syndicalistes en France ; et c'est grâce à cette minorité, je l'avoue, que les camarades ont pu voir reconstituer beaucoup de syndicats. Oui, c'est la minorité qui a fait la plus grande besogne pour reconstruire les organisations syndicales ! (Protestations. Applaudissements.) C'est grâce à notre action que beaucoup sont venus vers nous, ont bataillé avec nous ; et il faut dire toute la vérité : certains, craignant d'aller sur les champs de bataille, étaient contre la guerre, mais d'un autre côté certains n'osaient pas mener l'action qu'il convenait de mener dans ce pays et se mettaient du côté où il n'y avait aucun risque. Et puis, petit à petit, lorsque l'on a vu le groupement minoritaire prendre de l'extension dans tous les pays, partout les travailleurs devenaient de plus en plus sympathiques à notre mouvement. A force de comprendre notre action, de l'étudier, ils ont senti que nous étions dans la voie de la raison et que les prolétaires se battaient pour défendre les intérêts de tous les bandits qui, en France comme en Allemagne, nous gouvernent, nous exploitent et qui font que nous sommes à l'heure actuelle en train de discuter. Ce sont eux aussi qui ont contribué, en déchaînant ce conflit, à ce que nous soyons divisés ; ils font tous leurs efforts pour que nous le restions, afin qu'avec cette division ils puissent régner encore plus longtemps.

Eh bien ! puisque nous avons reconnu que l'action des camarades qui sont actuellement à la tête de la Confédération Générale du Travail est contraire aux traditions syndicalistes, nous ne pouvons pas leur voter la confiance pour le passé. Reste à voir ce que nous avons à faire pour l'avenir ! Mais avant je voudrais poser une question au camarade Dumoulin : « Vous souvenez-vous qu'en 1918, lorsque dans votre brillant exposé de minoritaire, vous nous avez dit : « Il faudra s'expliquer sur le départ à Bordeaux ; il faudra s'expliquer sur *la Bataille Syndicaliste :* au moment où il aurait fallu mener la plus grande bataille contre la guerre, elle a disparu, elle est morte au moment où l'on devait mener le plus grand combat contre toutes les guerres ».

Il y a aussi d'autres questions qu'on avait posées et qu'on n'a pas encore solutionnées. Ceux qui, à ce moment-là, détenaient les rênes du pouvoir de la Confédération Générale du Travail devront s'expliquer. Il faudra aussi qu'ils répondent à la question posée par Tommasi demandant des explications sur tous les mouvements, sur toutes les reculades, sur le mouvement du 21 juillet dont on a décidé la suspension ; il faut que tous les camarades délégués représentant les différentes organisations sachent toute la vérité. Quand on nous dit : huit pour, dix contre et deux abstentions, cela ne nous renseigne pas, pas du tout !. Ce que je tiens à savoir pour ma part — et c'est là l'essentiel — c'est si, dans les différentes Fédérations, les syndicats intéressés, ceux qui avaient la clé du mouvement, s'étaient prononcés pour ou contre. Il faut que nous sachions, en tant que confédérés, l'exacte vérité sur ce qui s'est passé. Une fois qu'on nous aura donné ces explications, nous pourrons prononcer le jugement qu'il convient : nous pourrons savoir s'ils ont eu raison ou non de surseoir au mouvement.

Maintenant, il y en a quelques-uns auxquels je désire dire quelques vérités. Comment peut-il se faire que des hommes changent en quelques mois, qu'ils fassent pirouette sur pirouette ? Lorsque tu étais secrétaire du Comité de Défense syndicaliste, toi qui comme beaucoup d'autres était dans le Comité de la reprise des relations internationales, qu'as-tu dit à ce moment-là sur ceux qui siègent à côté des gouvernants ? Oui, à ce moment-là, c'étaient des ennemis, ce n'étaient plus des frères ! Tu disais : « Ils nous ont trahis ». Et puis vous voilà remariés. Je crois — et cela sans vouloir froisser personne — que les syndicalistes sont comme la plupart de mes camarades dans le Parti socialiste : les uns sont courageux, vigoureux, idéalistes, parce qu'ils font la politique des amis. (*Applaudissements.*)

Eh bien ! je dis que nous voyons que le syndicalisme suit la même voie et que beaucoup, au lieu de rester les ardents défenseurs du prolétariat organisé, de rester dans la bataille, de militer en faveur de la Confédération, en faveur de tout ce prolétariat qui ne comprend pas, qui ne vient pas, vont se réfugier dans un poste et laissent tomber les copains. Ensuite pour conserver ce poste on devient des amis. Eh bien ! je dis que quelle que soit votre conception, vous devez en tant que syndicaliste rester l'ardent défenseur de l'organisation. Je ne dis pas que l'on ne prenne pas le poste que vous proposent les camarades, mais qu'aujourd'hui beaucoup cherchent à se faire voir, à être des « as ». On n'est dans l'organisation syndicale que pour monter de grade en grade. C'est la poussée dans l'organisation syndicale... Il faut que cela disparaisse ! Pour avoir l'honneur de s'intituler secrétaire d'une organisation, on oublie le devoir, on oublie la lutte et cela fait qu'à certain moment il y a beaucoup de défaillance. Beaucoup de ceux que nous avions suivis nous ont laissé tomber ; nous avons, nous, cette pudeur que lorsque des hommes pensent comme nous, qu'ils travaillent sincèrement et sont désintéressés, nous les acceptons comme des camarades. Mais à ceux, comme celui qui était secrétaire du Comité de Défense syndicaliste, nous disons : « Vous nous avez poussés contre les camarades de la majorité confédérale et ensuite vous nous avez trahis. A notre tour, nous vous laissons de côté. Nous ne vous reconnaissons plus comme des camarades sincères ! »

Avant de terminer, je dis franchement que je déplore toutes ces attitudes. Je ne voudrais en avoir qu'une seule : celle de tout le prolétariat aspirant à un avenir meilleur, allant unanimement vers la gauche. Ce que je sens, c'est qu'à l'heure actuelle, avec l'extension du mouvement syndicaliste, nous traînons des boulets. Avec nos deux millions de travailleurs organisés, nous sommes moins capables de faire ce que nous avons fait avant la guerre. Aujourd'hui, avec deux millions, Clemenceau rit de nous ; avant la guerre, avec quatre cent mille camarades préparés à la gymnastique révolutionnaire, il nous craignait. A l'heure actuelle, il se moque de nous parce qu'il sait bien que vous ne vous orienterez pas vers une lutte un peu plus vigoureuse contre lui ; parce que, chez nous, nous avons une multitude de travailleurs et de nombreux secrétaires à la tête des organisations qui ne veulent pas entendre parler de cette lutte de classes idéaliste et qui disent : « Nous ne sommes organisés que pour lutter contre le patronat. »

Lutter contre le patronat, obtenir quelque chose qu'il vous donnera et qu'il vous reprendra de la main gauche ? Je dis : Non ! Ce que je voudrais voir s'il le fallait pendant un an ou deux, c'est s'imposer de durs sacrifices, garder tout notre argent dans les caisses, y verser tout ce que nous pourrions, et une fois que nous aurions ces deux millions de travailleurs organisé bien entraînés dans la lutte, oui, nous pourrions faire autre chose que ce que l'on a fait pendant la guerre ! Pendant la guerre, avec notre argent, avec tout le dévouement des camarades de l'organisation de la Confédération Générale du Travail, nous aurions pu disperser à droite et à gauche un certain nombre de camarades et inonder le pays de tous les tracts que vous lanciez avant la guerre. Quand nous aurions été entraînés à cette besogne, quand nous aurions eu distribué des tracts, disposant d'un organe quotidien qui serait entre nos mains, nous aurions pu travailler le pays et essayer de faire dresser le prolétariat contre ceux qui nous oppriment. Oui, je suis pour cette lutte et je voudrais ne plus voir que des travailleurs décidés, organisés, afin de faire sentir à notre classe le véritable but que nous poursuivons ; je voudrais que nous combattions cette presse qui chaque jour bourre le crâne à la masse ouvrière, et ensuite qu'à un moment donné les uns et les autres nous nous répandions dans tout le pays pour organiser, préparer des meetings, de grandes réunions et dire la vérité à la classe ouvrière. Quand nous sentirions que le mouvement nous est favorable, nous dirions à celle-ci : « Nous allons engager la bataille définitivement, non pour obtenir deux ou trois francs de l'heure, mais pour arriver à la reprise du pouvoir qui nous donnera tout le bien-être, toutes les libertés. » Mais il y a du tirage, je le sais, et certains prennent pour s'excuser le prétexte que la classe ouvrière n'est pas mûre pour ce geste. C'est peut-être vrai, mais seulement on ne fait rien pour la mûrir depuis le 4 août 1914.

Je pose la question aux camarades du Comité confédéral : Qu'avez-vous fait pour travailler la classe ouvrière ? Vous vous êtes contentés tout simplement de rester dans l'ombre ; vous vous êtes bien reposés. C'est là le manque de devoir des camarades qui sont à la tête des organisations ouvrières. Ce qui me réjouit, c'est que ceux qui sont revenus des champs de bataille sont avec la minorité.

En conclusion, je dis à tous mes camarades : Pendant quatre années, vous avez combattu la politique de la majorité de la Confédération Générale. Elle a eu d'abord la faiblesse de ne pas lutter contre la guerre. Ensuite, pendant ces quatre années, elle n'a pas eu le courage d'organiser le Premier Mai, sous prétexte de guerre. Puis, une première reculade quand on voulait que les peuples puissent se réunir ; elle n'a jamais voulu, sous prétexte que les Allemands et les Autrichiens étaient aux genoux de leurs maîtres, de réunions avec ces peuples, malgré qu'elle fut, elle-même, dans la même situation. Puis, une autre reculade après l'armistice ; vous deviez organiser une grande manifestation en l'honneur du grand démocrate Wilson et, sous prétexte que Clemenceau vous a dit : « Adressez-vous à lui », elle fut décommandée. Et nous, qui pensions profiter de la venue de Wilson pour organiser une manifestation en accord avec le Parti socialiste, l'Union des Syndicats de la Seine et la Confédération Générale du Travail, nous n'avons pas pu parce que, encore une fois, vous avez reculé devant le Tigre. Seuls 3.000 camarades et 3.000 mutilés sont allés se faire fusiller par la police. On eut le courage, malgré votre reculade, de faire la manifestation.

Une troisième reculade, pendant le mois de juin. On n'a pas su exploiter les mouvements qui se sont déroulés en France, pour se rendre compte si vraiment dans la classe ouvrière on était prêt à entrer dans le mouvement révolutionnaire.

Quatrième reculade : le mouvement du 21 juillet.

Nous disons, pour toutes ces raisons, pour toutes ces défaillances, que nous ne pouvons pas voter la confiance.

Ici, il faut que les uns et les autres s'expliquent ; il faut que l'on dise toute la vérité. Pour moi, il n'y en a qu'une seule : depuis 1914 jusqu'à ce jour, ceux qui étaient à la tête de la Confédération Générale du Travail ont reculé devant tous les événements. Par conséquent, jamais plus je ne pourrai avoir confiance en eux. Ce n'est pas avec eux que nous pourrons orienter le mouvement dans le véritable sens révolutionnaire. Ils nous promettront, mais demain nous constaterons le même résultat. Tant qu'ils resteront à la tête de la C. G. T., il y aura une force minoritaire qui n'aura pas confiance, sentant toutes ces trahisons, toutes ces reculades. Il faut, puisque ce sont ici les États Généraux du Travail, que nous n'ayons plus ce gouvernement à notre tête et que nous le remplaçions par les nouvelles énergies qui ont sauvé l'honneur du syndicalisme français. (*Applaudissements.*)

Michelot (Arsenal de Roanne). — Camarades, hier le camarade Tommasi a dit au Comité national du 21 juillet que certains camarades représentants de Fédérations avaient fait des déclarations sur lesquelles nous voudrions des éclaircissements.

Pour mon compte personnel, je voudrais que le camarade qui a été délégué au Comité national comme représentant de la Fédération de la Guerre (personnel civil) nous donne des éclaircissements sur son mandat. Il a déclaré que si les organisations n'avaient pas marché pour le 21 juillet, c'était de la faute des adhérents. Au nom de mon organisation, je proteste parce que nous n'avons reçu aucun ordre de la Fédération pour le 21. Par contre, avant le 21 juillet, après la délégation accomplie par les camarades de la Fédération auprès de Loucheur, on nous a envoyé une lettre nous disant qu'en raison des événements et devant les menaces que Loucheur leur avait faites, il n'était plus possible pour eux de nous engager à faire le mouvement et qu'il fallait que nous en prenions toutes les responsabilités. Je voudrais que le camarade monte à cette tribune pour nous donner des explications à ce sujet.

Discours de Monmousseau

Monmousseau. — Camarades, en juillet 1918, au dernier Congrès fédéral, je suis un de ceux qui a voté la motion d'unanimité. Je ne me prévaudrais pas aujourd'hui de ce geste de l'an passé pour argumenter des critiques que nous avons à apporter dans ce débat. Ce n'est pas par tactique que l'an dernier j'ai voté cette motion d'unanimité, bien qu'étant mandaté pour voter avec la minorité ; les minoritaires voudront bien m'en excuser. Nous avons passé, au Congrès dernier, des moments très troubles ; beaucoup d'entre nous ont été pris dans un courant qui nous emportait dans un esprit de conciliation et nous disions : les hommes, devant certaines situations, sont faibles. Nous sommes tous faillibles. Les critiques apportées au dernier Congrès, l'expérience même acquise par la politique qu'avait engagée la Confédération Générale du Travail pendant la guerre pouvaient servir à des hommes soucieux de l'esprit syndicaliste, à des hommes soucieux des buts syndicalistes. Et je dis que l'expérience de ces périodes troublées de la guerre se trouvait, à mon point de vue, suffisante pour ramener la Confédération Générale du Travail vers ses buts et ses moyens. Ce n'est donc pas par tactique, c'est pour avoir voulu tenter cette expérience ; c'est parce que — disons-le aussi — jeunes militants à ce moment-là, nous avions eu pour soutien, dans cette lutte de cinq années de guerre, nous avions eu comme flambeau, comme directeur de conscience, — c'est vrai, je m'en accuse aujourd'hui, — des hommes vers lesquels nos yeux étaient concentrés et portés ; ces hommes-là, leur passé témoignait de leur probité, de la sincérité des arguments qu'ils nous avaient apportés et c'est en proie à ce trouble moral et à ces suggestions que nous avons voté, beaucoup d'entre nous, la motion d'unanimité au Congrès dernier.

Il nous plaît d'examiner aujourd'hui si nos espérances ont été confirmées ; si les expériences de cette année qui vient de s'écouler sont satisfaisantes pour nous, ou si elles ne le sont pas.

Camarades, nous pouvons dire aujourd'hui que la politique de l'orientation syndicale de la classe ouvrière, par l'enchaînement des faits, est la même que l'orientation syndicale de la classe ouvrière pendant la guerre. Elle a continué invariablement selon la ligne qu'elle s'était tracée pendant la guerre. Naturellement, la guerre a fini. La classe ouvrière ne peut pas être aujourd'hui jusqu'au-boutiste, mais aujourd'hui nous voulons tenter de démontrer que la classe ouvrière, de même qu'elle a collaboré à l'œuvre de défense nationale avec les gouvernants et nos ennemis de classe pendant cinq ans, a collaboré avec ces mêmes gouvernants et ces mêmes ennemis de classe durant l'année qui vient de s'écouler, pour remettre debout, en commun, les conséquences mêmes de la guerre dans laquelle nous n'avions nous, classe ouvrière, aucune responsabilité.

Et là, j'avoue notre erreur ! J'avoue l'erreur que nous avons commise : erreur de psychologie, erreur aussi qui nous a conduit à croire en des camarades, en des militants qui se sont fait, non pas une situation économique de la guerre, mais une situation morale liée publiquement avec le passé. Et là, je suis d'accord avec le Dumoulin de 1918. Il se peut que si nous avions eu présentes à la mémoire les critiques raisonnées, pesées, analysées des faits, de la psychologie des militants, si nous avions eu présent à la mémoire tout ce recueil d'opinions, nous n'aurions pas suivi Dumoulin au Congrès de 1918. Hélas ! Nous sommes de pauvres hommes nous aussi et nous avons suivi Dumoulin qui, aujourd'hui, ne se trouve plus d'accord avec la minorité. Nous appellerons Dumoulin tout à l'heure pour nous expli-

quer quel changement il aperçoit dans cette orientation syndicale
depuis 1918. Nous demandons à Dumoulin : « Qu'as-tu vu ? Dis-nous
quels sont les faits qui ont pu aujourd'hui le faire abandonner les
critiques. » Nous ne les apercevons pas nous, non parce que nous
ne les voyons pas ; nous avons beau faire un effort de conscience, de
volonté, nous ne voyons pas ce qui a pu aujourd'hui inciter Dumoulin à abandonner les critiques qu'il avait apportées sur une attitude
d'orientation syndicale ; nous sommes, nous, enclins, fondés à dire
que cette attitude syndicale n'a pas varié d'une virgule de 1914 à
1919. La Confédération Générale du Travail, peu de temps après ce
Congrès confédéral, s'est réunie en Comité national confédéral. Elle
a élaboré un programme minimum de revendications et dès cet instant nous avons été mis en présence de la politique confédérale ; dès
cet instant, nous nous sommes situés en état de légitime défense
contre la politique que nous avions toujours combattue. C'est là-
dessus que je voudrais m'expliquer avec mes pauvres moyens. Nous
ne discuterons pas seulement les faits de la politique confédérale,
nous irons rechercher au fond des méthodes, nous irons scruter les
principes qui déterminent la Confédération Générale du Travail à
certains gestes et à certain programme. C'est là seulement ce qui nous
divisera, du moins, c'est là surtout ce qui nous divisera.

Il n'a jamais été dans notre pensée à nous, de dire : « La C. G. T.
doit faire tel geste. » Nous disons : « La C. G. T. ne peut pas faire
ce qu'elle veut faire, mais elle doit faire ce qu'elle peut faire, en
raison du but à atteindre et par les moyens qui sont capables de nous
mener au but que le syndicalisme doit poursuivre. » C'est là notre
désaccord profond. En tête de ce Programme minimum de la C. G. T.
est inscrite la participation de nos délégués confédéraux à la Conférence de la Paix. Nous nous sommes demandé quel intérêt pouvait
motiver cette attitude. Nous nous sommes demandé quel espoir on
pouvait fonder sur la collaboration de nos délégués confédéraux avec
les délégués de ceux-là qui justement avaient prémédité la guerre,
l'avaient poursuivie jusqu'à leur but, jusqu'à leurs fins. Nous disons,
nous affirmons qu'il est impossible de séparer la politique de la
C. G. T. à cette minute même de sa politique de guerre, elles sont
intimement liées l'une à l'autre. Là, il faudra qu'on s'explique, que
l'on nous fasse voir ce que nous ne pouvons pas voir.

Expliquons-nous, camarades, et faisons un petit retour sur le passé
pour bien situer notre position et pour que l'équivoque puisse ne pas
peser sur ces débats : Avant la guerre, pas un militant de la classe
ouvrière, pas un militant de la Confédération Générale du Travail,
parlant au nom de la Confédération, n'a omis de dire à la classe
ouvrière, à ce prolétariat que la guerre serait le fait des capitalistes,
quel que soit le but de la guerre, et que, quelles qu'en soient les conséquences, elles seraient supportées par le prolétaire. Avant la guerre,
on avait scruté ce problème mondial ; on avait dévoilé toutes ces
ambitions économiques ; tous les militants avaient parcouru tous les
syndicats et mis la classe ouvrière en demeure d'examiner ce pro-

blème. Ils lui disaient : « Quand la guerre éclatera, toi, classe ouvrière, tu n'auras rien à voir dans cette guerre ; car les intérêts sont opposés aux intérêts de ceux qui la feront ; elle sera faite contre toi. Et alors, ou c'est une erreur ou c'est une vérité ! et nos camarades qui nous ont expliqué tous ces problèmes viendront nous les réexpliquer.

Lorsque nos délégués confédéraux se trouvent en face des délégués gouvernementaux ou des hommes d'Etat, de deux choses l'une : ou bien ces hommes d'Etat sont des adversaires résolus de notre classe, ils ont des buts qui ne sont pas les nôtres, qui sont à l'opposé des nôtres, et alors, je ne sais pas si notre camarade Jouhaux a une assez grande facilité, une assez grande influence pour convaincre ceux qui n'ont fait la guerre qu'en vertu de leurs privilèges et pour consolider ces privilèges... Je me demande si la classe ouvrière, à la Conférence de la Paix, pouvait faire quelque chose, ou si elle était réduite à l'impuissance ? Il n'est pas besoin de revenir sur les faits, les résultats de cette Conférence sont suffisants. Nous savions, tous les camarades devaient savoir, qu'il n'en pouvait rien sortir, parce que lorsqu'au sein d'une Conférence de la Paix on trouve des délégués ouvriers contre les délégués gouvernementaux, l'accord ne se pouvait jamais ; lorsqu'on arrache des revendications, c'est par la puissance organisée de la classe ouvrière, c'est par la force des armes quelquefois. Ah ! nous essaierons de condamner cette méthode diplomatique ! On ne peut jamais convaincre un propriétaire. On ne convaincra jamais un homme d'Etat de la nécessité qu'il y a de fondre tous les privilèges sur l'autel de la reconstitution économique. Ces gens-là peuvent être des hommes sensibles, ils peuvent être des philosophes, ils peuvent, dans leur vie privée, dans leurs relations amicales, apparaître comme des gens qui ne sont pas dénués d'intelligence, mais nous disons que lorsqu'ils se réunissent en Congrès ou en Comité, ils n'y sont pas pour discuter des questions sentimentales, ils y sont pour discuter des intérêts, et ces intérêts se heurtent avec ceux du prolétariat.

On a parlé du droit des Peuples ; qu'est-ce que le droit des peuples ? Droit des Peuples ! formule vague qui ne répond, pour le prolétariat, à aucun acte, à aucun principe analysable et positif. Droit des Peuples ! peuples mélangés dans une nation contradictoirement avec les uns et avec les autres : Peuple, patrons, gouvernement, gouvernés : exploitants, exploités ; volés et voleurs !.. Je demande ici quelle force nous avons pour parler du droit des peuples, nous prolétariat de France ? Où sont-ils ces droits du peuple ? Ne sont-ils pas aujourd'hui foulés aux pieds par ceux qui, par la force des armes, nous écrasent déjà et nous étrangleront demain comme ils ont étranglé la révolution russe ? Le droit des peuples n'a rien à faire avec le syndicalisme, pas plus que la Société des Nations. De même que la Défense Nationale pendant la guerre s'est dressée contre le syndicalisme, contre les droits des travailleurs, contre les libertés du prolétariat, de même que la Défense Nationale était incompatible avec les droits du prolétariat, de même aujourd'hui la Société des Nations qui est inscrite au programme confédéral n'a rien de commun avec les buts syndicalistes et l'Internationale ouvrière !

Nous ne voulons pas confondre cela. Nous reprendrions avec Dumoulin, s'il y consentait, la fière doctrine du syndicalisme qui veut qu'au sein même des nations les intéressés se heurtent, et la nation n'existera que lorsque les intéressés seront confondus. On viendra argumenter contre nous : « Vous venez critiquer ; qu'auriez-vous fait à notre place ? » Je réponds : « Je ne sais pas ce que nous aurions fait à votre place, camarades, ; tout ce que je sais c'est que nous n'aurions pas consenti à ce que des délégués syndicaux perdent leur temps inutilement au sein des Conseils économiques, au sein des Conférences de la Paix, pendant que ce prolétariat était tenu dans l'ignorance, les yeux fixés sur cette Conférence de la Paix, comme s'il aurait pu en sortir quelque chose, et cependant il n'en pouvait rien sortir. » (Applaudissements.)

. Nous reviendrons à la véritable tactique du syndicalisme : l'action extérieure du syndicalisme contre nos ennemis de classe, parce que lorsque nos militants s'en vont, non pas exposer des revendications, entendons-nous, mais lorsqu'ils s'en vont traiter les affaires communes, lorsqu'ils s'en vont pour concilier les avantages du syndicalisme avec ceux du capitalisme, nous disons que par cela même ils laissent le prolétariat livré à ses seules ressources, à ses seuls moyens; ils opèrent dans le cerveau du syndiqué une déviation redoutable pour les buts syndicalistes. (Applaudissements.)

Au point de vue national, au point de vue des conséquences de la guerre, au point de vue du rôle que la classe ouvrière pouvait remplir devant les événements de 1914 et devant la paix signée à Versailles, nous disons que la classe ouvrière, avec tous ses éléments de lutte,. de combat, devait exercer une pression extérieure pour pouvoir, si elle le voulait, arracher par la force des revendications et empêcher que le traité de paix signé à Versailles soit une véritable menace pour l'avenir, une véritable déclaration de guerre qui pèsera sur nos épaules tant que nous conduirons cette politique-là.

Maintenant, le programme minimum de la C. G. T. n'a pas seulement envisagé l'action au sein de la Conférence de la Paix ; il n'a pas seulement mélangé, confondu les intérêts des hommes d'État avec les intérêts du syndicalisme, il a aussi, sur le terrain économique, confondu les intérêts — plus terre-à-terre, ceux-là — des patrons, des exploiteurs, des profiteurs de la guerre avec les intérêts de ceux qui travaillent et qui subissent la guerre tout entière, dans toutes ses conséquences. Deux thèses sont en présence : la guerre a conduit ce pays à deux pas de la ruine ; il y a des pays entiers dévastés, saccagés ; il y a la misère au foyer de bien des camarades ; il y a des douleurs ; il y a des deuils sans nombre, des millions de dépensés dans ce gouffre et des millions de morts aussi... Puisque les capitalistes seuls assument dans le monde les responsabilités de ces ruines, de ces désastres et de ces deuils, qu'ils réorganisent comme ils l'entendront la vie économique du pays ; qu'ils bouclent leur budget comme ils l'entendront, nous n'avons rien à faire avec eux. Et s'il est vrai que nous nous en allons à la faillite et à l'abîme, si nous nous en allons à la banqueroute, eh bien ! camarades, c'est d'un cœur léger que nous verrons la banqueroute sous nos pas, parce que la banqueroute c'est la faillite du capital ! C'est justement la grande faute que payeront ceux-là mêmes qui espéraient profiter de la guerre !...

Deux méthodes, deux courants... Les uns, qui disent : La nation est un tout ! La nation est un mélange d'intérêts, c'est vrai ; mais nous ne devons pas rester indifférents durant le temps de la reconstitution économique, parce que nous faisons partie de la nation, et que nos intérêts sont liés à toute la nation. Ah oui ! là encore il faudrait revenir sur les faits ! Je ne crois pas que l'on puisse venir argumenter à cette tribune des résultats tangibles qui furent acquis par les méthodes de diplomatie qu'a adoptées la Confédération Générale du Travail, depuis 1914 jusqu'à ce jour, tant sur le terrain de la Défense nationale que sur celui de la reconstitution économique. Si l'on veut nous apporter ici la démonstration que par la force de l'action diplomatique la classe ouvrière a pu avoir des réalisations, eh bien ! nous discuterons, nous examinerons ces méthodes. Mais nous disons, nous, que le peuple, instinctivement dressé contre ceux qui toujours veulent l'exploiter et réduire ses libertés, que ce peuple seul, mû par ses sentiments instinctifs, a arraché par sa force, sa coordination, sa puissance, les réalisations que nous avons pu acquérir. C'est si vrai, qu'à la faveur d'une faiblesse qui vient d'être montrée, au 21 juillet, à nos gouvernants, la réaction profite, malgré la bonne volonté diplomatique de nos délégués syndicaux, pour reconquérir pierre par pierre les quelques réalisations que nous avions pu avoir, parce qu'à un moment donné, pendant la guerre, elle avait peur de nous ; elle ne voulait pas tout de même sacrifier toute une citadelle de la défense nationale pour quelques revendications qu'elle nous a données, parce que, sans cela, la Révolution, peut-être, serait chez nous, à l'heure actuelle !

Conseil national qui a pour but, aujourd'hui, de faire entrer en contact les délégués gouvernementaux, patronaux, les représentants des Chambres de commerce avec les représentants du prolétariat ! Congrès régionaux, qui ont pour but de faire entrer en contact nos délégués d'Unions avec les délégués patronaux et du commerce de la région ! En bas, Commissions paritaires, qui relient les délégués des syndicats, des premiers représentants de l'organisation syndicale avec les premiers représentants de l'organisation patronale en une conférence de la paix ! Depuis le haut jusqu'en bas, la classe ouvrière est liée par cet enchaînement des faits. Elle échappe à sa mission. Du haut en bas, Dumoulin, c'est la chaîne aux maillons dorés qui entraîne vers l'abdication les meilleurs de nos militants et qui leur fait laisser sur leur chemin leur pensée, leur idéal ! (*Applaudissements.*)

Nous voulons garder à nos militants avec leur force, leur foi, leur puissance dans notre étroite solidarité pour aller ensemble à la

bataille contre l'ennemi qui ne cherche, lui, qu'à ouvrir les portes
à ces militants parce qu'il sait bien que lorsque la classe ouvrière
sera décapitée de toutes les valeurs intellectuelles et techniques, elle
sera impuissante à réagir et s'en ira vers la banqueroute totale, vers
l'abdication, vers la collaboration des classes, vers le « gompersisme ».
Jamais nous ne le voudrons, nous ! (*Applaudissements*.)

Différence de méthodes, de principes ! J'espère qu'on ne nous fera
pas le reproche, ici, de nous être faits les défenseurs de tous les principes que nous étions habitués d'entendre énoncer par tous ceux-là
qui n'ont rien à voir avec notre émancipation, mais dont les buts
sont justement d'empêcher cette éclosion du peuple ouvrier, qui
demain pourrait les renverser s'il le voulait.

Et nous voici arrivés dans cette période qu'il est bon de retracer.
Les camarades, tous, par leurs propres moyens, ont remonté tant
qu'ils ont pu ce courant néfaste de collaboration des classes et d'abdication. Dans les Congrès qui se sont déroulés au cours de cette
gestion, nous avons vu les forces minoritaires gagner en place et en
puissance : Cheminots, 108.000 au dernier Congrès fédéral ; Métaux,
force qui va, elle aussi, grandissant, qui s'affirme ; dans toutes les
Fédérations, dans tous les Congrès confédéraux, nous avons vu cette
éclosion, cette reprise sur soi-même de l'esprit syndical, parce que,
je vous le répète, instinctivement sommeille dans le peuple la révolte
contre ceux qui nous oppriment. L'esprit révolutionnaire n'est pas un
esprit qui seul émane de la raison, de la réflexion : ce sont les faits,
plus forts que nous, plus forts que la philosophie, qui créent l'esprit
révolutionnaire ; l'esprit révolutionnaire est dans les faits et les
militants n'ont qu'à les canaliser, à les dégager, pour en faire une
opinion syndicaliste. Nous reprochons justement à tous les militants
qui ont versé dans la collaboration de classes de ne pas avoir créé
cet esprit syndicaliste....

Nous arrivons au 21 juillet. La force minoritaire commence à
gagner ; elle gagnera parce qu'elle est conforme à l'émancipation
du prolétariat, parce qu'elle est normale, naturelle, en raison même
des antagonismes sociaux que personne ne peut évincer du débat, que
tout le monde est obligé d'affirmer... Le mouvement du 21 juillet fut
décrété. Nous avons cru, nous avons accepté l'assurance que ce mouvement du 21 juillet était une reprise de l'action syndicaliste sur le
passé. Nous avons espéré cela parce que l'espoir, c'est ce qui influence
beaucoup sur notre ténacité ; l'espérance nous nourrit à défaut d'autre
chose. Nous avons espéré que ce mouvement du 21 juillet était un
retour sur les actions, les principes du passé, et nous nous sommes
tous mis à la besogne, bien que nous sachions que les circonstances
ne permettaient guère cette action du 21 juillet, bien que nous sachions
tous que la masse des travailleurs ne se lève pas forcément sur un
mot d'ordre, mais qu'il faut pour la soulever des éléments jetés dans
les cerveaux.

Nous disions que le courant de juin était cette circonstance favorable qui n'avait pas été créée par la propagande faite, mais par la

rapacité des profiteurs de la guerre, des patrons, qui, la victoire acquise avec la classe ouvrière, voulaient avoir plus que jamais leurs privilèges sur la défaite du prolétariat. Nous avons vu dans le courant de juin éparpiller en France les forces du prolétariat. Nous avons vu des camarades tenir trois semaines et se soutenir par l'espoir que les organismes centraux, que le fameux cartel de la Confédération Générale du Travail viendraient, à un moment donné, leur apporter l'appui de la solidarité que tous les travailleurs se doivent lorsque les luttes commencent. Nous avons passé, je vous l'affirme, des heures anxieuses. Nous avons passé des heures difficiles. Nous avons été, nous, je vous l'assure ici, traités de traîtres aussi par la masse des camarades qui étaient derrière nous. Nous, les cheminots, qui ne pouvions pas, avec cet organisme complexe des chemins de fer, déterminer des mouvements partiels qui auraient été une faillite et l'écrasement peut-être de l'organisme syndical, nous avons cherché partout les moyens à déterminer les organismes centraux à prendre position, et nous étions certains, à ce moment-là, que la grosse totalité du prolétariat répondrait comme un seul homme à l'œuvre de solidarité que nous lui aurions demandée. Hélas ! au bout de trois semaines de lutte, les camarades syndicalistes sont rentrés la tête basse !

Tommasi. — Non ! non ! non !

Monmousseau. — Si ! Nous sommes ici pour nous expliquer, pour dire notre pensée et, s'il est vrai que la presse assiste aussi à nos débats, il nous importe peu qu'on vienne dénaturer l'esprit de ce Congrès ; mais nous disons, pour la force même de l'organisation syndicale, tout ce que nous pensons ; ce n'est pas en voilant les erreurs que nous arriverons à nous dégager de ces erreurs ; nous devons les proclamer ici ! (Applaudissements.)

Oui, nos camarades ont été vaincus parce que nous ne pouvions leur apporter que l'effort de notre solidarité pécuniaire, lorsque les milliards dépensés dans la guerre sont centralisés dans les coffres-forts des profiteurs de la guerre ! Je demande ici si la classe ouvrière est capable, sur ce terrain, de vaincre le capitalisme, qui a accumulé des milliards, si vous espériez faire cette lutte du pot de terre contre le pot de fer ? Les camarades ont tenu tant qu'ils ont pu et sont rentrés désemparés, et au moment où le découragement était partout, même chez les militants, où le scepticisme avait gagné du terrain sur l'espérance que nous avons eue, c'est à ce moment que le cartel examine la situation, c'est-à-dire le 20 juin, alors que, dans tout le courant de ce mois, pendant trois semaines, les camarades attendaient vainement notre solidarité. Ce fut alors une première faute et, tout à l'heure, nous verrons dans quelles contradictions le programme confédéral se trouve placé sur ce terrain-là. Mais tout de même, Tommasi, qui s'est fait l'avocat, dans ce Congrès, comme il avait le devoir de le faire, qui a dégagé ses responsabilités, qui a mis le Congrès devant toutes les questions qu'avait soulevées ce 21 juillet, nous a dit ce que nous savions, nous, qu'au sein même de la Confédération Générale du Travail, une opinion était là... Laurent, secrétaire de la Confédération Générale du Travail, a dit : « Nous voulions faire la démonstration que les militants partisans de la lutte de classes étaient impuissants à faire marcher les masses derrière eux, que les masses n'étaient pas avec eux ! »

TOMMASI. — Avant Laurent, il y en a d'autres qui l'ont dit. Il y en a, parmi ceux qui ont voté pour la continuation du mouvement, qui disaient : « Dans notre esprit, nous nous débarrasserons, une fois pour toutes, de tous les démagogues ! »

MONMOUSSEAU. — Camarades, lorsqu'on engage un mouvement comme celui-là et lorsqu'on commence une partie avec l'espérance d'aboutir à de tels résultats, je crois que la partie est perdue d'avance pour la classe ouvrière, mais aussi pour ceux qui ont prononcé ces paroles. (Applaudissements.)

Vous ne vous débarrasserez pas des minoritaires ; jamais ! (Applaudissements.)

On a fait argument de beaucoup de choses ; on a fait surtout argument des syndicats minoritaires qui, à la veille de cette bataille, disaient ne plus pouvoir participer à la lutte ; on a cité une lettre de Midol. Midol, tu viendras à cette tribune t'expliquer devant le Congrès ! On a dit : « Les minoritaires sont au pied du mur et déjà ils fuient comme des volées de moineaux ! »

BIDEGARAY. — Il faudrait citer des noms ; il ne faut pas laisser la suspicion sur tout le monde !

SIROLLE. — Camarades, Bidegaray a raison de demander des précisions. On a si bien dit que la tendance minoritaire n'était pas prête à entrer dans l'action du 21 juillet qu'on a fait état de la démission de nos représentants au sein de cette Fédération pour déclarer que c'était la peur des responsabilités pour le 21 juillet qui avait obligé ces camarades à démissionner, lorsque la vérité était connue par Bidegaray et ceux qui disaient cela. Ils savaient que c'était nous qui donnions mandat à nos délégués au sein de ce Comité fédéral de démissionner, parce qu'il leur était impossible de s'expliquer loyalement, sans recevoir le flot d'injures qu'on déversait contre nous.

BIDEGARAY. — Je demande à Monmousseau de préciser des noms.

MONMOUSSEAU. — Camarades, avec le seul désir d'apporter à la tribune notre opinion et notre pensée, nous dirons ce que nous pensions justement des conditions dans lesquelles ce mouvement du 21 juillet avait été conçu. Lorsqu'une organisation syndicale se lance dans un mouvement avec un tel état d'esprit, lorsque la foi dans la réussite, lorsque la loyauté en le but à atteindre existe à un point si faible que cela, comment voudriez-vous qu'un mouvement réussisse ? Il y a une autre chose. Puisque aujourd'hui ont veut faire retomber

4

sur la minorité et les minoritaires la responsabilité de l'échec du
21 juillet, qui reste encore un échec pour nous, malgré la démission
de M. Borel, nous dirons ce que nous pensons des conditions dans
lesquelles le mouvement ouvrier, l'action ouvrière peuvent se déterminer. Avant la guerre, lorsque la Confédération Générale du Travail
avait ses 400.000 adhérents, faible nombre qui faisait dire à Dumoulin,
dans son exposé du syndicalisme, que le verbiage révolutionnaire
constituait la seule force sur laquelle on pouvait fonder l'espoir du
prolétariat, et que la seule puissance à laquelle étaient réduits les militants était de faire du bluff, d'épouvanter, sans qu'il y ait, au sein
même de la C. G. T., la force sociale capable de pouvoir culbuter ce
qu'on aurait voulu culbuter ; avec ces quatre cent mille adhérents,
les militants des organisations syndicales se lançaient dans la bataille,
ils parcouraient la France, ils allaient semer partout la bonne pensée
révolutionnaire ; ils mettaient au premier plan de leurs préoccupations tout ce qu'ils pouvaient souhaiter, tout ce que pouvait espérer
cette classe ouvrière pour poursuivre son émancipation. Et puis aussi,
quand on voulait faire de l'action, on répondait autrement qu'on a
répondu à la calomnie, à la boue jetées contre ce mouvement du
21 juillet. A la calomnie répandue par la presse infecte, payée par
nos ennemis, on répondait et on couvrait à notre tour les murs des
cités et des campagnes d'affiches ; on avertissait l'opinion publique,
on forgeait une opinion pour répondre au but que l'on voulait poursuivre. Ah ! je sais, camarades, que cette période fut la période
héroïque des militants de la classe ouvrière ! Ils ont signé des affiches
rouges, ils ont été en prison pour les avoir signées, c'est vrai ; mais
quand même, vous admettrez, vous nous préférez cette intention que
lorsqu'il faudra revenir à un travail de préparation et d'éducation,
nous nous solidariserons tous avec ceux qui assureront les responsabilités de l'organisation syndicale !...

Avec 400.000 adhérents, c'est en répandant partout la bonne parole
syndicaliste, c'est en créant ce mouvement d'opinion syndicaliste
qu'on a arraché Rousset aux conseils de guerre, alors qu'aujourd'hui
les marins de la mer Noire sont tous restés victimes du capitalisme
et de la réaction sans que nous soyons capables autrement que dans
des ordres du jour insérés dans les journaux ouvriers ou dans les
procès-verbaux de la C. G. T. de faire une action publique pour sortir
nos camarades du bagne où ils ont été mis ! Et Jouhaux, secrétaire
général de la C. G. T., exprimait au lendemain du 21 juillet sa conception sur le mouvement ouvrier. Il disait : « Le mouvement ouvrier
se détermine en considérant les circonstances. » Il a raison, Jouhaux,
mais nous regrettons qu'on ait si mal choisi cette circonstance du
21 juillet, lorsqu'elle pouvait exister dans le courant de juin ! Nous
sommes d'accord : le mouvement ouvrier se détermine selon les circonstances, oui ; mais aussi par d'autres moyens. Le mouvement
ouvrier n'a pas, comme seul facteur, les événements économiques ou
sociaux qui se déroulent dans ce pays. Il a, comme second facteur,
les idées, la propagande qui peut forger, à un moment donné, une

opinion syndicaliste, et l'on met les événements à la disposition de cette opinion pour faire le mouvement ouvrier. Or, on s'est reposé sur la première des méthodes et l'on a dédaigné la seconde. Je vous le répète : on a laissé la réaction entreprendre sa campagne de calomnies, on a laissé la Démocratie Nouvelle et toutes les autres tapisser nos murs de toutes sortes d'affiches qui ont certainement influencé l'opinion de nos camarades, qui n'ont pas été à même d'avoir au moins à faire ce contrepoids qu'auraient pu donner tous les militants de la classe ouvrière. Comment ! on avait des buts à ce mouvement du 21 juillet : contre la Révolution russe, pour l'amnistie, etc., et lorsque pendant six années on a laissé ce prolétariat dans l'ignorance, lorsqu'on l'a lancé dans l'œuvre de reconstitution économique du pays, lorsqu'on a endormi son esprit révolutionnaire, lorsqu'on l'a laissé dans l'apathie, lorsqu'on lui a fait miroiter d'autres moyens moins dangereux qui peuvent ne pas porter atteinte à la nonchalance du prolétariat, voilà que tout d'un coup, en quinze jours de temps, on décrète une action, sans jamais avoir parlé de la Révolution russe, sans l'avoir jamais défendue ! Si ! on en parlait pour la combattre, la critiquer ; ce qu'on a dit de la Révolution russe, c'était pour se désolidariser d'avec elle. Je dis qu'on a fait surtout autour de la Révolution russe la conspiration du silence. Camarades congressistes, dites-nous, depuis que la Révolution russe est au monde, quels sont les militants qui ont traversé vos syndicats, pour soulever vos masses dans ce devoir de solidarité ?

Je me souviens du Cirque d'Hiver. On en fait mention dans le Rapport moral et vous m'excuserez de faire intervenir dans ce débat des personnalités, non pas pour médire ou jeter la suspicion, mais pour établir des conceptions différentes. Merrheim, l'ardent défenseur de la Révolution russe, mais à ses premiers jours ; Merrheim, l'homme de Zimmerwald, qu'il est libre de renier, c'est son affaire ; Merrheim, au Cirque d'Hiver, n'a pris la parole sur la Révolution russe que pour nous mettre en face des fautes que pouvaient commettre les révolutionnaires russes !

MERRHEIM. — C'est faux !

MONMOUSSEAU. — Peut-être. Si c'est faux, je reviendrai de mon erreur. Je viens avec l'intention de dire ce que je pense ; si je me trompe, on rectifiera. Je dis qu'on n'a apporté, dans toutes les discussions sur la Révolution russe, que des critiques ; que jamais nos délégués confédéraux et fédéraux n'ont voulu faire travail d'opinion publique pour sauver la Révolution russe.

Je reviens aborder ici les méthodes de lutte... Le mouvement ouvrier se détermine selon les désirs constants et selon les idées, les pensées générales qu'on veut jeter au sein des masses pour conjurer les circonstances et la pensée et faire le levier du mouvement ouvrier, et nous accusions ici la Confédération Générale du Travail, par la conspiration du silence, d'être complice de l'écrasement de la Révolution hongroise, de la chute de Bela-Kun, du blocus toujours plus resserré contre la Révolution russe ! Je ne sais pas, moi, si l'on pouvait éviter l'étranglement des révolutions. Je ne sais pas, moi, si l'on pouvait éviter le blocus, mais je dis : on devait tout faire pour l'éviter! (*Applaudissements.*)

Camarades, j'en arrive au bout de mon exposé.

Deux méthodes de syndicalisme... Je me souviens que Jouhaux nous dit un jour, au Congrès fédéral des Cheminots : « Nous ne sommes pas en désaccord sur des erreurs de tactique ni même sur des erreurs de principes ; ce qui nous divise ce sont des erreurs d'interprétation. » Je voudrais, tous nous voudrions que notre désaccord ne soit fait que d'erreurs d'interprétation ; les hommes sincères, soucieux du syndicalisme, peuvent s'entendre et mettre au point des principes et des méthodes qui nous seront communs. Hélas ! il n'en est pas ainsi. Nous disons que le syndicalisme national, que notre syndicalisme est enchaîné à la démocratie. Je laisserai le soin à d'autres camarades d'expliquer, de faire voir leur point de vue ; je m'excuserai de ne pas entrer plus avant dans ce problème. Je laisserai cette tâche à ceux des camarades qui ont vécu intensément cette lutte de tendances et d'opinions qui ne repose pas seulement sur des différences d'interprétation, mais sur des différences de méthodes et de principes. Et il faut que l'une ou l'autre de ces méthodes, les uns ou les autres de ces principes triomphent, pour que nous puissions sortir de ce Congrès sans équivoque.

Mantoux. — C'est un réquisitoire et non un programme !

Monmousseau. — Tu ne m'en voudras pas, Dumoulin, de rappeler que tu fus un directeur de conscience, et je te garderai comme directeur de conscience dans tout ce que tu nous a laissé :

A l'aide de prétextes accidentels, la lutte de classes est battue en brèche. Dans les tranchées, on s'est rencontré avec des patrons ; dans les usines, on a « tourné » avec des riches, des notaires et des banquiers. Des syndicalistes fatigués ont pris usine à leur compte et des commandites ouvrières ont fleuri sur la ferraille. Le nombre des conditions moyennes, l'importance de la classe-tampon, la paysannerie et la petite industrie ont ouvert des horizons à l'entente des classes. N'acceptons pas cette déformation, cette déviation. Pour nous, la classe que nous combattons n'est pas représentée par le modeste patron boulanger qui pétrit au fond d'une cave avec ses deux commis, c'est le régime que nous combattons, l'organisation capitaliste produit d'une classe, un état social qui réduit le travailleur à l'esclavage pour le conduire à la barbarie, en passant par des guerres. C'est à lui qu'il ne faut pas laisser enchaîner le syndicalisme. Ce régime de classe n'a rien modifié, rien changé : il s'appuie toujours sur les mêmes forces d'autorité et de domination. L'Etat, l'Eglise, le sabre, les prisons forment toujours ses piliers d'erreurs et de contrainte. Ecartons-nous de lui et ne nous laissons pas attacher par les maillons dorés de sa chaîne. Sa chaîne est prête: participation aux bénéfices, pénétration dans les conseils patronaux, associations mixtes pour études industrielles, conférences, cours, écoles professionnelles, etc... Une fois enchaînés, les meilleurs des nôtres abdiqueront leur pensée et notre idéal. Amis minoritaires, arrachons-nous de cette étreinte et laissons les autres s'embarquer dans le concubinage. Sur ce nouveau chemin de Damas, ils rencontreront Samuel Gompers, Karl Legien et Ben Tillet, en compagnie des hommes d'affaires de la bourgeoisie internationale. Nous irons vers les travailleurs de tous les pays pour rétablir l'Internationale ouvrière.

G. DUMOULIN.

MONMOUSSEAU. — Eh bien ! Dumoulin s'est rencontré avec Gompers, de la Défense nationale américaine, avec Appleton, de la Défense nationale anglaise, avec Legien, de la Défense nationale allemande ; ils se sont rencontrés avec tous les militants de la Défense nationale; ils ont rebâti, avec ce syndicalisme de collaboration de classes, l'Internationale de collaboration de classes ; la chaîne s'est étendue : elle a enserré non seulement les militants de ce pays, mais de tous les pays ; elle s'est reforgée sur les épaules des militants du monde entier, au sein de l'Internationale d'Amsterdam, qui n'a jamais été qu'un mot pour la Révolution russe, la véritable Internationale.

JOUHAUX. — As-tu lu, Monmousseau, les ordres du jour votés à Amsterdam, ainsi que les discussions qui ont eu lieu ?

Un délégué. — En tout cas, ce n'est pas des discours qu'il faut, c'est de l'action.

MONMOUSSEAU. — Lorsque nous apportons ces critiques, c'est avec l'espoir qu'elles amèneront à cette tribune ceux qui voudront les réfuter.

Nous n'entendons pas empêcher ceux que nous critiquons de venir justifier leur politique, leur opinion, leurs principes et leur méthode. Le Congrès prendra position comme il l'entendra ; le Congrès départagera cela. Mais nous, il y a quelque chose que nous plaçons au-dessus du Congrès, au-dessus de tout : c'est l'opinion syndicaliste, ce sont les principes syndicalistes. Quels que soient, entendez-vous, le programme et les méthodes qui sortiront de ce Congrès, sachez qu'à tort ou à raison, mais pensant avoir raison, les militants minoritaires, se basant sur ce qu'ils pensent être la vérité, marcheront toujours et pousseront toujours le syndicalisme vers sa voie ! Nous disons que l'action ne se décrète pas à l'avant, elle s'inspire des événements, elle s'inspire des courants d'opinion. La Révolution non plus ne se décrète pas à l'avant. Il faut détruire à ce Congrès le trouble dans lequel on jette les esprits. On confond les militants de la lutte de classes avec les émeutiers ; on confond la Révolution avec la famine; on confond les minoritaires avec les insurrectionnels !

Camarades, chacun de nous a ses idées, ses opinions sur le mouvement syndicaliste. L'opinion que je reflète, moi, c'est que la Révolution ne sera jamais le fait d'un décret de la C. G. T. ni du prolétariat. La Révolution est un événement économique qui sortira des masses populaires dans ce pays, parce qu'il aura trop à souffrir pour subir la contrainte du capital, pour payer la dette publique et pour remettre debout ce que la guerre a détruit. Les événements sont révolutionnaires et les militants n'ont que l'honneur, quand ils le veulent, d'éclairer la masse sur ces événements économiques, de faire sentir les Révolutions. Il ne servira à rien de boucher ses oreilles, de fermer les yeux, mais nous voulons détruire cette équivoque qui consiste à dire que la C. G. T., les militants peuvent décréter la Révolution. Ils ne peuvent qu'en retirer le maximum de résultats, et pour cela il faut que les militants courageux parcourent la masse, disent ce qu'il en est de la vie économique et se séparent de ceux qui ont mené le pays à la banqueroute et à la ruine ; il faut qu'ils entreprennent cette action de lutte de classes, qu'ils éclairent les masses sur la Révolution qui vient, et plus les masses seront éclairées, plus l'idée révolutionnaire sera entrée dans les cerveaux, plus la Révolution sera profitable et moins elle coûtera à la classe ouvrière.

Alors, devant cette opinion que nous émettons, on vient nous dire : « Mais la masse n'est pas mûre, vous vous établissez sur le vide, vous ne représentez qu'une opinion personnelle ! »

Je ne sais pas, moi, si la masse est mûre, mais je demande qui la fera mûrir, je demande comment elle mûrira. Elle mûrira par l'action constante, par l'action indéfectible de ces militants qui n'auront pas perdu la foi, qui ne seront pas sceptiques. Que ceux qui n'ont plus la foi, les sceptiques, laissent au moins à ceux qui ont l'espérance au cœur le soin d'éduquer leurs camarades ; qu'ils ne plongent pas et qu'ils n'engloutissent pas la masse populaire, le prolétariat, sous la vague de ce scepticisme !

On va dire aussi que la grande affluence des syndiqués, que le rengorgement de la Confédération est le fait d'une nouvelle politique ; je ne sais pas de quoi elle est le fait, mais je sais que les syndicats minoritaires comme les autres sont engorgés de ces éléments qui, avant la guerre, ne connaissaient pas l'organisation syndicale, mais qui ont appris à la connaître. Et les opinions que les militants ont émises n'ont pas fait peur à la masse ; elle est venue quand même à l'organisation syndicale.

Camarades, nous blâmerons la C. G. T. pour son attitude, pour ses principes, pour ses méthodes qui ne répondent pas au but du syndicalisme et qui ne conduiront jamais le syndicalisme vers sa mission historique. Nous blâmerons la C. G. T. de n'avoir pas compris que le tout était de faire l'impossible pour pouvoir dresser la classe ouvrière de ce pays, et de ne pas avoir fait l'impossible pour dresser la classe ouvrière de ce pays contre les impérialistes qui étranglent nos amis révolutionnaires russes et hongrois. Nous blâmerons la C. G. T. et nous désavouerons cette conclusion de l'histoire du syndicalisme national qui fut apporté à Amsterdam.

Pour finir, je conclurai en citant encore ceci ; tu me le pardonneras, Dumoulin :

Je me refuse à croire que chez les adaptés on ait cru que la guerre pouvait avoir des vertus. Non, on s'est rallié à des mots, à des phrases, à tout ce qui était creux, vague, bruyant et équivoque. Tout ceci explique bien faiblement ce qui fit le malheur de la C. G. T. Mais dans ce désastre, il reste la possibilité de revivre. Et cette possibilité de vie nouvelle nous est donnée par ceux qui, parmi les chefs de la classe ouvrière, sont restés des hommes devant la guerre.

(*Applaudissements.*)

LE PRÉSIDENT. — Il est un peu tard pour donner la parole à un autre orateur. Nous allons renvoyer la discussion à cet après-midi. Mais avant de lever la séance, je vais vous lire une dépêche qui nous arrive de Constantine :

Union départementale de Constantine adresse son salut syndicaliste à tout Congrès, invite camarades congressistes à soutenir motion adressée par elle à C. G. T. relative à Sous-Comité confédéral Afrique du Nord, demande que relations plus étroites s'établissent entre métropole et colonie et rejette tous principes autonomie algérienne. Fraternels et internationaux saluts. — PILY.

LE PRÉSIDENT. — Une proposition, camarades ! Le délégué de Givors propose au Congrès de faire une quête à la sortie de chaque séance au profit des organisations en grève.

La proposition est mise aux voix et adoptée.

Séance de l'après-midi

Même bureau.

LE PRÉSIDENT. — Camarades, nous avons une proposition du camarade Massot, délégué suppléant des Métaux de Paris :

Vu l'importance de l'ordre du jour du Congrès, nous demandons que l'on fixe ainsi les heures de rentrées : matin, 8 heures et demie; après-midi, 2 heures précises, et qu'une meilleure discipline soit observée. — MASSOT.

BERNARD. — Camarades, vous avez pu constater comme moi l'arrivée tardive de nombreux délégués ; en conséquence, je dépose, au nom de mon syndicat, la motion suivante :

Le Congrès, considérant que l'arrivée tardive de certains délégués peut devenir préjudiciable à la bonne marche des travaux,
Insiste d'une façon pressante auprès des délégués pour qu'ils observent l'assiduité au Congrès, sur laquelle comptent leurs organisations;

Décide qu'un pointage sera organisé à l'entrée du Congrès et arrêté à
8 heures et demie le matin et à 15 heures le soir;

Les délégués non présents à l'ouverture de chaque séance seront signa-
lés à leur organisation. — A. BERNARD.

La question est mise aux voix et repoussée.

LE PRÉSIDENT. — La parole est au camarade Le Troquer.

Discours de Le Troquer

LE TROQUER. — Bien que jeune dans l'organisation syndicale, je
n'en appartiens pas moins depuis treize ans au mouvement syndicaliste révolutionnaire. Je tiens par conséquent à vous dire, en ma qualité
actuelle de secrétaire de l'Union départementale de l'Eure, le mandat
que m'ont donné les camarades qui m'ont confié l'honneur de venir
les représenter aujourd'hui.

Vous demandiez ce matin, camarades, d'entendre un peu la voix
des camarades qui avaient vécu pratiquement la guerre. Plusieurs
d'entre vous voulaient savoir ce que pouvaient penser les militants
qui avaient été pendant cinq ans au milieu de l'effroyable bataille que
nous avons vécue. Je puis analyser aussi rapidement que possible les
sentiments que l'horrible catastrophe a pu faire naître en nous. Si en
1914, dans le cataclysme et l'affolement général, les camarades, quelles
qu'aient été leurs conceptions, leur façon de penser, ont accepté d'aller
dans les régiments, d'aller sur les bâtiments, et par conséquent d'accepter le problème de la Défense nationale, c'est que Jaurès lui-même,
dans tous les Congrès, l'avait défini d'une façon certaine ; si à la
veille de son assassinat, Jaurès, l'apôtre immortel de la Paix, croyait
encore à la possibilité d'éviter le cataclysme mondial, il n'en est pas
moins vrai, camarades, qu'aujourd'hui nous savons à quoi nous en
tenir sur les responsabilités immédiates du plus grand crime dont
l'humanité ait souffert.

Ah ! j'ai bien entendu, depuis hier matin, les critiques plus ou
moins acerbes que développèrent à cette tribune divers orateurs, mais
j'aurais voulu aussi tout de même que l'on analysât, au moins pendant un certain laps de temps, les faits qui demandaient une analyse
certaine, une analyse de vérité. En tant que militant de la Confédération Générale du Travail, je n'ai entendu ici que des critiques, toujours des critiques et encore des critiques.

On a parlé de psychologie de guerre, on a parlé de la mentalité
des foules, mais on s'est bien gardé de dire les moyens employés pour
essayer qu'une Révolution, que tout le monde réclame, puisse devenir,
dans le domaine de la réalité, une possibilité pour la classe ouvrière.

Et le mouvement du 21 juillet, camarades, je l'ai vécu aussi bien et
autant que vous tous. Je veux parler et situer nettement la préparation
faite pour le résultat demandé à ce mouvement du 21 juillet et je dis

que, le 13 juillet, près des organisations de l'Eure, avec un militant des cheminots, j'ai essayé de voir s'il y avait possibilité matérielle de faire ce mouvement du 21. Oh ! camarades, je vous dirai tout de suite que j'ai toujours été pour ce mouvement du 21 juillet ; avant le mouvement lui-même, j'essayais à toute seconde, à toute minute, près de tous mes camarades, de leur exprimer que c'était une nécessité, mais les résultats auxquels nous avons abouti sont que, sur 300 camarades consultés, 30 seulement se sont prononcés pour que le mouvement puisse se faire.

Vous voulez des faits, camarades ! Je vous en donnerai d'un bout à l'autre de ma causerie.

On a dit, en parlant de la Révolution russe, que soit par inertie, soit par manque de compréhension, certains militants, craignant le mouvement du 21, avaient voulu l'assassiner. Pour ma part, je n'accepte pas et je n'accepterai jamais de semblables critiques ! J'ai lu, il y a quelques jours, avec toute la sincérité désirable, dans le *Journal du Peuple*, l'article du camarade Monmousseau. Je ne ferais pas à Monmousseau l'injustice de croire que son article n'a pas été écrit dans un mouvement de sincérité, mais je lui demande si réellement, dans son organisation des chemins de fer, les camarades ont fait la propagande nécessaire pour que le mouvement du 21 juillet soit accepté. En admettant l'hypothèse une seconde que tout le travail ait été fait pour que le mouvement du 21 puisse réussir, eh bien ! je ne comprends plus alors que, sur 300 camarades cheminots, je n'ai reçu que 30 voix pour le mouvement.

Hier, un camarade de l'enseignement disait, en rappelant certaines paroles de militants, que l'on essaie partout de transformer la société, que le moyen le plus rapide à l'heure actuelle, la Révolution russe, ne serait que le déclenchement d'un pareil état de choses. Eh bien ! je me demande, camarades, si en toute conscience, après raisonnement, nous sommes capables d'un enseignement et de transformer la contre-révolution actuelle ? Nous sommes incapables de transformer les enfants, à l'heure actuelle ; on ne nous permet pas de lire dans les écoles les paroles d'Anatole France ! (*Applaudissements.*)

Le jour de l'armistice, voulant lire à mes élèves quelques paroles d'Anatole France, immédiatement on m'en a fait un reproche. Je me suis demandé pourquoi, dans les écoles universitaires, il y avait encore une barrière intellectuelle. Je ne parlerai pas des campagnes de l'Eure, mais si vous saviez la mentalité qui existe là-bas ! C'est incroyable ! Les Révolutions ne sont faites qu'avec des minorités agissantes, mais ce que nous voulons, camarades, c'est que les Révolutions aient un lendemain. Nous ne voulons pas que les Révolutions puissent crouler lamentablement ; nous voulons que les militants conscients puissent travailler et je vous dis tout de suite que tout en ayant le respect profond de la Révolution russe, tout en ayant toute ma volonté tendue vers les efforts de Lénine et de Trotzky, je ne voudrais pas voir mon pays s'engager dans une Révolution pareille.

J'ai suivi et Zimmerwald et Kienthal. J'ai suivi, pendant la guerre et depuis des années, le mouvement ouvrier ; j'ai suivi aussi les jaunes de la République française ; mais ce que je crains, c'est que Lénine et Trotzky (ce sont des renseignements), ce que je crains et je le crains bien fort, c'est que Lénine et Trotzky qui, à l'heure actuelle, pour tenir, sont obligés de faire appel aux techniciens bourgeois, c'est qu'ils aient commis — je ne dis pas une faute de tactique, j'estime trop le travail de ces camarades, — mais une faute qui peut devenir néfaste au mouvement révolutionnaire russe.

Les organisations syndicalistes n'étaient pas formées comme en France ; il n'y en avait pas moins deux millions et demi d'ouvriers qui acceptaient tout au moins les formes, tout au moins la pratique de nos organisations syndicalistes françaises. En ce moment, camarades, il n'en reste plus que trois cent mille, et je demande pourquoi, en 1917, au premier Congrès des Soviets, ont-ils empêché les camarades de la tendance de Plekhanov de contribuer à leurs débats ?

Voilà, camarades, l'intransigeance que nous n'avons pu comprendre, puisque, à l'heure actuelle, ils font appel aux techniciens bourgeois.

Eh bien, non ! Une Révolution comme celle-là est appelée à aboutir à notre Révolution de 1789 ; c'est malheureux à constater, mais ce n'en est pas moins la vérité. Je vous répète ce qu'on disait ce matin : Pour arriver à la Révolution, il y a des méthodes différentes et des moyens d'action différents. On ajoutait qu'il n'y avait pas de divergences de vue. Eh bien ; pour conclure, je vous dirai ceci : je ne vois que deux moyens pour faire une Révolution : on la fait avec une intellectualité excessivement forte (et je ne sais pas si nous pouvons la posséder) ou alors, comme le disait Monmousseau ce matin, avec de la souffrance et encore de la souffrance...

Mais nous en avons eu pendant six ans, nous autres qui avons été mêlé à des choses infectes ! Certains, malheureusement, ne voient la Révolution que dans les secteurs où ils se trouvent. Ils ne la voient pas dans la totalité du pays. Demandez à nos camarades du Nord s'ils peuvent voir la Révolution comme nous. Je suis, je le répète, aussi révolutionnaire que n'importe lequel ; mais j'estime pour qu'une Révolution réussisse elle ne doit venir qu'après une lutte de tous les militants dans tous les milieux, dans tous les ateliers, dans tous les bureaux. Pour pouvoir prendre réellement la possession des pouvoirs publics, l'éducation est-elle même assez prête ? Je pose le problème...

J'ai suivi ce qui a été dit dans les Congrès qui ont précédé celui-ci ; ennemi des personnalités, ne jugeant que les idées, car les hommes passent mais les idées restent, j'ai trouvé drôle que certains camarades qui se sont déclarés à différentes reprises pour la propagande par brochure aient été les premiers à ne pas acheter les brochures que leur Confédération mettait dans la circulation. Voyons moins les questions personnelles. Jugeons les hommes non pas en tant qu'hommes, mais en tant qu'idée, quand ils ont pu commettre des fautes.

Y en a-t-il un parmi vous qui peut dire que pendant la période sanglante que nous avons vécue il a toujours été lui-même ? Quel est celui qui peut déclarer qu'il n'a jamais commis une erreur ?

Camarades, je ne me reporterai pas comme l'a fait Monmousseau, au dernier Congrès de juillet 1918 ; je me reporterai simplement à l'action qui a été menée depuis que l'unanimité des camarades sont rentrés dans leurs foyers. Nous avons vu, et je laisse toutes les autres critiques faites durant la guerre, le mouvement du Premier Mai, et nous avons constaté qu'il y avait dans toute la masse du prolétariat vraiment une action révolutionnaire. L'avons-nous suivie cette action ?

Nous avons vu la manifestation du Premier Mai, manifestation préparée par les délégués confédéraux et fédéraux qui ont fait des tournées de propagande. Pourquoi le mouvement du 21 ne s'est-il pas trouvé dans la même situation ? Nous devons en rechercher les responsabilités. Il a été décidé, au Comité confédéral de mai, que la Confédération Générale du Travail enverrait des délégués pour donner du courage aux organisations, en vue de la préparation du mouvement du 21 juillet. Qu'avons-nous vu à côté de cela ? c'est que des grèves se sont déclanchées ; des grèves parisiennes, ensuite la grève des mineurs.

Beaucoup de camarades osent insinuer que toute la responsabilité de vouloir faire cette éducation doit incomber simplement au Bureau confédéral. Non, le Bureau confédéral a fait tout son devoir. S'il n'est pas parti en province, ce sont les camarades parisiens qui l'en ont empêché. Il n'en est pas moins vrai que les Unions locales ont fait tout leur devoir. Bon nombre de militants sont partis dans les syndicats pour essayer de stimuler le syndicalisme. Mais qu'est-il arrivé ? C'est que sur deux millions de syndiqués, les trois quarts lisent le *Petit Parisien* et le *Journal* et ont été empoisonnés par la presse bourgeoise ; voilà pourquoi nous nous sommes trouvés devant les événements que tous nous connaissons.

On nous disait : l'action que vous voulez mener n'est pas une action corporative, c'est simplement une question politique. Et alors, nous militants de la province qui avons essayé de lutter contre ce fléau capitaliste, nous avons été impuissants à enrayer cela, nous n'avons qu'à regarder le tirage des journaux qui défendent la classe ouvrière et nous verrons que s'il y a deux millions d'ouvriers à la C. G. T., il n'y en a pas les trois quarts qui lisent les journaux indépendants. Il faudrait faire l'éducation de ce côté ; il faudrait inciter la masse à venir à nos idées et nous sommes obligés de reconnaître que ce ne sont pas des idées qu'il leur faut, mais des faits.

Nous avons vu à la suite du Premier Mai, tous les syndicats et notamment à l'Union à laquelle j'appartiens, se mettre en grève. Pourquoi ? Parce que la journée du Premier Mai leur avait donné un stimulant ; la masse avait confiance pour réclamer des augmentations de salaires.

Alors, si nous mettons en parallèle les grèves parisiennes de la métallurgie et les grèves qui se sont faites dans toute la province, nous constatons que le nombre de syndiqués s'est accru considérablement au moment d'obtenir des augmentations de salaires. Ah ! vous avez beau dire, camarades militants, que vous luttez pour des questions d'idéal ; vos syndiqués, eux, luttent pour des questions de ventre. Je prends un exemple : le syndicat métallurgiste de la Seine a, maintenant près de 100.000 adhérents ; si je compte dans les organisations de province, je vois la même fluctuation se produire. Mais le jour où l'on a obtenu des satisfactions, on oublie de prendre le chemin de la Bourse du Travail et des syndicats. Comment arriveriez-vous alors, avec l'esprit actuel de cette masse, esprit qui n'est pas avec nous, à amener à vous les travailleurs si vous suiviez la théorie de Monmousseau, théorie avec laquelle je serai d'accord sur certains points.

Je demande à Monmousseau s'il croit que si la Fédération des chemins de fer n'avait pas obtenu des augmentations de salaires, si nous n'avions pas obtenu la journée de huit heures, que nous aurions été 300.000 dans la même Fédération ? Non ; c'est la question du porte-monnaie qui amène cette masse au syndicat. Si nous avons de puissantes organisations, si la Fédération des Métaux est ce qu'elle est, c'est par les augmentations de salaires, et c'est parce qu'il y a eu collaboration, que vous le vouliez ou non, que nous avons obtenu des augmentations, des améliorations. Je m'appuierai sur bien des faits : dans les fédérations, — même dites minoritaires, cela se produit dans la Fédération des Chemins de fer —, quand il y a un camarade de la C. G. T. qui, pour délit d'opinion, est frappé et immédiatement mis en prison, et bien ! ce sont les minoritaires eux-mêmes qui demandent à la C. G. T. d'agir pour le faire sortir. Est-ce de la collaboration de classes ? Je réponds oui. Mais le jour où notre conception sera assez forte pour rallier sous une même bannière les travailleurs de France, ce jour-là, nous serons assez forts pour les retirer nous-mêmes, et alors nous poserons le principe de la Révolution.

Avant tout, il ne faudrait pas voir les injures que certains militants se lancent à la face les uns des autres ; il faut qu'il y ait une même théorie dans le syndicalisme, parce que tous nous avons les mêmes vues avec des chemins détournés. Quand vous vous disputez dans les réunions, vous montrez aux camarades que vous ne luttez pas pour une conception mais pour un litre ; peut-être aussi, s'il y avait des médailles, je dirais pour une question de médailles...

Nous devons dire que nous sommes des travailleurs, que nous devons lutter pour l'affranchissement du prolétariat et nous devons nous mettre d'accord pour l'action à faire. Il faut revivre les événements et n'en pas mettre la responsabilité sur le Bureau confédéral. Vous, syndicats, vous avez reçu une direction ; ce n'est pas la C. G. T.

qui a failli à son devoir, mais les syndicats en ce qui concerne la journée du 21 juillet.

Nous ne devons pas faire de questions de personnalités, nous devons dire purement et simplement qu'il n'y a pas seulement le Bureau confédéral qui est responsable, mais qu'il y a les secrétaires des Unions départementales, par l'intermédiaire du Comité national. Prenons-nous-en à eux dans les Congrès, mais jusqu'à preuve du contraire nous devons dire que la C. G. T. n'a pas marché sur des directives personnelles mais sous la directive du Comité national.

On a dit que les cheminots avaient une grande part de responsabilité parce que, si les chemins de fer s'étaient arrêtés, beaucoup auraient été obligés de s'arrêter. C'est vrai, mais il n'y a pas que les cheminots, il y a d'autres corporations qui ne pouvaient pas marcher ; si vous aviez ajouté à l'ordre du jour confédéral l'échelle de traitements, peut-être les cheminots auraient-ils marché. (*Applaudissements.*)

Eh bien ! c'est à nous à faire l'éducation, c'est à nous de montrer en arrivant que nous sommes tous d'accord pour des directives, et je ne voudrais pas entendre parler ici, dans un Congrès comme le nôtre, de majorité et de minorité ; je voudrais même qu'il sorte d'ici comme du dernier Congrès une motion d'unanimité. Jetez un coup d'œil sur la bataille socialiste, ils ont fait l'unité. Ah ! camarades syndiqués, camarades militants, que vous le vouliez ou non, vous avez le même programme économique ; c'est pour celui-là que vous luttez et je vous engage à le poursuivre.

Discours de Bourderon

Bourderon. — Camarades, j'avais demandé la parole hier soir parce que je constatais que le débat n'entrait pas dans le vif.

Hier, on a rien dit du rapport. Ce matin, on y a touché quelque peu. Encore trop peu à mon sens. Une large part des paroles qui ont été dites auraient pu s'appliquer à la quatrième question qui est à l'ordre du jour de notre Congrès : la transformation sociale et économique. Là, il y a de la place large pour le développement des idées ; on pouvait et l'on peut, à cette question posée, apporter tout le développement désirable ; mais quand on reste dans l'examen critique du rapport confédéral, il faut venir avec des précisions, des faits, et je dirais même : il faudrait situer son explication en tenant compte de l'état d'âme que l'on devait avoir à l'époque où ces faits se sont manifestés. On parle aujourd'hui des événements de 1914, quand on est débarrassé de toutes les difficultés rencontrées depuis cinq ans. (*Applaudissements.*)

Ceux qui établissent des critiques, il m'aurait plu de les voir et de les connaître il y a quatre années et demie ! (*Applaudissements.*)

Un délégué. — La Confédération Générale du Travail n'a pas voulu faire de Congrès à ce moment-là.

BOURDERON. — Je leur dirai même qu'il y en a un bon nombre qui n'avait pas à craindre l'officier dans la tranchée. Je dis qu'il y en avait qui pouvaient quelquefois encourager ceux qui se sont levés pour un idéal qu'ils défendent aujourd'hui avec assez de vigueur, mais il y a quatre années et demie, ils ne disaient rien !

LORIOT. — Il y en a d'autres qui ont parlé !

LEPETIT. — Vous étiez avec nous, Bourderon, au Comité pour la reprise des relations internationales !

BOURDERON. — Ceux qui sont ici et qui ont vécu les difficultés de cette première période de la guerre, ceux-là ne sont pas atteints par mes paroles. C'est à ceux qui viennent aujourd'hui et qui n'ont rien dit à cette époque que je m'adresse.

Permettez-moi d'exposer des raisons parce qu'ici on a parlé de déviation de notre attitude à Zimmerwald. Je considère, et j'avais pris la parole exprès pour cela, que l'on devait, dans le débat, essayer de sérier les questions et les époques. La critique confédérale a des phases différentes : la période des citations de part et d'autre ; la prise de position dans l'opposition respective des deux tendances, septembre-octobre 1914 ; puis enfin, une fraction minoritaire luttant plus ouvertement dans la période 1915 jusqu'à la Conférence de Clermont-Ferrand ; puis il y a eu ensuite de la Conférence de Clermont-Ferrand au Congrès de juillet 1918 ; puis la situation ultérieure, attitude où nous nous sommes trouvés souvent réunis à la presque unanimité avec la Commission administrative et le Bureau confédéral.

De la première époque, je n'en reparle pas. J'ai dit à la Conférence des Bourses en 1916, j'ai dit aussi en 1918 les critiques qu'il y avait à dire. Vous n'attendez pas de moi que je les réédite. J'aurais vraiment la rancœur cruelle et persévérante si je devais considérer qu'un militant doit toujours avoir le regard tourné vers l'arrière et ne pas voir l'avenir.

Oui, sans doute, nous étions opposés et je ne retire rien de ce que fut cette époque. Est-ce une raison pour que je continue un réquisitoire qui avait sa raison d'être à la période où il s'est produit ?

Nous arrivons vers 1917. Nous étions réunis, une minorité, et nous nous consultions pour savoir comment nous attaquerions la majorité confédérale. Nous n'étions pas encore fractionnés à ce moment-là, nous avions une attitude décisive contre la majorité confédérale et nous l'avons manifestée. Nous nous sommes battus dans la Conférence de Clermont-Ferrand, minoritaires et majoritaires. Nous avons été à la Commission avec un nombre de délégués égal, nous avions le même nombre de voix et, là encore, nous avons défendu nos idées, nous avons défendu nos préférences. Quelque chose me hantait ; je crois même que cela hantait tous les délégués minoritaires : c'était de savoir si l'action confédérale, l'action ouvrière devait être morcelée par les nuances et les tendances ou si elle devait être unie dans une action.

Eh oui ! Si j'avais défendu le point objectif sur lequel je m'étais tenu pendant toute la période qui a suivi la mobilisation de 1914. je n'aurais pas voté l'ordre du jour de la Commission à Clermont-Ferrand. Je l'ai voté parce que je considérais l'effort fait par ceux avec qui nous étions en opposition précédemment ; je considérais l'effort fait pour se débarrasser quelque peu du passé.

Je voudrais tout de même que l'on se rappelle la période de 1917. où la prise du pouvoir par Clemenceau avait créé à la classe ouvrière une situation différente que celle qu'elle avait dans la période 1915 et 1916. C'est pourquoi il convenait d'agir. Notre résolution ne pouvait avoir d'efficacité que si nous étions l'unanimité de la Conférence. Si nous étions fractionnés, nous ne pouvions pas avoir d'action sur la masse ouvrière encore indifférente et qui tend à apporter une résistance à ce que les militants pouvaient manifester timidement avec les moyens qu'on nous permettait ; alors déjà, la totalité de la Conférence s'affirmait pour une action aussi virile que les possibilités pouvaient nous le permettre afin d'obliger le gouvernement à définir ses buts de guerre. Et, camarades extrémistes minoritaires qui nous faites grief de ne plus être avec vous, trouveriez-vous que nous avons eu tort d'adresser, de la part de la totalité déléguée à cette Conférence confédérale, notre salut à la Révolution russe ? Oui, notre salut !... En ce qui nous concerne, nous, Zimmerwald tient ! Ce salut nous apparaissait insuffisant dans l'expression. mais il n'en était pas moins, si je puis dire, une expression d'approbation de l'acte révolutionnaire. non seulement de Kerensky, mais de Lénine et Trotzky dans la seconde phase de la Révolution russe. Oui, ce salut, que nous adressions par l'unanimité de la Conférence, avait une importance dans le monde pour la Révolution russe. s'il pouvait leur parvenir ; il devait avoir un effet de répercussion. Malheureusement, vous devez savoir que nous n'avions aucun moyen de pouvoir communiquer avec tout le public.

Cette première déviation dont vous nous faites le reproche a eu pour conséquence de nous conduire au Congrès de 1918. Et là, nous avons eu des camarades qui se sont séparés, non pas sur le fond ni sur l'esprit de la Révolution, mais en disant : « Nous ne votons pas, parce que nous avons méfiance des hommes de ce Bureau confédéral ! » Il faut qu'ici je dise qu'en ce qui me concerne, envers Jouhaux, je n'avais pas cette méfiance. Je vous ai dit tout à l'heure que j'avais formulé les griefs qu'il convenait à l'époque. Nous nous sommes battus, nous nous sommes portés des coups ; mais nous sommes dans le monde du travail, et nous avons tout de même une perspective qui est autre que celle de nos personnes.

Aujourd'hui, il convient tout de même de savoir si c'est contre la personnalité de Jouhaux que le Congrès se réunit ou si c'est pour quelque chose d'utile à la classe ouvrière, c'est-à-dire nos organisalions d'une part, et la masse des travailleurs qui n'est pas encore à l'organisation, d'autre part ? (*Applaudissements.*)

C'est cela qui est intéressant. La Révolution ne se fait pas avec quelques quarterons de volontaires ; il faut la masse avec soi, et il faut l'organiser pour son lendemain pour qu'elle fixe cette période révolutionnaire.

Donc, nous sommes en 1918. Le Congrès, en ce qui me concerne, semble avoir tranché tout ce passé. Je reconnais que les camarades syndiqués qui étaient dans les tranchées, qui étaient en servitude militaire, qui furent démobilisés il y a quelques mois et qui ont repris leur place de militants, ont le droit de poser des questions, de demander des explications, de savoir pourquoi ceci et pourquoi cela ; qu'ils viennent ici, à cette tribune, poser ces questions, et il leur sera répondu.

Je veux assez sommairement examiner le Rapport confédéral ou plutôt essayer de le défendre de l'insuffisance de précision que l'on a apportée dans le reproche. Voulez-vous rappeler ces événements et cette période ? Y a-t-il beaucoup de délégués qui étaient à la rue de la Grange-aux-Belles, en juillet 1918, au moment où, quand je parlais et que la grosse Bertha nous envoyait un projectile, les majoritaires lançaient : « Voilà la réponse de vos amis les Allemands ! » Il faut tout de même se rappeler les périodes et les circonstances des faits au moment où ils se sont produits. Je dis que l'on semble se débarrasser trop légèrement du temps passé. Pendant les années 1915, 1916 et une longue partie de 1917, les hommes de Zimmerwald avaient œuvré contre la guerre pour une paix dont nous croyions les circonstances favorables, épargnant au monde d'autres cruautés encore plus grandes que celles qui avaient précédé. A ce moment-là, nous cherchions à sauver le plus grand nombre de vies humaines.

En juillet, après le terrible traité de Brest-Litovsk de l'impérialisme allemand cherchant à détruire la Révolution russe, après l'effort militaire des troupes allemandes sur notre front, l'armée ennemie s'avançant à 65 et 80 kilomètres de Paris et ayant des pièces d'artillerie qui tiraient sur Paris, alors que tout cela pouvait apparaître comme un danger pour nous, je ne voulais tout de même pas accepter une paix pour mon pays comme les Russes avaient été obligés d'en subir une l'année précédente ! (*Applaudissements.*)

Ce sont encore des raisons qu'il fallait que je rappelle. Je n'ai rien perdu de ces souvenirs. Oui, je les rappelle, et c'est parce qu'à ce moment-là, nous disions : « La paix peut être précipitée, peut être accélérée par la volonté ouvrière, mais elle ne peut se faire que lorsque les belligérants seront mis dans l'impossibilité de continuer la guerre plus longtemps sans véritablement apparaître comme étant des vaincus ! » Nous cherchions l'heure possible d'agir et, dans les mois qui précédaient, il était difficile de pouvoir agir : la percée qui menaçait, dans la Somme, avait été effrayante pour nous d'hésitation et de stupéfaction. C'est pourquoi en 1918, comme en 1917 à Clermont-Ferrand, je considérais qu'il n'y avait qu'un moyen pour que la classe ouvrière puisse avoir en France une action agissante : celle d'être réunie dans la Confédération Générale du Travail, et c'est encore cela qui m'a guidé, en 1918, au sein de la Commission, pour voter la résolution qui est sortie du Congrès !

Vous m'en faites grief !... Vos griefs, je les mérite, moi ! Mais cela doit-il m'empêcher de continuer ? Non ! je continuerai, et je dis que, pour toute la période administrative avant ce Congrès, vous n'avez encore rien apporté d'assez précis, rien d'assez judicieux pour établir un bilan suffisant, qui dise que la Commission administrative et le Bureau confédéral, pendant cette gestion de 1918 jusqu'à hier, ne méritent plus aucune confiance ni aucune sympathie. Vous n'avez rien à apporter qui justifie cela ! Il faudrait commencer par dire, sur les faits qui auront leur importance au point de vue administratif, si nous étions d'accord ou non, et pourquoi vous n'avez pas formulé vos griefs contre nous. Le camarade qui descend de cette tribune a rappelé quelque chose de vraiment important : les Comités nationaux fonctionnent ; les délégués départementaux, d'une part, sont dans ces Comités nationaux. Est-ce qu'ils tiennent en ignorance tous les syndicats ? Est-ce que les syndicats sont ignorants des décisions prises dans ces Conseils nationaux ? Est-ce que les syndicats ne suivent pas ces délibérations ? Ils les suivent d'une façon plus ou moins distraite, c'est possible ; il faut tenir compte que les syndicats, dans une large mesure, quand nous nous intéressons aux choses générales, ne s'y intéressent pas suffisamment ; les choses corporatives et particulières sont peut-être chez eux trop irritantes ; le côté matériel les tient continuellement obsédés ; les raisons sociales générales ne les touchent pas encore... Alors, il convient peut-être de faire sur eux un effort d'éducation. Vous dites que nous n'en faisons pas suffisamment et que, lorsque nous allons en province, nous ne parlons pas des choses générales. Je crois que vous faites erreur ; vous n'apportez point de précisions, pas de faits : c'est une théorie générale que vous apportez, et cela n'est rien !

En ce qui me concerne, j'ai été dans quelques villes du Midi, en novembre 1918. Il y a ici des délégués qui assistaient aux réunions que j'ai faites ; qu'ils viennent dire si je n'ai pas pris pour thème toutes les questions qui intéressent la masse du travail : les questions sociales. Et je suis persuadé que tout ce que j'ai fait a été fait par les délégués de la Commission administrative.

Oui, il y a une action qui a un grand retentissement : c'est celle d'avoir adhéré aux propositions de Wilson ; c'est celle d'être allés, au nom de la C. G. T., saluer Wilson, quand il a débarqué à Brest, pour mettre le pied sur la terre de France. Est-ce cela de la déviation, de la collaboration de classes ? Je voudrais que l'on dise ce qu'est une collaboration de classes ?

Un délégué. — C'est d'aller lécher les pieds à Clemenceau !

BOURDERON. — Mais, camarades, cet acte d'aller lécher les pieds à Clemenceau ne peut être apporté ici avec une justification apparente que si vraiment c'est Mandel qui vous fait le rapport que vous nous transmettez aujourd'hui. (*Applaudissements.*)

Je voudrais bien savoir s'il n'y aurait pas une même collaboration en ce qui concerne un secrétaire de syndicat, un délégué de syndicat, même un simple travailleur quand il parle à son patron ou quand il parle au délégué du syndicat patronal. Quand il discute avec lui, n'y a-t-il pas un même rapport que pour celui de la C. G. T. qui parle au ministre de la Guerre ou de l'Intérieur ? Lécher les pieds de quelqu'un c'est une question de tempérament. Ne faites donc pas les dégoûtés, vous discutez continuellement avec vos patrons ! (*Applaudissements.*)

Je suis contre la collaboration, mais je ne suis pas contre les discussions qui peuvent avoir lieu et où nous traitons d'égal à égal.

Je demande : Avons-nous eu tort d'adhérer aux quatorze points de Wilson ? Avons-nous eu tort d'aller saluer Wilson, à qui nous voulions adresser un encouragement pour son attitude ? Je suis obligé de convenir aujourd'hui, à sept mois de distance, que nos espérances de décembre 1918 ne sont pas réalisées ; Wilson a cédé malgré ses conceptions humanitaires, a cédé inévitablement aux impérialistes français et anglais. Mais en sommes-nous responsables ? Devions-nous faire quelque chose ou ne rien faire pour la paix ? Devions-nous faire ou ne rien faire pour la paix, même après l'armistice ?

Vous dites que nous avons laissé passer les moments psychologiques favorables à une action révolutionnaire. Mais, à ce moment, je ne sais pas, moi, si vraiment vous y étiez préparés ! Vous dites qu'on utilise les événements. Il faut tout de même partir d'un raisonnement ou d'une théorie, ou d'une tactique. Si nous partons du raisonnement théorique, toutes les circonstances, le moindre pétard peut être pour nous une occasion de faire la Révolution. Ou bien il faut attendre que les événements aient une ampleur susceptible d'être acceptés par les masses, car il n'y a pas que les militants qui peuvent se jeter dans la bataille, si nous voulons qu'elle donne des résultats. Je crois même qu'il faudrait qu'on épargnât autant que possible un bon nombre de fidèles militants de droite et de gauche. J'entends qu'en ce qui me concerne, cela ne me touche pas, je l'ai déjà dit ; je n'ai jamais demandé à qui que ce soit d'essayer de me défendre... Vous dites que cela ne s'organise pas, la Révolution. Mais si cela ne s'organise pas, pourquoi attendre ? Eh bien ! si nous avions cru au Comité national du 27 mai qu'il était possible de faire la Révolution, nous l'aurions peut-être faite. Elle me convenait, la résolution du 27 mai, parce qu'elle mettait les organisations ouvrières en face d'une action qui allait les obliger à l'attitude qu'elles manifestaient respectivement, bien loin du centre de la C. G. T., mais sans cohésion.

Que dit donc cette résolution du 27 mai ?

Le Comité confédéral national, ayant fixé l'attitude de la C. G. T. en ce qui concerne l'application de la journée de huit heures et mesuré les conséquences directes qui proviennent de la réalisation de cette réforme;

Pénétré de l'influence morale qu'exerce dans le pays la Confédération Générale du Travail ;

Renseigné complètement sur la valeur démonstrative et la puissance d'action ouvrière réalisée par la journée du Premier Mai 1919,

Décide de poursuivre immédiatement, par tous les moyens, la réalisation des autres revendications contenues dans le programme minimum de la C. G. T.;

Il rappelle que ce programme tend à la prise de possession de la part de gestion et de contrôle qui revient à la classe ouvrière dans toutes les branches de l'activité économique pour en assurer le développement conformément aux besoins de la collectivité;

Plus que jamais convaincu de l'importance du rôle social que doit remplir la C. G. T., le Comité national entend ne plus se borner simplement à formuler les aspirations de la classe ouvrière;

Il décide de mettre en œuvre toutes les forces de l'organisation syndicale pour obtenir :

1° Le rétablissement des libertés constitutionnelles;

2° La démobilisation rapide et totale;

3° L'amnistie pleine et entière;

4° La cessation de toute intervention militaire dans les pays étrangers, notamment en Russie et en Hongrie.

Rien que cette question me suffisait pour voter la résolution.

Il donne mandat à la C. G. T. de faire appel au cartel interfédéral. Il charge le Bureau confédéral de se mettre en rapport avec les organisations ouvrières anglaises pour qu'un accord intervienne entre la coalition syndicale d'Angleterre et le cartel interfédéral français à l'effet de prendre des décisions communes et d'en poursuivre l'application.

Il charge également la C. G. T. d'organiser, dans la deuxième quinzaine de juin, une première semaine de propagande portant sur l'ensemble du pays, y compris l'Algérie, et s'adressant aux travailleurs des villes, des campagnes et de la mer.

La C. G. T. organisera une consultation générale des organisations ouvrières en convoquant le Congrès confédéral, qui se tiendra à Lyon, dans la deuxième quinzaine de septembre.

Comme conséquence première de ces décisions, une délégation du Comité national portera à la connaissance du gouvernement l'ensemble de ces revendications.

Alors, camarades, c'est peut-être en votant cette résolution que nous nous sommes trompés ; c'est peut-être à ce moment-là qu'était l'erreur tactique que nous avons commise. On ne veut pas de l'ordre du Comité confédéral qui déterminait une action, action qui se traduisait par une grève de 24 heures, mais si c'était la Révolution, elle continuait dans l'ordre. C'est peut-être au 27 mai que nous avons commis l'erreur tactique ; la question aurait dû être posée aux syndicats et je crois qu'elle aurait dû l'être avec les quatre points qui sont : suppression de toute intervention militaire en Russie et en Hongrie, l'amnistie, la démobilisation, etc....

Si la question était posée à chaque syndicat respectivement, sous la forme d'un referendum, au 15 juin, par exemple, je suis persuadé que la grande majorité aurait répondu par l'affirmative pour cette action, dans l'état d'âme où elle était à la période de mai, car il faut vivre ce moment-là, il ne faut pas vivre aujourd'hui. Des ordres du jour nous venaient de partout ; nous tous, délégués de Fédérations, d'Unions départementales, nous étions en présence d'ordres du jour de nos syndicats respectifs, de nos milieux, de nos régions ; nous avions alors la croyance qu'au fond les syndicats étaient résolus à . agir. C'est peut-être là l'erreur. S'ils avaient été engagés par leurs propres décisions, ils n'auraient pas pu se dégager ni en juin ni en juillet.

Toute la querelle que vous cherchez sur l'attitude de la Commission administrative ou du Bureau confédéral semble en réalité tomber à côté : le défaut de tactique incombe aux délégués du Comité national du 27 mai. C'est vers ceux-là qu'il faut vous retourner et, ma foi, j'accepterai pour moi aussi le reproche que vous nous ferez ! Je. sais bien qu'on pourra dire : à la réunion mixte du mois de juin, nous avons laissé passer le moment. Monmousseau nous l'a dit, d'autres nous l'avaient déjà dit. Mais nous avions décidé, au 27 mai, que l'action ne serait pas seulement nationale mais qu'elle comprendrait les nations intéressées à ce qu'une intervention en Russie n'existe pas non plus pour leurs nationaux, et l'Angleterre était de celles-là. Nos camarades anglais, eux aussi, avaient fait des manifestations. Nous avions eu connaissance des ordres du jour de la Triple Alliance syndicale anglaise. C'est peut-être cela qui a pesé sur le vote. C'est possible ! Pourquoi ne pas en convenir tout au moins dans une certaine mesure ? Vous sentez bien, camarades, que nous ne pouvions pas décider du jour sans nos collègues anglais.

D'autre part, il y eut, le 12 juin, si je ne me trompe pas, une décision prise en Italie, d'accord avec le parti socialiste, pour une manifestation contre l'intervention en Russie, qui avait été fixée à la fin de juin. Devions-nous dédaigner que nos camarades d'Italie vinssent en France nous faire part de leur proposition et voir s'il n'y avait pas possibilité de coordonner cette action ? C'est ce qui fut fait et là, camarades, il faut prendre les faits tels qu'ils se sont déroulés.

Les 10 et 17 juin nous étions réunis, non pas la Commission administrative exclusivement, mais avec des délégués représentant des grandes régions ou des villes importantes, au nombre d'une dizaine : c'était une commission mixte. Nous examinâmes quelle attitude nous devions avoir après le rapport que nous faisait le délégué de la Confédération Générale d'Italie. Nous avons pris la décision que des délégués de la C. G. T. française se rendraient en Angleterre avec les délégués de la Confédération italienne. Et ils s'y sont rendus pour converser suffisamment à temps pour fixer une date. Nous décidâmes cela le 17 juin et ils devaient partir pour le Congrès de Southport, qui avait lieu le 28 suivant. Vous voyez les jours et la distance.

Vraiment, nous ne pouvions pas céder, Monmousseau, à l'incitation, qui n'était pas totale, des grèves de la région parisienne ! Elle n'était pas suffisante pour nous empêcher, nous Commission administrative, d'examiner cette question d'une manifestation, non seulement des travailleurs de notre nation, mais aussi des travailleurs d'Angleterre et d'Italie pour une même cause. Il nous semble bien que cela valait la peine de temporiser avec les grèves de la région parisienne et de voir à quel moment nous pourrions faire notre manifestation interalliée. C'est dans cet ordre d'idées que l'affaire s'est déroulée. Dites si nous avons fauté ! C'est sur des points de cette nature qu'il convient de faire des reproches, et il faut les préciser. Il est possible que nous ayons manqué l'heure, mais nous avons obéi aux raisons qui nous sont venues ; nos cerveaux ne sont pas l'encyclopédie ; nous avons pu oublier une hypothèse qui pouvait être judicieuse.

Nous avons attendu le retour de la délégation à Southport qui nous a rendu compte de ses démarches auprès des délégués anglais. Nous considérions alors, aux premiers jours de juillet, que la grève qui était décidée pour 24 heures aurait une ampleur égale sinon supérieure à celle du Premier Mai; c'est peut-être cela qui nous a hypnotisés. Nous l'avons peut-être trop cru, c'est possible ! et nous menions dans l'unanimité — je ne veux séparer quiconque dans tout ce débat, — nous menions la campagne comme il convenait pour le 21.

Nous apprîmes alors que les syndicats étaient hésitants ; que les membres des syndicats qui avaient voté des ordres du jour en avril et en mai précédents n'étaient pas en état d'agir en juillet, à la date fixée par la C. G. T. C'est cela, camarades, la grève avortée du 21 juillet ! C'est pour cela qu'il n'y a pas eu de 21 juillet !

Vous pouvez reprocher à certains d'avoir été en délégation le vendredi 18. Mais vraiment, si l'on veut reprocher toutes les délégations, il y a des minoritaires extrémistes qui en ont fait, en 1918, des délégations ! Quand nous nous sommes rendus à Londres, il y avait majoritaires et minoritaires dans la délégation. A ce moment-là, nous cherchions à œuvrer pour que la guerre cesse ; nous cherchions toutes les occasions, elles ne nous étaient pas toute défavorables, mais nous cherchions à les utiliser. Quel est celui des minoritaires qui se serait refusé à faire un effort pour aller à Stockholm en 1917 ? Quel est celui qui se serait refusé de faire des démarches pour aller à Londres ?

Camarades, je termine là mon exposé. Je n'ai pas voulu défendre le rapport, j'ai apporté là des raisons qui valent. Je voudrais qu'ici la critique se précise sur des points. Il ne s'agit pas de dire qu'on a fauté ; il faut tout de même venir en apporter des preuves incontestables. Il ne faut pas dire qu'un homme a fauté, qu'il a trahi, sans apporter la justification de cette faute, de cette trahison. C'est cela qui est nécessaire, et si vous ne le faites pas suffisamment, vous restez dans le domaine des généralités et je demande : « Est-ce votre espoir de voir que le Congrès va se terminer dans la théorie et se séparer en voyant les camarades irréconciliables pour la bataille de demain ? » Si c'est là votre espérance, il faut avoir la franchise de le dire.

En ce qui me concerne, en 1917 et 1918, j'ai fait le sacrifice des idées particulières que je défendais pour aller à l'unité syndicale ; si vous n'êtes pas ici pour l'unité syndicale, il faut le dire ! Qui vous empêche de faire des propositions ? C'est là où j'attends les syndicats ! Ils voteront sur les moyens ; vous prendrez vos responsabilités et il ne faudra pas que vos syndicats ne marchent pas d'après le vote que vous ferez, ou alors je dirais que les millions d'hommes qui sont venus à nous n'y sont venus que pour les questions de ventre, et que les questions sociales ne les touchent pas. Il faut la persévérance des militants pour réussir : j'en sais quelque chose ; il y a quelque 40 ans que je sonne la même cloche avec la même ardeur et je constate que les mêmes hommes qui étaient indifférents depuis cinq ans exagèrent dans nos syndicats !

Je vous demande donc d'examiner si pour les moyens que vous nous proposerez vous êtes dans la certitude d'affirmer que vos troupes vous suivront. En ce qui me concerne, je vous dis : « Minoritaires, je ne sais pas si je suis minoritaire ou majoritaire, mais si vous êtes pour l'action, je suis à côté de vous ! »

Discours de Verdier

VERDIER. — Camarades, dans le cours de mon exposé, je vais être obligé, et le camarade Bourderon m'y incite, à faire une incursion dans le Comité national, puisque j'en suis membre.

Je vous prierai de ne pas m'interrompre si j'expose des idées qui ne vous plaisent pas et de me donner l'impression que vous pouvez supporter les chocs de ces idées avec un esprit de tolérance. Moimême, je m'applique à cela. J'ai la voix assez fatiguée et je ne sais si la grandeur de la salle me permettra d'aller jusqu'au bout.

Au 21 juillet, alors que la C. G. T. nous avait appelés à l'action, nous fûmes télégraphiquement convoqués pour discuter de l'ajournement de cette action au Comité national. Je me rappelle les paroles fortes que le camarade Jouhaux prononçait comme préambule à ces débats. Il nous dit que nous nous étions déshonorés aux yeux de l'Internationale et que nous avions à son égard commis une malhonnêteté ; que nous étions appelés à juger des responsables parce qu'il y avait des responsables. Et vous nous excuserez, vous qui représentez des syndicats, si le débat se termina avec une motion de confiance. Ceux qui ne votèrent pas cette motion ne furent pas satisfaits des débats parce que ces coupables que l'on nous avait dit être appelés à juger, on ne nous les avait pas fait connaître.

Camarades, pour bien situer les idées que je vais exposer, je dois revenir au premier Comité national de décembre, où nous y fûmes appelés à modifier les statuts de la C. G. T. Vous vous en souvenez : nous sortions des mouvements de la Loire, des grèves parisiennes, mouvements qui ne furent pas sans importance, mais nous venions aussi à une heure où il semblait que nous étions appelés pour une politique de guerre. Nous qui venions des provinces, presque comme des pauvres âmes que le hasard de la vie de mobilisés avaient jetés dans les tribunes confédérales, nous fûmes surpris de ne pas y entendre les voix autorisées de ceux que nous appelions les minoritaires. A ce moment, j'exposais des critiques, je faisais des réserves, et vous allez me permettre de vous en donner lecture. Nous avions aussi à renouveler le Bureau confédéral et, en toute conscience, nous nous posions cette question, certains d'entre nous du moins : « Après les événements passés, après l'expérience de cette politique qu'une forte fraction de la classe ouvrière n'approuvait pas, était-il utile, était-il de l'intérêt de cette classe ouvrière, de renouveler la confiance au Bureau confédéral ? »

J'étais, pour ma part, curieux, avide de savoir quelles étaient ces attributions que l'on avait données au Bureau confédéral et à la Commission administrative, et je m'expliquais ainsi :

Je désire connaître avec toutes les précisions nécessaires quelles seront effectivement les attributions du Bureau confédéral et celles de la Commission administrative.

Vous comprenez, camarades, que cette question a toute son importance, si vous vous rappelez notre discussion d'hier où notre camarade Luquet nous disait que la C. A. aurait la responsabilité, non de toute la partie administrative de la Confédération Générale du Travail, mais la responsabilité de l'action confédérale, et ce point de vue a été confirmé par le camarade Jouhaux.

Eh bien ! camarades, sans vouloir suspecter qui que ce soit (je ne voudrais pas que vous crussiez qu'un militant de province voulût raviver les querelles dont nous avons eu le spectacle jusqu'à ce jour), je trouve que la Commission administrative et, par répercussion, le Bureau administratif, auront un pouvoir qui, c'est mon opinion, sera un peu trop absorbant.

Nous assistons à cette situation paradoxale, au point de vue fédéraliste dont le syndicalisme est l'essence, que tout pouvoir doit être conservé entre les mains des éléments constitutifs de la C. G. T., c'est-à-dire entre les mains des syndicats, pouvoir qu'ils déterminent et qu'ils définissent dans les Congrès, et nous voyons que ce pouvoir est absorbé par la C. A. d'une part, et demain par le Bureau en entier. Ce qui veut dire que si le Bureau absorbe le pouvoir et toute la responsabilité de l'action confédérale, il en aura aussi toute la direction. Eh bien! camarades, c'est un pouvoir très absorbant pour le Bureau, et il me paraît que cette situation peut être inquiétante si nous nous reportons aux événements de l'heure actuelle, événements qui peuvent déborder le cadre de notre pays et amener une situation telle que les membres du Bureau, qui assurent à l'état permanent la fonction de diriger le mouvement de la Confédération Générale du Travail, peuvent être ou au-dessus de la situation, dominant ainsi les événements et prouvant qu'ils ont le sens de l'action et des responsabilités, ou être au-dessous de cette situation, de ces événements et prouver qu'ils ne sont pas à la hauteur des responsabilités qui leur incombent et faire fléchir le mouvement national. Cette situation inquiétante, vous la comprendrez, camarades, quand je vous dirai que la guerre, si elle a démontré la faillite de toutes les institutions bourgeoises, peut aussi avoir démontré la faillite du mouvement ouvrier dans l'action confédérale.

Je constate un fait : c'est que si, au point de vue critique, nous pouvons dire que, dans l'action militaire, il ne s'est pas révélé une individualité à la hauteur de sa tâche ; si au point de vue politique, la situation nous a démontré qu'il n'y a pas eu un homme qui fût à la hauteur de la situation, nous pouvons dire qu'au point de vue confédéral nous n'avons pas été non plus à la hauteur des événements, ce qui nous fait craindre pour demain.

Si vous estimez que la responsabilité doit rester entière au Bureau, il faut, et nous avons le droit de les demander aux camarades du Bureau, toutes les garanties nécessaires pour l'action à entreprendre demain.

Camarades, je vous mets en face de cette situation. Ne croyez pas que je veuille incriminer qui que ce soit, mais je fais cette remarque que notre mouvement confédéral, notre syndicalisme, qui aurait dû avoir une action tellement pénétrante qu'elle aurait influencé le pays, est dans cette situation paradoxale qu'il est prouvé que c'est lui qui subit l'influence gouvernementale à l'heure actuelle.

Il faut réagir contre cette situation si nous voulons demain être à la hauteur de la situation.

Je pose cette question et je demande des précisions.

Je dis que les hommes que vous allez placer demain à la tête du mouvement confédéral doivent être des hommes d'action, ayant le sens de la psychologie confédérale et des responsabilités.

Je ne voudrais pas que cette situation continue, si nous voulons être à la hauteur des événements.

Chaque délégué des Unions doit être le délégué qui vient communiquer, au sein du C. C. N., l'état d'esprit de son département. Il faut que le Bureau sache que chaque délégué a le droit d'observer, d'analyser, d'apprécier.

Cette opinion, je l'émets franchement. Je dis que les événements peuvent être tels demain, qu'ils nous obligeront à une action que nous ne prévoyons pas.

Il importe que nous discutions à ce sujet, que nous fixions d'une façon précise les attributions de la Commission administrative, du C. C. N. et. aussi, par voie de conséquence, celle du Bureau confédéral.

Camarades, j'émets cette opinion et je demande que l'on discute là-dessus.

Je fus amené à faire cette remarque parce que le camarade Luquet, prenant la parole, déclara que la Commission administrative, détenant les pouvoirs du Comité national, avait non seulement la responsabilité administrative de la C. G. T., mais celle du mouvement ouvrier et de l'action confédérale, et cette Commission administrative, détenant les pouvoirs du Comité national, ne pouvant pratiquement être réunie en permanence au Bureau de la C. G. T., devait fatalement se dessaisir de ces pouvoirs et les remettre au Bureau confédéral. C'est ainsi que par voie hiérarchique, les pouvoirs et la responsabilité de l'action confédérale étaient remis entre les mains du Bureau confédéral. A mon sens, j'étais en droit d'exprimer mes craintes. surtout au point de vue critique. Je fis remarquer que si nous pouvions dire qu'au point de vue militaire aucun homme ne s'était révélé pendant la guerre, nous pouvions en dire de même au point de vue politique ; je dis qu'au point de vue confédéral aucune révélation individuelle ne s'est manifestée, au contraire. Je disais alors : le Bureau confédéral, pendant tout le temps qu'a duré la guerre, a été au-dessous de lui-même, au-dessous de la responsabilité d'action. C'est ainsi que je m'exprimais à ce moment-là, et j'ajoutais qu'à mon sens les militants que nous devions choisir pour les rendre responsables de notre action devaient avoir le sens psychologique du moment, car nous ne pouvions pas déterminer ce moment ; nous ne pouvions tout au plus que leur donner un mandat leur disant de déclancher l'action quand les circonstances se présenteraient.

J'exprimais ces réserves, j'expliquais ces idées, mais je me défends comme je me défendis alors de faire une question de personnalité. Comme à la Fédération des Métaux, je déclare que je me tiendrai au-dessus des questions de personne et j'invite ici tous ceux qui sont susceptibles d'être appelés à la tribune pour exprimer des idées de se placer sur le même terrain que moi. Ce n'est pas de questions de personnes dont il s'agit ; il faut savoir si c'est la politique de la C. G. T. qu'il convient de suivre dans l'intérêt du prolétariat, ou si c'est la politique qu'exprime la minorité.

Ici j'en viens au Comité national du 23 mars.

Si je ne me trompe, on avait à discuter de l'action à entreprendre. Je prie les camarades du Bureau, les camarades du Comité confédéral de se rappeler que dans le cours de cette discussion nous eûmes fortement l'impression que nous dépassions le Bureau confédéral ; il nous semblait deviner que dans son esprit n'était pas cette action que nous décidions et nous nous sommes en quelque sorte, je ne dis pas heurtés, mais sentis en opposition, nous qui représentions les Unions départementales, avec les secrétaires fédéraux. A un moment donné, nous sentîmes que les secrétaires de Fédérations voulaient rejeter sur les secrétaires d'Unions la responsabilité de l'action. Je tiens à faire cette remarque que tout à l'heure il vous appartiendra de rééditer, quand je vous dirai qu'au 27 mai la même impression se fit sentir plus profondément. Oui, c'est nous les secrétaires, les représentants des Unions départementales qui manifestions le plus fortement le désir d'une action parce que tel était le mandat que nous avions reçu des masses ouvrières que nous représentions ; nous sentions que nous représentions, dans le sein du Comité national, l'esprit social de la classe ouvrière qui se heurtait à l'esprit corporatif des secrétaires de Fédérations. C'est peut-être cette position entre ces deux organismes qui, mis en mouvement, peuvent échauffer les rouages de la C. G. T., qui est une des causes des échecs que nous avons subis par la suite.

Au 23 mars, les préoccupations du Bureau confédéral furent de canaliser l'action que nous exprimions comme étant dans le désir de la classe ouvrière, dans la seule revendication de la question des huit heures, comme il était aussi dans son esprit de vouloir limiter cette action à 24 heures. Nous avions, nous, l'impression qu'il n'était pas possible de limiter l'action à cette question ni à 24 heures, et nous fûmes presque contraints d'accepter avec cette idée — je le dis aux camarades des Unions départementales qui sont ici, — avec cette idée que peut-être nous aurions l'espoir de voir s'étendre cette action au delà, parce qu'il nous semblait impossible de la limiter à 24 heures.

Je rappelle ici une déclaration du camarade Bartuel quand, appelé à se prononcer, il nous déclara que les mineurs se lanceraient dans le mouvement comme un seul homme, avec discipline, mais qu'il demandait aux représentants des Unions départementales et des autres Fédérations, à titre de réciprocité, si le gouvernement exerçait des représailles sur les camarades mineurs, de continuer le lendemain l'action à titre de solidarité. Tous les camarades des Unions se levèrent et demandèrent, en insistant, en faisant pression sur le Bureau confédéral, qu'il fît une déclaration appuyant le mouvement de solidarité demandé s'il y avait une arrestation le Premier Mai.

C'est ainsi que nous revînmes dans nos milieux porter les décisions du Comité confédéral national. On parla aussi, dans ce Comité national, du cartel, mais non pas avec cette foi qui pouvait donner la confiance de se lancer dans le mouvement au moment précis de l'action.

Je pense au Comité national du 27 mai. J'ai reconnu, dans l'exposé du camarade Bourderon, les mêmes critiques qu'il nous fit à ce Comité national du 27 mai, Comité national qui décida de l'action à entreprendre. Je rappelle au souvenir des camarades du Comité national que, sans en fixer ni la limite ni les revendications, il nous semblait que nous avions donné mandat à tout le monde pour aller à l'action.

Le camarade Bourderon, avec d'autres camarades représentants des Fédérations, entre autres le camarade Bidegaray, reprochent aux représentants des Unions départementales, après l'action du 21 juillet, lorsque nous enregistrâmes l'échec, d'avoir mal reflété, ce jour-là, l'esprit de nos organisations régionales. C'est pour répondre surtout au camarade Bourderon que je pris la parole en expliquant ce qui était, à mon avis, sinon la cause unique, du moins les causes de l'échec du mouvement de mai à juillet. Je dis qu'il n'était pas possible que le Comité national puisse nous faire ce reproche à nous, parce que si nous avions mal reflété, ce jour-là, l'esprit de nos organisations, il n'y aurait pas eu, dans le cours de cette période, comme il y eut un moment donné, près d'un million de grévistes en France. Nous pouvons dire que les régions qui avaient mandaté leurs représentants au Comité national pour exprimer leurs désirs d'action firent cette action, sans ligne directive pour les guider. Je disais, au 21 juillet, et je peux parler des critiques que j'ai faites ce jour, puisque c'est à ces critiques que le camarade Jouhaux a répondu par son discours, qu'à mon avis — et je continue de conserver cette opinion, — ce n'était pas le 21 juillet qu'il fallait faire une action, qu'il ne fallait pas en donner l'ordre après que la classe ouvrière avait essuyé des échecs, alors que les mineurs surtout venaient de rentrer au travail.

Il y avait eu des moments, entre le Premier Mai et le mois de juillet, où il aurait été possible, à notre sens, pour le Bureau confédéral, de se lancer résolument dans l'action. Ce moment pouvait venir alors que les mineurs, décrétant la grève générale, étaient en action avec les métallurgistes et tous les autres milieux de province. Je ne crois pas pouvoir être démenti quand je dirais qu'il y avait presque un million de grévistes en France, et un million, pourrais-je dire aussi, un million d'ouvriers qui ont tenté un moment de se lancer dans l'action.

Camarades, j'adresse ce reproche — sans me laisser entraîner à des questions de parti pris personnel — au Bureau confédéral. Me rappelant les réserves que j'avais faites aussi au premier Comité national, je dis que les représentants du mouvement confédéral n'eurent pas à ce moment-là le sens psychologique de l'action. Il y avait des circonstances qui auraient permis de généraliser cette action et de la diriger vers un objectif précis. Ce moment était passé et je rappelais les paroles d'un camarade qui avait dit, en manière de contradiction : « Il était trop tard ou trop tôt lorsque les mineurs lancèrent l'action et lorsque la C. G. T. donna l'ordre aussi pour l'action. » En effet, cela semblait représenter l'esprit incohérent du mouvement en France ; les mineurs lancèrent leur grève générale sans attendre des ordres de la C. G. T., alors que tous, nous sentions qu'il y avait des possibilités d'action dans la classe ouvrière, et nous disions que cette date pouvait être une date pour tout le monde, mais nous pouvions dire aussi pour celle qui avait été donnée par le Bureau confédéral qu'elle venait trop tard ; la classe ouvrière, à mon sens, ne pouvait pas se lancer dans l'action avec le même enthousiasme, alors qu'elle venait d'éprouver des déceptions, alors qu'elle venait d'éprouver des échecs. Néanmoins, il y avait eu, au 21 juillet, une volonté ferme, un désir de faire l'action.

Je dis que ce mouvement, sans que ce soit avec le même enthousiasme qu'au Premier Mai, aurait pu se faire tout de même, et il y a certainement des responsabilités de cet ajournement du mouvement qu'il est utile de dégager. C'est là-dessus que je voudrais une déclaration du Bureau confédéral, de façon qu'il nous fasse connaître d'une façon précise, en conséquence des paroles prononcées, quels sont ceux des représentants d'organisations qui furent les responsables de cet ajournement.

Le camarade Jouhaux, répondant à cet argument nous dit dans son discours :

Ainsi il apparaît dans l'esprit de certains que ce n'est pas à la Confédération Générale du Travail.

La C. G. T., et c'est l'opinion du camarade Jouhaux, ne veut pas se laisser impressionner par la masse. Elle n'admet pas que la masse puisse faire une pression sur le Bureau confédéral pour l'inciter, l'engager dans l'action.

On nous dit, et l'on nous a dit dans le cours de ces débats au sein
du Comité confédéral national que certains militants étaient idiots,
qu'en tous les cas la masse est ignorante et ne peut pas faire de
l'action. J'estime qu'il est prétentieux de dire qu'il n'est pas possible
à la masse de faire l'action ; je considère que la masse est un facteur d'évolution, à la condition que vous l'entraîniez, et vous ne me
démentirez pas quand je vous dirai que cette masse peut être à la
merci de politiciens qui l'entraîneront, comme elle peut être à la
merci d'un dictateur militaire qui peut aussi lui imposer sa volonté.

Permettez-moi de vous citer des faits. J'en citerai deux pour vous
montrer qu'il est possible d'entraîner les masses derrière soi. Si, à
un moment donné, notre ami Jaurès avait exprimé une volonté
contre l'Etat, si, par exemple, on ne nous l'avait pas assassiné, qu'il
eût vécu au début de la guerre et qu'il eût manifesté la volonté d'imposer au gouvernement d'entrer en relations avec ses adversaires pour
essayer de s'entendre pour faire cesser la guerre, je me demande, avec
la puissance que possédait cet homme, ce qui se serait passé à ce
moment-là ?

Je rappelle aussi un souvenir dans le passé : les révoltes du Midi,
alors que cette masse suivait un homme quelconque. Je me demande
aussi, si cet homme-là avait eu une volonté d'homme d'Etat, ce qui
se serait passé, alors que toute la foule le suivait ! (Applaudissements.)

Je dis — et c'est mon opinion encore — qu'il est possible d'entraîner cette masse à la condition qu'il y ait une volonté qui la dirige.
C'est cette volonté qui nous manquait, car il s'agissait à un moment,
dans le cours de 1918 et 1919, d'une possibilité d'action.

Telles sont les critiques que j'exposais dans le cours des débats du
Comité national. Mais je dois dire, ce qui semblera donner satisfaction au camarade Bourderon, que nous avons ici une responsabilité
autre que celle des membres du Comité confédéral. Elle découle du
fait de ne pas avoir exercé une pression assez forte sur le Bureau
confédéral pour l'obliger à une action plus étendue qu'au Premier
Mai, car j'estime que dans ce Premier Mai réside la première faute,
et je m'explique :

Je ne crois pas qu'il soit possible de venir dire à cette tribune
qu'avant le Premier Mai il y ait eu en France une seule expérience de
grève générale. Je crois aussi que les militants qui sont présents,
dont les idées vont éclore dans le syndicalisme, ne me démentiront
pas quand je leur dirai : Si quelqu'un, la veille du Premier Mai, vous
eût dit qu'il était impossible de faire une grève générale sans qu'il
y ait un mouvement dans la structure sociale, certainement vous
auriez dit avec moi qu'il n'était pas possible d'entrevoir la possibilité
d'une action de cette envergure sans qu'il y ait un craquement dans
la structure étatiste. Et pourtant, camarades, l'expérience est faite :
vous ne nierez pas qu'au Premier Mai il y ait eu une grève générale
complète en France ; le gouvernement, les patrons aussi avaient cette
opinion qu'il n'était pas possible d'entrevoir la possibilité de grève
générale sans qu'il y ait une sorte de craquement. Mais lorsque, le

lendemain, ils se sont aperçus que l'action était passée, que tout rentrait dans l'ordre, ces messieurs furent tranquillisés, ils se ressaisirent et, si vous voulez être d'accord, remarquez bien que c'est à partir du Premier Mai que la classe ouvrière française a perdu du terrain et en perd tous les jours davantage. Exemple : l'action entreprise par le patronat, d'accord avec le gouvernement, contre la journée de huit heures. Si nous continuons, je crois que nous allons y perdre toutes les conquêtes que le prolétariat a faites.

Camarades, je crois que c'est là notre erreur psychologique. Il n'est pas possible d'entrevoir la possibilité d'une grève générale sans que nous soyons convaincus que cette grève générale ne peut être que révolutionnaire. Je suis de cet avis. Mais il faudrait tout de même, pour entreprendre cette action, que les camarades du Bureau confédéral aient dans l'esprit cette idée de grève générale, c'est-à-dire aient dans l'esprit ce mode d'action qui n'est qu'une action de masse, mais une action de masse qui n'exclut ni la méthode ni l'organisation.

Nous avons senti tous, au Comité national, que la Commission administrative ne pensait pas le moins du monde à faire cette action et ne l'avait pas dans l'idée. Oh! je comprends que cette action demande des responsabilités de la part de ceux qui doivent l'entreprendre et la diriger ; je comprends qu'il y ait là, dans le sein de la Commission administrative, je dirai des irresponsables. C'est là qu'il y a des irresponsables, ils ne sont pas au dehors ! J'entends aussi, quand je parle des irresponsables, que le Bureau confédéral précise et vienne nous dire de quels responsables on veut parler quand on parle des responsables de l'échec. On parle trop d'irresponsables, et avec tant d'insistance, que cela nous fait deviner que c'est pour cacher les irresponsabilités. Je poserai ici une question : S'il y a des responsables, de quel côté sont-ils ? Je m'arrête là ; je pose la question ; on y répondra, pour mieux préciser, je l'espère.

J'ai la conviction profonde que la grève générale est la seule arme et, jusqu'à preuve du contraire, je continuerai à penser qu'il n'en existe pas d'autre pour la classsse ouvrière et le syndicalisme. Je n'en connais pas d'autre, je le répète, mais il faut s'expliquer sur cette grève générale, qui ne doit être que révolutionnaire, qui doit avoir un objectif précis, révolutionnairement parlant : la prise des pouvoirs de la nation par le prolétariat. Il n'y a pas d'autre objectif, il n'y a pas d'autres possibilités non plus de faire une action révolutionnaire.

On peut dire qu'à côté de cette action il y en a d'autres ; on peut nous parler d'insurrection et l'on a chuchoté en effet que notre désir est d'entraîner les masses vers cette action limitée, qui n'a qu'un caractère exclusif de politique. L'insurrection peut être l'arme des partis politiques, mais, camarades, je précise ma pensée : la grève générale comprise ainsi, c'est-à-dire l'insurrection, est la seule arme des partis politiques qui n'ont pour mobile que la prise des pouvoirs politiques du pays, la conquête des pouvoirs dans la nation. Mais le syndicalisme, restant hors de la prise de ces pouvoirs, le syndicalisme conserve toute sa tendance, conserve toutes ses préoccupations, conserve toute sa force révolutionnaires. Quiconque possède en dehors de lui des pouvoirs peut rendre le syndicalisme esclave et lui donnera toujours pour but la prise des pouvoirs ; quiconque possé- derait ces pouvoirs, quelle que soit la politique, exaltera le désir du syndicalisme de faire à son tour cette conquête du pouvoir. C'est là que réside le principal objectif, je dirai même le fait psychologique de la Révolution.

Je dis que la prise du pouvoir n'est possible que par la grève géné- rale, et je répète que la grève générale est un mouvement de masse qu'il faut organiser suivant les principes et les méthodes connues du syndicalisme. Cette organisation de mouvement de masse peut se faire par région, par localité, et sans la nation. Elle peut aussi se faire en dehors du cadre de la nation en cherchant le contact des prolétariats des nations voisines.

J'exprime ce que je crois être la pensée de la grande majorité du syndicalisme, je ne vois pas d'autre possibilité de le comprendre.

Par quel moyen allons-nous diriger ce mouvement de masse ? Je vous pose la question. Les uns, et c'est la politique du Bureau confé- déral, veulent diriger ce mouvement de masse en l'incitant à colla- borer avec le gouvernement, en le rapprochant du patronat, en le poussant à collaborer avec lui, en voulant le faire participer à la constitution d'organismes mixtes, d'organismes en dehors de ceux que la classe ouvrière s'est donnée, et alors j'ai le droit d'avoir cette opinion que l'on considère le syndicalisme comme une sorte de satel- lite gravitant dans l'orbite de l'astre gouvernemental et sous son influence.

Je le conçois, moi, d'une autre façon ; je le conçois constituant son propre mouvement, sa propre vie, mais il faut, pour le comprendre ainsi, imaginer qu'il est utile de l'arracher à l'influence gouverne- mentale, à l'influence étatiste et patronale. Oui, camarades, ce que je reproche à la politique de la C. G. T., c'est de nous amener vers cette politique commune qui a pour but de rapprocher les patrons et les ouvriers dans des délibérations communes pour régler la vie de l'avenir et pour régler aussi la production, ce qui est plus important. Il est possible d'entrevoir l'action sous un autre aspect et de ne sortir de cette directive que pour les transporter dans celles qui nous sont plus chères : les directives de la lutte de classes.

Ici, camarades, la lutte de classes comprend la volonté ferme du prolétariat voulant agir lui-même, en dehors de toute influence, se constituant d'une façon indépendante et autonome en classe dis- tincte, et c'est avec toutes les institutions qu'elle s'est créée dans le cours des temps qui précèdent la période actuelle, que la classe ouvrière veut aller à la lutte. Concevoir l'action placée sous le rayon de la lutte de classes n'est pas tout de même vouloir s'acheminer de parti pris vers une catastrophe qu'on semble nous reprocher et qui ressortira de notre lutte et de notre action. Pour répondre à ceux qui insinuent cela, qu'il me suffise de dire et de comprendre que le tra- vail seul crée la richesse, et j'arrive alors à cette compréhension que c'est là où la richesse se crée, là où les forces de travail se matérialisent que doit être engagée l'action, c'est-à-dire dans l'atelier, dans le champ. C'est là que la vie prend sa source et c'est là qu'est le champ d'action du prolétariat et des travailleurs.

Camarades, j'ai parlé de l'atelier ; le camarade Jouhaux, dans son discours, a fait sienne la vieille formule de Proudhon : « L'atelier supprimera le gouvernement. » Je puis lui dire que je la fais mienne aussi ; je vais plus loin que lui, car je considère que dans l'atelier il y a une autorité patronale à abattre et que dans l'atelier il y a des ouvriers qui mettent leur effort en commun pour arriver à un produit qui est leur création ; mais en dehors de l'atelier, ces mêmes ouvriers se retrouvent dans leur association naturelle qui est le syndicat, et nous pouvons donc dire que l'atelier est le prolongement du syndicat et qu'il mettra l'action en valeur dans l'intérêt de la communauté nationale.

Quand je parle de Proudhon, on peut certainement se laisser aller à l'admiration d'avoir eu en France de tels maîtres. Mais nous avons, à l'heure actuelle, une école pratique qui s'inspire de Proudhon : c'est la Révolution russe. Et là, camarades, en dehors de tout sentimentalisme, si nous nous laissons aller à la seule préoccupation d'étudier par quels organismes la Russie, la République des Soviets s'est constituée, nous arrivons à les comprendre, à les découvrir de la même façon que nous sommes constitués syndicalement en France. Répétant l'appréciation d'autres militants, je crois qu'en effet Lénine et Trotzky, pendant leur séjour en France, ont étudié les rouages du syndicalisme, rouages que la classe ouvrière a conçus elle-même et, comme les camarades russes, avec les mêmes aspirations. Nous pouvons avoir comme but la prise des pouvoirs, le seul qui puisse nous permettre de réaliser notre rêve, c'est-à-dire d'organiser la production, cette fois non pas pour le profit de quelques-uns, mais pour le profit de tous.

Cette façon d'organiser la classe ouvrière est une méthode rationnelle dont se sont inspirés les révolutionnaires russes. Nous pouvons considérer — ce qui est la vérité — que le syndicat peut être compris comme unité de production : syndicat, disons-nous en France, Soviet, disent-ils en Russie ; Soviet régional pouvons-nous dire pour les groupes fédéraux régionaux ; Soviet national, pouvons-nous dire pour les Fédérations. Mais ici, camarades, nous semblons rester et nous enfermer dans le seul cadre corporatif que d'une part on nous reproche ; et d'autre part, si nous exposons des idées, on nous accuse de vouloir faire de la politique. Car, nous disons, ce qui est la vérité, qu'il n'est plus possible de s'emprisonner dans ces questions qui sont d'ordre corporatif, que toutes les questions qui intéressent la vie ouvrière sont intimement liées à la vie nationale et que, par là, elles prennent un caractère politique et social.

La question elle-même des salaires nous oblige à nous laisser déborder, à entraîner notre action en dehors du cadre corporatif pour l'amener dans le cadre social. Ici, camarades, je voudrais vous faire remarquer la contradiction de ceux qui sont nos adversaires. On nous accuse de faire une action corporative quand nous nous enfermons dans les augmentations de salaires et, quand nous voulons en sortir, on nous accuse de faire de la politique...

Au point de vue des organismes de la classe ouvrière, organismes de production, si nous examinons ce qui se passe dans la localité, nous trouvons là toutes les branches de la production représentées et chacune se rattache à l'organisme qui lui est respectif : syndicat agricole, syndicat de mineurs, syndicat d'instituteurs, etc.. Là, nous trouvons un organisme naturel de la classe ouvrière que l'on appelle en Russie : Union des Soviets, et que nous appelons : Union locale. La classe ouvrière peut se donner pour rêve de réaliser cet idéal de la commune libre par l'exercice de ces rouages, de ces organisations et par l'action de la grève générale.

Quand nous parlons de Révolution, on nous tourne en dérision, on cherche à nous ridiculiser ; lorsque j'en ai parlé au Comité national, disant que si l'on ne s'en tenait qu'à ce mot, l'évocation de cette idée de la Révolution n'était en effet qu'un mot. Le camarade Jouhaux me répondait : « Qu'est-ce que la Révolution ? Est-ce l'acte catastrophique ou est-ce l'évolution qui pénètre les rouages étatiques, les rouages bourgeois, cette incorporation dans tous les organismes les faisant se désagréger lentement ? ».

Camarades, nous sommes pourtant obligés de nous expliquer et vous allez me permettre, pour bien vous faire comprendre ma pensée, de vous présenter cette idée de Révolution sous cette image : je la compare à une inondation qui est un effort de la nature lorsque la terre, saturée d'eau, la rejette ; ces eaux impétueuses ravagent tout sur leur passage, mais lorsqu'elles arrivent dans la plaine, ces eaux dévastatrices continuent et arrivent quand même à retrouver leur lit naturel et à s'écouler.

Si on laissait les éléments naturels se déchaîner ainsi et si on comprenait la Révolution sous le principe dévastateur, ce serait nuisible ; mais cela ne correspond pas à notre but, et alors j'ajoute ceci : qu'un jour l'ingénieur eut l'idée de construire au débouché de ces ravins, des canaux qui peuvent permettre de capter ces eaux impétueuses dont nous entendons dans ces périodes-là le mugissement lointain. L'homme en effet a pour but, en construisant ces canaux artificiels, de canaliser ces eaux au profit de l'humanité.

Ce prolétariat a lui aussi cette géniale idée de construire les cadres dans lesquels peuvent venir se grouper les hommes qui, le jour du déchaînement révolutionnaire, font dévaler à cette eau ces masses que l'on dit incapables de s'organiser. Et à l'heure actuelle, ne sentons-nous pas comment ces masses populaires, comprimées dans les cadres et les parois, si on ne les utilise pas pour la réalisation de l'idéal révolutionnaire, l'organisation de la production et du travail, seront entraînées par les mêmes cadres, par les mêmes personnalités qui arriveront à les diriger encore pour longtemps ?

Il s'agit de définir l'action qui est la meilleure pour diriger le mouvement ouvrier, et c'est une question de tendance qui se pose.

Je me pose la question ainsi et je vous la pose aussi : « Sommes-nous ou ne sommes-nous pas dans une situation révolutionnaire ? La situation que nous vivons à l'heure actuelle est-elle ou non une situation révolutionnaire ? ». Je crois fermement que la période que nous vivons est une période révolutionnaire. Nous avons d'ailleurs pour nous en convaincre des actions pratiques, des exemples vivants en face de nous. Par conséquent, il s'agit de savoir déterminer notre action en face des événements que nous sentons tous venir. Et si ces événements que nous sentons tous venir peuvent passer, enregistrant l'inaction ou le résultat négatif de notre action, ne sentez-vous pas combien peut être grande notre responsabilité et combien nous avons raison de vous dire que ce Congrès vient à une heure historique et qu'il est nécessaire de nous expliquer franchement ?

Je dis — et ici je vais à l'encontre de ce qui est l'opinion de Jouhaux — qu'à l'heure actuelle c'est une période révolutionnaire que nous vivons, et je dis que si nous nous laissons aller à une collaboration qui est contre nos sentiments, contre nos aspirations, cela peut être grave, parce que c'est nuire à l'avenir de la classe ouvrière. Il est utile d'arracher la C. G. T. de cette voie pour l'amener dans celle qui lui est propre, vers l'action qui lui est plus naturelle : l'action de la lutte de classes.

J'ai exposé tout à l'heure quels peuvent être les organismes qui présentaient un rapport avec les principaux organismes de la Russie. Le camarade Jouhaux vous amène, comme un couronnement à sa politique, à son action, à la constitution d'une organisation économique nationale où vous serez face à face, vous avec vos représentants, avec les représentants de tous les éléments bourgeois, hommes politiques, hommes d'Etat, représentants des Chambres de Commerce, représentants des syndicats patronaux, etc... Eh bien ! je dis, et j'ai la pensée intime que je suis dans le vrai, que cet organisme est un organisme de superfétation des syndicats, qui est pris en dehors de nos organisations.

Le principe d'organisation, nous le trouvons dans la C. G. T. et c'est à la C. G. T. que, nous, nous rêvons de donner les pouvoirs dictatoriaux. Mais je ne vois pas d'autre façon d'arriver à ce résultat que la grève générale. S'il y en a une autre, il vous appartient de nous la faire connaître ; mais jusqu'à preuve du contraire, je dis qu'il n'y a pas d'autre moyen pour aller à la lutte que la grève générale et que cette grève générale, il faut la préparer.

Aspirer à la conquête des pouvoirs du pays pour réaliser l'organisation de la production, c'est un acte politique et par cela je réponds aux camarades qui prétendent que nous devons nous cantonner dans cette action de révolution politique, qu'il n'y a pas d'autre moyen de substituer un gouvernement à un autre. Je dis qu'il est nécessaire que cet acte s'accomplisse ; c'est la première phase de la Révolution, c'est-à-dire la phase politique et nous pouvons nous servir de l'exemple des révolutionnaires russes à quelque tendance qu'ils appartiennent ; tous ont fait cet acte psychologique de la prise des pouvoirs. Quand ils ont pris les pouvoirs, ils se sont retournés vers les bourgeois pour leur demander, à l'encontre de Lénine qui réalisa, lui, la dictature du prolétariat, la dictature du travail.

Avec cet exemple pratique, nous n'avons pas le droit de nous désintéresser de la question, car j'estime que c'est ainsi que ces choses se passeront demain. Si vous voulez aller à l'action et si telle est votre pensée révolutionnaire, ce n'est qu'à la prise des pouvoirs. Vous n'avez pas de possibilité de faire autre chose que cet acte et cet acte, c'est un acte politique. Donc, la Révolution politique précédera la Révolution économique. Si l'un est une vague de destruction, l'autre est une vague de construction et c'est là ce qui nous importe. Ah oui, Merrheim, tu as raison de dire que cette œuvre ne se fera pas en un jour ; elle sera la continuation de l'évolution ; elle sera la continuation de la vie. Mais il est nécessaire pour réaliser, ne serait-ce que le commencement de cette évolution économique, de prendre les pouvoirs, politiquement parlant.

Vous voyez que je m'explique d'une façon franche. Nous rêvons de faire la Révolution : cela ne veut pas dire que nous ayons la naïveté de croire que nous pourrons la déclancher quand nous voudrons et je réponds à ceux qui nous disent et qui croient que nous ne sommes pas prêts : Oui, en effet, nous ne sommes pas prêts ; mais si nous étions maîtres des événements, si nous pouvions nous rendre maîtres de ces événements et déclancher la Révolution quand nous voudrions, nous attendrions dix, vingt ans et encore. Croyez-vous qu'il serait possible d'éduquer cette masse en dix ans ? Je ne le pense pas. Je pense simplement qu'il est possible de diriger cette masse et de s'en servir comme facteur de la Révolution. Il ne s'agit pas de nous demander si nous sommes prêts ou non ; il s'agit de savoir quelle position nous allons prendre en face des événements qui sont là, que vous le vouliez ou non ! La question se pose ainsi et cela nous amène, en face de ces événements, à en appeler à toutes les forces du prolétariat, par une action de propagande, d'éducation, préparant tous les esprits pour que, le jour où nous le déciderons d'une volonté unanime, nous puissions déclancher le dénouement qui nous amènera à cette action ! Telle est ma pensée, camarades, et je dis que vous n'avez pas le droit de la dénaturer comme vous l'avez fait jusqu'à ce jour.

Excusez-moi, c'est le hasard de la vie de mobilisé qui m'amène à cette tribune ; s'il ne s'était pas produit, je serais resté le militant de province, le militant obscur. Excusez-moi donc si je n'ai pas exprimé ma pensée comme je l'aurais voulu, parce que je sens d'une part que vous n'êtes pas préparés au choc des idées, que lorsque vous entendez exprimer une idée qui ne vous plaît pas, vous ne voulez pas la discuter. Peut-être aussi n'ai-je pas l'habitude d'une discussion contradictoire dans un Congrès d'une aussi grande importance. Mais croyez-moi, je m'y ferai ! Je vous demande qu'en toute impartialité vous ne dénaturiez pas notre pensée. Faites-la connaître comme vous faites connaître celle des camarades majoritaires. Et ici, je m'adresse à la presse en disant : « Ne faites pas seulement ressortir la pensée des majoritaires et n'étouffez pas la nôtre ; faites-la connaître, parce que la masse a besoin de choisir ; elle a besoin de savoir ce qui se passe, de suivre la politique de la C. G. T. ou la nôtre, pour ses intérêts. »

Pour terminer, vous me permettrez de faire au Congrès un appel, le même que j'ai fait au Congrès des Métaux. En vertu de ces idées révolutionnaires que j'exprime, je voudrais que le Congrès, se rappelant les paroles de Trotzky au moment où il fut contraint, après avoir résisté de toutes ses forces, de signer le traité de Brest-Litovsk, il déclara, se dressant en face du militarisme des généraux allemands : « Je vous déclare la guerre avec mon idéal ! ». Eh bien ! je voudrais que le Congrès se dressât d'un seul élan pour déclarer la guerre avec son idéal qui est le même pour tous, à la bourgeoisie, à l'Etat. (Applaudissements.)

Camarades, vous penserez ce que vous voudrez ; mais vous n'avez tout de même pas le droit de rire de cet appel que je vous adresse, car nous pouvons nous réjouir, nous, de cette déclaration de guerre faite à l'impérialisme allemand en constatant que c'est la propagande de nos camarades russes qui désagrégea les armées allemandes. Si je vous fais cet appel, c'est avec l'espoir que, par une action tenace, par une pression plus forte, nous pouvons nous aussi désagréger les forces bourgeoises et finalement les abattre un jour prochain. Je dis « un jour prochain » car je sens la crise venir et de cette crise sortiront peut-être les événements finals.

En descendant de cette tribune, je rappelle les paroles du camarade Jouhaux, hier matin : « Il faut placer la question au-dessus des questions de personne et laisser toutes les questions de calomnie de côté ». Je désire qu'il en soit ainsi. Et s'il ne devait pas en être ainsi, me rappelant l'article du camarade Dumoulin dans la *Bataille* où il dénatura notre pensée, où il nous prêta des désirs que nous n'avions pas, rapetissant notre Révolution à une Révolution de palais, de fauteuil, je me retournerai vers lui, rappelant une parole de Jaurès et je lui dirai : « Pas ça ou pas toi ! ».

Discours de Jacquemin

LE PRÉSIDENT. — La parole est au camarade Jacquemin.

JACQUEMIN. — Camarades, j'essaierai d'être très bref ; je ferai en sorte d'être le plus concis possible. J'estime, comme l'a dit Jouhaux, qu'il faut dissiper toute équivoque, j'estime qu'aujourd'hui chacun doit prendre ses responsabilités et situer sa position dans le mouvement ouvrier.

J'appartiens un peu au Bureau confédéral ; je suis en quelque sorte un fonctionnaire de la C. G. T., chargé de faire de la propagande, de l'éducation, de l'organisation dans une région de la France. Eh bien ! il est de toute loyauté que je vous dise que malgré que j'appartienne au Bureau confédéral, malgré que je sois un fonctionnaire de la C. G. T., je ne partage pas la façon de voir de la majorité. Il faut que je le dise en toute sincérité et sachez que je n'apporte pas ici de passion ni de haine.

Pendant cinquante-quatre mois, j'ai été éloigné de la vie civile ; pendant cinquante-quatre mois, je n'ai pas connu les discussions, les dissentiments qui vous ont désunis les uns et les autres. J'ai conservé des amitiés, amitiés cimentées par des années de lutte commune que je n'oublierai jamais, amitiés dans les deux clans. Au retour, j'ai retrouvé les camarades avec lesquels nous avions formé cette majorité révolutionnaire d'avant-guerre, divisés, se jetant la calomnie les uns aux autres.

Je n'ai pas partagé cette méthode de voir ; j'ai conservé mes convictions: anarchiste j'étais avant la guerre et anarchiste je suis demeuré. Dans la guerre, je n'ai rien vu qui soit venu me démontrer la fausseté des principes de mon existence, mais je ne suis pas de ceux qui attribuent ces changements à des motifs bas. J'ai cherché à connaître les facteurs qui avaient déterminé leur évolution ; j'ai voulu savoir pourquoi je retrouvais dans les révolutionnaires d'hier des gens qui étaient en contradiction avec nos opinions. Je n'ai pas pu comprendre. J'ai pu croire un moment que l'on craignait d'apeurer les masses qui venaient vers les organisations syndicales ; que peut-être on atténuait ses opinions avec la conviction que moins l'on ferait et plus on aurait d'adhérents. Si c'est ce sentiment qui avait modéré l'opinion des camarades, devant les faits je suis obligé de reconnaître que ce sentiment ne tient pas car il n'y aurait que les organisations modérées qui auraient vu grossir leurs cadres. Or, toutes les organisations ont vu venir vers elles le flot des travailleurs.

Oh ! je sais que les travailleurs que nous amenons en ce moment n'ont pas des convictions révolutionnaires ; je sais qu'ils ne pensent peut-être pas à la Révolution et cependant, elle est quand même dans les esprits, et comme le disait le camarade des chemins de fer, il fallut forger cette opinion.

Je dois dire tout de suite que je n'ai pas voulu, dans le mandat que j'ai rempli, faire de question de tendance ; j'ai voulu agir aussi en anarchiste ; j'ai voulu faire de l'organisation et j'ai fait tout ce que j'ai pu pour éduquer les travailleurs.

Eh oui ! si j'avais voulu faire des questions de tendance, je serais venu ici avec des mandats que j'aurais employés suivant ma tendance, mandats qui n'auraient rien représenté, qui n'auraient pas représenté, tout au moins, l'état d'esprit de la région. J'ai préféré que les militants de nos organisations viennent ici et, au choc des idées, puissent se forger une conception personnelle. J'ai préféré cette méthode et c'est ce qui me permet de dire que je n'ai pas changé d'opinion, de dire que les méthodes que j'ai préconisées avant la guerre sont toujours celles auxquelles je me rallie. Je suis resté à la motion d'Amiens, à celle de Marseille renforcée par celle de Toulouse et je crois qu'aujourd'hui, nous pouvons peut-être, les uns et les autres, refaire cette majorité révolutionnaire.

Tout à l'heure, Jouhaux disait qu'il y avait peut-être moins de différence qu'on ne le pensait. Ce vœu que je formule, c'est de voir ce Congrès rétablir cette ancienne majorité, non plus vers la droite, mais vers la gauche, comme nous avons toujours été ; de le voir en quelque sorte reconstituer la majorité révolutionnaire qui avait dirigé le mouvement syndicaliste français, mouvement donné en exemple dans les autres pays, et non pas suivre l'exemple fourni par les autres pays.

Je sais, on a parlé aussi de notre impuissance d'avant-guerre et nos camarades craignent peut-être de retourner aux faibles effectifs que nous avions avant. Camarades, si l'on examine de quoi était faite notre impuissance d'avant-guerre, on verra quand même que malgré la faible poignée que nous étions, malgré le petit nombre de nos organisations, lorsqu'on frappait quelques-uns des nôtres il y avait des mouvements d'enthousiasme, des mouvements de révolte sublimes. Je n'en veux pour preuve que le jour de l'assassinat de Ferrer : le soir même, avec deux heures de préparation, tout Paris révolutionnaire, deux cent mille manifestants défilaient ; mais c'était l'époque où si nous n'étions peu nombreux, la foi nous soulevait ; c'était l'époque où nous savions insuffler notre enthousiasme aux foules ! Aujourd'hui, malheureusement, la raison prédomine. On raisonne et on raisonne de trop, on n'écoute pas assez ses sentiments, on ne cherche pas assez à les développer, on n'imprègne pas assez les masses de cet enthousiasme parce qu'on a perdu la foi, comme on le disait ce matin.

Je ne veux pas simplement accuser le Bureau confédéral. C'est tous ; ce sont les minorités socialistes d'extrême-gauche qui, pas plus que les majoritaires, n'ont le même enthousiasme, n'ont les mêmes moyens d'insuffler leur foi aux autres. C'est si vrai que nous cherchons en ce moment dans le programme minimum l'utilisation des loisirs et que nous n'avons pas trouvé un geste de révolte quand on a assassiné Karl Liebknecht, et que même en ce moment nous sommes impuissants à manifester d'une façon nette notre réprobation contre l'intervention en Russie. Nous raisonnons, nous voulons utiliser nos loisirs, nous voulons assurer des garanties pour la vieillesse ; pendant ce temps-là nous laissons assassiner les nôtres et nous laissons dresser les potences à Budapest et, lorsqu'on aura étranglé les révolutions, le flot contre-révolutionnaire se déversera chez nous.

On nous a donné la journée de huit heures, et on cherche à la reprendre parce que nous avons perdu de notre force ; si les révolutions sont écrasées, c'est nous qui en subirons le choc ; pour empêcher cela, il faut que nous forgions l'opinion des travailleurs en vue d'une Révolution libérative ; il faut mettre entre les mains des travailleurs l'action directe ; il faut recourir à l'antimilitarisme parce que, si nous ne développons pas ce sentiment, nous serons les victimes des soudards qui sont les véritables victorieux de la guerre. Il faut à nouveau intensifier notre antipatriotisme. Jamais nous n'aurons occasion plus belle, devant les ruines accumulées par la guerre, de faire développer dans les masses l'idée d'antipatriotisme. Il faut forger cette opinion, l'amener vers les voies révolutionnaires.

Permettez-moi de vous dire que lorsqu'on traite les camarades d'extrémistes, cela ne veut rien dire. Extrémistes ! Pourquoi, puisque nous n'avons pas changé d'idée ?

On a évoqué, à l'ouverture du Congrès, la figure de Pelloutier ; il serait avec nous, ce serait lui l'extrémiste et cependant, tous, vous lui avez rendu hommage. Or, nous ne faisons que continuer la méthode qu'il a préconisée, qu'employer les moyens et les théories employées par lui, le père de l'Union ouvrière.

Camarades, je voudrais terminer en demandant à tous de ne pas écouter simplement les questions de tendances qui nous séparent peut-être moins profondément que vous ne le pensez, mais de vous rappeler les décisions que nous avons prises dans nos Congrès, et pour que le Congrès d'aujourd'hui ne soit pas le désaveu formel du résultat de vingt années de propagande.

Discours de Dejonkère

DEJONKÈRE. — Camarades, je n'apporterai pas à cette tribune un point de vue qui m'est personnel. Profondément attaché à un programme, à un idéal, j'ai cru ici devoir venir rappeler ce qui s'est passé au dernier Congrès confédéral de 1918 et tirer des déductions de la politique suivie depuis lors jusqu'à ce jour par la majorité confédérale, pour déclarer les responsabilités qui incombent à ceux qui ont manqué à leur devoir, qui ont manqué à leurs engagements en ne suivant pas la ligne de conduite qui leur était tracée par la résolution d'unanimité du dernier Congrès confédéral.

Jouhaux a fait ici un appel à la loyauté et à la sincérité des camarades. Il a dit : « Le respect dû aux militants doit s'arrêter où commence la calomnie. » Nous devons éviter de nous heurter avec des arguments qui puissent servir à nos adversaires de classes ; nous devons autant que possible être sincères dans nos affirmations ; nous devons autant que possible ne pas attaquer des camarades sur des probabilités, mais sur des choses existantes. Je regrette que par le passé qu'on n'ait pas laissé à nos camarades révolutionnaires, dans les organismes fédéraux, dans les organisme confédéraux, le pouvoir de faire entrevoir leurs méthodes d'action, le pouvoir de faire entendre leur voix lorsqu'on dérogeait à la ligne de conduite qu'on s'était tracée.

A l'ouverture de chacune de nos réunions, tant dans nos Conseils fédéraux qu'au Comité national de la C. G. T., nous sentions, nous minoritaires, une opposition systématique de la part de nos adversaires de tendance. Et je dis ceci parce que je me souviens de la déclaration faite à notre dernier Comité national par Merrheim. Il diait : « Nous subissons une crise d'extrémisme aiguë, une crise de bolchevisme dangereuse ; des personnes vivant en marge des organisations syndicales cherchent à canaliser le mouvement syndical vers un but de révolution politique. » Ces arguments servis à chacun des Comités nationaux sont bien une attaque sournoise à la fraction minoritaire.

Nous n'avons rien dit. Nous nous sommes tus parce que nous savions que nous pourrions causer au Congrès national, que nous pourrions dire que trop souvent on jette la suspicion sur les camarades minoritaires, non pas en les attaquant de front, mais en disant qu'ils sont les suiveurs de personnalités et qu'ils vivent en marge des organisations syndicales. Eh bien ! de ceci, nous n'en voulons plus ! Nous disons que nous avons un programme, un idéal, que nous ne sommes pas des suiveurs.

Monatte, ce matin, a bien défini les deux points sur lesquels nous devions nous attacher. Il a fractionné l'action confédérale en deux parties : la politique générale de 1914 à 1918 et la politique menée de 1918, notre dernier Congrès confédéral, à ce jour. Je ne reviendrai pas sur les discussions qui ont tenu quatre longues journées de notre dernier Congrès confédéral. Tous les militants qui y ont assisté ont encore présents à l'esprit les débats qui s'y sont déroulés, tous les camarades se rappellent avec quelle véhémence on attaqua la politique de la Confédération Générale du Travail ; Dumoulin et Merrheim étaient avec nous pour orienter la C. G. T. vers une action plus énergique, vers une action, au point de vue international, réalisant réellement les aspirations du prolétariat de ce pays. Et quand, après quatre longues journées de discussion, le Congrès décida de donner à une Commission de résolution le soin d'établir un ordre du jour réalisant l'unanimité de toutes les fractions, nous sommes allés quelques-uns à cette Commission avec l'esprit de maintenir ce que nous avions déclaré au sein du Congrès.

Quelques-uns, fatigués, écœurés de la politique passée disaient : « Non, il nous faut une politique plus énergique ; nous voudrions voir les militants confédéraux changés parce que quelle que soit la résolution que nous pourrions prendre, quelle que soit la ligne de conduite que vous pourriez tracer, on ne conduit pas avec les mêmes hommes qui se sont livrés à une politique qui n'est pas en rapport avec leurs actes passés ». Nous étions à cette Commission. Tommasi, Thuillier et moi. Nous nous sommes refusés à accepter la résolution d'unanimité, et puis, nous n'avons pas voulu faire pression à ce moment-là. Nous disions : « Nous ne voulons pas faire pression sur nos camarades qui croient encore qu'il est possible de réaliser l'unanimité ».

Nous sommes revenus au Congrès avec la résolution. Nous avons
expliqué les raisons pour lesquelles nous ne nous étions pas associés aux camarades de la Commission, mais nous avons laissé à nos
camarades le soin de juger s'il leur était possible de s'associer à
cette résolution d'unanimité. Nous n'avons essayé de dissuader personne ; nous n'avons fait de pression sur personne ; nous avons
laissé nos camarades voter la motion d'unanimité selon leur conscience, selon leur mandat. Nous avons voulu que ces camarades qui
adoptaient cette motion d'unanimité — et je n'en fais pas grief à notre
camarade Monmousseau — voient par l'expérience des choses et des
faits qu'ils avaient eu tort de s'y associer. En effet, nous examinerons
la politique suivie par la Confédération Générale du Travail depuis
notre dernier Congrès confédéral ; nous nous apercevrons que c'est
la même politique qui a continué ; nous constaterons la même collaboration de classes ; nous constaterons la même politique désastreuse au point de vue international ; et puis, nous constaterons
aussi la répression à l'intérieur.

Bon nombre nous demandent où la collaboration commence et où
elle finit. Elle commence, vous le savez bien, avec les tractations
avec les organisations patronales ; elle commence avec les Commissions paritaires ; elle commence aussi où commencent les démarches
avec le Gouvernement ; et puis, elle va jusqu'au Conseil économique.

Il me semble bien que la résolution du Congrès confédéral ne nous
avait pas laissé prévoir le programme minimum que nous a donné
la C. G. T. Nous ne sommes pas d'accord avec ce programme et nous
avons dit à nos organisations :« Ce programme est un programme
auquel nous ne souscrivons pas, auquel nous ne souscrirons jamais
parce qu'étant de collaboration de classes. » Programme de collaboration qui nous a donné quelques avantages que j'ai notés : projet
d'amnistie, démission de Boret et la constitution du Conseil national
économique...

J'ai dit : « Politique internationale désastreuse ». Oui, parce qu'elle
a été la continuation de cette politique de guerre ; elle a été la continuation des Conférences de Leeds et de Londres ; la Conférence
d'Amsterdam n'a été qu'une comédie. Au lieu d'exprimer les responsabilités de la guerre, vous auriez mieux fait de voir de quelle façon
nous nous entendrions pour la paix dans un avenir prochain.

Politique de guerre qui, elle aussi, a rapporté ses avantages. Politique malheureuse qui a amené la chute de la Révolution hongroise,
qui a amené aussi l'augmentation des forces alliées dirigées contre
la République des Soviets de Russie. Politique qui, en un mot, est
contraire à l'esprit du dernier Congrès confédéral.

Et puis, à l'intérieur aussi, n'avons-nous pas eu à la suite de cette
politique désastreuse, des répressions contre nos militants ? N'avons-
nous pas vu la protestation des travailleurs dans certaines régions ?
Ne voyons-nous pas la protestation des travailleurs d'Alsace-Lorraine, ceux contre qui on a lancé toutes les forces de la bourgeoisie ?
Voilà où nous conduit cette politique désastreuse de collaboration.

On parle toujours d'action, mais l'on n'en fait jamais. Il me semble bien avoir vu dans les ordres du jour émis par la C. G. T. un vœu en faveur de ceux qui se sont révoltés contre le geste que l'on réclamait d'eux. Il me semble que vous aviez pris l'engagement de sauver les marins de la Mer Noire ; ceux-là, ils sont en prison et dans les pénitenciers de l'Ile-de-Ré. Nous ne sommes jamais allés réclamer de l'action de ceux qui sont châtrés et qui ne peuvent pas en faire. Je sais que nous sommes souvent critiqués ; on nous appelle les jeunes du mouvement syndicaliste ; on nous traite parfois comme des petits garçons en disant : « Quand vous aurez de l'expérience, vous causerez ! ». Et l'on dit : « Dix années de syndicalisme, cela n'existe pas vis-à-vis des vieux qui ont vécu Amiens, qui ont vécu Marseille, qui ont vécu Toulouse ».

Eh oui ! mais c'est que quand on devient vieux, parfois on ne peut plus se lancer dans l'action comme les jeunes, parce qu'on a abusé de sa santé et parfois parce qu'on n'a pas les forces nécessaires. J'ai beaucoup d'estime pour les vieux militants qui sont restés dans la tradition révolutionnaire et dans la ligne de conduite qu'ils s'étaient tracée ; ici même, je puis m'adresser à ceux qui en quelque sorte m'ont donné des leçons par le passé. Nous étions quelques-uns à l'organisation des cheminots. Nous nous réclamions de la tendance révolutionnaire. C'était en 1909-1910, au moment où un mouvement d'effervescence se faisait ; au moment où l'on essayait de tâter quelle était la force des organisations syndicales. A ce moment-là, nous recevions des leçons de révolutionnarisme, et, c'étaient Jouhaux et Dumoulin qui nous les donnaient. (Applaudissements.)

On nous définissait tous les avantages des minorités agissantes au sein des syndicats. On nous disait : « Travaillez à l'action, les majorités vous suivront ». Nous avons vu en 1910 les camarades Jouhaux et Dumoulin avec nous, les révolutionnaires, pour dire : « Vous ne sortirez de cette impasse dans laquelle vous vous trouvez que par un mouvement de révolte ! ».

Mais si nous sommes encore de petits garçons, si nous avons puisé nos argument à l'école des révolutionnaires d'antan, je dis que nous, nous sommes restés dans la tradition révolutionnaire. Ce ne sont pas les événements qui nous ont fait changer. Ce sont surtout ces raisons qui nous font parfois nous retourner vers nos adversaires de tendances et qui nous font dire : « Est-ce que notre volonté, est-ce que notre énergie et notre esprit de sacrifice ne peuvent pas quelquefois contrebalancer votre expérience ? Est-ce que nous ne pouvons pas, nous, donner tout ce que nous avons d'énergie, donner toutes nos possibilités d'action à la classe ouvrière ; est-ce que les théories que nous avons propagées par le passé, que vous avez propagées, ne sont plus exactes aujourd'hui ? Est-ce que vraiment la méthode de fraternisation doit s'étendre partout ? » Non ! Il y a nos adversaires de classes avec lesquels nous restons irréductibles.

Vous dites : « Vous n'avez pas de programme, de méthode ». Si ! Votre programme consiste en un syndicalisme national, en un gompersisme auquel nous ne voulons pas souscrire. Nous, notre programme est basé sur la lutte de classes, l'action directe et sur l'acheminement du syndicalisme vers le communisme.

Lors de notre dernier Congrès national de 1918, il fut décidé de transformer l'organisme directeur de la Confédération Générale du Travail. Personnellement, je souscrivais à l'exposé fait par notre camarade Lapierre qui indiquait nettement qu'avec cette nouvelle composition du Comité national, la voix de la province allait pouvoir se faire entendre à la C. G. T. et qu'ainsi, mieux renseignée, la C. G. T. pourrait entreprendre une action, concertée, une action coordonnée qui permette à la masse de se libérer. J'avais confiance dans le projet de Lapierre, mais lorsque j'ai vu le Comité national, lorsque j'ai pu lire les comptes rendus qui nous ont été fournis par la Voix du Peuple, j'ai constaté que cette transformation avait évincé bon nombre de nos camarades de la fraction minoritaire.

Et puis, du Comité confédéral national est sorti la Commission administrative dont les membres devaient être pris dans la région parisienne ou du moins dans les départements limitrophes. Nous avons vu cette Commission administrative composée en majeure partie, si ce n'est en totalité, des membres secrétaires de Fédérations. Nous ne nous plaignions pas, parce que nous pensions que la Commission administrative allait être l'organe d'exécution des décisions prises par le Comité national, que les Comités nationaux ayant décidé d'un mouvement, la Commission administrative était simplement chargée de mettre en application les décisions du Comité national. Nous nous sommes trompés et nous allons le voir tout à l'heure. Mais, il y a autre chose que je ne m'explique pas : c'est lorsque les mouvements de grève de la région parisienne se sont produits.

Lorsque nos camarades métallurgistes sont entrés dans le mouvement avec un nombre important de syndicats, nous pensions qu'on aurait réuni le Comité national et qu'on aurait pris des dispositions spéciales pour essayer de coordonner le mouvement et que les autres Fédérations ne soient pas obligées de déclancher leur mouvement de grève par la suite. Cette action combinée aurait eu la chance d'aboutir à des résultats positifs. Mais on avait parlé de constitution d'un cartel. On avait dit : « Les grandes Fédérations doivent s'unir pour faire aboutir leur programme de revendications. Elles doivent se prêter aide et solidarité » et l'on avait groupé les mineurs, les postiers, les inscrits maritimes, toutes les grandes Fédérations, tous les grands services publics capables d'arrêter la vitalité du pays dans un mouvement de grève. Nous avions pensé que ce cartel allait jouer au moment où nos camarades demandaient la réalisation de leur programme de revendications.

Il n'a pas fonctionné.

On a réuni un Comité national restreint. On ne l'avait jamais envisagé cependant, l'on a dit : « Les nécessités ont voulu que nous fassions appel à quelques régions du pays et précisément, dans ces quelques régions, nous voyons qu'on a évincé pour une bonne partie, les camarades minoritaires ».

JOUHAUX. — Je dis que j'ai le droit de rétablir un point de fait. Nous n'avons pas, dans la convocation que nous avons faite pour le Comité national dont il est question, examiné si tel ou tel militant représentait telle ou telle tendance. Nous avons fait appel aux militants qui, par la position géographique de la ville qu'ils occupaient, rayonnaient sur un centre régional. Je demande à ceux du Comité, à ceux de la Commission administrative, adversaires ou amis, de dire si c'est la vérité.

Plusieurs voix. — Oui ! Oui ! Oui !

DE JONKÈRE. — Camarades, je ne m'étendrai pas sur cette affaire étant donné que la question des amitiés joue un grand rôle. J'ai simplement situé cette question pour éviter que dans l'avenir on recourre à ces Comités nationaux restreints au moment où peut-être nous sommes appelés à prendre toute notre responsabilité.

J'en arrive maintenant au mouvement du 21 juillet.

Je n'assistais pas au Comité national du 27 mai où fut discuté de l'opportunité du mouvement pour réclamer l'amnistie, pour réclamer la démobilisation, pour protester contre la vie chère et aussi pour réclamer qu'on cesse cette intervention contre les Républiques. Je n'ai eu connaissance de la chose que par mon prédécesseur au Comité national ; Bourguet m'avait dit en rentrant : « C'est l'unanimité du Comité national qui s'est déterminé en faveur d'un mouvement d'action ». Mais nous devons attendre que la C. G. T. nous dise : « Préparez les masses au mouvement » ; et nous avons attendu jusqu'au 13 juillet, date à laquelle notre Fédération commençait à s'ébranler.

Nous avons reçu les communications le 15 juillet pour préparer les troupes à l'action ; et je demande à tous : « Qu'a-t-il été fait dans votre milieu comme propagande par la C. G. T., comme propagande par votre Fédération pour préparer ce mouvement du 21 juillet ? ». Pour moi personnellement, à part les initiatives de nos réseaux, rien n'a été fait par ceux qui ont charge de préparer le mouvement. Je dis mieux — et ici je n'ai aucune haine personnelle pour qui ce soit, j'entends définir ici des responsabilités et mon secrétaire fédéral viendra à son tour s'expliquer — je prétends que dans l'opuscule fourni à nos camarades qui sont allés ces temps derniers en province pour demander à nos camarades des syndicats quelle serait l'attitude au Congrès confédéral de leur syndicat en ce qui concerne l'attitude de la Fédération et de la C. G. T. pour le mouvement du 21, on déclare que le 15 juillet déjà la Fédération des cheminots avait jugé l'inopportunité du mouvement du 21 juillet.

La Commission exécutive de notre Fédération avait déjà entrevue l'impossibilité du mouvement au jour et à l'heure même où l'on demandait au syndicat des cheminots de se préparer à l'action. Vous voyez ce fait paradoxal ! Vous voyez les contradictions flagrantes qui se sont établies au sein du Comité national où nous avons voulu rechercher les responsabilités. Au sein de ce Comité national, on nous a dit : « La Commission administrative a été obligé de prendre ses responsabilités et de surseoir au mouvement ». Première faute : la Commission administrative, organisme d'exécution, n'avait pas à empêcher le mouvement de grève du 21 juillet ; jamais le Comité national n'avait donné un semblable mandat.

J'ai dit et j'ai répété au Comité national que certains ont fui leurs responsabilités. J'ai dit que dans notre organisation particulièrement, il y avait eu des inexactitudes, qu'il y avait eu des lettres qui sont venues tromper notre secrétaire fédéral, qui à son tour a trompé la C. G. T.. Je dis qu'on ne s'est pas servi uniquement de lettres émanant de personnalités responsables dans le mouvement syndical, et pourtant il me semble que l'on pouvait consulter sur notre réseau les camarades ayant charge de préparer l'action. Je dis qu'on pouvait réclamer des secrétaires de syndicats des ordres du jour votés en Assemblée générale et qui, sur mon secteur, à la grosse majorité, avait décidé le mouvement de grève. Je dis, profondément écœuré des inexactitudes et des déclarations faites au Comité national : Il y a de lourdes responsabilités ; chacun viendra s'expliquer à la tribune de ce Congrès.

Nous avons présenté au Comité national, nous minoritaires, une motion qui pouvait être admise. Nous n'avions pas mis dans cette motion, comme responsable, le Bureau confédéral, et c'est précisément à la suite de cet ordre du jour qui a été repoussé après une intervention de Jouhaux, que nous nous sommes déclarés contre la résolution d'unanimité qu'on avait introduite. Cet ordre du jour, il n'était pas bien méchant, mais il démontrait qu'il y avait des responsabilités, et c'est peut-être parce qu'on craignait ces responsabilités qu'on ne l'a pas adopté. Il disait que le Comité national confédéral, après avoir entendu l'explication du Bureau confédéral et des membres de la Commission administrative sur les raisons qui ont motivé l'ajournement de la manifestation du 21, considérait que le Bureau confédéral avait rempli ses engagements selon son mandat, dégageait les responsabilités de ce dernier ainsi que des membres de la Commission administrative qui ont eu la même attitude, se désolidarisait de ceux qui ont fui leurs responsabilités au Bureau confédéral.

Voilà l'ordre du jour présenté par notre camarade Jullien. Nous n'accusons pas le Bureau, mais lorsque Jouhaux a déclaré être solidaire des camarades de la C. A., alors nous lui faisons supporter à lui aussi les responsabilités.

JOUHAUX. — Veux-tu ajouter, pour le Congrès, que la motion qui était présentée au Comité national confédéral était le résultat du travail élaboré par une Commission spéciale nommée par le Comité national et qu'à l'unanimité des membres de cette Commission elle avait accepté la résolution qu'elle nous apportait.

De Jonkère. — Je laissais au camarade Jouhaux la liberté d'apporter cette explication.

J'en arrive maintenant à d'autres responsabilités qui, elles, ne retombent pas sur le Bureau confédéral ni sur la Commission administrative. Ah ! il est beau de déclarer : « Nous avons des responsabilités, nous n'avons pas cru devoir engager nos responsabilités ! ». Mais vous ne vous êtes pas gênés pour engager les responsabilités des autres ! Vous nous avez engagé le 27 mai dans un mouvement d'action. Vous nous avez dit : « Préconisez la grève de 24 heures pour les quatre grandes questions que nous avons portées à notre ordre du jour ; faites toute l'action nécessaire dans vos milieux, vous secrétaires d'Unions ; il faut absolument que nous rencontrions l'unanimité de la classe ouvrière dans le mouvement ». Vous faisiez à ce moment supporter vos responsabilités à ceux qui s'étaient affirmés pour le mouvement de 24 heures. C'était ceux-là qui avaient leur responsabilité engagée. Nous nous sommes trouvés la veille du mouvement, avec notre dépêche nous notifiant l'ajournement en mains, dans une situation lamentable vis-à-vis de ceux que nous avions entraînés, vis-à-vis de nos adversaires de classe qui aujourd'hui déclarent que nous sommes des bluffeurs. On a parlé d'énergumènes et de démagogues. Eh bien ! vous nous faisiez jouer cette comédie ! Ce n'était pas notre responsabilité qui était en jeu. Mais nous avons accepté les calomnies ; nous avons dit : c'est pour l'intérêt de la classe ouvrière, et nous avons subi ces responsabilités.

Camarades, je n'abuserai plus de vos instants ; je déclare qu'à la suite de toute cette politique d'hésitation, de toute cette politique malheureuse, il est nécessaire que vous preniez nettement position. J'ai dit tout à l'heure : au programme de collaboration, nous opposons notre programme de lutte et d'action directe; devant le programme internationaliste qui se présentait sous la forme d'Amsterdam, nous demandons qu'on se rallie à la Troisième Internationale. (*Applaudissements.*)

C'est parce qu'on n'a pas œuvré dans ce sens, malgré la *résolution* du dernier Congrès, c'est parce qu'on n'a pas fait ce pas sur la gauche que nous sommes en droit de dire aujourd'hui, aussi bien à la Commission qu'au Bureau confédéral : « Vous n'avez pas satisfait à vos engagements et vous êtes responsables de la situation dans laquelle nous sommes ».

Et puis, pour ceux qui prétendent que nous sommes des énergumènes, pour ceux qui prétendent que nous sommes les propagateurs, les meneurs révolutionnaires, je dis : Oui ! nous le sommes ; mais nous savons que la Révolution ne se déclenche pas dans un Congrès confédéral pas plus que dans une réunion publique. Nous savons surtout que la Révolution avant tout est la fille de la misère, de la souffrance et de la douleur. Nous savons que la Révolution se déclenche à la suite de toutes les répressions comme celles que nous vivons. La Révolution vient parce que l'on sent de toute part la répression ; la Révolution vient parce que ceux qui, hier, nous grugeait, nous grugent et nous grugeront demain si nous ne sommes pas capables d'un geste de révolte. Et c'est parce que nous avons confiance en cette Révolution libératrice, qu'elle viendra peut-être avant que nous le pensons, provoquée par nos adversaires de classe, qui n'hésiteront pas à tout faire pour qu'elle se déclanche. Craignez, camarades, que cette Révolution vous prenne au dépourvu ! Songez à toute l'énergie qu'il nous faut pour défendre même contre nos contradicteurs cette idée que la Révolution est à nos portes !...

Si les hommes qui sont à la tête de votre organisation fédérale ne vous donnent plus satisfaction, si vous sentez qu'il y a un fléchissement, des capitulations, il est nécessaire, si vous voulez envisager d'autres méthodes d'action dans l'avenir que vous cherchiez parmi vous les gens ayant l'énergie, la volonté et le courage de mener à bien les destinées du prolétariat. (*Applaudissements.*)

Le Président. — Camarades, il y a encore vingt-huit orateurs inscrits.

J'ai ici une proposition du camarade Reaud demandant la limitation du nombre des orateurs de chaque tendance, c'est-à-dire que les deux fractions en présence désignent chacune un nombre restreint d'orateurs, afin que la discussion se poursuive avec une conclusion.

La proposition est mise aux voix et adoptée.

Le Président. — J'invite donc les camarades des deux fractions à désigner, pour chacune d'elles, cinq camarades pour prendre la parole en leur nom!

Le bureau proposé pour demain est composé comme suit : *président :* Henvier ; *assesseurs :* Lucie Colliard et Dejonkère.

La séance est levée.

TROISIÈME JOURNÉE
Mercredi 17 Septembre

Séance du matin

Président : HERVIER

Assesseurs : LUCIE COLLIARD et DEJONKÈRE

LE PRÉSIDENT. — Voici une communication dont je vais vous donner lecture :

Les camarades délégués au Congrès confédéral adressent leurs remerciements aux camarades organisateurs de la manifestation artistique donnée au Grand-Théâtre de Lyon en l'honneur des camarades délégués et félicitent l'Union des syndicats ouvriers du Rhône pour cette initiative. — *Mécaniciens de Paris.*

Une seconde communication :

Je demande au Congrès si, oui ou non, nous sommes les représentants de la classe ouvrière. Si oui, nous devons déplorer la non-assiduité des délégués. Nous devons être aussi assidus aux assises du Congrès que nous le sommes au travail.

Nous invitons les délégués à prendre note de la présente. Le temps est précieux et cher. Utilisons-le à l'organisation et non à la ballade. — L. GIRAUD.

Selon la résolution prise hier soir, il a été désigné cinq délégués pour chaque tendance.

Sont désignés :

Pour la majorité : *Marty-Rollan, Rougerie, Bidegaray, Barluel, Merrheim.*

Pour la minorité : *Monatte, Loriot, Périca, Sirolle, Lepetit.*

D'autre part, il y aura lieu d'intercaler un membre de la majorité et un membre de la minorité.

Périgat. — Nous demandons également que le débat débute par un majoritaire, de façon que ce ne soient pas seulement les majoritaires qui finissent les séances. En outre, nous avions demandé qu'un seul membre du bureau prenne la parole.

Lepetit. — Camarades, il est nécessaire de vous expliquer pourquoi nous demandons que le Bureau ne soit représenté que par un seul orateur.

La proposition faite hier soir de limiter le nombre des orateurs a été faite dans le but de ne pas faire perdre de temps au Congrès et de limiter les débats.

Nous avons pensé que si les minoritaires étaient réduits à cinq orateurs, il était utile, pour qu'ils ne soient pas infériorisés dans les débats, qu'il n'y ait pas une supériorité du côté majoritaire, afin que les deux tendances puissent s'affronter à égalité.

Jouhaux. — Camarades, vous avez décidé, pour que les travaux du Congrès se fassent plus rapidement, qu'il serait désigné un orateur de chaque côté.

On nous propose aujourd'hui que les membres du Bureau qui doivent intervenir soient limités à un seul. Pour ma part, il m'est absolument indifférent que la proposition soit acceptée ou repoussée. Mais je dis que vous ne pouvez tout de même pas empêcher Dumoulin d'intervenir à la tribune, puisque vous l'y avez vous-mêmes appelé, et que, par conséquent, il ne peut pas y avoir moins de deux membres du Bureau qui prennent la parole au cours de la discussion.

Lepetit. — Camarades, nous avions parfaitement envisagé cette question que Dumoulin voudrait venir s'expliquer à cette tribune, mais nous pensions, qu'appartenant à la tendance majoritaire, il aurait pu parfaitement être désigné par la fraction majoritaire dans les cinq membres qui doivent parler.

Vous arguez que Dumoulin a été mis en cause et qu'il doit venir s'expliquer ; mais il y a des camarades de la minorité qui ont été mis en cause et nous ne vous demandons pas qu'ils viennent augmenter la liste des orateurs minoritaires.

Nous vous demandons d'éliminer un des cinq orateurs que vous présentez et de le remplacer par Dumoulin. Vous aurez ainsi satisfaction, puisque Dumoulin pourra venir s'expliquer à cette tribune.

Cinq membres de chaque côté, la partie sera ainsi égale, et le secrétaire confédéral viendra ensuite, pour terminer le débat.

Le Président. — Camarades, vous avez entendu la proposition qui vient de vous être faite par notre camarade Lepetit ; elle tend à ce que Dumoulin, secrétaire adjoint de la C. G. T., soit compris dans les cinq membres parlant au nom de la majorité.

Je vais mettre aux voix cette proposition. (*Protestations.*)

Dejonkère. — Dans un but de conciliation, les camarades de la minorité acceptent la proposition qui a été faite, à savoir qu'il y aura cinq orateurs de chaque côté et, en plus, Dumoulin et Jouhaux.

MARX. — Camarades, je n'ai pas la prétention de vous tenir longtemps.

Permettez-moi de vous dire que si je prends la parole c'est pour vous exprimer une pensée qui m'est venue hier : c'est que si nos camarades ouvriers étaient ici présents, ils n'auraient pas une très fière idée de la tenue d'un Congrès confédéral.

Comment, vous êtes en train de discuter pour savoir si, intervertissant l'ordre des orateurs, vous aurez la majorité ! Mais, vraiment, est-ce que vous ne pensez pas que tout ce que vous dites est inutile ? Est-ce que vous ne croyez pas que nous avons un état d'esprit fait ? Je vous garantis, camarades de la minorité, quel que soit celui qui prendra la parole le premier ou le second, cela ne changera pas l'esprit des camarades délégués.

DEJONKÈRE. — Dans un but d'impartialité, nous avons mélangé majoritaires et minoritaires. Voici la liste des orateurs, suivant leur inscription :

Rougerie, Monatte, Marty-Rollan, Loriot, Bidegaray, Pérical, Bartuel, Sirolle, Merrheim, Lepetit, Dumoulin et Jouhaux.

Discours de Rougerie

ROUGERIE. — Camarades, nous sommes réunis pour examiner, pour porter un jugement sur l'attitude passée de la Confédération Générale du Travail depuis la guerre jusqu'à aujourd'hui, et aussi pour déterminer quelle sera demain l'attitude de la Confédération Générale du Travail, en face des événements qui nous pressent de plus en plus et en face des difficultés devant lesquelles la classe ouvrière se trouve placée.

Malheureusement, la guerre a produit dans tous les esprits, dans tous les cerveaux, des perturbations telles que dès le début, nous pouvons bien le dire, nous avions perdu la tête.

Ah ! oui, je me souviens qu'avant, dans nos Congrès, nous étions divisés encore sur des tendances. Nous ne nous appelions pas à ce moment-là majoritaires et minoritaires, nous nous appelions révolutionnaires et réformistes, et c'est là-dessus que, confédérés, nous prenions des résolutions, résolutions qui devaient être mises en application. Hélas ! nous eûmes beau décider que nous ferions l'insurrection plutôt que la guerre, nous avons été tout juste capables de faire la guerre et incapables de faire l'insurrection.

Il y avait là une abdication, abdication dans les masses. Y avait-il abdication dans l'idée des militants ? Je peux en parler librement, la conscience bien tranquille, puisque n'ayant pas voté ces motions mêmes, je ne me permettrais jamais d'accuser les militants qui avaient ces idées de les avoir reniées. Je les partageais aussi, mais, hélas ! je ne les sentais pas partagées par la masse qui m'environnait,. et je ne me sentais pas le courage de pouvoir les affirmer, parce que je sentais que leur réalisation était impossible. Combien de fois avons-nous cru pouvoir entraîner cette masse à réaliser ces idées et, ce qui était mieux, à réaliser les décisions que nous prenions. Nous ne l'avons pas pu. De ce fait, ne nous accusons pas trop les uns et les autres ! Nous avons eu quelques faiblesses, et si je suis ici appelé à parler au nom de la majorité, croyez-le, c'est bien indépendamment de ma volonté, c'est-à-dire que c'est parce que le Congrès n'a pas permis que viennent à la tribune d'autres camarades que ceux qui ont été catalogués « majoritaires » ou « minoritaires ».

Au début de la guerre, en présence des discussions qui s'étaient élevées au sein de la Confédération Générale du Travail, j'ai cru, dans l'intérêt du mouvement ouvrier et étant donné, qu'on le veuille ou non, le flot de calomnies répandues aussi bien sur les militants d'une tendance que sur les militants de l'autre, j'ai cru de mon devoir de ne pas prendre une position, ni dans un sens ni dans l'autre.

Puis, sentant que la classe ouvrière se lassait de cette attitude, que la Confédération Générale du Travail perdait tout crédit, à la Conférence de Clermont-Ferrand j'osais intervenir, sur les conseils de nombreux camarades d'Unions, pour essayer de déterminer quelle devait être l'action que demandait la classe ouvrière, et non de savoir si cette action servait les desseins de telle ou telle tendance. Après Clermont-Ferrand, la Confédération Générale du Travail s'est un peu transformée. Un Comité national a été constitué. Nous pensions que là il pourrait y avoir, dans une action commune définie par le dernier Congrès, une possibilité de réunir tous les travailleurs confédérés, d'amener à une action commune toutes les tendances, tous ceux qui aspirent à l'affranchissement, à l'émancipation de la classe ouvrière.

Nous n'y sommes point parvenus. Qu'y a-t-il donc de changé ? L'administration de la Confédération Générale du Travail est taxée par les uns de déviation, et par d'autres de servir de satellites au gouvernement. Je ne dis pas que des militants se font l'écho de cela, mais il n'empêche pas que la calomnie s'en va rasant le sol et qu'elle se répercute dans les masses, et l'on entend carrément dire : « Les dirigeants de la Confédération Générale du Travail sont vendus au patronat, au gouvernement. » On l'entend dire dans les masses ignorantes. Je vous apporte une opinion personnelle, et elle est exacte. Oh! je ne dis pas que tel ou tel militant a essayé de répandre cela, je crois que les véritables militants, je crois que les hommes sincères — et il y en a ici dans toutes les tendances, — je crois que les hommes sincères ne lancent pas de ces calomnies. On peut ne pas avoir les mêmes idées que les camarades, on peut ne pas avoir la même opinion mais on peut avoir le degré de scrupule, au même titre, à quelque tendance que l'on appartienne. Seulement il en est qui, peut-être inconsciemment, lancent quelques mots qui sont mal interprétés et colportés par cette masse ignorante.

Il faut aujourd'hui que ce Congrès y mette ordre, dans l'intérêt de l'organisation ouvrière.

Et quoi ! est-ce que les principes qui sont à la base même de la Confédération Générale du Travail ont été touchés en quoi que ce soit? Est-ce qu'ici j'ai entendu un militant dire que l'article des statuts de la Confédération Générale du Travail disant qu'elle doit grouper les travailleurs pour la conquête des moyens de production et pour la suppression du salariat et du patronat a été supprimé ? Est-ce qu'il n'existe plus dans la conscience, dans le cœur des militants ? Allons donc ! Je crois qu'il existe toujours. Et, si dans le cœur de quelques-uns il n'existe plus, d'autres sortiront encore avec cette formule, parce qu'il n'y aura pour la classe ouvrière de possibilité de bonheur que lorsqu'elle aura réalisé cette formule même. (Applaudissements.)

Quoique animé des mêmes principes, il se produit dans l'action des divergences profondes, divergences entre ceux qui se classent comme des révolutionnaires les plus purs, parce qu'il y a également chez eux toute la gamme des couleurs. J'ai entendu hier un camarade anarchiste venir exposer ses idées avec sincérité. Et je me disais en moi-même : « Quelle conviction il a ! » Dans l'organisation, j'ai vu des libertaires êtres partisans de l'organisation, mais j'étais un peu surpris d'entendre des anarchistes être partisans de l'organisation.

Et les révolutionnaires les plus purs diffèrent également dans leurs tendances. Nous avons entendu dire que lorsque nous n'étions que deux ou trois cent mille à la C. G. T., nous faisions une besogne bien meilleure, bien plus efficace. Nous pouvions alors, a-t-on dit, procéder plus facilement à la gymnastique révolutionnaire. Je comprends qu'étant moins nombreux, nous étions plus légers, plus souples, et que l'on pouvait décréter à ce moment-là toute grève générale que l'on voulait ; il n'y avait guère que les secrétaires de Bourses, d'Unions ou de Fédérations qui faisaient la grève générale.

Egalement, camarades, du côté de ceux qui s'instituent majoritaires, — et je ne crois pas qu'il y en ait beaucoup qui étaient les révolutionnaires d'avant-guerre — je ne crois qu'ils aient renié leurs sentiments révolutionnaires. Il y a également là toute une gamme de couleurs. Il y en a qui sont portés plutôt vers une action corporative un peu plus étroite, qui n'ont pas comme nous la conception nettement définie de la lutte de classes, qui croient que peut-être, par une évolution successive et constante des faits, nous arriverons à des améliorations suffisantes. Mais je crois que dans l'ensemble, tous, majoritaires comme révolutionnaires, nous voulons essayer d'arracher chaque jour, à chaque heure, à chaque moment où nous le pourrons, à la bourgeoisie, au pouvoir politique, au patronat, tous les avantages que nous pourrons réaliser par notre force, par notre organisation, par notre discipline. Je crois que par-dessus tout cela il y a chez nous tous le désir profond de transformation sociale; celle-ci ne se décrète pas comme vous décrétez une grève démonstrative de vingt-quatre ou de quarante-huit heures, qui est déterminée par les événements, par leur développement, par la situation de la masse ouvrière, par la misère dont elle souffre. C'est cela qui 'déterminera la Révolution. Et ce que tous les militants doivent être prêts à faire, c'est de conduire la classe ouvrière non seulement à cette révolution, mais à l'organisation pour que la révolution soit un fait réel demain et ne soit pas, dans son surlendemain, une réaction contre la classe ouvrière. (*Applaudissements.*)

Là, nous sommes en désaccord sur des mots ! Tous — et je crois que c'est un grave défaut — nous voulons apparaître plus purs que les plus purs ; on dirait qu'à notre origine même nous sommes viciés, car nous voulons essayer de paraître purs.

Camarades, il suffit simplement pour moi de se montrer loyal et sincère dans ses convictions et de mettre d'accord ses actions avec ses convictions. (*Très bien ! Applaudissements.*)

Je me garderais bien de vouloir donner des leçons à des camarades qui viennent à l'action, mais tout de même nous voyons des camarades qui sont restés tranquilles de bons moments pendant la guerre. S'il y en a qui ne pouvaient pas parler, il y en a d'autres qui auraient pu parler. Je suis de ceux qui ont parlé et qui n'ont pas attendu que tout le monde parle pour le faire.

Dès 1915, alors que beaucoup hésitaient, j'ai été un de ceux qui ont eu le courage de signer le premier manifeste qui a fait quelque bruit. Et laissez-moi vous dire que les camarades qui l'ont signé ont éprouvé, — oh ! non pas une surprise parce que nous sentions bien que les masses n'étaient pas préparées, qu'on était encore enlisé dans le flot de chauvinisme qui avait suivi la guerre, — mais on était copieusement malmené par des camarades militants des départements. Et je puis vous dire que de plus de quarante départements de la France, nous avons reçu des paquets de lettres de sottises, nous traitant de « boches », de « traîtres », de « vendus » !

Je dis donc que de côté-là, aussi bien que de l'autre, j'ai conscience d'avoir agi selon le milieu où je me trouvais et en accord avec ce milieu. Et lorsque, à Clermont-Ferrand, j'ai cru sentir que dans la classe ouvrière il semblait y avoir une direction enfin déterminée et qu'il nous serait possible de passer à des actions pratiques et réalisatrices, je me suis donné là encore, de tout mon cœur, parce que je me suis dit : « Il faut aider tous ceux qui voudront faire œuvre utile, tous ceux qui voudront servir la classe ouvrière », parce que je mets les intérêts de la classe ouvrière au-dessus des personnalités ; c'est cela qui est supérieur pour moi.

Nous avons eu la préparation du Premier Mai ; et, presque brusquement, les événements de juillet dernier par la décision prise par le Comité confédéral national de cette manifestation de grève générale de 24 heures.

Ah ! camarades, nous nous jetons l'anathème parce que ce mouvement n'a pas été fait, parce qu'il a été contremandé ! Je ne sais si chacun des camarades qui ont quelques responsabilités dans le mouvement ont fait tout ce qu'ils ont pu. Mais je suis certain que même les plus petits syndicats, même ceux qui étaient isolés dans des départements, dans les Unions départementales où il n'y a presque pas d'organisation, ont fait tout ce qu'il était humainement possible de faire pour la réussite du mouvement. Et cependant, ces camarades sont chargés d'une besogne très lourde ! Ils sont obligés d'aller à l'atelier, de faire face à une besogne qui leur est difficile d'exécuter parce qu'ils n'en ont ni le temps, ni les possibilités matérielles. Mais est-ce à dire, lorsqu'on a fait tout ce qu'on a pu, que l'on a fait tout ce qu'il a fallu faire ? On a fait son devoir, oui ! Mais pas ce qu'il eût été nécessaire pour la réussite d'un semblant de mouvement. Il y a d'autres camarades qui s'attaquent dans le milieu où ils sont, à une force amorphe, inorganisée, que vous touchez très peu souvent, qui ne vient à vous que lorsqu'elle y est conduite par des appétits égoïstes et personnels, mais qui ne vient pas à vous lorsqu'il s'agit de questions d'idéalisme, — foule qui sait lutter pour les petites choses et non pour les belles et grandes choses Vous voudriez bien essayer de la réunir. Hélas ! elle vous fuit parce qu'elle craint toujours que vous lui demandiez de venir à l'organisation, parce qu'elle ne veut pas faire d'effort ; elle ne veut pas continuer à bénéficier des efforts des autres. Lorsqu'elle vous suit, ce n'est que contrainte. Ah ! elle vous a suivi le Premier Mai dans cette belle manifestation. C'est vrai, mais il faut le dire : elle nous a suivi parce qu'on a fermé la porte des usines (*Applaudissements*) ; si elle avait pu y aller, elle ne nous aurait pas suivis. (*Protestations.*)

Camarades, vous savez bien que la C. G. T. n'exerce pas l'influence qu'elle pourrait exercer sur tous les confédérés ! Vous savez bien que beaucoup sont confédérés parce qu'ils ont pu avoir quelques augmentations ou quelques diminutions de temps de travail ; mais ils ne se sont pas confédérés pour faire la révolution sociale ! (*Applaudissements.*)

C'est tellement vrai que dans la plupart de vos organisations, les mêmes camarades qui franchissent les limites du domaine économique pour pénétrer dans le domaine politique, vont voter avec ceux-là qui conservent le privilège conquis sur eux et qui les tiennent en esclavage. Eh bien ! au mois de juillet, nous étions dans cette situation. Dans les départements, je crois qu'on n'a pas pu faire davantage qu'on a fait. Mais il y a aussi dans nos Fédérations — et il faut dire les défauts de notre organisation — il y a dans nos Fédérations des efforts qui auraient dû être faits et qui n'ont pas été faits. Il peut y avoir eu dans des Unions des défaillances, mais je suis sûr que dans les Fédérations on n'a pas toujours essayé de seconder d'une façon efficace l'effort des Unions. Ah ! camarades des Fédérations, avec nous vous poursuivez l'idéal commun, mais plus encore que nous vous êtes confinés dans une besogne plus étroite. Secrétaires d'Unions, nous sommes la liaison entre toutes les organisations du même département ; nous sommes obligés de franchir le cadre du corporatisme pour nous placer au point de vue idéaliste et le faire comprendre aux masses ; j'admets que vous-même, secrétaires ou délégués de Fédérations, lorsque vous arrivez dans nos milieux dont vous ne connaissez pas toujours très bien l'esprit, vous êtes tenus à plus de réserve que nous, d'autant plus que vous venez souvent au point de vue corporatif. De plus, dans telle Fédération l'idéalisme est exposé de telle façon, et dans telle autre Fédération d'une autre façon, si bien que deux ou trois syndicats d'une même localité, ayant entendu des sons de cloche différents, ne savent pas lequel suivre, et il faut que le secrétaire d'Union soit là pour harmoniser ces idées qui ont été émises. Vous voyez d'ici la difficulté.

J'ai entendu dire aussi qu'il y eut une faiblesse de la part de la Commission administrative. Je n'en sais rien, je crois qu'il y a eu surtout faiblesse de la classe ouvrière, et qu'il y a encore faiblesse de la classe ouvrière parce que nous ne sommes pas encore au terme de l'effort que nous devons donner pour arriver à réaliser les aspirations fondamentales de la Confédération Générale du Travail. J'ai l'habitude de faire de la propagande en province. Et lorsque viennent les militants de Paris en province, je voudrais qu'ils ne viennent pas là pour exposer des idées ou exhaler des rancœurs ; je voudrais qu'ils pensent qu'ils sont là pour faire une besogne générale et non pour une besogne qui peut être néfaste après. Il est fort facile de combattre ses adversaires quand on n'est pas devant eux, mais ce n'est pas loyal. C'est une besogne que je n'ai jamais faite ; c'est une besogne que je n'ai pas laissé faire et c'est une besogne à laquelle je ne me livrerai jamais.

Je dis que là a été la faiblesse. Il ne suffit pas de prendre les militants et de dire : « Vous n'avez pas fait cela parce que vous n'êtes pas révolutionnaire ». J'ai entendu pas mal d'orateurs depuis le début du Congrès, et je me suis demandé si au fond ils étaient aussi éloignés que cela les uns les autres. Ce n'est pas dans le fond que vous êtes en désaccord, c'est dans l'action. Vous dites : « Vous vous êtes laissés mettre une chaîne dorée qui vous a lié des pieds à la tête, du sommet de l'organisation jusqu'en bas ; là, à ce moment, c'est votre faiblesse et elle doit se terminer par votre reniement ».

On parle aussi de la collaboration de classe ; on donne de l'extension à ce mot, extension facile, et l'on dit : « la collaboration de classes commence au moment où l'on fait des tractations avec le patron ». Ah ! je vous avoue que quoique militant depuis longtemps, (et croyez-moi, j'ai eu ma part de lourdes difficultés et de longs conflits) eh bien ! je vous assure que moi qui suis un partisan de la lutte de classes, moi qui suis un partisan de ne pas lier la classe à laquelle j'appartiens, moi qui ai toujours défendu jalousement mon indépendance, qui en ai donné des preuves, je ne comprends plus. Compromission, quand au nom d'une organisation, sollicité par elle, j'irai faire des tractations avec le patron ? Camarades, secrétaires de syndicats, s'il en est ainsi, vous êtes tous coupables d'avoir commis le même méfait. (*Applaudissements.*)

Véritablement, si c'est à ce point de vue là qu'on se place pour essayer de démontrer qu'il y a collaboration de classes, c'est enfantin. Quand vous serez obligé d'aller trouver dans le département le représentant du Gouvernement, le préfet en l'espèce, quand ce seront vos camarades qui vous y pousseront et vous obligeront à y aller (croyez-moi, camarades révolutionnaires, vous n'en êtes pas plus exempts que les autres, et votre degré de pureté sur ce point-là est équivalent à celui des autres), vous n'êtes pas coupables, je vous assure que vous n'êtes pas déshonorés ! Vous n'y avez pas été pour vous personnellement ; cela suffit ! Et il en est de même quand nous sollicitons la Confédération Générale du Travail, organisme de la classe ouvrière, d'intervenir.

Ensuite nous disons : « Faut-il continuer cela ? »

Remarquez que ce n'est pas depuis la guerre que se font ces choses-là. Le gouvernement confédéral de tendance extra-révolutionnaire faisait la même chose et il ne faisait pas de collaboration de classes. Vous dites collaboration de classes lorsque nous essayons de traduire, pour les faire passer dans les esprits et ensuite dans la réalité, les aspirations et les revendications de la classe ouvrière ; lorsque nous essayons de les synthétiser pour les rendre plus accessibles à la compréhension de nos camarades de travail ; lorsque nous traduisons un programme, c'est collaborer avec le Gouvernement, dites-vous ; alors, pour ne pas être les collaborateurs du Gouvernement, nous sommes obligés de ne rien faire du tout ! Pas d'accointance de syndicats ou de la C. G. T. avec qui que ce soit, pas de programme !... Cotisations, dites-vous, cotisations pour un effort à venir ? Moi je dis non ! Je dis que si nous faisions cela, vous seriez encore coupables de collaborer avec le Gouvernement parce que vous ne feriez rien pour sortir la classe ouvrière de la situation dans laquelle elle est. Je dis que de ce Congrès doit sortir l'opinion que les camarades qui ont eu la destinée de diriger le mouvement confédéral ont notre confiance. Nous devons dire nettement si nous avons confiance en la C. G. T. pour conduire ces destinées naturelles et historiques de la classe ouvrière, en dehors de toute compromission, et en arrachant chaque jour, à chaque heure, à chaque minute, toutes les revendications et toutes les améliorations que nous pourrons. De cela, nous devons en trouver l'expression dans ce Congrès ; nous devons pouvoir le dire, et rentrés chez nous, affirmer à cette masse ouvrière : « Camarades, nous sommes d'accord ! Au Congrès national, nous avons examiné la situation. Nous avons confronté nos idées, nous les avons heurtées, loyalement, franchement, nous nous sommes expliqués et nous allons tous faire le grand mouvement qui entraîne l'humanité ; non seulement nous voulons, au point de vue national, l'amélioration nationale, mais nous voulons devenir une partie de la grande famille humaine qui règne sur le monde ! »

Le Président. — La parole est au camarade Monatte.

Discours de Monatte

MONATTE. — Camarades, avant d'aborder le débat, je veux revenir brièvement sur une des demandes que j'ai formulées à l'ouverture de cette discussion, lorsque j'ai demandé au Bureau confédéral la publication des procès-verbaux du Comité confédéral durant toute la guerre.

Je veux qu'il n'y ait pas de malentendu. Dans le rapport qui vous est soumis, vous lisez ceci :

Notre désir était de réunir toute la documentation rappelant la vie du Comité confédéral durant les quatre années de guerre. Ce désir, nous le réaliserons immédiatement après le Congrès de Lyon, et par le moyen d'une forte brochure nous mettrons les organisations en possession de cette documentation.

Il faut qu'il soit bien entendu que cette documentation doit comprendre à la base les textes eux-mêmes ; que le secrétariat confédéral apporte sur ces textes, sur ces procès-verbaux, toutes les remarques qu'il croira devoir apporter ; mais je crois que le Congrès exigera les pièces essentielles du débat, c'est-à-dire les procès-verbaux intégraux. Et ainsi, un jour, le mouvement ouvrier français, les syndicats sauront dans quelles conditions Jouhaux a prononcé sur la tombe de Jaurès le discours qui a constitué le premier acte, le premier fossé entre lui et nous, entre la majorité confédérale se ralliant à la guerre et nous, fidèles à l'internationalisme et ne courbant pas le front devant la guerre.

On saura dans quelles conditions le Bureau confédéral, une partie du Comité confédéral, est allé dans un wagon ministériel à Bordeaux.

C'est un point de l'histoire qu'il faut éclaircir.

GAUTHIER. — Je ne laisserai pas dire des mensonges ; nous y sommes allés en troisième classe.

MONATTE. — Les menteurs sont de votre côté !

Camarades, dans une lettre rendue publique et adressée aux organisations qui m'avaient mandatées, à l'Union des Syndicats du Rhône dont je suis fier d'avoir été, au Comité confédéral, le délégué suppléant au côté de Merrheim — Union qui fut au début de la grande tourmente le seul organisme départemental que nous trouvâmes fidèle à notre internationalisme, — j'expliquais les raisons de ma démission du Comité confédéral. Cette lettre, je vous demande la permission, non pas de vous la lire entièrement puisque vous l'avez sous les yeux dans la *Vie Ouvrière*...

Un délégué. — Par qui est-elle subventionnée, la *Vie Ouvrière ?*

MONATTE. — Nous sommes propres, et nous n'avons que cela : c'est notre force ! (*Applaudissements.*)

Dans cette lettre rendue publique, je disais ceci :

Camarades,

Après le vote émis dans sa séance du 6 décembre par le Comité confédéral, je considère comme un devoir de renoncer au mandat que vous m'aviez confié.

Voici les raisons qui ont dicté ma détermination :

Au cours de ces cinq premiers mois, c'est avec stupeur, avec douleur, que j'ai vu :

Le Comité confédéral enregistrer purement et simplement l'acceptation par son secrétaire général d'une mission officielle de Commissaire de la Nation ;

Quelques semaines plus tard, la Commission confédérale envoyée à Bordeaux (et dont faisait partie Gauthier) consentir à faire une tournée de conférences pour le compte du gouvernement ;

Des militants syndicalistes, des fonctionnaires d'organisations, tenir un langage digne de purs nationalistes.

Aujourd'hui, le Comité confédéral vient de refuser sa sympathie aux efforts tentés en vue de la Paix par les socialistes des pays neutres.

Pour le Comité confédéral, parler en ce moment constituerait une faute, presque une trahison, une sorte de complicité dans une manœuvre allemande, tout comme pour le *Temps* et pour le gouvernement.

Vous nous l'avez jeté souvent à la face et, hier, quand on rappelait cette interruption, au dernier Congrès, au camarade Bourderon, quand un obus éclatait : « Vos amis les Allemands ! » Oui, les Allemands sont nos amis, sont nos frères... (*Applaudissements.*)

Vous ne vous associez pas à eux ; vous vous associez à leurs exploiteurs, à leurs assassins ! (*Applaudissements.*)

Je conclus en disant :

Dans ces conditions, il m'est impossible de rester plus longtemps dans son sein, car je crois au contraire que parler de Paix au lendemain de la bataille de la Marne est le devoir qui incombe, en ces heures tragiques, aux organisations ouvrières conscientes de leur rôle.

Et vous y avez manqué !

Quelle était notre attitude à nous, avant la guerre ? Nous avons gardé notre foi et nous nous sommes trouvés à quelques-uns, à une poignée ; cette poignée, elle s'est morcelée par la suite, elle s'est effritée, mais ces heures-là, nous ne pouvons pourtant pas les oublier.

Je ne ferai pas au Bureau confédéral le reproche de n'avoir pas déclenché la grève générale devant la mobilisation ; non ! Nous avons été impuissants, et les uns et les autres ; la vague a passé, nous a emportés. Nos ennemis de classe ont agencé leur entreprise, ils ont affolé le pays. Mais si la masse pouvait, à ce moment précis, se laisser entraîner, il est des hommes qui devaient attendre que le vent ait passé pour se redresser. Or, ils ne l'ont pas fait.

Quelle a été notre attitude ? Elle a été exprimée dans une déclaration d'un socialiste italien, que je veux vous relire. Turati disait, à la Maison du Peuple de Milan :

Une fois l'intervention proclamée... et le pays engagé de toute façon dans une aventure qui peut mettre en danger son indépendance et son unité, nous, — proclamèrent d'une seule voix la direction, le groupe parlementaire et la presse socialiste, — nous ne saboterons pas votre guerre, nous n'affaiblirons pas ni directement, ni indirectement, par des faits positifs, la défense nationale ; nous concourrons même volontairement et sans feinte à adoucir toutes les blessures et à réconforter toutes les souffrances qui résulteront du désastre ; mais à point de co-responsabilité, aucune complicité avec les classes dirigeantes, avec les partis bourgeois qui voulurent ou qui admirent cette situation. Séparation nette, absolue, sans équivoque, sans transactions. Deux routes, deux âmes, deux mondes, nous et eux, irréconciliables — aujourd'hui et plus encore demain. (Applaudissements.)

Pas de co-responsabilité ! mais en France, le secrétaire confédéral accepte un mandat de Commissaire à la Nation ; le secrétaire confédéral, votre représentant, le représentant des ouvriers français, va à la Conférence de la Paix, à côté d'un des ministres responsables de la guerre. Voilà la co-responsabilité de l'organisation ouvrière française avec les responsables, les fauteurs de la guerre. (Applaudissements.)

Voici la lettre de l'Union des Syndicats du Rhône :

Lyon, le 23 décembre 1914. -

Mon cher Monatte,

J'allais t'écrire au moment où je reçois ta lettre de démission. Certes, nous comprenons et partageons entièrement ton écœurement du dernier vote émis par le Comité confédéral ; on ne peut croire à une réalité aussi décevante, et à une semblable faiblesse de conception chez des militants ayant tant de fois crié véhémentement au public leur haine du militarisme et de la guerre.

En cette période, nous assistons impuissants au sabotage des idées qui nous étaient les plus chères et de l'organisme ouvrier dans lequel nous avions placé tout notre espoir, et pour qui nous aurions sacrifié notre liberté et notre vie.

Je veux croire, malgré tout, que ce n'est là qu'un égarement momentané, que la netteté de notre pensée internationaliste dissipera toutes les confusions engendrées par le néo-nationalisme révolutionnaire.

Reprenons courage quand même, car il ne faut pas que notre bel idéal syndicaliste puisse disparaître dans la tourmente guerrière.

La Commission exécutive de l'Union du Rhône a appris lundi, par une lettre de Merrheim, ta démission et unanimement les camarades m'ont chargé de t'écrire pour te demander de revenir sur ta décision bien que nous arrivions un peu tardivement.

Oui, ta lettre de démission exprime nos sentiments et elle dit des choses nécessaires, mais cependant ta présence au Comité confédéral est plus que jamais utile si l'on veut empêcher notre C. G. T. de se discréditer davantage aux yeux des sincères qui ne veulent pas transiger avec leurs convictions, surtout aux heures de danger.

Nous traversons des épreuves particulièrement pénibles, mais il faut se garder du découragement et les rares militants restés avec leurs pensées entières se trouvent dans l'obligation de racheter par leur énergie les erreurs regrettables de ceux des nôtres qui se sont laissés entraîner par le courant de la folie sanguinaire.

L'Union du Rhône est décidée à maintenir résolument son point de vue; après, comme avant la guerre, elle exprime son horreur des tueries barbares et s'affirmera toujours et en toutes circonstances en faveur de la Paix. ·

La Commission exécutive m'a même demandé, le cas échéant, d'aller défendre notre manière de voir devant le Comité confédéral, si une discussion d'une certaine ampleur intervenait à bref délai sur ce sujet.

A nouveau, mon cher Monatte, nous t'exprimons notre entière confiance et nous t'encourageons vivement à rester à ton poste de combat. ·

Amicalement à toi.

Pour l'Union du Rhône : Million.

Ceci, c'était au 23 décembre 1914. Huit jours après, j'étais récupéré. Un mois après, je rejoignais mon dépôt et Million, pour action pacifiste, pour sa fidélité au syndicalisme, un matin se voyait cueillir, non administrativement, mais par deux agents de la Sûreté, lui disant : « Nous vous emmenons au Maroc ! » Voilà comment on se comportait à l'égard des militants. Et je veux dire ici une chose : un de nos amis, Suisse, parlant à un député socialiste et lui disant : « Mais vous ne pouvez pas nier qu'il y ait une minorité dans le syndicalisme, qu'il y ait encore des internationalistes, qu'il y ait une opposition contre la guerre ! » « Patience, — lui répondait Renaudel, — la mobilisation n'est pas finie !... »

En effet, la mobilisation n'était pas finie ! Nous passions devant les Commissions de récupération et tous ceux qui étaient considérés comme minoritaires allaient à la guerre !

Camarades, vous avez accepté une responsabilité dans la guerre avec les gouvernants. Mais pour nous, cette guerre, c'est le grand crime que nous devons dresser contre le régime capitaliste; c'est au nom de cela, de cet assassinat de la civilisation, que nous devons dire, en prononçant la condamnation du régime capitaliste : « Vous n'avez plus le droit moralement de conduire le monde ; vous l'avez amené à la boucherie, vous ne pouvez pas l'en sortir, vous l'y rejetterez. » Et c'est pour cela que l'organisation ouvrière française, elle qui tenait dans le monde une place particulière, qui marquait l'idéalisme révolutionnaire, a trahi ! C'est avec une amertume sans nom, inexprimable que nous, qui n'avons que cela comme raison de vivre, nous ne pouvons pas admettre aujourd'hui cette responsabilité de notre organisme central qui s'est affirmée au début, qui s'est affirmée tout au cours de cette guerre, qui s'est affirmée à la conclusion de cette guerre par la présence de Jouhaux à côté de Loucheur. C'est cela que nous ne pouvons pas admettre et, là-dessus, aucune abdication de notre part n'est possible ! C'est notre point de vue entier que nous devons défendre ici. Vous n'êtes plus dignes, camarades, d'interpréter la pensée du mouvement ouvrier français ! (*Applaudissements.*) Et je demande à ceux avec qui nous avons dit cela en 1914, en 1915, en 1916, en 1917, je demande à Merrheim, je te demande à toi, Dumoulin.

« Mais enfin, cet engagement, ce serment, eux et nous, irréconciliables aujourd'hui et plus encore demain, qu'en avez-vous fait ? L'avez-vous tenu ou trahi ? »

Il faut que vous me répondiez, parce que, dans le malaise actuel, ceci est à la base !

Je veux maintenant faire une autre incursion dans un autre domaine d'ordre administratif.

Vous savez qu'au cours de la guerre, une proposition de réorganisation du Comité confédéral, de l'organisation confédérale, a été faite. Je dis et j'entends affirmer, prouver, qu'on a faussé l'organisme confédéral ; la réorganisation administrative de la C. G. T., la suppression de l'ancien Comité pour la constitution d'une Commission administrative a fait sortir l'organisation ouvrière de la ligne qu'elle s'était tracée, que lui avait tracée le pacte d'unité de Montpellier. Vous savez que l'unité ouvrière s'est faite par la fusion, la juxtaposition de la Fédération des Bourses et de la Section des Fédérations de l'ancienne Confédération, les deux organismes ayant les mêmes droits en haut et en bas.

Or, j'estime qu'aujourd'hui les Unions départementales se sont laissé abuser, tromper par le rapport de Lapierre. On vous a présenté comme une amélioration du système ce qui a été une falsification de l'organisme.

Deux raisons ont présidé à cette réorganisation. Deux groupes de pensées différentes se sont trouvés d'accord pour commenter, soutenir et faire triompher cette réorganisation. D'une part, le Bureau confédéral, obéissant à ce sentiment : mettre à la porte du Comité confédéral, du contrôle de la gestion de la C. G. T., ceux que l'on appelle les « emmerdants ». C'est un beau motif auquel certains ont obéi. Le mot a été dit.

Un deuxième, animé par des raisons théoriques, c'est le point de vue des partisans des Fédérations.

Il y a toujours eu un certain antagonisme au sein du Comité confédéral, entre les représentants des Fédérations et les représentants des Bourses du Travail. J'ai suivi, pendant dix ans, les travaux du Comité confédéral ; je puis dire que les délégués des Bourses et des Unions ont toujours été les parents pauvres du Comité confédéral. Aussi, quand je trouve, sous la plume de Merrheim, certaines affirmations, j'ai le droit d'être surpris Dans un article de Merrheim sur ce projet de réorganisation administrative de la C. G. T., je trouve un acte d'accusation contre les représentants d'autrefois des Bourses du Travail au Comité confédéral.

Bien qu'il soit un peu long, je crois, pour la clarté du débat, qu'il est nécessaire que je vous le lise :

La constitution même du Comité créait une espèce de dualité entre les représentants des Fédérations responsables devant leurs organisations de l'exécution de ou des décisions, et les délégués des Unions ou Fédérations départementales n'ayant pas cette responsabilité.

En effet, par leur représentation directe, les Fédérations nationales de métiers ou d'industries étaient à même de saisir immédiatement toute l'importance des décisions sur lesquelles leurs délégués étaient ou avaient été appelés à se prononcer et d'en mesurer les conséquences, par rapport à leurs responsabilités.

Il n'en était pas de même des Bourses ou Fédérations départementales. Leurs délégués ne connaissaient que peu ou pas du tout la force de réalisation, d'action réelle de la Bourse ou de l'Union départementale qu'ils représentaient et avec qui ils ne correspondaient la plupart du temps que très imparfaitement.

N'ayant pas la préoccupation des responsabilités, ces délégués se prononçaient d'autant plus facilement et sans réserves pour un mouvement, qu'ils n'avaient pas à en assurer l'exécution ou à le conduire à son terme logique : à des résultats réels.

De là, il faut avoir le courage de le reconnaître, naquirent souvent des rivalités sourdes entre représentants directs de Fédérations et délégués des Bourses ou Unions ou Fédérations départementales. Les premiers estimaient à leur juste valeur les forces morales et matérielles qu'ils représentaient et leur capacité de résistance en cas de conflit. Les seconds n'en tenant aucun compte, quelles qu'en soient par la suite les répercussions et les conséquences pour les organisations. Il ne faut pas chercher d'autres causes aux nombreuses déceptions que l'action confédérale infligea à la classe ouvrière française. La C. G. T. obligea les syndiqués à une « gymnastique révolutionnaire », pour rappeler une expression qu'on employa et dont on abusa trop souvent — sans que le corps du « gymnaste » (du syndicalisme) fût capable de donner, par la coordination de ses organismes, l'effort nécessaire de réalisation.

C'est une étape de plus que la C. G. T. va franchir vers une unité administrative et d'action plus étroite que par le passé.

Eh bien ! je dis que c'est là un jugement injuste sur les délégués des Bourses du Travail au Comité confédéral.

Que l'on prenne l'action confédérale de ces vingt dernières années, on se rendra compte que les Bourses du Travail n'ont pas joué le rôle que leur attribue Merrheim. Les Bourses du Travail et leurs représentants au Comité confédéral ont toujours subi l'hégémonie des Fédérations nationales. Evoquons cette période : c'est la Fédération de l'Alimentation, les Coiffeurs, ce sont celles des Métaux, du Bâtiment, des Cuirs et Peaux, qui ont mené le mouvement confédéral. Et, au sein du Comité confédéral, c'étaient eux, toujours eux, qui étaient les interprètes, les défenseurs de cette « gymnastique révolutionnaire » qu'on reproche aujourd'hui aux délégués des Bourses.

On veut donc en venir à ce que dit Merrheim en concluant :

C'est une étape de plus que la C. G. T. va franchir vers une unité administrative et d'action plus étroite que par le passé.

Une étape, oui, c'est une étape pour arriver à la gestion de la C. G. T. par les Fédérations seules et, cela, c'est fausser l'organisme

confédéral ; c'est, d'une part, créer une centralisation confédérale
redoutable pour la C. G. T. elle-même ; c'est la prédomination des
Fédérations : c'est aussi l'organisme ouvrier, l'organisme central tout
entier dans la main des fonctionnaires syndicaux.

A cette tribune, Million a évoqué, dans son discours d'ouverture, la
figure de Pelloutier, le représentant de la Fédération des Bourses et
celui qui nous a donné, qui a donné au syndicalisme français ·son
expression théorique. Nul depuis lui n'a apporté d'idées nouvelles au
syndicalisme. Quand nous avons besoin de retrouver la ligne droite
du syndicalisme, c'est encore à Pelloutier, à la Fédération des
Bourses que nous sommes obligés d'aller demander des conseils.
Et ton projet, Lapierre, c'est le coup de poignard dans le dos de
la Fédération des Bourses ; toi qui avais été un des militants
,les plus actifs des Unions départementales, tu n'avais pas le
droit de faire cela. Oh ! je sais bien qu'on va dire : « Les Unions
départementales ont aujourd'hui, tous les quatre mois, une représentation directe qu'elles n'avaient pas autrefois. » En effet, les
anciennes Conférences de Bourses et de Fédérations se tenaient
à des intervalles plus espacés. Mais qu'a-t-on fait ? On a multiplié le
nombre de Conférences de Bourses et de Fédérations, un point c'est
tout. Et que peut-on faire dans ces Conférences ? On arrive. Il y a un
grand sujet qui tient la discussion de la journée ou des deux journées.
Il y a de nombreux discours ; mais, toute la vie administrative, mais
toute la vie intérieure de travail effectif de la C. G. T. ne passe pas
sous vos yeux, délégués d'Unions départementales qui venez au
Comité confédéral national. Tout ce travail, il est fait, il est enfermé
dans la Commission administrative, et là vous arrivez à des résultats
comme celui de la discussion de la Commission administrative à
propos du 21 juillet, où vous voyez un secrétaire fédéral qui peut
venir dire ceci, alors que cette lettre dit tout le contraire (*Applaudissements*), et que personne n'est à même, au sein de cette Commission administrative, de dire :« Il y a là un mensonge ! » (*Applaudissements.*)

Avec l'ancien Comité confédéral, qui pouvait avoir ses défauts, qui
pouvait avoir ses imperfections, ce mensonge n'aurait pas pesé d'un
poids aussi lourd sur une décision aussi grave que celle du recul du
21 juillet. (*Applaudissements.*)

Je veux maintenant aborder un autre point : solidarité avec le gouvernement dans ses responsabilités de guerre, solidarité encore avec
le gouvernement dans l'œuvre de réorganisation économique ; solidarité avec le patronat. Nous ne pouvons pas l'enlever de nos yeux,
pas plus que nous pouvons enlever de nos yeux Jouhaux acceptant
un mandat de délégué de Commissaire de la Nation ; nous ne pou-
vons·pas ne pas le voir au banquet de la Fédération des industriels
et commerçants. Y serais-tu allé, Jouhaux, avant la guerre?(*Applaudissements.*)

On a parlé beaucoup de la Conférence de Leeds et de la grande
charte ouvrière qui a été apportée de France ; qu'on se reporte à

certains numéros de *la Bataille syndicaliste* donnant ce rapport. Je me rappelle que, dans ma tranchée, j'ai ouvert ce journal et que j'ai vu que la C. G. T. emportait à Leeds le programme de l'Association de Protection légale des Travailleurs, fondée vers 1900 par Millerand.

Bourderon. — Il ne faut pas dire : *la Bataille syndicaliste,* il faut dire *la Bataille* tout court.

Monatte. — Merci, Bourderon !

Camarades, examinons maintenant la question des huit heures. Les huit heures ? Le gouvernement, pouvoir capitaliste, au lendemain de la grande tourmente qui ne pouvait pas se conclure sans un malaise, qui ne pouvait pas se conclure sans une sorte de désespoir de la classe ouvrière, a voulu, pour empêcher l'explosion de mécontentement, donner quelque chose à la classe ouvrière. Il lui a donné la journée de huit heures, et il l'a fait dans ce but seul de conjurer une crise révolutionnaire.

Là encore, je trouve une co-responsabilité dans l'acceptation de ce point de vue.

Evidemment, nous devons accepter la journée de huit heures et la conquérir, parce que celle qu'on nous donne n'est qu'une duperie : mais nous ne devons pas l'accepter dans l'esprit où un membre du Bureau confédéral l'a accepté.

Après la publication de ce texte, de cette déclaration d'un secrétaire adjoint confédéral, nous avons pu quand même entendre dire par d'autres membres du Bureau : « Le Bureau, sur tous les points, est solidaire. » Eh bien ! Dumoulin, si tu es solidaire de la déclaration de Laurent, que je vais lire ici, je dirai que quand je t'ai donné mon amitié autrefois, une amitié qui a duré vingt ans, nous étions frères tous deux. Eh bien ! à ce moment-là, je me suis trompé ! (*Applaudissements.*)

Devant un Comité national d'études sociales et politiques, dont le siège est 45, rue d'Ulm, à l'Ecole Normale Supérieure, deux secrétaires confédéraux, Jouhaux et Laurent, ont parlé. C'est Laurent qui a fait l'exposé du point de vue confédéral sur la journée de huit heures. J'ai le procès-verbal fait par le Comité national d'études.

Laurent. — Sont-ce mes paroles ?

Monatte. — Voici la conclusion de Laurent :

En terminant, M. Laurent constate que notre pays est à peu près le seul à n'avoir pas éprouvé de troubles sociaux graves depuis la signature de l'armistice, et il considère que l'établissement de la journée de huit heures permettra aux dirigeants de la classe ouvrière de se présenter devant leurs mandants avec des garanties de la bonne volonté des milieux gouvernementaux et patronaux ; on pourra escompter que l'évolution sociale se poursuivra d'une façon paisible.

Rivelli. — Et tu te sers de cela, toi Monatte ! Moi, cela me fait de la peine...

Monatte. — Une nouvelle preuve que la C. G. T. française s'est associée à une œuvre de paix sociale, à l'œuvre essentielle de paix sociale, à l'heure où la Révolution vient sur nous comme est venue la guerre, où le gouvernement a besoin de trouver dans nos rangs un appui, des points d'appui, pour sa défense, nous voyons le ministre Clémentel dire ceci :

A la notion stérile, d'ailleurs *made in Germany*, de la lutte des classes, nous devrons substituer la notion de la collaboration des classes dans l'intérêt commun.

Les patrons français sont prêts, j'en suis certain, à pratiquer cette *collaboration qui est d'ailleurs une tradition française.*

Du côté ouvrier, vous trouverez aussi, je puis vous en donner l'assurance, des dispositions nouvelles...

Ils n'abandonnent pas, vous ne leur demanderez pas d'abandonner leurs conceptions théoriques, leurs rêves d'un nouvel avenir social. Vous vous placerez avec eux sur le ferme terrain des réalités et vous enregistrerez comme nous ce fait qu'ils ont cessé d'être des adversaires du machinisme et du temporisme. Vous constaterez avec nous que leurs chefs se déclarent soucieux avant tout d'augmenter la production.

La réorganisation économique, déclarent-ils, doit avoir pour base le développement ininterrompu de l'outillage national, et pour but de stimuler les initiatives privées en enlevant toute excuse et toute tranquillité à la routine stérile et meurtrière.

Aux formules restrictives, ils ont substitué une formule nouvelle, la formule du travail fécond, à la fois intensif et rémunérateur de maximum de production dans le minimum de temps pour le maximum possible de salaire et avec le minimum possible de fatigue.

Quel industriel, à l'esprit ouvert aux nécessités de demain pour notre pays, ne souscrirait pas à ce programme ?

[Discours de M. Clémentel, ministre du Commerce, à la séance d'installation de M. Ribes-Christophe à la présidence de la Chambre de Commerce de Paris. — *Information ouvrière*, 8 décembre 1918.]

Eh bien ! nous n'y souscrivons pas, parce que nous savons que le patronat français est impuissant à donner quoi que ce soit à la classe ouvrière.

Un délégué. — Si, le désordre !

Monatte. — Le désordre, mais c'est le régime capitaliste qui l'a créé, et nous voulons le sauver ! Clémentel disait encore plus récemment :

Nous devons faire confiance au monde industriel. Le jeune patronat est orienté vers les solutions modernes. Confiance également au monde ouvrier. Ce qu'il envisage et veut réaliser aujourd'hui, c'est le vrai programme socialiste français, celui de Saint-Simon : extension, organisation de la production et hiérarchie de l'industrie.

C'est grâce à cet équilibre des forces, et à cette harmonie des efforts et des volontés que nous pourrions rétablir ce pays et lui donner une prospérité qui étonnera le monde, comme l'a étonné sa résistance sur les champs de bataille.

Oui, je sais ! La bourgeoisie, la fraction intelligente de la bourgeoisie, qui sent la fin venir, veut tout tenter pour se sauver. Ce n'est pas à nous à lui en donner le moyen parce qu'elle est condamnée, parce que nous la condamnons. Elle s'est condamnée elle-même, mais nous, nous avons à précipiter sa fin et non à lui donner le moyen de se sauver.

Conseil national économique, où seront représentés: organisation ouvrière, organisation patronale, gouvernement? Dernièrement, un rapport publié dans un journal quotidien nous montrait comment le travail de préparation, le plan d'organisation des organismes patronaux avaient été dressés, poursuivis, et nous avons retrouvé là une belle figure de la guerre parmi les artisans de tout ce plan du Conseil national économique, le plan initial, savez-vous de qui il vient? Du lieutenant Bruyant, l'homme de la sûreté militaire !

Conseil national économique ? Ah ! un camarade, à qui je faisais part non seulement de mes appréhensions, mais de ma condamnation de ce système, m'opposait ceci : « Mais tu ne vois donc pas que c'est ce que, en 48, les ouvriers parisiens ont essayé de faire ! » Parlement du Travail ! Ah non ! nous n'en voulons pas du Parlement du Travail de 48 !

Et maintenant, camarades, je vais conclure. Mais il y a deux points que je ne peux pas ne pas aborder ici. Nous sommes dans une période de malaise, c'est certain, dans une période de crise où le régime bourgeois est en déséquilibre. La Société ne peut plus tenir sur ces bases. Il n'y a pas d'État en Europe qui soit capable de dresser un budget ; c'est la faillite sûrement. C'est certainement là l'impuissance pour l'industrie française de se réorganiser avec les vieilles méthodes capitalistes. Elle ne le peut qu'avec nos méthodes ouvrières, par la prise de l'organisme de production par les syndicats. (*Applaudissements.*)

Nous sommes devant cette situation grave. Nous la regardons en face. Nous savons que le gouffre est là et nous savons que nous devons le sauter ; tandis que parmi certains de nos camarades — nous le sentions bien dans les défections qui se sont produites dans les rangs de la minorité, — dans les rangs des camarades comme nous convaincus que le monde va à la liquidation de la bourgeoisie, qu'il va à la Révolution, il y en a qui ont peur.

Évidemment, il y aura des moments douloureux, il y aura des choses pas belles ; mais au-dessus de tout cela, il y a le salut de notre classe et de la civilisation. Et dans les explications que je me donne à moi-même de l'absence de Merrheim dans nos rangs, je vois celle-ci au premier plan :

Merrheim ne veut pas faire le saut révolutionnaire. Merrheim, comme le cheval au bord de l'obstacle, s'arrête et recule... Le flot passera quand même et comme dans la guerre, Merrheim, tu seras, vous serez impuissants ! Tandis que nous suivrons le flot, nous

essaierons de faire la tâche qui incombe aux véritables militants.
(*Applaudissements.*)

On a dit, au Congrès des Métaux, des paroles qui sont entrées en
moi comme un bol de vitriol. Ah ! vous dites que le droit de critique
s'arrête où commence la calomnie ! Et vous dites, vous osez dire
vous qui nous connaissez, que ceux qui ont tenu, en dépit de tous les
dangers, au sacrifice de leur vie, l'attitude qu'ils ont tenu pendant
la guerre, qui mènent une vie de dévouement à leurs idées, de désintéressement, de pauvreté, qui ont plus que vous le refus de parvenir,
c'est ceux-là que vous appelez les « marchands du Temple ! »

Vous devriez avoir honte, Lenoir, de proférer de telles calomnies !
(*Applaudissements.*)

On s'est vanté, au même Congrès des Métaux, d'avoir chassé de
la Fédération des Métaux ces marchands du Temple, quand on y est
revenu. En effet, nous avions été jusqu'à ce moment-là, mes amis
et moi, les collaborateurs de Merrheim. Moi aux tranchées, évidemment, je ne pouvais pas le faire mais mes amis le faisaient. C'est
eux que je tiens à défendre; à laver ici ! Nous étions avec Merrheim
dans toutes les heures de danger. Ils étaient avec lui: Ils ont travaillé
avec lui. Ils ont pris tous leur part de danger. Et, quand les autres
secrétaires fédéraux des Métaux reviennent au bureau de leur Fédération, leur premier acte est de mettre à la porte ces marchands du
Temple. Ah ! les marchands du Temple, les Comités indésirables, le
Comité de la reprise des relations internationales, on les renie ! En
le reniant, c'est Zimmerwald que vous reniez, et c'est pourtant la plus
belle page de l'histoire de votre Fédération des Métaux.

Renan, dans la *Vie de Jésus*, s'expliquant la psychologie de Judas,
disait ces mots : Judas, dans l'équipe des apôtres, était le trésorier,
et il paraît que Jésus et les autres apôtres pouvaient quelquefois
faire des dépenses inconsidérées ; on raconte, quand Marie-Made-
leine lavait les pieds de Jésus avec de l'huile, Judas dit : « Mais cela
représente de l'argent ! » et Renan donne explication de la trahison
de Judas : « L'administrateur avait tué l'apôtre en lui ! »

Eh bien ! pour notre mouvement, où il faut que l'administrateur et
l'apôtre ne fassent qu'un seul corps, trop souvent l'administrateur
tue l'apôtre !

Et maintenant, pour conclure : Quel est, à notre sens, le grand
devoir de l'heure présente ? Ce grand devoir, il est unique : c'est le
salut, le développement, la réussite de la Révolution mondiale qui a
commencé, qui embrase aujourd'hui un grand pays et qui demain
doit embraser toute l'Europe. Mais pour cette tâche, la Confédération
Générale du Travail a-t-elle fait ce qu'elle devait faire ? Je ne veux
pas entrer dans le détail du 21 juillet, je veux dire seulement ceci :
que la C. G. T., par la voix de Dumoulin, a dit : « Notre plus grande
préoccupation est d'engager une forte campagne pour la réforme du
logement, de l'habitation, afin de lutter contre les taudis. »

Notre plus grande préoccupation à nous, à la classe ouvrière internationale, c'est la Révolution russe. On vous a distribué l'appel que

la C. G. T. russe a lancé assez récemment aux organisations ouvrières
de l'Entente. Je vous demande d'y apporter une réponse ; que ce soit
la conclusion pratique de ce Congrès et que vous disiez avec Smillie,
le président de la Fédération des mineurs anglais, qu'il n'y a à l'heure
actuelle, dans le monde, en Angleterre comme en France, qu'une
seule grande question ouvrière qui domine toutes les autres : la
Révolution russe ! (*Applaudissements.*)

Le Président. — La parole est au camarade Marty-Rollan.

Marty-Rollan. — Camarades, il est midi moins le quart ; je demande au Congrès de bien vouloir lever la séance et de reporter mon
intervention au début de la séance de cet après-midi.

Il en est ainsi décidé, malgré une protestation de Bourderon.

La séance est levée à midi.

Séance de l'après-midi

Même bureau.

Le Président. — Camarades, nous avons à souhaiter la bienvenue
aux camarades Williams et Onions, des Trade-Unions anglaises, qui
viennent d'arriver.

Discours de Marty-Rollan

Marty-Rollan. — Je veux tout d'abord répondre à une sorte de
reproche que m'a adressé notre camarade Bourderon lorsque, ce
matin, j'ai demandé au Congrès de vouloir bien suspendre la séance
et de reporter mon intervention au début de cet après-midi.

Bourderon a pu trouver que c'était quelque peu prétentieux de ma
part, que le Congrès n'était pas à la disposition des orateurs. Si j'ai
eu cette prétention, c'est parce que, camarades, après le discours du
camarade Monatte, le Congrès s'est livré à une manifestation : le
chant de l'*Internationale* s'est fait entendre dans cette salle et, moi,
ancien militant dans le syndicalisme, comme un vieux cheval de
bataille, je me suis cabré et je me suis reporté aux jours anciens où
nous allions tous à la bataille, et peut-être pour y périr ! J'ai voulu
laisser le Congrès sous cette impression, parce que je la ressentais
trop violemment moi-même.

Il faut que vous sachiez que j'aborde cette tribune avec la pensée de refléter la pensée de mes camarades délégués de Toulouse présents dans cette salle, et aussi toute la pensée de mon Union départementale dans laquelle agissent toutes les tendances, mais dans laquelle aussi aucune tendance ne se manifeste à l'état aigu.

Dans mon Union départementale, nous considérons surtout la lutte de classes comme l'arme naturelle des travailleurs.

Camarades, à Lyon, il y a des années, Jaurès prenait la parole au cirque Raincy. Au cours de son discours, des rangs de la foule une voix s'écria : « Parlez-nous de Niel ! » C'était à l'époque où Niel était secrétaire confédéral, et vous savez au sein de quelles divisions, de quelle lutte ! Jaurès répliqua : « Je n'ai rien à vous dire de Niel. Niel est secrétaire de la Confédération Générale du Travail et la C. G. T. est au-dessus de Niel, comme elle est au-dessus de toutes les personnalités ! »

Je disais, dans ma dernière tournée de propagande dans la Loire : Ce n'est pas Jouhaux, ni Merrheim, ni aucun de ceux du Bureau confédéral, ni aucun militant plus ou moins en vue qui représentent la C. G. T. La Confédération Générale du Travail, c'est vous, travailleurs, c'est la masse ouvrière, et il ne faudrait pas, dans la Confédération Générale du Travail, que des militants, si qualifiés soient-ils, viennent devant ces grandes assises, devant les représentants du prolétariat, avec une motion quelconque sortie des conceptions de leur esprit, en disant : « Voilà ce que je vous présente et ce que je défends. Si vous m'accordez votre confiance, je resterai, sinon je céderai la place à d'autres ! »

Je dis que du Congrès de Lyon doivent sortir les directives du mouvement ouvrier et social et que ceux qui ont la charge redoutable de la direction de la C. G. T., qui en ont toute la responsabilité, doivent se conformer étroitement aux directives que leur donnera le Congrès.

Il s'agit, camarades, de déterminer des directives.

J'ai été au front, comme beaucoup d'entre vous. Comme la plupart, quand j'étais là-bas, toute ma pensée était tendue vers la C. G. T., vers les militants. J'aimais cette C. G. T. et, quand au cours de mes permissions, je reprenais contact avec mon Union départementale, j'essayais toujours de discerner l'action, dans la pensée des camarades restés — et ils étaient peu nombreux — de la C. G. T. d'avant-guerre.

Quand je suis revenu définitivement et que j'ai commencé à prendre part aux travaux du Comité confédéral, j'ai essayé encore une fois de retrouver la C. G. T. d'avant-guerre. J'ai dû comprendre, j'ai compris qu'il y a dans la vie des situations auxquelles il faut faire face, des difficultés parfois insurmontables ; j'observais, je réfléchissais, je n'apportais aucun jugement. Il fallait réorganiser, il fallait reprendre l'organisation de la classe ouvrière.

A Toulouse, depuis ma démobilisation définitive, depuis le 21 janvier dernier, j'ai dû faire face à un travail considérable d'organisation. La classe ouvrière s'organise corporativement. Il y a eu, à Tou-

louse comme dans toutes les régions de France, un assaut vers la
C. G. T. Certes, tous ces courants qui venaient des différents points
n'y venaient pas avec la conscience du programme de la C. G. T. :
suppression du patronat et du salariat. Ils y venaient pour des fins
matérielles et, ici, secrétaires d'Unions départementales, nous sommes
à la fois des fonctionnaires et des militants ; étant à la fois des fonctionnaires et des militants, il faut que nous restions en même temps
des apôtres. Notre tâche, à nous, est très difficile. Chacun a le droit,
le devoir de parler avec son tempérament et, à Toulouse, nous luttons
pour un idéal et non pour des personnalités. C'est parce que nous
luttons pour un idéal que nous avons surtout ce défaut d'être des sen-
timentaux. J'ai aimé, et je voudrais encore les aimer, tous ceux qui
représentaient la C. G. T. Je les voudrais dans la C. G. T. d'avant-
guerre. Je vois la C. G. T. et je la verrai toujours, quoi qu'on fasse,
la C. G. T. antimilitariste, antipatriote, antiparlementaire.

Peut-être, camarades, croyez-vous que j'essaie de concilier les tendances ? Pas plus que je n'avais la prétention, ce matin, sous le coup
de l'Internationale, de placer le Congrès à ma disposition, pas plus
je n'ai la prétention de vous apporter ici quelque motion transactionnelle.

Je voudrais que nous revenions aux fins du syndicalisme. Nous
voulons la transformation sociale et économique. Nous voulons produire pour nous-mêmes. Si l'on ne produit pas, si l'on est fatigué, —
parce qu'il y a une fatigue dans le pays parmi la classe ouvrière et
sans même qu'elle s'en rende compte, — c'est, camarades, que nous
sommes las, les uns les autres, de faire des richesses aux autres, de
produire pour les autres. Et entre militants, nous disons : « Les travailleurs, les ouvriers ne sont pas conscients, ne produisent pas et
qui sait si nous les aurons à notre disposition pour une production,
lorsque nous serons prêts à prendre en mains tous les moyens de
production et d'échange ? »

Mais la Révolution — ici nous sommes tous révolutionnaires —
la Révolution n'est qu'un mot. La Révolution est un acte de foi, mais
je ne veux pas rester à l'acte de foi révolutionnaire. Je ne veux pas
simplement me dire : « Je suis révolutionnaire ! » Je veux essayer
de faire descendre la Révolution dans la réalité. Nous avons une
masse syndiquée qui n'est pas syndicaliste. Nous avons une masse
ouvrière qui ne se syndique pas et qui ne s'organisera jamais. Il faut
tenir compte de ces deux aspects de la masse ouvrière, de la masse
prolétarienne syndiquée. Nous devons devenir syndicalistes et engager
nos camarades, par une propagande active, à être de plus en plus
syndicalistes, c'est-à-dire à être de plus en plus révolutionnaires, et
déclencher des mouvements favorables aux fins d'émancipation
humaine.

Masse inorganisée qui a des aspirations, mais qui ne formule pas
de revendications ; masse inorganisée qui n'a pas de volonté mais
qui a un désir de bien-être. C'est à nous, militants syndicalistes, de
faire que ces aspirations se soudent, s'agglomèrent à nos volontés.

C'est à nous de faire que ces aspirations, que ces réclamations se joignent, s'incorporent à nos revendications, et, comme la masse ne réfléchit pas, comme elle ne s'instruit pas, vous grossirez vos revendications de toutes ses aspirations légitimes de bien-être si vous êtes puissants, forts dans vos revendications, et si même vous allez jusqu'à l'extrême pour arracher, à ceux qui détiennent injustement les pouvoirs, les moyens de production et d'échange.

A côté de cette masse qu'il faut instruire, de cette propagande qu'il nous faut faire, nous avons nos camarades soldats à saisir aussi. Nous avons à leur parler, nous avons à reprendre la propagande d'avant-guerre, la propagande révolutionnaire ! Nous avons aussi la masse terrienne, nos camarades paysans. La C. G. T. n'a jamais pu s'occuper de la masse paysanne, et il faut — je dirai même que c'est une question de vie ou de mort, — il faut que la masse paysanne soit avec nous. Pour qu'elle soit avec nous, expliquons-nous avec elle, n'agrandissons pas le fossé que les gouvernants ont creusé entre elle et nous. Et, par exemple, quand on nous demande, dans nos départements, de faire partie, pour essayer d'apporter des remèdes à la vie chère, de ces sortes de commissions paritaires, de ces sortes de commissions de fixation des prix normaux, c'est pour nous faire endosser toutes les responsabilités, c'est pour faire dresser la classe ouvrière et ses militants contre les premiers producteurs. Je fais partie, camarades, de cette commission de fixation des prix normaux, dans le département de la Haute-Garonne ; je n'en suis pas encore sorti, mais nous leur avons dit notre façon de penser et nous les avons prévenus que nous en sortirions.

Si la C. G. T. s'engage dans une réorganisation économique, je dis tout de suite qu'il ne faut pas risquer de consolider la société bourgeoise et capitaliste. Je ne suis pas pour une réorganisation économique qui risquerait de consolider la société capitaliste. Je reste fidèle pour la lutte de classes.

Nous sommes en période révolutionnaire. Est-ce que la guerre était révolutionnaire ? M. Viviani l'a déclaré à la tribune du Parlement hier. J'écrivais à mes camarades et je leur disais toujours dans mes lettres : « Cette guerre est révolutionnaire ; cette guerre, en jetant les peuples les uns contre les autres, est la Révolution ! »

La Révolution ne se fait pas avec des combinaisons, elle ne se fait pas avec des hommes qui se cherchent les uns et les autres, et surtout avec des hommes qui confrontent leurs pensées avec celles de ceux qui ne pe peuvent pas être révolutionnaires. La Révolution, elle doit se faire avec des hommes désintéressés ; elle ne se fait pas avec des combinaisons, elle se fait avec des vertus !

Je vous assure que je vis actuellement dans une angoisse que je n'ai jamais connue. Je crois ne pas me tromper en disant que nous sommes en pleine Révolution, parce que je n'ai jamais confondu la Révolution avec les émeutes dans la rue.

Je sais que nous sommes en pleine Révolution et c'est pour cela que je voudrais donner ma confiance à des hommes qui ont tenu le langage révolutionnaire et qui ont, en quelque sorte, ma pensée révolutionnaire. Je cherche la vérité. Je parle avec les uns et les autres, même devant l'ensemble de tous et, puisque tendances il y a, devant toutes les tendances. Je demande au Congrès : Rendez-vous compte si, dans la C. G. T., puisqu'elle doit constituer les cadres de la Révolution, il y a des hommes qui peuvent nous donner satisfaction pour les fins révolutionnaires pour lesquelles nous avons toujours lutté ; que ces hommes se déterminent, que ces hommes se trouvent, c'est cela au fond que nous voulons tous.

On demande des explications. Ce que je réclame surtout à l'ensemble du Congrès, c'est un programme de réalisation, et aux individualités, aux personnalités, d'avoir la foi (Applaudissements), parce que les Révolutions passées m'ont prouvé, par l'étude que j'en ai faite que lorsqu'on est révolutionnaire, lorsqu'on lutte, qu'on est dans la mêlée, dans la bataille, et qu'il faut mourir, il faut avoir la foi, autrement on ne meurt pas, on ne fait pas la Révolution ! (Applaudissements.)

Je réclame des hommes de foi et de bonne volonté ; je réclame, par conséquent, des hommes révolutionnaires, et je demande au Congrès de trouver le moyen matériel, la formule, je ne parle pas de motion d'unanimité, je ne veux pas rester dans l'équivoque et, malgré que je jouisse de sympathies dans tous les milieux, malgré que j'aille vers les uns et les autres, je dis, de même que Jaurès le disait : « La C. G. T. est au-dessus des personnalités ! » Moi qui, pendant quatre années de guerre, suis sorti d'une C. G. T. antimilitariste, antiparlementaire, antipatriote, je veux rentrer dans une C. G. T. révolutionnaire, antiparlementaire, antimilitariste, antipatriote, et c'est cette C. G. T. que je vous réclame ! (Applaudissements.)

Ce matin, très inquiet, j'ai soumis ma pensée à mes camarades. J'ai réuni mes camarades délégués de Toulouse ; nous avons causé et je leur ai dit : « Si j'aborde la tribune, je veux être complètement d'accord avec vous. Ici, vous avez notre camarade Vallé, lui, qui est corporatiste au possible ; vous avez notre camarade Vedelle, lui, il est syndicaliste, il cherche la vérité comme moi, mais comme elle n'est nulle part, et comme chacun de nous en tient une parcelle, eh bien ! confondons nos parcelles de vérité pour faire la vérité vers laquelle nous irons tous ! »

Oh ! le syndicalisme, ce n'est pas une science exacte ; cela se modèle, cela suit le mouvement des êtres et des choses ; le syndicalisme doit correspondre aux aspirations des masses, à leurs aspirations de bien-être et de liberté et, comme nous avons à lutter, à agir, à réagir sur ces masses qui retombent sur nous de tout leur poids, c'est le secrétaire de l'Union qui prend la parole sur tout. Eh bien ! il faut que vous nous donniez, à nous secrétaires d'Unions, toutes les garanties pour que nous puissions faire de la propagande syndicaliste dans la C. G. T.

Rappelez-vous les affiches placardées sur les murs de Lyon. Il y a la main du prolétaire qui est reliée d'un côté aux Fédérations et de

l'autre côté aux Fédérations pour aboutir aux syndicats. Le syndicalisme part du corporatisme, mais précisément parce que le syndicalisme n'est pas une science exacte, qu'il suit le mouvement naturel
des êtres et des choses, le syndicalisme ne doit pas rester dans le
corporatisme.

Le corporatisme, par quoi justement a-t-il été représenté dans l'organisation de la C. G. T., dans ce que j'appellerai son organisation
administrative ? Il a été représenté par les Fédérations. Les Fédérations sont corporatives, parce que le rôle, l'action des Fédérations
se limitent à des conditions étroites de métiers ou d'industrie, et rien
qu'à la masse des syndiqués. Mais les Unions départementales, qui
ont à faire la propagande syndicale — je dis syndicale en opposition
avec syndicaliste — pour constituer les camarades en syndicats alors
que les Fédérations sont corporatives, les Unions départementales
sont syndicalistes. Et dans l'action générale de la C. G. T., qu'est-ce
qui doit représenter en réalité l'action générale ? Ce ne sont pas les
Fédérations, ce sont les Unions départementales, parce que chaque
secrétaire d'Union départementale est placé, dans son département,
dans la même situation exactement que le secrétaire général de la
C. G. T. dans tout le pays. L'action générale de la C. G. T. correspond
aux Unions départementales.

Vous voulez que nous fassions du syndicalisme ? Eh bien ! camarades congressistes, commencez d'abord par déclarer que dans le
Comité national confédéral qui est constitué par les délégués des
Fédérations et par les délégués des Unions départementales, les Fédérations auront seulement voix consultative et que toute la responsabilité de la propagande syndicaliste sera seulement assumée par les
Unions départementales.

Nous avons besoin, pour nous entendre, d'une organisation et d'un
programme, parce que nous voulons surtout l'unité de vue et l'unité
d'action.

Il nous faut faire l'éducation de la masse, en commençant par les
enfants. Le Congrès, d'ailleurs, a inscrit à son ordre du jour la réforme
de l'enseignement.

Il nous faut également toucher les soldats, nos camarades, nos
frères sous les drapeaux.

Il nous faut aussi rechercher les compétences, les provoquer même,
les faire s'il le faut.

Et enfin, il nous faut également faire de la propagande terrienne.

D'un côté comme de l'autre, si nous sommes des hommes d'action,
si nous restons dans la voie du syndicalisme révolutionnaire, si nous
finissons par nous mettre d'accord sur une organisation administrative qui permettra, en mettant chacun à sa place, de développer
suivant notre tempérament à tous la propagande syndicaliste, peut-
être arriverons-nous à faire la besogne utile qu'attendent de nous
ceux qui nous ont mandatés.

Pour finir et pour répondre à la pensée des camarades qui m'ont
envoyé au Congrès de Lyon, je déclare qu'en fait de C. G. T., je pré-

fère une C. G. T. militante qu'une C. G. T. triomphante, parce que dans une C. G. T triomphante, triompheraient trop avec nous des hommes qui ne pourraient pas être avec nous et qui ne pourraient pas rester avec nous Je préfère une C. G. T. militante, parce que dans son militantisme, elle arrivera à la suppression du patronat et du salariat, par la prise des moyens d'échange, de production ; par une propagande intensive, nous arriverons à ce que nous désirons : l'émancipation humaine et non pas seulement l'émancipation du prolétariat (*Applaudissements.*)

Discours de Loriot

Loriot. — Camarades, je tiens d'abord à donner quelques explications sur un incident qui a été soulevé par un camarade, lors de l'intervention à cette tribune du secrétaire de la Fédération des Instituteurs.

Ce camarade, l'interrompant, lui demandait si au cas où la grève aurait été décidée le 21 juillet, les instituteurs auraient marché ? Je vais vous répondre.

J'imagine, camarades, que dans votre esprit vous établissez la distinction nécessaire entre les instituteurs syndiqués et la masse des instituteurs. C'est donc bien aux instituteurs syndiqués que vous vous êtes adressés.

Or, voici la lettre que le secrétaire de la Confédération Générale du Travail envoyait au secrétaire fédéral de l'époque :

En réponse à votre lettre, je vous informe qu'après conversation avec nos camarades du Bureau, nous avons conclu qu'il n'était pas possible de demander aux instituteurs confédérés de faire grève le 21 juillet ; que ces grèves atteindraient les ménages ouvriers et qu'elles porteraient bien plus sur la classe ouvrière que sur le gouvernement. Dans ces conditions, nous considérons qu'il convient que les syndicats d'instituteurs formulent des ordres du jour identiques à l'esprit et à la manifestation de la classe ouvrière.   *Signé :* Jouhaux.

Jouhaux. — Et je revendique la responsabilité de cette lettre.

Loriot. — A la suite de la réception de cette lettre et quand nos syndicats en eurent connaissance, elle provoqua une vive effervescence parmi nous, et le syndicat des Bouches-du-Rhône prit à l'unanimité l'ordre du jour suivant :

Le Syndicat,

Après avoir pris connaissance des ordres du secrétaire confédéral ;

Regrette la décision prise par la C. G. T. indiquant aux instituteurs de ne point chômer le 21 sous prétexte de ne pas laisser les enfants à la rue;

Se conforme à cette décision, mais rappelle au Bureau confédéral que les syndicats d'instituteurs entendent adhérer à la C. G. T. sans restrictions, dans la plénitude des droits et obligations dont jouissent les syndicats ouvriers. (*Applaudissements.*)

Et pour bien vous montrer qu'il ne sagit pas là d'une manifestation isolée, je dois vous dire que la question a été posée à notre Congrès fédéral de Tours ; à l'unanimité, le Congrès a adopté une résolution aux termes de laquelle les instituteurs s'engageaient, en toute circonstance, à participer effectivement à toutes les démonstrations ouvrières. (*Applaudissements.*) Ce mot « effectivement » n'a pas été mis au hasard. On a discuté sur ce mot et il a été choisi à dessein pour bien montrer notre volonté, en toute circonstance, de rester d'accord avec nos camarades ouvriers. Et lorsque je vois qu'on met en cause l'attitude des instituteurs, il faut avoir oublié toute l'attitude de cette Fédération au cours de la guerre, avoir oublié toutes les brimades, toute la répression qui s'est exercée sur elle qui s'est placée, j'ose le dire, sur le terrain du combat révolutionnaire depuis le commencement des hostilités jusqu'à aujourd'hui, terrain sur lequel elle entend toujours rester ; il faut avoir oublié aussi, pour nous adresser la critique que faisait le camarade de ce matin, que les instituteurs, lorsqu'ils sont frappés, n'ont pas la possibilité d'exercer leur profession ailleurs. Or, un camarade ouvrier chassé d'une usine est, je le sais, marqué à l'encre rouge, mais à la faveur de certaines circonstances, il peut espérer gagner son pain le lendemain. A l'instituteur, l'exercice de sa profession continue à lui être interdit ; il n'a pas la possibilité de vivre le lendemain. Et il faut considérer que le mouvement syndicaliste n'a pu encore créer ces écoles syndicalistes dans les Bourses du Travail, qui pourraient permettre à ceux qui seraient victimes des répressions gouvernementales, de trouver du pain le lendemain....

Je n'insiste pas sur cet incident et j'en aurai fini lorsque j'aurai dit qu'à l'heure actuelle, précisément, à la suite de l'attitude prise par quelques-uns de nos camarades, à l'occasion du 21 juillet, des poursuites sont encore faites actuellement par l'administration ; c'est le cas de nos camarades du Finistère, c'est le cas de notre camarade Audoye, des Bouches-du-Rhône ; l'administration leur demande la raison de l'attitude qu'ils ont prise le 21 juillet.

Camarades, j'en arrive au fond de mon exposé.

Les circonstances m'ont amené, à un moment de la guerre, à vivre la vie du Comité confédéral. Je n'insisterai pas sur cette période. On a apporté à cette tribune, d'une façon magistrale, les critiques auxquelles ceux qui ont été mis en cause auront à répondre. Il ne m'est pas resté gran'chose, je l'avoue, de mon passage au Comité confédéral. Il ne m'est guère resté que l'impression lourde de la diplomatie secrète qui semblait peser continuellement sur les délibérations de cette assemblée, cette impression de malaise qui faisait que l'atmosphère n'était pas très respirable et ne pouvait l'être que parce que nous nous sentions en communauté d'idées, d'aspirations avec les camarades dans lesquels nous ne pouvions mettre toute confiance : mais je déclare que je n'aurais pas eu le cœur de rester seul au Comité confédéral, tellement je sentais l'inutilité de la besogne, et cela dès le début. Je sentais quelque chose de lourd, de pesant sur la pensée !

L'action du Comité confédéral pouvait être connue à l'extérieur et avoir une répercussion ; mais les procès-verbaux, on les lisait à la séance d'après, puis ils tombaient dans l'oubli le plus profond ; notre camarade Monatte vous indiquait, ce matin, à quelles difficultés nous nous heurtons lorsqu'il faut critiquer la vie confédérale, dans l'ignorance où nous sommes de toute la complexité des événements qui ont amené le Comité confédéral à prendre les décisions qu'il a prises.

Je le répète, je n'insisterai pas. Je veux cependant rappeler à Merrheim quels espoirs nous avons poursuivis ensemble, et lorsqu'on nous accuse ici de prononcer des mots bien gros, sans apporter de preuves suffisantes, je lui dis : Vous rappelez-vous, Merrheim, lorsque nous allions à ces séances du Comité confédéral ?... Vous souvenez-vous de nos conversations dans votre bureau du deuxième étage, de l'angoisse avec laquelle nous suivions les événements, de la sévérité avec laquelle nous jugions alors, en parfaite harmonie, ceux qui étaient à la tête du Comité confédéral, et avec quelle sévérité vous en parliez constamment vous-même ? Nous disions : Heureusement, nous sommes unis ; nous avons notre Comité, dont vous êtes le fondateur. Nous étions là comme des frères, et vous savez, Merrheim, mieux que personne, lorsqu'on vient suspecter nos intentions, quel était notre dévouement, notre sincérité, notre désintéressement. Vous savez que nous n'avions aucune idée derrière la tête autre que celle de l'intérêt général du prolétariat. Et je viens vous le dire, Merrheim : « Qu'avez-vous fait alors de ce Comité ? » Ah ! un homme a toujours le droit de modifier ses opinions, mais il ne peut le faire qu'en employant certains moyens. Si j'avais été à la tête du Comité pour la reprise des relations internationales, qui groupait à cette époque les éléments révolutionnaires d'opposition, que je me sois aperçu à un certain moment que la politique suivie par ce Comité était une politique d'erreur, je l'aurais dit ouvertement à mes camarades avant d'aller dans le camp de l'adversaire. J'aurais dit à mes amis : « Il me semble que la politique que nous suivons est mauvaise ! Il me semble que nous nous sommes orientés dans une voie qui nous mène à notre perte, nous et les idées que nous défendons. » Nous aurions alors discuté en toute loyauté et en toute bonne foi l'attitude à prendre. Cela, je vous le demande, Merrheim, l'avez-vous fait ?

MERRHEIM. — Oui !

PÉRICAT. — Non, ce n'est pas vrai !

MERRHEIM. — Je répondrai !

LORIOT. — Camarades, vous sentez bien que les critiques que j'adresse à Merrheim, avec lequel, pendant plusieurs années, j'ai été en si étroite communion d'idées, ne sont pas des attaques personnelles. Vous sentez bien qu'il y a là, de ma part, opposition d'idées à idées, de conscience à conscience et — ce sera tout le fond de mon intervention — à aucun moment je ne ferai de question de personne ;

c'est bien notre politique que j'entends opposer ici à la politique officielle du Comité confédéral.

Camarades, nous ne vous reprochons pas de n'avoir pas fait la Révolution. Nous ne sommes plus des enfants ! Nous savons bien, en effet, et Bourderon n'avait pas besoin de nous le rappeler, qu'on ne fait pas la Révolution avec une poignée d'individus ; j'ai toujours dit, dans mes différentes interventions, que ce n'est pas la C. G. T. qui pouvait seule faire la Révolution. Mais, ce que nous vous reprochons, c'est de ne pas avoir fait d'action révolutionnaire ; il y a une nuance: on peut faire de l'action révolutionnaire sans faire la Révolution lorsqu'elle n'est pas possible, mais on achemine les masses vers la Révolution nécessaire. Pour faire l'action révolutionnaire, donnez donc aujourd'hui votre adhésion à la troisième Internationale, et vous verrez ! (*Applaudissements.*)

Ce n'est pas la Révolution, cela ! Ce n'est pas la descente dans la rue, c'est de l'action révolutionnaire. Cette action-là, si vous osez la faire, ne rencontrera pas, dans la presse bourgeoise, demain, la même sympathie qu'a rencontrée certaine action du Comité confédéral précisément parce qu'elle n'était pas révolutionnaire. Camarades, remarquez que cette déviation de notre idéal révolutionnaire n'est pas quelque chose de nouveau. Je n'en suis pas à m'en étonner : dès l'origine du mouvement ouvrier, ces déviations sont apparues. Le capitalisme était fort, il était puissant, et, naturellement, ceux qui se trouvaient à la tête de l'organisation ouvrière, en face de ce capitalisme qu'ils sentaient en pleine prospérité et invincible, étaient amenés doucement à cette collaboration ; peu à peu, nous avons pu perdre de vue la vérité révolutionnaire du début ; nous avons vu peu à peu, dans les masses prolétariennes, cette déviation se produire et la Révolution apparaître comme un stade dépassé de l'évolution ouvrière, alors que, plus que jamais, l'histoire nous apprend qu'à aucun moment nous n'éviterons ces mouvements violents qui constituent le commencement de la Révolution et qui en sont la condition *sine qua non.*

Vous tentez de justifier votre action par les résultats que vous obtenez quotidiennement ; vous nous représentez comme des illuminés qui n'ont dans la bouche que le mot «Révolution » derrière lequel, selon vous, il n'y aurait rien. Vous nous accusez de mépriser ces résultats quotidiens. Je dis : Non ! c'est une erreur ! Nous sommes partisans de l'action quotidienne de la classe ouvrière. Cela, c'est le syndicalisme. Je dirai presque que cette action quotidienne est véritablement la seule action qui soit spécifiquement syndicale, parce que, dès que vous sortez de l'action quotidienne, dès que vous entamez une action plus grande, elle devient une action révolutionnaire et qui englobe, non seulement la masse syndicaliste, mais encore la masse organisée politiquement et aussi les masses extérieures aux groupements. C'est cette solution qui constitue le véritable syndicalisme. Mais tout dépend de la forme dans laquelle nous menons cette action quotidienne.

Nous disons que cette action peut revêtir deux formes : la collaboration, qui est la vôtre, et la lutte de classes.

Bourderon disait, ce matin : « L'ouvrier qui parle à son patron fait de la collaboration de classes, et son cas est analogue à celui de la C. G. T. parlant au gouvernement. » Je dis : non ! il y a une nuance : l'individu qui parle à son patron est seul, il est victime de toute cette servitude capitaliste contre laquelle il est obligé de lutter ; mais lorsque la classe ouvrière crée des organismes de combat, des organismes de lutte de classes, c'est précisément pour suppléer à l'insuffisance individuelle et c'est pour ne pas plier comme l'individu est obligé de le faire aux servitudes capitalistes ; c'est au contraire pour lutter continuellement contre ces servitudes et les abolir. »

On disait : « Mais les militants, ceux qui ont la responsabilité de la direction de la C. G. T., sont bien obligés de considérer que les masses syndicales ne viennent au syndicalisme que pour des questions de ventre. » C'est vrai, nous le constatons avec vous. Mais ce qui nous-différencie de vous, c'est qu'alors il faut donner à la partie éclairée de la classe ouvrière, la certitude matérielle et morale que vous, dirigeants du mouvement ouvrier, vous ne profitez pas de cette ignorance pour couvrir votre politique.

Voilà la certitude qu'il faut donner.

Vous ne nous l'avez pas donnée. Nous savons que cette ignorance existe dans la masse. Mais le devoir des dirigeants ouvriers, c'est de la combattre en toute circonstance, ce n'est pas de spéculer dessus ; ce n'est pas de s'appuyer sur cette ignorance, c'est au contraire de chercher à la détruire par tous les moyens, et cela, ce n'est pas de la collaboration de classes.

On a dit, ce matin, lorsque vous, instituteurs, vous disiez que vous envoyiez des délégués dans les Comités départementaux : « Ne faites-vous pas de la collaboration de classes ? » Je dis : Non ! La collaboration de classes ne consiste pas à prendre contact avec nos adversaires ; cela dépend de ce que nous allons faire avec eux.

Lorsque la C. G. T. va devant le gouvernement lui dire : « La classe ouvrière révolutionnaire vous informe qu'elle est décidée à faire telle ou telle chose. » ; lorsque des délégués ouvriers vont avec une mission de lutte de classes devant leurs adversaires, ils n'y vont pas pour faire de la collaboration de classes. L'instituteur qui est délégué par nos syndicats pour aller dans un Conseil départemental et qui dit : « Je m'oppose, au nom de ces mandants, à ce que vous preniez telle mesure », peut être battu — il l'est généralement, — mais il n'a pas fait de collaboration de classes. (Applaudissements.)

Camarades, il y a donc deux façons d'interpréter son rôle, deux façons, pour les dirigeants ouvriers, d'interpréter l'action quotidienne: collaboration et lutte de classes. Mais je vais plus loin. Cette action quotidienne de lutte de classes n'est pas suffisante pour libérer le prolétariat. Elle doit aboutir à quelque chose. L'expression politique de la classe ouvrière aurait beau, à la faveur d'élections, envoyer trois ou quatre cents députés socialistes à la Chambre, les syndicats ouvriers

pourraient grouper dans leur sein des millions et des millions de travailleurs, la lutte journalière, du fait même qu'elle ne se déroule pas
dans une situation révolutionnaire, peut durer indéfiniment sans
atteindre le but pour lequel nous luttons, à savoir la victoire définitive
et totale du prolétariat.

On peut, comme je le disais tout à l'heure, envoyer des délégués à
la Chambre, le jour où vous direz à ces quatre cents socialistes que la
Révolution nécessite la dissolution de cette Chambre dont ils font
partie, ils vous répondront, eux aussi, que l'heure n'est pas venue.

Le jour où dans les syndicats les millions d'ouvriers confédérés
exprimeront leur volonté de faire la Révolution, en disant que l'heure
est arrivée de la faire, nous verrons le même phénomène se produire
et nous verrons les fonctionnaires ouvriers répondre à la masse :
« L'heure n'est pas venue ! »

Camarades, la Révolution est absolument nécessaire pour triompher
de ces résistances, et il est heureux qu'elle ne dépendent pas de la
volonté de trois ou quatre cents députés socialistes à la Chambre, pas
plus que de la volonté des dirigeants de la Confédération Générale du
Travail. Cette Révolution, vous n'en écartez pas l'hypothèse. Vous
admettez qu'elle existe. Mais comment en parlez-vous ? Ah ! je veux
faire état ici d'un document que vous avez jugé, à la suite du Comité
national, tellement intéressant que vous en avez voté l'impression ; je
parle du discours de Jouhaux, qui reflète naturellement la pensée de
la majorité de la C. G. T. Que dit Jouhaux de la Révolution ?

Est-ce l'acte catastrophique qui détermine l'écroulement d'un système?
Ou est-ce, au contraire, le long processus d'évolution qui peu à peu
pénètre ce système, qui a sapé l'action de ce régime et qui dans son sein
même a constitué l'organisme nouveau ?

Il n'y a rien de révolutionnaire dans ces phrases. C'est la négation
même de la Révolution.

Evidemment, la Révolution n'est pas seulement cet acte catastrophique. On sait bien qu'une Révolution n'est pas achevée lorsque se
déclenchent les premiers mouvements révolutionnaires qui ont comme
conséquence d'abolir brutalement le régime existant. On sait bien que
la Révolution doit aboutir à la reconstruction de l'édifice nouveau.
Mais où est votre utopie c'est lorsque vous essayez de faire vivre dans
le sein même de l'organisation présente l'organisation qui doit lui
succéder. Cela, c'est une utopie contre-révolutionnaire ! Un régime,
pour succéder à un autre, n'attend pas d'avoir acquis au sein de l'ancienne organisation son maximum de développement. Ceci est sans
exemple dans l'histoire et il en est des systèmes sociaux comme de la
génération dans la nature. Certes, à leur origine, ils commencent à
trouver les conditions de leur développement ; certes, pour l'instant, le
communisme a déjà dans la société capitaliste ses racines et il y
trouve la substance de son développement. Puis il arrive un moment
où le germe trouve dans l'impossibilité de se développer un frein
insupportable, et alors il brise ce frein avant d'avoir acquis son maxi-

mum de développement. L'heure d'une Révolution ne dépend pas de la classe ouvrière ; elle ne dépend même pas du degré de développement de l'organisation qui doit lui succéder ; l'heure de la Révolution dépend de cet état que je qualifierai de « catastrophique », dans lequel la classe au pouvoir a mis le monde ; le jour où la classe au pouvoir a créé un état de choses tel que les classes dont elle assurait l'existence ne peuvent plus vivre, le jour où elle leur a créé des conditions de vie insupportables, ces classes secouent ce joug et l'heure de la Révolution est arrivée.

Je vous défie de m'apporter un autre critérium. Je vous ai posé ces questions dans l'Humanité, vous n'y avez pas répondu. Comment, par la simple voie de l'évolution, comment, sans ce mouvement violent qui aurait pour résultat de démolir le régime existant, comment concevez-vous la transformation des organisations actuelles qui forment l'armature de l'État capitaliste ? Les grands journaux, les grandes associations, les grands trusts, les cartels, tout ce qui fait la société capitaliste, vous viendrez nous dire comment vous en ferez les instruments du prolétariat libéré. Et je dis que si vous ne nous apportez pas cette démonstration à la tribune, c'est que vous n'avez pas la nette conception des nécessités révolutionnaires et des conditions qui permettront au prolétariat de s'émanciper. (Applaudissements.)

Camarades, qu'est-ce qui fait que nous sommes actuellement révolutionnaires ? Qu'est-ce qui fait que nous le sommes davantage qu'avant la guerre ? C'est que les conditions sont toutes différentes. Avant la guerre, on évoluait dans une période normale ; nous étions amenés par la force des choses, étant donné que l'idéal révolutionnaire n'était qu'un idéal et que la Révolution était lointaine par le fait même que la situation était supportable pour la classe ouvrière — nous étions amenés à certaines actions de lutte de classes quotidienne qui pouvaient être sans lendemain, — nous pouvions nous dire que, puisque la Révolution était impossible, il était de notre devoir, en effet, de profiter de cette lutte de classes quotidienne qui avait pour résultat de permettre à la classe ouvrière de prendre conscience de ses forces, de ses moyens d'action, d'améliorer même quelque peu ses conditions d'existence, la rendant plus apte, plus clairvoyante pour le jour où il lui serait permis de secouer le joug des oppresseurs. Mais aujourd'hui, cette situation est-elle la même ? Tous, majoritaires comme minoritaires, nous sommes d'accord pour proclamer que la situation actuelle est sans précédent dans l'histoire ; nous sommes d'accord pour proclamer qu'elle est révolutionnaire.

Elle est même plus révolutionnaire que l'Internationale socialiste et ouvrière ne l'avait prévu avant la guerre. Et c'est justement parce que cette situation est sans précédent, justement parce que la classe ouvrière n'a pas d'autre alternative que de subir l'oppression de la classe bourgeoise qui n'a plus la possibilité d'être libérale, parce qu'elle n'a plus d'autre alternative que de saper cette dictature ou de faire la Révolution pour imposer sa propre dictature, que nous disons: L'heure de la Révolution est venue ! Car il ne s'agit pas de pousser inconsidérément le Bureau confédéral à la tête de je ne sais quel bataillon réduit de militants organisés et décidés à tenter le mouvement révolutionnaire. Non ! La Révolution, nous sommes d'accord, elle existe dans les choses. Il nous reste à la faire pénétrer dans les esprits, condition sans laquelle elle ne sera pas possible et elle n'éclatera pas, quels que soient nos efforts. Il nous reste donc cette besogne à faire et ce n'est pas votre politique qui permet d'espérer que cette besogne sera faite !

L'heure est tragique ! Depuis deux ans, les prolétariats révolutionnaires nous appellent à leur aide. Ils nous ont envoyé manifestes sur manifestes, tous plus émouvants les uns que les autres, nous montrant leur situation désespérée. Nous avons vu l'exemple que ce n'est pas la démocratie qui succède à une Révolution, lorsqu'on l'écrase. En Hongrie, ce n'est pas la démocratie qui a succédé au régime de Bela-Kun, c'est l'absolutisme réactionnaire ! Si la Russie était écrasée, c'est le tzarisme qui reviendrait au pouvoir ! C'est la réaction mondiale qui nous materait et saurait nous retirer les quelques bribes de liberté que par la force on a été obligé de nous concéder depuis quelque temps ! Camarades, c'est l'action révolutionnaire, l'action directe qui vient d'aboutir au résultat que vous avez pu lire dans les journaux. Vous venez de voir que nos bons gouvernants bourgeois viennent de lâcher ou de paraître lâcher prise contre la Révolution russe. Vous avez vu que l'intervention en Russie était abandonnée, et nous serions presque tentés de nous réjouir de ce résultat, si nous n'avions pas la certitude que les gouvernements bourgeois n'en continuent pas moins de poursuivre l'écrasement de la Révolution prolétarienne. L'intervention armée est abandonnée, c'est vrai, mais elle ne l'est que parce que les marins de la mer Noire, et ceux qui les ont imités, ont su élever la voix et imposer leur volonté aux gouvernements, démontrer à Lloyd George, à Clemenceau qu'on n'abuserait pas plus longtemps de leur patience et qu'ils devaient lâcher prise. On a lâché prise ! (Applaudissements.)

Mais le blocus reste, camarades ! Le danger subsiste ! Ce n'est pas une victoire, c'est une demi-victoire que nous avons remportée, et si nous appelons aujourd'hui le prolétariat à la Révolution, c'est parce que nous avons la certitude que tout reste encore à faire ; que c'est seulement que lorsque la Confédération Générale du Travail aura adopté une autre ligne de conduite, pratiquera une autre politique, qu'elle entraînera définitivement les masses vers l'action qui sauvera, pour toujours alors, la Révolution prolétarienne ! (Applaudissements.)

Discours de Bidegaray

BIDEGARAY. — Camarades, désigné par la fraction majoritaire pour défendre l'action passée du Comité confédéral, je vais me permettre, avant de liquider des insinuations qui ont été lancées contre la Fédération des Cheminots, car il est de mon devoir de défendre l'organisation que je représente. Je le ferai sans amertume, sans aucune allusion, et je demanderai la même courtoisie à ceux qui me succéderont à cette tribune.

J'en viens tout de suite à la question du 21 juillet. La Fédération des Cheminots, dit-on, les militants de cette Fédération n'ont pas fait leur devoir, et ils avaient tellement peu envie de faire leur devoir qu'avant la période prévue pour l'action, systématiquement, on a empêché les minoritaires de collaborer au Conseil fédéral et qu'on leur a demandé de donner leur démission.

Il me sera permis de faire appel à la loyauté de ceux qui ont insinué cela, et j'en appelle au témoignage du principal intéressé, Dejonkère, qui a donné sa démission à la date du 23 juin. Il a motivé cette démission par un manque de comptabilité avec un de ses camarades, Maréchal, du réseau de l'Etat. Dans cette lettre, il ajoutait qu'il remerciait les militants du Conseil fédéral pour la courtoisie que nous lui avions toujours témoignée dans le sein du Conseil. Je lui ai répondu que je regrettais qu'un militant de la valeur de Dejonkère se désiste de son mandat à la veille d'événements qui pourraient se produire d'un jour à l'autre, mais que, néanmoins, j'étais persuadé que si la Fédération lui demandait son concours il répondrait : « Présent ! »

Par une lettre, il m'a répondu : « Mon cher Bidegaray, je suis heureux de ta marque de sympathie et, en toute circonstance, tu peux compter sur moi. »

Ce sont des précisions que je tenais à vous donner, car il ne s'agit pas de répandre la calomnie sur quelqu'un qui ne pense pas comme vous. Je suis d'autant plus content de vous donner ces précisions que Dejonkère et moi avons toujours été amis, adversaires de conception, mais nous estimant toujours.

D'autre part, Dejonkère, tu me permettras de dire qu'il y a une inexactitude dans ton récit quand tu dis que la Fédération et les Unions de syndicats n'ont pas fait le nécessaire.

Dans toutes les Unions (j'en excepte l'Algérie et la Tunisie), on a convoqué les membres du Conseil d'administration et l'on a décidé la propagande indispensable dans tous les syndicats. Et si je ne m'abuse pas, il me semble que toi, Dejonkère, tu as dépensé utilement huit cents et quelques francs.

Il y a un fait aussi. On nous accuse d'avoir, dans un opuscule, prévu l'échec du mouvement au moment même où nous en donnions l'ordre. Cet opuscule, j'aurais voulu qu'on en donne la lecture intégrale.

Je veux là aussi apporter des précisions. Cet opuscule, le voici. Il porte la date du 9 août. Il a été lancé, parce que, pour qu'un mouvement soit organisé, il faut que tous ses cadres soient au courant de la marche de son organisation. Le Bureau, le Conseil fédéral, ont cru utile de mettre les organisations au courant des événements qui ont précédé le 21 juillet et de l'événement lui-même, au courant des faits qui s'étaient produits, de façon qu'ils viennent à la séance du Conseil fédéral, documentés, pour critiquer, approuver ou désapprouver l'attitude de la Fédération.

Je vais vous lire l'opuscule :

Dans sa séance du 9 juillet 1919, le Conseil fédéral, à l'unanimité et en plein accord avec la Confédération Générale du Travail, votait la participation de la Fédération à la démonstration projetée pour le 21 juillet, démonstration qui avait été décidée par le Comité confédéral national des 23 et 24 mai dernier, en vue de faire aboutir des questions très importantes : démobilisation, amnistie, cessation de toute intervention en Russie et en Hongrie, vie chère, etc.

La nécessité d'une entente internationale n'avait pas permis de fixer une date avant celle qui fut choisie.

Par la voie de la tribune et de la presse, les membres de l'organisation furent avisés de la décision par le Conseil fédéral et tous les militants s'efforcèrent aussitôt d'obtenir l'approbation des camarades à Paris et en province, afin d'être assurés d'une réussite complète.

Contrairement à tout ce qu'il était permis d'espérer, après plus de deux ans de propagande, après la manifestation si parfaitement exécutée du Premier Mai, la Commission exécutive, dans les dix jours qui suivirent la séance du Conseil fédéral du 9 juillet, reçut de toutes parts avis des syndicats et des militants, que le mouvement rencontrait, exception faite pour quelques groupes ou catégories d'agents, une opposition généralisée. Il fallut même enregistrer des désaveux formels. Télégrammes, lettres, ordres du jour, démarches au siège fédéral, vinrent successivement apporter à la Commission exécutive, l'impression produite sur les réseaux par la résolution prise.

Dès le 15 juillet, il était démontré que le mouvement était absolument compromis par la volonté même des syndiqués.

Soucieux d'agir avec la loyauté qui avait inspiré le Conseil fédéral lorsqu'il avait donné son adhésion à la C. G. T., la Commission exécutive chargea son délégué à la Commission administrative confédérale de mettre celle-ci au courant de la situation nouvelle.

Vous permettrez à un militant, qui a un passé, qui a pas mal de critiques (cela prouve l'activité d'un homme), non pas de vous décrire l'angoisse dans laquelle je me suis trouvé dans les jours précédant le 21 juillet, mais la situation dans laquelle je me suis trouvé.

La propagande n'a pas été faite, dites-vous ! Mais alors, qu'avez-vous fait dans vos mouvements ? Comment, la C. G. T., dans son Comité national du mois de mars, arrête le programme d'action, arrête les motifs de l'action : amnistie, démobilisation rapide, abandon de l'intervention en Russie, etc. Au mois de mars, ce programme est répandu dans toute la presse ; au mois d'avril, propagande pour préparer les esprits ; en plus de cette propagande, tous les Congrès de Cheminots : neuf Congrès de Cheminots affirment leur solidarité au Comité national de la C. G. T. Arrive le mois de mai : Congrès national dont les discussions contradictoires se sont déroulées avec une courtoisie parfaite que je n'ai malheureusement pas constatée pendant ces deux jours. Les opinions se sont heurtées, mais cela ne nous a pas empêchés de rester de bons camarades. Et à la fin, la résolution votée disait :

Le deuxième Congrès national de la Fédération des chemins de fer, appelé à déterminer l'accroissement de sa puissance d'action corporative et sociale, constate la marche continuelle de son recrutement et le renforcement de ses effectifs ; il attribue à cette force grandissante, associée à celle de la C. G. T., les résultats que viennent d'obtenir les cheminots de ce pays ;

Il considère que les premiers pas de l'étape ont été franchis par l'obtention de la journée de huit heures, l'échelle de traitements basée à 2.400 francs et l'établissement du statut du personnel ;

Il voit dans le fonctionnement des Commissions paritaires, une garantie déterminante des résultats obtenus et un abandon de la puissance patronale s'exerçant par l'organisation ouvrière ;

L'antagonisme des classes que crée le système de production capitaliste n'exclut pas le contrôle ouvrier que les organisations ouvrières puissantes sont seules capables d'exercer utilement. En conséquence, le Congrès déclare que la pratique de ce contrôle ne saurait être envisagée comme une forme de collaboration entre la classe ouvrière et la classe capitaliste;

Le Congrès déclare également que la nationalisation des chemins de fer est un autre stade de l'étape à franchir pour parvenir à l'idéal de transformation sociale et à l'affranchissement total des travailleurs du rail et du prolétariat tout entier ;

A l'heure présente, il convient de noter qu'un projet de loi de nationalisation des chemins de fer a été déposé sur le bureau de la Chambre des députés et qu'ainsi l'action de notre Fédération doit exiger le vote rapide de cette loi.

Il convient de noter également que l'exploitation des transports par voie ferrée comporte immédiatement l'unification de tous les réseaux déjà reconnus par le gouvernement et par une administration avec le contrôle de notre organisation de classe. Dans ce domaine immédiat l'action de la Fédération s'exercera pour que les Compagnies secondaires et les réseaux de l'Afrique du Nord soient rattachés à l'ensemble des grands réseaux.

Se conformant aux principes du syndicalisme, le Congrès décide de maintenir la Fédération des chemins de fer dans la voie de la neutralité et de l'indépendance vis-à-vis de tous les pouvoirs ;

En plein accord avec la C. G. T., la Fédération poursuivra l'application des résultats obtenus, la conquête des autres revendications particulières aux travailleurs des chemins de fer et la réalisation du programme confédéral. En agissant ainsi, elle s'efforcera d'atteindre par tous les moyens la conquête des moyens de production qui restent l'objectif révolutionnaire de la classe ouvrière dans ses aspirations d'émancipation ;

La Fédération des travailleurs des chemins de fer s'associe par avance aux décisions d'action que prendra la C. G. T. pour empêcher les interventions armées dont le but est d'écraser les révolutions en Russie et des autres pays ;

Elle participera à toute action dont le but sera d'exiger l'amnistie immédiate, pleine et entière pour tous les condamnés politiques et militaires ;

C'est dans cet esprit et pour obtenir rapidement la démobilisation de tous les soldats qu'une propagande intense sera engagée sur tous les réseaux ; c'est dans cet ordre d'idées que les délégués de la Fédération présenteront des propositions au Comité national et au Congrès national de la C. G. T.

Je vous ai donné lecture de la motion votée par la majorité pour vous prouver que la minorité était d'accord avec nous.

Voilà donc une décision de Congrès, et prise non pas seulement par une catégorie.

La différence qui existait entre les deux motions, c'était en quelque sorte ce qui nous divise dans la conception de collaboration de classes. Sur cette question, je reviendrai tout à l'heure.

Ce qui est indéniable, c'est que tous les cheminots syndiqués ont lu cet ordre du jour dans le *Bulletin officiel* qui est distribué gratuitement à tous les adhérents. Il a été également inséré dans l'organe officiel du Parti, ainsi que dans tous les autres journaux. Les comptes rendus ont été donnés à tous les délégués et ces comptes rendus affirment que nous sommes prêts à répondre à l'appel de la C. G. T.

Nous arrivons aux moyens. Je réunis le Conseil fédéral et je le mets au courant de ce qui s'est passé au Comité confédéral national et à la Commission administrative. Il fallait décider de quelle façon nous devions intervenir. Le mouvement du Premier Mai avait été le premier mouvement dont la France avait pu vraiment constater l'application. Nous avons cru — et c'était l'avis de ceux qui sont majoritaires, d'après vous, et même temps de ceux qui se targuent d'être minoritaires — que le mouvement devait être général ou ne pas avoir lieu du tout. Mandaté dans ce sens précis au Comité national confédéral et à la Commission administrative, je disais aux réunions de ces organismes : « La Fédération des Cheminots participera au mouvement du 21 juillet ; elle y participera en entier. » Malgré la multiplicité des services, la difficulté qu'on avait de toucher cet amalgame d'emplois qui existent dans les chemins de fer, les militants, unanimement, déclarèrent qu'il ne fallait plus de mouvement partiel et que, puisque la C. G. T., pour des causes sociales et morales, faisait appel au concours de ses adhérents, tous, sans exception, devaient répondre.

Telle fut notre thèse et telle a été ma ligne de conduite au Comité national et à la Commission administrative.

Et les premiers jours de juillet, je vois Jouhaux tourné vers moi, angoissé, lui aussi, n'ayant pas beaucoup de renseignements, ni de part ni d'autre, me demandant : « Comptes-tu vraiment sur l'ensemble de tes syndicats ? » Sans aucune hésitation, je lui répondais affirmativement, parce que j'avais l'absolue certitude que tous les militants du Comité confédéral étaient sûrs de leurs troupes.

Arrivent les séances de la Commission administrative du 10 au 14, où j'affirmais toujours mon attitude.

Le 13, on se sépare. Je commençais à recevoir du courrier, un courrier de plus en plus important. Le 15 et le 16, ce n'était plus du courrier, c'étaient des décisions de réseaux qui me parvenaient, dans lesquelles on me disait : « Il ne faut pas aller au désastre ! »

Plusieurs délégués. — Quels réseaux ?

BIDEGARAY. — Les indications et les preuves de ces décisions ont été soumises aux intéressés eux-mêmes. Pour ma part, je n'admets pas que des organisations étrangères à la nôtre jugent l'attitude de nos militants. (*Applaudissements.*)

Les camarades intéressés ne font pas d'objection. Ces grands réseaux sont le Nord, l'Est et le Midi. Et ici, camarades, je vous en supplie, il ne faut pas que chacun essaye de jeter la pierre à son voisin ; ne me demandez pas non plus de jeter les noms en pâture, je m'y refuse d'avance.

Midol. — Pourquoi as-tu jeté le mien au Comité national confédéral ?

Bidegaray. — Je me suis trouvé devant ce fait.

Je dois tout d'abord vous dire que, du 15 au 20, j'ai conservé au siège, en permanence, la Commission administrative, parce que, dans des circonstances semblables, les responsabilités doivent être partagées, et il n'est pas possible de laisser insinuer que c'est un homme seul qui dirige une organisation.

Comme elle m'avait donné mandat de donner son adhésion à la C. G. T., la Commission exécutive chargea son délégué à la Commission administrative confédérale de mettre celle-ci au courant de la situation nouvelle. J'ai fait mon devoir. Je lui ai dit dans quelles circonstances je me trouvais, dans quelle situation pénible, parce que beaucoup de Fédérations et d'Unions marchaient en ayant la conviction que les cheminots marchaient. Je me suis trouvé dans la situation d'un homme ayant donné sa parole et obligé de la rétracter parce que les troupes ne répondaient pas à l'appel.

Voilà les faits qui se sont passés.

Toujours soucieux d'être en contact avec les divers éléments qui forment l'administration de la Fédération, je convoquais, pour les 8 et 9 août, le Conseil fédéral, pour le mettre au courant de la situation.

Tommasi. — Bidegaray, veux-tu me permettre ? Il y a un fait que tu laisses dans l'ombre.... A la Commission administrative, une des raisons les plus convaincantes que Bidegaray a fait valoir, c'est une lettre de Midol, lettre qui n'a pas été lue, mais lettre où, paraît-il, il y avait la preuve que le réseau P.-L.-M., le réseau le plus révolutionnaire, était dans l'impossibilité de marcher.

Bidegaray. — C'est faux ! J'ai dit et je répète ce que j'avais déjà dit dans une réunion précédente du Comité confédéral : que les causes de l'échec pour moi résidaient dans un manque d'éducation pour les actions purement sociales et que si l'on avait eu, au début, l'adresse de joindre quelques questions revendicatives, comme Midol lui-même le réclamait, la situation eût été toute différente.

Je défie quiconque de dire que j'ai donné lecture d'une lettre de Midol !

Midol. — Je demande que Bidegaray donne lecture de ma lettre, ainsi que la réponse que m'a faite la Fédération à la date du 30 juin. Cette lettre ne concernait pas le mouvement du 21 juillet, mais l'appel de la Fédération des Métaux au cartel.

BIDEGARAY. — Voici la lettre en question :

Dijon, le 25 juin 1919.

Camarade Bidegaray, secrétaire général de la Fédération,

J'ai ces jours-ci lu attentivemnt les journaux, car ce sont les seuls documents qui me permettent actuellement de suivre à peu près le mouvement ouvrier en France.

J'ai constaté que la Fédération des Métaux prenait position dans les conflits de cette corporation, alors que jusqu'à ce jour elle n'avait pas cherché à unifier les mouvements. Elle fait appel au Cartel interfédéral, et, par conséquent, si sa demande est prise en bonne considération, elle va entraîner dans le mouvement deux Fédérations qui jusqu'à ce jour n'ont pas pris part aux mouvements de grève actuels : la Fédération des Inscrits maritimes et la nôtre. Je ne veux pas ici m'occuper des camarades des transports maritimes qui doivent connaître les possibilités qu'ils ont de soulever la masse de leurs adhérents, mais je désirerais vivement connaître les intentions du Cartel en ce qui concerne les cheminots. Tu connais mon attitude, mes intentions et mes conceptions, et ce n'est pas moi qui reculerai et qui ferai un seul geste pour éviter le déclenchement du mouvement chez nous, mais depuis une dizaine de jours, je crains que la pensée des cheminots se soit largement modifiée pour plusieurs raisons :

1° Une vague de réaction s'est abattue sur le pays, vague alimentée et entretenue par de la propagande acharnée soit par affiches, soit par tout autre moyen et qui n'a pas pu malheureusement être combattue suffisamment parce que nous risquons de briser notre unité syndicale, nos adversaires opposant habilement les militants l'un contre l'autre. Cette régression sociale a commencé autour du mercredi 11 juin et s'est amplifiée après le 16 juin, lorsqu'on a vu que la grosse organisation ne bougeait pas;

2° La signature du traité de paix qui, momentanément, peut faire entrer dans l'esprit de certains camarades l'idée qu'une ère sociale meilleure va s'ouvrir, cette période sera courte, je le reconnais, mais enfin elle peut exister ; elle existera réellement ;

3° L'idée répandue que les huit heures sont une des causes du renchérissement de la vie et qui dresse contre nous momentanément la classe paysanne. Ceci peut faire encore hésiter certains camarades assez peu trempés pour l'action. Je n'ai pas besoin de te dire que nos adversaires s'empressent d'amplifier cette idée fausse en très grande partie.

Pour avoir le maximum de succès dans le mouvement, il serait nécessaire, à mon avis, de joindre aux questions de solidarité et d'ordre social (démobilisation, amnistie) des motifs d'ordre corporatif. Je ne fais du reste en demandant cela qu'entrer dans les vues de certains camarades du Conseil fédéral. Dans certaines régions, ce n'est pas nécessaire, mais nous aurons ainsi plus de chances de succès.

Deux questions que j'ai fait ressortir peuvent faire partir les cheminots: L'amplitude de la journée de huit heures dans les services de l'exploitation, la journée de neuf heures dans les services roulants. Spécialement pour le P.-L.-M., il y a peut-être également dans l'attribution des indemnités de résidence un moyen de soulever une partie de la masse.

Le problème se pose donc ainsi :

Indépendamment des questions d'ordre social et des questions de solidarité qui doivent être indiquées très nettement comme raisons du déclanchement, quelles sont les méthodes à employer pour amener les corporatistes au mouvement ? C'est une question très importante, à mon avis, et je vais dire pourquoi :

Grâce à une proposition d'une nouvelle réunion du Conseil d'administration de notre Union, nous avons réussi à calmer les impatiences que j'avais fait naître volontairement, car, dans ces périodes troublées, il est nécessaire de conserver dans la masse une certaine impatience pour qu'elle soit toujours prête à l'action.

D'autre part, à la condition expresse que la Commission paritaire fixe *une date limite très ferme* pour l'application des huit heures au service roulant, on pourra peut-être les maintenir calmes jusqu'à cette date.

Si donc la Fédération, *ce que je n'espère pas*, croyait devoir différer son entrée en action, il serait nécessaire que le Conseil d'administration de l'Union cherche, après avoir entendu les camarades délégués aux Commissions paritaires, à gagner du temps par des indications qu'ils donneraient aux syndicats et en même temps fasse comprendre aux camarades du service roulant qu'il leur faut attendre encore quelque peu la réforme promise.

Si au contraire, ce que j'espère, la Fédération se décide pour une action immédiate, il faudra prendre d'autres dispositions et amplifier le mécontentement, le canaliser et le faire déverser sur nos dirigeants alors qu'il est plutôt dirigé contre les têtes (je parle de moi-même comme de vous autres). Les camarades ne peuvent comprendre les lenteurs apportées à la solution de leurs revendications, aussi bien celles de réseau que celles qui sont communes à tous les cheminots.

Je te demande à ce sujet une réponse urgente, de façon à savoir de quel côté je dois m'aiguiller et ceci même dans les questions sociales et politiques, car il faut laisser tomber l'énervement de nos camarades qui prend sa source dans la vie troublée actuelle (il y a un grand danger dans cette méthode car nos adversaires profiteraient de cette accalmie) ou continuer la propagande, l'intensifier encore pour que la majorité de nos camarades soient prêts à l'action, n'importe à quel moment. Il ne faut pas que les militants se laissent pousser par la masse, ni qu'ils la tirent malgré elle.

Réponds-moi de suite ou bien convoque-moi pour des explications si tu le juges utile, sauf dimanche où je me rends à une Conférence sur le réseau ; mais il est bien entendu qu'au cas d'extrême urgence, j'irai à ton appel ce jour-là.

Nous avons manqué le coup il y a 15 jours, il ne faut pas recommencer la même gaffe maintenant.

Cordiale poignée de mains.

MIDOL.

Voici la réponse à cette lettre :

Paris, le 30 juin 1919.

Camarade Midol, Secrétaire de l'Union des syndicats du P.-L.-M.,

Bien reçu votre lettre du 25 juin adressée au camarade Bidegaray, secrétaire général, qui en a donné connaissance à la Commission exécutive.

L'ordre du jour voté par le Cartel et communiqué par la presse répond mieux que nous n'aurions pu le faire à votre lettre. Vous y verrez que, contrairement à ce que vous espériez, la Fédération, cette fois encore, ne prend pas position dans le mouvement gréviste.

Cette attitude ne plaira certainement pas à tous nos camarades et la Commission exécutive en approuvant l'ordre du jour du Cartel a estimé que c'était la meilleure manière de procéder pour le moment pensant bien que, même, comme vous le demandiez, en ajoutant aux questions sociales des questions d'ordre corporatif, la masse des travailleurs des chemins de fer ne répondrait pas à l'appel de l'organisation.

De toute autre façon se posera la question si la C. G. T., après sa consultation nationale, décide un mouvement. La Commission exécutive pense que, pour ce moment-là, les travailleurs seront suffisamment prévenus et décidés à suivre les indications données par nous et par la Confédération générale du Travail.

Recevez, camarade, nos salutations fraternelles.

Pour le Secrétaire général.

J'en arrive à la date du 8 août.

On dit que j'avais fait une tournée de propagande antérieurement au 9 août.

Dans sa réunion des 8 et 9 août, le Conseil fédéral, réuni, a approuvé l'attitude de la Commission exécutive et de son secrétaire, à l'unanimité moins une abstention, et décidé une tournée de propagande dans tout le pays.

Après le 8 août, nous avons fait cette tournée de propagande, parce qu'il nous était indispensable de ressaisir cette masse qui avait une certaine appréhension. Nous voulions maintenir nos effectifs. Deux cent cinquante réunions eurent lieu du 31 août au 17 septembre Eh bien ! je dois vous dire que deux cent quarante-et-une ont approuvé cette attitude en disant que l'on avait sauvé les organisations syndicales.

J'arrive maintenant à remplir le rôle qui m'est dévolu : prouver que l'attitude de la Confédération Générale du Travail et de son Bureau a été conforme aux décisions prises par le Comité national. Il ne faut pas faire d'équivoque. Le Bureau confédéral responsable de tout ?... Je dis que le Bureau confédéral n'est responsable de rien. Ce n'est pas lui qui décide. C'est nous, Comité national, et ici, adversaires comme amis ont reconnu, que pour le mouvement du 21 juillet le Bureau tout entier était partisan, résolument partisan du mouvement, parce que là, l'honneur de la C. G. T. était engagé. Mais, au-dessus du Bureau, il y a la Commission administrative, le Comité national, plus les syndicats et les Fédérations. C'est eux qui ont décidé et non le Bureau confédéral.

Vous avez voulu rappeler l'action confédérale depuis août 1914. Pourquoi n'êtes-vous pas allés rechercher un peu plus loin son action et son impuissance d'alors ? Vous auriez dû faire cela. Vous vous cantonnez à la déclaration de guerre et vous n'avez pas la franchise de déclarer les difficultés qu'a rencontrées le Bureau dans les premiers mois de cette guerre.

Oui, nous nous sommes réunis au Comité confédéral ; nous étions alors sept ou huit et l'on se battait parce qu'il n'y avait plus de syndicats. Où étaient les syndiqués à ce moment ?

Un délégué. — Dans les tranchées !

BIDEGARAY. — D'accord ! Vous reprochez à ceux qui sont restés à l'arrière de n'avoir pas été dans les tranchées ! Pour ma part, je veux en parler un peu et avec fierté.

Cheminots, aussi bien du Nord que de l'Est ainsi que des autres réseaux, ont aussi participé à la guerre, malgré qu'ils n'aient pas été dans les tranchées. Ils ont été mitraillés dans leurs fourgons et ils ne se plaignent pas ! (*Applaudissements.*)

...Nous l'avons vécue, cette période du militarisme, et il fallait avoir la ferme volonté de maintenir les organisations pour oser faire des réunions syndicales !

Je me souviens que le Syndicat national, en 1914, avait 35.000 adhérents. En décembre 1914, il y avait 6.000 cotisants ; c'était une organisation squelettique. Nous avons fait fléchir la résistance de l'autorité militaire pour nous permettre de faire des réunions syndicales et le regroupement méthodique. Quand la fusion eut lieu, au mois de janvier 1917, nous groupions 85.000 adhérents. A la fin de 1917, nous étions 100.000.

Vous nous dites que la masse est prête à suivre la directive d'un mouvement violent. Je vous répète, moi, ce que j'ai toujours dit : cette masse a été aveuglée par les améliorations qu'on lui a apportées : elle a noyé nos organisations syndicales.

Du mois de juin 1917 au mois de mai 1918, 100.000 adhérents sont venus grossir nos rangs. Je ne doute pas de la sincérité des trois cent mille que nous avons aujourd'hui, mais j'ai peur qu'il n'y ait beaucoup plus de syndiqués que de syndicalistes.

Qu'a fait la C. G. T. ? Elle a fait ce que les circonstances lui permettaient de faire. Elle a fait, dites-vous, de la collaboration de classes. Mais il semble que vous n'êtes pas d'accord dans votre clan sur la collaboration de classes. Il me semble qu'entre Loriot et Monmousseau, il y a une différence. Je me déclare d'accord avec Loriot sur la collaboration de classes. Loriot prétend que de causer avec les supérieurs n'est pas une collaboration de classes, mais c'est ce que nous faisons, camarade Loriot ! Et, quand nous le faisons, ce n'est pas en notre nom personnel ; nous le faisons mandatés par nos syndicats, et bien souvent ils n'ont pas la patience d'attendre qu'une lettre nous demandant de faire des démarches arrive, ils prennent le train pour qu'on les accompagne aux ministères.

La C. G. T. n'a fait que cela et ici, il faut préciser les critiques. Je défie quiconque de dire que la C. G. T., de son propre gré, a fait une démarche auprès du Gouvernement. Elle ne les a toujours faites qu'après mandat de la Commission administrative. Elle a fait cela, et vous critiquez. Elle ne l'aurait pas fait, vous lui reprocheriez d'avoir négligé les intérêts des camarades. Alors, soyons logiques ! Les Commissions paritaires ne sont que la répétition du Conseil départemental dans l'Enseignement, avec cette différence que vous, vous traitez les questions pédagogiques tandis que nous, nous traitons les questions de chemins de fer. Mais quand nous allons traiter de chemins de fer, puisque nous sommes cheminots, nous ne faisons pas plus de collaboration que les instituteurs qui vont traiter de la pédagogie parce qu'ils sont instituteurs. (*Applaudissements.*)

Nous avons un but, qui est le même, dans le fond. Le but des instituteurs, c'est de proposer toujours l'amélioration de l'enseignement, des méthodes d'enseignement, améliorations matérielles, morales de leur situation. Nous, cheminots, dans nos Comités paritaires, nous essayons d'arriver à l'amélioration des transports dont tous vous souffrez, et par nos connaissances pratiques, nous avons obligé nos dirigeants à reconnaître qu'il y a plus de machines, plus de wagons qu'il n'y en a jamais eu et que le marasme qui existe actuellement réside dans l'incompétence des supérieurs qui dirigent des chemins de fer. Est-ce une collaboration de classes ? Oui, pour quelques-uns ! Il y a des démarches que l'on fait plus souvent qu'on ne le voudrait, parce que chacun des hommes a dans son cœur un petit cochon qui sommeille et voudrait arracher un petit succès du syndicalisme...

C'est pour l'ensemble de la collectivité que nous travaillons et c'est pour l'Internationale. Parce que j'estime que vous n'avez pas le monopole d'être seuls révolutionnaires. Vous parlez de la Troisième Internationale. Pourquoi pas aussi de la Quatrième ? Elle a aussi le droit d'exister.

On a parlé du Conseil économique. Le Conseil économique ne consiste pas à causer avec des ingénieurs ; dans notre pensée, il doit s'employer à ce que la production soit faite au profit de la collectivité tout entière. Dans ce Conseil économique, il doit y avoir des représentants de ceux qui travaillent, des représentants de la classe terrienne.

Il existe un problème navrant que les travailleurs des transports, par voie de terre et de mer et par canaux, doivent résoudre ; un tableau qui dépasse le cadre de la C. G. T., qui dépasse les frontières; vous dites toujours qu'il faut sauver les Révolutions russe et hongroise, mais il faut pouvoir y aller pour pratiquement les sauvegarder.

Nous constatons dans les différents pays ce déficit :
Pour la Belgique, 15 millions de tonnes de blé ; pour l'Allemagne, 17 millions ; l'Autriche, 18 millions ; la Bulgarie, 5 millions; et la France, 40 millions. Est-ce que nous devons être hypnotisés par cette Révolution qui vient, paraît-il, tous les jours ? En attendant, cette Révolution, il faut manger, et si vous faites la Révolution, il faudra manger quand même ! Si vous voulez que les révolutionnaires aient de l'énergie pour abolir le capitalisme, il faudra qu'ils mangent. Et alors, si c'est faire de la collaboration de classes que de participer aux Commissions paritaires pour permettre aux transports d'alimenter l'Allemagne et l'Autriche-Hongrie, la Bulgarie, permettez-moi de vous dire que vous êtes des anti-révolutionnaires, parce que vous n'apportez pas votre concours aux Révolutions.

Camarades, je ne vous retiendrai pas plus longtemps. J'ai essayé de justifier à vos yeux l'attitude qu'a prise le Comité confédéral. Vous dites qu'il ne répond pas aux aspirations de la masse. Nous, nous pensons qu'il y répond plus exactement qu'auparavant, parce qu'actuellement, dans le Comité confédéral national, ce sont les délégués directs des Fédérations et des Unions qui jugent et qui donnent les directives de la C. G. T.

Il est bien facile de décréter des grèves générales tous les jours pour n'arriver à aucun résultat ; mais ce que nous voulons, nous, c'est, quand nous lançons une bataille contre un ennemi aussi formidable qu'est le capitalisme, que nos troupes qui nous ont mandatés soient derrière nous.

. Quelles que soient les directives que vous donnerez demain au mouvement ouvrier, malgré tout ce que l'on pourra dire ici, déverser sur les militants qui sont à la tête des organisations, puisque sincérité il y a de part et d'autre nous allons avoir le courage de reconnaître que ceux qui ont la direction de la classe ouvrière n'ont agi que sous le contrôle de leurs mandataires directs et que ceux-là n'ont pas failli à leur devoir et ne sont pas des Judas de la classe ouvrière !

Discours de Péricat

PÉRICAT. — Camarades, le camarade Bidegaray qui m'a précédé à la tribune a demandé au Congrès ou à certains congressistes, de bien vouloir remonter non seulement au 4 août 1914, mais encore aux périodes précédentes. Et, en quittant la tribune il a parlé ironiquement des grèves générales que nous faisions avant la guerre.

Mais, camarades, ce qui fait justement la faiblesse de la Confédération Générale du Travail, c'est que parmi les militants il y a trop de camarades qui n'ont pas foi dans cette arme terrible qu'est la grève générale. J'ai été pendant quatre ans secrétaire de la Fédération du Bâtiment et, à cette époque, j'ai vu dans les bureaux de la Fédération du Bâtiment des délégués cheminots venir demander à la Fédération du Bâtiment de bien vouloir engager un mouvement de grève générale, par solidarité pour les cheminots, de façon à les aider à vaincre. Pourquoi tourner ces grèves générales en ironie, maintenant ? J'ai vu les camarades délégués des postiers accomplir près de moi et de mes camarades de la Fédération du Bâtiment le même geste. A ces deux Fédérations, nous avons répondu : « Présents ! » Nous avons répondu présents parce que nous estimions, nous, partisans sincères et convaincus de la grève générale et de la solidarité confédérale nationale et internationale, que nous aurions failli à notre devoir en ne vous prêtant pas la main. Nous l'avons fait et, si c'était à recommencer, et si j'étais encore une puissance dans la Fédération du Bâtiment, je recommencerais encore pour les postiers, pour les cheminots et les autres.

Camarades, pendant la guerre, vous pouvez reprocher à certains d'entre nous, et peut-être plus particulièrement à moi, de vous avoir pris en partie violemment. C'est vrai ! Mais vous ne pourrez pas me reprocher d'avoir changé d'attitude. Je n'ai qu'un reproche à me faire et je le fais ici comme je l'ai déjà fait dans des réunions ; ce reproche, c'est, étant anti-patriote, anti-militariste, d'être parti comme mes camarades au quatrième jour de la mobilisation. Je n'ai pas eu, quoique ne reconnaissant pas de frontières, ni de patrie, la force de caractère pour ne pas partir. J'ai eu peur, c'est vrai, du poteau d'exécution. J'ai eu peur... Mais là-bas, sur le front, pensant à ma famille, traçant au fond de la tranchée le nom de ma femme et de mon fils, je disais : « Comment est-il possible que moi, anti-patriote, anti-militariste, moi qui ne reconnais que l'Internationale, je vienne donner des coups à mes camarades de misère et peut-être pour mourir contre ma propre cause, mes propres intérêts, pour des ennemis ». Je n'ai pas varié. Je suis revenu au Comité confédéral. J'ai essayé d'œuvrer pour essayer qu'une action soit faite en faveur de la paix et des camarades me reprochaient d'être partisan de la paix à tout prix. Qu'appellez-vous paix à tout prix ? Paix tout court ! J'avais la conviction que si les militants — je ne parle pas du début de la guerre, mais de la période 1915, 1916 et 1917 — que si les militants pensaient ardemment que la guerre était un crime monstrueux envers l'Internationale, il était possible de faire quelque chose pour tenter de l'arrêter. J'ai ici des brochures, des déclarations. Ce sont des paroles qui sont en somme, l'évangile de la pensée syndicaliste ; c'est Jouhaux qui les a écrites sur la Patrie :

Nous nions l'utilité des guerres de défense, ou plus exactement, de pseudo-défense, comme nous nions celle des guerres de conquête.

Nous mettons en application les deux principes qui furent la base de la première Internationale ouvrière : « Les travailleurs n'ont pas de patrie. Travailleurs de tous les pays, unissez-vous ! ».

Comment pourrions-nous concevoir l'idée d'une patrie, nous qui ne possédons absolument rien, nous qui sommes obligés de lutter pour défendre nos droits à l'existence ?

La patrie peut se concevoir pour ceux qui, dans des limites déterminées, satisfont leurs désirs, apaisent tous leurs besoins. Gouvernants, parlementaires, financiers, industriels, propriétaires, rentiers, etc... ont raison de proclamer l'existence des patries, car leur disparition sonnerait le glas de leurs privilèges. Et l'agrandissement de ce qu'ils appellent le patrimoine national est en réalité, pour eux, la possibilité d'agrandir le champ de leur exploitation, d'augmenter la source de leurs revenus. En maintenant les peuples en état d'hostilité, en alimentant cette haine stupide des nationalités et des races, c'est pour eux le plus sûr moyen de préserver et de perpétuer l'état social actuel, dont ils sont les seuls bénéficiaires.

Les travailleurs, eux, de quelque côté qu'ils tournent leurs regards, n'aperçoivent que la propriété de leurs exploiteurs ! Aucune parcelle de terrain ; aucune installation industrielle auxquelles ils puissent prétendre.

Pourquoi, dans ces conditions, auraient-ils la naïveté de se faire tuer pour des intérêts qui ne sont pas les leurs ?

Voilà, camarades, des déclarations sur la Patrie. Le reproche que je fais à Jouhaux, c'est de ne pas être resté fidèle à ces déclarations. J'approuve Jouhaux quand il écrit cela ; mais, quand, après avoir écrit cela, il s'en va le 4 août crier sur la tombe de Jaurès : « La Patrie est en danger », il est en contradiction avec lui-même ; il fait de la collaboration de classes, de la collaboration capitaliste.

Voilà ce que je reproche à Jouhaux.

Maintenant, j'en arrive aux attitudes en ce qui concerne le mouvement ouvrier.

Sur le réformisme et le révolutionnarisme, voici les déclarations de Jouhaux : ·

L'esprit révolutionnaire ne se manifeste pas seulement dans les faits, mais aussi dans la pensée. Pour détruire le courant révolutionnaire, il faudrait bouleverser les statuts confédéraux qui sont imprégnés de ce courant viril.

Au surplus, ce n'est pas au moment où l'État sombre dans la plus lamentable faillite que nos camarades réformistes, désirant surtout faire rentrer le mouvement syndical dans le giron de l'État, peuvent espérer voir jamais le triomphe de leurs idées. Les décisions adoptées au dernier Congrès du Havre et aux Conférences extraordinaires de Paris en sont des preuves. Jamais les propositions confédérales n'avaient été acceptées avec autant d'unanimité. Ce Congrès et ces Conférences ont presque réalisé, non l'unité morale, irréalisable, mais l'unité d'action.

D'autre part, si l'on entend par réformistes les partisans des réformes, nous le sommes tous, car le mouvement ouvrier français ne va pas à l'encontre des réformes et des améliorations : bien au contraire, c'est le maximum de réformes qu'il vise à obtenir.

Alors que nos camarades réformistes veulent établir des ententes entre ouvriers et patrons pour obtenir les améliorations réclamées, nous déclarons, au contraire, que cette façon d'opérer ne peut amener aucun résultat effectif. Car, si les avantages ainsi obtenus ne sont pas illusoires, ne se retournent pas contre les travailleurs, ils s'établissent sur le dos du consommateur, dont les travailleurs sont la plus grande majorité.

Pour nous, dans la lutte ouvrière, sont en présence deux intérêts opposés, irréconciliables, et les avantages à obtenir doivent l'être par la victoire d'un des deux belligérants.

Je ne continue pas, mais je demande aux camarades qui veulent se faire un jugement d'acheter la brochure de Jouhaux : « *Notre Syndicalisme* » et de comparer les écrits de cette brochure avec ceux de la période de guerre du secrétaire confédéral. Ainsi, les camarades ne jugeront pas d'après Péricat. Sur l'anti-militarisme, l'anti-patriotisme, il y a des méthodes d'action qui sont restées les nôtres. Voilà pourquoi nous disons : « Nous ne sommes plus d'accord ! »

Jouhaux disait, dans le Congrès, que des camarades l'avaient sollicité pour devenir secrétaire confédéral. J'étais de ceux-là. J'ai moi-même sollicité Jouhaux. Je n'ai pas de haine personnelle contre Jouhaux. Je n'ai pas le droit d'en avoir. Pour moi, je considère seulement qu'il est en contradiction avec tout son passé.

Camarades, vous parlez de grève générale. Vous parlez du 21 juillet.

Vous parlez du Premier Mai. Un camarade qui m'a précédé disait à cette tribune que les gouvernants français renonçaient, avec les Alliés, à la campagne de Russie. Pour ma part, je ne le crois pas. Je n'en suis pas certain, ce n'est pas officiel. Je voudrais le croire, mais je crains que ce ne soit une manœuvre pour influencer le Congrès confédéral actuel, comme on nous a influencé au Premier Mai en nous accordant la journée de huit heures, et en nous la reprenant le 2 mai. Et je redis à nos camarades : « Nous ne sommes pas d'accord ! »

Pour mon compte, je me rappelle, et c'est sans haine que je le dis, ce que j'ai subi au cours de la guerre. J'ai été une fois dans le département de Seine-et-Marne. J'ai été arrêté là, accusé d'espionnage. J'ai été arrêté une seconde fois et expédié au dépôt comme insoumis. Une troisième fois pour les événements de la Loire ; une quatrième fois, pour complicité avec l'ennemi. Eh bien ! ma plus grande souffrance, c'était, quand on m'accusait d'avoir touché de l'argent de l'Allemagne, des Boches, de ne pas sentir les camarades qui combattaient mon point de vue mais qui, je l'espère, devaient avoir confiance en mon honnêteté, devaient savoir que j'étais incapable de toucher de l'argent pour combattre qui que ce soit, s'élever contre cette accusation.

JOUHAUX. — Péricat a rappelé un fait. Nombreux sont les camarades sur lesquels, au cours de la guerre, il a fallu apporter son opinion en dehors des conceptions et des divergences qui pouvaient exister entre nous.

Jamais le Bureau confédéral n'a émis une opinion défavorable à l'égard d'un seul camarade. Toujours, plaçant l'amitié au-dessus des divergences, nous avons défendu collectivement, et moi personnellement, les camarades qui étaient attaqués. (*Applaudissements.*)

PÉRICAT. — Je ne dis pas que Jouhaux, — et je lui en rends hommage, — ait personnellement douté de mon honnêteté. Mais, je pourrais citer des noms. Je ne le ferai pas. Mais lors de mon arrestation, des camarades qui sont ici présents dans ce Congrès, à la Bourse du Travail de Paris (j'ai les noms et les témoignages) disaient que Péricat et le Comité de Défense syndicaliste étaient alimentés par l'argent de l'Allemagne.

Mon reproche, camarade Jouhaux, ce n'est pas cela, mon reproche, c'est que le Comité confédéral avec qui j'étais en désaccord presque en entier, devait, comme il avait fait pour Merrheim avec juste raison quand celui-ci avait été accusé d'avoir touché un chèque de 10.000 francs de M. Caillaux, voter un ordre du jour par lequel il se déclarait solidaire du camarade arrêté et répondait de son honnêteté. C'est un fait personnel. Vous m'excuserez d'avoir soulevé cette question, mais je l'avais à cœur et dans la prison, je n'ai rien reçu. Seul un homme, risquant de passer avec moi pour un traître à la patrie m'a fait passer une carte. C'est le camarade Martinet. Sur cette carte, était le nom d'un fils de bourgeois, Jean de Saint-Prix. Ceux-là ne m'ont pas laissé tomber, au moment où tombait la tête de Bolo. C'est à ce moment seulement qu'on est intervenu, non seulement pour moi, mais pour les camarades de la Loire ; c'est à ce moment-là seulement qu'on a pensé qu'il y avait des camarades en prison. Et il y a un fait Pendant que j'étais en prison, le juge d'instruction à Clermont-Ferrand me disait : « Vous, vous êtes désavoué par la Fédération des Métaux ; vous êtes désavoué par la C. G. T. ». C'était l'époque du Congrès confédéral de Paris.

Vous pourrez me dire que ce n'est pas le rapport moral qui est en cause. Mais cette question se rapporte tout de même à toute l'action confédérale. La pièce principale de l'accusation maintenue contre moi est : provocation de militaires à la désertion et à la désobéissance. La voici. J'ai l'intention de la publier. Je tiens à rendre publique cette déclaration. Je tiens à dire au Congrès confédéral que mon emprisonnement, mon accusation de haute trahison, je ne l'oublie pas ; et que lorsque Clemenceau sera tombé, j'entends poursuivre mes accusateurs. J'ai dit que je n'avais pas touché d'argent ni allemand, ni suisse ; mais devant le Congrès, pour rendre hommage à la Révolution russe, je déclare que si les révolutionnaires russes m'avaient envoyé de l'argent pour faire de la propagande révolutionnaire en France, je l'aurais accepté ! (Applaudissements.) Je l'aurais accepté, parce que cet argent, je ne l'aurais pas fait servir à mes besoins personnels, mais parce que je l'aurais fait servir à notre cause. Les gouvernants, eux, n'hésitent pas un instant à fournir de l'argent à Koltchak et Denikine pour tuer la Révolution.

Tout à l'heure, dans nos discussions de tendances, je parlais de prisonniers ; mais, camarades, il y a des prisonniers que nous paraissons oublier : il y a Lecoin, condamné à 5 ans de travaux, qui est encore dans le bagne d'Alfortville ; il y a Becker, qui est à Clermont-Ferrand ; il y a des petits camarades du mouvement du Premier Mai ; Laloup condamné à 5 ans ; le petit Maurice Albert qui est à la réclusion à Melun, — il a encore 5 ans, celui-là aussi.

Eh bien ! je ne sais pas si des ordres du jour suffisent ; je ne sais pas si nous n'avons pas un moyen de montrer notre sentimentalisme, nos sentiments d'humanité.

Vous parlez du mouvement du 21. Il a avorté et on en rejette la faute les uns sur les autres. Je ne dis pas que le Bureau confédéral est responsable, complètement responsable ; j'ai la conviction que les fautes n'incombent pas entièrement au Bureau confédéral ; je serais même porté à croire qu'elles n'incombent nullement au Bureau confédéral. Seulement, Jouhaux s'est déclaré solidaire de ses camarades. C'est possible ! Mais je dis que la Commission administrative a sa part de responsabilité. De même, le Comité national... Quand Jouhaux a rendu public, par une déclaration, le vote du Comité national, les Unions départementales, les Fédérations ont voté à l'unanimité presque entière pour lui, sauf l'Union du Finistère et la Fédération de la Voiture et Aviation. Par conséquent, chacun d'entre vous a sa part de responsabilité.

Liquidons le passé, arrivons à l'action. Il y a un moyen d'arriver à

144 CONGRÈS CONFÉDÉRAL DE LYON

l'action. Vous allez me dire encore : « Grève générale ! » Je dis :
Oui, si la campagne de Russie ne cesse pas, si l'on ne cesse pas le
blocus, si l'amnistie n'est pas large et complète, je demande au Congrès de décider unanimement une date pour l'action générale. Et à
ce moment-là, vous ne pourrez pas dire que vous ne connaissiez pas
la date. Avez-vous un moyen de vous mettre d'accord, réformistes et
révolutionnaires, pour libérer totalement la Révolution et les camarades emprisonnés ? Je ne sais pas. Mais je vous le déclare, j'ai vu,
dans les prisons, de malheureux jeunes gens de 18 à 20 ans ; dans les
bagnes militaires, j'en ai vu qui se traînaient à ma porte pour avoir
des os et les ronger. Il y a des camarades en prison depuis cinq ans, il
y en a dans des camps de concentration depuis cinq ans ; il faut que
cela cesse ! Montrez que vous êtes révolutionnaires, montrez que vous
voulez faire un mouvement au point de vue de l'Internationale. Vous
avez le moyen de le faire. Moins de paroles, des actes, pour sauver
nos camarades, leur rendre la liberté, et la grève générale effective
pour sauver la Révolution russe ! (Applaudissements.)

Discours de Bartuel

BARTUEL. — De nombreux camarades sont déjà venus apporter à
cette tribune des critiques et aussi des idées. Ils y ont développé des
thèses qui se rapportent plus ou moins au rapport moral et également à la quatrième question de l'ordre du jour. D'autres viendront
encore après moi apporter de nouvelles idées, d'autres critiques ou
d'autres thèses, et j'estime que cela est suffisant pour asseoir votre
jugement.

En ce qui me concerne, je ne me présente pas à cette tribune pour
prendre la défense ni du Bureau confédéral, ni de la Commission
administrative dont je fais partie, pas plus que du Comité confédéral
national, tous organismes qui dépendent des Congrès nationaux confédéraux. Je ne peux pas me faire mon propre avocat, parce que faisant partie de la Commission administrative, et j'estime qu'il suffit
à mon rôle d'apporter ici les explications qui ont été demandées au
début du Congrès sur le cartel et les causes de son non-fonctionne-
ment et aussi sur les causes qui ont fait qu'au 21 juillet n'a pu avoir
lieu le mouvement qui était prévu.

Mais par avance, je me déclare entièrement solidaire avec mes
collègues du Bureau confédéral, avec mes collègues de la Commission administrative et aussi avec tous les membres du Comité confédéral national qui, dans sa dernière séance, a approuvé les deux premiers organismes. Quelles que soient les décisions prises et bien que
ces décisions ne m'aient pas plu quelquefois, il serait criminel de ma
part de ne pas demeurer solidaire avec l'ensemble lorsque cet ensemble s'est prononcé.

Le cartel, c'est là où je veux en venir, et je remonte tout de suite à sa constitution organique. Beaucoup en ont parlé. Peu ont dit la vérité sur la constitution de ce cartel. Il faut que l'on sache qu'au mois de mars de cette année, à la *Bellevilloise*, lorsque le Comité confédéral national s'y réunit, le cartel fut constitué entre les principales Fédérations sur les bases suivantes : d'abord il devait agir au point de vue corporatif, sur la seule et unique question des huit heures; ensuite, sur les questions d'ordre social, dans le cadre confédéral : pour l'amnistie, pour la démobilisation, contre l'intervention en Russie.

Voilà les points essentiels sur lesquels le cartel interfédéral devait fonctionner et devait pouvoir fonctionner. Il est vrai qu'entre les principales Fédérations, il avait été dit : Nous allons déposer un programme d'ensemble, mais avec cette réserve, qu'à ce moment seule la question des huit heures et l'obtention de cette loi générale entraînerait la solidarité ; pour les autres questions corporatives, il fallait qu'une nouvelle entente intervienne d'un commun accord, sans quoi le cartel ne pouvait et ne devait pas jouer.

Voilà la vérité.

Ainsi j'arrive tout de suite au moment où notre Congrès national de Marseille a décidé la grève générale pour, en ce qui nous concernait, obtenir les huit heures et en même temps le minimum de salaires dans les mines.

Au camarade Verdier, qui déplorait hier que les mineurs soient partis trop tôt, qu'ils n'avaient pas attendu l'ordre de la C. G. T., je ferai amicalement observer que nous n'avions pas à attendre des ordres de la Confédération Générale du Travail pour nos revendications corporatives, puisque autonomes, nous étions libres et nous sommes libres encore d'agir avec notre force quand nous en déciderons ainsi. Mais nous n'avons jamais empêché qui que ce soit de nous suivre, nous n'avons jamais mis une barrière derrière nous, sur la route.

Après le Congrès de Marseille, j'arrive à la séance du cartel, au 14 juin.

A cette date, le cartel s'est réuni. A ce moment-là, les mineurs n'étaient pas encore en grève, mais nous étions à la veille de nous y mettre et le mouvement était inévitable.

C'est à ce moment que mon collègue Gémin et moi, posâmes au cartel la question suivante: « Nous vous demandons tout simplement de tenir les promesses qui nous ont été faites en votre nom, et si vous pouvez les tenir, pour nous aider dans notre action. »

Ces promesses étaient les suivantes :

On nous avait affirmé, au Congrès de Marseille, que, très certainement, nous pouvions compter sur le concours de nos camarades des chemins de fer, de nos camarades inscrits maritimes, de nos camarades des transports, pour qu'il ne soit transporté ni manutentionné une parcelle de charbon. Or, lorsque nous posâmes cette question au cartel, le 14 juin, il nous fut répondu ceci : « Il ne nous est pas possible de vous accorder satisfaction. Nous ne pouvons pas déclencher chez nous cette espèce de mouvement partiel que vous nous demandez. Il nous serait plus facile de déclencher un mouvement général. »

Je le comprends très bien et, tout à l'heure, vous avez pu le comprendre par les explications de notre camarade Bidegaray. La situation qui existait à ce moment-là permettait à ces camarades, à la tête d'autres corporations, d'autres Fédérations, de nous faire cette réponse, parce qu'à ce moment-là ils n'étaient pas sûrs de leurs troupes pour une espèce de grève perlée. Ils l'étaient davantage pour une action générale. Nous répondîmes, mon collègue Gémin et moi : « Puisque vous ne pouvez pas accorder satisfaction à la demande que nous vous présentons, si vous pensez que vos Fédérations sont à même de faire mieux, eh bien ! nous n'y mettons pas d'opposition. Elles demeurent juges. »

Le 16 juillet, il y eut une nouvelle réunion du cartel, où les mêmes questions furent posées, les mêmes réponses faites. Mais là, la situation était toute différente en ce qui nous concernait, car nous étions en grève et nous n'étions pas en grève pour les huit heures seulement, nous étions en grève aussi pour la question salaires. En fait, nous n'avions pas le droit d'exiger des autres corporations de faire jouer le cartel en notre faveur, puisque sur la question des huit heures nous étions sur le point d'avoir satisfaction et que c'était sur les salaires que nous devions continuer la lutte.

A côté de cela, il y avait également une autre situation qui pouvait avoir sur le mouvement des conséquences à une date très rapprochée. Des conversations étaient engagées internationalement avec nos camarades italiens et anglais, et il fallait envisager, en raison d'une action internationale probable sinon certaine, de conserver toutes les forces pour cette action d'ordre général ; l'on ne pouvait pas, à ce moment-là, sacrifier ses forces, de gaieté de cœur, lorsqu'on pressentait qu'une action plus vaste, plus élargie pouvait être réalisée.

C'est pourquoi, à une question qui nous fut posée, nous répondîmes : « Quoi qu'il arrive, si vous ne pouvez pas donner satisfaction à la simple demande que nous vous posons, nous répétons que nous ne nous opposons à aucune autre forme plus générale que vous croiriez devoir employer : mais nous vous disons que peut-être, dans trois ou quatre jours, ou dans huit jours, il faudra toutes les forces pour agir internationalement. » A ce moment, une question me fut posée : « Que feront les mineurs à ce moment-là ? » Je répondis : « Quoi qu'il arrive, les mineurs, comme ils ont répondu au Congrès de Marseille, seront avec la C. G. T., avec tous les camarades. » (Applaudissements.)

J'en arrive tout de suite à une autre phase du fonctionnement du cartel. Au moment où nos camarades des Métaux vinrent demander au cartel de fonctionner, d'agir, d'entrer en action en faveur des grèves parisiennes, j'ai répondu aux camarades présents de la Fédération des Métaux : « La question ne se pose pas à nous, mineurs, parce que nous sommes déjà en action, mais je vous déclare franchement, très loyalement, que si nous n'étions pas en grève, je répondrais par là négative. Pourquoi ? Parce que vous ne pouvez demander l'action et le fonctionnement du cartel en votre faveur qu'autant que votre propre Fédération aura rendu votre grève partielle de là région parisienne effective et générale pour votre corporation. A ce moment-là seulement, vous aurez le droit de demander l'appui du cartel. »

En effet, un cartel de cette nature ne pouvait pas être mis en action pour des grèves partielles, régionales. Avant d'invoquer l'action du cartel, il faut que la corporation qui réclame l'action des autres corporations se soit rendue solidaire et agisse en faveur des membres mêmes de cette corporation.

Voilà la raison pour laquelle le cartel n'a pas pu jouer en faveur des camarades des métallurgistes de la région parisienne.

Passons maintenant à la phase du 21 juillet.

Et oui, comme l'a dit tout à l'heure Bidegaray, jusqu'au dernier moment, jusque vers le 1er juillet, on n'avait pas connaissance, dans les diverses corporations, tout au moins dans les principales qui devaient entrer en lutte, qu'il y eût la moindre défaillance. Ce n'est qu'au dernier moment qu'on a connu ces défaillances.

Le camarade Tommasi a fait allusion, dans son discours à la première séance du Congrès, à un fait qui s'est passé, en disant que la plupart des membres de la Commission administrative n'étaient pas présents lors du vote qui a adopté sa motion.

En ce qui me concerne, Tommasi a raison : je n'étais pas présent au moment du vote ; pour des considérations toutes particulières et qui étaient impérieuses pour moi, je n'ai pu assister jusqu'à la fin de cette séance qui a été coupée par une délégation chez Clemenceau, provoquée par le Gouvernement, et qui a eu l'approbation de toute la Commission administrative, y compris Tommasi.

Dans la première séance de cette réunion, nous avons eu la confirmation de toutes les défaillances qui s'accusaient les unes après les autres. Il n'y a pas ici à signaler des défaillances des camarades cheminots, il y en a d'autres dans des corporations dont les secrétaires étaient obligés de dire : « Cela ne marche pas chez nous ; il ne faut pas compter sur nous ». Malgré ces défaillances accusées, affirmées, qui laissaient clairement prévoir que le mouvement était devenu pour ainsi dire impossible et était voué à un échec lamentable, parce que ç'aurait été une grève générale ridicule : il y aurait grève des mineurs et des inscrits maritimes, ce qui aurait pu, dans l'ensemble de la masse ouvrière de France, comme une goutte d'eau dans la rivière, alors que nous avions préconisé une grève générale... Malgré cela, et je dois cet hommage à la vérité, un camarade parlant au nom du Bureau confédéral déclara : « Coûte que coûte, pour sauver l'honneur du Syndicalisme, quoique nous allions à l'échec, je considère que nous devons marcher ! »

Cet homme, c'était Jouhaux.

Après lui, je déclarais, moi, et je regrette que Tommasi ait oublié cela : « Coûte que coûte, malgré les défaillances qui nous sont accusées, j'estime que nous devons aller au mouvement et laisser à ceux qui sont les auteurs de ces défaillances la responsabilité de celles-ci, quitte à justifier ensuite leur geste de défaillance ».

Voilà la déclaration que je fis, partisan quand même d'aller au mouvement du 21 juillet, tout en en prévoyant l'échec lamentable. Pourquoi ? Parce que je considérais, comme d'autres camarades, qu'aller à l'échec, nous en serions responsables, mais que ne pas aller à l'échec, nous en serions responsables tout de même. Par conséquent, il valait mieux y aller... C'était mon opinion. Alors, j'ai estimé qu'après avoir fait cette déclaration et indiqué qu'à n'importe quel jour les mineurs étaient toujours à la disposition de la C. G.T., je n'avais pas ensuite à influencer par mon vote les camaraoes qui n'avaient plus de troupes derrière eux, qui étaient obligés de manquer à leur parole et qui n'en étaient pas responsables. Je dois leur rendre cet hommage d'avoir eu le courage douloureux, dans leur situation, après nous avoir à chaque instant dit : « Nos troupes sont avec nous » d'être obligés de nous dire : « Aujourd'hui, nos troupes nous ont lâchés ».

Mais oui, c'était douloureux pour ces camarades et c'est pourquoi je leur rends hommage !

Un autre point qui n'a pas été touché encore.

Ah ! on cherche des responsables ! On veut établir des responsabilités et, en toute circonstance, il faut un bouc émissaire !

Là, je rappelle justement la séance de mars à *La Bellevilloise*, où était réuni le Comité confédéral national et où il y avait là non seulement les représentants des Fédérations, mais aussi des Unions départementales : c'était bien là la représentation exacte de la Confédération Générale du Travail ! Je me souviens, après que le cartel fut constitué, que je posais une question, non pas dans le sens que l'a indiqué le camarade Verdier, hier, mais tout différemment. Je disais : « Vous préconisez une grève de vingt-quatre heures et vous en êtes partisan, c'est entendu ; mais pensez-vous, songez-vous un seul instant que si vous mettez à exécution cette décision, le Gouvernement demeurera sans bouger ? Sans rien dire, sans rien faire ? Avez-vous cette illusion ? Je ne crois pas qu'il faille l'avoir. Le Gouvernement, devant une grève de vingt-quatre heures qui paralyse totalement la vie nationale, prendra des mesures, des sanctions ».

Un délégué. — Et le Premier Mai !

BARTUEL. — Camarades, le Premier Mai, les dispositions étaient telles que le Gouvernement n'a pas pu prendre de sanctions.

A ce moment-là, il n'était pas question d'organiser la grève de vingt-quatre heures comme elle a été organisée par la suite. Il était question d'organiser une grève comme il a été décidé au 27 mai.

Et alors, je disais : « Nous allons faire un mouvement de vingt-quatre heures. Vous pouvez compter qu'en toute circonstance, les mineurs sortiront comme un seul homme. Mais je prévois tout de suite qu'immédiatement après le Gouvernement prendra des sanctions, sinon avant pour empêcher que ne soit paralysée la vie natio-

nale ; il les prendra immédiatement, non pas contre les mineurs qu'il
ne peut pas atteindre et qui ne le craignent pas, mais contre les
camarades qui sont sous sa coupe directe, contre les agents des postes,
contre les inscrits, peut-être contre les camarades des chemins de
fer ». J'ai cité ces noms-là et je disais au Comité confédéral : « Dans
cette circonstance, que ferez-vous ? » A l'encontre de ce que déclarait hier Verdier lorsqu'il disait que je revendiquais la solidarité pour
les mineurs, je n'ai pas dit un mot pour les mineurs ; c'était pour
nos camarades que je sentais les plus visés : postiers, cheminots.
que je demandais cette action de solidarité. A l'encontre aussi de ce
que Verdier affirmait hier, lorsqu'il disait que tout le Comité national
s'était levé pour me donner satisfaction, j'ai le regret de déclarer
que ma question est tombée dans le vide et personne n'y a répondu.
Cependant, il y avait là aussi des révolutionnaires ! N'ont-ils pas
senti que ma question était grosse de conséquences ? N'ont-ils pas
compris où je voulais en venir ? Je ne leur ferai pas l'injure de croire
qu'ils n'ont pas compris. Elle voulait dire, cette question, et c'était
la seule réponse qu'il y avait à faire, celle que j'attendais du Comité
confédéral : « Si un seul de nos membres est frappé et quelle que
soit la corporation à laquelle il appartienne, la grève continuera ».
Alors, c'était la grève générale !

Voilà ce qu'il fallait dire, camarades, et voilà ce qui n'a pas été
dit. Voilà la réponse que j'attendais, voilà la réponse qui n'est pas
venue et voilà la cause initiale de l'échec du 21 juillet et ce qui a
empêché l'exécution du mouvement, parce que la solidarité des
camarades les uns pour les autres n'avait pas été affirmée.

Eh bien ! j'estime que s'il y a des responsabilités, c'est l'ensemble
du Comité national qui doit supporter ces responsabilités, moi comme
les autres ! (Applaudissements.)

Le Président. — Voici une proposition :

Le Congrès décide, pour activer ses travaux, d'entendre encore un
orateur après Lepetit.

Je ne sais si la proposition peut être adoptée, je la mentionnerai
après que nous aurons entendu Lepetit.

Une motion d'ordre vient d'être déposée au Bureau, je vais vous
en donner lecture :

Le Congrès de la C. G. T., réuni à Lyon les 15, 16 et 17 septembre 1919.
déclare qu'il ne clôturera ses assises qu'après avoir obtenu satisfaction
complète sur la mise en liberté des camarades emprisonnés pour action
syndicaliste. — Gaillard.

Discours de Lepetit

Lepetit. — Camarades, en ouvrant ce Congrès, le camarade Jouhaux
a déclaré : « Nous espérons que de ces assises sortira enfin une atmos-

phère claire, une situation précise qui nous permettra de poursuivre la lutte vers la réalisation de notre idéal ». Vous avez à juger une action passée, nous a-t-il dit ; vous avez à vous prononcer sur l'action que devra entreprendre la Confédération Générale du Travail.

Tout de suite, pour répondre à Bourderon qui demandait à cette tribune : Est-ce la responsabilité de Jouhaux qui est visée dans ce Congrès ? je dis : Ce n'est pas la personnalité de Jouhaux, pas davantage que celle d'autres, qui est visée.

Ici, nous répondons à Jouhaux, nous jugeons une politique d'après les résultats et nous voulons envisager d'un commun accord les moyens qu'il faudra employer pour obtenir des résultats meilleurs que ceux que l'on a obtenus jusqu'ici.

Bourderon nous disait également : « Ce serait avoir la rancune tenace que de ne pas oublier le passé, de ne pas avoir, dans l'intérêt supérieur du prolétariat, les yeux fixés vers l'avenir. L'heure est grave et les préoccupations de tous les délégués doivent être fixées sur les événements qui se préparent, qui ne manqueront pas de se dérouler. Vous apportez des critiques, nous a-t-il dit, mais vous les apportez trop tard. Il eût fallu les apporter pour cette période comprise entre 1914 et 1918, au moment où il y avait danger de le faire. Et à ce moment, j'ai interrompu le camarade Bourderon pour lui dire : Camarade Bourderon, nous étions avec vous, au moment où il y avait danger de le faire, pour critiquer la Confédération Générale du Travail. Nous étions avec un homme qui, à ce moment, je veux le dire ici, était l'honneur du syndicalisme français, était le flambeau du syndicalisme, personnifiant en quelque sorte l'opposition française et qui a fait dire à Lénine qu'il était la grande figure du mouvement ouvrier français ; j'ai nommé Merrheim avec qui nous avons collaboré, Merrheim, pour qui nous avions un respect profond, Merrheim, l'homme de Zimmerwald, Merrheim qui, au péril de sa liberté, au moment où il y avait danger de le faire, n'a pas hésité à se rencontrer avec les minoritaires d'Allemagne, d'Autriche et des autres pays belligérants, pour tenter de rechercher avec eux un moyen de mettre fin au cataclysme.

Nous avons aujourd'hui la douleur de voir Merrheim, notre collaborateur d'antan, celui que nous vénérions, passé de l'autre côté, passé avec les majoritaires, reniant son passé de Zimmerwald, combattre ceux avec lesquels il collaborait autrefois. (Applaudissements.)

Permettez, camarades, que nous fassions une petite incursion. Il n'est peut-être pas nécessaire d'appuyer beaucoup, après les déclarations faites ce matin par notre camarade Monatte, qui ont montré la position prise dès le début de la guerre par le Bureau confédéral...

Monatte a mis en accusation le Bureau confédéral. Il faudra que celui-ci s'explique. Monatte a démontré que le Bureau confédéral n'avait pas au moment psychologique la notion du devoir qui lui incombait dans la gigantesque lutte. Il était de son devoir de briser avec la classe bourgeoise et de dire ce qu'a dit Turati : Entre vous responsables de la guerre, et nous, victimes de la guerre, il ne saurait y avoir aucune collaboration. Vous êtes les responsables, nous sommes les victimes, restez de l'autre côté de la barricade ; nous sommes des ennemis de classes, il ne peut y avoir entre nous aucune espèce de réconciliation.

Et le Bureau confédéral a accepté des missions ; il est allé à Bordeaux ; il a accepté la thèse de la bourgeoisie que la France était attaquée ; la France faisait la guerre du droit ; la France faisait la guerre de la civilisation : la France avait pour objectif la défense des petites nationalités ; la France apparaissait comme le pays porteur de toutes les lumières ; il fallait par conséquent que les ouvriers s'en aillent, les armes à la main, à côté de leurs ennemis de classe pour défendre non seulement le territoire, mais encore, en se basant sur les déclarations du Comité confédéral, les libertés acquises. Et ces libertés, au moment où le Bureau confédéral accordait sa collaboration au Gouvernement, ces libertés n'existaient plus : la censure tranchait dans les colonnes des journaux toute opinion subversive. et nos camarades du Bureau confédéral qui avaient accepté de collaborer dans la guerre avec le Gouvernement, ne se révoltaient pas contre cette façon de faire ; les dirigeants forts de cet appui moral du Bureau confédéral lui-même continuaient de faire croire à la classe ouvrière de ce pays qu'elle combattait bien pour ses libertés. pour l'intégrité du territoire français, qu'elle combattait pour le droit, pour la civilisation.

Voilà le reproche que nous vous faisons, camarades du Comité confédéral ! Vous êtes aussi responsables de la guerre que les dirigeants qui l'ont voulue, qui l'ont conduite, parce que vous n'avez pas dégagé votre responsabilité, parce que vous avez entraîné la masse dans la guerre.

Nous vous l'avons déjà dit, nous n'essaierons pas de vous reprocher de ne pas avoir mis en application les décisions du Congrès de Marseille et du Congrès de Toulouse qui prévoyaient la grève générale insurrectionnelle, en cas de guerre. Les camarades qui m'ont précédé ici ont dit qu'au 2 août 1914 une vague de folie avait passé sur ce pays comme elle avait passé sur les autres pays, entraînant tout avec elle, jetant le désarroi dans les esprits, anéantissant ainsi tout effort qui aurait pu être tenté. Nous ne vous reprochons pas de ne pas avoir déclaré la grève générale, mais nous vous reprochons d'avoir pris position dans la guerre, d'avoir collaboré avec les gouvernants et nous vous reprochons surtout de ne pas avoir voulu mener cette propagande pour la paix au moment où elle était possible, au moment où, enfin, les esprits s'étant éveillés dans ce pays, une opposition à la guerre s'étant forgée, les camarades s'étant redressés contre le flot, il vous appartenait à vous, dirigeants de l'organisme de classe de ce pays, de prendre en mains le mouvement en faveur de la paix, et de dire : « La guerre a assez duré ; les prolétaires se sont suffisamment fait massacrer pour des intérêts qui ne sont pas les leurs ! » Et vous, à ce moment-là, vous avez dit ce que vous dites aujourd'hui pour une

autre question : « Comment voulez-vous que nous fassions la paix ?
Quels sont les moyens que vous nous apportez ? »

Aujourd'hui, vous nous dites : « Comment voulez-vous faire la
révolution ? Quels sont les moyens que vous nous apportez pour faire
la révolution ? »

Il vous était possible, comme à nous, de préparer les esprits, de
vous désolidariser d'avec le Gouvernement de Défense nationale, de
suivre cette minorité qui s'était affirmée ; vous n'avez pas l'excuse
de dire que vous croyiez encore à ce moment au but désintéressé
poursuivi par le Gouvernement de ce pays : des révélations sensa-
tionnelles avaient été faites et vous saviez que la France avait été
entraînée dans la guerre par son alliance avec l'impérialisme russe
et que cet impérialisme russe avait réclamé Constantinople pour fruit
de son concours. Vous n'ignoriez pas que les autres impérialismes
poursuivaient des buts de conquêtes dans cette guerre qu'on prétendait être une guerre du droit. Cependant, vous restiez à côté de ces
bourgeois ; vous, camarade Jouhaux, vous alliez siéger dans les
Comités de Secours national, sous prétexte d'apporter des soulage-
ments aux misères, mais en réalité pour empêcher les troubles qui
étaient susceptibles de porter atteinte à la défense nationale. Vous
avez d'ailleurs déclaré dans divers articles : « Il faut prendre des
mesures pour empêcher que ces troubles n'éclatent. Vous ne vous
êtes pas aperçu que vous étiez ainsi défenseur de paix sociale et que
vous manquiez à la mission qui vous incombait, à la tête de l'organisation ouvrière de ce pays.

Vous avez collaboré, et Merrheim, dans l'Union des Métaux, en
1916, écrivait ceci :

Dès le début de la guerre, ils se sont associés, adaptés et depuis sont
restés étroitement attachés à la politique guerrière du capitalisme et des
gouvernants. Ils sont les prisonniers de ces derniers et doivent, avec eux,
pour eux, s'efforcer d'arracher la classe ouvrière à la « lutte de classes »
pour l'amener à pratiquer la « collaboration des classes » appelée à consolider le salariat et l'asservissement du prolétariat aux forces capitalistes.

Voilà ce qu'écrivait Merrheim en 1916 et nous étions d'accord avec
le Merrheim de ce moment-là. Nous sommes aujourd'hui d'accord
avec ce qu'il écrivait, et à mon tour, je demande ce qui a pu se
produire dans l'esprit de Merrheim pour lui faire renier ses écrits
de 1916, pour lui faire renier son passé de la guerre, pour lui faire
renier Zimmerwald et ses amis minoritaires ?

Cette collaboration de classes, comme le disait Merrheim, elle est
restée, et des camarades disaient avec juste raison que la politique
de la C. G. T., à l'heure actuelle, depuis le dernier Congrès, était la
politique menée par la C. G. T. durant la guerre.

Et quoi ! à Clermont-Ferrand, une motion d'unanimité a été votée ;
les délégués des Unions départementales, des Fédérations, réunis à
Clermont-Ferrand, minoritaires et majoritaires, se sont mis d'accord
pour élaborer un programme. A ce moment-là, ils ont dit : « Nous

tenterons de faire ce qu'il sera possible de faire pour créer l'état d'esprit favorable à la paix. » Je vous demande : « Qu'avez-vous fait à la suite de cette Conférence de Clermont-Ferrand ? Avez-vous mis en application les décisions prises à cette Conférence ? » Non ! Vous n'avez rien fait, vous avez déclaré qu'il fallait attendre, qu'il fallait préparer un mouvement de masse, qu'on ne pouvait pas partir les uns après les autres et qu'il était nécessaire de faire une propagande intensive pour que le mouvement général qui serait préparé ne subisse pas un échec qui serait préjudiciable aux intérêts du prolétariat de ce pays.

Nous sommes arrivés ainsi jusqu'au Congrès de juillet 1918.

Je ne m'appesantirai pas davantage sur cette période de 1914 à 1918. Je répète que Monatte a suffisamment touché la question pour qu'il ne soit pas besoin de la développer davantage.

En 1918, à Paris, majoritaires et minoritaires se confrontaient de nouveau et une motion d'unanimité était votée, non pas peut-être par la totalité des délégués, mais par la majorité des délégués. Les minoritaires faisaient abstraction de leurs sentiments personnels ; ils avaient en vue l'intérêt supérieur du prolétariat et ils voulaient que sorte de ce Congrès cette atmosphère de confiance qui permettrait enfin à la C. G. T. de poursuivre l'application des décisions qui seraient prises en commun accord.

Eh bien ! depuis le Congrès de Paris, les décisions que vous avez prises : la lutte contre la guerre de conquêtes, la lutte pour l'amnistie, la lutte contre l'intervention en Russie, la lutte pour l'obtention de toutes les améliorations réclamées par le prolétariat, les avez-vous appliquées ? Non ! Vous vous présentez devant le Congrès, les mains vides ! Vous n'avez obtenu aucun résultat, parce que vous n'avez pas fait la besogne nécessaire pour obtenir des résultats.

Ah ! vous voulez des précisions sur les points que nous vous reprochons ! Vous voulez que nous vous disions les points spéciaux sur lesquels nous avons à vous faire des reproches ! Nous vous l'avons déclaré : Nous vous reprochons de n'avoir pas fait cette besogne nécessaire ; mais ce n'est pas tout : vous avez fait des choses que vous ne deviez pas faire ; vous avez fait des déviations en faveur de cette affaire Malvy.

Il est nécessaire de revenir sur cette affaire et de demander pourquoi on a engagé, à la C. G. T., une campagne en faveur de Malvy. On a dit : Malvy avait une politique différente de celle des autres ministres, et c'est parce que Malvy avait une politique différente qu'on a, dans la Bataille, le journal officieux de la C. G. T., mené une ardente campagne en faveur de Malvy. Mais, qu'était-il donc, sinon un bourgeois, un ennemi de la classe ouvrière ? Malvy, durant son passage au ministère de l'Intérieur, a mené une autre politique que celle de Clemenceau. Il était le ministre des sursis d'appel, et je ne voudrais pas être obligé de penser qu'il y a des camarades qui se sont laissé entraîner à la défense de Malvy par reconnaissance pour les sursis d'appel. (Applaudissements.)

Camarades, Bourderon nous demandait également : « Nous repro-
chez-vous d'être allés à Brest saluer le grand démocrate Wilson ? »
Je réponds : Oui ! oui ! nous vous reprochons d'être allés à Brest
saluer celui qu'on a appelé le grand démocrate et que Lénine a
appelé, lui, le plus grand hypocrite du monde. (*Applaudissements.*)

Oui, nous vous reprochons d'y être allés, non seulement parce que
vous saviez, à ce moment-là ce qu'était Wilson ; vous saviez que,
dans la République américaine, des centaines des nôtres étaient emprisonnés ; vous saviez qu'une répression impitoyable s'abattait sur
nos amis ; vous saviez que les courageux militants des *Industrial
Workers* étaient poursuivis, frappés, jetés dans les prisons républicaines parce qu'ils s'élevaient contre la guerre, et vous êtes allés
saluer celui qui couvrait cette répression de sa haute autorité morale,
celui qui était responsable ; vous n'avez donc pas compris qu'en
vous solidarisant avec Wilson, en lui apportant le salut de la classe
ouvrière, vous vous désolidarisiez de ceux qui étaient les victimes du
capitalisme américain, que vous faisiez œuvre de trahison à leur
égard quand vous alliez saluer celui qui était responsable de leurs
douleurs, leur tyran ?

Oui, nous vous reprochons d'être allés à Brest ! Vous ne voulez pas
que nous approuvions votre Rapport moral, que nous vous approuvions d'être allés saluer Wilson, et non pas seulement parce qu'il
était le représentant des oligarchistes d'Amérique, non pas seulement
parce qu'il couvrait les sévices exercés contre les syndicalistes américains, mais parce qu'encore, en plaçant la C. G. T. sous l'égide d'un
homme d'Etat américain, vous faisiez aveu d'impuissance ; vous
disiez : « La C. G. T. française est incapable de mener une action
par elle-même ; elle doit s'abriter derrière Wilson ! » (*Applaudissements.*)

Voilà pourquoi, Bourderon, voilà pourquoi, camarades du Comité
confédéral, nous vous reprochons d'être allés à Brest. Nous ne pouvons pas vous approuver ; nous vous désapprouvons et nous adressons nos sympathies à ceux que vous avez abandonnés dans les
geôles de la République américaine.

Camarades, nous arrivons, par la suite, au Premier Mai 1919. Pour
le Premier Mai, la C. G. T. avait préparé méthodiquement l'action.
Elle avait formulé, comme revendications pour ce Premier Mai, les
revendications suivantes inscrites sur une carte que vous possédez
tous, qui vous a été remise à l'occasion de cette date historique et
sur laquelle vous pouvez lire : Journée de huit heures, amnistie
totale, démobilisation rapide et désarmement, pour protester contre
l'intervention en Russie, contre l'impôt sur les salaires, l'état de siège,
la censure. De l'aveu même des membres du Comité confédéral, le
mouvement est grandiose à Paris. Nous eûmes une journée qui ne fut
pas celle qui se passa en province. L'Union des Syndicats de la Seine
avait décidé une manifestation. Cette manifestation eut lieu malgré
l'interdiction de Clemenceau...

Un délégué. — Sur la proposition !

Lepetit. — Non pas sur la proposition de Lepetit, mais du délégué du syndicat des Terrassiers de la Seine, ce qui n'est pas la même chose. Le syndicat des Terrassiers estimait qu'on ne pouvait pas se borner, dans cette journée du Premier Mai, à un pointage de cartes à une réunion. Il demanda à l'Union des Syndicats de la Seine d'organiser, à l'occasion de cette date du Premier Mai, une manifestation dans la rue. La proposition du syndicat des Terrassiers fut adoptée et la manifestation décidée. Clemenceau fit savoir, par un émissaire quelconque, à nos camarades du Bureau de l'Union des Syndicats de la Seine que la manifestation était interdite. Et je dois reconnaître qu'à cette occasion, courageusement, les camarades du Bureau de l'Union prirent leurs responsabilités. Ils déclarèrent comme nous que la manifestation était décidée et qu'elle aurait lieu. La manifestation eut lieu, en effet. Vous en connaissez les résultats. Nous descendîmes dans la rue, cette fois ; nous nous battîmes avec la police ; il y eut du sang de versé, il y eut des blessés, des morts, des emprisonnés !

Le lendemain de cette journée, une effervescence considérable s'était manifestée...

Ruhl. — Tu n'as pas été blessé ?

Lepetit. — Camarades, Jouhaux vous a dit, à l'ouverture de ce Congrès : « Dans les discussions qui vont avoir lieu, je vous demande d'avoir toute la courtoisie possible et d'arrêter la discussion où commence la calomnie ! » Je constate qu'un membre de la majorité — oh ! je ne veux pas en rendre responsable toute la majorité — se permet une calomnie !

Camarades, si vous aviez suivi attentivement tous les événements du Premier Mai, vous auriez vu que celui qui, au nom du syndicat des Terrassiers, avait fait à l'Union des Syndicats la proposition de manifestation, était dans la rue, au Premier Mai, que celui-là avait été chargé par la police, qu'il avait été arrêté sur le boulevard des Capucines, traîné au poste, roué de coups et laissé évanoui dans un poste. (*Applaudissements.*)

Péricat. — Demande-lui pardon, Ruhl !

Ruhl. — Il a été déclaré, dans les milieux syndicaux, que Lepetit avait été vu à la tête de la manifestation avec une trique à la main et qu'il avait été arrêté par la police. Je demande si cela est vrai ?

Lepetit. — Je demande à Ruhl quel sens il attache à cette question. Je viens de déclarer, ce qui n'est pas un mystère pour personne, que j'avais été arrêté le Premier Mai et roué de coups. Je demande à Rhul pourquoi il me fait cette question et quel sens il y attache ?

Un délégué. — Je demande à Dumoulin qu'il dise ce qu'il sait.

Henriot. — Ce qui a pu, dans certains syndicats, créer une équivoque, même parmi les militants qui ont participé à cette manifestation, c'est que, le même soir, alors que nous nous réunissions à plusieurs d'entre nous, nous nous sommes demandé ce qui s'était passé aux différents points desquels nous étions éloignés. Nous ne savions même pas nous-mêmes, à 0 heures, que Jouhaux avait été blessé.

Voilà comment les choses se sont passées.

Je ne pense pas un seul instant qu'il ait été dans la pensée de Ruhl de vouloir attaquer Lepetit.

L'arrestation de Lepetit fut examinée à la réunion du Conseil de l'Union des Syndicats de la Seine qui eut lieu le lendemain, et là, le syndicat des Terrassiers a apporté des déclarations sur l'arrestation de Lepetit et il y eut complète satisfaction.

LEPETIT. — Camarades, il est nécessaire cependant de donner des explications complémentaires et de dire : Vous savez que, très souvent, des militants syndicalistes, socialistes, libertaires, sont traînés dans la boue par la presse réactionnaire. Je ne suis pas le premier à avoir été victime des attaques de cette presse servile. Je regrette profondément que ce soit un militant syndicaliste qui vienne ici insinuer que les arguments de cette presse pouvaient avoir un certain fondement, car je ne démordrai pas de ceci : la question insidieuse de Ruhl portait sur ce point. Pour lui répondre, je lui dirai que je suis parti de l'Université populaire, à la tête de la manifestation qui s'était formée au faubourg Saint-Antoine ; nous avons été chargés rue de Rivoli, et s'il y a ici des camarades de l'Ameublement de Paris, ils peuvent venir confirmer mes dires. Nous avons été chargés place de la Bastille, à Saint-Paul, et dispersés. Selon les indications de l'Union des Syndicats de la Seine, je me suis rendu à la place de la Concorde, en compagnie du camarade Després, qui, comme moi, mais non sur le même terrain, a été victime, quelque temps après, d'une campagne de presse qui l'accusait, comme notre camarade Péricat l'avait été, d'avoir touché de l'argent de l'Allemagne. Et, après mon arrestation, on a essayé de me salir et il a fallu que les camarades qui me connaissent, ceux qui savent mon existence, prennent ma défense. J'ai le droit de prétendre, après l'insinuation de Ruhl, que mon existence de militant ne peut être suspectée ! je suis à l'abri de tout soupçon ; je le suis d'autant plus que je suis, comme presque tous les militants, pauvre, presque toujours sans ressources, vivant du fruit de mon travail. Voilà, camarades, ce que je suis ; il est nécessaire de dire que, dans cette guerre, j'ai pris mes responsabilités. j'ai purgé deux ans de prison pour cela ! (*Applaudissements.*)

Camarades, considérez-vous l'incident comme clos ?

SIROLLE. — A ton avantage !

LEPETIT. — Camarades, je poursuis donc mon exposé.

Au lendemain de ce Premier Mai, une effervescence considérable s'est manifestée dans le prolétariat. Je n'étais pas dehors, mais j'ai su par des militants que les masses se portaient rue de la Grange-aux-Belles, que les militants étaient allés demander à la C. G. T. de

ne pas rester sur cette gifle que venait de donner la réaction à la
classe ouvrière de ce pays, de relever le gant, de poursuivre le mouvement pour réaliser le programme élaboré par la C. G. T. A ce
moment, on n'a pas compris. Oh ! je ne veux pas dire que le Bureau
confédéral a eu peur. Non ; je dis qu'ils n'ont pas saisi l'opportunité
du mouvement, pas saisi tout ce qui pouvait ressortir du mouvement
spontané qu'il était à même de déclencher à la faveur de l'effervescence créée par les événements du Premier Mai, et il était du devoir
de la C. G. T., de l'Union des Syndicats de la Seine, d'accoucher
d'autre chose que d'un manifeste dans lequel on disait que la classe
ouvrière a passé l'éponge sur ces événements...

LE PRÉSIDENT. — Des camarades proposent que l'on remette la
suite de l'exposé de Lepetit à demain matin.

Il en est ainsi décidé.   -

LE PRÉSIDENT. — Nous avons trois bureaux proposés pour demain.
En voici l'ordre :

1" *Monmousseau*, président ; *Rouleix* et *Labrousse*, assesseurs ;
2" *Milleret*, président ; *Picart* et *Ganoyer*, assesseurs ;
3" *Moussard*, président ; *Mme Longal* et *Acher*, assesseurs.

Le premier bureau est accepté.

QUATRIÈME JOURNÉE
Jeudi 18 Septembre

Séance du matin

Président : Monmousseau (Cheminots)

Assesseurs : Ronteix et Larrousse.

Le Président. — Camarades, je donne la parole au camarade Lepetit pour continuer l'exposé qu'il a commencé hier soir.

Suite du discours de Lepetit

Lepetit. — Camarades, je tâcherai d'être le plus bref possible pour ne pas retenir trop longtemps le Congrès et donner ainsi la possibilité aux membres du Bureau de répondre aux minoritaires, d'opposer la thèse du Bureau à celle que nous avons exposée.

Je me suis arrêté hier aux grèves de juin. Je passerai rapidement en revue ces événements, les camarades ayant avant moi dit ce qu'ils avaient à dire sur ces grèves ; j'estime cependant qu'il est utile d'y revenir pour apporter certaines critiques avant d'aborder cette question du 21 juillet.

Nous rappelons qu'au moment où les grèves éclataient dans la Métallurgie, les ouvriers des transports parisiens suivaient l'Habillement, les Banques ; en un mot, la grande majorité du prolétariat parisien descendait dans la rue pour imposer des revendications qu'il avait formulées ; nous rappelons l'effervescence qui se manifestait parmi toute la classe ouvrière de la Seine ; nous rappelons la lutte épique soutenue par nos camarades des Métaux appuyés par le prolétariat des autres corporations ; et, à ce moment-là, il fut demandé au Cartel interfédéral d'intervenir ; il fut demandé également à la C. G. T. d'intervenir dans ce mouvement pour tenter de le faire dégénérer en un mouvement général. Nous pensions, nous, que le moment était venu de saisir l'occasion qui se manifestait, occasion qui n'est peut-être pas prête de se représenter comme elle s'est présentée au mois de juin, car, je le répète, l'agitation était à son comble. La classe ouvrière, non seulement de Paris, de la Seine, mais encore la classe ouvrière de toute la France avait les yeux fixés sur ce mouvement. Il y avait plusieurs centaines de milliers de grévistes, les mineurs étaient en grève dans le Pas-de-Calais et dans le Centre et il suffisait à ce moment-là, nous en avons la conviction, que la C. G. T. donnât le signal pour que se déclanchât ce mouvement général qui eût permis, non pas peut-être à la Révolution de se développer, mais qui eût certainement permis à la classe ouvrière de ce pays d'imposer le programme qu'elle avait élaboré et que la C. G. T. avait fait imprimer pour cette journée du Premier Mai.

La *Liberté* disait récemment que la journée de huit heures avait été présentée par le gouvernement dans une minute d'affolement causée par la crainte des mouvements qui pouvaient surgir à l'occasion du Premier Mai. Nous croyons que c'est la vérité ! Le gouvernement était effrayé par la perspective des mouvements qui pouvaient surgir à l'occasion de cette journée historique du prolétariat, et il a cédé, il a jeté du lest ; il pouvait céder encore si la C. G. T., comprenant son devoir, était venue au secours des grèves parisiennes et les avait empêché d'aller à l'échec où elles sont allées, en déclanchant ce mouvement de grève générale qui pouvait permettre d'obtenir des revendications qui nous étaient chères. Vous savez en quoi elles consistaient.

Or, le Cartel interfédéral a déclaré : « Nous en sommes à la préparation d'un mouvement général et nous ne voulons pas le briser en partant avant l'heure. » Voilà ce qu'on nous disait, et nous avions la conviction que l'on manquait cette occasion. Nous avions espéré, cependant, que les organismes centraux qui préparaient ce mouvement général auraient à cœur de faire tout ce qui était en leur pouvoir pour au moins faire aboutir ce mouvement général qu'ils préparaient méthodiquement.... Le cartel interfédéral ajoutait : « La date de ce mouvement ne peut être avancée; ces formes ne peuvent être modifiées sans en compromettre la réussite; l'échec en serait d'une gravité sociale et économique qui ne peut échapper à aucun de ceux qui visent si ardemment au résultat recherché. » Nous sommes d'accord avec le Cartel interfédéral en ce qui concerne l'échec du mouvement du 21 juillet. Le Cartel interfédéral disait : L'échec aurait des conséquences incalculables pour le mouvement ouvrier international; et, en effet, l'échec de cette journée du 21 juillet a eu des conséquences incalculables; cette reculade de la C. G. T. française a, dans une certaine mesure, fait échouer le mouvement de nos camarades italiens. Oui, la C. G. T. française, dans cette journée du 21, a assumé une terrible responsabilité; elle a trahi ses engagements à l'égard du prolétariat anglais, et Tommasi le rappelait avec force; c'est sur la proposition de la C. G. T. française que les camarades italiens et anglais se sont engagés dans le mouvement et ont fait des grèves pendant que la C. G. T., qui avait fait la proposition, restait en France, inactive !

Les conséquences du 21 juillet ont été presque uniquement l'écrasement de la révolution en Hongrie. Les troupes roumaines ont envahi la Hongrie, encadrées par des officiers français; Bela Kuhn était en fuite; le mouvement révolutionnaire était étranglé et l'on pouvait dire que la C. G. T. française était responsable des assassinats commis en Hongrie.

On a essayé de venir ici apporter des explications. Nous estimons qu'elles n'ont pas été données.

Bidegaray disait hier : « Les Cheminots n'ont pas marché parce qu'il y a eu des raisons majeures, et nous ne voulons pas vous donner ces raisons, à vous Congrès. Nous estimons, a-t-il dit, que ce qui se passe dans notre organisation ne peut pas être jugé par des organisations d'à-côté. Eh quoi ! cette thèse peut-elle être admise par le Congrès ? Les Cheminots se sont engagés dans le mouvement comme les autres Fédérations. Ils avaient le devoir d'aller jusqu'au bout, et nous sommes en droit de demander pour quel motif on nous cache les raisons véritables de la reculade du 21 juillet. Vous n'avez pas le droit d'arguer de l'autonomie de votre Fédération, car vous êtes ici devant les assises ouvrières, et toutes les organisations ouvrières de ce pays ont le droit de savoir pourquoi des organisations ont flanché, alors qu'elles avaient pris l'engagement solennel de marcher en commun accord avec toutes les organisations confédérées de ce pays. (Applaudissements.)

A la Commission Administrative, Tommasi nous l'a déclaré, on a fait état d'un paquet de lettres; on a fait état surtout d'une lettre de Midol, et cette lettre, qui a été lue, a été falsifiée. (Protestations.)

Camarades, je répète les paroles du camarade Tommasi...

Bidegaray. — Quand j'ai donné lecture de cette lettre, Midol en avait le double en mains; c'est donc en plein accord que la lecture en a été faite.

Lepetit. — Camarades, je ne conteste pas l'authenticité de la lettre lue ici hier par le camarade Bidegaray; mais je demande des explications.

Il y a ici en présence deux thèses : celle de Tommasi, celle de Bidegaray. Tous les deux sont membres de la Commission Administrative, et Tommasi nous a dit : Cette lettre de Midol, dont lui non plus ne conteste pas l'authenticité, a été lue le 18 juillet à la Commission Administrative, et cette lettre...

Leclerc (Voiture). — Tommasi n'a pas dit que la lettre avait été lue; il a dit que l'on avait fait état de cette lettre pour le mouvement du 21 juillet.

Lepetit. — C'est la même chose ! Il y a deux thèses en présence; Tommasi a déclaré, sinon qu'on avait lu cette lettre, du moins qu'on en avait fait état.

Je demande à Bidegaray si c'est la vérité; si l'on a fait état de la lettre de Midol.

BIDEGARAY. — J'ai répondu hier, et je le répète, que dans la correspondance que j'ai lue, il y avait et des lettres individuelles et des lettres collectives qui prétendaient, comme celle de Midol, que pour la réussite du mouvement il fallait intercaler des questions corporatives.

LEPETIT. — C'est très bien ! Les explications de Bidegaray viennent confirmer ce que je voulais dire en ce sens, camarades. Bidegaray dit ceci : « J'ai déclaré à la Commission Administrative que je possédais une lettre de Midol qui disait que pour le mouvement du 21 juillet, pour la réussite de ce mouvement, il était nécessaire d'incorporer aux revendications sociales présentées par la C. G. T., des revendications corporatives. » Et alors, je déclare, je rappelle que Midol vous a dit que cette lettre n'avait pas été adressée à Bidegaray pour le mouvement du 21 juillet, mais pour les grèves de juin, alors qu'il s'agissait d'une grève de solidarité à l'égard des camarades de la Métallurgie, des Transports, des Mineurs, qui étaient en grève. (Applaudissements.) Et je dis que c'était faire un faux, que c'était déformer la vérité que de venir dire que Midol avait demandé, pour le 21 juillet, qu'on incorpore dans les revendications présentées par la C. G. T. des revendications corporatives. Le fait que Bidegaray a fait état de cette lettre a produit une grosse impression sur la Commission Administrative.

TOMMASI. — C'est exact !

JOUHAUX. — Tommasi croit devoir intervenir dans le débat en disant : c'est exact ! Et il semble porter sur ce point particulier le jugement ou, plus exactement, la décision prise par la Commission Administrative. Or, Tommasi sait que les déclarations de Bidegaray ne furent que des déclarations qui provoquèrent de la part d'autres, dont l'importance n'était pas moindre, d'autres déclarations sur lesquelles nous nous expliquerons.

TOMMASI. — J'ai dit et je maintiens que la déclaration de Bidegaray n'était pas la seule qui avait influencé la décision de la Commission Administrative. Mais j'ai dit et je maintiens, qu'au cours d'une réunion de la Commission Administrative, le secrétaire de la Fédération des Cheminots a dit : « J'ai là des lettres qui ne sont pas encourageantes. J'ai même des lettres qui prouvent qu'il ne faut pas compter sur un des réseaux sur lequel nous sommes en droit de compter. » A ce moment-là, dans la Commission Administrative, quelqu'un a demandé le nom. Bidegaray ne l'a pas dit : mais le nom de Midol a été jeté et Bidegaray n'a pas dit si c'était vrai ou faux. Je dis que si la lettre de Midol n'avait pas trait au mouvement du 21 juillet, il ne fallait pas essayer d'en faire état.

LEPETIT. — Camarades, je n'insisterai pas davantage sur ces incidents. J'ai tenu simplement à faire remarquer au Congrès que Bidegaray, pas davantage que les autres camarades qui sont ici, n'est venu apporter les véritables raisons qui ont motivé la reculade de la C.G. T., au 21 juillet.

Jouhaux dit qu'il nous apportera des explications; je les attends avec impatience, pour savoir pourquoi la C. G. T. a reculé devant ce mouvement national et international; pourquoi elle a trahi ses enga- gements vis-à-vis du prolétariat italien et à l'égard surtout des prolé- tariats en lutte pour leur Révolution, et je dis qu'en prenant comme prétexte que la C. G. T. avait obtenu satisfaction par la démission de Boret, on a donné au prolétariat l'impression que la C. G. T. révolu- tionnaire luttait uniquement pour le remplacement des membres du gouvernement, avec une basse politique, et qu'elle avait satisfaction lorsqu'un ministère était tombé et remplacé par un autre.

Nous, nous n'avons pas satisfaction lorsqu'un ministère est changé, parce que nous estimons qu'il n'y a rien de changé puisque le capi- talisme est encore debout, puisque la classe qui nous opprime est encore debout !

Je regrette profondément que la Confédération générale du Travail ait donné au prolétariat de ce pays l'impression qu'elle menait une basse politique et qu'elle était d'accord avec les partis politiques dans la lutte contre le ministère Clemenceau.

JOUHAUX. — Je voudrais tout de même bien que les membres de la Commission Administrative ne viennent pas jeter dans le débat des exclamations qui donnent un sens qui n'est pas exact à ce qui s'est passé à la Commission.

Un délégué. — Les procès-verbaux !

JOUHAUX. — Il n'en est pas besoin; ce que je dis n'est contestable par personne !

Je dis que ce que j'apporterai ici, Tommasi lui-même ne pourra le contester, et je lui demanderai qu'il témoigne devant le Congrès si c'est une erreur ou si c'est une vérité.

Le sens que Lepetit donne à notre décision n'est pas du tout le sens exact.

LEPETIT. — Camarades, la Commission Administrative, dans l'ordre de surseoir, dans le manifeste qu'elle a adressé aux organisations syn- dicales à la suite de sa décision de surseoir au mouvement du 21 juil- let, a déclaré : Les résultats à atteindre n'équivaudraient pas au risque à courir. Nous avons obtenu des résultats... Je demande ici quels sont les résultats que l'on avait obtenus ! On avait formulé des revendica- tions qui étaient celles-ci : Journée de huit heures, amnistie, paix juste et durable, contre l'intervention en Russie, contre la censure, contre l'état de siège, pour le rétablissement des libertés. Avait-on obtenu satisfaction sur un seul de ces points pour décommander la manifes- tation du 21 ?

La loi de huit heures, Monatte vous l'a dit, c'est une caricature. Il reste aux ouvriers de ce pays à la faire appliquer. L'amnistie ! Il a été déposé sur le Bureau de la Chambre un projet d'amnistie qui ne peut donner satisfaction, j'en suis persuadé, ni aux membres du Bureau, ni à aucun des délégués qui sont dans cette salle. Il y a, à l'heure actuelle, plus de 60.000 de nos camarades dans les prisons militaires; il y a de nombreux amis qui sont dans les prisons civiles pour avoir osé protester contre la guerre. Le gouvernement a déclaré qu'il ne voulait pas faire d'amnistie pour les déserteurs, ni pour ceux qui avaient été condamnés en vertu des lois scélérates, ces lois scélérates contre lesquelles vous avez protesté... Ces amis sont en prison et y resteront parce que le gouvernement ne veut pas les lâcher, et parce que la classe ouvrière de ce pays n'a pas eu l'énergie nécessaire, le sursaut de révolte qui aurait obligé le gouvernement à capituler devant la force et la volonté ouvrières.

L'état de siège, la censure, les libertés constitutionnelles ? Ah ! camarades, je vous demande s'il vous est possible de vous réunir ? d'écrire toute votre pensée ? de faire des assemblées dans lesquelles vous puissiez discuter en toute liberté des questions portée à l'ordre du jour ? Vous est-il permis de discuter de l'amnistie ?

Le Syndicat des Terrassiers de la Seine, d'accord avec la 18e région du Bâtiment, d'accord avec les organisations qui ont bien voulu apporter leur concours, a organisé à Paris, quelques jours après le 21 juillet, un meeting en faveur de l'amnistie. Et savez-vous ce qui s'est passé ? Lorsque nos camarades se sont présentés à l'avenue Wagram pour pénétrer dans cette salle où ils devaient élever leurs protestations contre le projet gouvernemental, ils se sont heurtés à des barrages d'agents; la police de Clemenceau les a dispersés, les a chargés... Voilà les libertés que nous avons obtenues et voilà pourquoi on a décommandé le 21 juillet !

L'intervention en Russie a-t-elle cessé ? Non ! On continue à envoyer des troupes là-bas; on continue à y envoyer du matériel; on continue à faire la guerre aux bolchevistes là-bas, et — ici permettez-moi d'ouvrir une parenthèse, — quand j'entendais l'autre jour un camarade qui disait : « Cette révolution russe, elle ne peut pas nous être très sympathique; nous ne savons pas ce qui se passe en Russie et nous désirons que notre pays ne soit pas livré à une révolution semblable. » Je répondais immédiatement à ce camarade : « Pouvez-vous donc faire votre choix entre la révolution russe qui a ébauché le projet de transformation sociale, et la démocratie française qui maintient l'exploitation de l'homme par l'homme, qui maintient la misère sous toutes ses formes, qui maintient l'esclavage économique et industriel ? Vous avez fait votre choix. Vous choisissez cette démocratie; je choisis, moi, la révolution russe ! »

Ah ! vous arguez, pour dire que vous ne voudriez pas voir ce pays livré à une semblable révolution, des documents qui vous sont parvenus et qui disent : En Russie la misère est grande; le peuple n'a pas suffisamment à manger; les matières premières manquent en Russie. Et, comme la bourgeoisie, vous en rejetez la responsabilité sur les révolutionnaires russes. N'avez-vous donc pas compris, camarades, que si tout manque en Russie, c'est parce que le blocus

resserre ce malheureux pays, parce que les Russes, qui ont comme
flambeau le principe de l'expropriation, ont à lutter contre la réaction
mondiale déchaînée ? Si la famine sévit, c'est par la faute des impérialistes de l'Entente qui enserrent la Russie par le blocus et, disons-le
aussi, par notre propre responsabilité à nous qui ne savons pas nous
dresser contre les fauteurs de la famine en Russie, contre les fauteurs
du désordre et du terrible état de choses que vous constatez et que
vous imputez à tort aux révolutionnaires de Russie... (*Applaudissements.*)

Oui, disons-le, comme l'a déclaré Monatte, nous devons défendre
cette révolution russe, parce que nous pensons qu'elle doit être le premier foyer de révolution mondiale qui doit s'étendre sur le monde et
nous espérons que ce foyer s'étendra, embrasera l'Univers !

Ici également, vous avez dit : « Vous faites un réquisitoire contre la
C. G. T. et vous n'apportez pas de programme. »

Notre programme, c'est celui-ci : Défendre les révolutions ouvrières
et faire autour d'elles toute la propagande nécessaire pour faire pénétrer dans les masses de ce pays l'idée bien déterminée qu'elles ont la
possibilité de faire également leur révolution.

Ah ! vous avez dit qu'il est difficile de faire marcher les masses
pour autre chose que des questions de ventre ! Je sais qu'il faut, pour
attirer la masse à l'organisation syndicale, qu'elle y ait un intérêt
immédiat, mais cependant, n'est-il pas possible, — et je dis que ça
l'est ! — de faire marcher ces masses pour autre chose qu'un intérêt
purement égoïste ? Le passé est là qui nous le montre.

Souvenez-vous, camarades du Bureau, de l'affaire Durand. Il n'y
avait pas là, à la base, l'intérêt purement égoïste, corporatif. Il n'y
avait pas là des revendications immédiates à faire aboutir. Le peuple
de ce pays se dressait parce qu'on lui avait dit : « Une injustice a été
commise à Rouen, un de nos camarades a été victime d'une monstrueuse erreur judiciaire; peuple, nous te demandons de faire revenir
les jurés de Rouen sur l'arrêt inique qu'ils ont pris contre Durand. »
Toute la classe ouvrière s'est dressée contre l'injustice et il a fallu
que le gouvernement capitule.

A ce moment là, nous avions une belle C. G. T., C. G. T. d'action
directe qui ne fréquentait pas les ministères, qui n'allait pas dans
les ministères s'entendre avec les ministres sur les manifestations.

Ah ! camarades, si vous faites de la collaboration de classes, ce
n'est pas pour créer l'équivoque. Nous sommes d'accord qu'il n'y a
pas collaboration de classes lorsque le représentant d'un syndicat se
rencontre avec les représentants d'un syndicat patronal pour y discuter des intérêts ouvriers, pour opposer le point de vue ouvrier au
point de vue patronal et pour dire : « Voici ce que les ouvriers veulent
faire aboutir; il le feront aboutir par la force si cela est nécessaire. »

Non, il n'y a pas collaboration de classes à ce moment-là !

Mais, quand vous allez dans les Commissions paritaires vous entendre avec le patronat sur des mesures à intervenir que vous prétendez d'intérêt commun; mais lorsque vous allez auprès du ministre

pour lui demander l'autorisation de tenir une réunion; mais quand vous allez, comme vous l'avez fait bien souvent, demander s'il y a possibilité de tenter une manifestation dans la rue, nous disons : Il y a collaboration de classes; là vous sortez de la ligne de conduite qui vous est tracée; là vous perdez de vue les intérêts supérieurs du prolétariat de ce pays.

Il y a un fossé de creusé, et ce fossé nous ne permettrons pas qu'on le comble; un fossé est creusé entre la classe ouvrière et la classe bourgeoise; nous voulons tenter d'arracher par la force de notre organisation, par la force de notre volonté, de notre énergie, par les efforts que nous dépensons chaque jour, les revendications qu'on nous refuse. Nous ne voulons pas essayer de les arracher par l'action diplomatique, parce qu'alors vous faites pénétrer dans l'esprit des masses cette idée qu'il n'est plus besoin de se livrer à l'action; vous faites ce que font les politiciens du Palais-Bourbon; vous laissez croire à la masse qu'il n'est pas nécessaire de faire de l'action, mais qu'il suffit de payer des cotisations à l'organisation syndicale, d'avoir des effectifs puissants, d'avoir une organisation centrale numériquement puissante et que le représentant de cette organisation pourra dire : Voici, je suis le représentant de deux millions de syndiqués ; je viens vous poser à vous, représentant des pouvoirs publics, la question et vous dire : N'est-il pas possible de s'entendre sur un programme qui donnera satisfaction aux uns et aux autres ?

Voilà la collaboration de classes.

Ce n'est pas cette méthode que nous voulons, nous ! Nous voulons faire germer dans l'esprit des masses la pensée qu'elles ne peuvent rien arracher sinon par leurs propres moyens. Et nous sommes d'accord avec cette formule : « L'émancipation des travailleurs sera l'œuvre des travailleurs eux-mêmes. » Ils n'ont pas besoin de collaborer avec la bourgeoisie et les pouvoirs publics, parce qu'ils seront suffisamment forts lorsque vous aurez créé cet état d'esprit, qu'ils sont suffisamment puissants quand ils sont organisés pour arracher par la force ce qu'on leur refuse de bonne volonté.

Monatte vous disait hier : « Nous voulons, nous, aboutir à cette conclusion de remettre entre les mains des syndicats les moyens de production et d'échange. » Et un camarade a dit : « Nous sommes d'accord avec toi, Monatte; nous aussi, nous voulons remettre entre les mains de l'organisation syndicale la direction des affaires économiques. » Nous sommes d'accord, dites-vous ? Peut-être sur le but à atteindre; mais pas sur les moyens à employer.

Vous voulez, vous, pénétrer le système capitaliste, c'est-à-dire déléguer des nôtres dans les Conseils économiques, dans les Commissions paritaires, de telle sorte que ces délégués puissent faire leur éducation économique et être prêts lorsque le moment sera venu.

Penser que lorsque le moment sera venu, la bourgeoisie abdiquera ses privilèges, ce serait se faire une illusion dangereuse !...

Avant la guerre, vous disiez, montrant les Allemands : « Oui, en Allemagne, il y a de puissants effectifs, mais la social-démocratie est incapable d'aucune action; elle est incapable de faire de l'action directe; elle est incapable d'arracher des revendications et cependant elle a des millions de syndiqués.» C'est la situation vers laquelle nous allons, car nous allons créer dans le cerveau des camarades qu'il n'est pas besoin de se dépenser, de faire beaucoup d'efforts, qu'il est simplement utile d'avoir des délégués dans les commissions, d'avoir des députés à la Chambre, d'avoir des camarades qui discuteront avec le patronat des meilleurs moyens de donner satisfaction à la classe ouvrière. Non, nous ne sommes pas d'accord sur les moyens à employer. et c'est là où nous nous divisons, car nous, nous prétendons que pour aboutir à cette transformation sociale il sera nécessaire de se servir de la violence : c'est par la violence que nous transformerons la société !

Vous dites : « Vous êtes des fauteurs d'insurrection, d'émeute, et au lendemain de la révolution, vous aurez créé une situation intenable dans ce pays. » Et vous ajoutez : « Pour aboutir à cette révolution, il faut d'abord travailler, reconstituer les stocks disparus, remettre debout la situation économique de ce pays et alors, la situation sera florissante, il sera possible de transformer cette société et de faire que le lendemain ne soit pas préjudiciable aux intérêts du prolétariat. »

Nous sommes allés à la guerre, et la bourgeoisie s'est servie de ces stocks, de cette accumulation de denrées, pour poursuivre l'extermination du genre humain.

Voilà où nous en sommes aujourd'hui ; et, au moment où la situation est révolutionnaire, nous refusons à donner notre collaboration à ceux qui sont responsables de la situation qui nous est faite, pour leur permettre de consolider leur régime. Non, nous ne pouvons pas aller porter notre pierre à l'édifice capitaliste ! Nous disons, nous, que nous devons susciter les pires difficultés au capitalisme agonisant ; nous disons qu'il ne peut pas régler la situation financière ; nous estimons que la situation faite à la bourgeoisie internationale est intenable et qu'ainsi nous allons vers la faillite ; nous allons vers la succession. Nous devons préparer celle-ci et, pour cela, il faut faire pénétrer dans l'esprit des masses que le prolétariat est capable de prendre en mains les affaires économiques.

Je ne suis pas d'accord avec vous, Bartuel, qui avez écrit dans la *Clairière* que le prolétariat était incapable, qu'il avait encore besoin de la tutelle capitaliste. Vous venez parler de révolution, lorsque vous avez écrit que le prolétariat avait encore besoin de cette tutelle capitaliste. Mais alors, dites franchement votre façon de penser ; dites franchement que le capitalisme doit être encore le régent de la société actuelle ! Pourtant, la guerre a été pour nous un terrible exemple. Elle nous a montré que le capitalisme était un mauvais administrateur puisqu'il nous a conduit à la banqueroute ; elle nous a montré que le capitalisme ne savait administrer la société que dans ses intérêts propres et qu'il entend l'administrer pour la réalisation de ses satisfactions, de ses appétits.

Voilà où nous nous divisons. Voilà où nous ne sommes pas d'accord.

Voilà, camarades qui voulez poursuivre la collaboration de classes, où nous nous séparons. Nous voulons poursuivre la réalisation de notre idéal : la suppression du patronat, du salariat, par l'action directe, par l'action des masses, organisées internationalement et luttant sur le terrain économique contre la bourgeoisie internationale.

Un camarade disait: « Rendez-nous cette C. G. T. révolutionnaire! ». Et celui-là, c'était un majoritaire. C'est un aveu que la C. G. T. n'est plus révolutionnaire. Marty-Rollan, délégué par la majorité pour apporter le point de vue de la C. G. T. a dit : « Rendez-nous cette C. G. T. antiparlementaire, antipatriotique, antimilitariste et il sera possible de marcher vers l'application de notre programme, vers la réalisation de notre idéal ».

Eh bien ! nous disons qu'il ne faut pas qu'il y ait d'équivoque dans cette assemblée. Nous ne suivrons pas le camarade Jacquemin. Nous entendons qu'il sorte d'ici une atmosphère plus saine. Une situation équivoque a plané sur le mouvement ouvrier ; on ne sait pas où nous allons ; les programmes n'ont pas été déterminés ; majoritaires, minoritaires, on ne sait pas ce que cela veut dire, et l'équivoque a été aggravée l'année dernière justement par cette motion d'unanimité.

Il faut que de ce Congrès sorte enfin une situation claire et précise, et c'est pourquoi nous disons que nous avons la conviction que vous avez manqué de tactique, Bureau confédéral... La question de sincérité ne saurait se poser ici. Un délégué est venu dire : « Nous avons été sincères. Nous avons fait ce qu'il était possible de faire : vous n'avez pas le droit d'apporter des critiques lorsqu'on a accompli son devoir ; lorsqu'un homme a été sincère, vous n'avez pas de reproches à lui faire ». Camarades, je répète que la question de sincérité ne se pose pas. Je ne veux pas examiner si le Bureau a été sincère ou non ; cela importe peu. Ce qu'il faut surtout, c'est savoir si les méthodes d'action employées par le Bureau peuvent apporter des résultats, ont apporté des résultats. Nous disons : Non ! Les méthodes d'action qui ont été employées par la C. G. T. n'ont pas apporté de résultats, ne peuvent apporter de résultats. Nous leur imposons d'autres conceptions, d'autres méthodes d'action. Vous direz si vous êtes partisans de la collaboration de classes ou de la lutte de classes, et nous voterons sur une motion. N'attendez pas que nous nous rendions dans une Commission. Soyez certains que nous avons comme vous le souci de cette unité ouvrière et que nous aurions désiré voir le prolétariat uni dans une même idée de transformation de la société et pour jeter bas la citadelle capitaliste. Mais, nous sommes arrivés à une bifurcation : deux routes se présentent devant vous ; vous direz laquelle des deux vous voulez prendre. Vous direz si vous êtes avec le programme de la majorité ou avec celui de la minorité.

Nous vous présenterons une résolution qui concrétisera nos vues, nos méthodes d'action. Nous n'irons pas dans une Commission de résolution, parce que nous voulons savoir où nous en sommes et nous voulons que le prolétariat puisse savoir ce que veulent majoritaires et minoritaires. (*Applaudissements.*)

Discours de Merrheim

MERRHEIM. — Camarades, j'aborde cette tribune la conscience absolument tranquille.

Vous m'avez classé, camarades qui vous qualifiez de minoritaires, dans la majorité. Je viens vous dire à cette tribune que je n'ai jamais connu ni majoritaires, ni minoritaires ; que je suis resté, par la pensée, par l'action, le plus que je l'ai cru possible, avec la classe ouvrière, et cette classe ouvrière, que j'essaie d'élever à mon idéal révolutionnaire et transformation sociale, ne nous demande pas à nous d'être des majoritaires ou des minoritaires ; elle nous demande de lui dire toute la vérité et rien que la vérité. (*Applaudissements.*)

C'est dans cet état d'esprit que j'aborde la tribune et puisque, camarades, il faut remonter en 1914 et aussi, parce que quoi que fasse le Secrétariat des Métaux, il ne connaîtra peut-être jamais l'amnistie que les intéressés connaîtront, nous allons reprendre l'examen des faits à 1914.

On a d'abord parlé du discours de Jouhaux sur la tombe de Jaurès. Jouhaux, je me solidarise entièrement avec toi concernant ce discours. Je l'ai déjà dit au Congrès confédéral de 1918, et pour les raisons suivantes :

Pour juger les événements à ce moment-là, il faut nous replacer, comme l'a dit Bourderon, dans la situation dans laquelle nous nous trouvions. Nous étions complètement désemparés, complètement affolés ; nous n'étions pas nombreux qui osaient dire : « Même si l'on doit nous fusiller au fond de l'impasse, nous devons retourner rue de la Grange-aux-Belles ». Pourquoi ? parce qu'à ce moment, la classe ouvrière, soulevée par une crise formidable de nationalisme, n'aurait pas laissé aux agents de la force publique le soin de nous fusiller, elle nous aurait fusillés elle-même ; et nous, militants, nous étions tellement désemparés que pas une minute, quand nous avons délégué Jouhaux pour prendre la parole aux obsèques de Jaurès, nous n'avons pensé à demander au secrétaire confédéral ce qu'il allait dire sur la tombe de Jaurès. Nous y sommes allés écrasés par notre défaite et je me rappelle que je répondais à Griffuelhes qui, sur la route nous conduisant à la gare, vers la tombe de Jaurès, me demandait ce que je pensais de la situation. Je lui disais : « Ce que je pense, c'est que la guerre peut être longue, et si elle est longue, elle préparera toute une série de guerres par les appétits qu'elle va déchaîner. L'Europe risque de revivre une époque de guerre napoléonienne. Si elle est courte, nous serons les vaincus pour ne pas avoir empêché la guerre ».

Voilà pourquoi je suis solidaire du camarade Jouhaux en ce qui concerne le discours sur la tombe de Jaurès. On a aussi rappelé l'atmosphère de batailles, de discussions véhémentes, que j'ai vécue au Comité confédéral. C'est exact, Loriot, vous le savez, vous, j'ai pleuré plus d'une fois dans mon bureau avant de descendre pour me rendre au Comité confédéral et je pleurais, non pas tant des injures ou des sarcasmes qui m'attendaient au Comité confédéral, mais des déchirements que nos divisions suscitaient dans la classe ouvrière. Mais je tiens ici à dire qu'avec Jouhaux nous avons été les deux seuls hommes qui se sont placés au-dessus de ces injures, lui, faisant taire la majorité, et moi, demandant aux minoritaires souvent de se contenir et de ne pas répondre aux injures de certains majoritaires.

Oui, Loriot, j'ai moralement et profondément souffert, mais pas une minute je n'ai songé à déserter, à quitter le Comité confédéral où, mes propositions repoussées, j'étais constamment battu. Malgré cela, je suis constamment et toujours resté au Comité confédéral, plaçant au-dessus de tout l'intérêt général de la classe ouvrière ! (*Applaudissements.*)

Maintenant, arrivons à Zimmerwald. Je voudrais — et je fais appel à mon camarade Bourderon, — je voudrais qu'on en finisse une fois pour toutes avec cette question et qu'on ne dénature pas ce qu'a été Zimmerwald, qu'on ne mette pas Zimmerwald à toutes les sauces pour accabler un homme et défendre des thèses, des principes, des théories qui n'ont jamais été celles de Zimmerwald mais qui représentent les principes, une théorie qui furent défendus par Lénine et repoussés, battus à la Conférence de Zimmerwald.

Camarade Monatte, vous me permettrez de vous rappeler un souvenir commun ; c'était en fin octobre ou novembre 1914, si mes souvenirs sont exacts. Nous nous sommes réunis avec Trotzky, Martoff et d'autres camarades russes à la *Vie Ouvrière*. Après de longues et vives discussions nous nous sommes séparés d'avec eux parce que nous n'étions pas d'accord du tout avec les principes qu'affirmaient Trotzky et ses amis. Vous me disiez, et j'étais d'accord avec vous, qu'en tant que syndicalistes, nous étions loin des principes de la tactique que nous préconisait même à ce moment-là le camarade Trotzky.

Quand on est revenu me trouver et me demander d'accepter de me rendre à Zimmerwald, j'ai essayé d'y entraîner avec moi Pressemane, Vallière. Pressemane assista, à Paris, à plusieurs réunions préparatoires ; finalement ils refusèrent de nous accompagner à Zimmerwald, n'est-ce pas, Bourderon ? Quelle était alors ma pensée dominante ? C'est que je me disais que j'accomplissais un acte extra-syndical et je pensais : Merrheim à Zimmerwald, ce sera l'anarchiste Merrheim — puisqu'à ce moment-là on me qualifiait d'anarchiste — et le geste qu'accomplira Merrheim ne sera pas compris en Allemagne ni dans l'Internationale qui était surtout socialiste et non pas syndicaliste, encore moins anarchiste. C'est alors que j'ai pensé à Bourderon. Je le suppliais quand, en bon père de famille qu'il est il me représentait sa situation de famille, de m'accompagner à Zimmerwald. Il me disait : « Vous savez ce que nous risquons et j'ai charge d'âmes, femme et enfants ». Je faisais alors appel à ses sentiments socialistes et je lui disais : « Je ne peux pas aller seul à Zimmerwald. Si vous Bourderon, socialiste, vous n'êtes pas à mon côté, la démonstration n'aura aucune valeur internationale ». J'accomplissais, j'y insiste, un acte extra-syndicaliste que ceux qui étaient à l'extrême-gauche du parti socialiste auraient dû avoir le courage d'accomplir et qu'ils refusèrent d'accomplir.

Je décide Bourderon et nous voilà à Zimmerwald. Je n'abuserai pas des citations, mais vous me permettrez, camarades, de vous montrer dans quel état d'esprit nous étions, Bourderon et moi, et quelle action nous espérions, nous voulions voir sortir de Zimmerwald.

J'indique tout de suite que c'est là que je rencontrai Lénine pour la première fois. Dès notre arrivée à Berne, nous trouvons des camarades russes que Lénine avait envoyé à la gare. Ils nous amenèrent dans une salle de la Maison du Peuple et, pendant huit heures consécutives, nous discutâmes, Lénine et moi, pied à pied, l'attitude que nous devrions avoir à la Conférence de Zimmerwald.

Lénine était pour la création immédiate de la Troisième Internationale. De plus, il disait : « Rentrés de Zimmerwald, chez vous, vous devez déclarer la guerre des masses contre la guerre ».

Je répondais à Lénine : « Je ne suis pas venu ici pour créer une Troisième Internationale. Je suis venu pour jeter et pour essayer de faire entendre le cri de ma conscience angoissée au prolétariat de tous les pays, pour qu'il se dresse, internationalement, dans une action commune contre la guerre. Quant à la grève des masses, ah ! camarade Lénine, lui disais-je, je ne sais pas même si j'aurai la possibilité de retourner en France et de dire ce qui s'est passé à Zimmerwald ; c'est loin de pouvoir prendre l'engagement de dire au prolétariat français : dressez-vous contre la guerre !. ».

Je ne pouvais pas prendre cet engagement ; je ne l'ai pas pris parce que ç'aurait été un crime à l'égard de nos camarades russes, sachant que je ne pourrais pas tenir pareil engagement.

Et, je m'adresse à vous, camarades délégués, je vous demande, si j'avais lancé, dès mon retour de Zimmerwald, un appel à la grève des masses contre la guerre, la réponse qui m'aurait été faite ?

Que disons-nous dans la déclaration qui, dans la brochure, précède les résolutions votées à Zimmerwald, déclaration qui indique dans quel esprit nous allions à la Conférence ?

Nous disions : voici qu'après l'Italie, les Etats balkaniques sont entraînés par la folie sanglante qui a rendu l'Europe démente.

On nous parle d'un effort au printemps prochain, d'un autre au cours de l'été qui suivra et, peut-être, la paix pour l'automne 1916 !

Les dépenses totalisées de toutes les nations belligérantes atteindront alors, si elles ne le dépassent pas, le chiffre de *quatorze milliards de francs par mois*, c'est-à-dire qu'aux 180 et 200 milliards qui seront dépensés à la fin de 1915, des dizaines, des centaines d'autres milliards viendront s'ajouter. Les millions de vies humaines déjà anéanties vont s'augmenter d'autres millions d'aveugles, de fous, de mutilés, de cadavres. Dans les foyers de toutes les nations s'accroîtra le nombre des veuves et des orphelins.

Devant ces horribles perspectives, nous nous tairions ? On voudrait nous imposer silence ? On exigerait l'abdication complète de tous les

- sentiments humains de solidarité, de fraternité, ancrés au plus profond de nous-mêmes, pour nous empêcher, par dessus les frontières et les champs de carnage, de tendre à nos frères d'Allemagne, d'Autriche et de toutes les nations belligérantes, une main fraternelle ?

Quand, dans les tranchées, aux heures de répit, d'apaisement, les combattants s'estiment et s'aiment, on voudrait nous empêcher de communier avec eux par la pensée et de parler de paix ? Le seul sentiment permis serait la haine, et nous laisserions à nos gouvernants et à leurs diplomates, qui nous ont enlisés dans cette guerre, le soin de régler les conditions de paix sans que la classe ouvrière n'ait formulé à l'avance ni ses aspirations, ni sa volonté ? En un mot, nous attendrions de nos gouvernants l'ordre ou l'autorisation de parler de paix ; nous subirions leur seule volonté de paix comme nous avons subi leur volonté de guerre ?

Pareille attitude serait interprétée par le prolétariat en général, et plus particulièrement par ceux des nôtres qui sacrifient leur vie sur les champs de bataille, comme le reniement et l'abdication de la mission historique que les organisations ouvrières et socialistes avaient assignée, par leurs efforts, au socialisme.

Ce n'est que par l'action internationale, simultanée et coordonnée des classes ouvrières de tous les pays, que nous pourrons empêcher les dirigeants d'insérer dans le traité de paix des clauses funestes aux intérêts de tous les travailleurs, que nous rendrons possible la continuation de notre action revendicatrice et internationale après la guerre. Nous l'avons toujours pensé, proclamé, et c'est pourquoi nous sommes allés à Zimmerwald.

A tous ceux qui, après les avoir lues et méditées, approuveront les résolutions qui y furent votées, nous adressons le présent appel.

Qu'ils se joignent à nous. Avec eux nous pourrons poursuivre et intensifier notre action vers les buts indiqués pour le rétablissement de la paix entre les peuples. Qu'ils nous envoient leur adhésion, directement ou par l'intermédiaire d'amis résidant à Paris ; nousu l'attendons avec confiance, avec la ferme résolution d'agir !

Voilà, camarades, quel était notre esprit, nos intentions quand nous sommes allés à Zimmerwald.

Nos appels n'eurent pas d'écho immédiatement. Il fallut que j'aille rue de Bretagne, à la fin de 1915, discuter à une réunion de délégués des sections de la Seine du Parti que le camarade Bourderon avait réunis ; discuter avec Renaudel, opposer les deux thèses et faire le compte rendu de la Conférence de Zimmerwald. C'est seulement alors que commença à se constituer le Comité pour la reprise des relations internationales, et je veux ici rendre hommage à des hommes comme toi, Lepetit, qui apparteniez à la tendance libertaire. Vous fûtes à mes côtés. Tu sais toi-même, Lepetit, les difficultés que j'ai rencontrées et eu à surmonter pour l'impression de tracts et de brochures, combien était difficile notre action et je tiens à dire ceci : Si les militants, si les hommes qui pensaient comme Merrheim sur la guerre, se sont rapprochés, la masse, qu'a-t-elle fait ? La masse, elle s'écartait ! Je n'ai pu la réveiller, cette masse, non pas avec les résolutions de Zimmer-wald, mais avec des questions de salaires. Quand les grèves de femmes ont commencé à éclater dans la Seine pour les salaires, c'est alors que cette masse est venue aux organisations, mais elle n'a pas répondu à l'appel de Zimmerwald. Et je ne dis pas cela pour drama-tiser le débat, mais, même si j'avais été arrêté à mon retour de Zim-merwald et fusillé, la masse ne se serait pas levée, elle était trop écrasée sous le poids des mensonges de toute la presse et des préoc-cupations générales de la guerre !

J'ai cette satisfaction d'avoir fait mon devoir. Dans des cir-constances identiques je saurai encore faire mon devoir. Et dites-vous bien que si j'ai rappelé ces faits, c'est parce que vous m'y obligez et qu'on a trop dit, faussement, que je n'étais pas resté en communion d'idées avec les principes émis par Zimmerwald.

Bourderon me rappelait hier l'entrevue que nous eûmes à Zimmer-wald, au coin d'une table, avec les délégués allemands ; souvenirs émouvants car, en effet, nous étions là le cœur serré, les yeux secs. Dominés par cette seule préoccupation, nous nous disions : « Mais s'ils refusent, s'ils ne veulent pas signer avec nous une résolution franco-allemande, nous sommes perdus; non seulement nous sommes perdus, mais la haine, en France, va se dresser encore plus forte contre les travailleurs allemands; elle va se réveiller terrible et sans espoir d'atténuation. »

L'attitude admirable de Ledebourg fut pour nous un grand soula-gement et un réconfort. C'est lui qui, après avoir lu la motion que nous avions rédigée, nous dit : « Camarades français, vous avez ou-blié de parler de la Belgique; nous voulons que la violation de la Bel-gique soit stigmatisée dans la motion franco-allemande. » C'est lui qui rédigea la phrase et je me rappelle que lorsque nous revîmes les quatre délégués allemands et français dans la salle de la Conférence de Zimmerwald, et que je donnais lecture de la résolution franco-allemande, tous les délégués, unanimes, se levèrent et nous accla-mèrent en disant : « Vous avez sauvé la Conférence de Zimmerwald; le but principal qu'elle se proposait est maintenant atteint ! »

On batailla au sein de la Conférence. Lénine exposa son point de vue; Trotzky ne le partagea pas complètement, ils étaient adversaires. Je me rapprochai de Rakosky, délégué de la Roumanie à la Confé-rence. Bref, je me rapprochai des principaux militants qui étaient là, car il ne fallait pas seulement une déclaration franco-allemande, mais la Conférence devait aussi voter une résolution de principes.

Que dit cette résolution ? Je faisais partie de la Commission avec Ledebourg, Grimm, Lénine, Rakosky, Morgari, et nous dûmes lutter contre les principes et les théories que Lénine voulait faire préconiser dans la résolution.

Est-ce qu'elle ne dit pas, cette résolution, que la lutte pour la paix est une lutte pour la liberté, la fraternité des peuples. En voici le prin-cipal passage :

Nous (les délégués), nous nous sommes réunis pour renouer les liens brisés des relations internationales, pour appeler la classe ouvrière à reprendre conscience d'elle-même et l'entraîner dans la lutte pour la paix.

Cette lutte est la lutte pour la liberté, pour la fraternité des peuples, pour le socialisme. Il faut entreprendre cette lutte pour la paix, pour la paix sans annexions ni indemnités de guerre. Mais une telle paix n'est possible qu'à condition de condamner toute pensée de violation des droits et des libertés des peuples. Elle ne doit conduire ni à l'occupation de pays entiers, ni à des annexions partielles. Pas d'annexions, ni avouées ni masquées, pas plus assujettissement économique qui, en raison de la perte de l'autonomie politique qu'il entraîne, devient encore plus intolérable. Le droit des peuples de disposer d'eux-mêmes doit être le fondement inébranlable dans l'ordre des rapports de nation à nation.

Voilà ce que dit la partie principale de la résolution de Zimmerwald. C'est la formule : « Ni vainqueur, ni vaincu. » Et, camarade Loriot, vous ne le contesterez pas; le *Populaire*, le 30 août dernier, rappelait lui-même le caractère de la motion de Zimmerwald qu'on a tant de foi dénaturée pour la dresser comme une trahison contre moi.

Il écrivait :

Pourquoi faut-il que le citoyen Nectoux ait commis la mauvaise action d'insinuer que des socialistes ont jamais pu désirer la défaite de la France, alors que la formule « ni vainqueurs, ni vaincus », votée dès 1915 à Zimmerwald, montre qu'aucun socialiste, si extrême qu'il fut, n'a jamais nourri semblable pensée ?

Voilà ce qu'il affirmait, rétablissant le caractère exact et général de la résolution de Zimmerwald.

Par conséquent, retenez, camarades, deux affirmations bien nettes de notre attitude à Zimmerwald :

1° Action internationale simultanée contre la guerre, pour la paix.

2° Action dans chaque nation pour obtenir, aboutir à une paix sans indemnités et sans annexions, ni vainqueurs, ni vaincus, car le vaincu, devant fatalement subir les conditions du vainqueur. A un certain moment, ma grosse crainte fut de voir l'Allemagne vaincue, écrasée, parce que si elle avait été réellement vaincue, c'eussent été des conditions de paix inexorables que nous lui aurions imposées, comme nous avons été prêts à un moment de la guerre de les subir, et qu'elle aussi nous aurait imposées si nous avions été les vaincus.

Dans tous mes actes, toute mon action, je suis resté dans le cadre de Zimmerwald, et je dis que lorsque vous m'accusez aujourd'hui de ne pas avoir respecté les principes que je suis allé défendre à Zimmerwald, vous me calomniez et vous utilisez Zimmerwald en ne disant pas la vérité, et nous n'avons pas le droit de ne pas dire la vérité à la classe ouvrière.

BOURDERON. — Vous devriez dire que la résolution sortie de Zimmerwald n'a pas été votée par Lénine et par Trotzky.

MERRHEIM. — C'est exact, mais, camarade Bourderon, je ne voulais pas le dire, car j'ai pour Lénine et Trotzky une profonde admiration ; je ne voudrais rien faire et ne rien dire à cette tribune qui puisse les diminuer moralement dans la lutte terrible qu'ils mènent à l'heure actuelle. C'est pourquoi je n'ai pas rappelé ce souvenir, camarade Bourderon. Nous aurions d'ailleurs bien d'autres souvenirs à rappeler : notre conversation avec Ledebourg, son sac au dos, son bâton à la main et reprenant à pied la route pour retourner en Allemagne ; et nos impressions après nos discussions avec nos camarades russes qui restaient en Suisse, ne pouvant devenir avec nous en France...

Mais, je le répète, je ne veux rien faire, ne rien dire, qui puisse diminuer l'action de ces hommes, si difficile à l'heure actuelle.

Je veux simplement, continuant mon exposé, rappeler que cette action internationale, je suis allé la défendre en 1915, à la Conférence interalliée de Londres ; je l'ai encore défendue cette action internationale, à Paris, à la Conférence confédérale du mois d'août 1915 ; reprenez la résolution qu'avec Bourderon j'essayais de faire voter à cette Conférence et vous verrez si, là encore, nous ne sommes pas fidèles à Zimmerwald. Ah ! nous n'y condamnons pas la majorité, mais tous les gouvernements responsables de la guerre. Nous les condamnons formellement et nous demandons seulement à la majorité de se rallier à une action internationale. C'est là le point qui nous a surtout divisés.

Oui, en effet, les camarades de la majorité nous répondaient : « Nous sommes de cœur avec vous, mais nous voulons que la Conférence se tienne seulement au moment où se réunira la Conférence de la Paix. »

Nous, au contraire, nous disions : « Conférence internationale immédiate, car, lorsque la Conférence discutera les conditions de paix il sera trop tard. »

Telle était notre ligne de conduite, notre opposition aux uns et aux autres.

J'en arrive à la Conférence de Clermont-Ferrand.

On a rappelé la résolution que la Fédération des Métaux me donna mandat de lire et de déposer à la Conférence de Clermont-Ferrand. Dans cette résolution, nous disions que nous ne voulions pas approfondir le fossé qui nous séparait de la majorité et nous dressions le bilan de tout ce qu'avait été notre action au sein du Comité confédéral. On s'arme de cette résolution pour crier à la trahison de la Fédération des Métaux et de Merrheim. Certains l'affirment avec d'autant plus de force qu'ils ont intérêt, pour justifier leur attitude, à cacher la vérité sur ce qui s'est passé à Clermont-Ferrand. Cette vérité, je vais la dire scrupuleusement.

Quand il s'agit, à Clermont-Ferrand, de se mettre d'accord sur une résolution définitive, il y a un homme, vers lequel tous les regards des

minoritaires se sont tournés : Merrheim. Pourquoi ? Parce que la
la minorité était profondément divisée, et je me rappelle qu'au dernier Comité national des Métaux, un camarade de la minorité, Seux,
de Clermont-Ferrand, quand je parlais des trois tendances qui
s'étaient manifestées à Clermont au sein de la minorité, me cria :
« Non ! il y avait quatre tendances ! » Cette minorité s'est réunie ; on
discuta sans pouvoir se mettre d'accord sur une résolution. A onze
heures et demie du soir on nous donna mandat de nous réunir à quelques-uns dans la chambre de l'hôtel où nous étions descendus, pour
rédiger cette résolution. Nous étions : Mayoux, Péricat, Bourderon,
Lenoir, Merrheim.

On discuta beaucoup. On se passa la plume des uns aux autres, mais
quand nous nous séparâmes à 3 heures du matin il n'y avait pas une
ligne d'écrite, car cette minorité réduite n'était pas d'accord sur la
position qu'elle devait prendre, mais sans faire connaître les causes
du désaccord. Bourderon, Mayoux, Péricat me chargèrent de rédiger
avec Lenoir un texte pour le matin. Nous rédigeâmes ce texte de résolution et nous le présentâmes à Mayoux dès le matin. Aussitôt, il jeta
les grands cris : « Ce n'est pas assez fort, pas assez énergique ;
impossible de l'accepter ! » Nous lui dîmes alors : « Modifie toi-
même les points que tu crois devoir modifier. » Il accepta. Une heure
après il nous rapporta notre texte corrigé comme un pensum d'écolier,
c'est-à-dire après y avoir mis avec soin les points, les virgules et les
accents aigus qui manquaient ; mais il n'avait rien changé, pas un
mot de la résolution.

En conséquence, j'ai le droit de dire qu'à la Fédération des Métaux
nous étions partis à la Conférence de Clermont avec la ferme pensée
d'essayer de faire prédominer notre point de vue. J'ai le droit d'affirmer que la minorité, après s'être réunie, fut incapable d'apporter une
idée, un point de vue, une ligne de conduite. J'ai encore plus le droit
de rappeler que Péricat défendit avec moi, au sein de la minorité, la
motion d'unanimité qui fut adoptée par la Conférence. Ce point aussi
mérite d'être précisé. Une Commission avait été nommée pour rédiger
cette motion d'unanimité. Elle comprenait Péricat, Bourderon, Luquet,
Savoie, Dooghe et d'autres. On discuta là un peu comme dans notre
chambre d'hôtel, sans aboutir à établir un texte ; Péricat, Bourderon,
etc., étaient allés prendre l'air et finalement le texte d'unanimité fut
établi. Il n'y eut à sa lecture, au sein de la Commission, qu'une seule
réserve, un cri de désespoir du camarade Bourderon. Est-ce exact,
Bourderon ? Vous avez dit : « Mais si jamais je me retrouve en face
de Lénine et de Trotzky, je rougirai de honte si vous ne mettez pas
dans la résolution une seule ligne pour la Révolution russe ! » Ce fut
la seule intervention que j'entendis. Elle fut d'ailleurs utile car on y
donna satisfaction. La minorité fut à nouveau réunie. Elle discuta ce
texte et Péricat, avec moi, le défendit et le fit adopter par la minorité.
Quand le vote fut terminé, acquis très loyalement, Péricat vint me
dire : Camarade Merrheim, je n'ai pas participé au vote, mais je ne
me servirai jamais de cela comme un argument contre toi ». Voilà

exactement ce qui s'est passé, et à quel moment ? A une heure où Clemenceau venait de prendre le pouvoir, ce qui explique un peu la paralysie de certains minoritaires.

J'avais, pour ma part, refusé de me rencontrer avec Clemenceau, malgré qu'il m'eût fait appeler quatre fois ; j'ai peut-être été un des rares qui n'ont pas eu peur de sa venue au pouvoir. En réalité, il faut se rendre compte que la résolution de la Conférence de Clermont-Ferrand est sortie pour faire face à ce que beaucoup de camarades de la minorité considéraient comme un nouveau danger qui venait de se dresser contre la classe ouvrière par l'arrivée au pouvoir de M. Clemenceau. Et, maintenant, quelle signification avait pour nous cette résolution ? Nous avons écrit, à ce sujet, un article dans le train qui, de Clermont-Ferrand, nous ramenait à Paris ; dans cet article, en tant que secrétaire, je disais ce que nous en pensions au nom de la Fédération des Métaux, car je vous demande, camarades congressistes, de bien vouloir admettre qu'à la Fédération, il n'y a pas un Merrheim, mais quatre Merrheim, c'est-à-dire quatre secrétaires, que nous avons à cœur de nous mettre en accord et d'agir en accord, et, ma foi, c'est celui que l'on sent le mieux préposé à exprimer la pensée commune qui se charge de l'exprimer.

Voilà ce que nous disions dans cet article :

Cette motion adoptée par 160 voix contre deux abstentions, contient, sous des formes diverses, avec moins de virilité, les conditions suivantes qui constituaient les parties essentielles de la résolution préalablement établie par la minorité :

1° L'affirmation en faveur de la paix ;

2° Reprise de l'action internationale ;

3° Fixation des conditions de paix par l'acceptation de celles soumises à tous les pays belligérants par la Révolution russe.

Nous ne nous dissimulons pas l'insuffisante vigueur de cette motion incomplète. Il y manque bien des choses, des choses sont en trop. Elle contient néanmoins les affirmations qui en constituaient le caractère pour lesquels la minorité bataille depuis longtemps.

L'unité d'action, dont nous n'avons pas le droit de négliger l'importance qui s'est dessinée, compense dans une réelle mesure les concessions, qu'il ne faut pas qualifier d'abandon, faites sur différents points de notre motion.

Nous apporterons de la loyauté ; nous persisterons à faire adopter dans nos discussions, toujours dignes et courtoises, l'intégralité de notre pensée.

Nous demanderons en retour à la majorité confédérale, au bureau en particulier, non pas l'abdication humiliée de leur conception, mais l'emploi de moyens corrects, loyaux, ne brisant jamais l'espoir que nous avons, même dans les discussions les plus passionnées, de les terminer dans l'accord.

Minorité comme majorité constituent les éléments et la vie de la Confédération. Toutes deux ont les mêmes droits de contrôle, de critique et de direction. Aucune d'elle ne doit être écartée par malveillance, par habileté, de la connaissance régulière des faits quotidiens qui se produisent au sein de la C. G. T. et sur lesquels les deux fractions ont le droit et le devoir d'exprimer leur jugement.

C'est cette signification que nous donnions à cette résolution et voilà une fois encore affirmé le désir d'unité, le désir de mener la C. G. T. à l'action. Et, camarades, je vous ai rappelé la formule de Zimmerwald : « La paix, sans vainqueur ni vaincu ». Je vous demande maintenant de vous reporter par la pensée à la situation dans laquelle, en France, nous étions à cette époque. Clermont-Ferrand s'est tenu à la fin de 1917. Il y avait alors un état d'esprit épouvantable dans la population. Toute la France anxieusement s'attendait à un effort militaire formidable de la part de l'Allemagne qui, disait-on, se préparait à une offensive terrible ; toute l'opinion était suspendue à cette offensive, et un beau jour elle apprend que l'attaque est déclanchée et qu'une armée anglaise a lâché pied. Les Allemands ont percé le front anglais et arrivent sur Paris ; ils sont arrivés à 85 kilomètres de Paris.

Voilà la situation. Nous nous redressons, car nous ne voulons pas, comme l'a si bien dit Bourderon, faire subir à la France la paix de Brest-Litovsk. Nous aurions voulu que la classe ouvrière réponde après Zimmerwald à notre appel. Elle n'y a pas répondu ; pouvions-nous l'appeler à l'action au moment où nous étions dans la position de vaincus ? J'ai considéré que nous n'en avions pas le droit, j'ai pris cette responsabilité et je ne pouvais pas ne pas la prendre, même si j'examine les conséquences terribles de cette guerre.

A la déclaration de la guerre, je disais ma crainte que cette guerre réveille tous les appétits des nationalismes qu'on allait dresser les uns contre les autres. J'avais raison de soutenir cette thèse, puisqu'en fait cela existe aujourd'hui et que peut-être nous voilà à la veille de voir l'Europe entrer dans une période de guerres terribles entre les petites nationalités. Je ne voulais pas de cela ! j'ai combattu de toutes mes forces pour que cela ne soit pas. C'est pourquoi j'ai le droit de dire que je n'ai pas trahi la classe ouvrière, comme vous, minorité, le prétendez, mais que c'est la classe ouvrière, dans mon propre pays, qui m'a trahi, doublement trahi ! Voilà la vérité que j'ai le droit de jeter à la face de ce Congrès... (Applaudissements.)

Et, maintenant, je me tourne vers nos camarades minoritaires pour leur dire : « Au lieu d'affirmer que j'ai trahi Zimmerwald, c'est ce langage-là que vous devriez tenir à la classe ouvrière ; car c'est seulement en tenant ce langage que demain, dans la période révolutionnaire qui est commencée, nous ne serons pas une fois encore vaincus par la classe ouvrière comme nous l'avons été par notre incapacité à empêcher la guerre, comme nous l'avons été dans notre action pour la paix malgré mon appel de Zimmerwald».

Camarades, je vous assure que je n'apporte dans le débat que la passion qui m'anime avec l'espoir que la classe ouvrière comprendra les travaux de ce Congrès et l'action qu'elle devrait mener d'accord avec l'ensemble des décisions de ce Congrès.

C'est pourquoi je ne veux pas insister ; je ne pourrais que répéter ce que Bourderon a dit sur le Congrès de juillet 1918. Il a bien fait de rappeler l'interruption qu'on lui a lancée au moment où il parlait à la

tribune du Congrès et qu'un obus venait d'éclater ; on lui a crié :
« Les voilà ceux qui sont vos frères ! ». Il soulignait ainsi la situation
difficile dans laquelle nous nous débattions...

J'examinerai donc brièvement mon attitude, celle de la Fédération
des Métaux, à ce Congrès. J'aurais pu, — et je sais que c'est le gros
reproche que me fait la minorité, — j'aurais pu donner satisfaction à
mes rancunes personnelles ; j'aurais pu obtenir de ce Congrès une
majorité ; elle n'aurait pas été forte, elle aurait été majorité. Mais sur
quoi cette majorité s'établissait-elle ? Sur un mot, un seul mot :
« Regret », que l'on voulait voir figurer dans la résolution pour
stigmatiser l'attitude de la majorité confédérale. C'est là-dessus que
l'on a bataillé.

On ne s'est pas rallié à la motion à ce moment-là uniquement parce
qu'il n'y avait pas le mot « regret » dans cette motion. Mais, suppo-
sons que je m'obstine à maintenir ce mot « regret » et que nous ayons
eu cette majorité, quelle aurait été ma situation à ce moment-là ?
D'abord, je vous le déclare, je considère que j'aurais écarté du mouvement confédéral un homme qui peut nous rendre de grands services
et qui nous en a rendu d'immenses depuis que l'unité a été reconstituée dans la C. G. T. J'estimais que je n'avais pas le droit d'écarter cet
homme et que, d'autre part, la situation de la nouvelle majorité, en
face de l'ancienne majorité devenue minorité qui ne nous aurait pas
suivi à beaucoup près, nous aurions été paralysés dans notre action,
combattus même et la C. G. T. aurait été frappée d'impuissance. Cela,
à quel moment ? A un moment où tous les dangers pouvaient se présenter pour nous, à un moment où notre pays, comme nous, pouvions
être placés dans la situation de vaincus et nous aurions été dans l'impossibilité d'agir et même de continuer à faire de l'action purement
syndicale.

Voilà les préoccupations qui m'agitaient et comment il faut comprendre les crises à travers lesquelles j'ai passé. Et c'est pourquoi,
pensant à la C. G. T., à son avenir, à l'action internationale, à l'action
ouvrière, j'ai abandonné le mot « regret » et, ce faisant, j'ai loyalement mis ma main dans la main de Jouhaux pour ne pas davantage
diviser la classe ouvrière. C'est un geste que je ne regrette pas et ne
renierai jamais, vous m'entendez bien ! (Applaudissements.)

Vous avez dit aussi : « Vous n'avez pas fait d'action en faveur de la
paix et vous êtes responsables de la paix que les gouvernants ont
signée ». Vous avez jeté dans le débat, pour diminuer notre action
pour la paix, le nom du président Wilson, et, reprenant le mot de
Lénine, vous l'avez qualifié d'hypocrite. Permettez-moi de vous dire
que vous n'aviez pas le droit dans un Congrès confédéral comme
celui-ci de lancer ce mot, cette injure à la tête du président Wilson.
Je dis que vous n'aviez pas ce droit, non pas pour l'aide militaire qu'il
a pu apporter au moment critique à notre pays, mais pour ce qu'il a
fait, à un certain moment, en faveur de la Révolution russe.

En effet, la Russie a subi le traité de Brest-Litovsk... Le 31 décembre
1917, je crois nécessaire de le rappeler, le gouvernement me faisait

demander officieusement si j'acceptais de me rendre en Russie voir Lénine et Trotzky. Au ministre qui me posait cette question je répondais : « Il est déjà trop tard. Vous auriez dû traiter la Russie comme une affaire et être à leur côté à Brest-Litovsk ».

Lénine et Trotzky durent signer ce traité. Qui donc l'a déchiré : le président Wilson. Vous n'avez, nous n'avons pas le droit de l'oublier.

Je ne veux pas oublier non plus qu'au moment où la Révolution russe traversait une phase critique, le président Wilson envoyait aux Soviets de Pétrograd un radio-télégramme dans lequel il disait : « Dites-moi comment, sous quelle forme, je peux venir en aide à la République des Soviets et je lui viendrai en aide ». Je dis que vous n'avez pas le droit d'oublier tout cela et de traiter cet homme d'hypocrite à la tribune d'un Congrès confédéral.

LEPETIT. — Tu oublies que cet homme a reconnu Koltchak, l'étrangleur de la Révolution russe !

MERRHEIM. — Vous nous avez reproché notre attitude envers Wilson. Mais vous-mêmes, vous saviez qu'il n'y avait pas d'autre action à faire que celle de soutenir de toutes nos forces le seul homme sur lequel les masses ouvrières avaient mis leurs espoirs en une paix de justice et du droit.

Il a soutenu Koltchak, vous avez raison ; mais n'oubliez pas qu'au moment où il prend cette position toute l'Amérique est levée contre lui, il doit lutter contre son propre pays. Ah ! tu en doutes, camarade Lepetit ! Si tu veux, je t'apporterai tout un dossier d'articles, de notes, de journaux où même ceux qui avaient soutenu Wilson commençaient à l'abandonner. Et, alors, il doit lutter contre l'opinion publique de son propre pays et, au sein de la Conférence elle-même, contre les appétits annexionnistes, surtout contre ceux de l'Angleterre et encore plus de l'Italie.

Je lisais hier dans le *Journal de Genève* la déclaration d'un socialiste, Modigliani, qui se plaint qu'à la Conférence, l'Italie a été sacrifiée sur tous les points. Il a dû dominer cette lutte d'appétits et cet homme qui pouvait dire : « Eh bien ! je vous abandonne ; je retourne en Amérique. Mangez-vous, continuez à vous battre si cela vous plaît », cet homme est resté à la Conférence, il y a pris ses responsabilités. Et vous venez aujourd'hui l'injurier, l'accabler ! Ce n'est pas digne de ce Congrès et, une fois de plus, j'ai le droit de dire que si la classe ouvrière avait répondu à ses multiples appels — ils furent assez retentissants — il n'aurait pas été si seul à la Conférence de la Paix ; il aurait pu s'appuyer sur les manifestations, les désirs de la classe ouvrière. Il n'aurait pas été le vaincu de la Conférence !

Voilà, camarades, ce que vous ne pouvez pas oublier et ce n'est pas en niant ces réalités et en cédant au désir de faire un discours que vous écarterez ces faits-là. Ils ont existé.

Vous nous avez parlé aussi d'amnistie.

Est-ce que nous n'avons pas fait pour l'amnistie tout ce que nous pouvions faire ? Est-ce qu'on ne nous l'a pas promis aussi large que possible ? Est-ce notre faute si les seuls organismes qui depuis long-temps auraient dû voter cette loi sur l'amnistie ne l'ont pas fait? Est-ce notre faute à nous, Confédération Générale du Travail? Vous savez bien que l'amnistie doit être légalement votée par la Chambre et le Sénat et que nous avons fait, nous, toute l'action que nous pouvions faire pour que cette amnistie soit votée. Vous nous rendez responsables qu'elle n'est pas faite; vous nous dites : « Vous n'avez pas agi suffisamment pour sa réalisation ! » Je dis que nous avons fait le maximum d'efforts que nous pouvions faire pour hâter le vote de la loi d'amnistie.

Ah ! camarades, il y a un moyen de la faire autrement et qu'elle soit effective : c'est d'être capables d'ouvrir les prisons pour faire sortir tous ceux qui doivent être amnistiés.

Je vous l'ai dit, je ne veux pas être long; mais il ne m'est pas possible de quitter cette tribune sans parler de la révolution russe.

Vous m'avez reproché d'avoir déconsidéré la révolution russe, notamment dans le discours que j'ai prononcé à Corbeil. Eh bien ! Je le déclare tout de suite, ne me demandez jamais, à moi, qui pendant toute la durée de la guerre ai protesté contre les mensonges, les déformations des faits que la presse n'a cessé de déverser sur notre pays, ne me demandez jamais de ne pas dire à la classe ouvrière la vérité sur les mouvements, les révolutions qui se font dans les autres pays. Ne demandez pas à Merrheim d'abandonner son droit d'examen impartial des actes des partis des autres pays et même des actes révolutionnaires. Ne me demandez pas surtout de ne pas dire à la classe ouvrière que des fautes ont été commises et qu'elle n'a pas le droit de les commettre. Cela jamais! jamais! et là encore, quand je tiens ce langage, je suis d'accord avec Lénine.

Voici, en mai 1918, ce qu'il disait au Congrès panrusse de Moscou sur le même sujet et à propos des masses ouvrières :

Dissimuler aux masses qu'attirer des spécialistes bourgeois au moyen de traitements extrêmement élevés est une infraction aux principes de la Commune, signifierait s'abaisser au niveau des politiciens bourgeois et tromper les masses. Expliquer ouvertement comment et pourquoi nous avons fait un pas en arrière, puis discuter publiquement les moyens qui existent pour corriger l'omission, cela signifie éduquer les masses et éduquer expérimentalement, ensemble avec elles, l'édification du socialisme.

Le désavouez-vous ? Pour ma part, je suis pleinement d'accord avec sa pensée. Et quand j'essaye de prendre, de saisir dans la révolution russe, dans les écrits de ses dirigeants, des indications qui peuvent nous servir, vous me dites : « Tu déconsidères la Révolution russe. » Allons donc ! je m'efforce de dire la vérité ! Il n'y a pas un reproche qui peut me toucher plus profondément que celui de déconsidérer la révolution russe, car j'ai conscience d'avoir fait pour la révolution russe tout ce que mon activité, mes forces et mon intelligence, me permettaient de faire. Mais je me refuse de cacher la vérité et je ne veux pas me trouver demain devant une classe ouvrière ne connaissant pas la signification véritable de la révolution économique que nous devons faire et que nous faisons quotidiennement par notre action.

C'est ce que j'ai dit à Corbeil. Avais-je tort de le dire ? J'ai reproduit dans ce discours une autre déclaration de Lénine au Congrès panrusse de mai 1918 et qu'il a repris deux mois plus tard, avec plus de force, au Congrès du Conseil économique supérieur. Voici ce qu'il disait et vous allez voir que Lénine est comme nous en face de situations difficiles; il est obligé d'essayer d'amener la classe ouvrière russe à produire le plus possible, à comprendre qu'il faut qu'elle produise. Ne nous trompons pas quand nous parlons de classe ouvrière en Russie; n'oublions pas que ce pays immense compte 180 millions d'habitants, dont 160 millions de paysans et que, de ce fait, il ne peut être comparé à aucun autre pays d'Europe, même et surtout dans son action révolutionnaire. Écoutez ce qu'il disait aux ouvriers russes au Congrès panrusse de mai 1918 :

Si les ouvriers conscients d'avant-garde et les paysans pauvres réussissent, au moyen des institutions soviétistes, en un an, à s'organiser, à se discipliner, à se retendre, à créer une puissante discipline du travail, alors nous nous débarrasserons en une année de ce « tribut », que l'on peut diminuer même avant cela, exactement en proportion des succès de notre discipline ouvrière-paysanne du travail et de notre organisation. Plus tôt, nous les ouvriers et les paysans, nous apprendrons la meilleure discipline du travail et la plus haute technique du travail, employant pour cette étude les spécialistes bourgeois, plus tôt nous nous débarasserons de tout tribut accordé à ces spécialistes.

Cette argumentation, il la développe plus fortement encore quelque temps après au Congrès du Conseil supérieur économique :

Prenez, par exemple, un des problèmes secondaires que le Conseil supérieur économique doit résoudre, celui qui se pose tous les jours : *l'utilisation des spécialistes bourgeois.*
Nous savons tous, *tout au moins ceux qui sont sur le terrain scientifique et socialiste,* que ce problème ne peut être résolu qu'autant que nous aurons préparé les cadres gigantesques des spécialistes ayant l'instruction scientifique nécessaire, ces cadres de techniciens dont on ne peut pas se passer, dont les connaissances basées sur des données de la science sont indispensables pour procéder à n'importe quel travail, ces cadres que le capitalisme international avait su développer sur une si grande échelle. Sans le concours de ces spécialistes, le socialisme est irréalisable.

Voilà ce qu'il dit, voilà le langage qu'il tient aux ouvriers russes.

Loriot. — Mais il y a une différence de dire cela en période révolutionnaire...

Merrheim. — Loriot, nous avons discuté trop souvent et courtoisement ensemble pour que vous sachiez que je ne vais pas esquiver cette question. J'allais l'aborder car c'est là ce qui nous sépare et nous divise profondément.

Vous dites : Il y a une différence entre tenir ce langage dans une période révolutionnaire et dans une période capitaliste. Eh bien ! camarade Loriot, je me refuse à accepter cette thèse, négation même de l'action socialiste ! Vous êtes trop socialiste pour ne pas souffrir autant que moi de la situation dans laquelle nous vivons à l'heure actuelle. La guerre, ses conséquences, ont soulevé tous les appétits, toutes les convoitises, même parmi la classe ouvrière, et parmi ces appétits, ces convoitises, l'idéal ne compte plus, vous m'entendez bien, il a sombré dans la tourmente d'immoralité que la guerre a fait s'abattre sur le monde ! (Applaudissements.)

L'argent est tout; on ne voit que par l'argent; on ne veut que de l'argent et on en veut beaucoup. C'est cela qui crée l'immoralité. Eh bien ! de toute la force de mon idéal, de mes convictions, je lutte contre cela ! Dans mon discours de Corbeil, je disais déjà que les questions de salaires ne devaient pas seules nous préoccuper. Nous l'avons écrit dans une brochure; je le clamais à Corbeil, parce que je voulais sauver, pour la révolution, la classe ouvrière française de l'immoralité dans laquelle nous sombrerons et dans laquelle le socialisme et notre idéal sombrent à l'heure actuelle et sombreront définitivement si nous n'avons pas le courage de réagir. (Applaudissements.)

Camarades, répondant à notre camarade Loriot, je lui ai dit que je n'acceptais pas la thèse qu'il avait soutenue, que je ne l'accepterais jamais. Je ne suis pas le seul à ne pas l'accepter et, ici, avant d'aborder le caractère de la révolution hongroise, je veux lire une très courte déclaration de Fritz Adler.

LORIOT. — C'est un anti-bolcheviste, dites-le.

MERRHEIM. — Camarade Loriot, je ne veux pas connaître de bolcheviste ou d'anti-bolcheviste. J'examine un mot qui devrait tous nous réunir, le mot : révolution ou révolutionnaire.

Or, vous ne pouvez pas nier que si Adler est anti-bolcheviste, comme vous le dites, pendant la guerre il a eu une attitude admirable et n'hésita pas à accomplir, ce qui était dans son pays et contre la guerre, un acte révolutionnaire en assassinant le comte Sturgk, qu'il rendait responsable de la guerre. (Applaudissements.)

Or, Fritz Adler a déclaré :

La chute de la dictature des Conseils en Hongrie, même si la souveraineté du prolétariat en Russie devait en souffrir, est seulement l'échec d'une tactique toute particulière de la lutte de classe prolétarienne.

....

Lorsqu'on nous a demandé, à l'époque où la dictature des Conseils fut instituée en Hongrie, de suivre cet exemple, nous avons résisté, et il apparaît aujourd'hui que la tactique préconisée par nous était la vraie, si difficile qu'il pût être à maints travailleurs de le comprendre... La méthode armée des communistes est de formuler des demandes irréalisables, des demandes « exagérées », comme il est dit à la lettre dans le rapport sur la situation internationale lu au dernier Congrès communiste. Le socialisme ne peut prendre pied que là où l'industrie prédomine, là où la classe ouvrière constitue la majorité de la population. Les chefs du prolétariat en Russie et en Hongrie le savaient parfaitement, mais ils se sont fait illusion sur la rapidité avec laquelle la révolution mondiale s'accomplirait. Pour nous, la leçon des événements doit être que ce n'est pas seulement l'enthousiasme pour le but qui est nécessaire, mais aussi la connaissance nette de la situation du prolétariat dans le monde entier.

J'ai pris ce texte dans *l'Humanité*, vous ne m'accuserez donc pas de le déformer.

Eh bien ! ici encore, soucieux de mes responsabilités et de celles que la Confédération générale du Travail pourrait avoir à prendre dans une période révolutionnaire, je me refuse, vous m'entendez bien, à faire présenter des demandes irréalisables pour aboutir à créer une situation révolutionnaire. Elle existe, cette situation révolutionnaire; mais je me refuse à l'aggraver en poussant la classe ouvrière à présenter des demandes irréalisables parce que, lorsque j'aurai fait établir de telles demandes, la responsabilité de les réaliser nous incombera dans la période révolutionnaire de réalisation, et alors le prolétariat se retournera contre la C. G. T. et assassinera la révolution au profit de la réaction.

Voilà ce que je pense et voilà pourquoi j'agis ainsi, pourquoi j'ai prononcé le discours de Corbeil et que je l'ai répété à travers la France.

Ici, un mot en passant... Vous m'avez indigné quand vous avez condamné, ou presque, la journée de huit heures à la tribune de ce Congrès. Comment ! cette revendication de la classe ouvrière, vieille comme le mouvement ouvrier, vieille comme les aspirations du prolétariat, on vient la condamner pour pouvoir nous dire : vous l'avez prise, cette journée de huit heures, pour étrangler, paralyser le développement de la période révolutionnaire. Allons donc ! Je l'ai prise, arrachée au patronat pour apporter quelque chose à la classe ouvrière — on me l'a assez reproché — « Ne demande pas d'augmentation de salaires, car cela ne compte pas, ne peut pas améliorer ta condition sociale, réclame la journée de huit heures avec les mêmes salaires ; exige-la, applique-la ! » Parce que c'était dans mon esprit, comme ce sera dans la réalité, un acte révolutionnaire profitable à l'éducation du prolétariat. (*Applaudissements.*)

Vous êtes venus condamner ici (et c'est pourquoi nous nous séparons encore plus de vous) la journée de huit heures, la ridiculiser tout au moins...

PÉRICAT. — Je ne veux pas qu'on dise que la minorité a condamné la journée de huit heures !

MERRHEIM. — Je vais retirer, par esprit de conciliation, le mot condamnation, mais je dis, j'affirme qu'à cette tribune il y a eu des déclarations faites contre la journée de huit heures, dans le sens que j'ai indiqué. On l'a traitée avec dédain, sinon avec mépris. Eh bien !

croyez-vous que cela peut donner à la classe ouvrière de la confiance dans l'action révolutionnaire des organisations ? Vous ne pouvez pas le nier... (*Interruptions.*)

Comment ! j'ai entendu, au moment des grèves parisiennes, dans une réunion où j'ai essayé de dire la vérité à la masse, que l'on avait dressée contre moi, j'ai entendu dire : « Quoi ! huit heures de travail effectif, vous avez signé ça ! Nous ne voulons pas travailler plus de quatre heures par jour ! » Je dis qu'un état d'esprit comme celui-là nous condamne à l'impuissance dans notre action révolutionnaire de demain, vous m'entendez bien, et je ne veux pas me trouver impuissant demain, dans cette situation, en face des masses ouvrières ne voulant travailler que quatre heures par jour.

D'autre part, vous semblez oublier le rôle que les organisations ouvrières auront à jouer dans la révolution pour l'organisation de la production.

Bela Kuhn lui-même, dans un rapport, a confessé les raisons de l'impuissance de la révolution hongroise, en montrant la différence de position que devaient occuper le parti politique et les organisations syndicales. Et voici encore une très courte citation. Je m'en excuse devant le Congrès, mais si je lis ces citations, c'est parce qu'on a créé un tel état d'esprit aujourd'hui qu'on ne croit que lorsqu'on peut en même temps donner la preuve des affirmations que l'on apporte à une tribune :

L'appareil de l'industrie socialisée — écrit Bela Kuhn — doit s'appuyer sur les syndicats. Ces derniers doivent s'émanciper de plus en plus, se transformer en grandes entreprises organisées qui comprendront d'abord la majorité, plus tard la totalité des ouvriers d'une même branche d'industrie. Donc, comme les syndicats prennent part à la direction industrielle, leur effort doit tendre à ce que, peu à peu, tout le travail de direction soit entre leurs mains. Par cela même, les syndicats garantissent que les organes économiques centraux de l'État prolétarien et la population ouvrière travaillent en parfaite harmonie et que les ouvriers soient habitués à la direction de la vie économique. C'est le meilleur moyen de lutter contre la bureaucratie de l'organisation économique.

Voilà ce que Bela Kuhn lui-même a écrit. Il a à côté de lui un homme : Eugène Varga, qui est ministre du Travail et qui vient apporter la même forme de pensée concernant les rapports des techniciens avec les organisations ouvrières :

Une des fautes capitales, dit Eugène Varga dans son rapport au Congrès des Conseils ouvriers de Budapest du 15 juin 1919, a été que dans beaucoup d'entreprises les commissaires de production s'imaginent que leur tâche réside dans la direction technique, ce qui n'est pas du tout le cas. Dans les exploitations primitives et plus petites, comme par exemple les emballeurs et la fabrication du meuble, c'est une chose qui peut encore se faire. *Mais dans les entreprises plus grandes, où la direction technique exige des connaissances spéciales approfondies et des études préalables, la direction technique ne peut être confiée aux commissaires de production, si bons prolétaires soient-ils.*

UNE TACHE DE L'AVENIR. SERA AUSSI D'ENVOYER DES DÉLÉGUÉS DES SYNDICATS DANS LES C. O. DE CONTRÔLE. ISSUS DES OUVRIERS EMPLOYÉS DANS L'EXPLOITATION INTÉRESSÉE.

Mais nous devons reconnaître que la production sans techniciens est impossible, et la classe ouvrière doit, surtout en province, se faire à l'idée que si les dirigeants intellectuels d'une entreprise conservent encore aujourd'hui certaines manières de parler, ces manières disparaîtront de plus en plus avec l'expansion de l'idéologie prolétarienne et celle des idées socialistes.

Voilà ce que pensaient en Hongrie ceux qui avaient la responsabilité du développement économique et du triomphe de la révolution hongroise; réfléchissez à ces aveux, à ces vérités. Reportez-vous surtout à la situation de la Hongrie : le comte Karolyi, pour se sauver, s'entend avec l'Entente, puis il est obligé de disparaître, Bela Kuhn le remplace; Bela Kuhn, à son tour, se retourne vers l'Entente et lui demande son aide; l'Entente refuse; il se tourne vers la Russie, vers Lénine, à qui il demande l'envoi de munitions et de secours, que Lénine est impuissant à lui faire parvenir.

Bela Kuhn disparaît à son tour. Celui qui lui succède se tourne du côté de l'Entente; elle ne l'écoute pas. Et vous avez pu lire ces jours derniers, dans la presse, un appel d'un des chefs socialistes hongrois aux socialistes de l'Entente. Il leur disait : « Comprenez donc que l'Entente doit intervenir, parce qu'il nous est impossible de rétablir quelque chose de solide en Hongrie sans l'aide de l'Entente. » Et après tout cela, vous venez dire que nous avons, le 21 juillet dernier, assassiné la révolution hongroise ! En réalité, nous n'avions pas à assassiner un peuple, un pays qui étaient assassinés par sept ans de guerre, voilà la vérité, car il y a sept ans qu'à cause des guerres balkaniques l'Autriche-Hongrie est en guerre.

Non ! camarades, le 21 juillet nous n'avons pas assassiné la révolution hongroise. Et quand on parle de révolution, de situation révolutionnaire, je déclare que ma plus grande souffrance c'est d'avoir connu en France une situation révolutionnaire sans avoir rencontré un esprit révolutionnaire dans la classe ouvrière.

Voilà la vérité ! Voilà ce qui est vrai ! Voilà ce qui est exact, vous m'entendez bien ! Et cela est incontestable; vous ne pouvez pas le nier ! C'est pourquoi j'ai essayé, dans toute la mesure où je le pouvais, de faire pénétrer ma pensée dans l'esprit, dans la conscience de la classe ouvrière française. J'ai essayé de lui faire comprendre combien grande était la mission économique qu'elle avait à accomplir; j'ai cette fierté de pouvoir dire ici que je suis demeuré fidèle à mon attitude d'avant-guerre en agissant comme je l'ai fait.

En effet, camarades, quand je demande à la classe ouvrière de ne pas oublier que le travail, la production sont la base de toute société et même d'une révolution, je ne fais que continuer mon action d'avant-guerre. Rappelle-toi, camarade Monatte, que j'ai écrit, en

1913, un livre édité par la Fédération des Métaux : *La Métallurgie*. Comme j'avais demandé une préface à quelqu'un avec qui, au moment où le livre devait paraître, nous n'étions plus d'accord et que je montrais à Monatte les épreuves du livre, il me dit : « Il faut que vous fassiez une introduction autre que celle-là. » Elle fut écrite par Lenoir et moi; nous l'avons rédigée suivant ce que nous pensions. Que disions-nous dans cette préface, écrite en 1912 et imprimée en 1913 ? Le voici :

Ont-ils (les travailleurs) l'intuition que sauf les crises inhérentes à l'état social inorganique actuel, cette production ne peut qu'aller en se développant, parce qu'elle a un champ illimité d'expansion ouvert par les aspirations de bien-être individuel et le développement continu, perpétuel de la civilisation humaine ?

Enfin, sont-ils pénétrés de cette idée, ont-ils la conviction que toute société future — fût-elle communiste, anarchiste — ne peut se développer, vivre, satisfaire les individus, que si elle repose sur le *travail* ?

Et nous ajoutions :

Il faut que les exploités puisent, dans la grandeur du « Travail » et la puissance de leurs efforts, *dans la conscience de leur mission de producteurs*, toute la confiance en eux-mêmes et toute la force nécessaire à leur affranchissement.

Vous voyez que je n'ai pas changé de ligne de conduite, d'attitude, et quand je parle de la révolution russe, que j'essaye de démontrer par l'expérience que Lénine lui-même a acquise au sein de cette révolution, je poursuis la même ligne de conduite, la même pensée qui n'a pas cessé de me dominer, pour que l'affranchissement des travailleurs soit l'œuvre du travail par la puissance de production des travailleurs.

Je le répète, si nous ne luttons pas aujourd'hui contre cette vague d'immoralité générale qui atteint, a pénétré dans toutes les classes de la société, moins dans les classes ouvrières que dans les autres classes; si nous ne nous dressons pas contre elle; si nous ne faisons pas comprendre, même aux anarchistes, aux masses, que vouloir de l'argent, toujours de l'argent, beaucoup d'argent, c'est la corruption ruinant la société humaine, nous serons entraînés, engloutis par cette vague d'immoralité ! Aujourd'hui, oui, tout le monde veut de l'argent; l'idéal, l'affranchissement, ne le niez pas, cela on ne le comprend plus, on n'en veut plus. Eh bien ! notre mission, à nous militants, à nos organisations, est de relever la moralité, la dignité de la classe ouvrière. C'est cela que, toute ma vie, j'ai tenté de faire par ma propagande et c'est cela que je continuerai à faire demain, avec vous ou contre vous, minoritaires ! (*Applaudissements*.)

Camarades, vraiment j'ai le droit d'insister pour montrer cette continuité dans notre action à la Fédération des Métaux. Je vous le déclare en toute sincérité, avant de venir au Congrès des Métaux, j'ai relu tous les Congrès qui se sont tenus depuis que je suis à la Fédération. Je les relisais avec cette seule préoccupation : « Ne me suis-je pas trompé ? » On m'a tant dit que je m'étais trompé, que j'avais trahi, que je doutais de moi-même. J'ai lu et relu ces Congrès, et je n'y ai rien trouvé qui vienne infirmer les affirmations que j'ai apportées au Congrès de la Fédération des Métaux et que j'apporte à cette tribune.

Pour en donner une nouvelle preuve, je vous demande la permission de vous lire une citation du Congrès de 1913 de la Fédération des Métaux.

Rappelez-vous, camarades, les attaques formidables dont nous étions l'objet à la Fédération des Métaux : personnellement, à cause de mon attitude à la Conférence des Bourses et Fédérations de 1912, j'étais accusé d'avoir « rectifié mon tir ». La rectification de tir de la Fédération des Métaux, nous l'a-t-on assez reprochée, et beaucoup d'entre vous, camarades minoritaires, ne m'accusaient-ils pas de réformisme ?

Par mes déclarations à la Conférence des Bourses de 1912, l'examen de toute l'action de la C. G. T. avait été posé à notre Congrès des Métaux. Nous nous sommes expliqués longuement et, à une forte majorité contre trois voix, l'attitude de la Fédération des Métaux fut approuvée. La guerre est venue, et moi qu'on accusait d'avoir rectifié mon tir, de réformisme, j'ai été seul ou presque à me dresser contre la guerre, restant fidèle à mes conceptions syndicalistes.

Que disais-je au cours du discours que je prononçais à ce Congrès sur les irresponsables qui abusent des organisations et de l'autorité de la C. G. T., sur l'action sociale et l'action corporative de la Fédération des Métaux ? Je disais dans l'ensemble :

Comment voulez-vous que des militants ne retirent pas un enseignement de la lutte de tous les jours ? Comment voulez-vous qu'il n'y ait pas de leçons qui se dégagent des luttes dans lesquelles s'engage le mouvement ouvrier? Mais alors, notre mouvement ouvrier serait donc condamné à se figer, condamné à ne pouvoir se modifier suivant les circonstances et de milieu ? Mais alors, si vous voulez déclarer cela, vous vouez vous-mêmes votre mouvement à l'impuissance !

Si nous voulons, nous plus que tous autres, réaliser notre idéal révolutionnaire ; si nous voulons, nous plus que tous autres, réaliser la révolution économique, nous voulons qu'elle le soit par les travailleurs eux-mêmes, qu'elle soit le fruit de leurs efforts, le résultat de leur action tant sur le terrain matériel que moral, et nous avons besoin de leur apprendre à agir comme nous avons besoin de leur apprendre à penser.

Voilà quelle a été notre conception à la Conférence des Bourses. Jamais, à aucun moment, nous n'avons dit que nous reniions l'action passée ; jamais, à aucun moment, nous n'avons parlé de diminuer notre action sociale. Au contraire, dans notre pensée, il s'agit de poursuivre toute augmentation de cette action sociale.

Mais nous estimons, conformément à la résolution d'Amiens, que cette action sociale puise sa force dans l'action corporative des syndicats et des Fédérations. Voilà ce que nous avons déclaré, ce que nous continuons à déclarer ; nous laissons ceux qui voient dans cette décision et dans ces déclarations une rectification de tir ou une déviation de tir, s'engager sur la nouvelle pente dangereuse où certains voudraient les engager.

Camarades, je le répète, je suis resté fidèle à ce point de vue. Toute mon action pendant la guerre s'est inspirée et a été puisée dans ces principes.

C'est parce que j'étais imprégné de ces sentiments syndicalistes et socialistes que j'ai résisté à la tourmente dans laquelle tant de convictions se sont effondrées. Car, je vous l'ai dit, au début j'ai dû faire une action extrasyndicale pendant la guerre ; elle était nécessaire. Je n'ai abandonné aucun de mes principes. Je ne me suis pas modelé comme je ne me modèlerai pas davantage demain suivant les circonstances et la situation. Mais je profiterai, pour en faire bénéficier la classe ouvrière, de la leçon des faits. Vous m'avez lancé comme un défi, Monatte, en disant que j'étais comme sur un cheval fougueux. Oui, Monatte, je suis sur un cheval fougueux, mais, contrairement à vous, je me refuse à le lancer dans le précipice ! Le dominant, rassemblant ses forces, dominant sa puissance, je veux qu'il soit capable de franchir d'un seul coup le précipice, réalisant la véritable révolution économique !

Camarades, je termine. Je vous ai dit ici, avec toute ma sincérité, toute ma pensée ; je vous demande en retour d'agir pour que l'unité de la classe ouvrière ne soit pas brisée, anéantie...

Ah ! réfléchissez bien, camarades qui envisagez peut-être sans émoi cette cassure ; réfléchissez que nous allons avoir à passer par des périodes bien plus difficiles que celles que nous avons déjà traversées.

Ne comparez pas, surtout, la situation de notre pays à celle de la Russie, épuisée, saignée, sans classe bourgeoise dirigeante, où il n'y avait que les seigneurs féodaux et le moujik illettré et, entre eux, quelques intellectuels qui avaient puisé à l'étranger la sève révolutionnaire et socialiste ; regardez notre situation à nous, telle qu'elle est, les classes telles qu'elles sont, et dites-vous bien que demain nous aurons de lourdes responsabilités à prendre, nous, organisations ouvrières, mais que nous serons impuissants à les prendre, s'il n'y a pas d'unité dans l'organisation pour l'action, s'il n'y a pas la confiance dans les militants comme nous devons avoir confiance en nous-mêmes !

Oui ! si cela n'existe pas, nous serons une fois encore des vaincus ; ce sera la haine qui triomphera ; le courant d'immoralité que nous avons le devoir de remonter, de combattre, nous emportera, nous balayera tous impitoyablement et la réaction triomphera pour un siècle sur les ruines du syndicalisme révolutionnaire vaincu ! (*Applaudissements.*)

Le Président. — Camarades, je vais lever la séance. Nous recommencerons à 2 heures.

Séance de l'après-midi

Même bureau.

LE PRÉSIDENT. — Voici la proposition pour le bureau de demain :

Président : MILLERAT (Habillement) ;

Assesseurs : PICART (U., Yonne) et FILLIOL (Dockers, Marseille).

Cette proposition est adoptée.

LE PRÉSIDENT. — La parole est au camarade Sirolle.

Discours de Sirolle

SIROLLE. — Le camarade Jouhaux nous a dit qu'on ne devait plus faire d'équivoque, qu'on devait s'expliquer une fois pour toutes. Il y a pourtant une équivoque qui subsiste, c'est celle qui laisse supposer que les minoritaires, en faisant leurs critiques, adressent ces critiques à la C. G. T.

Pour nous, nous n'avons pas de critiques à faire contre la C. G. T. Nous ne faisons des critiques que contre le Bureau confédéral et la Commission administrative, représentant une majorité au sein de cette C. G. T.

Par conséquent, pour bien vous démontrer que toutes les critiques que nous apporterons, que le procès que nous pourrons faire contre le Bureau, contre la majorité de la C. G. T., que ces critiques n'ont qu'un but : faire revenir vers la voie du passé le syndicalisme français, lui faire reprendre la route qu'il avait auparavant.

Vous verrez par là qu'il n'y aura pas entre nous à parler de scission, à craindre que l'unité des syndicats soit brisée. On ne brise pas l'unité syndicale parce qu'on apporte un autre son de cloche, parce qu'on apporte des critiques contre ceux qui, au sein de notre organisation, ont mandat de remplir les décisions prises dans les Congrès précédents.

Voilà une équivoque qui devrait être dissipée.

Je n'aurai pas à reprendre les critiques apportées par Lepetit et ceux qui sont passés avant moi, sur le Bureau-confédéral et l'ancien Comité confédéral.

Nous étions quelques militants obscurs, à cette époque, qui cherchions les grandes voix autorisées du mouvement ouvrier. Nous sommes allés à la guerre et nous avons vu partout que ceux qui avaient charge de tenir bien haut les principes du syndicalisme français disparaissaient, noyés eux aussi, adoptant les mensonges officiels qui étaient déversés par nos dirigeants. Nous avons enfin trouvé une petite poignée, une toute petite poignée de ces militants les plus autorisés qui restaient dans la guerre ce qu'ils étaient avant la guerre; qui restaient en conformité d'idées avec les principes antimilitaristes, antiparlementaires, antipatriotiques d'avant-guerre. Nous nous sommes rencontrés, toujours les mêmes, toujours des humbles et des obscurs, dans le bureau du camarade Merrheim. A son premier appel, et il doit avoir des lettres dans son dossier, quelques-uns ont répondu.

Hélas ! c'étaient les plus obscurs, c'étaient ceux qui ne pouvaient pas agir immédiatement sur les masses, en faveur de la paix ; c'étaient les plus obscurs, qui n'avaient pas, comme les grandes voix autorisées, une puissance assez grande pour réveiller la conscience des masses.

Tu demandais ce matin, Merrheim, où était la masse au début de la guerre, où étaient aussi les grands militants d'avant-guerre ? Dumoulin a répondu dans sa dernière brochure. C'est Dumoulin qui nous a dit où était la masse des syndiqués, où étaient les grands militants sur lesquels tous nos espoirs étaient portés.

La masse, Merrheim, elle était où étaient les chefs du mouvement ouvrier ; elle était noyée dans la guerre comme les autres. Elle avait cette excuse : elle ne connaissait pas comme les militants du mouvement ouvrier les responsabilités qu'avaient nos dirigeants dans la déclaration de cette guerre. Elle n'avait pas le même savoir, elle n'avait pas le même pouvoir de compréhension. Et les chefs noyés dans la guerre entraînaient avec eux toute cette masse qui s'en allait et tu le sais, et tu l'as défini, toi et le camarade Bourderon, dans un manifeste que nous avons distribué, nous les obscurs, pour réveiller la conscience de cette masse.

Ce manifeste, lancé après Zimmerwald, était un appel aux syndiqués.

Vous disiez, Merrheim et Bourderon, vous adressant aux militants, aux syndiqués : « Nous vous demandons votre appui pour mener notre campagne ». Vous nous disiez :

« Vous nous devez tous et toutes cette double aide morale et pécuniaire, car à notre action s'opposent, non seulement la censure et l'arbitraire gouvernemental, mais la coalition de tous ceux qui, dès le 1er août 1914, ont inauguré par leur seule volonté personnelle la politique d'abdication de l'idéal socialiste et syndicaliste et de collaboration des classes dans la guerre.

« Leur malveillance, leurs calomnies sournoises et continues répandues contre nos intentions, notre action en faveur d'une paix rapide, ont accru nos difficultés et nous ont montré toute l'ampleur de l'effort à accomplir. Loin de nous décourager, elles ont stimulé notre énergie et notre persévérance. »

Nous avions répondu à quelques-uns à cet appel de Bourderon et Merrheim ; partout nous allions faire de la propagande pour qu'on vous entende et qu'on connaisse votre pensée. Elle a marché, votre pensée ! Elle a fait du chemin. La masse a ouvert les yeux ; si elle ne les a pas ouvert plus tôt, c'est, comme je vous le disais tout à l'heure, parce que vous ne vous adressiez qu'à une poignée de militants obscurs qui, eux, avaient connu les théories faites par les autres avant, qui étaient restés attachés à ces théories, qui ne s'étaient pas laissés entraîner par le flot des mensonges dans la guerre. Ils vous ont apporté un appui, ils ont dépensé de l'énergie comme vous ; ils ont reçu comme vous toutes les insultes, toutes les calomnies, et, Merrheim, beaucoup de ceux qui t'applaudissaient ce matin ont versé sur toi l'injure et la calomnie.

Je me rappelle, quand tu revenais du Comité confédéral, les larmes aux yeux, nous dire au Comité pour la reprise des relations internationales toutes les plus basses injures lancées par cette majorité qui ne voulait pas comprendre, qui avait intérêt à ne pas vouloir comprendre. Ce matin, j'aurais voulu te voir te retourner vers eux et leur dire : « Rougissez donc de votre soumission aux forces du mal dans le passé ! ».

Souvenez-vous, Merrheim et Bourderon, de notre milieu de cheminots où, à quelques-uns, nous avons essayé de nous élever contre le nationalisme qui régnait en maître dans notre corporation. J'allais voir Merrheim, et je lui disais : « Quand je pense qu'il va falloir se dresser contre Bidegaray qui est là le Dieu dans cette Fédération ! Je ne sais si j'aurai la force, l'énergie nécessaire, parce que je conçois que là, la propagande qui a été faite est une propagande tellement nationale que les cheminots sont loin de cet internationalisme ». (Applaudissements.)

Rappelle-toi aussi cette première réunion où nous avons affronté les nationalistes des chemins de fer de la rue Grange-aux-Belles. Nous avons voulu publiquement définir les grandes lignes de Zimmerwald. Nous nous sommes buttés à une incompréhension ; nous nous sommes buttés surtout à cette petite poignée de majoritaires qui voulaient maintenir ce mouvement syndical dans leurs mains, maintenir les masses dans le mensonge et nous n'étions qu'une petite poignée venue avec notre sincérité. On a eu la victoire ce soir-là. Nous n'étions que cinq, ils étaient une centaine. Après nous avoir abîmés, ils ont eu raison contre nous ; nous sommes montés voir Merrheim. Il y avait ce jour-là réunion de la Commission exécutive des Métaux. Nous lui avons dit l'effort que nous avions fait, pour n'aboutir à rien.

Il a dit : « Qu'importe, ce n'est rien ; l'idée fera son chemin parce qu'elle doit le faire. Qu'importent les coups, les outrages, l'idée est au-dessus de tout cela ! ».

Nous avons repris du courage, de l'énergie, auprès de toi, auprès de Bourderon, pour lutter toujours et toujours. Ta pensée a gagné. Ta pensée est arrivée à être au-dessus de tout ; ta pensée a été dans la masse et, c'est si vrai qu'aujourd'hui nous sommes ici, mandatés par ceux qui nous ont compris, par ceux qui ont compris ta pensée, dans les chemins de fer comme ailleurs. Il y a tout de même une évolution dans les esprits ; on ne trompe plus la masse comme on l'a trompée ; la masse a besoin d'être éclairée ; une minorité s'est fait sentir dans les chemins de fer; elle grandira demain si tous ceux qui portent la parole, si tous ceux qui croient posséder la vérité ne craignent pas de la clamer, ne s'embarrassent pas d'un corporatisme national trop étroit qui développe ce nationalisme que nous avons déjà depuis notre bas âge. Si, au contraire, cette idée est lancée, elle continuera son chemin. Ta pensée de Zimmerwald, elle fera son chemin ; elle sera demain celle qui présidera aux destinées de notre organisation cégétiste. Et c'est celle-là qui la guidera un jour ou l'autre, parce qu'elle doit la guider, parce que là est la vérité, parce que l'antipatriotisme, l'antimilitarisme, l'antiparlementarisme sont des vérités de notre C. G. T. (Applaudissements.)

On nous a parlé de Wilson. Wilson a demandé à la Russie : « Dites moi comment je dois vous venir en aide ? ». La Révolution a répondu : « Venez-nous en aide matériellement et moralement, immédiatement, parce que chez nous il y a de la souffrance, parce que le régime tsariste n'a laissé que des ruines, que des monceaux de ruines et que pour construire, malgré notre bonne volonté, il nous faut tout au moins l'appui des autres puissances ».

Cet appui, il était indispensable. Eh bien ! Wilson a fait comme les autres ; il a fait comme les alliés : il y a eu l'appui des forces américaines en Russie, des mitrailleuses et des soldats, et cependant on ne peut pas dire qu'il n'avait pas l'appui de la classe ouvrière. Toutes les classes ouvrières étaient debout pour acclamer Wilson, dans toutes les villes de France ; il y avait des manifestations pour acclamer Wilson ; en Italie, mêmes manifestations grandioses. Si Wilson n'avait pas été le grand hypocrite du temps, il se serait appuyé sur cette classe ouvrière et aurait réalisé son programme. (Applaudissements.)

Tu nous a parlé de l'immoralité actuelle, de la course à l'argent... Immoralité dans la classe ouvrière, immoralité partout, quand, pendant cinq ans, chez nous particulièrement, dans notre classe ouvrière, la plus grande des immoralités est celle qui consiste à avoir approuvé nos dirigeants dans la continuation de la guerre ! Pendant cinq ans, on a prêché la haine, on a entretenu la haine, on a entretenu l'esprit de violence ; pendant cinq ans, on a déchaîné sur le pays la plus grande douleur, on a fait le plus grand massacre que l'univers ait connu ; pendant cinq ans, tous les mauvais instincts se sont réveillés et vous demandez aujourd'hui pourquoi cette immoralité, vous supposez que c'est dans cette course aux hauts salaires. Le bourgeois dit qu'il y a immoralité parce que la classe ouvrière veut la journée de huit heures ; on trouve toujours des prétextes à l'immoralité, mais on n'ose pas en chercher les véritables causes.

Vous avez pendant cinq ans entretenu les plus mauvais instincts de l'homme ; aujourd'hui, il veut avec intensité jouir ! Vous avez déchaîné la folie, vous avez perpétué l'idée de la guerre ; aujourd'hui, la folie est déchaînée et vous êtes responsables, vous majoritaires, qui avec les dirigeants avez entretenu le mensonge ; vous êtes responsables avec les dirigeants, parce qu'avec eux, vous avez accepté toute cette guerre et toutes ses conséquences ! Par votre collaboration avec eux, vous avez partagé toutes les responsabilités et elles sont lourdes. Le fait est là. Vous avez voulu la continuation de cette guerre avec eux ; vous n'avez rien fait pour répondre à l'appel lancé par Merrheim. Là, Merrheim, tu peux te dégager, ta responsabilité n'est pas là ; mais, laisse-la aux autres cette responsabilité ! (*Applaudissements.*)

Collaboration de classes, c'est la continuation pour certains de la politique de guerre ; pour d'autres, c'est la continuation de la politique d'avant-guerre. Cet esprit prédominait, parce qu'on avait besoin qu'il y ait collaboration de classes. Il y a donc une différence à faire entre ceux qui furent toujours des collaborateurs de classes et qui, avant la guerre, étaient en minorité dans notre C. G. T., et ceux qui, pendant la guerre, ont découvert que la collaboration de classes était une chose utile pour des fins révolutionnaires.

Elle se continue maintenant, même depuis le Congrès de 1918.

Dans le rapport moral, vous le voyez, on vous le déclare, on est partisan d'un Conseil Économique ; on a été en délégation auprès de M. Loucheur à seule fin de constituer un Conseil technique économique ; on est partisan de cela et on l'explique.

Merrheim, ce matin, a touché le point exact ; il a développé la doctrine à cette tribune. Il vous a fait voir pourquoi il voulait que son cheval saute par dessus le précipice et aille tout de suite de l'autre côté.

Il faut absolument, pour faire la politique que vous a développée Merrheim, l'institution de ces Conseils Économiques, la pénétration au sein des pouvoirs, la collaboration étroite avec le personnel technique, avec le personnel dirigeant. Il faut donner à notre pays, par une intensité grande de la production, un essor tel que les besoins de la consommation soient bien au-dessous de la production. Il faut développer tous nos systèmes actuels, les transformer, les modifier, toujours en collaboration avec les organismes bourgeois. Il faut dans ces organismes apporter un esprit nouveau ; l'esprit nouveau vient de notre organisation syndicale, des techniciens que nous avons chez nous, des ouvriers représentants de cette classe ouvrière. Il faut, en un mot, arriver à transformer tous ces rouages bourgeois, pour qu'au moment de la transformation sociale, il n'y ait plus qu'à transposer

les organismes qui sont dé l'autre côté, de ce côté, sans aucun-effort,
par le jeu même de cette collaboration, par le jeu même de ces Commissions ; par cette œuvre de pénétration dans le pouvoir, on aura
supprimé l'exploitation capitaliste et bourgeoise. Cela peut être fort ;
c'est une doctrine qui s'explique, qui se soutient ; elle peut s'expliquer mieux encore ; on pourra même venir nous déclarer qu'en
somme ce système est en rapport direct avec les Conseils des Soviets
de Russie ; on pourra le dire, ce semble être une vérité, mais il ne
faudra pas qu'on oublie de dire que si les Soviets de Russie ont constitué des Conseils économiques, avant la constitution de ces Conseils
économiques ils s'étaient emparés du pouvoir afin d'avoir à leur disposition toutes les forces défensives capables d'empêcher un retour
de la classe bourgeoise pour la reprise de ses privilèges; tandis que
chez nous, si nous voulons tout de suite supprimer cette classe bourgeoise, capitaliste, par notre pénétration dans son pouvoir, dans ses
conseils, croyez-vous que demain, lorsque nous aurons pris une
extension telle que la classe capitaliste devra compter avec notre
force, croyez-vous qu'il n'y aura qu'à faire un changement de régime
pour qu'elle s'incline devant notre force ? Non ! elle aura à côté d'elle
et l'armée et les tribunaux, elle aura en un mot tout ce qui maintient
les privilèges et, lorsque vous serez à même de transformer le régime,
malgré toute votre pénétration, vous aurez affaire à cette force défensive; à ce moment-là, vous vous apercevrez peut-être de la fragilité
de votre conception.

Nous pouvons adopter et nous adoptons les points de vue émis par
Jouhaux, par Dumoulin et les autres puisque ce sont ceux qui, il y a
des années, ont mis la semence qui a germé dans nos cerveaux. Nous
savons que demain, l'atelier peut faire disparaître le gouvernement;
mais pour arriver à ce résultat, nous savons aussi qu'il y aura une
lutte violente, une lutte certaine entre les forces du passé et nous; il
faudra avoir à ce moment-là, par devers nous, toutes les armes,
toute la force défensive, en un mot toutes les armes de cette bourgeoisie pour imposer par la force notre conception.

D'ailleurs, Dumoulin, dans un passage de sa brochure, s'élève
contre ce démocratisme : il s'élève contre cette doctrine et déclare :

Provoquer des ententes capitalistes, réformer le système bancaire,
changer les lois industrielles comme celle de 1810 sur les mines, aller
jusqu'au système allemand des cartels, atteindre au niveau des trusts
américains, faire une république industrielle ayant force d'argent. Prenons garde, amis minoritaires ! On va essayer de nous dresser contre ce
vaste programme pour nous situer parmi les adversaires du progrès et
de l'évolution. Ne laissons pas se créer cette équivoque. N'acceptons pas
cette évolution comme une suite fataliste des faits. disons-la nécessaire
pour les buts que nous poursuivons. Affirmons très haut que les cheminots pourront s'emparer des chemins de fer, que les mineurs pourront prendre la mine. les postiers les postes et tout le prolétariat l'ensemble des moyens de production sans subordonner l'émancipation du
travail au développement total du capitalisme. On veut enchaîner le

syndicalisme au capitalisme; que nous fassions partie de l'impérialisme économique. Notre impérialisme ouvrier atteindrait ainsi à la barbarie industrielle.

Voilà ce qu'une parole autorisée de notre C. G. T. déclarait et je suis persuadé qu'il est dans la vérité et qu'il sait être dans la vérité, et qu'il ne niera pas l'écrit de l'année dernière.

D'ailleurs, nous n'avons qu'à regarder tous les faits du passé, tous les faits du présent pour nous rendre compte de ce que la collaboration avec notre classe dirigeante a donné à notre C. G. T., à notre mouvement ouvrier. On parle des revendications et on laisse supposer que c'est grâce à cette collaboration que nous avons obtenu satisfaction à toutes nos revendications. Il faudrait s'entendre : c'est grâce à l'action des masses, c'est grâce à l'action extérieure des syndiqués qu'on a obtenu satisfaction pour les revendications matérielles que nous avons formulées pendant la guerre et depuis la guerre.

Prenons le programme de la C. G. T. Prenons ce qui a été établi. Regardons ce qu'a donné la collaboration des classes. Vous réclamiez par exemple l'amnistie et vous faisiez une délégation auprès de Clemenceau. La guerre étant terminée, il était nécessaire pour le repos de nos classes dirigeantes qu'on fasse une amnistie pleine et entière. Clemenceau donne des promesses. On est heureux de les enregistrer, mais le 14 novembre, le lendemain, Clemenceau, tenant ses promesses, laisse condamner Becker à cinq ans de travaux publics pour fait d'ordre syndical. Toutes les suggestions que vous avez données à nos dirigeants dans les Conseils, dans vos délibérations avec eux, lorsque vous étiez mandatés par la Commission administrative... — Parce qu'ici, il faut faire le procès de tout le monde; les critiques qu'on adresse à Jouhaux, au Bureau confédéral, il faudrait peut-être les diriger d'une façon plus véhémente contre cette Commission Administrative de notre C. G. T., qui a peut-être là-dedans une responsabilité plus grande que les autres. Elle était formée en grande partie de ceux qui avaient l'habitude avant la guerre de fréquenter les antichambres ministérielles et ils ont donné cette impulsion à la C. G. T.; ils ont entraîné avec eux nos camarades du Bureau confédéral qui, continuant l'erreur d'août 1914, n'ont pas pu remonter ce courant. Il aurait fallu, voyez-vous, que depuis un an, s'élève dans toutes les Fédérations, dans tous les syndicats, dans toutes les Unions départementales, une protestation contre l'attitude prise par les délégués de Fédérations ou d'Unions départementales. Dans beaucoup de circonstances, le délégué de notre Fédération n'aurait peut-être pas eu une majorité pour se rendre auprès des dirigeants, si, se retournant vers les masses, il était venu demander des directives qu'il lui fallait donner au sein de la Commission Administrative ; il aurait peut-être tenu au sein de cette Commission un autre langage que celui qu'il a tenu dans tous les faits passés. Il y a là un manque de contrôle des syndicats, un contrôle direct sur ceux qui, au sein de la C. G. T., représentent l'organisation entière.

Voilà pourquoi les critiques, en ce qui concerne les délégations successives auprès des dirigeants sont dirigées principalement contre cette Commission Administrative. Le Bureau lui, a une responsabilité tellement grande depuis le début de la guerre, pour l'attitude qu'il a eue dans cette guerre, qu'on peut lui laisser un peu de souffle pour diriger nos critiques contre les autres.

Votre impuissance, provenue de votre collaboration, elle se fait jour partout. On ne voit chez vous que des manifestes, des ordres du jour, mais l'application des décisions prises n'a plus de possibilité, parce que, entre le moment où vous votez cet ordre du jour et le moment où vous pouvez mettre en application leurs passages principaux, les dirigeants eux-mêmes ont manqué à la parole, et c'est une gifle de plus que reçoivent nos organisations syndicales, impuissantes. Quand on songe que dans ce pays il y a depuis la guerre plus de cinq ou six cents de nos camarades qui sont dans les bagnes d'Afrique, dans les prisons républicaines, pour s'être révoltés en 1917, et qu'on n'a entendu s'élever aucune voix parmi vous pour demander plus de justice, pour demander que reviennent de suite ces camarades !... Ils se sont mutinés parce qu'ils en avaient assez, et comme la majorité confédérale approuvait le point de vue de nos dirigeants, elle n'a rien fait.

Il y a aussi dans ce pays des faits scandaleux que nous connaissons, nous qui sommes moins bien placés que vous pour les connaître. Nous savons qu'actuellement, il n'y a pas bien longtemps, au camp de Mailly, six mille Russes sont retenus, sans armes, souffrant mille tourments. Ils ont simplement commis le crime d'être Russes, et les Russes ont commis le crime encore plus grand de se révolter contre leur capitalisme. Ces Russes, un jour, en ayant assez de souffrir, se révoltent sans armes. Notre gouvernement, avec lequel vous collaborez, envoie un régiment de tanks qui tirent sur ces six mille Russes désarmés. Ils tombent là par centaines, et la protestation de la C. G. T. est encore à venir. On continue à collaborer avec ce gouvernement de sang, et vous nous demandez que cette collaboration se continue dans vos Conseils économiques, afin de donner à ce capitalisme encore plus de puissance pour tourner les régiments de tanks contre les révoltés de ce propre pays quand ils en auront assez de donner de la puissance à un capitalisme qui s'inonde dans le sang ! La protestation aurait dû venir, mais il ne vous était pas possible de la faire. Il valait mieux le silence et on l'a gardé prudemment. (*Applaudissements.*)

Il nous faut sortir de cette ornière et pour cela, il faut revenir de cette erreur, il faut reprendre le chemin du syndicalisme d'avant-guerre. Il faut que ceux qui ont partagé les responsabilités avec nos dirigeants reconnaissent leur erreur, leurs fautes, fassent place nette et laissent à d'autres le soin de conduire le syndicalisme vers son idéal.

Voilà ce qu'il faut.

Il ne faut pas que ce soient ceux qui ont milité pour la guerre, ceux qui ont entretenu la guerre, ceux qui partagent la responsabilité dans tous les traités, dans tout ce qui se passe à l'heure actuelle, ceux qui se sont trompés grossièrement et qui allaient partout clamant que la guerre était une guerre de civilisation, une guerre du droit qui donnerait aux peuples le droit de disposer d'eux-mêmes, alors qu'ils avaient en/leur possession les traités secrets passés avec les dirigeants des autres pays, dans lesquels il était spécifié comment la France démocratique que vous défendiez entendait la paix du droit, la liberté des peuples de disposer d'eux-mêmes, comment elle entendait cette paix de civilisation... Vous possédiez ces traités secrets, vous auriez donc pu à cette époque vous ressaisir! Vous ne l'avez pas fait, parce que vous n'avez pas voulu le faire. Vous ne vous êtes pas ressaisis, parce que vous étiez trop enlisés et parce que la chaîne aux maillons dorés vous tenait trop serrés aux pieds du capitalisme. Vous aussi, vous étiez attachés par votre attitude, par vos tractations pendant la guerre, avec les puissances du capital. Et maintenant, on peut bien venir ici développer des théories, venir déclarer que le révolutionnarisme n'est pas seulement dans les principes d'avant-guerre; on veut venir développer la théorie du démocratisme conduisant à la Révolution sans effusion de sang.

Tout peut s'expliquer. On peut justifier les attitudes les plus lamentables, mais il n'est pas suffisant de venir justifier son attitude; il est plus courageux, quand on a reconnu ses erreurs, de venir les déclarer hautement, franchement à une tribune du Congrès. On a attendu vainement que les militants, du plus haut placé au plus bas des secrétaires de Fédérations ou d'Unions, qui dans la guerre faisaient cette majorité qui se contentait d'envoyer des ordres du jour aux poilus, viennent reconnaître leurs fautes. Ce serait mieux que de rester plus longtemps dans ces erreurs. Trop longtemps déjà, on y est resté. Jouhaux nous a laissé entendre que jamais il ne pourrait se séparer de la Commission administrative de la C. G. T.; il ne pourra pas non plus se séparer du Bureau confédéral ; il veut avec les autres partager toutes les responsabilités. C'est courageux, c'est crâne! Il prendra toutes les responsabilités et vous continuerez à la C. G. T. à mener la politique de guerre, à mener la politique que vous avez déterminée dans votre Rapport Moral. Vous la continuerez parce que nous ne nous faisons pas d'illusions. Nous ne sommes pas ici pour rechercher une majorité. Nous sommes venus pour dissiper toute équivoque; pour qu'une fois pour toutes, d'un côté comme de l'autre, on connaisse les forces en présence, qu'on puisse au moins se compter, qu'on sache comment nous allons diriger notre action confédérale avec ces deux forces opposées. Nous sommes venus, vous entendez bien, persuadés que nous ne pouvions pas avoir la majorité dans la classe ouvrière organisée, parce que, comme Merrheim, nous reconnaissons que trop tard, bien trop tard, des hommes se sont ressaisis, que ce n'est pas cette petite poignée du début qui a pu créer dans le pays un esprit tel que les vérités se

soient fait jour comme cela rapidement. Notre voix a été trop longtemps opprimée; trop longtemps, on nous a empêché de nous
exprimer; la censure était contre nous, elle était contre Bourderon
comme contre Merrheim, comme elle était contre tous les autres. Il
était impossible d'aller nous expliquer même contradictoirement
contre nos adversaires; tandis que ceux qui représentaient la majorité confédérale ont pu, pendant toute la guerre, aller débiter partout,
dans tout le pays, dans les plus petites communes comme dans les
plus petits syndicats, tous les mensonges officiels.

Je démontre l'infériorité de notre situation.

Par conséquent, vous sentez bien que nous sommes animés de
cette idée: pouvoir, après les explications fournies à cette tribune
d'un côté comme de l'autre, nous étant comptés, conjuguer nos
efforts pour la lutte à entreprendre. Il était indispensable — nous le
devions à nous-mêmes — de dire bien haut, à une tribune publique,
dans un Congrès, ce que longtemps nous avons dit dans nos petits
groupements, de parler devant les hommes et de leur dire que le
Bureau confédéral, la majorité confédérale ont trahi le mandat qui
leur avait été donné avant la guerre. Notre devoir était de le dire ici
et c'est pourquoi nous sommes venus nous expliquer. Tout comme
Jouhaux, nous disons que le mouvement ouvrier se détermine selon
les circonstances, mais en s'inspirant aussi des situations, du but à
atteindre et sans se préoccuper des organismes bourgeois.

Voilà ce qui peut nous différencier et, en y réfléchissant, vous
voyez que la différence a son importance. Nous ne voulons pas, nous,
déterminer notre action, notre propagande en nous inspirant des
circonstances faites par le régime actuel. Il y a des moments, et c'est
peut-être parce qu'on s'est inspiré des circonstances qu'on a fait la
gaffe du 21 juillet, où cela est impossible.

Il est indispensable, à notre avis, que le Bureau confédéral vienne
s'expliquer, car les délégués de la majorité ne sont pas venus défendre le programme de la C. G. T. On nous a exposé les raisons
qui faisaient que l'on voulait continuer cette politique de guerre. On
ne nous a pas dit pourquoi on voulait rester dans cette ligne de
conduite. Nous, nous vous disons pourquoi nous voulons revenir à
notre syndicalisme d'avant-guerre ; nous voulons, comme Marty-
Rollan le disait, retrouver au sein de la C. G. T. des révolutionnaires
antiparlementaires, antipatriotiques, antimilitaristes.

Nous demandons absolument qu'on vienne condamner cette politique de guerre, qu'on condamne la politique suivie depuis la guerre ;
qu'on revienne aux méthodes du syndicalisme révolutionnaire. On
abandonnera ou on continuera la collaboration de classes, comme
vous le voudrez, et l'unité n'en sera pas pour cela touchée. (Applaudissements.) Vous n'avez pas ici à parler d'unité ; tous, comme vous,
quoique extrémistes, nous connaissons l'effort qu'il a fallu faire pour
mettre l'organisation syndicale debout ; songez bien que pendant que
nos camarades s'en allaient là-bas, ceux qui restaient essayaient de
sauver les tronçons de cette organisation syndicale.

Ils ont fait tout leur possible pour la grandir et la faire croître. Ils l'ont défendue. Ils se sont fait comprendre dans certains milieux. Ils l'ont défendue avec leur cœur, parce que c'est un peu d'eux-mêmes. L'unité syndicale, elle est en nous, elle est aux militants, aux travailleurs, et l'on ne brise pas son cœur légèrement.

Comprenez bien que l'unité ne doit pas être mise en cause ; on ne doit pas en parler parce qu'elle ne peut pas se détruire. (*Applaudissements.*) Mais nous vous disons que le syndicalisme peut se détruire et qu'il peut mourir ! Il peut disparaître en continuant l'erreur de la guerre, en continuant l'erreur actuelle ; il peut disparaître par la collaboration de classes. Il peut, par ses déviations, venir se mettre en travers des principes qui l'ont guidé et il ne sera plus le syndicalisme que vous avez connu, il sera une organisation professionnelle quelconque, à la Gompers. Il ne sera plus le syndicalisme français qui a de si belles pages d'histoire, tandis qu'il se développera, qu'il grandira toujours de plus en plus, si nous revenons aux méthodes du syndicalisme révolutionnaire.

Vous voyez que l'unité n'est pas en cause, parce que, malgré toutes les majorités, malgré le Bureau confédéral, malgré tous ceux qui font confiance aux méthodes de collaboration de classes, la minorité grandira ; elle deviendra toujours de plus en plus puissante, parce que l'idée la domine et par les sacrifices des hommes qui militent pour cette minorité. Elle grandira, parce qu'elle doit grandir, parce que le mensonge un jour doit disparaître, parce qu'en somme tous ceux qui ont à cœur l'organisation syndicale ne voudront pas laisser périr le syndicalisme français dans la collaboration de classes. Un jour, ils verront leur erreur, ce sera peut-être un peu tard, mais enfin, ils la verront et ils reviendront. Je souhaite que ce ne soit pas trop tard. Je souhaite qu'avant on ait pu faire quelque chose. Je souhaite aussi que les majoritaires, le Bureau confédéral, que tous ceux qui ont au cœur des idées de collaboration de classes et qui ne veulent pas d'injure et de calomnie viendront à cette tribune et que, maintenant, ils ne lanceront plus la calomnie sur ceux qui sont des extrémistes. On peut avoir une idée, une conception autres, avoir un idéal élevé sans pour cela être des irresponsables ou des agents conscients ou inconscients de ceux qui dirigent. J'espère que ce sont eux qui feront disparaître toutes les calomnies jetées à la face de ces militants. Il y en a qui ont besoin qu'ici, publiquement, on vienne les laver des injures. Pour moi, cela n'a pas d'importance! Mais il faudrait que tous ceux qui ont été traînés dans la boue parce qu'ils ne pensaient pas comme les autres soient lavés.

Nous attendons avec confiance tous les arguments que l'on viendra nous opposer. Nous attendons avec confiance qu'on vienne répondre sur le fond et non superficiellement. Nous attendons surtout qu'on vienne déclarer si, oui ou non, on est disposé à abandonner les méthodes néfastes que l'on a suivies pendant et depuis la guerre, si oui ou non, on est disposé à entrer dans une autre voie, si on est disposé à ne plus suivre ceux qui, dans la Commission administrative, veulent donner à la C. G. T. une orientation qui ne peut être la sienne. Il faudra qu'on le déclare ; il faudra qu'on ne partage pas les responsabilités avec ceux qui en ont de trop lourdes déjà avec les dirigeants.

Il faudra que l'on vienne s'expliquer là-dessus, qu'on nous développe le programme, l'institution des Conseils économiques; que l'on vienne nous dire si oui ou non, on est disposé à abandonner la collaboration de classes; si oui ou non on veut donner au syndicalisme toute sa puissance, toute sa force puisée dans l'histoire de ce syndicalisme qui possède de belles pages et que nous devons compléter !

MONMOUSSEAU. — Je reçois à l'instant une dépêche de la Commission syndicale du Luxembourg :

Commission syndicale Luxembourg envoie saluts fraternels et meilleurs souhaits. — KRIER.

Discours de Dumoulin

DUMOULIN. — Camarades, j'ai été appelé une dizaine de fois pour le moins à cette tribune, et il semble, aux yeux de bon nombre de délégués qui ne me connaissent pas ou me connaissent qu'imparfaitement, que je sois quelque chose de curieux, quelqu'un qui va dire des choses formidables et auxquelles on ne s'attend pas du tout.

Eh bien! je vous assure que je n'ai pas l'intention de me forcer outre mesure et surtout pour prendre ma défense personnelle; celle-ci n'a pas besoin d'un gros effort pour elle-même; la défense de l'individu, de tout son passé et de son présent n'a pas besoin de discours. Je considère ne pas devoir grand'chose à personne. J'ai des explications à fournir au Congrès puisque c'est lui qui me les demande; j'ai à lui apporter des preuves, mais je ne lui infligerai pas la lecture de documents, ni d'extraits de brochures, ni d'extraits de journaux ou d'autre chose. Je me bornerai à puiser mon argumentation dans quelques notes brèves que j'ai recueillies au cours de ces trois jours et demi de réquisitoire. Et ainsi je prendrai notre défense sans apporter autre chose que ce que je puiserai en moi-même, sans avoir recours à toutes sortes de papiers, sans être tenu de faire l'avocat aux manchettes; je puiserai en moi les éléments nécessaires d'une défense qui s'impose.

Permets-moi de te dire, camarade Monatte, que j'ai ressenti fortement, peut-être plus fortement que tous ceux qui étaient ici, la portée de ton discours. Songe que ce que tu as souffert, je l'ai souffert aussi. Songe que ce que tu avais dans le ventre, et que ce que tu as dit à cette tribune, je l'ai vidé aussi et j'ai pu me convaincre de la nature et de la durée de nos amertumes communes. J'ai pu saisir de quoi avaient été faites nos communes souffrances et j'ai compris combien

il fallait que tu puisses les étaler avec sincérité devant le Congrès.
Je l'ai fait en 1918. Comme toi alors, j'ai exhalé mon amertume, j'ai
étalé mes rancœurs et je n'en ai caché aucune; j'ai apporté mes
critiques et je ne me suis pas borné à apporter des critiques verbales.
Vous avez pu puiser à pleines mains dans les critiques écrites dans
les tranchées, sous les obus, au moment où vraiment on pouvait
ressentir les souffrances que nous avons endurées. (*Applaudissements*).

Camarades, oui, chacun a raconté ici son histoire; chacun a puisé
en lui-même les éléments d'une discussion; on a puisé dans son cœur,
dans ses entrailles pour dire : « Voici quelle était notre situation. » Et
en effet, je ne remonte pas avant la guerre. Je pars moi aussi du
mois d'août 1914.

Le 2 août, écœuré, réduit en poussière moralement, je suis parti
dans un wagon à bestiaux avec d'autres hommes qui gueulaient: « A
Berlin! » Tous, dans le wagon où j'étais, tous criaient: « A Berlin! »
J'ai senti — et là je me tourne du côté de l'Enseignement, — j'ai
senti une autre faillite que celle de la C. G. T., la faillite intellectuelle de notre pays! (*Applaudissements*). La faillite des éducateurs
— nous étions aussi des éducateurs — la faillite des éducateurs qui
ne savent ici apporter que des critiques sur notre responsabilité et
qui n'établissent aucune responsabilité pour eux-mêmes, pour l'éducation et la faillite intellectuelle du pays qui nous a conduits à la
guerre. (*Applaudissements*).

Camarades, ceux vers lesquels je me suis tourné savent que cette
réflexion ne s'adresse pas à eux personnellement. Ils savent que je
les ai, et toujours, considérés comme des pionniers de l'organisation
syndicale dans leur corporation. Ils savent que durant toute la durée
de la guerre, nous nous sommes trouvés en parfait accord. Ont-ils eu
comme nous, les camarades instituteurs, la possibilité d'exercer un
contrôle parfait et efficace sur leur corporation? Le nombre de vos
syndiqués, la force de votre organisation vous permettait-elle d'orienter votre industrie du cerveau dans le sens de la raison?... J'ai voulu
établir la différence qu'il y a entre les pionniers d'une organisation
et la corporation elle-même.

Le Congrès s'est irrité au point de ne pas vouloir reconnaître que la
guerre était un des résultats d'une faillite dans le monde entier, en
France comme ailleurs. Là-dessus, nous sommes d'accord puisque
nous l'avons été toute la durée de la guerre.

Nous sommes allés à la guerre. Je ne pouvais pas les voir autrement qu'ils étaient ces gens qui allaient à Berlin, qui n'avaient rien
lu de ce que nous avions produit et qui n'avaient pas plus lu les
avertissements publiés par la *Vie Ouvrière* et écrits par Merrheim que
les appels à la bonté, à la fraternité lancés par quelques pionniers
de l'éducation. Ces hommes pétris de cocardisme, pétris d'idées de
conquête, qui n'étaient pas autrement que les autres, il était tout
aussi facile qu'aux ouvriers allemands de leur bourrer le crâne.

Et je suis allé à la guerre ; je n'ai pu croire que je sacrifiais quelque chose sur l'autel de la Patrie. Je suis allé à la guerre parce qu'il n'était pas possible de faire autrement. Je suis allé à la guerre et je me suis conduit comme j'ai pu; j'ai pris une seule précaution et j'aurais voulu que notre camarade Rosmer, qui lui seul possède le document, j'aurais voulu qu'il dise comment j'étais capable de mourir à la guerre, comment j'étais capable d'y laisser ma peau. Vous qui nous dites que nous avons perdu la foi et que nous sommes des sceptiques, je voudrais que Rosmer dise comment j'aurais su laisser ma peau à la guerre. Il dirait, parce que ce document était en quelque sorte mon testament moral, s'il y avait en moi pauvreté ou richesse, ou au contraire propreté morale et aujourd'hui que vous avez l'occasion de me traduire à votre barre parce que je suis allé deux fois chez Clemenceau, avec Tommasi...

Tommasi. — Les deux fois que nous sommes allés voir Clemenceau, nous n'avons pas été faire de collaboration de classes...

Dumoulin. — Camarade Monatte, ce n'est pas aussi facile que tu le crois de renier vingt années d'amitié sincère; il n'est pas aussi facile que tu le penses, quand on a derrière soi vingt années de militantisme, devant un Congrès que nous n'avons pas toujours eu l'occasion de rencontrer comme ici, de renier vingt années d'amitié sincère entre les hommes ; et c'est justement que vous n'avez pas pu établir que dans les deux démarches faites chez Clemenceau avec notre camarade Tommasi, il y eût le reniement de vingt années de militantisme.

Lepetit. — Mais c'est la politique confédérale que tu approuves qu'on te reproche.

Dumoulin. — J'ai toujours eu des positions difficiles. L'année dernière, position difficile; cette année, position difficile et toute ma vie est ainsi faite; Monatte en sait quelque chose; je n'ai jamais accepté la position commode et de tout repos. Aujourd'hui, nous discutons, et c'est ce qui fait la beauté de notre discussion, c'est ce qui en constitue le côté passionnant, c'est ce qui lui donne le relief qui constitue la foi, c'est ce qui fait pour notre discussion son élévation morale, c'est de ne pas toujours chercher des occupations et des positions commodes. J'ai connu l'année dernière ton succès, Monatte, complet, et les délégués qui sont ici m'ont acclamé, ils m'ont ovationné, comme on t'a ovationné hier; tu méritais cette ovation que l'on m'a donnée l'année dernière ; au lieu de me laisser griser, au lieu d'obéir aux suggestions de ceux-là, je ne l'ai pas fait. Voilà ce que vous me reprochez et je veux que vous continuiez à me le reprocher; au lieu d'obéir à vos suggestions, au lieu de vouloir devenir votre chef, j'ai préféré tout sacrifier sur l'autel de l'unité ouvrière... Oui, jamais je n'ai rien sacrifié sur l'autel de la patrie, rien pour des intérêts personnels, tout, pour l'unité ouvrière!

On m'a demandé des explications et évidemment, je me tourne de préférence vers ceux qui me les ont demandées; j'aurais voulu qu'on lise toute la brochure; j'aurais voulu qu'on donne au Congrès la totalité de ce que j'avais dans le ventre; mais, n'insistons pas sur ces préliminaires. Expliquons-nous.

Je n'ai pas accepté ce que vous nous offriez à ce moment-là: casser la C. G. T. en deux tronçons. Il n'y avait pas d'autre conclusion à la solution que vous apportiez à ce moment-là: briser l'unité ouvrière, obligation pour nous de prendre la direction du mouvement.

Et je me rappelle, comme je me rappelle également la conversation que nous eûmes à Boulogne-sur-Mer avec Trotzky, comme je me rappelle la petite conversation que nous eûmes dans la chambre secrète de notre vieux compagnon Bourderon pour établir les éléments de la résolution de Zimmerwald, je me souviens de toutes ces anecdotes de la vie passée, comme je me rappelle la conversation avec Merrheim, le long des Buttes-Chaumont. Rien, ici, ne peut être caché. Je n'étais pas convaincu que nous ne devions pas, à ce moment-là, voter camp contre camp au Congrès de la C. G. T. Et c'est Bourderon, et c'est Merrheim, et ce sont d'autres camarades faisant valoir de véritables raisons qui m'ont demandé le sacrifice au profit de l'unité ouvrière, sacrifice auquel tu as participé, Monmousseau, mais sacrifice que, par la suite, pour des raisons qui ont été développées ici, tu n'as pas voulu accepter.

Toute la discussion entre nous deux repose sur cette question. Monmousseau a voté la résolution au Congrès de 1918, puis, ensuite, il n'a pas voulu y souscrire. Il n'y a donc entre nous qu'une question de temps et c'est dans ce temps que s'établit la différence et la discussion.

Comment, collaboration de classes ? Expliquons-nous, camarades, puisque nous sommes débarrassés des préambules. Collaboration de classes ? Est-ce que vous oubliez que vous sortez d'une longue et douloureuse période durant laquelle l'unique patron, pour ainsi dire, a été l'État, le gouvernement, et vous ignorez que la plupart de toutes les industries étaient en quelque sorte patronnées industriellement et commercialement par l'État et le gouvernement ; qu'ainsi, presque toujours, les mouvements revendicatifs, les grèves, les revendications formulées par les corporations et les syndicats s'adressaient à l'État, au gouvernement ? Est-ce nous qui amenions ces grèves au Ministère du Travail ? Est-ce que c'est la C. G. T. ? Je m'adresse à tous ceux (et ils le reconnaîtront logiquement, avec loyauté, avec franchise), je m'adresse à tous les syndicats qui ont eu, dans le cours de cette année, depuis décembre 1918, des revendications qu'ils ont soutenues par des grèves. Toutes ces grèves ont abouti, sur leur demande, au Ministère du Travail. Est-ce la C. G. T. qui allait chercher les syndicats ? Est-ce que jamais nous les avons influencés ? Je voudrais que l'on citât une grève dans laquelle l'intervention confédérale a influencé un mouvement pour qu'il aboutisse dans les Ministères, auprès du gouvernement. A quel moment la C. G. T. a-t-elle provoqué ce que vous appelez la collaboration de classes ? A quel moment la

C. G. T. est-elle allée chercher les intéressés eux-mêmes pour défendre leur cause devant les Ministères responsables ? Je pourrais en appeler au camarades de Cette ; je pourrais en appeler au témoignage de ceux qui, dans la Loire, ont été poursuivis pour les événements de décembre et de mai 1918 ; je pourrais en appeler à tous ceux qui ont choisi la C. G. T. comme avocat social pour défendre leur cause.

MILLERAT. — Les casquettiers !

DUMOULIN. — Je prétends, camarades, qu'à aucun moment la C. G. T. n'a influencé les organisations, fédérations ou syndicats, et je cite la Fédération du Sous-Sol comme la Fédération des Moyens de Transport, comme les syndicats parisiens des Transports en Commun... A quel moment la C. G. T. vous a-t-elle orienté dans le sens des discussions auprès des pouvoirs publics ? Est-ce elle, est-ce le Comité confédéral, est-ce la Commission administrative ou le Bureau confédéral qui ont organisé ce que vous appelez à tort collaboration de classes ?

La vérité, Millerat, c'est que toutes vos grèves, vous les avez dirigées vers le Ministère du Travail et que, souvent, nous avons été tenus d'aller les repêcher au Ministère du Travail.

Mlle BOUVIER. — C'est vrai !

DUMOULIN. — Alors, la collaboration de classes, elle ne trouve pas son origine à la Commission administrative ou au Comité national ; elle trouve son origine dans les syndicats eux-mêmes, expression démocratique de la C. G. T. Collaboration de classes, je ne veux pas l'appeler comme cela !... Les syndicats ont solutionné leurs conflits, les uns, très rarement, sur place, les autres chez les ministres. Qu'importe l'endroit où l'on solutionne un conflit pourvu que les ouvriers grévistes soient bénéficiaires de la grève qu'ils ont engagée contre leurs patrons ?

Et c'est ainsi, dans cette situation, solutionnant de ci, de là, les grèves au Ministère du Travail, que nous arrivons au Premier Mai.

A ce moment-là, tant à l'Union des syndicats de la Seine qu'à la C. G. T., nous sentons que le Premier Mai va revêtir un caractère considérable et nous, Bureau confédéral, Commission administrative, nous nous refusons aux moindres pourparlers avec les autorités gouvernementales parisiennes. Nous nous refusons à engager la moindre conversation avec ceux qui gouvernent; mais nous voyons que partout, de Marseille à Bordeaux, en passant par Toulouse pour venir à Nancy, nous voyons que partout les manifestations du Premier Mai s'organisent d'accord avec les Préfets, à la suite de conversations avec les pouvoirs.

Je n'ai jamais dit, camarade Jacquemin, que vous aviez mal fait d'aller chez le Préfet de Meurthe-et-Moselle; je n'ai jamais porté la moindre réserve sur les relations locales que vous avez avec le Préfet de Nancy et le Maire; seulement, malgré toute l'amitié qui encore me rapproche du camarade Jacquemin, je ne peux pas m'empêcher de lui dire que des déclarations anarchistes à la tribune d'un Congrès ne peuvent pas suffire pour l'éclairer; il faut des déclarations franches. La vérité, c'est que dans vos Unions locales, dans vos Unions départementales, à Nancy comme à Strasbourg, à Mulhouse comme à Metz, à Marseille comme à Bordeaux, vous êtes obligés de causer, d'avoir des relations et des tractations avec les autorités. Ceux qui n'y vont jamais et qui ont décidé de n'y jamais aller, de ne jamais mettre les pieds chez un préfet ou chez un maire, ceux-là seuls ont le droit d'apporter des critiques, ceux-là seuls sont logiques avec eux-mêmes. Des autres, nous ne les acceptons pas!... Nous n'acceptons pas la formule du camarade Jacquemin, parce que ces camarades y vont sans mauvaises intentions et sans pour cela amoindrir leur syndicalisme. Il faut reconnaître que la C. G. T., en la personne de celui qui vous parle et qui est allé chez Clemenceau, ne pouvait pas être transfuge, renégate, traîtresse.

Et il faut établir autre chose. Cette autre chose se place à un endroit où ma conscience n'est pas très en repos. J'avais encore à ce moment-là quelques confidences avec mon ami Monatte. J'ai demandé: « Sera-t-il possible que je reprenne la collaboration à la *Vie Ouvrière*? » Cette demande nous a valu une explication, explication qui a abouti à ceci: « A la *Vie Ouvrière*, on ne peut pas défendre le programme de la C. G. T.; à la *Vie Ouvrière*, on est obligé, sinon de combattre, tout au moins d'apporter des critiques contre le programme minimum de la C. G. T. »

A ce moment, j'avais encore besoin d'étudier ce que l'on entendait par Conseil National Economique, mais j'étais profondément attaché à la journée de huit heures qui venait de sortir de nos manifestations du Premier Mai. Cette journée de huit heures qui, quoi qu'on en dise, a été arrachée par la force ouvrière et par ses syndicats, qui ne peut pas venir comme on l'a dit d'un bien mal acquis, qui ne peut pas venir comme une duperie, la journée de huit heures consécutive de la force, de la puissance développée par la manifestation du Premier Mai, et non pas de la discussion dans un cabinet avec quelques vieux bonzes du patronat — vieux bonzes du patronat que Chanvin a retrouvé dans le Comité patronal du bâtiment, vieux bonzes que Roux a retrouvé dans le Comité patronal des cuirs et peaux, vieux bonzes que nos amis du Textile ont retrouvé au textile; — la discussion qui s'est établie dans ces différents Comités, comme au Comité de la Paix, n'a été que la conclusion de la démonstration de notre puissance ouvrière. On n'a pas le droit de dire que la journée de huit heures est une duperie et on n'a pas le droit de frapper, de paralyser l'organisation syndicale en prenant la position que vous avez prise et que vous prétendez vouloir continuer.

Sirolle, tu as dit très franchement ce que tu pensais pour le maintien de l'unité ouvrière; mais l'unité ouvrière n'est pas possible si chaque fois que le mouvement syndical obtient quelque chose, par vos critiques, par le souffle d'impuissance que vous ferez circuler, chaque fois que la C. G. T. réalisera une revendication, vous la tournez

en ridicule; il n'y a pas d'entente possible avec une minorité qui
entend n'accepter aucune position critique dans le mouvement ouvrier; et je m'adresse ici à tous les camarades avec l'intention de
mettre en relief des situations que vous ne pouvez éluder, que vous
n'avez pas le droit d'éluder. Ah! vous tournez en ridicule l'organisation des loisirs; ah! j'ai lu dans un journal que l'organisation des
loisirs, c'était l'organisation des loisirs de Jouhaux ! J'ai retrouvé
cependant au Congrès des Instituteurs, à Tours, la question des
loisirs inscrite à l'ordre du jour de la Fédération.

Jamais, dans votre esprit, vous n'avez entendu inscrire la question
de l'organisation des loisirs au Congrès de votre Fédération, pour
tourner la revendication en ridicule par la suite. Devant les critiques
que vous formuliez à ce moment-là contre le programme minimum
de la C. G. T., je vous ai dit : « Il n'y a pas trois programmes ; il n'y
en a que deux; programme minimum de réalisations immédiates ou
programme maximum : Révolution! » Je vous ai fait remarquer que
dans notre programme minimum, il n'y avait pas que l'organisation
du Conseil Économique, qu'il y avait aussi la journée de huit heures,
la question des salaires, toute la question morale et sociale du prolétariat, et je vous ai demandé où était votre programme minimum.
J'ai senti, à la lecture des documents de votre Congrès, en entendant
votre rapporteur, qu'une corporation qui revendique 3.000 francs de
pension par an, 1.500 francs d'indemnité de séjour et l'élévation de
ses traitements, ne pouvait pas nous reprocher de réclamer une
pension de retraite pour ceux des métallurgistes et du Bâtiment qui
n'ont pas un sou.

C'est votre droit et c'est votre devoir d'améliorer le sort de votre
corporation, d'élever le chiffre du traitement, de la pension, de l'indemnité de séjour, ce qui est consécutif de vos besoins matériels.
Mais, quand vous avez obtenu quelques bribes d'amélioration, les
considérez-vous comme une duperie? Votre corporation considère-
t-elle qu'elle mène un jeu de dupes en améliorant sa position matérielle ? Voilà toute la question. La C. G. T., quand elle revendique
l'amélioration matérielle du sort des travailleurs, quand elle traduit
leurs aspirations, joue-t-elle un jeu de dupes ? Y a-t-il eu duperie
quand nous avons arraché la journée de huit heures ? Sommes-nous
des dupes ? Parce que, quand on est dupes, il faut aussi être complices ; et c'est ce que nous n'acceptons pas de Monatte ; et il fallait
établir cette différence, dissiper cette équivoque.

Il n'y a pas que vous qui êtes en cause; il y a tout le prolétariat
fonctionnaire, tout le prolétariat de l'État; il y a les postiers; il y a
tous les fonctionnaires, tous ceux dont le patron est l'État qui réclament, qui s'adressent à leur patron-État et qui améliorent leur
situation. C'est sans méchanceté aucune, que j'évoque les chiffres
tels qu'ils sont. Il y a pour vous une situation arithmétique; cela se
calcule par un jour de repos par semaine et un dimanche, par des
vacances chaque année, et, pour les travailleurs, vous nous interdisez
de réclamer la journée de huit heures, ou bien vous faites dire par

le délégué des instituteurs du Finistère que la journée de huit heures est un jeu de dupes.

Il est inutile d'insister, l'équivoque se trouve ainsi dissipée. C'est votre droit, mais c'est aussi le droit de tous les travailleurs de l'industrie privée d'arracher la journée de huit heures et l'amélioration de leur situation.

Voilà ce que j'ai voulu dire; je n'ai pas voulu vous faire un reproche d'améliorer votre situation, mais je vous demande si vous acceptez le raisonnement du délégué du syndicat du Finistère.

LOUIOT. — Oui!

DUMOULIN. — Eh bien! si vous dites: Oui, nous ne l'acceptons pas, nous!... (Applaudissements). Et pas davantage nous n'acceptons vos critiques sur les réalisations qui trouvent leurs conclusions dans des accords; pas davantage nous n'acceptons votre forme de critique contre les accords réalisés par la Fédération de la Métallurgie, par la Fédération du Bâtiment, par celle des Cuirs et Peaux, par celle du Textile. Ces accords, ils ont au moins ce mérite de conserver et de maintenir dans l'action les masses syndiquées dans les organisations; elles y restent parce qu'elles ont des certitudes.

Ces derniers temps, c'est dans les accords signés, dans les accords signés par les Fédérations traitant de puissance à puissance, avec le Comité des Forges, le Comité des Houillères, avec le Comité du Textile, celui du Bâtiment, celui des Cuirs et Peaux, et pour toutes les industries si l'on veut, que la masse bénévole qui est venue aux organisations syndicales pour ses satisfactions matérielles, a confiance.

Mais vous, militants, vous n'avez pas le droit de dire que l'accord termine la lutte des classes. Vous n'avez pas le droit de dire que l'accord est un élément de la collaboration des classes ; c'est une conclusion d'un aspect, d'un moment de la bataille des classes, et ainsi, c'est la confiance qui règne, la confiance que les masses non instruites, non éduquées accordent au syndicalisme; c'est dans ces accords que nous puiserons les éléments de conversion de nos effectifs, car nous ne nous attardons plus au syndicalisme qualificatif, à faibles effectifs, aux militants généreux, aux militants courageux; nous en avons usé tant et plus, avant la guerre, du syndicalisme de qualité qui n'avait pas la quantité, et il faut dire que la qualité syndicale n'a pas empêché la catastrophe, n'a pas empêché la guerre malgré notre propagande, malgré notre action énergique. Aujourd'hui, pour conserver les syndiqués à l'organisation, le syndicat d'abord est obligé de traiter sur les bordereaux de salaires, sur le contrat local qui se régionalise par la suite et qui devient le contrat national de fédération à puissance patronale.

Collaboration de classes? Non!

Loriot lui-même n'accepte pas la formule qui consiste à dire qu'établir un contrat c'est faire de la collaboration de classes... Il n'accepte pas, il ne formule pas cette critique... Et puis, on nous

habitue à tourner nos regards vers les pays étrangers et on nous dit:
« Prenez exemple sur la gauche du syndicalisme anglais; prenez
exemple sur Smillie, sur la Fédération des mineurs, des cheminots ».
Mais nous prenons exemple, et cet exemple nous le trouvons dans le
rapport Sankey. Il y avait des patrons métallurgistes, des patrons
gaziers, des représentants de l'État et des délégués ouvriers, cette
Commission a abouti à un rapport concluant à la nationalisation des
mines en Angleterre. Jamais vous ne dites que c'est de la collaboration de classes. Ce qui se fait en Angleterre, parce que c'est la gauche,
a toutes les vertus. Ce qui se fait en France est frappé par vous de
paralysie et de suspicion.

En Angleterre, ils sont allés aussi chez Bonar Law, chez Lloyd
George réclamer l'amnistie, réclamer la suspension des envois de
troupes et de munitions en Russie. A ce moment, et vous l'avez dit
vous-mêmes, ils en ont fait une question de syndicalisme national ;
contre l'intervention en Russie, ils sont persuadés d'aboutir ; ils
iront jusqu'à l'action pour aboutir, mais ce matin, mais hier, lorsque
quelqu'un a évoqué les décisions que nous ne connaissions pas, mais
que les journaux du Parti socialiste apportent, qui nous disent que le
Conseil suprême, puisqu'on l'appelle ainsi, a décidé de ne plus intervenir en Russie, quelqu'un a dit et je demande à notre camarade
Loriot si ce n'est pas lui-même : « C'est encore pour influencer le
Congrès confédéral ! » -

PÉRICAT. — C'est moi qui l'ai dit. Mais ce n'est pas sous cette
forme.

DUMOULIN. — Moi, j'ai cru comprendre qu'il y avait un rattachement, dans cette interjection, entre la forme des critiques apportées
par notre camarade Monatte et cette décision ; qu'ainsi, tout ce que
nous ferions serait frappé de suspicion ; tout ce que ferait le prolétariat anglais, la coalition syndicale en Angleterre posséderait toutes les
vertus et qu'ici, quand par des décisions semblables on nous appor-
terait une certitude, quelque chose qui pourrait donner courage à nos
masses, ce serait frappé de suspicion. Il en fut ainsi de la journée de
huit heures. Il en fut ainsi des contrats et des accords réalisés et il en
est ainsi de l'annonce de la cessation de l'intervention en Russie et il
en sera ainsi pour tout ce que nous obtiendrons, si vous persistez dans
la critique pure !...

Voilà où nous ne nous comprenons pas ; voilà où nous ne sommes
pas d'accord sur la forme de vos critiques et voilà où nous ne nous
comprenons pas sur la collaboration de classes. Réside-t-elle dans ces
accords ? Parce qu'il faut aller les chercher à la base, dans les syndicats eux-mêmes et non pas diriger seulement les critiques au sommet des organisations ? A la C. G. T., on ne signe pas de contrat, ni
d'accord ; les accords signés, les contrats établis le sont par les Fédérations nationales avec le groupe industriel correspondant à la Fédération nationale. La C. G. T. n'a jamais conclu d'accord avec les
gouvernants ; la C. G. T. a fait la même démarche que la délégation

11

ouvrière anglaise chez Bonar Law ; elle l'a faite à la suite d'une décision de son Comité national et, à ce moment, la délégation qui est allée chez Clemenceau était composée de camarades de toutes les tendances, participant aux discussions du Comité national : Jullien en fut, Marty-Rollan en fut, si je ne me trompe ; d'autres en furent. Il y eut une délégation chez Clemenceau pour déposer le cahier de revendications sociales, comme la même démarche eut lieu en Angleterre par les organisations syndicales. Il n'y a pas collaboration de classes en Angleterre, pourquoi y aurait-il collaboration de classes en France ? Et, si vous persistiez dans cette attitude, si vous persistiez dans l'attitude critique, je vous demande, après un vote, puisque vous pensez qu'un vote solutionne toutes les questions, je vous demande quelle situation vous feriez à une direction confédérale qui a la responsabilité de l'organisation et je demande, s'il était possible qu'un Congrès, transposant la majorité en minorité, vous fasse accepter cette fois vos responsabilités tout entières, nous qui sommes convaincus que le jour où vous prendriez ces responsabilités il vous faudrait défendre la journée de huit heures que vous auriez taxée de duperie, le jour où il vous faudrait poursuivre l'amélioration des conditions matérielles de la classe ouvrière, — je demande comment vous pourriez traduire dans l'action le mouvement syndical, étant donnée la position qu'il occupe dans le pays.

Je pose ces questions, parce que nos débats dépassent le vote, parce que nos débats dépassent majorité et minorité ; ils évoquent toutes les responsabilités du mouvement ouvrier. Je ne dis pas que si vous preniez demain les responsabilités de l'organisation, vous seriez tenus de produire à la masse le programme que vous avez esquissé à cette tribune ; mais il faudrait, pour être logiques avec vous-mêmes, que vous mettiez en pratique la plupart des théories que vous avez développées ici.

L'adhésion à la Troisième Internationale ?...

Vous voyez, camarades, la difficulté des explications quand on va au fond du sujet lui-même ; je ne suis pas sûr que ceux qui s'appellent minoritaires soient tous d'accord pour la Troisième Internationale. C'est ce que vous avez essayé de faire pendant trois jours et demi et vous ne me permettrez pas à moi-même de me poser et de vous poser la question ? Etes-vous d'accord pour la Troisième Internationale ? Je n'en suis pas sûr. Pourriez-vous mettre en pratique les espérances que quelques-uns ont traduites à cette tribune ? Et pour éclairer la situation, je dis que Loriot qui a apporté des critiques à cette tribune — je ne veux pas lui faire l'injure d'une ironie, elle serait trop facile — appartient, lui, à trois Internationales. Il est de la nôtre, il est de la leur, et il est de la vôtre ! Il est de celle de Lucerne, de celle de Moscou et de celle d'Amsterdam. (*Applaudissements.*) Seul le Congrès peut manifester de l'étonnement ; Loriot n'en manifeste pas, parce qu'il sait que c'est dans le domaine des choses possibles et que c'est dans le domaine de l'exactitude.

C'est un incident sur lequel il est inutile d'insister ; c'était simple-

ment pour vous montrer les difficultés dans lesquelles nous sommes
obligés de nous débattre les uns les autres et qu'il est beaucoup plus
facile d'apporter des idées sous forme de critiques, que de les
réaliser.

Loriot ne sait pas comment se soustraire à l'Internationale de
Lucerne et il n'a pas encore décidé d'aller tout entier à l'Internationale de Moscou. Eh bien ! ces situations ne sont pas nettes, elles ne
sont pas claires. Quoique vos critiques aient tendu à essayer de disso-
cier ceux qui ont la charge et la responsabilité du mouvement, il
faudrait nous demander si véritablement l'accord existe dans la minorité qui est venue apporter ici des critiques. Je ne formule, moi,
aucune méchanceté ; sous la forme où la question se pose, je
demande s'il y a accord entre la minorité possible pour émettre un
vote de condamnation. C'est votre droit et vous serez d'accord pour
traduire une situation de réalisation. Mais, je suis sûr que vous n'êtes
pas d'accord, et ce sont ces difficultés de tendances qui donnent beaucoup de force aux critiques, mais beaucoup moins de puissance pour
réaliser et prendre des responsabilités.

Il ne suffit pas de jeter Legien dans le débat, ou Appleton, ou
Gompers. Ce sont des personnages de l'Internationale, des personnages avec lesquels je n'ai jamais été d'accord et avec lesquels je ne
suis pas d'accord. Mais comment est composée cette Internationale ?
Cinq millions de syndiqués allemands qui n'ont pas encore changé
Legien, qui sont encore les mêmes hommes, qui ont grossi leurs
effectifs et qui maintiennent leur direction syndicale ; l'Angleterre
est dans cette situation avec ses cinq millions de syndiqués ; l'Amérique, avec ses trois millions et demi, a Gompers à sa tête. Et c'est
cela l'Internationale ! L'Internationale, ce n'est pas Gompers, ce n'est
pas Appleton, ce n'est pas Legien, ce sont les dix-huit millions de
syndiqués ! (*Applaudissements.*)

Un délégué. — Il y a aussi les *Industrial Workers!* Ils comptent!

Dumoulin. — Je vous assure, camarades, que quand on se pose
toutes ces questions et qu'on se place en présence de l'immensité du
problème, quand on réfléchit à l'avenir de notre mouvement, au lendemain de ce Congrès, on n'a pas le droit de ne pas soulever toutes
ces difficultés et de les faire apparaître.

Ah! c'est simple d'aller dire dans une réunion. « La troisième
Internationale vaut mieux que la première, elle vaut mieux que la
seconde ! » C'est commode, mais c'est beaucoup plus difficilement
réalisable, et c'est pourquoi nous nous sommes bornés à ne pas
définir l'Internationale syndicale par des chiffres. Pour nous, elle
n'est ni la première, ni la deuxième, ni la troisième (je ne parle pas
de la quatrième, je parle d'une chose qui existe vraiment, non pas
d'une chose hypothétique) ; je dis que l'Internationale, pour nous,
c'est l'Internationale tout court, c'est l'Internationale comme nous
avons pu la reconstituer. Nous avons insisté, nous délégation française, pour que les deux tendances du syndicalisme allemand soient

convoquées à Amsterdam. Nous avons insisté et nous avons fourni les adresses pour que les *Industrial Workers* soient invités à Amsterdam, ainsi que Gompers, ainsi que nos camarades de l'Amérique du Sud, ainsi que les deux organisations espagnoles, les trois organisations italiennes. Nous avons été, si je puis dire, les hommes qui ont indiqué qu'il fallait réunir toute l'Internationale et ce n'est pas de notre faute si, pour des raisons, des retards, des impossibilités et puis des dictatures gouvernementales qui ont interdit à certaines fractions du syndicalisme de venir à Amsterdam, toutes n'y ont pas été représentées.

C'est nous, délégation française, qui avons demandé que l'on convoque les organisations syndicales hongroises ; c'est nous qui avons demandé que l'on convoque à Amsterdam les organisations syndicales russes et nous pouvions le faire, nous pouvions demander ces convocations, parce que, nous plaçant en dehors de toute école, de toute politique, on ne pouvait pas invoquer de raison de parti pour ne pas venir à la Conférence syndicale internationale. Nous avons réuni le plus que nous avons pu de pays, et quelle a été notre attitude, aussi bien devant Gompers que devant Appleton et que devant Legien ? Notre attitude — et on lui a rendu hommage au Congrès de la Métallurgie — a été la seule que nous pouvions avoir : une attitude internationaliste, attitude qui s'est placée entre les rancœurs de nos camarades belges, entre les idées draconiennes de Gompers, entre les idées impérialistes de Legien... Entre toutes ces idées, ces rancœurs, ces haines, la délégation française a essayé de placer la reconstitution de l'Internationale.

Voilà ce que nous avons fait, sans que nous ayons abdiqué quoi que ce soit et accordé quoi que ce soit à Gompers ou à Legien ou aux organisations d'Angleterre. Nous avons réuni dans cette Internationale vingt millions de travailleurs dont nous ne sommes pas sûrs qu'ils possèdent tous l'idée, les sentiments syndicalistes et internationalistes, mais qui sont dans une organisation où il est possible de faire pénétrer les idées qui ont toujours été les nôtres. Vous ne pouvez pas nous reprocher aujourd'hui, en jetant ainsi trois noms d'hommes, de n'avoir pas eu une attitude internationaliste à Amsterdam.

De même, il faut penser à demain, et ici je ne cherche pas, camarade Monmousseau, une chicane de forme ; tu as dit, et avec raison : « Le capitalisme est coupable de la guerre, c'est lui qui doit payer les réparations de la guerre. » Permets-moi de te dire, pour que nous soyons d'accord, que ceci est une formule symbolique. En réalité, on reconstruit avec des bras ouvriers, on reconstruit avec du travail ; on ne reconstruit pas avec le capitalisme, avec de l'argent, ou en faisant imprimer des assignats. On reconstruit parce qu'on a la possibilité de produire et, tout à l'heure, 500.000 travailleurs et paysans autrichiens et allemands viendront dans nos régions dévastées travailler à la reconstitution ; ils y viendront sous le bénéfice des garanties syndicales que nous aurons pu arracher et sous la respon-

sabilité syndicale de l'Internationale ouvrière. Nos préoccupations ne
sont pas tellement grandes, nos ambitions ne dépassent pas la réalité de l'heure actuelle sur ces questions. Nous savons que nous allons
nous trouver devant des difficultés terribles et il faut faire appel ici
à nos camarades du Nord, de ces régions des Ardennes, depuis la
mer du Nord jusqu'à Belfort, faire appel à des sentiments de fraternité pour que l'on puisse garantir à ces travailleurs les droits syndicaux, les salaires, le logement, l'hygiène, et puis, pour qu'on ne
recommence pas la guerre ! (*Applaudissements.*)

Voilà notre Internationale, son utilité, ses nécessités actuelles.

Quand on nous a demandé notre point de vue sur les réparations,
nous avons dit qu'il n'était pas possible de travailler à ces réparations autrement que par la solidarité internationale de tous les pays,
et c'est par l'apport de la responsabilité, sous forme d'argent, que
ces régions seront reconstruites, mais avec les bras des ouvriers, sous
la responsabilité et les garanties de l'organisation syndicale internationale. (*Applaudissements.*)

Ainsi s'expliquent en quelques mots les raisons pour lesquelles ce
n'est pas seulement un sacrifice que nous avons été obligés de faire,
mais une série de sacrifices. Croyez-le bien, une politique de Congrès
qui consiste à jeter des hommes les uns contre les autres ne peut
pas aboutir à une solution raisonnable ; je ne pouvais pas faire
autre chose, et nous ne pouvions pas, Merrheim, Bourderon et moi,
faire autre chose que ce que nous avons fait jusqu'ici. Et nous avons
vécu ces événements, ces durs événements ; nous en vivrons d'autres, et sans doute de beaucoup plus aigus que ceux que nous avons
vécu jusqu'ici.

La journée du Premier Mai, je n'y reviens pas, parce qu'elle ne
pouvait pas avoir d'autre lendemain que celui qu'elle a eu. Même si
je partageais tes sentiments, camarade Lepetit, il faut bien s'incliner
devant la décision prise par les syndicats qui composaient l'Union
des Syndicats de la Seine et qui, eux-mêmes, ont décidé de ne pas
donner de lendemain au Premier Mai. Et je crois me souvenir (c'est
une précision que l'Union des Syndicats pourrait apporter), je crois
me souvenir, dis-je, que notre camarade Hubert était d'avis qu'il
n'était guère possible de donner un lendemain assez fort à la journée
du Premier Mai, étant donnée la situation de la province, où aucun
événement n'était survenu, étant donné que partout, dans toutes les
villes de province, comme dans les campagnes, le Premier Mai
s'était déroulé dans des conditions de calme complet. J'ai expliqué
pourquoi. En province, il n'y avait rien pour émouvoir et donner la
possibilité d'un lendemain du Premier Mai. A Paris, à cause des incidents, à cause des morts, des blessés et des emprisonnés, cela eût été
nécessaire ; mais, le soir, au bureau de l'Union des Syndicats de la
Seine, après les manifestations et les charges, qui avons-nous
retrouvé ? Le Bureau confédéral, deux ou trois camarades !... Où
étaient les syndicats parisiens ? Où étaient les secrétaires des syndicats parisiens, le soir du Premier Mai ? Au moment où il aurait fallu

prendre une décision comme celle que vous désiriez, il aurait fallu avoir les organisations, avoir les responsables, les secrétaires de syndicats et, comme ces choses n'avaient pas été prévues, elles ne se sont pas réalisées. A qui allez-vous adresser les reproches ? Toujours aux mêmes, à ceux qui ont manqué de tactique ! Est-ce que nous pouvions prévoir cela ? Est-ce que nous pouvons pénétrer dans le domaine de l'imprévu ? Peut-être ceux qui avaient une double vue sur les événements auraient-ils pu faire la proposition nécessaire. Elle ne fut pas faite. C'est nous encore, les mêmes quatre hommes, responsables qu'il n'y a pas eu de lendemain de Premier Mai !

Il y en a eu un, et je le situe tout de suite à sa place :

Un individu, un seul — il est, malheureusement, messieurs, de la corporation des journalistes, — vint à la C. G. T. et me dit : « Vous savez, nous avons, à notre journal — l'*OEuvre* — des éléments qui donnent à croire que Lepetit est un suspect ! » Telles sont les paroles du journaliste qui est venu. Lepetit était en prison. Et comme je venais de recevoir cette communication en présence de deux ou trois collègues, je n'ai pu la garder pour moi et j'en ai fait part immédiatement à Tourette, qui est ici, et à Monatte, qui est là-bas. Dès le jour même de la sortie de prison de Lepetit, nous sommes allés à l'*OEuvre* faire l'exécution nécessaire et établir en toute bonne foi, en toute loyauté, en toute franchise, que Lepetit était un honnête homme, que nous l'avions toujours connu comme tel et qu'il était indigne d'une pareille accusation.

Il fallait ici que l'honnêteté s'impose et je n'ai pas fait autre chose qu'un acte d'honnêteté, au lendemain du Premier Mai.

LEPETIT. — Je te demande de répéter, puisque nous sommes sur cette question, ce que tu m'as dit : que vous êtes allés, plusieurs membres de la C. G. T. ou de l'Union des Syndicats, le jour même où l'on a chuchoté des infamies sur mon compte, à *Bonsoir*, journal auquel appartenait le sale individu qui les avait colportées, et que vous avez fait immédiatement une enquête à mon sujet, enquête qui a démontré d'une façon péremptoire qu'il ne pouvait rien y avoir sur moi.

DUMOULIN. — Je ne crois pas qu'il puisse s'agir d'une enquête, car une enquête comporte plusieurs actes, tandis que là, nous sommes allés à l'*OEuvre* voir sur quelles preuves ce rédacteur avait pu baser ses racontars, ses calomnies. Elles n'étaient basées sur rien. Il n'y avait donc pas lieu de faire une enquête. L'enquête s'est bornée à une question posée au journal qui avait produit ces calomnies. Rien, aucun élément n'existait. Il n'y avait qu'une méchanceté de la part d'un individu. Voilà tout le sujet ! Je ne crois pas que l'on puisse appliquer à cet incident le mot enquête. Il y a eu une question posée au directeur de l'*OEuvre*, et c'est sur cette déclaration que j'ai indiqué au camarade Lepetit, à sa sortie de prison, quand il m'a demandé : « Comment faire pour me débarrasser de semblables accusations ? » ce que j'ai cru bon qu'il fasse. Je lui ai donc dit : « Il faut t'adresser à ton syndicat, lui demander de constituer une délégation pour aller à l'*OEuvre*. » Les choses se sont passées autrement ; nous y sommes allés avec Sirolle, Monmousseau et d'autres. Nous avons exigé la rectification de la calomnie. Nous avons signé le document et nous avons ainsi mis notre conscience à l'abri les uns les autres, peut-être pas comme nous l'aurions voulu, dans les termes où nous l'aurions désiré, mais nous avons fait l'acte d'honnêteté qui s'imposait.

Voilà le lendemain du Premier Mai pour lequel tu sollicitais hier mon témoignage, Monmousseau.

Nous avons vécu d'autres événements, les événements de juin. Les grèves, je veux les examiner très rapidement, de façon à ne pas ajouter le débat et à ne pas fatiguer le Congrès par des choses difficiles à traduire.

Nos camarades des Métaux ont, sur cette question, donné les renseignements qu'il convenait, aussi bien ceux de la tendance appelée majoritaire que ceux de la tendance appelée minoritaire.

Je vais donc simplement expliquer l'opinion de la C. G. T. Je vais remonter à l'origine des grèves, au point même où elles ont commencé à prendre une allure critique.

Je remonte aux grèves de Marseille parce qu'on y croyait, avant le Premier Mai, que l'heure de la généralisation des mouvements était venue. Je n'en fais pas un reproche, mais c'est une situation historique qu'il faut indiquer.

Avant le Premier Mai, on a fait à Marseille la propagande, l'action, l'agitation pour donner aux mouvements corporatifs des travailleurs du Bâtiment et de la Métallurgie, dans cette ville, un caractère plus général.

Il en fut de même pour la grève générale de l'Habillement, grève qui a précédé celle des Transports, des Mineurs, de la Métallurgie ; grève de l'Habillement qui déjà ne se satisfaisait plus de son caractère corporatif, qui elle aussi a eu une tendance à la généralisation, à l'indiscipline. Puis ensuite, grève générale de la Métallurgie parisienne, grève déclenchée, décidée par les syndicats de la Métallurgie parisienne, sur des revendications corporatives. Est-ce notre faute si vous ne vous êtes pas adressés à la Fédération de la Métallurgie, à la Confédération ? Est-ce notre faute, — et pourquoi déplacer ainsi les responsabilités et les ramener toujours sur un point unique, la tête de quelques-uns ? Pourquoi ne pas dire qu'en juin, les syndicats ont été débordés, par le flot, par la masse elle-même qui est venue dans les organisations ?

La première fois que nous avons réuni les délégués de la Métallurgie et de l'Habillement à la Commission administrative, le 5 juin, c'est-à-dire trois jours après la déclaration de grève, quand la C. G. T. a demandé comment elle pouvait être utile à la grève de la Métallurgie, on a répondu : « Nous avons nous-mêmes la direction corporative de notre mouvement et nous pouvons présentement nous passer du concours de la Confédération Générale du Travail et de la Fédération des Métaux ». On a dit : « Nous sommes maîtres de notre mouvement qui est un mouvement corporatif ». Et ce n'est que quelque temps après, quand le mouvement eut débordé et quand les militants des syndicats ont été débordés, quand ils n'ont plus été maîtres de leur mouvement, quand on a eu constitué à côté d'eux ce qu'on appelle la « démocratie syndicale », « l'ultra-démocratie syndicale », des comités de désobéissance et d'indiscipline (*Applaudissements*), c'est à ce moment que l'on est venu à la C. G. T. Y est-on venu par la suite ? Y est-on venu devant le débordement des passions ? Y est-on venu pour demander à la C. G. T. de prendre sa part de responsabilité dans le mouvement corporatif de la Métallurgie ? Non ! Et il faut dire ces choses parce qu'elles ont ici toute leur valeur et leur saveur. On est venu à la C. G. T. pour injurier la C. G. T., pour calomnier la C. G. T., — pas vous les militants des syndicats, mais ceux qui avaient pris votre place, ceux qui vous avaient chassés de vos responsabilités, et vous vous en étiez laissés chasser !... Ceux-là, ils ne venaient plus à la C. G. T. pour crier : « A bas le Comité des Forges ! » Ils ne venaient plus à la C. G. T. pour se dresser contre le patronat de la Métallurgie ; ils venaient à la C. G. T. pour crier : « Hou ! Hou ! C. G. T. ! »

Voilà comment s'est traduite, dans ses phases successives, la grève de la Métallurgie parisienne.

Vous voyez que je n'insisterai guère, vous voyez combien je me méfierai de mettre qui que ce soit et quelque organisation que ce soit en cause ; il ne sera question ici d'aucune personnalité, d'aucun journal, d'aucun parti, d'aucune critique personnelle, mais il apparaîtra que lorsqu'on nous accuse de n'avoir pas su avoir de tactique, il n'y a pas de tactique à avoir avec des troupes qui ne savent pas se discipliner. Une tactique qui aboutirait à aller à la bataille sans discipline, irait à la défaite. (*Applaudissements.*)

Péricat. — Veux-tu lire la résolution de grève de Saint-Etienne, rédigée par toi ?

Le Président. — Le Congrès demande que l'exposé de Dumoulin soit repris demain matin.

Il en est ainsi décidé et la séance est levée.

CINQUIÈME JOURNÉE

Vendredi 19 Septembre

Séance du matin

Président : Millerat

Assesseurs : Filliol et Picart

Le Président. — Je vais vous donner connaissance de deux ou trois ordres du jour qui viennent de parvenir au Bureau :

Le secrétaire de l'Union départementale de Meurthe-et-Moselle demande aux congressistes de faire bon accueil aux timbres de solidarité émis par cette organisation, les fonds recueillis devant servir à la réfection de la Maison du Peuple de Nancy. — L. Hubert.

Voici maintenant un télégramme de nos camarades espagnols :

El Obrero espagnol adresse salut camarades français et étrangers réunis Lyon pour défendre aspirations communes. — Directeur.

Un ordre du jour que nous communiquent les camarades du Textile :

Le Congrès, après avoir eu connaissance des condamnations infligées aux camarades militants de Vienne, protestent contre ces condamnations arbitraires et réclame l'amnistie pleine et entière pour tous les camarades victimes du régime capitaliste. — *Union départementale des syndicats ouvriers de l'Isère ; Union locale des syndicats ouvriers de Vienne.*

Un troisième ordre du jour vient de nous parvenir du camarade représentant le gouvernement de la République des Soviets russes pour la France :

Un camarade (vous me permettrez de ne pas donner son nom) est mandaté pour transmettre le salut fraternel de la République des Soviets russes au prolétariat organisé de France, réuni au Congrès confédéral de Lyon.

Le Représentant du gouvernement de la République
des Soviets russes pour la France.

(*Applaudissements.*)

Je vais maintenant donner la parole au camarade Roux, rapporteur de la Commission de vérification des mandats, pour quelques mandats qui n'ont pas été validés.

Roux. — Camarades, je vais soumettre au Congrès les nouveaux mandats qui sont parvenus à la Commission. Il y en a deux qui sont en double et que la Commission n'a pas retenus. Il y en a un autre, celui des Cheminots du Vigan, qui est contesté, parce que ce syndicat n'est pas adhérent à l'Union départementale ; un autre mandat, du Bas-Rhin, n'est pas signé par le secrétaire de l'Union départementale et sera contesté ; un autre, de la Haute-Marne. Le secrétaire n'est pas là, mais des camarades ont certifié que le syndicat existait bien.

L'adoption est mise aux voix et acceptée.

Nous avons donc au total une représentation de 44 Fédérations, 68 Unions départementales, 2.025 syndicats.

Un délégué. — Combien y a-t-il de délégués pour représenter ces 2.025 syndicats ?

Roux. — C'est un travail de huit jours que nous n'avons pu faire. Je demande simplement que lorsque l'on établira la brochure du Congrès, on établisse cet état répartissant les mandats entre le nombre de délégués.

Le Président. — Il en est ainsi décidé.

Intervention d'Hubert

Le camarade Hubert, qui a été mis en cause par Dumoulin, va prendre la parole d'accord avec celui-ci.

Dumoulin. — J'ai, en effet, demandé à Hubert une précision au sujet du Premier Mai. Je désire qu'il la fournisse.

Hubert. — Camarades, je m'étais promis de ne pas abuser des instants du Congrès. Cependant, mon nom ayant été mis en cause par le camarade Dumoulin, en ce qui concernait les responsabilités à prendre, le lendemain du Premier Mai, j'ai cru qu'il était de mon devoir de prendre les miennes, quand bien même elles seraient favorables aux déclarations du camarade Dumoulin.

Pour ne pas m'engager dans un long débat, je me suis permis d'écrire quelques lignes qui reflètent l'ensemble des discussions que nous avons eues. Je vais vous en donner lecture :

« Mon nom ayant été jeté dans les débats d'hier par Dumoulin, au sujet du reproche fait à la C. G. T. de n'avoir pas lancé l'ordre de grève générale, le lendemain du Premier Mai, je ne puis que confirmer les dires de Dumoulin, en ce qui concerne la rencontre que nous eûmes à l'Union des Syndicats de la Seine, où, ma foi, nous n'étions pas nombreux pour apporter notre point de vue et délibérer sur l'attitude que nous avions à prendre pour répondre aux crimes commis, par ordre gouvernemental, sur la personne des travailleurs parisiens.

« La grève générale immédiate fut jetée dans le débat. C'est alors que je pris la parole pour combattre cette idée qui, à mon point de vue, ne me semblait pas réalisable, attendu que le gouvernement userait de tous ses moyens pour que le mot d'ordre de grève ne puisse parvenir aux militants de province, les mettant ainsi dans l'impossibilité de faire l'appel nécessaire à leurs membres syndiqués pour rendre le mouvement effectif, ce qui aurait permis à nos ennemis de classe de donner une base à leur action critique pour tourner notre organisme central en ridicule, faisant croire ainsi aux lecteurs des grands quotidiens que nous étions voués à l'impuissance. Du reste, ce point de vue, je l'ai défendu au meeting du soir, dans la grande salle de l'Union des Syndicats, qui était pleine d'auditeurs accourus de toutes parts pour connaître, ou du moins pour s'enquérir des décisions de la Confédération Générale du Travail .

« Je suis resté aujourd'hui avec les mêmes sentiments ; je suis de ceux qui n'ont jamais reculé devant aucune responsabilité et devant aucune action, à condition d'avoir toutefois la conviction bien arrêtée que le déploiement d'efforts que l'action me demandait serait récompensé par un résultat favorable au motif qui avait été le pivot de l'action que j'aurais résolu d'engager.

« S'il se fût agi d'une grève localisée dans la région parisienne, mon point de vue n'eût pas été le même, certain d'avance de la réussite du mouvement. Vu la nervosité que la foule manifestait contre les brutalités policières dont elle avait été victime à Paris, un seul mot donné aux délégués de chantiers ou ateliers aurait suffi pour qu'immédiatement le travail fût déserté.

« Quant à la deuxième question posée par Dumoulin, à savoir que les secrétaires de syndicats ou les délégués ne s'étaient pas rendus le soir, à la C. G. T., je la trouve déplacée et dépourvue de sens, car Dumoulin ne peut oublier, pas plus que ne peuvent l'oublier les camarades de la région parisienne, que les charges successives qu'avait subies la population manifestante, avaient un peu dispersé tout le monde.

« Par suite, ceux qui avaient subi cette atroce répression avaient hâte de rentrer dans leur circonscription ou commune pour se rencontrer dans les lieux de réunion fixés le matin même du Premier Mai, ce qui fait que chacun était à son poste, c'est-à-dire où son devoir l'appelait.

« Il n'en a pas été de même le 21 juillet. Seuls les Terrassiers de Paris et les Charpentiers en fer ont dégagé leur conscience d'hommes organisés vis-à-vis de l'Internationale en faisant la grève générale décommandée. »

LE PRÉSIDENT. — Après les déclarations d'Hubert, je crois qu'il n'y a pas à intervenir et je donne la parole au camarade Dumoulin.

Suite du discours de Dumoulin

DUMOULIN. — Camarades, j'ai hâte d'achever, pour de nombreuses raisons. D'abord, parce que je suis personnellement fatigué. Ensuite, parce que je désire que ce soit aujourd'hui la dernière journée de ces discussions et de ces critiques. Mais la rapidité avec laquelle je pourrai terminer mes explications dépend du Congrès. S'il veut m'écouter en silence, je pourrai rapidement terminer parce que tel est mon désir. Je vous demande par conséquent beaucoup de tolérance pour les dernières explications que j'ai à fournir.

Je ne reviens pas sur le mouvement de juin. Je passe à l'examen d'une autre grève et j'établis tout de suite un parallèle nécessaire entre la grève des mineurs et la grève de la métallurgie parisienne.

La grève des mineurs est déclarée le 10 juin. Elle est déclarée pour la journée de huit heures. Elle est déclarée contre le gouvernement, contre Loucheur, contre le Comité des houillères, contre le patronat et le gouvernement coalisés. Le grève des mineurs se déroule dans son cadre corporatif, avec discipline, et elle est finalement victorieuse, malgré les corruptions établies dans le domaine parlementaire, malgré les troubles que l'on a essayé d'introduire dans son sein. Grâce à la discipline de tous ses membres, la grève des mineurs est victorieuse, et c'est de haute lutte qu'elle a arraché la journée de huit heures. Elle n'a pas arraché la journée de huit heures comme un don, elle a arraché la journée de huit heures par sa force.

La corporation minière, forte de sa victoire, décide de participer au mouvement du 21 juillet ; la corporation des mineurs tout entière se déclare prête le 21 juillet. Tous les mineurs sortiront du puits le 21 juillet pour combattre l'intervention en Russie, pour empêcher l'écrasement de la Révolution hongroise. Et si les mineurs peuvent faire ce geste du 21 juillet, c'est parce qu'ils ont été victorieux dans leur mouvement corporatif.

Mais, dans la grève de la métallurgie, parce qu'on n'est pas complètement victorieux, parce qu'on n'a pas su remporter sa victoire corporative, on discute le mouvement du 21 juillet... On le discute, on l'examine, non pas peut-être dans les organisations syndicales, mais dans les ateliers, dans les ateliers où la rancœur s'est introduite. On est rentré avec rancune contre ses organisations, contre la Fédération des Métaux, contre la C. G. T., et l'on discute le mouvement du 21 juillet. On cherche des « abris de bombardement » dans la bataille.

Et l'abri de bombardement, c'est celui-ci : « Nous voulons bien faire la grève générale expropriatrice, mais la grève du 21 juillet, cela ne nous suffit pas ». Je n'accuse personne. Je constate l'état d'esprit de grévistes. Je dégage la nature psychologique d'un mouvement sans que ceci puisse être dirigé contre des personnalités syndicales.

On dit : « La C. G. T. tombera sur un bec le 21 juillet », et on vote des ordres du jour que l'on envoie aux journaux dans le dessein de les publier ; on envoie ces mêmes ordres du jour dans les syndicats dans le désir d'influencer les organisations syndicales et toujours avec le même abri de bombardement pour prétexte.

Ainsi, on nous dit : « Vous n'avez pas fait ce qu'il fallait fafire ».

Devant cet état d'esprit, je me rends un soir au Conseil d'administration des industries électriques, industrie importante parce qu'elle est le nerf, le cœur de pas mal d'autres industries, et j'y trouve des camarades qui n'étaient pas d'accord sur le mouvement. J'en trouve, ceux que vous appelez ici les majoritaires, décidés à faire le mouvement ; Passerieu et Guiraud étaient décidés à faire le mouvement. Mais quel est le camarade qui discute, quel est le camarade qui dit : « Nous, nous ne marchons pas pour le 21 juillet ? » C'est un camarade minoritaire. Il dit : « Nous, nous ne voulons que la grève expropriatrice ».

Eh bien ! le parallèle est ainsi établi, et j'en atteste la délégation que j'ai remplie auprès du syndicat des industries électriques, — j'en appelle souvent aux témoignages parce que cela fortifie la discussion. C'est là, dans les ordres du jour, dans ces abris de bombardement, que l'on a affirmé sa faiblesse. Moi, je veux bien qu'il y en ait eu beaucoup dans les chemins de fer ; je veux bien qu'il y en ait eu beaucoup dans les transports ; j'en trouve un en arrivant à Lyon, au syndicat de l'Hôtel, qui a voté un ordre du jour contre le 21 juillet. J'en trouve partout. Mais la plus grande faiblesse, la faiblesse inexcusable était celle de ceux qui, n'ayant pas su surmonter la rancune d'un échec subi, n'ont pas su surmonter le déficit de leur ventre, car n'ayant pas obtenu leurs 150 francs par semaine, ils ont abandonné le 21 juillet.

TOMMASI. — Il y a une part de vérité dans ce que tu dis, mais il y a d'autres raisons.

DUMOULIN. — Tommasi vient de dire qu'il y a une part de vérité dans ce que je viens de dire. Mais je suis à la recherche de ces parts de vérité pour établir la vérité totale !

La part de vérité que j'ai indiquée, c'est le parallèle que j'ai établi entre la situation des mineurs et votre grève de juin. Nous ne pouvons pas dire que c'était la nôtre puisque nous en avons été exclus, puisqu'on répandait partout que nous étions des traîtres, comment vouliez-vous que vos foules, que vos masses qui étaient venues à l'organisation syndicale de la veille, aient eu confiance en la C. G. T. pour le 21 juillet ? Dans cette grève, on n'avait parlé que de trahison de la C. G. T. (Applaudissements.)

Je ne pousse pas plus avant les investigations. Elles se suffisent. Nous cherchons, camarade Tommasi, les responsabilités générales. Vous, vous avez recherché les responsabilités de quelques hommes que vous avez accusés d'avoir manqué de tactique. Seulement,

Lepetit n'a pas dit que nous n'étions pas sincères. Il nous a accusé d'avoir manqué de tactique. Eh bien ! je ne sais pas si tout le monde n'a pas manqué de tactique aussi.

Je n'insiste pas. Il y a dans cette situation, dans ce parallèle que nous avons établi, un enseignement pour nous tous. Est-ce qu'il nous servira ? Est-ce qu'il peut nous servir ? Je dis : oui !

Ah ! tactique, événements, circonstances ; certes, nous sommes plusieurs qui devons tenir compte des événements et des circonstances... Vous l'avez reconnu vous-même, camarade Hubert, nous sommes beaucoup pour tisser la toile sur le métier des événements et des circonstances. Il y a le gouvernement, il y a les puissances d'autorité, il y a ce que personne n'a encore voulu avouer ici : « la victoire militaire ! »... Il y a cette masse paysanne envers laquelle nous ne rejetons pas toutes les fautes, mais il y a ce pays, victorieux militairement !...

Il y a eu notre démarche en Angleterre ; il y a eu notre insistance auprès du *Trade-Union Congress,* que nous n'avons pas trouvé décidé à un mouvement comme le nôtre. Nous avons trouvé dans la Triple-Alliance des sympathies, une solidarité complète pour les Révolutions russe et hongroise ; mais nous n'avons pas découvert cette sympathie effective capable de se traduire dans des événements. Il fallait faire des consultations, faire des referendums, il fallait consulter les mineurs, les marins, les cheminots, les ouvriers des transports ; il fallait attendre le dernier Congrès de Glascow ; tout ce que l'on a pu nous promettre, le seul engagement que l'on a pu prendre vis-à-vis de nous, ç'a été des démonstrations verbales, les 20 et 21 juillet !

Et la vérité ici, la vérité historique, c'est que nous voulions, nous, faire le mouvement le 2 juillet.

Si Renaudel était là, il dirait que nous avons proposé le 2 juillet, par crainte de la vague nationaliste du 14 juillet (je ne peux pas invoquer le témoignage de Frossard, puisqu'il a été arrêté à Folkestone), et c'est notre camarade D'Aragona qui nous a dit. « Impossible devant le temps matériel qui me reste ! » Devant cette impossibilité d'organiser en Italie un mouvement pour le 2 juillet — et nous Français, nous ne pouvions pas l'organiser pour le 14 juillet, — nous nous sommes ralliés à la date italienne et non à la date française...

Nous avons eu contre nous les circonstances, nous avons eu contre nous une foule de circonstances qui nous ont été défavorables et cruelles parce qu'il nous a fallu constater le nombre considérable de travailleurs français qui acclamaient les maréchaux qui défilaient sous l'Arc de triomphe.

LEPETIT. — C'était l'œuvre d'éducation de la C. G. T. pendant la guerre. Si l'on avait pris position contre la guerre, les masses n'auraient pas suivi.

DUMOULIN. — Il y a eu une foule de circonstances. La tactique, nous sommes plusieurs à l'utiliser. Vous ne voudriez pas que nous laissions dans l'ombre ce tableau qui a eu lieu le 14 juillet, ce défilé triomphal des Français, qui ne manifestaient pas du tout pour les Révolutions russe et hongroise. Il nous a fallu quand même maintenir notre mouvement, malgré toutes ces circonstances défavorables, malgré les indisciplines constatées, de droite comme de gauche. Voilà ce qu'il faut établir.

TOMMASI. — Surtout de droite !

DUMOULIN. — Pas de jugement unilatéral ici ! Nous ne l'avons pas accepté depuis le début du Congrès....

Défaut de circonstances, circonstances défavorables que nous n'avons pas créées.

Au mois de juin, je déclare qu'il était impossible de faire le mouvement que vous nous demandiez. Grève des mineurs restant victorieusement sur son terrain corporatif, grève des transport, prétendant rester sur son terrain corporatif; toutes les grèves s'étaient déroulées sur le terrain corporatif pour aboutir à des résultats corporatifs.

Voilà ce que le Congrès devait connaître.

C'est quelque chose de mesquin, de petit, de vouloir seulement établir la responsabilité du Bureau confédéral et de la Commission administrative pendant que les responsabilités s'étendent partout, sur le pays tout entier, victorieux militairement, encore plein de lampions et de lanternes magiques.

C'est dans ces conditions que nous avons vécu la dernière semaine qui a précédé le 21 juillet, maintenant notre mouvement, malgré les renseignements successifs, non pas seulement des cheminots, comme on a voulu l'établir, mais de tous ordres attestant des faiblesses générales. Des certitudes, nous en avions sur les mineurs, sur les inscrits maritimes, sur les dockers. Pour ces trois organisations, nous savions que le mouvement du 21 juillet serait unanime, mais par ailleurs, nous avions senti des faiblesses, une foule de faiblesses, et c'est là, devant cette situation, que nous sommes allés, décidés malgré tout à maintenir le mouvement, dire à Clemenceau : « Nous allons à la bataille ! » et pour nous entendre dire uniquement, car c'est l'unique conversation que nous avons eue : « Vous allez à la bataille, je ferai mon devoir ! » Nous savions ce que cela voulait dire ; c'était clair, et c'est pour cette raison que le Bureau confédéral aurait voulu que le mouvement du 21 juillet puisse exister.

Nous aurions voulu, nous Bureau confédéral, qu'il y ait ce mouvement du 21 juillet, parce que c'est nous qui avions pris les engagements avec nos camarades d'Italie et d'Angleterre. Nous étions sûrs cependant que le mouvement eût été un mouvement morcelé, un mouvement faible qui aurait permis les mêmes critiques, du même côté, dans ce Congrès. Ainsi, nous n'avions pas à calculer notre geste pour savoir s'il devait servir notre politique personnelle, nous devions le faire.

On ne l'a pas fait pour toutes les responsabilités, qui ont été établies ici, mais non pas pour les accusations que vous avez apportées, les accusations personnelles, les accusations localisées à quelques personnalités ou à quelques corporations.

Voilà, camarades ! Je n'insiste pas outre mesure. C'est à ce niveau qu'il fallait placer l'examen des grèves de juin et du 21 juillet. Ce sont ces choses que le Congrès devait connaître. Mais il n'apparaît pas du tout que nous ayons trahi. Car c'est bien là, camarades, votre accusation ? Il y a une histoire vécue, il en reste une autre à vivre. Elle est très grave, votre accusation d'avoir trahi la Révolution hongroise ! Est-ce qu'à vous, mineurs, qui avez arraché la journée de huit heures de haute lutte, on vous a fait cadeau de la journée de huit heures pour que vous puissiez trahir la Révolution hongroise ? Vous aviez décidé, au contraire, le mouvement du 21 juillet pour la Révolution hongroise. Il faut, quand on parle de trahison, au lieu de ramener les faits à quelques personnalités, procéder, comme je le fais moi-même, à une analyse générale, loyale et sincère.

Péricat. — Les Italiens vous condamnent. Regardez la représentation nationale. Où sont les Italiens ? Où sont les Anglais ?

Dumoulin. — Les camarades anglais ne sont pas absents de ce Congrès et, par déférence pour les délégués étrangers, je n'entrerai pas dans des explications internationales dans lesquelles vous voudriez m'entraîner. Nous nous expliquerons devant l'Internationale avec nos camarades italiens, sur les accusations qu'ils ont portées et que vous reprenez.

Ainsi, je crois que nous sommes débarrassés du mouvement du 21 juillet. Mais, personnellement, est-ce que dans toutes nos réunions et toutes nos conférences nous ne parlons pas toujours, et sur quel ton, de la Révolution russe et de la République des Soviets ? Je demande à nos camarades d'Arles, d'Aix-en-Provence, comme à ceux de Meurthe-et-Moselle, si partout où nous passons, les uns et les autres, pour faire de la propagande, nous ne parlons pas de la Révolution russe et si nous ne la défendons pas. Est-ce que toujours nous n'avons pas défendu la République des Soviets ? Mais à cet endroit même de la discussion, il faut, encore une fois, se tourner du côté de ceux qui critiquent. Il faudrait aussi, camarades, quand nous allons dans une région, qu'on ne vous dise pas. « Vous savez, ici il y a eu l'invasion, les Allemands sont passés ; il reste des rancœurs ; allez doucement, ne parlez pas de la Révolution russe, ne soyez pas trop violents dans votre propagande ! » Tel était le langage que l'on nous tenait en Meurthe-et-Moselle. Ici, je ne crains jamais de mettre des personnalités responsables en présence de ceux qu'ils accusent. A moi, oui, on me disait, à Longwy comme à Saint-Quentin, comme à Homécourt, à Lunéville, dans toute cette région qui a été occupée par les armées du kaiser : « Ne parlez pas trop de Révolution et laissez de côté la Révolution russe ! » Je veux que ces camarades, et j'en connais qui apportent contre nous des critiques, maintiennent ces critiques, mais je veux aussi, lorsque j'irai dans leur région faire de la propagande, avoir la liberté de défendre la Révolution russe. (*Applaudissements.*)

JACQUEMIN. — Nous avons simplement pris des précautions devant la population pour exprimer nos idées, mais nous les avons déve-loppées dans toute leur ampleur, et ceux qui t'ont demandé cela ne sont pas des militants syndiqués.

Un délégué. — Si! je viens encore d'y aller, et l'on m'a empêché de parler de la Révolution russe.

DUMOULIN. — Camarades, je fais un effort pour ne pas irriter cette discussion et je ne vous cache pas que je me retiens pour ne pas dire tout ce que je pense, car, s'il y a quelque chose de démoralisant pour le militant, c'est bien de s'entendre critiquer par ceux-là mêmes qui vous disent : « La masse que nous avons derrière nous est composée de patriotes, de lâcheurs. Ils ne veulent pas que vous leur parliez de Révolution ! »

Tu ne m'as pas donné un démenti, Jacquemin; ce ne sont pas ces explications que je te demandais. Dans toutes les réunions que j'ai fréquentées, pendant les dix jours que je suis resté en Meurthe-et-Moselle, on m'a fait ces déclarations que j'ai écoutées en militant discipliné de l'organisation. Mais, en d'autres circonstances, en retour, nous vous demandons la même loyauté pour reconnaître que dans des régions quelconques comme Longwy, Homécourt, Saint-Martin, il y a des rancœurs qui sont restées et qu'il n'est pas possible de les attaquer brutalement, de les prendre par la brutalité, qu'une propagande, toute spéciale si je puis dire, est à faire dans les régions du Nord comme dans celles de l'Est. Et ne nous faites pas ces reproches puisque, vous-mêmes, vous reconnaissez la faiblesse de certaines propagandes !

Je n'ai pas tenu le même langage à Arles et Aix-en-Provence... Ainsi, ne cherchons pas à établir des responsabilités individuelles et disons que nous sommes plusieurs à travailler sur la tactique, sur les événements et sur les circonstances, et que nous ne sommes pas les seuls maîtres de déterminer les événements et les circonstances ; qu'il faudra cependant que nous sachions choisir des circonstances nôtres, des événements nôtres, et les déterminer si possible. Mais ce n'est pas mon rôle d'élaborer un programme... Nous nous sommes partagés la besogne de façon à ce que notre effort soit une discrimination. Jouhaux vous dira tout à l'heure quels sont les événements que nous prévoyons et quelles sont nos idées de réalisation possible.

Pour mon compte, vous me permettrez de terminer et de ne pas allonger davantage la défense de la C. G. T., non pas la défense du Bureau confédéral, mais la défense de la Confédération Générale du Travail, de toutes ses organisations, de tous ses militants et pour

15

qu'apparaisse ici, dans ce Congrès, une logique qui doit dépasser la porte par laquelle notre camarade Sirolle a cru trouver une sortie facile.

Ah ! il suffit de se compter. Ah ! il suffira de dire : « Nous sommes tel nombre, nous nous sommes comptés ; nous avons vérifié, numéroté nos bataillons minoritaires. « Et ce serait cela l'unique solution d'un Congrès comme le nôtre. Vous croyez que nous, nous allons tirer une satisfaction du numérotage des bataillons majoritaires ! Vous croyez que les événements de demain, ceux que l'on a indiqués et que nous sentons tous — la faillite de l'Etat bourgeois — se résument à un compte et à la démarcation de l'armée syndicale en bataillons minoritaires et majoritaires! (*Applaudissements.*) Ah! si vous pensez que c'est par cette porte facile que vous allez sortir des grosses responsabilités que vous avez indiquées vous-mêmes, nous ne nous contentons pas, nous, de constater la force que va révéler, que révèle ce Congrès. Notre préoccupation est de savoir comment nous allons utiliser cette force. Quoi ! vous abaissez ce que vous appelez, ce que nous tous appelons les « Etats généraux du Travail » à un décompte de voix !...

Je ne me suis permis aucune citation ; je n'ai fait aucune incursion dans aucun journal ; je ne me suis permis d'invoquer quoi que ce soit qui emprunte le caractère d'une polémique écrite ; je préfère m'adresser au Congrès, à savoir si vraiment la situation que vous voulez créer pour vous-mêmes ne vous conduit pas directement à la scission, que vous ne voulez pas prononcer ; à savoir si nous n'allons pas nous retrouver demain dans l'obligation de nous séparer, si vous ne voulez pas prendre votre part de responsabilités dans les événements que vous avez indiqués vous-mêmes et rester seulement sur le terrain de la critique. Comment voulez-vous que nous puissions travailler à réaliser la Révolution si vous voulez rester sur la critique pure et dire : « Tant que ces hommes seront à la tête de la C. G. T., nous travaillerons contre elle ! » Vous abaissez encore la situation que vous voulez occuper à une question de personnalités. (*Applaudissements.*)

Et ainsi, camarades, ce n'est pas vous qui avez élevé le débat de ce Congrès, parce que vous n'avez apporté ni preuve morale, ni preuve matérielle de notre trahison. Vous n'avez rien apporté ici qui puisse ressembler à l'ombre d'une preuve. C'est devant cette situation que vous voudriez abaisser le débat d'aujourd'hui et de tous ces jours à une division à introduire dans le Bureau confédéral! Ah! non, certes! Ah ! vous avez vécu avec moi et avec d'autres les années précédant la guerre. De la C. G. T., vous avez connu des Bureaux confédéraux et vous ne les avez jamais connus d'accord. Vous avez connu des Bureaux à la C. G. T. où l'harmonie ne régnait pas souvent, et pour une fois que la C. G. T. a un Bureau confédéral d'accord (*Applaudissements*), vous voulez introduire la division. Vous me le demandez, après avoir vécu les mois terribles que nous avons passés et devant les mois terribles qui nous restent à vivre ? Au moment où l'on descendait un membre du Bureau confédéral par les pieds, j'ai affirmé la solidarité du Bureau confédéral (*Applaudissements*), et vous me demanderiez aujourd'hui la petite lâcheté manœuvrière du Congrès, pour un texte, pour quelques lignes de texte ? Avec quelques lignes de texte, je l'ai appris dans les livres, on peut toujours faire pendre quelqu'un; et c'est avec trois lignes de texte, dont vous ne donnez pas le texte complet, que vous me demandez une lâcheté ? Je n'y consens pas ! J'ai constaté et je suis sûr, j'ai la conviction que la journée de huit heures a été arrachée de haute lutte par nous, et nulle part un membre du Bureau confédéral n'a pu dire, pas plus à Saint-Etienne qu'ailleurs, que c'était un don et une chose facile.

Un délégué. — Laurent l'a dit à Saint-Etienne !

DUMOULIN. — Pas plus pour les quelques paroles que vous avez apportées, que pour les quelques lignes que vous avez citées, vous ne trouverez le Bureau confédéral désuni !

Le Bureau confédéral ne peut pas, pour des raisons aussi faibles, descendre au niveau où vous voulez le faire descendre. Il doit rester uni, il doit même, expérimenté par le passé, fortifier son amitié pour la gravité des événements à venir.

Je termine et je me tourne du côté où je me suis tourné en commençant mes explications. Je me tourne du côté de l'enseignement pour finir et je me permets de vous lire un seul extrait :

Cela nous est une douce joie que de publier en frontispice du Congrès le magistral discours prononcé à Tours, le 8 août 1919, par le délicieux écrivain et le profond penseur qu'est Anatole France. (*Applaudissements.*)

Avez-vous oublié qu'Anatole France fut un guerrier depuis qu'il est pacifiste ? Avez-vous oublié que c'est vous qui lui accordez ainsi, qui accordez à ces paroles la seule valeur qu'elles peuvent avoir pour nous ?

Haïr la haine, voilà de quoi il faut être capables ! (*Applaudissements.*)

Discours de Jouhaux

JOUHAUX. — Camarades, Merrheim a pu dire, au début de son discours, qu'il abordait cette tribune la conscience tranquille. Je puis répéter moi-même cette forte parole et dire : Au-dessus des critiques et des calomnies qui m'ont accompagné dans mon action pendant plus de quatre ans, ma conscience est restée avec moi et elle me suffit pour me juger et pour me conduire.

On a, camarades, jeté dans ce débat le nom de Pelloutier. J'ai connu, moi aussi, Pelloutier. Je l'ai connu à une heure où, comme moi, il était accusé d'être vendu au gouvernement de la République française, parce qu'il avait accepté une fonction au ministère du Commerce et une subvention pour créer un organisme national de placement. (*Applaudissements.*)

Et cependant, dans le recul de l'histoire, est-ce qu'il y aurait un seul camarade qui oserait affirmer que Pelloutier, à un moment quelconque de sa vie, a trahi la conception qui l'animait, a trahi le mouvement pour lequel il luttait ? Non, pas un seul ici, ami ou adversaire, ne pourrait apporter une telle affirmation ! C'est fort de cette constatation que j'ai poursuivi mon action quotidienne et que j'ai voulu aboutir à des résultats qui peuvent tout de même être constatés aujourd'hui. Partie avec 300.000 syndiqués, la Confédération Générale du Travail, aujourd'hui, court sur son second million de travailleurs organisés. Et ne serait-ce que ce résultat, c'en est un, et il n'est pas à dédaigner...

On a dit que ma politique de guerre (car je n'entends pas laisser à d'autres la responsabilité personnelle que j'ai prise dans les événements), on a dit que ma politique de guerre avait été une politique de collaboration et de participation à la guerre.

Si par collaboration on entend « prendre une responsabilité dans les décisions du pouvoir », cette collaboration, jamais je ne l'ai faite. Si on entend par collaboration, que « cédant aux circonstances, accablé par elles comme les autres camarades, essayant de défendre pied à pied les intérêts ouvriers, j'ai pris ma place partout où il était nécessaire de les défendre », cette collaboration, je l'ai faite. (*Applaudissements.*) Mais cette collaboration, on en conviendra avec moi, est une collaboration humaine et non pas la collaboration d'appétits, qu'aujourd'hui comme hier je repousse avec la même force et avec la même violence.

On a parlé du discours sur la tombe de Jaurès.

Ah ! je veux rappeler un souvenir. Monatte traversait les Buttes-Chaumont. Je descendais vers la Confédération Générale du Travail. Nous nous sommes rencontrés. Nous nous sommes posé quelques questions. Les larmes dans les yeux, ni l'un ni l'autre, nous n'avons pu continuer. Il est remonté. Je suis descendu. J'allais à l'enterrement de Jaurès. Savais-je à ce moment-là ce que j'allais dire ? Non, mais je savais qu'en raison de l'atmosphère qui planait sur ce pays, de l'état d'esprit qui existait dans ce pays, les paroles que j'allais prononcer, puisque j'étais obligé de parler, auraient des répercussions graves.

Je savais cela, et c'est dans ce sens que j'ai parlé. Emporté par l'action de la parole, comme nous le sommes les uns et les autres à moins de n'avoir pas de fibres sentimentales, j'ai continué mon exposé, ayant toujours le souci de ne pas créer l'incident qui permettrait de réprimer la classe ouvrière, ce que l'on attendait, ce que dans certains milieux on espérait. Mon crime ! c'est d'avoir prononcé des paroles qui chassèrent les nuages mauvais qui étaient sur le monde ouvrier ! Ce crime-là, je l'ai commis. Mais je ne l'ai pas commis seul ! Je l'ai commis avec tous ceux qui m'entouraient. Je l'ai commis avec tous ceux qui étaient avec moi et je n'ai pas entendu une parole de reproche après le prononcé de ce discours ! Rien que des louanges, des louanges trop élogieuses... Mais est-ce que vous allez me faire un crime du fait que les journaux bourgeois et réactionnaires, reprenant ces paroles, les interprétèrent de leur point de vue ? Est-ce que je pouvais, moi, aller dans toutes les salles de rédaction dire : « Ce n'est pas ainsi que j'ai parlé ; ce n'est pas dans cet esprit que j'ai parlé. » Non, je ne le pouvais pas et, par conséquent, j'étais obligé, comme vous, comme nous tous, de laisser écrire l'interprétation que l'on donne aux paroles des militants, à quelque tendance qu'ils appartiennent.

On m'a dit : « Et la brochure ? » La brochure, ce n'est pas moi qui l'ai faite. La brochure a été faite par des amis qui sont aujourd'hui opposés à ma tendance et à ma conception, et non pas seulement celui qui l'édita, mais aussi celui qui la corrigea. Par conséquent, sur cette question, ce n'est pas ma responsabilité qui est en cause...

On a parlé du voyage à Bordeaux.

Là encore, je prends mes responsabilités. Je les ai prises en 1918. Ce que je dis aujourd'hui, la grande majorité des camarades qui sont ici l'ont déjà entendu en juillet dernier. Les syndicats ne l'ignorent pas puisqu'ils ont le compte rendu sténographique des débats du Congrès de juillet 1918. Je pourrais donc m'abstenir de répondre à ces points posés puisqu'aussi bien je l'ai déjà fait et que mes explications, à l'heure actuelle, sont entre les mains, je le répète, des syndiqués, et beaucoup mieux reconstituées, beaucoup plus précises que je ne pourrai les faire à l'heure actuelle. Mais je veux quand même répondre à ces questions comme à toutes les questions. Je ne suis pas de ceux qui esquivent les responsabilités de la solidarité, Monatte, tu le sais ! Tu m'as assez connu pour savoir que toujours, en quelque circonstance que ce soit, je me suis refusé à me désolidariser de ceux avec lesquels j'avais accompli certains actes. Il en est ainsi aujourd'hui comme hier.

Le voyage à Bordeaux... Commissaire à la Nation... Je l'ai accepté. Je n'ai qu'un regret et je n'en suis pas responsable, c'est de n'en avoir pas parlé préalablement avec des camarades comme Merrheim, comme Lenoir, auxquels je devais des explications préalables à ma décision. C'est la seule chose que je regrette de cette attitude.

Commissaire à la Nation. Dans quel esprit ?

Pour défendre la guerre ? Je n'ai pas le texte du décret ; c'est Jules Guesde qui l'avait rédigé. Dans son esprit, c'était une reconstitution révolutionnaire, quelque chose qui précédait le Comité du Salut public. Dans notre esprit, dans mon esprit, c'était la possibilité d'aller à travers tous les départements, d'entrer en contact avec les camarades, de causer avec eux, de les regrouper et d'essayer par là de dresser une force ouvrière agissante, même aux premiers mois de la guerre.

Voilà la conception à laquelle j'obéissais.

Il faut croire que les « délégués à la Nation » étaient tout de même quelque chose de dangereux pour la politique et pour le Gouvernement puisque, sous la pression parlementaire, ce dernier refusa de mettre en application la décision qui avait été prise. On nous offrit alors quelque chose que nous repoussâmes dédaigneusement. Il s'agissait à ce moment-là — à ce moment-là seulement, Monatte ! — d'aller dans les grandes villes de France, en compagnie de gens de tous les partis et de toutes les tendances, exposer les origines de la guerre. Nous avons refusé d'accomplir cette mission. Nous étions venus pour parcourir librement les départements et non pas pour aller exposer une thèse avec des gens dont nous ne partagions pas les sentiments et les conceptions. (*Applaudissements.*)

Et alors, nous songeâmes à revenir à Paris. Mais nous voulions tout de même utiliser notre présence en province. C'est alors que nous demandâmes à Sembat, ministre des Travaux publics, s'il ne pouvait pas nous accorder de sauf-conduit nécessaire pour passer dans toutes les régions et, sous le couvert d'une enquête économique, prendre contact avec nos camarades.

Nous écrivîmes à Paris cette proposition et sur le refus du Bureau confédéral intérimaire de nous accorder l'autorisation que nous demandions, nous revînmes à Paris.

Nous eûmes une explication orageuse, violente, où j'apportais l'expression de ma pensée, — n'est-ce pas, Bourderon ?...

BOURDERON. — Nous n'étions pas d'accord !

JOUHAUX. — ...Où je répondis aux critiques que formulait Bourderon dans un sens tiède, Merrheim avec plus de vigueur. Je répondis aux uns et aux autres et je terminai en disant : « Nous ne sommes plus d'accord, à l'heure actuelle, séparons-nous, je ne veux plus être le secrétaire de la Confédération Générale du Travail. Vous estimez que j'ai commis une faute, je dois m'en aller ». Et, je partis sur ces paroles. Ce n'est que dans une seconde réunion que les camarades me demandèrent de revenir sur ma décision et de rester au poste du secrétariat confédéral. J'avais indiqué préalablement que, si quelqu'un devait rester, c'était le plus ancien en fonctions et que celui-là était Yvetot. On n'accéda pas à ma demande. On ne voulut pas prendre cette disposition et pris entre les objurgations des camarades des organisations syndicales qui me disaient : « Tu ne dois pas partir » et les appels d'autres camarades qui me demandaient de rester, je restai à mon poste.

Est-ce qu'à ce moment-là, ces deux incidents n'étaient au fond jugés par le Comité confédéral, est-ce qu'à ce moment-là ces deux incidents ne faisaient pas déjà partie du passé ? On les évoque aujourd'hui à nouveau, et l'on dit : « Nous ne pouvons pas nous expliquer parce qu'il manque les procès-verbaux des séances du Comité confédéral ». J'aurais voulu, Monatte, pouvoir répondre au désir logique que tu formules, c'est-à-dire apporter aux syndicats, avant ce Congrès, le compte rendu des séances du Comité confédéral.

Cependant, je ne crains rien, car ce que j'ai dit en 1918 est l'expression de la vérité, et, sur les faits eux-mêmes, la vérité ne peut pas être contestée.

MONATTE. — Il y a deux vérités : la tienne et la nôtre !

JOUHAUX. — La tienne et la mienne, Monatte, peut-être ! Je dis que ce que j'ai déclaré en 1918 n'a pas pu être contesté ; que ce que je déclare aujourd'hui encore est l'expression même de la vérité et vous voyez bien que je n'esquive aucune responsabilité. Non, je n'en esquiverai aucune, car je suis de ceux qui considèrent que l'on ne se hausse pas lorsqu'ayant pris une responsabilité, on la décline ensuite. On peut commettre des fautes, mais on n'a pas le droit de nier les faits pour esquiver la responsabilité des fautes.

Collaboration, la Commission des allocations ?

Ah ! j'aurais pu apporter au Congrès les milliers et les milliers de lettres reçues de tous les coins du territoire, dans lesquelles on réclamait mon intervention pour l'obtention d'une allocation, pour l'obtention des secours auxquels on avait droit. Je ne l'ai pas fait, comme je ne serai pas assez cruel pour rappeler à certains des camarades qui me combattent, les demandes qu'ils m'ont eux-mêmes adressées, les appels qu'ils m'ont faits et auxquels j'ai répondu. C'est affaire à eux et à leur conscience de déclarer aujourd'hui que j'ai trahi en donnant satisfaction aux revendications qu'ils posaient ! (Applaudissements.)

Commission des allocations, dans laquelle je n'ai fait, en vérité, qu'essayer de m'opposer à l'arbitraire et de combattre tous ceux qui, par rancune politique, par haine de classe, essayaient de ne pas donner à ceux qui les réclamaient les secours auxquels ils avaient droit. Politique humaine qui n'est ni lutte de classes, ni collaboration, mais simplement humaine ! Est-ce que, par hasard, les militants syndicalistes n'auraient plus le droit d'être humains ? Est-ce que, par hasard, les militants syndicalistes n'auraient plus le droit d'agir sur le terrain de l'humanité ? Vous ne pouvez pas dire cela, par conséquent, vous ne pouvez pas condamner cette action.

Comité de Secours national... Pipe avec Monseigneur Amette !... Ah ! je ne sais pas si le camarade Méric a vu quelquefois Monseigneur Amette, mais ce que je sais, c'est que moi, je ne l'ai jamais vu.

Comité de Secours national ? Oui, où je suis allé là encore pour défendre des intérêts humains, car le Comité de Secours national s'était interdit toute pénétration sur le terrain de la guerre. Notre œuvre devait être exclusivement d'humanité. Elle le fut en effet et je ne regrette pas d'y avoir participé. L'Union des Syndicats de la Seine, d'autres organisations de province ont pu répondre aux misères, grâce à l'appui du Secours national. Là s'est bornée l'intervention de celui-ci, et je le répète une fois de plus, je ne désapprouve pas, je ne renie pas cette action.

Et maintenant, passons à février 1915.

Conférence de Londres, décidée en dehors de moi.

Nous allions à Londres pour essayer de nous mettre d'accord sur un programme, sur une déclaration qui nous extérioriserait de l'ambiance chauvine générale. Nous allions à Londres pour nous mettre d'accord sur une déclaration qui serait un premier appel en faveur de l'esprit internationaliste.

Monatte, tu rappelais ta lettre de démission ; tu rappelais les incidents et les discussions au sujet de l'invitation faite par les Scandinaves à participer à une Conférence internationale. Tu sais que je ne fus pas de ceux qui s'opposèrent à y répondre ; tu sais aussi qu'il ne s'agissait pas d'une Conférence, mais simplement d'une déclaration et que, cela, nous ne l'avons su qu'après avoir discuté sur l'invitation elle-même.

En février 1915, j'allais à la Conférence de Londres dans cet esprit. Là, nous nous retrouvions avec les camarades anglais, avec les camarades belges, avec d'autres camarades et nous rédigions une réso· lution qui n'était pas imprégnée de chauvinisme.

J'ai accompli cet acte, et j'en accepte la responsabilité, non pas dans la forme où la Conférence de Londres fut convoquée, mais dans ses discussions et dans ses décisions.

Puis, j'ai continué mon action. Ah ! vous ne trouverez pas un mot, pas une ligne qui ait porté un jugement désobligeant contre quelque militant que ce soit !

Jamais, même dans les heures les plus critiques, dans les heures les plus fiévreuses, devant l'opposition la plus violente, jamais je n'ai prononcé une parole désobligeante, encore moins insidieuse, contre qui ce soit. Et Merrheim avait raison hier de rappeler que bien souvent j'étais obligé de me dresser en face de mes camarades fougueux qui eux aussi, touchés par la calomnie, piqués par elle, voulaient répondre sur le même terrain. Je leur disais : « Non, nous n'avons pas le droit de faire cela. Nous avons des opinions diverses, mais nous menons une même lutte et nous devons avant tout nous respecter, quelles que soient les conceptions qui nous animent ». (Applaudissements.)

J'ai continué cette action. Je glisse sur tous les incidents pour en arriver à l'époque des grèves.

Camarades, permettez-moi une légère digression. On a jeté hier dans le débat le nom d'un homme, en disant qu'il était un bourgeois et que l'on ne comprenait pas pourquoi nous l'avions défendu.

Je veux croire que l'on ne connaissait pas les raisons qui nous ont fait agir. Je vais les dire. L'heure est venue de les dire, et puisque courageusement celui-là qui est en cause a refusé l'amnistie et veut la justice, je vais dire pourquoi nous sommes intervenus.

La guerre, cortège de malheurs, cortège de misères et aussi cortège d'arbitraires. Deux forces en présence : la force gouvernementale, divisée, impuissante par elle-même, et la force militaire ; les militaires cherchant à tout instant à dominer la situation, à créer la dictature véritable.

Un homme se dressait en face des militaires et s'opposait à ce que leurs mesures soient acceptées, réalisées. S'agissait-il d'arrestation, s'agissait-il de perquisition, toujours cet homme se dressait dans le sein du gouvernement et déclarait : « Si vous accomplissez cet acte, je me retire et vous en laisse l'entière responsabilité. » Un jour, Merrheim est accusé d'avoir touché de l'argent. Le Conseil des ministres en discute. Le Conseil des ministres est près de décider l'arrestation de Merrheim. Plusieurs hommes, parmi lesquels le ministre de l'Intérieur, s'élèvent contre cette décision et déclarent qu'ils ne l'acceptent pas, que l'on doit demander l'avis des organisations syndicales sur une question aussi grave que celle-là. Le soir, je suis appelé par le ministre de l'Intérieur, qui me pose la question. Sans en avoir discuté avec Merrheim, je clame l'innocence et la probité de Merrheim, comme j'ai clamé la tienne, Péricat! (Applaudissements.) et le gouvernement ne s'engage pas dans cette action mauvaise et arbitraire !

Une autre fois, le ministre de l'Intérieur me dit : « Voilà une circulaire des militaires. » Sans passer par la présidence du Conseil, le Grand Etat-Major avait décidé que les pouvoirs seraient centralisés entre les mains des généraux commandant les régions. Grave question. Le Conseil des ministres s'était prononcé contre le Grand Quartier Général. Et celui-ci avait passé outre, envoyé sa circulaire disant aux commissaires de police qu'ils avaient à se mettre à la disposition des généraux commandant les régions et à leur transmettre les rapports sur la situation.

ROUGERIE. — C'était le coup d'Etat !

JOUHAUX. — Le ministre de l'Intérieur me dit qu'il n'acceptait pas cela, qu'il donnerait plutôt sa démission, que les pouvoirs civils devaient rester entre les mains du gouvernement. Je l'approuvais hautement et lui déclarais que nous le soutiendrions.

Et ainsi a été évité au pays un régime d'arbitraire plus inhumain que celui qui pesait déjà.

Et maintenant, passons aux grèves.

Grèves de la région parisienne. Et, ici, je me tourne vers Millerat et je lui demande de dire au Congrès quelle fut l'attitude de celui que l'on essayait de calomnier hier. Grève de la couture, dans laquelle, pénétré de sa responsabilité ministérielle, le ministre de l'Intérieur fait appeler dans son cabinet les représentants des patrons, donne la parole aux représentants ouvriers, aux représentants de la Confédération générale du Travail, et puis, quand ils ont parlé, déclare : «. Voilà les paroles auxquelles j'adhère et je vous demande, patrons, d'apporter ici de l'esprit de conciliation, sinon, je ne puis répondre de l'ordre. » (Applaudissements.)

Et puis, un autre jour, c'est la grève générale de l'Habillement. A l'Habillement se sont mêlées d'autres corporations. Les garçons de café ont déserté les cafés, les garçons de restaurant sont descendus

sur les trottoirs de Paris ; on respire un vent d'émeute. Là-bas, au
Palais-Bourbon, les députés de la région parisienne déclarent faiblement, timidement, mais déclarent tout de même qu'une telle situation
ne peut pas durer et qu'il faut prendre des mesures d'ordre.

Le ministre de l'Intérieur ne veut pas prendre de mesures d'ordre
sans en avoir discuté avec le représentant de la Confédération Générale du Travail et il lui demande l'attitude qu'il convient d'avoir. Et,
après cette conversation, le ministre fait confiance à la classe ouvrière
et l'armée, la police n'ont pas été dressées contre les travailleurs.
C'est aussi pour cela que ce ministre fut traduit devant la Haute-Cour
de justice. Qui croira, ici, qu'il avait vendu le plan du Chemin des
Dames ?

LEPETIT. — Tu fais dévier le débat avec intention. Je ne veux pas
que tu me prêtes des paroles que je n'ai pas prononcées.

J'ai déclaré que la C. G. T. avait fait une diversion au mouvement
ouvrier en s'engageant derrière Malvy et j'ai déclaré que celui-là
aussi avait des responsabilités. Je l'ai déjà dit et je le répète, j'ai ici
des responsabilités à prendre et je les prends carrément ; je dis que
je regrette, en ce qui me concerne, et même après les explications
que tu viens de fournir, que la Confédération Générale du Travail ait
laissé planer cette équivoque, se soit engagée derrière le ministre de
l'Intérieur et ait pris les mêmes responsabilités que ce ministre de
l'Intérieur qui, lui, avait assumé avec ses collègues du gouvernement
la responsabilité des massacres de 1917, de la répression qui s'était
abattue sur nos camarades, répression dont certains d'entre nous ont
été victimes.

JOUHAUX. — Camarades, je ne renie rien de l'exposé que je suis
allé faire devant cette Haute-Cour, en faveur de ce bourgeois qui, avec
courage, s'était dressé en faveur des ouvriers. (Applaudissements.)

Je tenais à dire cela au Congrès, parce qu'en 1918, je n'avais pas
pu le dire. Aujourd'hui, vous connaissez les raisons de ma collaboration.

Vous me reprochez une collaboration avec le gouvernement de
Clemenceau ! Quand on fit circuler, dans les couloirs de la Chambre,
jusqu'au groupe parlementaire socialiste, l'idée que serais ministre
du Travail, j'allai à ce groupe, et j'espère que l'on a conservé, à ce
moment-là, les paroles que j'ai prononcées, paroles qui ne laissaient
aucune équivoque. S'il y a un gouvernement Clemenceau, disons que
les parlementaires qui le combattent bien timidement aujourd'hui en
sont responsables ; ils se sont courbés devant celui qui arrivait une
fois de plus au pouvoir ! (Applaudissements.)

J'ai vu le président Clemenceau, comme les camarades du Bureau
confédéral, comme beaucoup de ceux des Unions départementales ;
j'ai discuté avec lui sur les questions sociales, sur nos revendications,
dans la forme où je devais le faire. J'en appelle au témoignage de
tous ceux qui assistaient à la délégation qui eut lieu après le Comité
national confédéral, quand nous allions présenter au président du

Conseil le cahier de revendications de la classe ouvrière et notre protestation contre l'intervention en Russie et en Hongrie. J'en appelle à leur témoignage et je leur demande de dire s'il y eut, dans les paroles prononcées par moi, une seule parole faible, une seule parole qui pouvait laisser croire au président du Conseil qu'il pouvait ne pas nous donner satisfaction.

Et ici je veux rappeler un incident. C'était avant le Congrès de Saint-Étienne. Je causais avec des camarades. Je venais d'apprendre que le gouvernement venait d'autoriser le Congrès de Saint-Étienne, et je disais aux camarades qui étaient autour de moi : « C'est un piège, on attend nos camarades au détour du chemin. On va se servir de leurs déclarations pour les brimer. Peut-être devrions-nous les mettre en garde contre cela. » Mais les camarades me répondaient : « Mais si tu dis cela, malheureux, tu vas être accusé d'être un agent à la solde du gouvernement ! Tu vas être accusé de vouloir empêcher la tenue du Congrès de Saint-Étienne... » Je me suis tu. Mais, après le Congrès de Saint-Étienne, dans une réunion du Comité confédéral, j'ai répété devant ce Comité ce que j'avais dit à quelques amis avant le Congrès et l'on m'a reproché de ne pas l'avoir déclaré avant. Évidemment, j'aurais dû briser les résistances morales qui m'étaient opposées et parler publiquement. Car, t'en souviens-tu, Merrheim, quand nous sommes allés voir le président pour lui demander le retour des camarades qui avaient été renvoyés dans leurs dépôts et l'élargissement de ceux qui avaient été emprisonnés, ce que l'on nous dit : « Je les guettais ! » Le chat avait guetté les souris !...

MERRHEIM. — Et il ajouta : « Leur plan, je l'ai eu avant eux ! »

PÉRICAT. — Permets-moi de te dire que, même si tu nous avais prévenus, nous aurions tenu le Congrès quand même !

JOUHAUX. — Je ne suis allé voir le gouvernement de Clemenceau que parce que les militants de province, que parce que les militants parisiens, que parce que les organisations syndicales me l'ont demandé. Eh quoi ! manque-t-il du charbon dans un coin de la France, manque-t-il des wagons dans un autre, y a-t-il des mesures prises par là, les transports n'ont-ils pas satisfaction, on vient à la C. G. T. et l'on dit : « Il faut aller voir le gouvernement ! » Et le secrétaire de la Confédération Générale du Travail, accompagné de ses camarades, lorsqu'ils sont là, va trouver le gouvernement, traite avec lui de la question, arrive à solutionner certains conflits. Est-ce que nous sommes responsables de cette collaboration ? Mais il faut alors, camarades des organisations syndicales, que vous vous interdisiez le droit de venir nous trouver pour nous demander d'accomplir ces délégations. Oui, si vous prenez ces engagements, soyez certains que ce n'est pas moi qui irai trouver le gouvernement. Mais, tant que vous viendrez, membres de la Confédération Générale du Travail, trouver cette même Confédération pour accomplir ces délégations, elle sera obligée d'accomplir ce que vous lui demandez, et la responsabilité — je le répète et j'y insiste — n'incombera pas à son Bureau, elle incombera aux organisations syndicales elles-mêmes ! (*Applau-dissements.*)

Nomination des Commissions

Le Président. — Camarades, pendant que notre camarade Jouhaux parlait, nos camarades anglais sont arrivés. Je crois être l'interprète du Congrès en leur souhaitant la bienvenue.

D'autre part, il y a quatre jours que nous discutons sur le Rapport moral. Nous n'allons tout de même pas retourner dans nos organisations sans avoir discuté les autres questions qui sont à l'ordre du jour ! Alors il faut que nous employions une méthode de travail.

Le camarade Lapierre vient de me suggérer une idée : c'est que pour les questions qui restent en suspens à l'heure actuelle, on désigne trois commsisions, qui se réuniront cet après-midi et qui pourront nous apporter un rapport sur les travaux accomplis. Nous aurons ainsi quelque chose d'établi.

Je vous propose donc la nomination de trois commissions.

Lapierre. — Camarades, il n'est pas question de nommer une commission pour la première question à l'ordre du jour. Mais il reste trois questions importantes : l'une ayant trait à la réforme de l'enseignement, une autre aux lois sociales, et la troisième à la lutte contre la tuberculose.

Ce sont des commissions pour ces trois questions que nous vous demandons de désigner, d'accord avec les organisations intéressées.

J'ai établi une liste des camarades pouvant faire partie de ces commissions pour ne pas laisser lancer des noms par le Congrès et arriver à un résultat que nous ne cherchons pas. Je vais vous donner ces noms.

Pour la réforme de l'Enseignement :

Delsol (Dordogne), *Hodée* (Agriculture), *Midol* (Cheminots), *Marly-Rollan* (Haute-Garonne), *Vacher* (Tunisie), *Cuminal* (Enseignement), *Zoretti* (Enseignement, Calvados), *Bernard* (Rhône), *Bouet* (Maine-et-Loire), *Marie Guillot* (Saône-et-Loire), *Tortillet,* Gournay (Cheminots).

Le Président. — Etes-vous d'avis d'accepter ces noms ?

Adopté.

Lapierre. — Pour les lois sociales :

Dret (Cuirs et Peaux), *Bourderon* (Tonneau), *Luquet* (Coiffeurs), *Réaud* (Inscrits maritimes), *Méric* (Vanniers), *Jaccoud* (Transports), *Pilard* (Mineurs, Maine-et-Loire), *Monmousseau* (Chemins de fer), *Toulouse* (Chemins de fer), *Savoie* (Alimentation), *Decouzon* (Produits chimiques), *François* (Le Havre), *Rougerie* (Haute-Vienne), *Lescalié* (Nîmes), *Bornet* (Agricoles), *Vieilly* (Tunisie), la camarade *Bouvier* (Habillement), *Verdier* (Aveyron), *Becker* (Alsace-Lorraine), *Renaudel* (Employés).

Les noms, mis aux voix, sont adoptés.

LAPIERRE. — Pour la lutte contre la tuberculose :

Dr *Hazemann* (Médecine sociale), *Audoye* (Instituteurs, Bouches-du-Rhône), *Julien René* (Saône-et-Loire), *Doumencq* (Dessinateurs), *Coron* (Marseille), la camarade *Chevenard* (Rhône), *Gaudoin* (Algérie), *Dassé* (Gironde), *Charrial* (Bâtiment), *Cordier* (Serruriers, Paris), *Filliol* (Dockers, Marseille), *Tixier* (Béziers), *Bonnet* (Haute-Garonne), *Saint-Venant* (Nord), *Epinette* (Seine-et-Oise), *Legris* (Spectacle), *Ducousso* (Santé), *Montagne* (Marins).

LE PRÉSIDENT. — Etes-vous d'avis d'accepter ces noms ?

La troisième commission est ainsi constituée.

LAPIERRE. — Si ces commissions veulent faire une besogne utile, elles se réuniront à deux heures pour nommer un rapporteur, qui les convoquera ensuite.

Adopté.

La séance est levée à midi.

Séance de l'après-midi

Même Bureau que pour la séance du matin.

LE PRÉSIDENT. — Le Bureau a reçu de Bruxelles cette dépêche, dont je vais vous donner lecture.

Centrale industrie hôtelière belge envoie aux camarades français meilleurs vœux succès et les assure de ses sentiments de solidarité internationale. — MOEBERS.

Voici une autre résolution :

Le Congrès, après avoir pris connaissance de la situation créée aux travailleurs troyens lock-outés au nombre d'environ 30.000 leur adresse l'expression de toute sa sympathie et il s'engage à poursuivre dans le calme de la résolution la réalisation de leurs revendications.

Il leur apporte l'assurance de sa solidarité la plus entière.

Pour la Fédération du Textile : VANDEPUTTE, CNUDDE.

Cheminots de Romilly, Cheminots de Troyes, Délégués des Syndicats de l'Aube; U. D. de l'Aube, Textile de Troyes, Métaux de Troyes.

Voici maintenant une protestation de camarades du P.-L.-M. s'adressant aux journalistes :

Les délégués cheminots du P.-L.-M., ayant pris connaissance de la version des journaux de Lyon, disant au sujet du mouvement du 21 juillet :

« Des discussions que soulève le discours, il parait résulter de plus en plus certainement que la volonté des syndiqués cheminots, *surtout de ceux du P.-L.-M.,* fut la principale cause de l'abandon du mouvement du 21 juillet, sur lequel les minoritaires comptaient tant pour obtenir un résultat révolutionnaire. »

Protestent contre cet entrefilet tendancieux et réclament des journalistes une rectification et, pour l'avenir, plus d'impartialité, étant donné que le réseau P.-L.-M. dans sa presque totalité adhérait au mouvement et qu'il était parfaitement préparé. — *Les délégués du P.-L.-M.*

MONMOUSSEAU. — Je demande que l'on y ajoute cette autre protestation :

Nous nous étonnons qu'une presse admise ici ait prononcé contre des militants, des paroles de haine. (*Applaudissements.*)

LE PRÉSIDENT. — Une motion des délégués des syndicats des régions dévastées :

Les délégués des syndicats ci-dessous nommés demandent au Congrès la nomination d'une Commission pour l'examen des questions suivantes :

1° Reconstitution des foyers ouvriers détruits et des écoles ;

2° Utilisation de la main-d'œuvre par corporation de métiers et production de cette main-d'œuvre ;

3° Revision des secours de chômage et des allocations ;

4° Victimes du travail sous l'occupation allemande ;

5° Instruction des jeunes gens privés de tout enseignement pendant 5 ans.

Ont signé la motion :

DESOBLIN : syndicats d'Aulnoye, Soissons, Cheminots, Nord ;
DEMOULIN : syndicats de Somain, Cambrai, Douai, Cheminots, Nord :
CORBEAU : syndicats de Tergnier, La Garenne ;
LOBERT : syndicat des Cheminots, Est ;
IMBERT : syndicat des Cheminots, Est ;
DEMEY : syndicat du Port, Dunkerque ;
DEBANCQ : syndicat des Services publics, Denain ;
TROQUENET : syndicat du Bâtiment, Denain ;
ROSSY : syndicat des Mineurs, Anzin ;

CHOIN : syndicat des Métaux, Denain ;
SAINT-VENANT : U. D. du Nord ;
VANDEPUTTE : syndicat du Textile, Lille :
HOCHEDEZ : syndicat des Cheminots, Lille ;
PLATEL : syndicat des Cheminots, Nord ;
BONDUES : Bourse du Travail, Lille : Bâtiment. Lille ;
VAUCOULON : syndicat de Conflans-Jarny ;
ALLOT : syndicat des Mineurs de l'Est ;
DANTRAIQUE : Comité intersyndical des Métaux (M.-et-M.) :
GOUBE : syndicat des Cheminots, Valenciennes, Anzin.

Donc, vous voyez, camarades, il s'agit d'adopter le principe d'une commission pour étudier les questions que ces organisations soumettent au Congrès. (Adopté.)

Je vais vous donner immédiatement connaissance du Bureau proposé ce matin :

Président : MOUSSARD

Assesseurs : Mme LANGA et VACHER (Algérie)

La constitution du Bureau de la sixième journée est adoptée.
La parole est au camarade Jouhaux.

Discours de Jouhaux (Suite)

JOUHAUX. — Camarades, je vais essayer de condenser le plus possible ce qui me reste à dire.

Je ne voudrais pas abuser des instants du Congrès et je voudrais que nous liquidions cette question pour que nous puissions apporter une résolution sur la question de la transformation sociale qui est à l'ordre du jour.

On a dit ce matin que nous n'avions rien fait au point de vue international. J'ai indiqué dans quel esprit nous étions allés à Londres en février 1915. Je veux maintenant parler d'une entrevue qui précéda Zimmerwald et qui eut lieu à Berne. A cette entrevue assistait Bernstein et Kautsky. Nous eûmes là une explication. De cette entrevue, il résultait qu'il n'était pas possible de se lancer dans un mouvement international contre la guerre. Nous sommes revenus avec ces déclarations. Mais ce fait prouve que, nous aussi, nous nous préoccupions de l'action nécessaire à faire intervenir.

On a dit que nous n'avions rien fait pour la Révolution russe. Ah ! camarades, vous me rappelez une journée qui est restée douloureusement dans ma mémoire. C'est, Péricat, le jour du meeting de la salle Jaurès, où j'allais, sur la demande de la Ligue des Droits de l'Homme, parler pour la Révolution russe, affirmer notre solidarité. De ce meeting aurait pu découler un large mouvement d'idées. Vous n'avez pas compris qu'il fallait faire taire les rancœurs, les ressentiments que nous pouvions avoir les uns envers les autres et, dans ce meeting, je ne pus prendre la parole et j'eus la douleur d'être obligé de me disputer avec des camarades pour lesquels j'avais une sincère amitié. Tu le sais, Péricat ?...

PÉRICAT. — Pourquoi ne t'a-t-on pas laissé parler ?

JOUHAUX. — Je ne discute pas cela.

PÉRICAT. — Parce qu'au Comité confédéral, chaque fois que l'on défendait la Révolution russe, on nous insultait ; on nous appelait « Boches » ! (*Protestations*.)

Je maintiens que ce que je dis est vrai ! De nombreux camarades, dont Jouhaux n'a jamais été, nous appelaient « Boches » et nous traitaient de « Lénine » et de Trotzky ». Nous avons dit : « Ces gens-là n'ont pas qualité pour défendre la Révolution russe ! »

JOUHAUX. — Camarades, j'ai cité ce fait parce qu'il convenait de le citer, comme je pourrais répondre à Péricat que, le jour où l'on organisa un meeting pour protester contre son arrestation, alors que je montais les marches de la tribune, ceux qui se prétendaient ses amis m'empêchèrent de parler, m'invectivèrent, et je me retournai vers son fils qui, les larmes aux yeux, me regardait, et je ne pus que lui serrer la main ! (*Applaudissements*.)

Oui, il convient que je dise cela, car j'ai passé, moi aussi, des heures difficiles, douloureuses, et quand on me dit : « Tu n'as rien fait, tu ne t'es pas dressé contre la réaction ! » je me souviens que je ne pouvais pas exprimer ma pensée parce qu'il plaisait à quelques personnalités, souvent extérieures au mouvement (*Applaudissements*), de me dénier le droit de parole !

Oubliez-vous, camarades, que je suis parti avec Cachin pour l'Amérique, que cette besogne nous avait été assignée par une Conférence interalliée et que nous ne pûmes traverser l'Océan parce qu'en Angleterre un homme, qui put, à Paris, sans une protestation de la masse populaire, expliquer son opinion, avait décidé que Jouhaux, que Cachin, bolchevistes, n'iraient pas en Amérique !

Ce sont des faits sur lesquels je ne veux pas m'appesantir plus longtemps, mais ils marquent dans l'histoire de ceux qui font autre chose que critiquer...

On a parlé de Leeds et on a dit : « On est allé porter là-bas le programme de l'Association internationale pour la défense légale des travailleurs ! » Ah ! Monatte, je n'en sais rien ! Je ne sais pas si, parce que cette Association a inscrit dans son programme la lutte contre les poisons industriels, la lutte pour que les maladies professionnelles soient assimilées aux accidents du travail, et que nous nous sommes rencontrés sur ces points, c'est faire sien le programme de cette Association.

Si ces revendications de toujours de la classe ouvrière n'ont pas encore été réalisées, s'ensuit-il qu'elles ne doivent pas l'être ?

MONATTE. — C'est vous-même qui, dans la *Bataille,* avez dit que ce programme émanait de cette Association.

JOUHAUX. — Je dois convenir que tu connais mieux que moi cette page que tu cites de la *Bataille.* Je ne l'ai pas connue, je l'avoue très sincèrement. Je ne sais pas de qui elle émane et, si je l'avais su, j'aurais demandé que l'on confronte les textes...

Et quand nous réclamons, dans la motion de Leeds, la liberté des mers, quand nous réclamons le principe de la Législation internationale, quand nous réclamons la fin des impérialismes économiques et l'affirmation des droits identiques du travail à travers le monde, cela n'est pas contenu dans le programme de l'Association dont le siège est à Bâle. Je suis heureux d'avoir porté à Leeds une résolution qui a été reprise par toutes les organisations syndicales de tous les pays et qui a permis de faire la Conférence de Berne (1917), à laquelle nous n'avons pu assister parce que le gouvernement français a refusé de nous accorder des passeports. (*Applaudissements*).

Oui, nous sommes allés à Leeds, en opposition avec les organisations anglaises (je ne crains pas de le dire devant leurs délégués), et plus encore en opposition avec les organisations américaines. Les seuls qui étaient avec nous, c'étaient, d'une part, les Belges qui nous donnaient leur sympathie par la voix de leurs camarades résidant en France, et, de l'autre côté, une fraction du prolétariat italien.

Nous eûmes une bataille à Leeds. Nous triomphâmes et nous décidâmes que notre motion devait être adressée à toutes les organisations syndicales pour que, dans leur pays, sur leur gouvernement, elles accomplissent la même action afin que, sur un même programme, à travers le monde, s'établisse une même action de tous les prolétariats.

Voilà les conséquences de Leeds.

J'ai dit tout à l'heure ce que fut la Conférence de Berne (1917) : c'est le programme de Leeds que l'on y confirma.

Par conséquent, à la lueur de ces faits qui ne peuvent être niés par personne — et j'en passe, — on constate combien notre action avait une continuité et visait un but, but qui tenait compte des aspirations prolétariennes, but qui ne sortait pas de la tradition syndicale.

Et maintenant, j'en arrive à la Conférence de Clermont-Ferrand. Il s'agissait pour nous d'essayer de nous mettre d'accord. De part et d'autre, des efforts furent faits ; de part et d'autre, des concessions furent faites et nous arrivâmes à voter une motion d'unanimité ou presque. Nous croyions que cette motion d'unanimité allait nous permettre de nous mettre à la besogne et d'essayer de réaliser dans l'ensemble des organisations syndicales l'action nécessaire pour répondre aux aspirations du mouvement ouvrier. Hélas ! il n'en fut rien !

Après Clermont-Ferrand, avant même que nous puissions essayer de réaliser quoi que ce soit, la même opposition, le même discrédit se firent jour contre la Confédération Générale du Travail. Toujours et partout: « Vendu ! traître ! lâche ! » toujours ces épithètes venaient nous cingler, quelle que fût l'opinion que nous exprimions, quelle que fût la défense que nous faisions valoir, et elles venaient nous cingler, Monatte, et elles venaient nous cingler, Péricat, de la part de ceux qui n'avaient pas connu nos luttes d'antan, de ceux qui n'avaient pas participé à l'action syndicale, de ceux qui en récoltaient les bénéfices, de ceux qui, nouveaux venus au mouvement syndical, entendaient s'ériger en professeurs indiscutés. (*Applaudissements.*)

LEPETIT. — Pourquoi ne rappelles-tu pas, Jouhaux, que ces épithètes t'ont été adressées par Merrheim ?

JOUHAUX. — Je ne sais pas si ces épithètes m'ont été adressées par Merrheim, mais je veux l'ignorer ; je ne veux pas le croire. Entre Merrheim et moi, il y eut des différences de conception, il y eut opposition d'idées, il y eut bataille, mais il n'y eut jamais calomnie et discrédit. (*Applaudissements.*)

LORIOT. — Je n'ai qu'un mot à dire. En réponse à l'affirmation de Jouhaux que Merrheim ne se serait pas rendu coupable de calomnie vis-à-vis du Comité confédéral, je veux dire que, pendant la durée de ma collaboration à ce Comité, sinon Jouhaux, du moins tous les majoritaires ont affirmé, ont placé sur Merrheim la responsabilité des calomnies qui avaient été lancées contre le Comité confédéral, à telle enseigne que les seuls documents que le Comité confédéral ressortait sans cesse, pour prouver l'existence de ces calomnies, étaient précisément le journal de la Fédération des Métaux et les articles de Merrheim.

MERRHEIM. — Camarades, il est exact qu'il y ait eu dans le Comité confédéral un homme, et un seul, qui ait pris à son compte, en se servant de l'*Union des Métaux*, les calomnies qui étaient lancées contre Jouhaux, mais j'affirme que chaque fois Jouhaux se levait et faisait taire ceux qui se servaient de ces calomnies. Et alors, je me demande ce que cette affirmation peut venir faire ici dans le débat !

Oui, Loriot, nous avons lutté au sein de ce Comité confédéral, et quand, hier, je vous rappelais que je n'avais pas abandonné le Comité, quelles que soient les critiques que j'ai pu entendre, vous êtes un de ceux qui m'ont abandonné au sein de ce Comité confédéral ! (*Applaudissements.*) Et je dis, camarade Loriot, je vous conteste le droit d'apporter ici cette affirmation ; quelles que soient les souffrances que j'ai pu subir au sein du Comité confédéral, je n'ai pas le droit et nous n'avons pas le droit de les évoquer aujourd'hui.

Un délégué. — C'est Jouhaux qui les a évoquées !

MERRHEIM. — Non, Jouhaux n'a pu évoquer pour son compte des calomnies contre lesquelles non seulement il protestait au Comité confédéral, mais contre lesquelles, quand il me rencontrait seul dans l'impasse — car j'étais seul à ce moment, — il protestait encore auprès de moi.

Il n'a pu les reprendre à son compte, et je dis que cela n'a rien à faire dans le débat et que l'on ne devrait pas les apporter ici.

Moi, j'ai tout oublié et j'ai tout oublié parce qu'il y a quelque chose de plus haut que nos rancunes, que nos haines personnelles, c'est l'organisation ouvrière, vous m'entendez bien ! (*Applaudissements.*)

LORIOT. — Au-dessus de l'organisation, il y a la vérité !

MERRHEIM. — Camarades, Loriot a dit qu'au-dessus de l'organisation il y a la vérité. La vérité, je l'ai dite à cette tribune ; par conséquent, elle ne peut être mise en cause ! Vous ne devez pas jouer ce jeu qui consiste à rendre responsables les hommes qui sont à la tête d'organisations dont les adhérents peuvent s'être rendus coupables d'écarts de langage.

TOMMASI. — Vous l'avez fait dans les grèves de juin !

MERRHEIM. — Camarade Tommasi, s'il y a un homme qui doit se taire dans ce Congrès, c'est toi !

TOMMASI. — Camarade Merrheim, c'est là que commence la calomnie !

MERRHEIM. — Camarades, je répète, et je vais terminer, que s'il y a un homme qui doit se taire, à propos des événements de juin, c'est Tommasi.

TOMMASI. — Et pour quelles raisons ? Il faut le dire, ou vous êtes un lâche !

MERRHEIM. — Je vais les dire.

Tu parles des événements de juin. Eh bien ! je dis que tu n'avais pas, toi, membre de la Commission administrative, le droit d'aller porter rue de Bretagne l'affirmation que tu as portée sur le cartel et qui est contraire à la vérité.

Je m'adresse ici à Bartuel, à Rivelli, à Bidegaray. Le camarade Tommasi a affirmé aux conseils syndicaux qu'il suffisait qu'il y ait une grève corporative pour que le cartel se déclenche. Je dis qu'il a apporté une affirmation qui n'est pas exacte, et tous les membres de la C. A. viendront confirmer que c'était une inexactitude...

BOURDERON. — Camarades, ni provoqué, ni appelé dans ce débat, j'y assiste comme vous tous, et cette discussion m'a rappelé des souvenirs lointains que, mardi, je disais ne pas vouloir rappeler. Je les considérais comme réglés par les débats de juillet 1918.

J'ai dit dans une interruption : « Nous n'étions pas d'accord. » A cette minute même, je dis encore : « Nous n'étions pas d'accord en 1915, 1916 et ultérieurement. » Et je me rappelle aussi toutes les souffrances que j'eus à supporter dans cette période difficile, en commun avec d'autres camarades et avec toi, Merrheim. Tu sais très bien que des paroles amères, des paroles calomnieuses ont été prononcées contre nous. Et ma foi, dans l'ardeur de la bataille, — oui, Dumoulin ! — nous en portions aussi des coups ! J'en ai dit de

cruelles que je ne veux pas répéter ici, mais qui, pourtant, à cette
époque, se justifiaient.

Je demande à cette tribune qu'on lise ce que j'ai dit au Conseil
national de 1916. Nous étions en désaccord et il ne faudrait tout de
même pas que, dans ce débat, on fasse retomber les torts sur nous.
Si vous, Merrheim, vous croyez ne pas être atteint, moi je me suis
senti atteint tout à l'heure !... Jouhaux a avec lui des pages de vérité.
Mais avions-nous avec nous tous les torts ? Non ! Nous avions aussi,
selon notre conscience, beaucoup de vérité et, cette vérité, je la revendique encore aujourd'hui. Je ne veux pas qu'on y touche ! Nous étions
séparés ; nous nous sommes rapprochés pour une attitude dont le
prolétariat retire des avantages. C'est à cela que je m'arrête. L'unité
syndicale vaut beaucoup mieux que nos personnes. Mais, ne disons
pas aujourd'hui que nous étions d'accord, nous ne l'étions pas. Ne
dites pas, Jouhaux, que vous aviez totalement raison, ce qui voudrait
dire que nous avions tort, car ainsi, vous nous rejetteriez de l'unité
syndicale, de la bataille à laquelle nous pouvons encore donner
quelque souffle. Si vous voulez que nous soyons unis, ne dites jamais
que j'avais tort hier !

TOMMASI. — Camarades, je n'aurais pas dû intervenir dans cette
discussion si notre camarade Merrheim n'avait dit au cours de son
exposé que l'on ne pouvait pas rendre responsables, des écarts de
langage de certains, les dirigeants de cette organisation. Je lui
disais : « Merrheim, cependant, dans le mouvement de juin, vous vous
êtes retournés vers nous pour nous rendre responsables d'écarts de
langage qui avaient été commis au cours de cette grève. » Et Merrheim m'a dit que je n'avais pas le droit de causer en raison d'un
acte commis par moi. Je veux m'en expliquer. J'ai la prétention d'en
avoir le droit.

Durant le courant de juin, j'étais gréviste comme les autres ; j'étais
avec mes camarades et nous recherchions, nous aussi, camarade
Merrheim, au sein du Comité d'entente, toutes les possibilités de
mener à bien notre mouvement. A la suite d'une proposition faite
par des camarades qui voulaient que le mouvement dévie du terrain
économique sur le terrain social, je disais : « Vous savez bien que
cette thèse ne répond pas totalement à la pensée de nos mandants. »
et, j'indiquais qu'ils avaient une possibilité — j'en prends toute la
responsabilité, Merrheim ; — je disais : « Vous avez cette possibilité
de demander à la Fédération des Métaux de nationaliser son mouvement ; le mouvement étant nationalisé dans les métaux, il sera possible à ce moment-là à la Fédération des Métaux de demander au
cartel de prendre position, position que le cartel a le droit de prendre
dans un tel mouvement ».

Je dis que dans la pensée de Merrheim, c'est peut-être inexact, mais
dans la mienne, cela continue d'être exact, parce qu'à la Commission
administrative il n'y a pas eu de déclaration faite, et si je voulais
me servir de certaines conversations que j'ai eues, après question

posée à certains secrétaires, ils m'ont répondu : « Il est exact que le cartel joue aussi bien pour l'une que pour l'autre. » (*Applaudissements.*)

Jouhaux conclut

JOUHAUX. — Je reprends mon exposé et je vais essayer d'en terminer rapidement.

Dans le Congrès, on a pu croire que je me plaignais de calomnies lancées à mon égard. Pas le moins du monde ! J'ai répondu à une question posée par Lepetit ; j'avoue que je n'aurais pas dû y répondre puisqu'elle a suscité cette longue intervention et mis en cause des questions et des faits qui n'y étaient pas.

Je n'ai pas entendu, Bourderon, dire que vous aviez tort et que j'avais raison puisque j'avais dit préalablement qu'à la Conférence de Clermont-Ferrand nous avions fait des concessions de part et d'autre, puisque je voulais répéter qu'au Congrès de juillet, en 1918, nous en avions fait d'autres. Je voulais tout simplement aboutir à démontrer que lorsque nous avons le souci de l'intérêt général du mouvement ouvrier, il est possible que nous nous rencontrions, que nous nous unissions sans rien perdre de nos conceptions personnelles.

Voilà ce que je voulais dire... Comment, moi qui me suis toujours refusé à donner une parcelle de ma pensée propre, irai-je demander aux autres de se soumettre à ma conception ? Cela, jamais !

Monatte, tu as parlé dans ton discours de la vie dure des militants... J'ai eu, moi aussi, mes heures difficiles où, jeté à la porte de toutes les usines, traqué par la police sur les chantiers comme dans les ateliers, sur les quais comme dans les rues, condamné à mourir de faim, je n'ai jamais demandé ni à mon organisation, ni à personne de me venir en aide. Un jour, Monatte, alors que je pouvais avoir le pain assuré dans une faible mesure, moi, le militant traqué, poursuivi, je me suis effacé devant un camarade parce que j'estimais qu'il avait plus besoin que moi.

Militant, — ah oui ! Jacquemin, — depuis 1895, à travers toutes les difficultés, en face de toutes les résistances, j'ai mené ma lutte. Tu sais toi-même en face de quelles difficultés je me suis trouvé, tu les a partagées avec moi pendant des années et tu sais que je n'ai jamais trahi la conception qui était la sienne. Tu sais, Jacquemin, combien de jours sombres nous avons vécus ensemble, et qu'à aucun moment de ces jours sombres il ne nous est venu l'idée d'abdiquer pour quoi que ce soit les opinions qui étaient les nôtres. Eh quoi ! ces vingt-cinq années de militantisme, de douleurs partagées pour la masse, vous voudriez aujourd'hui les effacer, les ternir ! Vendu, traître, moi qui me suis toujours attaché à défendre les intérêts de ma classe ! C'est contre cela que je me révolte, vous m'entendez bien ! (*Applaudissements.*)

Il m'importe peu à moi que ma personnalité disparaisse de la direction de la Confédération Générale du Travail. Jamais je n'ai cherché un mandat quelconque et combien de fois n'ai-je pas été sollicité pour en accepter un ! Il m'importe peu de disparaître, mais ce que je veux pas, ce que je peux pas tolérer, c'est que mon passé soit terni, soit sali. Cela, non ! (*Applaudissements.*)

...Et j'en arrive maintenant, après avoir liquidé ces pages, au Comité national de décembre, moment où fut renouvelé le Bureau confédéral.

Est-ce que, camarades du Comité confédéral national, je vous ai caché quelque chose des pensées qui m'animaient ? Est-ce que je ne vous ai pas déclaré avec précision quelles étaient mes opinions et mes conceptions ? Et alors, pourquoi donc, si j'avais trahi, m'avez-vous renommé ? L'homme qui trahit doit disparaître. Vous deviez me faire disparaître !

Vous m'avez renommé à une heure où je considérais que ma mission était presque terminée et où je voulais, moi aussi, rentrer un peu dans le rang et vivre la vie de famille que je n'ai pas beaucoup connue. Vous m'avez obligé à rester là. Et maintenant, vous qui avez voté pour moi (car il y en a qui ont voté pour moi), vous venez encore diriger vos attaques contre moi ! J'ai le droit de m'étonner et de protester.

L'attitude que j'ai eue depuis le renouvellement du Bureau confédéral, partagée entièrement par ceux qui sont avec moi, je dis, sans aucune minute d'hésitation, que cette attitude a répondu aux désirs de la masse ouvrière.

Certes, nous n'avons pas réalisé tout ce que nous espérions réaliser, mais en sommes-nous responsables ? Est-ce que, parce que les résultats ne sont pas venus intégralement, le Bureau confédéral est responsable de cette situation ? Non, vous ne pouvez pas le dire. Et alors, nous avons agi dans le sens de vos résolutions, dans l'esprit de vos décisions. Si ces décisions, si ces résolutions n'ont pas abouti aux résultats que vous espériez, c'est vous qui en êtes responsables. Ce n'est pas nous.

J'en arrive maintenant à une autre partie des critiques qui se sont élevées ici.

Programme minimum, a dit Monatte, programme de Millerand. en 1900... Je n'en sais rien. Je ne sais pas si c'est le programme de Millerand, ce que je sais, c'est que ce programme minimum a été approuvé partout où il a été présenté. (*Applaudissements.*)

Un délégué. — Pas dans la Loire !

JOUHAUX. — Ce que je sais, c'est que ce programme minimum correspond aux aspirations immédiates des masses populaires. Ce que je sais, c'est qu'il ne peut pas constituer un programme de colla-

boration de classes. C'est dans ce sens, c'est dans cet esprit que nous
l'avons adopté, et avec lui, le Conseil national économique.
Arrêtons-nous quelques instants à cette question.

Monatte, tu as dit que le Conseil national économique était né de
la conception du lieutenant Bruyant, le même qui vint à la Haute-
Cour déposer contre Malvy. Ainsi donc j'aurais été, moi, prendre le
programme du lieutenant Bruyant dont l'attitude idiote, jésuitique
devant la Haute-Cour, devait m'en faire un ennemi personnel, irré-
conciliable ?...

MONATTE. — Je n'ai pas dit que c'est Bruyant qui l'a donné, à toi,
ce projet ; j'ai dit que ce même projet, avant que vous ne l'exposiez,
a été exposé dans ses grandes lignes par le lieutenant Bruyant. Et
je fais ce rapprochement, je dis que vous avez les mêmes préoccupations que ceux qui assurent « le moral » du pays.

JOUHAUX. — Je ne sais pas quel est le projet du lieutenant Bruyant,
je ne le connais pas, je ne l'ai jamais vu, mais ce que je sais, c'est
que notre programme économique et le Conseil national économique,
sont sortis des délibérations du Bureau confédéral et pas d'ailleurs.

Je sais qu'il a été copié dans l'organisation économique des pays
ayant fait leur Révolution. (Applaudissements.) Je sais qu'il correspond à un état d'esprit et à un but sur lequel peut-être tu peux nous
reprocher de ne pas nous être expliqués clairement.

Je sais que pour beaucoup le Conseil national économique, c'est
la consolidation de l'Etat bourgeois actuel, la collaboration avec les
patrons. Pour nous, c'était tout autre chose. Partisans d'assurer la
gestion des productions par les travailleurs eux-mêmes, sachant que
l'organisme d'Etat est incapable de nous apporter cette part de gestion, nous avons voulu créer au-dessus des organismes politiques,
au-dessus des ministères, la direction des productions dans laquelle
nous aurions eu notre part de contrôle.

Et, camarades, vous dites : « Il y avait dans ce Conseil national
économique des représentants patronaux. » Il y en aurait eu très
certainement si le Gouvernement l'avait constitué. Mais dans quelle
position auraient été ces représentants patronaux ? C'est sur ce point
qu'il faut s'expliquer. D'une part, représentants des ouvriers et des
consommateurs ; d'autre part, représentants des patrons ; en troisième lieu, le Gouvernement, puisque c'était lui qui le constituait.
Mais les patrons ne venaient et ne pouvaient venir là que comme
des techniciens, représentants de l'intérêt général, et non comme des
patrons animés de leurs intérêts particuliers.

Et alors, ou bien ils venaient comme des techniciens et ils étaient
absorbés par le Conseil économique ; ou bien ils venaient comme
représentants des intérêts patronaux et ils en étaient rejetés.

Il n'y avait pas deux situations ! C'est tellement vrai, Monatte, le
Gouvernement l'a tellement compris qu'il n'a pas voulu le constituer
et qu'il nous a offert un Conseil national ridicule, dans lequel nous
aurions pris des responsabilités sans avoir notre part de gestion et

de direction. Nous l'avons refusé, contrairement aux bruits qu'on a laissé courir. Nous l'avons refusé. Nous l'avons rejeté et c'est la raison pour laquelle aujourd'hui cette partie du programme n'est pas réalisée.

Cette conception est-elle donc une collaboration de classes ? Alors, il faut vous retourner vers la Russie et il faut aussi vous retourner vers l'Autriche.

MONATTE. — Non ! ils ont fait leur Révolution, eux !

JOUHAUX. — Tu dis non, Monatte ! Ce n'est pas moi qui ai écrit la brochure que voici. Elle a été publiée par l'*Humanité*, traduite par Caussy, et a pour auteur Otto Bauer. Or, que dit Otto Bauer ?

Aujourd'hui, la grande entreprise industrielle est gouvernée par un Conseil d'administration élu par les actionnaires. A l'avenir aussi, chaque branche d'industrie socialisée sera dirigée par un Conseil d'administration; toutefois ce Conseil ne sera pas élu par les capitalistes, mais par les représentants des différents groupes sociaux, aux besoins desquels la branche d'industrie socialisée doit satisfaire. Or, quels sont ceux qui ont intérêt dans la direction de la branche d'industrie socialisée ? Ce sont : 1° les ouvriers, employés et fonctionnaires qui y travaillent ; 2° les consommateurs qui ont besoin de ses produits ; 3° l'Etat comme représentant de la collectivité nationale.

LORIOT. — C'est dans la Révolution, cela, ce n'est pas dans notre période.

JOUHAUX. — Je sais que l'on ne peut pas apporter ici une seule affirmation sans que vous nous disiez : « Mais nous ne sommes pas l'Etat révolutionnaire en France ».

Nous sommes dans une autre situation, c'est exact. Mais cette situation doit-elle nous empêcher de réaliser quand nous le pouvons des organismes de préparation à la transformation sociale ? (*Applaudissements.*)

Ce n'est pas moi qui parle, camarades, c'est un de ceux qui traduisent la pensée socialiste dans les pays révolutionnarisés. Et Otto Bauer dit encore :

Là où les syndicats ont acquis de la puissance, les bases de la constitution démocratique de l'usine sont posées depuis longtemps. L'absolutisme du patron est brisé par la puissance du syndicat. Le patron a dû partager son pouvoir dans les ateliers avec les hommes de confiance de la classe ouvrière organisée en syndicats, tout comme dans l'Etat, le monarque a dû partager son pouvoir avec le parlement.

Ce n'est pas moi qui dit cela, c'est Otto Bauer.

Evidemment, vous pouvez nier, vous, la pensée socialiste ! Je ne sais pas si tout le pays peut se rallier à votre avis. En tous cas, je n'ai voulu que démontrer une chose : c'est que, loin de nous être rencontrés avec la pensée réactionnaire du lieutenant Bruyant, nous nous étions rencontrés avec la pensée révolutionnaire et socialiste d'Otto Bauer.

...Et puis, Conseil national·économique, cela n'existe plus ! C'est de la fumée. Nous ne voulons pas accepter du Gouvernement la constitution d'un organisme national· économique réduit. Il nous a refusé ce que nous demandions parce que les·puissances d'argent, les autocraties industrielles se sont liguées contre ce projet, lui ont fait comprendre qu'il ne pouvait pas constituer un État dans l'État. Car n'oubliez pas que nous demandions, ce qui est énorme, le pouvoir d'exécution.

Les parlementaires se sont demandé s'ils pouvaient accepter une institution qui allait leur retirer une parcelle de leur souveraineté nationale.

Je suis certain — et je ne m'avance pas trop — que si le Conseil national avait pu être porté à la discussion de la Chambre, ce ne sont pas seulement les députés réactionnaires que nous aurions vu se dresser contre lui, mais une grande majorité des députés. (*Applaudissements.*)

Aujourd'hui, cela n'existe plus ; mais nous reprendrons notre théorie car elle est.la seule théorie de direction des productions. Nous la reprendrons, Monatte, d'abord avec Pelloutier dont tu as cité dans *la Vie Ouvrière* une page ; j'aurais pu citer sa « *Lettre aux anarchistes* », je ne le ferais pas. Cela montre qu'un homme au cours de sa vie peut écrire des choses qui ensuite seront interprétées contradictoirement.

Souvenons-nous de Proudhon... Que n'a-t-on pas dit de Proudhon ? Réactionnaire, royaliste, anarchiste, petit bourgeois, tous les qualificatifs que l'on peut donner à un homme...

MONATTE. — Pas nous !

JOUHAUX. — Non, pas nous ! Mais, j'en arrive à un autre point de vue. Je me retourne vers ceux qui, analysant mon discours du dernier Comité national, l'ont interprété dans un sens superficiel.

Discours du 22 juillet... Atmosphère du Comité national. Attaques des uns et des autres... Riposte à droite, riposte à gauche... Au milieu de cette atmosphère, je me lève et sans les avoir préparés, je lance quelques mots, quelques phrases. Les camarades considèrent que c'est là une manifestation digne d'être reproduite. Est-ce moi qui l'ai demandé ? Non ! C'est Bourderon qui l'a demandé.

BOURDERON. — Et je ne le regrette pas.

JOUHAUX. — Qu'y a-t-il dans ce discours ? Toi, Frossard, qui représente le Parti socialiste, toi qui en est le secrétaire...

FROSSARD. — Pas ici !

JOUHAUX. — Ainsi, sur une interprétation superficielle d'un discours prononcé dans des circonstances déterminées, au milieu d'une atmosphère donnée, discours qui n'a pas rencontré la moindre controverse au sein du Comité confédéral national, je me hâte de le dire, c'est le secrétaire du Parti qui déclare que ce discours est une condamnation de la théorie révolutionnaire.

Pourquoi ? On l'a rappelé ici ; c'est Loriot qui est venu le rappeler ici, au début du Congrès. — Parce que j'avais dit que la Révolution n'est pas seulement l'acte catastrophique, mais qu'elle était aussi la longue préparation, la longue pénétration, le long sapement de la société bourgeoise. C'est pour avoir dit cela que j'ai condamné l'action révolutionnaire ? Mais alors qu'avons-nous fait dans le mouvement ouvrier français ? Qu'avons-nous fait en constituant nos organisations syndicales ? Et si la théorie qui prétend que la classe ouvrière doit constituer les organes pouvant diriger la production est une théorie antirévolutionnaire et non socialiste, alors Frossard, il faut condamner toute l'action du Parti socialiste et non pas seulement celle des organisations syndicales.

Comment, mais tu n'avais donc pas lu la résolution du Comité d'action, organisme ayant dans son sein les représentants de la C. G. T. et du Parti socialiste ? Si tu avais lu cette résolution (que Loriot ne connaît peut-être pas non plus, quoiqu'il ait toujours été à Paris et ait participé quelquefois au Comité d'action), vous auriez retrouvé là toute la pensée exprimée dans mon discours. Et ce qui était socialiste à un moment donné ne le serait plus à un autre ?

Je veux encore me souvenir d'un autre discours, celui qu'a prononcé Blum à votre Congrès socialiste. Vous avez considéré que celui-là détenait la pensée socialiste...

LORIOT. -- Pas la nôtre !

JOUHAUX. — Et cependant était-il plus révolutionnaire dans la forme que le mien ?

Vous ne l'avez pas condamné et moi, qui estime l'homme qui a prononcé ce discours, je me garderais bien de le faire. Quand ce discours eut été prononcé, je me suis tu et je n'ai pas entendu apporter une critique contre ces paroles. Mais vous, il suffit que le discours soit lancé ; qu'une fois de plus la presse dont vous ne pouvez pas plus que nous diriger les interprétations, dont vous ne pouvez pas aliéner la liberté d'appréciation, souvent fausse, il suffit que cette presse interprète mes paroles, de son point de vue, pour que vous partiez en bataille contre celui qui les a prononcées. Et vous faites naître l'équivoque dans les milieux ouvriers, comme s'il n'y en avait pas assez dans votre Parti. (*Applaudissements.*)

Encore si là s'était bornée la critique, si l'on n'avait pas tenté, dans des commentaires particuliers, de laisser croire que je ridiculisais la science de Karl Marx, si l'on n'avait pas encore ajouté dans ces mêmes commentaires que je n'étais qu'un petit bourgeois, la chose aurait pu passer ! Car ils ont été publiés ces commentaires... Et moi qui n'ai jamais opposé Karl Marx à Proudhon, moi qui n'ai jamais voulu jeter contradictoirement, dans quelque débat que ce soit, l'opinion des hommes chez qui j'ai pu puiser les sources de ma pensée, j'étais accusé de vouloir ridiculiser Karl Marx pour mieux dauber sur la Révolution russe, car c'était cela aussi que l'on disait !

Et vous voudriez qu'aujourd'hui on ne parlât pas de ces incidents ?

Est-ce que vous croyez qu'ils n'ont pas pesé sur la vie ouvrière de ce pays ? Est-ce que vous croyez qu'ils n'ont pas jeté un peu plus d'équivoque dans le cerveau de nos camarades ? Je n'ai pas la conception parlementaire, je n'ai que la conception syndicale ; je parle selon mon point de vue syndical et j'essaye de traduire les faits et les situations suivant ma conception syndicaliste. Evidemment, je ne puis pas toujours parler le même langage que vous ! Mais est-ce que cela vous permet de dire que je suis antisocialiste ? Est-ce que cela vous permet de dire que je suis antirévolutionnaire ?

De ce discours, je n'en renie rien. Il a été ce qu'il devait être ; et lorsque je dis que nous ne devons pas aboutir à la famine, je n'entends pas condamner la Révolution russe, j'entends dire qu'à l'heure actuelle le devoir du prolétariat organisé de ce pays est de préparer les organismes capables d'assurer la continuité de la production, permettant ainsi la continuité de la Révolution.

Voilà ce que j'entends dire et si, au lieu d'apporter l'affirmation osée que l'on a publiée, on avait simplement posé des points d'interrogation, j'aurais répondu.

Frossard. — C'est ce que j'ai fait !

Jouhaux. — Mais ce n'est pas ce que l'on a fait. On a apporté des affirmations à un moment où je n'étais pas là pour répliquer, à un moment où j'étais à Amsterdam, à la Conférence syndicale internationale ; je n'ai pu y répondre qu'à mon retour.

Eh bien, non, ce ne sont pas là des procédés de discussion ! Non ! vous n'avez pas le droit de mettre à la place de la pensée d'un homme ce que vous, vous supposez être sa pensée. Vous n'avez pas le droit de dénaturer ses conceptions en interprétant, selon votre état d'esprit, les déclarations qu'il peut faire !

Et maintenant, Frossard, je veux terminer cet incident en disant : « Vous avez eu votre Congrès; vous aviez à discuter dans ce Congrès des questions d'une importance capitale ; vous aviez des déchirements entre vous. Vous avez fait l'unité. Vous avez reconnu la nécessité pour tous de rester unis en face de la réaction agissante. Vous avez bien fait. Mais, pourquoi ne pas comprendre que notre classe ouvrière a, elle aussi, besoin de rester dans son unité pour réagir plus fortement contre la réaction ? » (*Applaudissements.*)

J'ai exposé ce qu'est une conception. Nous voulons œuvrer effectivement quand nous disons, répétant la vieille formule de Proudhon : « L'atelier fera disparaître le gouvernement. » Quand nous posons cette vérité à la base de notre action, nous entendons dire que tous les facteurs qui concourent à la production doivent s'associer pour prendre la direction de cette production, à l'exclusion des intérêts particuliers, pour les seuls intérêts de la collectivité. (*Applaudissements.*) Nous savons très bien que s'il est possible d'attacher l'ouvrier à la machine, de l'obliger à suivre le rythme mécanique pour le faire produire, il est impossible d'extraire par la force, la pensée qui est au fond du cerveau du technicien. Comme la pensée du technicien est aussi indispensable que l'effort musculaire des ouvriers pour produire, nous entendons les associer dans un même pouvoir de direction. Et comme, d'autre part, nous savons aussi que si nous restions sur ce terrain de l'organisation purement professionnelle, ce serait l'intérêt professionnel qui pourrait se dresser en face de l'intérêt général de la collectivité, nous entendons dire, comme Otto Bauer, que la direction doit être assurée par les techniciens, par les ouvriers, par les consommateurs dans le sens de l'intérêt collectif. Est-ce là une pensée réactionnaire ? Est-ce là une pensée antisocialiste ? Est-ce là une pensée antisyndicale ? J'attends que l'on réponde...

Pour ma part, je considère rester dans la tradition du mouvement ouvrier.

En apportant cette solution, je ne vous condamne pas parce que vous poursuivez la réalisation de la Révolution politique. Ce qu'il m'importe de réaliser, par la classe ouvrière et selon les modalités du travail, c'est la Révolution économique. C'est cela qui m'apparaît supérieur, et c'est à cela que je veux travailler, travailler en accord avec tous.

J'étais venu ici avec des sentiments bien contraires à ceux que j'exprime aujourd'hui. Je me disais : « Il faut aller au Congrès de Lyon rendre compte de ton mandat, puis ensuite, lorsque cela sera fait, tu pourras considérer que tu as gagné le droit de te retirer et de retourner à la vie familiale. » J'ai réalisé l'unité de la classe ouvrière à un moment difficile, Monatte s'en souvient comme moi et comme beaucoup de camarades qui sont ici. J'ai poursuivi l'action de la C. G. T. à travers des difficultés nombreuses. Je suis arrivé à faire que la classe ouvrière, par l'effort des organisations syndicales, obtienne la journée de huit heures ; nous avons reconstitué l'Internationale syndicale ; je pouvais considérer que mon rôle était fini.

Aujourd'hui, après les explications qui ont été fournies, devant les affirmations de solidarité, d'amitié renouvelées par Merrheim et certains autres camarades, j'entends rester dans la bataille. Mais j'entends y rester dans une atmosphère de confiance ! J'entends y rester sans que demain je puisse être à nouveau insulté, calomnié ! J'entends y rester pour servir les intérêts de la classe ouvrière, en accord avec tous ceux qui placent au-dessus de leur personnalité, les intérêts de cette classe ouvrière. (Applaudissements.) Je resterai à mon poste quand demain nous aurons défini ce que nous entendons par « transformation sociale », quand nous aurons tracé la besogne que nous voulons réaliser, le programme que nous voulons établir, les organismes pré-révolutionnaires que nous voulons constituer.

Quand nous aurons déterminé cette besogne, nous devrons entreprendre la réalisation, unis dans une même pensée. Et alors, si les forces de tendances diverses se sont associées pour constituer un même courant comme s'associent, en face de nous, les eaux de la Saône et du Rhône, nous pourrons essayer, nous pourrons espérer réaliser d'abord ce qui est possible immédiatement, et nous préparer ensuite à toutes les circonstances révolutionnaires qui pourront survenir. (Applaudissements.)

Le Syndicalisme et la transformation sociale

Camarades, je veux terminer en vous lisant une déclaration sur laquelle vous aurez à vous prononcer.

Cette déclaration, la voici :

RÉSOLUTION

I

Emanation directe des forces ouvrières organisées, le Congrès confédéral proclame à nouveau, avec une conviction renforcée par toute l'expérience passée comme par l'effroyable catastrophe qui a désolé le monde, que l'idéal syndicaliste s'accomplira seulement par la transformation totale de la société.

Née de la lutte de classes, expression complète de la situation faite au prolétariat, s'inspirant pour son action et dans son objet de la défense des intérêts professionnels et du développement complet des droits du travail, l'organisation ouvrière répète que son but essentiel est la disparition du patronat et du salariat. La lutte de classes, elle le constate comme un fait dont elle entend tirer toutes les conséquences. Cette lutte ne pouvant prendre fin, qu'avec la suppression de toutes les classes, de tous les privilèges économiques et sociaux, elle doit aboutir à une organisation nouvelle de la collectivité. Participation égale de tous aux charges et aux droits que les rapports nécessaires des hommes font naître, tel est le principe initial sur lequel le mouvement ouvrier entend instaurer un régime nouveau; il réalisera celui-ci suivant ses conceptions propres, avec les organismes qu'il aura lui-même créés et dont le caractère essentiel doit être de donner aux forces de production la direction et le contrôle de l'économie collective: créateur de toutes les richesses, élément qui commande l'activité sociale, le travail entend être tout parce que les autres facteurs de la Société ne sont que ses subordonnés ou ses parasites.

Ainsi, sans qu'aucune équivoque puisse être possible, le syndicalisme déclare qu'il est dans son origine, son caractère présent, son idéal permanent, une force révolutionnaire.

II

Imprégné de ces principes et de ce but, le Congrès confédéral de

Lyon rappelle et reprend les termes de la résolution d'Amiens, qui déclare:

Le Congrès confédéral d'Amiens confirme l'article 2 constitutif de la C. G. T.:

« La C. G. T. groupe en dehors de toute école politique tous les travailleurs conscients de la lutte à mener pour la disparition du salariat et du patronat. »

Le Congrès considère que cette déclaration est une reconnaissance de la lutte de la classe qui oppose sur le terrain économique les travailleurs en révolte contre toutes les formes d'exploitation et d'oppression, tant matérielles que morales, mises en œuvre par la classe capitaliste contre la classe ouvrière.

Le Congrès précise, par les points suivants, cette affirmation théorique:

Dans l'œuvre revendicatrice quotidienne, le syndicalisme poursuit la coordination des efforts ouvriers, l'accroissement du bien-être des travailleurs par la réalisation d'améliorations immédiates telles que la diminution des heures de travail, l'augmentation des salaires, etc. Mais cette besogne n'est qu'un côté de l'œuvre du syndicalisme; il prépare l'émancipation intégrale qui ne peut se réaliser que par l'expropriation capitaliste; il préconise comme moyen d'action la grève générale et il considère que le syndicat, aujourd'hui groupement de résistance, sera dans l'avenir le groupe de production et de répartition, base de réorganisation sociale.

Le Congrès déclare que cette double besogne quotidienne et l'avenir découlent de la situation de salarié qui pèse sur la classe ouvrière et qui fait à tous les travailleurs, quelles que soient leurs opinions ou leurs tendances politiques ou philosophiques, un devoir d'appartenir au groupement essentiel qu'est le Syndicat.

Comme conséquence, en ce qui concerne les individus, le Congrès affirme l'entière liberté pour le syndiqué de participer, en dehors du groupement corporatif, à telles formes de luttes correspondant à sa conception philosophique ou politique, se bornant à lui demander, en réciprocité, de ne pas introduire dans le Syndicat les opinions qu'il professe en dehors ;

En ce qui concerne les organisations, le Congrès déclare qu'afin que le syndicalisme atteigne son maximum d'effet, l'action économique doit s'exercer directement contre le patronat, les organisations confédérées n'ayant pas, en tant que groupements syndicaux, à se préoccuper des partis et des sectes qui, en dehors et à côté, peuvent poursuivre, en toute liberté la transformation sociale.

Le *Congrès de Lyon* estime en outre *nécessaire de dire que cette déclaration ne se borne pas à affirmer pour un moment donné, de façon provisoire et révisable, la neutralité des organisations professionnelles à l'égard des partis ou des écoles, des doctrines ou des philosophies, mais qu'elle proclame de façon permanente cette conception fondamentale de l'action syndicale qui est l'action directe.*

Il ne peut laisser croire, par contre, que cette action trouve son expression exacte et exclusive dans des actes de violence ou de surprise, ni qu'on la puisse considérer comme une arme pouvant être utilisée par des groupements extérieurs au syndicalisme.

C'est parce qu'ils sont producteurs que le Syndicat appelle à lui tous les travailleurs, et c'est l'utilisation de la force qu'ils tiennent de leur fonction productive qui est la puissance de l'organisation ouvrière.

Plus que toute autre force sociale présente, il traduit ce fait essentiel qui est la conséquence fatale de l'activité collective moderne: le recul de la politique devant l'économie.

Continuer la production pour satisfaire les besoins des hommes, l'accroître pour mettre à la disposition de tous une plus grande somme de richesses consommables, ainsi se traduisent ses préoccupations auxquelles la situation mondiale résultant de la guerre donne une gravité formidable.

Le mouvement ouvrier affirme qu'il doit, et qu'il peut y répondre, mais il déclare aussi que tout effort dans ce sens n'est plus conciliable avec le maintien du régime actuel; l'appel au travail, auquel les travailleurs sont prêts à répondre, ne peut se comprendre désormais qu'avec la reconnaissance totale des droits du travail.

Le mouvement syndical ne peut être que révolutionnaire, puisque son action doit avoir pour effet de libérer le travail de toutes les servitudes, de soustraire tous les produits à tous les privilèges, de mettre toutes les richesses entre les mains de ceux qui concourent à les créer.

Cette conception, réalisée par l'effort des travailleurs, se fera suivant les modalités du Travail lui-même, constituant l'ordre nouveau, basé non sur l'autorité, mais sur les échanges; non sur la domination, mais sur la réciprocité; non sur la souveraineté, mais sur le contrat social.

L'action quotidienne du syndicat est une préparation à ce renversement des valeurs.

Toute manifestation de la force ouvrière, en effet, tend, à l'heure présente, à la conclusion des contrats. Ce serait une erreur

*profonde, d'y voir une collaboration; les conventions collectives,
qu'elles s'étendent à un atelier, ou à toute une région, ou à une
corporation sur toute l'étendue du territoire, possèdent une valeur
de transformation parce qu'elles limitent l'autorité patronale,
parce qu'elles ramènent les relations entre employés et employeurs
à un marché qui encourage l'effort sans apaiser l'énergie, puisque
le travail n'y trouve pas la reconnaissance à tous ses droits, mais la
satisfaction d'amoindrir l'absolutisme national en introduisant,
dans l'atelier ou l'usine, le contrôle d'une puissance non assujettie
à l'exploitation du patronat, d'une force d'émancipation; le Syndicat.*

*S'inspirant du même esprit qui l'a déjà amené à réclamer des
mesures efficaces et pratiques contre la cherté de la vie, démonstration même du gâchis économique dans lequel se débat la Société, le syndicalisme déclare qu'il entend faire un effort pour
aboutir aux solutions nécessaires, non dans un intérêt égoïste,
mais dans le ferme désir de trouver une solution satisfaisante pour
la collectivité.*

*Cette réorganisation industrielle, ce retour à l'équilibre économique ne peuvent pas être obtenus par les palliatifs que propose
le Pouvoir. Le régime actuel repose trop sur la défense des profits
particuliers pour qu'on puisse attendre de lui les solutions qui
s'imposent.*

*L'impuissance de la classe dirigeante et des organisations politiques s'affirme chaque jour plus forte, plus forte aussi apparaît
constamment la nécessité pour la classe ouvrière de prendre ses
responsabilités dans la gestion de la société.*

*Le mouvement syndical a dû ainsi envisager les solutions qui
s'imposent sans délai. Il n'en saurait trouver de plus urgentes, de
plus nécessaires que celle de la nationalisation industrialisée, sous
le contrôle des producteurs et des consommateurs, des grands
services de l'Economie moderne: les transports terrestres et maritimes, les mines, la houille blanche, les grandes organisations de
crédit.*

*L'exploitation directe par la collectivité des richesses collectives,
la mise sous son contrôle des fonctions et des organismes qui
commandent les opérations industrielles de transformation de ces
richesses et leur répartition sont une condition essentielle de la
réorganisation que nous voulons poursuivre. Mais constatant l'impuissance des organismes politiques et le caractère même du Pouvoir, nous ne songeons à augmenter les attributions de l'Etat, à les
renforcer, ni surtout à recourir au système qui soumettrait les industries essentielles au fonctionnarisme avec son irresponsabilité*

et ses tares constitutives, et réduiraient les forces productrices au sort d'un monopole fiscal.

Les résultats déplorables que l'on a pu constater dans le passé et qui se manifestent tous les jours, sont une condamnation suffisante de ce système. Par la nationalisation, nous entendons confier la propriété nationale aux intéressés eux-mêmes: producteurs et consommateurs associés.

Faisant confiance à la Confédération Générale du Travail, les Syndicats confédérés déclarent: que l'action ouvrière se doit de se développer sur ce plan, pour réaliser le plus rapidement possible ces buts immédiats.

* *

Le Congrès de Lyon proclame à nouveau le droit inaliénable pour les peuples de se déterminer eux-mêmes; exprimant sa profonde sympathie à la Révolution russe, il proteste contre toute continuation d'interventions armées en Russie et contre le blocus réduisant un peuple à la famine parce que coupable de s'être révolté contre ses oppresseurs.

Le Congrès, soucieux d'affirmer sa solidarité effective à l'égard du peuple russe, charge le Bureau confédéral de demander aux organisations syndicales des transports de faire que leurs membres se refusent de transporter armes et munitions destinées aux armées Koltchak et Denikine.

Le bureau confédéral est chargé également de transmettre cette même proposition au Bureau syndical international pour que ce dernier internationalise cette action.

Le Congrès réclame que soit mise en application, le plus rapidement, la résolution votée à Amsterdam, concluant à l'envoi d'une délégation ouvrière en Russie.

Enfin, le Congrès, exprimant la volonté unanime de la classe ouvrière, condamnant la politique réactionnaire des pays de l'Entente, exige que la paix soit conclue avec la Révolution russe.

JOUHAUX. — Camarades, le camarade Rivelli a une déclaration à faire concernant la fin de la résolution que je viens de vous lire.

Contre l'intervention en Russie

RIVELLI. — Camarades, au cours de toutes les attaques qui ont été formulées contre le Comité confédéral tout entier, pour ne pas troubler les travaux de notre Congrès, je ne me suis pas levé pour protester contre des affirmations fausses.

Pour soutenir les camarades russes, et cela en parfait accord et en communion d'idées avec le Bureau confédéral, tous mes camarades, non pas depuis hier, mais depuis des mois, se sont refusé à transporter des munitions en Russie.

Hier, tous mes camarades délégués ici par leur section, ont adopté la résolution suivante, que je vous transmets afin que toutes les autres corporations, à leur tour, puissent prendre position sur la question :

Les secrétaires des sections de la Fédération Nationale des Syndicats maritimes des ports de Dunkerque, Le Havre, Rouen, Caen, Brest, St-Nazaire, Nantes, La Rochelle, Bordeaux, Cette et Marseille, représentant au 20e Congrès National corporatif les marins du Commerce et agents du service général à bord, et les délégués de toutes les autres sections représentant les pêcheurs hauturiers et côtiers;

Prenant acte des refus opposés par des équipages français de transporter du matériel de guerre pour les armées contre-révolutionnaires russes;

Certains de refléter la pensée de solidarité de leurs mandataires avec l'action de la C. G. T. pour déterminer la fin de l'intervention de l'Entente en Russie;

Passionnément attachés et fidèles à la tradition révolutionnaire qui « fixe les droits des peuples à se déterminer eux-mêmes » et exige du prolétariat organisé de mettre tous les moyens qu'il possède au service de ce droit;

Ont décidé de transformer l'action particulière de leur section en action générale et nationale.

Pour ce faire, dès leur retour dans les ports, ils provoqueront des assemblées générales de leurs adhérents et leur feront prendre la décision de refuser tout transport de munitions de guerre pour la Russie, afin que le 15 octobre au plus tard, la Fédération puisse prendre, d'accord avec le bureau de la Commission Administrative de la C. G. T. la position définitive.

BIDEGARAY. — On me demande de faire une déclaration analogue. Je n'ai pas réuni les Comités de réseaux qui composent la Fédération pour faire une déclaration. J'espère que vous n'en voudrez pas à un homme de ne pas vouloir prendre sur lui seul la responsabilité d'une grève de 300.000 adhérents.

Toutefois, aussi révolutionnaire que quiconque, je convoquerai le Conseil fédéral, émanation directe des Conseils fédéraux, et en même temps les Conseils d'administration de réseaux, émanations directes des syndicats, et j'exécuterai les décisions qui seront prises, sans aucune crainte. S'il ne vous faut que mon concours, il vous est acquis, vous pouvez en être certain.

Un délégué. — Il faut aussi que le camarade Merrheim, au nom de la Fédération des Métaux, dise que l'on ne fabriquera plus de munitions pour la Russie.

JOUHAUX. — Camarades, j'en ai terminé. J'ai essayé de répondre avec mes camarades aux critiques qui avaient été formulées. Je l'ai fait, vous le reconnaîtrez, sans apporter la plus légère insinuation. J'ai voulu exposer des idées. J'ai essayé d'éclairer le Congrès. J'ai essayé de faire vivre notre pensée syndicale. Maintenant, vous la connaissez. Vous jugerez tout à l'heure en vous prononçant sur la résolution qui vous est soumise. Mais avant de quitter cette tribune, j'ai un devoir à remplir.

Je demande au journal *l'OEuvre* de bien vouloir faire une rectification pour une phrase insérée dans son texte, qui dit : « que le grief principal de Monatte contre Jouhaux vient de ce que le secrétaire général de la C. G. T. ne l'empêcha pas, en 1914, d'être récupéré par l'autorité militaire ». Je dis que Monatte ne m'a jamais demandé cela. Et j'en demande la rectification.

J'ai une autre demande à faire à Monatte.

Monatte, tu as dit hier ou avant-hier que Renaudel, qui n'était pas là pour se défendre, avait déclaré que la mobilisation permettrait de se débarrasser de tous ceux qui avaient une conception opposée à la nôtre.

Je ne partage pas toutes les idées de Renaudel, tu le sais ; mais je n'en admire pas moins, je le dis ici, sa franchise et son courage et je ne pense pas que Renaudel ait pu tenir ce langage. En tout cas, s'il l'a tenu, c'est en face de lui qu'il faut porter l'accusation.

Voilà les deux rectifications que j'avais à faire et maintenant, j'en ai fini.

Vous serez appelés à vous prononcer tout à l'heure. Je vous demande de le faire en toute sincérité. Si Jouhaux a failli, condamnez-le ! S'il n'a pas failli, qu'au moins votre décision lui permette de continuer l'action dans le sein de la classe ouvrière unie dans une même pensée et pour un même but. Je vous demande à cette heure grave de le faire sans aucune équivoque et, quelle que soit votre décision, je m'inclinerai en syndiqué discipliné. (*Applaudissements.*)

MONATTE. — A la demande de Jouhaux, je tiens à préciser autant que mes souvenirs me le permettent, la déclaration que fit Renaudel.

Le député socialiste de Berne a raconté, dans une réunion de camarades tenue à *la Vie Ouvrière*, que, causant avec Renaudel, discutant avec lui, il lui disait : « Mais vous ne pouvez pas nier qu'il y ait une opposition dans le mouvement syndical, une opposition à la guerre, une opposition fidèle à l'Internationalisme ».

Renaudel lui dit : « Patience, la mobilisation n'est pas finie ! ».

Je ne puis que répéter fidèlement, loyalement cette déclaration.

D'ailleurs, dans cette réunion, d'autres camarades (je ne sais même pas si Merrheim n'était pas du nombre) ont pu entendre cette déclaration.

MERRHEIM. — Je t'affirme ne pas me souvenir d'avoir assisté à la réunion où a été faite cette déclaration.

MONATTE. — Un second point : dans un compte rendu de journal, journal qui peut apparaître comme un organe officieux de la C. G. T., j'ai été peiné de lire sous la plume d'un de nos anciens militants, de quelqu'un dont je crois avoir été l'ami autrefois, cette phrase : « Monatte a mangé pendant deux heures, à pleine bouche, du militant avec une joie féline, lente, perfide, calculée. » Eh bien ! moi, je crois devoir dire ici que ce militant, alors qu'il était attaché au cabinet de Thomas, m'a offert un sursis que j'ai refusé. (*Applaudissements.*)

Une motion de la minorité

Cohon. — Camarades, au nom de la minorité, je viens lire au Congrès une résolution.

Auparavant, je dois faire une déclaration. Répondant à l'appel adressé par plusieurs camarades à l'unanimité des congressistes, je dois dire que tout à l'heure, il nous a été permis de constater qu'il était plus aisé qu'on se l'imagine de trouver non·seulement l'unité, mais l'unanimité. Après la déclaration de Rivelli, nous avons constaté l'unanimité entière du Congrès pour réprouver l'intervention en Russie. Nous répondons aux appels à l'unité en déclarant qu'aucun d'entre nous n'est partisan de la scission. Nous restons tous fidèlement attachés à l'unité ouvrière, mais nous estimons que l'unité ne peut se manifester seulement en paroles, mais en action. Nous devons donc manifester entièrement notre pensée ; mais d'un autre côté, lorsque nous aurons affirmé entièrement notre pensée, nous demanderons à prendre toute notre part de gestion et de responsabilité dans l'action confédérale.

Evidemment, camarades, la minorité n'a pas la prétention de soumettre au Congrès une résolution aussi complète que celle que vient de nous lire notre camarade Jouhaux. Nous considérons plutôt que la résolution qui vient de nous être lue, est pour nous la conclusion du débat de demain. La résolution qui vient de vous être lue constitue tout un programme d'action et à notre avis, il me semble que nous devons d'abord sanctionner le débat sur le rapport moral présenté par le Bureau confédéral.

C'est par conséquent pour clore ce débat sur le Rapport moral que nous vous soumettons la résolution suivante :

Le 14ᵉ Congrès confédéral ayant à examiner l'attitude et l'action de la Confédération Générale du Travail depuis le 2 août 1914.

Rappelle que les guerres, et particulièrement celle qui vient de mettre aux prises les peuples de plusieurs nations, sont les résultats de rivalités capitalistes, pour la conquête du marché du monde.

Il constate que dans cette guerre, la C. G. T., par ses diverses manifestations aux côtés du Gouvernement, a pratiqué une politique d'abdication et de compromission avec les dirigeants bourgeois.

Que, par cette attitude, la C. G. T. s'est laissée lier à l'œuvre de guerre dont elle a partagé les responsabilités.

Que, de ce fait, elle n'a pu agir, avec l'indépendance et la vigueur suffisante, contre une paix d'injustice et de violence qui, sans apaiser les haines existantes, en suscite déjà de nouvelles et rend fatales de prochaines guerres.

Qu'elle n'a pu imposer davantage aux gouvernants l'amnistie totale et le rétablissement des libertés publiques.

Pour ces raisons, le Congrès blâme l'attitude de l'action du Comité confédéral pendant toute la guerre.

Le Congrès condamne aussi la politique de collaboration de classes inaugurée par le Comité confédéral, et dont les manifestations actuelles ne sont que le prolongement de la même politique de collaboration pratiquée durant la guerre avec le gouvernement capitaliste.

Il considère que ce ne sont pas les tractations inévitables entre patrons et ouvriers, qui constituent des actes de collaboration, mais la participation, dans des organismes permanents, à l'étude en commun (entre les représentants ouvriers et ceux de la classe bourgeoise) des problèmes économiques, dont la solution ne saurait que prolonger l'existence du régime actuel.

Rappelant, avec force, les principes essentiels du syndicalisme français, énoncés dans la charte d'Amiens, le Congrès, à nouveau, proclame l'inéluctable nécessité de la lutte des classes, avec son aboutissant logique : la suppression du salariat, affirmation qu'il précise ainsi :

« Dans l'action revendicative quotidienne, le syndicalisme poursuit : la coordination des efforts ouvriers, l'accroissement du mieux-être des travailleurs par la réalisation d'améliorations immédiates telles que la diminution des heures de travail, l'augmentation des salaires, etc... »

Mais cette besogne n'est qu'une partie de l'œuvre du syndicalisme ; il prépare l'émancipation intégrale des travailleurs, qui ne peut se réaliser que par l'expropriation capitaliste ; il préconise comme moyen d'action, la grève générale, et il considère que le syndicat, aujourd'hui groupement de résistance, sera dans l'avenir le groupement de production et de répartition, base de réorganisation sociale.

La grève générale révolutionnaire peut être le résultat de grèves partielles qui s'étendent, se communiquent de proche en proche, 'ou d'autres événements inattendus, qu'il faut savoir saisir délibérément.

Avec les idées d'affranchissement et la situation révolutionnaire créée par la guerre, aucune hésitation, aucune tergiversation, aucune attitude passive, aucun opportunisme n'est permis.

Toute l'énergie révolutionnaire dont dispose le prolétariat, toutes ses forces vives doivent être transformées en actes.

Le Congrès, constatant la volonté manifeste des gouvernements d'écraser les Révolutions ouvrières, partout où elles éclatent, blâme la C. G. T. d'avoir failli à la parole donnée aux peuples d'Angleterre et d'Italie, en reculant devant le geste qui pouvait sauver la République hongroise, et déclare que cette faiblesse est une autre consé-

quence de la politique pratiquée depuis 1914 par le Comité confédéral.
Indigné du cynisme des prétendus chevaliers du Droit et de la
Justice, qui font du prolétariat français le gendarme international
et l'étrangleur de la liberté,
Le Congrès, répondant à l'appel du Conseil central des syndicats
de Russie, déclare :
Que c'est dans l'épanouissement de la Révolution russe, et dans
son extension à tous les pays, que résident les espérances de tout le
prolétariat martyrisé et épuisé par cinq années d'une guerre d'exter-
mination sans précédent.
Il crie au peuple Russe :
« Courage, camarades ! Les coups portés à votre liberté, nous attei-
gnent comme s'ils étaient portés à nous-mêmes. »
Nous crions avec vous, camarades : « A l'action, travailleurs du
monde entier, contre tous les brigands impérialistes, pour la Révo-
lution ouvrière, mondiale ! »
Vive la République internationale des Soviets !

Applaudissements.

FAURE. — J'avais déposé, au nom de la Fédération des Employés
et du Syndicat des Employés de banque et de bourse, un projet de
résolution. Ce projet, il est compris d'une façon plus étendue dans
le projet de résolution qu'a lu le camarade Jouhaux. Par conséquent,
je retire celui que j'avais déposé.

Le vote sur le Rapport moral

JOUHAUX. — Camarades, il va falloir maintenant passer au vote.
Un camarade déclare qu'il a une motion à lire. Je demande qu'on
la lui laisse lire et qu'ensuite nous passions au vote.
N'oublions pas que ce soir, nos camarades délégués des autres
pays doivent prendre la parole. Il y a quatre jours qu'ils écoutent nos
discussions et ils ont bien le droit de nous apporter le salut fraternel
de leurs organisations.
Je vous demande donc d'écouter la résolution qu'on va vous lire,
de voter ensuite et de nous réunir après pour entendre nos camarades
étrangers. Ainsi, nous aurons la possibilité de solutionner demain,
dernière journée de notre Congrès, les questions qui restent à l'ordre
du jour.

Un délégué. — Camarades, j'ai tenu à présenter ma résolution,
parce qu'elle ne peut se confondre avec aucune autre. Elle est présentée par le syndicat de l'Enseignement du Rhône. Je ne suis ni
majoritaire, ni minoritaire, je suis sans parti pris. Les termes de cet
ordre du jour ne me sont venus à l'esprit que petit à petit, en écoutant
les discussions. La voici :

Le Congrès, en présence des circonstances actuelles et dans l'attente des grands événements qui se préparent ;

Estime qu'il est indispensable que des hommes comme Merrheim et Monatte s'unissent dans l'action pour l'idéal commun.

Il y a deux noms dans cet ordre du jour. Je veux vous expliquer pourquoi ils y sont et quelles sont les préoccupations qui nous ont guidés. Il est malheureux de voir de bons camarades venir à cette tribune se dire des choses qui font rougir... (*Mouvements divers.*)

Laurent. — Quels que soient les mobiles généreux de notre camarade, il ne fait pas de doute qu'un Congrès ne peut pas se prononcer dans le sens qu'il indique.

Quand il dit que les discussions qui ont eu lieu ici sont à faire rougir, il oublie que s'il n'y avait pas de critiques, il n'y aurait pas de mouvement possible. Et de ces critiques, dont une partie était dirigée contre moi et mes camarades du Bureau, nous ne nous plaignons pas. Ce que nous demandons, c'est qu'une fois les décisions prises, tous, d'un cœur unanime, nous allions à la bataille pour arriver au but commun que nous nous sommes assigné. Je demande à notre camarade de renoncer à son intervention.

Jouhaux. — Expliquons-nous sur les conditions dans lesquelles va se faire ce vote. Je demande que l'on se prononce « pour » ou « contre » le Rapport moral.

Camarades, j'ajoute pour ceux qui ne le savent pas que chaque syndicat représenté doit voter avec une carte, ce qui revient à dire que les camarades qui ont plusieurs mandats doivent donner autant de cartes qu'ils ont de mandats.

Je rappelle que ni les Fédérations, ni les Unions ne participent au vote.

D'autre part, il y a lieu de nommer une Commission de scrutateurs. Elle peut être composée de dix camarades.

Sont désignés pour faire partie de cette Commission : *Million, Perrot, Henriot, Coudun, Guiraud, Matton, Dayr, Vignaud, Marty-Rollan, Frécon.*

Le Président. — Avant le vote, j'avais reçu une déclaration des camarades d'Alsace-Lorraine, la voici :

Pour des raisons que le Congrès entier saura apprécier, nous ne nous croyons pas autorisés à participer au vote sur les rapports du Comité confédéral et de la Commission administrative.

Pour les délégués d'Alsace-Lorraine : Charles Becker.

La parole est au camarade Million, rapporteur de la Commission.

Million. — Votes exprimés : 2.023. — *Pour* l'adoption du Rapport : 1.393. — *Contre :* 588. — *Abstentions :* 42.

Le Président. — Camarades, nous allons entendre maintenant nos camarades étrangers qui vont nous apporter le salut fraternel de leurs organisations, mais il y a des camarades qui ont formulé une demande, à savoir si nous allons immédiatement voter sur la résolution présentée par le Bureau confédéral, ou si nous allons renvoyer à demain matin ce nouveau scrutin.

Le vote sur la résolution est renvoyé au lendemain matin.

Je donne la parole au camarade Olivier, pour nous lire la déclaration de la République des Soviets.

Les Soviets russes

OLIVIER. — Camarades, je suis heureux d'avoir été chargé de vous apporter le salut de la République des Soviets, à vous qui représentez ici le prolétariat organisé de France :

Le prolétariat révolutionnaire de Russie salue fraternellement le Congrès confédéral de Lyon.

Les Soviets des ouvriers russes suivent avec une sympathie ardente et avec une confiance inébranlable le mouvement prolétarien révolutionnaire dans le monde entier et les luttes de plus en plus brûlantes que mène le prolétariat glorieux de France contre la dictature capitaliste discréditée.

Dans la guerre ignoble et criminelle imposée par la bourgeoisie féroce à la Russie révolutionnaire, les ouvriers russes trouvent un grand réconfort moral à la pensée que les travailleurs du monde entier sont avec eux de cœur.

Nos épreuves sont dures, nos souffrances sont indicibles, mais la victoire de notre cause est certaine.

Et cependant la Révolution russe n'est qu'un commencement de la transformation universelle. Le prolétariat anglais a exprimé déjà sa détermination inflexible de ne plus tolérer l'assassinat de la Russie prolétarienne et le prolétariat italien avait déjà manifesté sa solidarité entière avec la Troisième Internationale de Moscou. C'est à vous maintenant, camarades français, de dire votre mot historique pour compléter et achever l'œuvre de la Révolution sociale, commencée par nous dans les conditions les plus pénibles, les plus défavorables à la réorganisation scientifique de la production et de la répartition économique.

Le propre de la Révolution socialiste est qu'elle dépasse les cadres d'une nation et même d'un continent.

Le prolétariat est uni sur cette terre par l'essence même de sa classe et son triomphe ne pourrait être plein et définitif que s'il était universel.

Il suffit de rappeler que la Commune de Paris fut écrasée par le militarisme franco-prussien, grâce à la passivité inconsciente et à l'impuissance tragique des masses travailleuses du monde entier qui ne sont pas venues au secours des Communards à jamais immortels.

Mais l'œuvre de la Commune est plus vivante aujourd'hui que jamais.

Les sacrifices de vos pères ont donné une sève magnifique. Partout se lève le prolétariat conscient de son droit et de sa force.

Partout gronde l'orage contre la tyrannie capitaliste. Les yeux s'ouvrent, même chez les aveugles, pour voir la faillite misérable de la politique de ceux qui ne voient pas en effet que la bourgeoisie, après avoir provoqué la guerre, est incapable de garantir la paix ; qui ne comprennent pas que les dirigeants capitalistes sont incapables de reconstituer la vie économique désormais désorganisée et ruinée par leur faute.

Ce n'est pas dans une collaboration avec les profiteurs de la guerre et les organisateurs de la vie chère que le prolétariat pourra soulager ses misères et panser ses blessures.

La collaboration pour la bourgeoisie, cela veut dire sa domination.

Eh bien, nous disons tout le contraire : c'est la prise du pouvoir par le prolétariat qui peut mettre fin aux guerres en écartant leurs causes.

C'est la capitulation de la bourgeoisie qui peut assurer notre avenir, l'avenir de l'humanité entière.

C'est le prolétariat seul qui, prenant la direction des forces techniques du monde entier, en communion avec les travailleurs manuels et intellectuels et pour le bien commun, peut conjurer la catastrophe économique inévitable.

L'heure est venue, non pour des ligues capitalistes et nationalistes qui continuent de dévaster la terre, mais pour l'association universelle proclamée par le Manifeste Communiste.

Le capitalisme s'écroule ! Le soleil du prolétariat se lève ! Vive l'alliance invincible de tous les travailleurs ! Vive la République communiste mondiale ! Vive l'Internationale des Soviets, la troisième !

En avant, par la Révolution pour la victoire finale ! (*Applaudissements.*)

Les Syndicats belges

LE PRÉSIDENT. — La parole est au camarade Mertens, secrétaire de la Commission syndicale belge.

MERTENS. — Camarades, vous comprendrez certainement mon émotion en abordant cette tribune après que, pendant cinq jours consécutifs, tant de camarades, parmi lesquels des maîtres de la parole, sont venus exposer leurs idées et leurs conceptions.

Vous me permettrez, camarades, de dire au nom de la classe ouvrière belge toute la sympathie que nous ressentons en nous vis-à-vis de la classe ouvrière organisée de France. Lorsqu'il y a quelques jours, nous reçûmes l'invitation du camarade Jouhaux, notre groupe, à l'unanimité, dit : « Il faut que nous allions là-bas ; il faut que la classe ouvrière belge soit représentée à ce Congrès où tant de discussions surgiront, mais qui finalement conduiront à une action d'unité en faveur de la classe ouvrière ».

Et, camarades, en parlant de la classe ouvrière belge, vous me permettrez de dire quelques mots sur la situation actuelle et sur la situation que nous avons dû subir depuis votre dernier Congrès de 1918 ; vous me permettrez très certainement de rappeler ici un souvenir de la veille de la guerre.

Jouhaux, le 26 et le 27 juillet 1914, était à Bruxelles, accompagné de Dumoulin, pour apporter, à l'occasion du Congrès syndical belge, le salut fraternel de la C. G. T. française. Nous avons eu l'occasion alors, de parler avec des délégués de différents pays dont la plupart sont représentés à ce Congrès aujourd'hui.

Ici, camarades, dans les débats très vifs qui ont eu lieu, on a invoqué l'Internationale dont je me permettrai de dire quelques mots.

Le 27 juillet, nous étions, avec Jouhaux et Dumoulin, avec celui qui était le représentant le plus qualifié du mouvement syndical international, et déjà, hanté par l'idée des sacrifices que la classe ouvrière devrait faire, Jouhaux lui posait la question : « Que feraient vos syndicats si la guerre éclatait ? » Déjà, à ce moment, Jouhaux sentait que peut-être les différentes classes ouvrières seraient dressées, les unes contre les autres et, si vous avez eu l'occasion de critiquer ou d'applaudir l'attitude de votre Comité confédéral, je ne crois pas dire quelque chose à côté de la vérité en disant que cette attitude a été déterminée par l'attitude de celui qui était à la tête de ce mouvement syndical international, qui n'osait pas prendre position sur la question, dire tout ce qu'il pensait et tout ce qu'il a dit après que la catastrophe a été déchaînée... Là, encore une fois, les camarades français qui voulaient rester internationalistes ont été obligés de suivre le mouvement qu'ils ne pouvaient plus arrêter...

Camarades, la guerre a éclaté. La guerre a passé à travers la Belgique, la France et d'autres pays, avec toutes ses souffrances et toutes ses misères. Et je suis de ceux, avec le camarade Solau qui représente la Commission syndicale belge, qui sont restés en Belgique pendant l'invasion. Nous avons pu constater que tous les espoirs que nous avions mis dans le mouvement syndical de certains pays ont été déçus. ·

Encore avant-hier, si je ne me trompe, on parlait de ces camarades allemands. Oui, certainement, les ouvriers allemands sont nos frères, nos camarades ; mais il faut que ces mêmes frères aient une autre mentalité que celle qu'ils avaient à la veille de la guerre et qu'ils ont encore en ce moment.

Ceux qui ont assisté au Congrès international d'Amsterdam ont pu constater que peu d'entre eux ont changé de mentalité. On a pu constater que toutes les souffrances que nous avons subies en Belgique n'ont pas encore rencontré toute la réprobation qu'elles devaient rencontrer de la part de ceux qui, avant la guerre, étaient avec nous.

Malgré tout, camarades, pendant cette occupation, pendant ces difficultés, nous autres Belges avons fait le nécessaire pour maintenir l'organisation syndicale, l'organisation ouvrière. Malgré les décrets et les lois, nous avons été dans tous les coins du pays porter la bonne parole, afin qu'après la guerre nous puissions retrouver un mouvement syndical capable de gagner quelque chose. C'est ainsi qu'à la veille de la guerre, lors de notre Congrès, nous avions 129.000 membres ; aujourd'hui, à la Commission syndicale belge, nous en comptons 500.000, un demi-million de camarades. (*Applaudissements.*) Et comment avons-nous fait cela ? Jouhaux disait, dans son discours : « Oui, il fallait apporter les secours nécessaires à ceux qui étaient dans le besoin. » Eh bien ! c'est ce que nous avons

fait ! Ne pouvant pas mener d'action syndicale, d'action révolutionnaire — car chaque action syndicale est une action révolutionnaire,
chaque fois que l'on se dresse contre le patronat c'est une action
révolutionnaire, — ne pouvant pas mener cette action, nous avons
voulu quand même maintenir les liens, et c'est ainsi que nous avons
pu former des organisations puissantes comme celle des cheminots !
  Néanmoins, il faut que l'Internationale revive maintenant. Et si,
contrairement aux désirs des camarades français, nous ne sommes
pas allés à Berne au mois de février, c'était parce que nous ne
croyions pas encore le moment venu de nous rencontrer avec ceux
qui, d'après notre conception, nous avaient trahi avant la guerre.
  Mais au mois de juillet, grâce à l'action de Jouhaux, de Dumoulin
et de Oudegeest, nous avons participé à la réunion d'Amsterdam. La
Belgique a dit alors : « Nous devons y aller et apporter notre concours pour reconstruire l'Internationale. »
  Je vais me permettre de vous expliquer comment nous envisagions
cette question. En Belgique, nous n'avons plus d'usines, plus de
machines, plus de matières premières. Tout a été, ou bien volé, ou
bien détruit, consciemment, camarades ! Les Allemands ont détruit
l'industrie belge consciemment ; pendant que les ouvriers tourneurs
étaient à encore à leur tour, on venait leur enlever ce tour et ainsi
le pain qu'ils gagnaient péniblement. Non contents d'enlever les
tours, ils faisaient sauter les usines et les fondations !
  Tous les hommes qui étaient restés en Belgique étaient prêts, au
lendemain de la guerre, à reprendre le travail. Mais nous constatons
actuellement qu'au lieu d'avoir du travail, nous sommes obligés de
nous expatrier et de venir en France chercher le pain que nous ne
pouvons pas trouver dans notre propre pays.
  Si nous ne voulons pas que la classe ouvrière belge soit exploitée
en France, il faut par suite que nous nous entendions avec les camarades français, et si demain les Allemands viennent reconstruire ce
qu'ils ont détruit, il faut qu'ils soient avec vous pour que l'ouvrier ne
soit plus exploité comme il l'était auparavant. (Applaudissements.)
  Oh ! je sais bien que je n'ai pas le droit de m'immiscer dans vos
débats, mais j'ai quand même le droit de vous dire cela, parce que
l'on a souvent discuté l'attitude des Belges dans la presse française.
On disait que les Belges ne comprenaient pas leur devoir quand ils
n'allaient pas à certaines réunions internationales... Permettez-moi
de vous dire que nous avions des raisons pour être sceptiques et pour
ne pas marcher aussi vite qu'on le voulait. Quand on a parlé de la
Conférence de Stockholm, il y en avait qui disaient que c'était une
machination allemande et d'autres qui disaient que c'était faux et
que c'était une œuvre essentiellement ouvrière.
  Eh bien ! camarades, nous autres, qui étions loin de vous, loin du
contact nécessaire avec les camarades des autres pays, nous avons été
obligés de rester avec les impressions que nous avions et sur ce qui
se produisait dans notre pays.
  Apprenez qu'au moment où l'on parlait de Stockholm, il y avait

des camarades qui se dénommaient minoritaires dans notre pays, qui
avaient obtenu du gouvernement allemand les passeports nécessaires
pour aller à Stockholm. Et le gouvernement allemand envoya quelqu'un à la Commission syndicale belge me dire : « Si vous voulez
aller à Stockholm, nous vous donnerons à vous les facilités pour y
aller, et les autres n'iront pas ! » Camarades, devant de telles propositions, nous avions bien le droit de refuser. Voilà des raisons pour
lesquelles nous ne sommes pas allés à Stockholm.

Maintenant que l'Internationale a été reconstituée, il faut qu'elle
vive, il faut qu'elle exerce une influence et qu'elle puisse dicter sa
volonté dans le monde entier.

Et, encore une fois, je dois rendre hommage à l'esprit internationaliste des camarades français, surtout de ceux qui étaient à Amsterdam.
Ils étaient les seuls entre deux tentatives de domination. Entre ces
deux tendances, il y avait les Français, internationalistes jusqu'au
bout, qui prêchaient l'union internationale. (Applaudissements.)

Camarades, Merrheim, dans son exposé, a parlé de la moralité des
masses, de l'éducation nécessaire des masses. Nous constatons que
cette éducation est nécessaire. Il faut, pour que le monde vive, que
l'ouvrier produise. Depuis cinq ans, il n'a pu produire ; donc il faut
que la classe ouvrière donne à la production tout ce qu'elle a en elle,
et c'est pour cela que nous applaudissons aux thèses défendues par
Merrheim et Jouhaux ; c'est pour cela aussi que nous sommes internationalistes et c'est pourquoi nous sommes ensemble, dans l'espoir
que le jour viendra le plus vite possible pour que l'Internationale
reconstituée sur de solides bases, puisse avoir l'influence nécessaire
pour atteindre ses buts.

Dans cette question du Parlement international du Travail, on a
souvent ici attaqué des militants ; on a souvent dit que ce Parlement
international était un leurre. Eh bien ! nous ne le croyons pas. Nous
pensons sincèrement que de cette Conférence de Washington sortira
quelque chose qui sera la base de la Société des Nations que nous
désirons ardemment voir réaliser.

Nous disons que si nous allons à Washington, c'est-à-dire si l'on a
donné satisfaction aux revendications posées par la Conférence
d'Amsterdam, ce sera encore une fois grâce à l'action des camarades
français et surtout du camarade Jouhaux, qui a pu obtenir que tous
les pays soient représentés au mois d'octobre prochain à cette
Conférence.

Nous devons remercier l'organisation syndicale française de l'accueil très amical qu'elle nous a réservé. Permettez-moi d'employer
une image qui a été tout d'abord employée par un camarade minoritaire et qui a été reprise par Merrheim. On a parlé de ce cheval qui
n'osait pas, parce que celui qui en avait la direction avait peur de faire
le saut nécessaire pour franchir le ravin. C'est à nous autres, Belges,
Français, etc., de faire une seule et puissante organisation syndicale
internationale; alors le cheval qui doit franchir le ravin sera celui de
l'union syndicale internationale qui, par sa puissance, renversera la

société capitaliste et la remplacera par une société ouvrière, où enfin la classe laborieuse aura trouvé tout le bien-être qu'elle a le droit d'avoir en ce monde ! (*Applaudissements.*)

Les Trade-Unions anglaises

LE PRÉSIDENT. — La parole est au camarade Williams, délégué du *Trade-Union Congress.*

WILLIAMS. — L'année dernière, nous vous transmettions les salutations fraternelles de quatre millions et demi de trade-unionistes.

Cette année, nous vous apportons la plus cordiale expression de bonne volonté de plus de cinq millions deux cent cinquante mille travailleurs, qui sont affiliés au Congrès des Trade-Unions.

Depuis la dernière fois que nous nous sommes rencontrés, au moins deux événements importants sont survenus et qui sont d'un intérêt spécial pour tous les ouvriers du monde.

D'abord nous avons la paix, la fin de la guerre dans laquelle tant de vies ont été sacrifiées, et nous sommes sûrs d'exprimer les vues de tous quand nous disons que nous espérons que cette guerre, aujourd'hui heureusement terminée, sera la dernière et qu'un appel à la raison et à la justice prendra la place de la force brutale pour arranger les questions internationales.

Le second événement est la création de la nouvelle Internationale. Nous pouvons espérer beaucoup de cette création, si elle est une vraie Internationale, imbue des principes de fraternité et de bonne camaraderie sur lesquels le trade-unionisme est fondé.

Un des plus importants mouvements dans notre pays durant les douze derniers mois a été le rapide développement de l'idée de concentration et de fusion.

Je désire, par exemple, mentionner le cas de l'industrie mécanique dans laquelle quatorze Unions séparées sont en train de préparer un vote pour former une seule Union. Un autre est celui des employés des postes, qui ont presque terminé leur fusion, qui représentera environ 90 p. 100 du total du personnel.

En d'autres termes, la tendance vers la fusion signifie que si nous avons moins de sociétés nous obtiendrons plus d'unité.

Dans le cas où la fusion complète n'est pas possible, un système de Fédération a été adopté qui, nous le pensons, est le pas préliminaire à la fusion. Le Comité parlementaire du Congrès des Trade-Unions a porté une grande attention à l'idée de rapprocher les sociétés similaires pour obtenir une grande unité, ce qui veut dire plus de force et de solidarité.

Nous sommes également heureux de vous informer que, pour la première fois dans l'histoire de notre pays, le gouvernement a, par un acte du Parlement, donné pouvoir au Comité parlementaire de nommer des représentants pour une Commission qui sera chargée de faire un rapport sur les méthodes de transports, un des plus importants facteurs de la vie nationale. Un autre acte a permis au Comité de nommer des représentants parmi les ouvriers syndiqués pour être membres d'une Cour d'Appel qui jugera et punira tous les profiteurs.

De tels représentants doivent être plus nombreux si nous voulons réussir dans nos projets et réaliser les espoirs des syndiqués dans la reconstitution qui est l'intérêt vital de ceux que nous représentons.

Je crois que nous sommes tous d'accord en pensant que dans l'avenir les ouvriers doivent et veulent avoir une plus large part des produits.

Durant une période de trente-six ans, le Congrès des Trade-Unions s'est déclaré en faveur de la nationalisation des chemins de fer, des canaux, des mines, des docks et de la terre. Dans notre avant-dernier Congrès, en 1918, une résolution avait été adoptée demandant la nationalisation de l'industrie et du service des aéroplanes.

Notre Congrès, qui a eu lieu ce mois-ci, a encore confirmé la résolution demandant au gouvernement de nationaliser les mines.

Jusqu'à cette année, la question de la nationalisation des mines a été plutôt une question théorique qui ne faisait que traduire un principe. Mais cette année, le gouvernement, sur les instantes demandes des mineurs, a nommé une commission pour faire une enquête définitive sur la façon dont les mines de la Grande-Bretagne sont gérées. Le résultat a été qu'après avoir puisé des renseignements à toutes les sources, les méthodes présentes ont été condamnées par la Commission qui a recommandé la nationalisation comme étant du plus grand intérêt, non seulement pour les mineurs, mais aussi pour le pays et le peuple.

Notre Comité a réuni plusieurs de ces Unions, avec les Confédérations internationales, pour discuter les possibilités d'arriver à l'établissement en Angleterre d'un Bureau central qui renseignera nos organisations sur toutes les affaires internationales.

Récemment, une campagne a été menée pour obtenir le concours des ouvriers pour le développement de la production et de la distribution coopératives. Un appel a été fait aux syndicats pour qu'ils retirent leurs fonds des banques privées et les placent dans la banque coopérative, en vue de former un capital ouvrier permettant un plus ample développement de la coopération. Cette campagne a obtenu un grand succès. Pendant les six premières années, 300 syndicats ont placé leurs fonds à la banque coopérative, pendant que 500 sociétés locales ont établi des facilités en faveur des branches locales des syndicats.

Le mouvement coopératif a plus de quatre millions d'adhérents ouvriers.

En hommes d'affaires pratiques, en attendant la nationalisation, nous pouvons au moins employer notre capital au mieux de nos intérêts et empêcher la classe capitaliste d'emprunter notre argent aux banques privées et de nous exploiter ensuite comme consommateurs.

Depuis 1919, les syndicats ont pu obtenir une réduction effective des heures de travail. Plus de six millions d'ouvriers ont eu leur semaine de travail diminuée en moyenne de six heures et demie.

Cette réduction est motivée par un but qui est de donner de meilleures conditions d'emploi à ceux qui reviennent de la guerre et reprennent leurs anciennes occupations. Pour les principales industries, la semaine de travail est maintenant de quarante-quatre à quarante-huit heures. Il en résulte que le gouvernement a établi un projet de loi pour la semaine maxima de quarante-huit heures de travail pour tous les métiers.

Le gouvernement a aussi accepté le principe si longtemps conseillé par notre Congrès, que le minimum des salaires pour tous les ouvriers soit établi par une loi, et il a déposé un projet qui, s'il est voté, instituera une commission ayant pleins pouvoirs pour déterminer comment et de quelle manière le minimum établi doit être payé ; des mesures seront prises pour imposer de lourdes amendes à tous les employeurs qui ne paieront pas à leurs employés le salaire minimum fixé.

Je crois apporter ici une affirmation exacte en disant que nous sommes le premier pays de l'Internationale qui a fait ce pas pratique de mettre en application les principales conditions qui sont résumées dans la Charte internationale du Travail.

En dépit de toutes les critiques, le mouvement syndical de la Grande-Bretagne est reconnu l'interprète accrédité des ouvriers.

Maintenant, quelle que soit la qualité de la personne lésée, elle se trouve instinctivement vers le mouvement syndical. La question est de suite posée : « Que va faire le mouvement syndical ? »

Le consommateur qui souffre du profiteur se tourne vers le mouvement syndical pour le soulager.

Les soldats et marins démobilisés se tournent vers le mouvement syndical pour redresser leurs griefs.

Comme pendant la guerre, le gouvernement a cherché l'avis et le concours du mouvement pour le soutenir dans la tâche de gagner la guerre et de résoudre les problèmes de la paix.

Nous avons atteint dans la vie industrielle du pays une position plus importante que nous n'avions jamais occupée, et nous sentons que pendant que le temps s'écoule, agissant avec les travailleurs des autres pays, nous assurerons à ceux que nous représentons directement le plein fruit de leur travail, et nous ferons du monde un endroit où les travailleurs pourront réaliser leurs espoirs internationaux à l'aube d'un jour meilleur. (*Applaudissements.*)

L'organisation hollandaise

OUDEGEEST. — Camarades, j'ai appris assez de votre belle langue pour comprendre vos orateurs, mais il m'est tout à fait impossible de parler en français. Je vais donc vous dire quelques mots en hollandais, et mon ami Mertens aura la bonté de les traduire.

Camarades, à la suite de l'invitation lancée à mon organisation par la C. G. T. française, mon Comité m'a désigné pour vous apporter le salut bien fraternel et bien sincère des camarades hollandais.

Ce Congrès m'a donné l'occasion d'apprendre à vous connaître, et dans votre esprit et dans votre conception, tout ce qui m'était demeuré incompréhensible jusqu'ici, je l'ai compris pendant ces cinq jours de débats. Et, camarades, cette lutte ne m'est pas inconnue ! Pendant douze ou treize ans, nous avons dû mener la même bataille chez nous; c'étaient les mêmes conceptions qui se heurtaient, c'étaient les mêmes critiques, les mêmes opinions qui se faisaient jour. Ces débats m'ont donné l'occasion de me faire une autre idée, une autre opinion de votre mouvement qui est de plus en plus admiré.

Je ne saurais assez vous féliciter pour la bonne tenue et pour la bonne organisation de ce Congrès. C'est un exemple d'organisation d'un Congrès syndical.

. Certainement, chez nous, ce ne serait pas la même chose ; nous avons un autre tempérament. Cela ne provient pas de nous-mêmes, mais de l'histoire même de notre action. Nous sommes plus froids, mais pourtant, si vous êtes plus vifs, j'ai pu constater que vous êtes restés dignes de vous-mêmes pendant ces cinq jours.

Nous avons ici le Rhône, qui coule à travers Lyon, et la Saône, qui se dirige vers le Rhône. Pour accomplir l'acte que ces deux fleuves accomplissent, nos deux mouvements doivent se rencontrer et accomplir l'acte qui doit être réalisé en faveur de la classe ouvrière. (*Applaudissements.*)

Nous devons avoir une seule volonté ; un seul objet doit unir la classe ouvrière du monde entier, car le but que nous poursuivons tous, c'est l'émancipation de la classe ouvrière et la suppression du salariat.

Aussitôt que nous aurons cette unité dans l'Internationale et aussi longtemps que nous aurons cette volonté, nous ne pourrons pas périr. Ce sentiment, nous l'avons eu à la dernière Conférence nationale d'Amsterdam. Et là, je dois encore une fois rendre hommage à l'esprit internationaliste des camarades français, parce que c'est vraiment la délégation française, à la tête de laquelle se trouvait Jouhaux, qui s'est montrée internationaliste ; c'est pour cela que j'estime devoir, à cette tribune, rendre hommage à l'organisation ouvrière française du travail accompli à Amsterdam.

Camarades, tout ce qui a été détruit par les actes des gouvernements des rois, des kaisers, soit de l'Allemagne, de l'Autriche, de la Russie, doit être reconstruit et, sans la classe ouvrière, il n'est pas possible de le faire. C'est pourquoi il est nécessaire que nous nous groupions autour d'un seul drapeau, que nous ayons confiance les uns dans les autres pour pouvoir reconstruire ce qui a été détruit par la guerre, et c'est pour ce travail que nous aurons l'appui du prolétariat.

Camarades, c'est la première fois que je fais votre connaissance.

J'espère que ce premier contact laissera de bons souvenirs aussi bien chez vous que chez moi. J'espère qu'il vous laissera une impression favorable, comme il m'en laissera une à moi. Si nous voulons arriver à une transformation de l'humanité, il faut que nous, classe ouvrière, nous prenions les mesures nécessaires.

Si nous pouvons souhaiter la bonne réussite de la Révolution russe, si nous pouvons espérer la nationalisation de toutes les industries à travers le monde entier, si nous voulons que le prolétariat exerce sa puissance, il faut que nous restions tous unis. Il faut que tous ceux qui sont dans l'Internationale, qu'ils soient des Legien, des Appleton, des Jouhaux, des Gompers, se mettent ensemble pour conduire la classe ouvrière à la bataille qui finalement doit lui assurer la victoire.

Si nous comprenons bien notre devoir internationaliste, si nous restons unis dans l'Internationale, nous pouvons espérer de beaux jours.

Vive, vive notre Internationale ! (*Applaudissements.*)

L'Union italienne

LE PRÉSIDENT. — La parole est camarade Peroni, délégué de l'Union italienne du Travail.

PERONI. — Camarades, permettez-moi de vous apporter le salut fraternel de l'Union Italienne du Travail, qui devait vous être présenté par notre camarade De Ambris, son secrétaire général, lequel, empêché de venir, a bien voulu m'en charger.

Notre amitié pour vous remonte à longtemps, quinze années de lutte commune, contre un capitalisme âpre, tenace, batailleur ! En plus des batailles contre l'ennemi commun, nous menons la bataille pour libérer l'organisation des classes, l'organisation syndicale du prolétariat italien de toute tutelle politique. Nous menons cette lutte de libération du mouvement syndical italien au nom des principes du syndicalisme révolutionnaire qui vous sont chers, et qui se résument dans la phrase saisissante : « Le syndicalisme se suffit à lui-même. »

C'est au nom de ces principes qu'au Congrès confédéral de Marseille en 1908, votre sympathie pour nous s'est manifestée de façon telle que les organisations politiciennes italiennes présentes quittèrent la salle, et que seuls nous restâmes avec vous, en pleine communauté d'esprit, d'idéal et d'espérance, dans les luttes futures pour la libération du travail.

Nous vous suivons pas à pas, en donnant chez nous à nos mouvements grévistes l'empreinte du syndicalisme et de l'action directe que vous donnez aux vôtres.

Les grandes grèves des paysans de Parme, en 1908, resteront dans l'histoire du syndicalisme une leçon de faits, dans laquelle le mouvement ouvrier international pourra toujours puiser la force nécessaire pour de nouvelles luttes.

C'est dans cet état d'esprit que nous sommes arrivés en août 1914. La guerre déchaînée, nous avons cherché s'il y avait un agresseur et de quel côté il se trouvait. Oh ! ce furent pour nous des moments bien tragiques pendant lesquels une erreur, une faute d'appréciation, auraient apporté une force considérable d'un côté ou de l'autre des belligérants, ce qui voulait dire victoire militariste facile d'un côté, défaite définitive de l'autre.

A ce moment, nous nous sommes rappelé nos luttes communes contre le militarisme. Nous nous sommes souvenu de vos efforts auprès de l'ancienne Internationale syndicale pour l'amener à déclarer la grève générale en cas de guerre, et nous nous sommes rappelé les échecs que vous avez subis, en trouvant devant vous coalisées toutes les organisations syndicales imprégnées de politique, surveillées, dirigées par des partis politiques qui les empêchaient par leurs entraves de vous suivre sur ce terrain révolutionnaire. Et nous fîmes notre choix. L'on peut aujourd'hui, à cinq ans de distance, nous critiquer, nous reprocher même notre geste, mais nous, nous revendiquons toute notre responsabilité.

A ce moment-là — et nous le croyons encore aujourd'hui — le geste de Ponce-Pilate qui aurait consisté à rester spectateur inerte devant votre écrasement total aurait été une lâcheté. Nous avons choisi, et nous avons dit qu'il fallait à tout prix apporter à la France ouvrière, au syndicalisme révolutionnaire français, avec qui nous partagions son idéal d'avenir, toute l'aide efficace dont nous étions capables.

Et tous nos militants — je dis tous, parce que ceux qui ne nous suivirent pas sont tellement insignifiants qu'ils ne comptent point — se mirent ardemment à la lutte.

Notre leader Corridoni, jeune, plein d'espoir, dans l'avenir duquel le prolétariat italien avait mis sa confiance, pour sa vie de militant, qui avait été sur la brèche, fut un des premiers à défendre votre cause parmi le prolétariat italien.

Lui qui ne comptait plus les années de prison, lui qui pendant des ans passait sa vie entre l'organisation révolutionnaire du prolétariat et les geôles, fut un des pionniers le plus éloquent, le plus écouté, le plus suivi de nos idées. Et notre camarade Filippo Corridoni, qui sortait encore une fois des prisons italiennes au mois de mai 1914, s'engageait comme volontaire, partait à la bataille ; quelques mois après il tombait sur la tranchée en conduisant ses camarades à l'assaut, avec le même courage qu'il conduisait le prolétariat à la conquête de son idéal. Il donnait ainsi à l'idéal commun un exemple de sacrifice personnel qui fera toujours l'admiration du monde du travail international...

Pendant la guerre, nous fûmes avec vous, à Paris, à Leeds, à Londres, et ensuite à Berne et à Amsterdam.

La paix est venue : Est-ce notre faute si cette paix n'est pas la nôtre ?

Le prolétariat mondial n'a pas su empêcher la guerre ; il l'a acceptée, par son manque d'organisation, et il accepte actuellement la paix que les gouvernants lui ont donnée.

La nation italienne, par la configuration de son territoire, par les qualités de son sol, par le manque chez elle de toutes matières premières, éléments indispensables d'une industrie forte et puissante, avait besoin plus que tout autre, avec la paix, qu'une meilleure répartition de ces matières premières fût faite par les nations qui en détiennent presque le monopole exclusif.

La nation italienne, qu'elle soit aujourd'hui gérée par le capitalisme, qu'elle le soit demain par un autre régime qui en aura pris possession par des moyens révolutionnaires, ne pourra vivre qu'avec l'aide des nations plus riches en matières premières. Le manque total de charbon impose à nos camarades cheminots de chauffer leurs machines avec du bois ; le manque de fer et d'acier tient notre industrie métallurgique en retard sur les autres ; le manque de phosphate empêche le développement de notre agriculture.

La paix qui devait apporter la solution, au moins partielle, de tous ces problèmes, n'a rien solutionné du tout. Les nations plus riches ont fait sentir tout le poids de leur richesse et ont mis en échec les nations plus pauvres.

Une nation essentiellement prolétarienne, où nos richesses en face des vôtres sont des pauvretés, où l'organisation commerciale et industrielle n'a pas encore atteint le degré de développement qu'elle devrait avoir, ne nous permet peut-être pas d'aller aussi vite que nous le voudrions dans une action libératrice.

Nous ne pourrons du reste vivre, nous développer, arriver à être une nation industriellement indépendante, sans que les prolétariats des nations qui se trouvent en avoir les possibilités matérielles nous apportent leur aide.

Camarades, il faut que vous le sachiez, le prolétariat italien ne peut pas vivre, ne peut pas se développer sans l'appui du prolétariat international.

Nous sommes profondément attachés au mouvement commun à tous les prolétariats et auxquels nous apportons toutes nos forces. Nous rêvons d'une organisation créatrice, d'un bien-être général qui, en élargissant les frontières, libéreront le prolétariat mondial.

C'est dans cet esprit, chers camarades, que je salue à nouveau votre organisation, et que je vous souhaite de sortir de ces débats plus unis que jamais, pour mener demain la lutte que vous avez menée hier pour votre émancipation totale. (*Applaudissements.*)

La Confédération argentine

LE PRÉSIDENT. — Camarades, la parole est au camarade Marotta trésorier de la Centrale syndicale de la République Argentine.

MAROTTA. — Camarades, dans l'impossibilité où s'est trouvé le camarade Caballero, secrétaire général de l'Union des Travailleurs d'Espagne de venir parmi vous, il me pric de bien vouloir le représenter à ce Congrès.

Pendant le séjour que j'ai fait en Espagne, j'ai pu apprécier l'esprit combattif de nos camarades espagnols, esprit qui fait que de jour en jour l'organisation espagnole croît et s'apprête à la lutte, lutte à laquelle nous-mêmes nous nous apprêtons et qui n'a pour but que le but que nous avons nous-mêmes, c'est-à-dire la transformation sociale.

C'est donc pour moi un plaisir de pouvoir saluer ce Congrès et toute l'organisation syndicale française de la part de l'Union des Travailleurs espagnols.

Camarades, en répondant au nom de la Fédération ouvrière régionale d'Argentine, au cordial salut que le camarade Million nous a adressé au moment de l'ouverture du Congrès au nom des représentants des « Etats Généraux de France », ainsi que le camarade Jouhaux, a justement qualifié ce Congrès; c'est pour nous un devoir de dire à nos camarades français combien est grande notre gratitude pour eux et surtout pour le Bureau fédéral, qui nous a fourni l'occasion d'assister aux instructifs et intéressants débats qu'avec tant d'ardeur et d'enthousiasme vous menez depuis le premier jour.

Militants d'une organisation syndicale comme la vôtre, qui livrons une bataille au capitalisme et à l'Etat d'un pays bien éloigné de la France, malgré la distance qui nous sépare, nous avons toujours suivi avec un intérêt profond la lutte et l'orientation qui a toujours caractérisé le syndicalisme dans ses héroïques journées de revendications.

Au commencement de ce siècle, lorsque dans la République Argentine le mouvement ouvrier se débattait dans une lutte intestine et fratricide pour de nouveaux principes, lorsque dans ce mouvement ouvrier les travailleurs se trouvaient divisés en deux groupes antagonistes, lorsque tous les maux dont ont souffert les prolétariats d'autres pays pesaient sur le jeune mouvement syndical argentin au point de le rendre impuissant devant l'ennemi, le prolétariat français, sans qu'il s'en doute peut-être, apparut devant nous comme un jet lumineux qui, éclairant le chaos de nos activités syndicales, nous montrait le chemin que nous devions suivre si nous voulions être fort devant l'ennemi commun !

A partir de votre Congrès historique d'Amiens, votre mouvement a été pour nous, jusqu'à la veille de la grande tragédie qui pendant cinq ans baigna de sang le sol de l'Europe, le phare choisi par un grand nombre de militants de l'Argentine pour diriger dans une voie certaine et efficace les activités syndicales de notre pays.

Malgré notre orientation semblable à la vôtre, qui nous fit aimer l'autonomie du mouvement syndical et qui nous fit voir dans l'organisation ouvrière la grande force qui renouvellera le monde capitaliste, nous vivions matériellement à une grande distance de vous.

Les problèmes locaux de l'organisation argentine absorbaient notre attention et notre activité ; les revendications n'étaient pour nous qu'une belle inspiration impossible à réaliser, jusqu'à ce que nous soyons parvenus à consolider, d'une manière définitive et permanente dans une seule organisation confédérale, toutes les organisations du pays.

La lutte a été longue et acharnée, pour nous, afin de pouvoir atteindre ce but.

Les tendances individuelles qui rongeaient l'esprit du mouvement ouvrier ont empêché, en différentes circonstances, que cette aspiration élevée se réalise par l'unité sur le terrain économique.

Mais un jour allait arriver où tous nos désirs d'unité devaient être atteints. C'est en 1914, année terrible qui a couvert de deuils l'Europe entière, année pendant laquelle les travailleurs du vieux continent sacrifiaient leur vie dans les champs de bataille et qui brisait les liens de solidarité internationale, que les organisations de l'Argentine fusionnaient au sein d'une seule organisation confédérale.

Ce ne furent pas malheureusement tous les syndicats qui comprirent l'importance de ce premier pas vers l'unité.

L'organisation syndicaliste, qui exige pour le mouvement ouvrier une autonomie et une liberté opposées à toutes les influences extérieures afin de mener à bout sa mission historique, avait ses adversaires, adversaires qui, bien peu nombreux, n'acceptaient pas la nouvelle orientation.

Mais, malgré cette petite opposition, en l'année 1915 un Congrès général devait traduire par de féconds résultats, et fonder d'une manière définitive le mouvement ouvrier.

Dès ce moment, le mouvement syndicaliste dans notre pays a vu croître son pouvoir et il s'est élevé comme une force active au point d'être en ce moment une sérieuse préoccupation pour le capitalisme et pour l'État.

Aujourd'hui, camarades, l'organisation syndicale de l'Argentine, qui croît de plus en plus, a cru nécessaire de sortir de son isolement. Au moment même où les prêtres du capitalisme argentin chantaient le *requiem* de la vieille Internationale, si nous pouvons appeler ainsi ce qui ne fut qu'un simple Bureau, la F. O. R. A., comprenant l'importance historique qu'a le travail en cette heure actuelle, a cru nécessaire de participer à la reconstitution de l'Internationale qui a pu se réaliser à Amsterdam.

La F. O. R. A., en envoyant pour une première fois ses délégués à un Congrès international, a jugé indispensable que cette délégation, après avoir traversé l'Océan qui nous sépare, se rendît au Congrès des différentes organisations centrales d'Europe.

Nos camarades de l'Argentine, après cinq ans de la plus complète ignorance de tout ce qui s'était passé dans la vieille Europe, désiraient savoir quels sont les problèmes qui agitent en cette heure révolutionnaire du monde les prolétariats de l'Europe. Les travailleurs organisés de l'Argentine désirent établir des liens de solidarité interna-

tionale avec tous les producteurs syndiqués de tous les pays afin
d'être prêts, sur un front unique, à défendre la cause du travail contre
la réaction capitaliste qui apparaît menaçante et brutale dans tous les
pays où il existe un mouvement syndical intense et combattif.

Des difficultés imprévues nous ont empêché d'arriver à temps au
Congrès d'Amsterdam, mais il nous reste encore, pour accomplir le
mandat reçu, à visiter nos camarades des Centrales de chaque pays.

C'est pour nous une grande satisfaction d'avoir à remplir ce mandat. Nous venons auprès de l'organisation avec laquelle nous nous
sentons moralement solidaires de longue date, et c'est un vrai plaisir
de pouvoir le faire en présence d'un Congrès général de la France
ouvrière et révolutionnaire, dans lequel le prolétariat de ce pays
manifeste la puissance et formule ses aspirations de rénovation
sociale qui feront vibrer sûrement l'espoir et la foi des travailleurs
du monde.

Camarades, voyant dans ce Congrès l'idéal que vous poursuivez,
permettez-moi une fois encore de vous saluer fraternellement au nom
des travailleurs syndiqués de la République Argentine. (*Applaudissements.*)

La séance est levée à 19 h. 30.

SIXIÈME JOURNÉE

Samedi 20 Septembre

Séance du matin

Président : MOUSSARD.

Assesseurs : Mme LAUGA et VACHER.

LE PRÉSIDENT. — Voici une proposition de constitution d'une Commission pour la révision des statuts.

Les camarades proposés sont les suivants : *Copigneaux, Marie Guillot, Jullien, Perrot, Million, Sirolle et Constant.*

Egalement, il y a sur le Bureau plusieurs propositions. Je vais vous en donner lecture et vous verrez s'il y a lieu de les prendre en considération.

La première émane de la Fédération du Livre. Elle est ainsi conçue :

Le Congrès de la Fédération française des Travailleurs du Livre, réuni à Nancy du 8 au 15 septembre 1919, invite la Confédération Générale du Travail à procéder à un referendum dans les organisations adhérentes avant de décréter une grève générale à durée limitée ou non.

Pour que le mouvement prévu ne soit pas voué à un échec plus ou moins caractérisé, mais atteigne au contraire le but cherché par le prolétariat organisé, il est absolument indispensable de consulter ceux sur lesquels on compte. — HAMELIN et MAMMALE.

Je vous lis ces propositions, mais naturellement, il n'est pas possible que nous les votions sans discussion.

Une autre proposition de Monmousseau :

En raison des événements graves que traverse le prolétariat, le Congrès mandate la Commission administrative pour fixer le prochain Congrès dans le courant de 1919. — MONMOUSSEAU, *syndicat Paris-Etat, Rive droite.*

Renvoyé au Comité confédéral national.

Une autre proposition :

Les délégués dont les noms suivent demandent que la déclaration des Soviets de Russie au Congrès de Lyon soit éditée sous la forme de tracts de propagande qui seront répandus à profusion à travers le pays par les soins des organisations syndicales.

> Ch. SIMON, VERDIER, BOUYÉ, CORON, SEUX, SUDRUX, POTTIER, LEFEUVRE, MORIN, LEGRAIN, TAMBURE, SIROLLE, BLATON, CLÉMENT FERNAND, ROUSSE.

Renvoyé au Comité confédéral national.

J'ai reçu également un rapport des Jeunesses syndicalistes, dont je vais également vous donner lecture:

Considérant la nécessité de former des militants syndicalistes afin de donner un essor toujours croissant aux organisations ouvrières ainsi que certaines capacités aux fins de plus intelligemment coordonner les efforts des masses productives, les jeunesses syndicalistes existantes vous présentent les bases dans lesquelles elles se sont créées et le but qu'elles poursuivent dans le recrutement des jeunes ouvriers et apprentis.

Tous les adhérents des Jeunesses devront être syndiqués et confédérés. Au cas où certains adhérents ne seraient pas syndiqués à leur admission au groupe, les Jeunesses syndicalistes veilleront à ce qu'ils fassent leur adhésion à leur syndicat.

Le rôle des Jeunesses syndicalistes est de s'employer à orienter vers des préoccupations sociales l'esprit des jeunes trop facilement accaparés par les plaisirs factices et malsains. Le but principal est de donner aux jeunes ouvriers une éducation aussi complète que possible afin d'en former des militants pour l'avenir.

Elles groupent tous ceux désireux de défendre, par tous les moyens, les intérêts généraux de la classe ouvrière ayant du reste comme objectif final son affranchissement moral, intellectuel, matériel.

Les Jeunesses syndicalistes ne peuvent rien négliger de ce qui concerne l'éducation, l'action, la récréation des jeunes.

Par l'éducation, elles s'emploieront à faire naître chez tous le désir de voir mieux et de connaître davantage, à meubler les cerveaux d'un bagage de connaissances utiles, à faire connaître aux jeunes ouvriers leur valeur sociale (valeur de production), ce qu'ils sont dans la société actuelle (les victimes de la production), ce qu'ils doivent être dans l'avenir (les bénéficiaires de la production).

Pour l'éducation, des causeries seront régulièrement faites au sein d'un groupe où la libre discussion sera de règle. Des conférences publiques avec des projections lumineuses et sur les sujets les plus divers, mais les plus utiles (arts, sciences et travail) seront organisées ainsi que des visites dans les coopératives, les musées, les usines, les mines, partout où l'on pourra examiner avec profit le spectacle de la vie du travail.

Par l'action, elles s'appliqueront toujours à prendre la défense des faibles opprimés par les forts et à situer au besoin leur responsabilité dans le domaine de l'action publique.

Elles s'imprégneront du programme d'action du syndicalisme révolutionnaire et, selon leur force, aideront à son triomphe ; s'inquiétant toujours des choses de l'actualité, elles en profiteront pour développer cet esprit critique qui permet de prendre position dans les problèmes sociaux les plus imprécis.

Pour l'action, elles s'associeront aux organismes de lutte dont l'action leur conviendra ou l'engageront de leur propre initiative. Elles organiseront meetings, conférences, démonstrations pouvant servir à exposer des idées ou frapper l'opinion publique.

Par la récréation, on délassera les esprits des préoccupations ordinaires, on apportera le nécessaire repos moral et physique à tous ceux qui n'acceptent pas l'oisiveté déprimante ou les plaisirs quelconques.

Pour la récréation, des soirées amicales réuniront fréquemment les membres des groupes. Des fêtes publiques, où la bonne tenue sera toujours un souci, seront organisées.

Les jeux, sports rationnels, les promenades champêtres souderont sans cesse une bonne et franche camaraderie.

(Résolution votée à l'unanimité au Congrès des Jeunesses syndicalistes de la Seine réunies le 14 septembre.)

Pour le Comité d'Entente des Jeunesses syndicalistes de la Seine:

Le Secrétaire, FERNAND JACK.

Une communication de la Fédération des Moyens de transports et de la Fédération des Inscrits maritimes :

Le Congrès de la Fédération nationale des Moyens de transports, en accord avec la Fédération des syndicats maritimes, émet le vœu de la formation d'une seule fédération des Moyens de transports maritimes et terrestres (Chemins de Fer, Moyens de Transports, Inscrits Maritimes et Ports et Docks), laissant le soin aux fédérations intéressées d'en déterminer les modalités.

Pour la Fédération nationale des Moyens de transports :

Le Secrétaire, GUINCHARD.

Pour la Fédération des Syndicats maritimes :

Le Secrétaire, RIVELLI.

Je crois que le Congrès ne peut que dire qu'il est d'accord pour qu'il y ait une fusion de ces différentes fédérations, et renvoyer cela au Comité confédéral.

Il en est ainsi décidé.

LE PRÉSIDENT. — Camarades, notre camarade Becker, délégué d'Alsace-Lorraine, demande à faire une communication au Congrès.

HUBERT. — Avant, je voudrais demander que l'on fasse une rectification dans un journal lyonnais, qui dit que nous avons voté sur la résolution présentée par le Bureau confédéral, alors que nous nous sommes prononcés sur le rapport.

Protestation des camarades alsaciens-lorrains

BECKER. — Camarades, au nom de la délégation alsacienne-lorraine, je suis chargé de transmettre le salut fraternel de 170.000 syndiqués alsaciens-lorrains. Ensuite, si j'use de votre patience, c'est pour vous mettre au courant des mesures vexatoires que subissent nos camarades.

Chaque fois que nous avons une grève quelconque, on jette le discrédit sur elle en disant que c'est un mouvement allemand. Ce fait s'est produit pour la grève des cheminots, grève que vous avez connue, et je suis sûr que les journaux français, mal renseignés, ont insinué la même chose.

Camarades, je crois que je n'ai pas besoin de vous rappeler l'entrée triomphale des Français en Alsace-Lorraine. Vous avez pu vous convaincre, par les journaux, que les soldats ont été reçus chez nous à bras ouverts ; dans chaque village d'Alsace-Lorraine, il y avait des arcs de triomphe. S'il y a maintenant un mécontentement, il est causé par les mesures vexatoires prises par le Gouvernement français et la politique néfaste exercée par lui.

Camarades, vous savez également que l'on a institué des cartes. Les Alsaciens-Lorrains ont la carte A ; les enfants issus du mariage d'Alsacien et d'Allemand ont la carte B ; les étrangers des pays neutres et les Allemands ont la carte C. Eh bien ! camarades, ce sont pour nous des mesures vexatoires, car il ne faut pas oublier que lorsqu'une Allemande s'est mariée avec un Alsacien, elle savait très bien qu'elle prenait sa nationalité. Que va penser cette femme qui est considérée comme une étrangère, ce qui n'empêchera pas qu'on mobilisera ses fils ?

Je veux vous citer un autre fait : la journée du Premier Mai.

Vous savez que ce mouvement avait été décidé d'un commun accord avec la C. G. T. et vous savez de quoi il s'agissait dans cette journée. Eh bien ! à la dernière minute, on voulait m'obliger à faire le contrôle de ceux qui participaient au cortège et à n'admettre que ceux qui étaient en possession de la carte A. Pourtant, l'homme qui a pris cette disposition ne s'est pas gêné de participer à une procession et à marcher derrière un évêque qui avait la carte C.

D'autre part, pour les réunions que nous voulons tenir, il faut que nous ayons une autorisation, et à tous moments nous avons des difficultés.

J'ai ici plusieurs lettres du Gouverneur. La première du 13 janvier 1919 :

> Le Général commandant la place, à Monsieur Charles Becker, rue Magny, n° 1, Metz-Sablons.
>
> Les réunions prévues pour mardi, mercredi et jeudi, à Hagondange et Rombas, ne sont pas autorisées.
>
> Le Général commandant de la Place :
> P. O., Le Chef d'Etat-Major.

Une autre du 28 avril 1919 :

> Le général de division de Maud'huy, commandant supérieur du territoire de Lorraine, à Monsieur Charles Becker, Union des Syndicats de Lorraine, 1, rue Magny, Metz-Sablons.
>
> J'ai reçu votre demande du 25 avril relative aux conférences prévues

pour le 4 mai, à 14 heures, à Sarreguemines, et le 17 mai, à 9 heures, à Knutange.

Je suis tout disposé à vous donner l'autorisation de tenir ces conférences, à condition-que les manifestations du 1er mai se soient déroulées dans le calme.

Je vous enverrai donc ultérieurement les autorisations.

DE MAUD'HUY.

Copie transmise. — M. le Commissaire de la République en est avisé.

Une troisième datée du 5 juin 1919 :

J'ai l'honneur de vous faire connaître qu'en raison des événements actuels, des excitations qui ont eu lieu dans des dernières réunions, du grand nombre d'étrangers qui y ont pris part, après avoir pris l'avis de M. le Commissaire de la République, je décide :

1° L'autorisation que je vous ai accordée pour la réunion du 6 juin est rapportée;

2" Je n'autorise pas les réunions que vous m'avez demandées pour les 6 et 7 juin et dates ultérieures.

Ayant comme seul but de maintenir l'ordre et de prévenir des troubles regrettables, mais en même temps soucieux de ne pas entraver l'organisation du travail, je me réserve d'autoriser les réunions dont le programme détaillé me sera communiqué avec l'assurance que des questions de métiers seules y seront traitées, à l'exclusion de toute question politique sociale.

Je me propose d'ailleurs, dès que le calme sera revenu, de vous accorder une aussi grande liberté qu'auparavant.

Je vous prie de m'accuser réception de la présente lettre et d'agréer l'expression de ma considération distinguée.

DE MAUD'HUY.

P. S. — Je compte que vous préviendrez les organisations.

C'est ainsi que les réunions qui ont été tout d'abord autorisées, sont ensuite supprimées.

Je veux vous citer un autre cas. J'ai ici une lettre datée du 31 août :

Je vous fait parvenir ci-joint les comptes rendus qui m'ont été adressés par les officiers délégués pour assister aux réunions d'Hagondange et de Rosselange (28 août).

Si les faits relatés dans ces comptes rendus se renouvelaient, je serais forcé, à l'avenir, d'interdire les réunions organisées par vous.

DE MAUD'HUY.

Voici le compte rendu de l'officier, délégué à cette réunion :

Le lieutenant Mercier, du 8e bataillon de chasseurs à pied, à Monsieur le Général commandant la place, Metz.

(Section du courrier, 30 août 1919.)

Objet : Réunion publique à Hagondange.

La réunion annoncée, suivant la note du service, pour 15 heures 30, à l'Hôtel Central, a eu lieu à la salle Bisarsky à 16 heures.

Les orateurs principaux : MM. Soll et Caspar. M. Becker, qui avait demandé l'autorisation, n'était pas présent. Ces orateurs ont, devant environ 400 ouvriers métallurgistes, fait l'apologie de la C. G. T. et attaqué le gouvernement, particulièrement à cause de la vie chère.

Sous le prétexte que personne ne pouvait traduire la conférence, celle-ci a eu lieu en allemand, et ce, malgré mon insistance à demander la traduction.

M. MERCIER.

P. S. — Il est regrettable que des sanctions ne puissent être prises. Il est intolérable que dans ces réunions le gouvernement soit bafoué et que l'on ne puisse obtenir que les discours soient traduits en français.

Vous voyez les difficultés que nous avons ; parce que l'orateur fait l'apologie de la C. G. T., parce qu'en outre il critique la cherté de la vie, c'est une raison pour nous empêcher de tenir des réunions. Il faut que nous protestions contre cette manière d'agir. C'est dans notre intérêt à tous.

Je dois vous dire que nous n'avons pas attendu l'arrivée du gouverneur de Maud'huy pour parler français ; avant qu'il ne soit venu à Metz, nous nous servions de la langue française ; d'ailleurs, c'était notre intérêt ; si nous voulions avoir des adhérents dans certains endroits, il fallait les convaincre de nos idées et nous ne pouvions le faire qu'en employant la langue française.

Il y a une autre mesure qui a été prise et qui a été cause d'un grand mécontentement : c'est la défense de parler la langue alsacienne après 10 heures du soir. Celui qui était surpris à parler alsacien après 10 heures du soir se faisait arrêter. Il me semble qu'il est abominable de défendre à quelqu'un de parler sa langue maternelle. Nous sommes arrivés, après bien des efforts, à faire supprimer cette défense de parler alsacien après 10 heures du soir. Je dois aussi vous dire que lorsqu'il s'est agi, au moment de la grève des cheminots, de faire reprendre le travail, on a bien su faire imprimer les affiches dans les deux langues. Mais cela n'a pas eu de succès, heureusement !

Je dois aussi protester contre les expulsions.

Chaque fois que nous avons une grève (si ce n'est pas pendant la grève, c'est quelque temps après) on expulse les ouvriers allemands.

Malgré toutes ces difficultés, nous avons tout de même la satisfaction de vous dire que le mouvement alsacien-lorrain a pris une grande extension et que nous avons aujourd'hui 170.000 adhérents. Et ces syndiqués payent régulièrement, chaque semaine, 1 franc de cotisation et davantage.

Nous avons aussi un autre sujet de mécontentement.

En ce qui concerne le change d'argent, il y a beaucoup d'Alsaciens-Lorrains qui sont venus après que ce change a été effectué. Eh bien ! on ne veut plus changer à ces ouvriers leur argent, c'est-à-dire les quelques petites économies qu'ils avaient pu faire, tandis que les capitalistes peuvent annoncer des milliers de francs : on leur fait le change.

Nous avons encore autre chose, c'est que l'on veut introduire, par force, la langue française ; mais il faut nous laisser le temps de l'apprendre. Ce n'est pas du jour au lendemain que l'on peut apprendre à un individu une autre langue que la sienne. Dans les écoles, les petits Alsaciens ne savent pas un mot de français ; eh bien ! on les oblige à l'apprendre sans se servir de leur langue maternelle, ce qui fait qu'ils ne sauront ni l'une ni l'autre des deux langues. Ils récitent des paroles sans les comprendre. Il en est de même pour la justice. Un accusé quelconque qui est traduit devant les tribunaux ne peut pas se servir de sa langue maternelle pour sa défense.

Camarades, on s'étonne que le peuple soit mécontent ! Vous pouvez juger s'il en a le droit. Il est facile, dans ces conditions, de comprendre pourquoi la grève des cheminots a pu éclater. Je suis sûr que si le Gouvernement n'avait pas pris ces mesures vexatoires, la grève des cheminots n'aurait pas eu lieu. La seule chose que nous voulions, c'est que le chef de dépôt, un M. Liéger, donne sa démission parce qu'il s'était permis de dire aux ouvriers alsaciens que s'ils ne se plaisaient pas dans leur pays, ils n'avaient qu'à traverser le pont de Kehl.

Camarades, il est regrettable que le Gouvernement français ne donne pas de plus amples explications aux soldats qui viennent en Alsace, afin qu'ils ne traitent pas les Alsaciens-Lorrains de Boches. Il me semble que ce peuple, après avoir souffert un demi-siècle et après avoir attendu avec tant d'impatience votre arrivée, ne méritait pas un pareil traitement.

La grève des cheminots a éclaté le 13 septembre 1919. Les cheminots ont posé un ultimatum. Le délai finissait à midi ; ils le prolongèrent jusqu'à deux heures.

Le 11 septembre, l'Union locale de Metz avait tenu une séance. Dans cette séance, elle avait pris la résolution suivante :

L'Union locale, réunie le 11 septembre au local « Trianon », à Montigny, décide :

« Après avoir entendu les délégués des syndicats, de se solidariser entièrement avec les cheminots se trouvant en grève, mais prie le Comité de la grève que le deuxième point des revendications soit modifié avec la collaboration de l'Union locale.

« A part ce deuxième point, les cheminots ont la liberté complète de leur action. Les mesures à entreprendre, de la part des syndiqués ouvriers de Lorraine en ce qui concerne l'exécution de leur solidarité par une grève de sympathie, sont l'affaire de l'Union locale. »

Camarades, ce mouvement était nécessaire. Les cheminots défendaient leurs intérêts, sachant bien que tous les syndiqués d'Alsace-Lorraine étaient solidaires et seraient derrière eux pour faire aboutir leurs revendications qui ne consistaient pas seulement en des augmentations de salaires ; ils réclamaient la nationalisation des chemins de fer d'Alsace-Lorraine, ce qui est d'intérêt général. Il me semble que ces revendications étaient pleinement justifiées. Un moment, nous avons eu l'impression que le Gouvernement serait capable de ruiner le pays pour un homme.

La grève a duré longtemps, mais elle a réussi.

Ce que je puis vous dire, c'est que les cheminots avaient gardé leurs machines sous feu; que tout le monde se trouvait à son poste afin que, si les revendications étaient acceptées, les trains puissent rouler aussitôt. Je dois vous dire aussi que les trains transportant les démobilisés et les vivres n'ont pas été arrêtés. Rien n'était abîmé, tellement ils avaient eu d'ordre. Le 12 septembre, les murs de Metz étaient couverts d'affiches officielles disant que les cheminots se trouvaient sous l'autorité française. Alors, ils passèrent de la résistance passive à la résistance active et quittèrent les ateliers. Le Gouverneur voulut alors s'entremettre ; il fit une harangue aux cheminots, faisant appel à leur patriotisme et pour finir, il leur disait : « Rentrez, mes enfants ! ».

Je considère que c'est une affaire qui ne regardait pas le gouverneur de Metz. S'il y a une lutte entre ouvriers et patrons, on doit rester sur un terrain neutre. Au lieu de cela, on s'efforce toujours de faire aboutir la grève par la force et aussi en nous défendant nos réunions.

Lors de la grève des mineurs, on a envoyé des soldats les remplacer ; lors de la grève des tramways, on a envoyé des officiers techniciens. Ainsi, aucune grève n'est plus permise en Alsace-Lorraine puisque le Gouvernement toujours s'en mêle, et cela au désavantage de la classe ouvrière. Il me semble que l'on n'a pas le droit d'avoir recours à de semblables moyens. Les capitalistes ont les reins assez solides ; ils n'ont pas besoin de l'intervention de l'autorité.

Une chose qui est à constater, c'est qu'après la grève des cheminots, ceux-ci ont tenu un meeting qui a pris la résolution suivante :

Le grand meeting tenu le 13 septembre 1919 en plein air par les cheminots, et auquel assistaient de nombreux camarades, prend acte, avec satisfaction, de ce que le gouvernement, après de longues tergiversations, s'est enfin rendu aux si légitimes réclamations des cheminots.

C'est pourquoi nous engageons nos compagnons à reprendre le travail avec le même ensemble qui a présidé à sa cessation.

Cette victoire complète fut uniquement remportée grâce à la conviction des cheminots syndiqués.

A cette occasion, les cheminots grévistes adressent aux briseurs de grève l'expression de leur mépris complet.

Ces traîtres, qui frappèrent honteusement dans le dos de leurs collègues, n'avaient aucun droit de placer leur chauvinisme au-dessus des intérêts économiques de leur profession. Nous protestons de la manière la plus énergique contre l'attitude des gouvernants de Lorraine, qui visaient à prêter à une grève justifiée un caractère anti-français.

Dans cette lutte, les cheminots ont reconnu combien il était nécessaire de s'associer à la C. G. T. qui fut, forte de plusieurs millions d'adhérents, l'état moral du mouvement. Ceux qui sont ici présents s'engagent à suivre la politique ouvrière de la C. G. T. et à réaliser ses aspirations.

Les idées arriérées de ces gouvernants en matière sociale et économique, ont affirmé à nouveau, de la façon la plus évidente, leur inaptitude à gouverner le pays pour le bien de tous. Nous demandons au gouvernement de Paris de placer des hommes capables à la tête de l'administration, afin d'empêcher que la ruine du pays ne soit consommée. Ce n'est qu'à cette condition que les promesses faites pourront être réalisées.

Vive la Fédération nationale des Cheminots de France et des Colonies ! Vive la C. G. T.!

Vous voyez, camarades, que tous les cheminots ont protesté contre cette insinuation consistant à dire que cette grève avait un caractère anti-français. En outre, le camarade Desgranges est venu à Metz le samedi matin, et je peux vous certifier qu'il a été applaudi avec frénésie. Il me semble que si nous avions un caractère anti-français, nous n'aurions pas applaudi le délégué de la Fédération française, comme le camarade Desgranges a été applaudi.

Voici la communication parue dans le *Messin* du 13 septembre.

L'ultimatum des cheminots est accepté sans réserve

1° Le chef de dépôt, M. Lieger, a donné sa démission aujourd'hui;

2° Notre réseau est chemin de fer de l'Etat, conformément à la loi du Commissaire général du 19 juin 1919 et suivant les déclarations de M. Lebert, au sujet desquelles ce dernier a engagé sa parole;

3° En ce qui concerne les autres points (2 et 7), le texte de la lettre n° 4540 du 11 septembre 1919, adressée par le directeur Lebert à M. Knecht, est appelé à former les bases du travail de la Commission paritaire constituée ce jour, et dont les résolutions seront soumises à l'approbation du Commissaire général et qui entreront en vigueur dès sa signature;

4° Concernant les camarades en grève, les promesses suivantes sont :

    a) Les camarades arrêtés seront remis en liberté sans retard;

    b) Il ne sera pris aucune sanction contre eux;

    c) Les journées de grève seront rétribuées;

5° Le travail sera immédiatement repris.

       Signé : LEBERT, PETER, STEINHAUSER, GROSS.

Camarades, j'ai adhéré à cette décision et je vous prie de reprendre le travail sans délai.

Dans le courant de la soirée, la mise en liberté des détenus : Esslinger, Berkessel, Basselin et Hablitzig se produisit sur l'ordre du général de Maud'huy; l'Alsacien Hasenfratz ne fut libéré que vers 11 heures 30.

Pendant toute la nuit, le Comité directeur fut constamment absorbé.

On n'a pas oublié que lors de l'intervention de l'autorité militaire les cheminots avaient cessé de surveiller la gare centrale. A ce moment-là, celle-ci avait été occupée par la troupe. Le service de surveillance militaire fut retiré sans que le Comité directeur fût averti, de sorte que la gare resta quelque temps sans surveillance, sauf quatre hommes seulement qui restèrent à leur poste. Quant à la gare de triage des Sablons, qui, au surplus, n'était pas éclairée, elle ne fut pas davantage gardée durant la nuit.

Sans commentaires.

Ce que nous voulons, c'est être traités en citoyens dignes de la France. Nous avons souffert un demi-siècle d'un régime néfaste et nous ne voulons pas recommencer. Il ne faut pas méconnaître la mentalité de la population alsacienne-lorraine. Elle est démocrate : elle aspire à la liberté, mais, dans les conditions actuelles, cette liberté est une chimère. Nous souffrons autant de ce manque de liberté que le prolétariat français et c'est pour cela que nous sommes tous unis pour faire la propagande nécessaire pour arriver à notre but.

Une chose qui a été belle dans la grève des cheminots, c'est lorsqu'on nous a envoyé deux compagnies de soldats, ceux-ci nous ont dit : « Vous n'avez pas besoin d'avoir peur, nous sommes vos compatriotes ».

Eh bien ! camarades, dans des circonstances pareilles, lorsque les poilus envoyés contre vous se serviront des mêmes expressions, alors le moment sera venu de changer la Société.

Camarades, nous savons que la liberté est actuellement un chiffon de papier. Travaillons dans ce sens ; nous comptons sur vous comme vous pouvez compter sur nous. La C. G. T. a à sa disposition 170.000 hommes avec une énergie farouche.

Travaillons tous pour que le mouvement ouvrier progresse à l'infini et pour que nous puissions changer cette Société si néfaste à la classe prolétarienne de France ! (*Applaudissements.*)

Le Conseil Economique du Travail

Le Président. — Il reste deux résolutions sur lesquelles le Congrès va être appelé à se prononcer. Mais auparavant le camarade Jouhaux a quelques mots à ajouter comme suite à la résolution présentée par le Bureau.

Jouhaux. — Camarades, je ne vais pas être long.

Nous pensions hier que notre résolution pouvait être apportée en conclusion aux débats sur le Rapport moral. Le Congrès en a pensé autrement et il a demandé que l'on vote d'abord sur le Rapport moral et ensuite sur la résolution elle-même.

Par conséquent, cette résolution revient ce matin devant vous.

Cette résolution, comme vous avez pu vous en convaincre puisque vous l'avez entre les mains, affirme notre point de vue syndicaliste. Elle rappelle la motion d'Amiens et elle détermine d'une façon plus précise que nous l'avons fait jusqu'ici les conditions dans lesquelles l'action syndicale sous toutes ses formes et sur tous les terrains doit se manifester.

Il ne lui manque qu'une conclusion pratique. Cette conclusion pratique, nous n'avons pas eu le temps de la rédiger. Mais je veux ici, en quelques mots, vous en donner l'esprit.

Hier, au cours des débats, les uns et les autres nous avons fait voir que les circonstances étaient d'une gravité exceptionnelle et qu'elles pouvaient par conséquent nous mettre en face d'une situation qui n'en appelle plus seulement à notre jugement critique, mais qui en appelle à notre action réalisatrice.

J'ai dit hier et je répète aujourd'hui que l'on ne peut être prêt à prendre en mains la suite des événements et des circonstances présentes qu'autant que nous aurons assuré la continuité de la production, qu'autant que nous aurons constitué l'organisme qui nous permettra de la diriger et d'assurer ainsi à tous la somme de satisfaction indispensable à ses besoins.

Je veux simplement vous rappeler ceci : c'est que dans la période actuelle, la grande majorité de la collectivité a des pouvoirs de consommation limités par ses pouvoirs d'achat. Par conséquent, si déjà à l'heure présente la somme de production est inférieure aux besoins de la consommation, nous pouvons en conclure que lorsque le pouvoir de consommation ne sera plus limité par les possibilités d'achat, la consommation augmentera ; donc, pour donner satisfaction à tous, il convient que parallèlement, les productions elles-mêmes augmentent. Elles ne peuvent augmenter que par des modifications profondes dans l'outillage et dans les méthodes de production elles-mêmes. Il convient donc que tous ceux qui peuvent déterminer l'augmentation des productions, tous ceux qui appartiennent à notre classe productrice, tous ceux qui sont des travailleurs viennent à nous, s'associent à nous et constituent, dans l'État actuel, l'organisme qui déterminera les conditions de la production et qui s'affirmera prêt à prendre la direction.

Nous avons dit et nous répétons dans notre motion que parmi les problèmes les plus immédiats à résoudre, et dont la solution est réclamée par l'universalité des travailleurs à travers le monde, se trouvent la nationalisation des transports, la nationalisation des chemins de fer, et surtout la nationalisation de la houille blanche, grand facteur de prospérité dans le futur ; lorsque, aujourd'hui, on regarde la situation économique, on aperçoit que quelques hommes ont drainé par devers eux toutes les forces hydrauliques, toutes les sources d'énergie électrique pour mieux dominer la situation de demain et pour imposer leur volonté.

Nous avons, dans ce Congrès qui constitue vraiment les « États Généraux du Travail », le devoir de nous dresser contre ces volontés et de faire toucher les épaules aux hommes qui veulent, par leur puissance économique, s'instituer demain en dictateurs des forces populaires ! (Applaudissements.)

Dans les transports, comme dans les mines, comme dans tous les domaines de la grande industrie, la nationalisation est une chose qui s'impose ; mais ici, dans ce Congrès, si nous nous contentions de parler de la nationalisation sans expliquer ce que nous entendons par ce mot, nous commettrions une faute grave.

Il ne peut pas entrer dans notre esprit de forcer le pouvoir de l'État en lui donnant une autorité patronale qui le fera peser d'un poids plus lourd sur l'évolution sociale.

Nous n'entendons pas non plus remettre à un fonctionnarisme

périmé la direction de la production de laquelle nous attendons une somme de bonheur plus grand... Nos camarades fonctionnaires qui assistent à ce Congrès savent que ce n'est pas à eux que le reproche s'adresse, mais aux organismes de l'Etat, à la bureaucratie d'Etat qui a voulu que les fonctions que prenait l'Etat dans l'ordre capitaliste viennent renforcer son pouvoir politique, sans aucun souci de l'intérêt général de la collectivité. Il convient de dire que ce que nous voulons par nationalisation, c'est le retour à la Nation des propriétés collectives (*Applaudissements.*) et c'est l'exploitation sous le contrôle de la Nation, par la coopération des producteurs et des consommateurs, de ces sources de vie et de progrès.

Pour réaliser ce programme immédiatement, comme pour en préparer la réalisation totale, j'ai dit qu'il fallait créer cet organisme. Il ne peut plus être question de Conseil national économique, mais il doit être question du Conseil Economique du Travail institué par la Confédération Générale du Travail. (*Applaudissements.*)

A l'heure actuelle, avec les techniciens groupés dans leur syndicat, avec ceux qui sentent que leur intelligence, leur savoir et leur science ne peuvent plus être assujettis à la volonté capitaliste, avec nos camarades fonctionnaires qui veulent s'évader du milieu morbide qu'est le fonctionnarisme d'Etat, avec ceux-là, nous pouvons constituer le Conseil Economique du Travail, qui examinera les problèmes, qui en recherchera les solutions et entreprendra l'action pour les réaliser.

La résolution dont je vous ai donné lecture proclame que devant la carence du Pouvoir les travailleurs doivent constituer, avec les techniciens et les fonctionnaires acceptant le programme minimum de la C. G. T., ce Conseil économique du Travail qui s'attaquera sans plus attendre aux problèmes immédiats et aux problèmes généraux de la production et des échanges.

Les problèmes immédiats sont les suivants :

— du charbon, inséparable de la nationalisation industrialisée des mines et des forces hydrauliques ;

— de la reconstitution des régions dévastées, inséparable de la nationalisation des transports, de la concentration industrielle et agricole, de la création d'une direction de la Reconstitution, émanant des sinistrés et des producteurs organisés, ayant des pouvoirs souverains pour réorganiser par secteurs les régions libérées avec les concours internationaux indispensables en main-d'œuvre, crédit, marchandises ;

— du ravitaillement, qui pose les questions du régime douanier, du régime des échanges, de la réorganisation de la production et du crédit ;

— des finances publiques, qui posent la question de l'impôt sur la fortune et de la refonte du système d'impôt inséparable de la nationalisation des banques ;

— de l'habitation, qui exige l'intervention de la collectivité pour les expropriations et l'édification de logements.

Le Conseil économique du Travail estime que :

La vie collective ne peut être maintenue que par l'action rapide des producteurs groupés ; il s'attachera donc à faire donner à la main-d'œuvre sa part de gestion, à obtenir l'industrialisation de l'Etat, à faire confier la gestion des grands organismes producteurs et d'échanges aux représentants qualifiés de la collectivité désignés par leurs organisations sous le contrôle de l'Etat. Le C. E. T. aura encore pour objet, en vue de réalisations pratiques et rapides, non seulement de régler ces problèmes immédiats, mais de définir les modalités de constitution et de fonctionnement :

— du contrôle et de l'intervention des travailleurs dans la gestion de la production ;

— des organismes nationaux et internationaux de ravitaillement ;

— de la représentation des intérêts économiques et professionnels ;

— des services municipaux du logement ;

— de la concentration des exploitations agricoles et de leur industrialisation ;

— de l'éducation professionnelle, technique et supérieure.

La création du Conseil Economique du Travail correspond dans l'idée ouvrière à une série de préoccupations directement inspirées de problèmes immédiats et d'avenir.

En l'instituant avec l'aide des techniciens et des fonctionnaires qui acceptent son programme minimum de revendications immédiates telles que les a définies le premier Comité national confédéral, le mouvement ouvrier entend montrer qu'il revendique de suite sa part de responsabilités dans les circonstances actuelles.

Il est en fait ainsi une manifestation d'action directe qu'il développera jusqu'à la dresser en face des survivances de la politique et des organes routiniers et irresponsables de l'administration étatiste.

Il entend en faire un instrument d'étude et de préparation au rôle social des travailleurs. Le C. E. T. les mettra à même de poursuivre l'examen de toutes les questions relatives à la production et à la répartition des richesses, de connaître les disponibilités et les besoins, de rechercher les améliorations de tout ordre qui doivent intervenir dans la technique industrielle, ou celles qui doivent avoir pour effet de modifier le statut et le rôle du travail, de fixer les organismes économiques nécessaires au développement de la vie collective. Le Conseil Economique du Travail aura ainsi pour raison d'être de faire passer dans les faits ce principe directeur de l'action ouvrière : l'administration des choses doit se substituer désormais à la domination sur les hommes.

Par sa constitution même, le Conseil Economique du Travail sera un effort vers la responsabilité. Le syndicalisme est une représentation directe des producteurs. Il n'opère point par délégation : il ne reconnaît pas pour la représentation des intérêts qu'il défend un système sur lequel il n'aurait pas un contrôle permanent ; il n'admet pas la désignation d'individus ou la constitution d'organismes qui ne seraient point l'émanation directe des organisations professionnelles. Le Conseil·Economique du Travail ne saurait être, par exemple, ni une espèce de « Comité » élargi, ni une sorte de Parlement à côté, qui ne pourrait être soumis qu'à un contrôle intermittent et partant inefficace : il doit être, sans intermédiaire et de façon constante, la délégation des groupements professionnels réunis suivant les·modalités mêmes de la production et de l'échange et en vue d'élargir l'activité économique pour la transformer dans le sens même que les travailleurs assignent à leurs efforts.

Le mouvement ouvrier qui veut ainsi réaliser l'institution générale dans laquelle il voit le moyen d'agir en vue de résoudre les pro· blèmes actuels et de contribuer à cette préparation des producteurs sans laquelle il serait vain d'escompter une transformation sociale, pense encore que cette transformation par laquelle il définit et dans laquelle il résume son idéal révolutionnaire, ne pourra être réalisée que par l'organisation.

Il ne croit pas qu'une tâche aussi complexe, aussi difficile, aussi grave, puisse être le fait d'individus ; il n'admet non plus qu'elle puisse résulter du débordement incohérent de ces masses mêmes, sans que celles-ci soient préparées moralement et matériellement à assumer la besogne de diriger et de gérer le mécanisme extraordinairement complexe qui est celui du régime actuel et sera celui du régime nouveau. Seule cette tâche peut être le résultat de l'effort persévérant du mouvement ouvrier tout entier, de tous les producteurs, non seulement parce qu'ils sont le nombre, qu'ils sont à l'heure présente exploités et misérables, mais parce que, élément décisif de la production, le travailleur doit apporter dans l'Economie moderne sa compétence technique, sa volonté de faire donner au Travail la place qui lui revient et que nous estimons totale.

Une telle œuvre ne peut être accomplie ni par des individus, ni par une foule. Elle ne résultera que de l'organisation elle-même, de toutes les possibilités qu'elle possède en elle et que notre effort soutenu doit tendre à développer. Elle ne sera le fruit que d'un long effort, d'un travail soutenu, intense et difficile, l'aboutissement du mouvement même !

Certes ! la réalisation d'une telle œuvre ne sera pas une chose facile, car, par la constitution de ce Conseil Economique du Travail, nous allons nous dresser directement, sur le terrain des faits, en face de l'Etat.

Ou bien nous serons les vainqueurs, ou bien nous serons les vaincus. Mais je ne pense pas que dans l'état présent, au milieu des difficultés formidables, en face de la faillite financière, en présence du manque de matières premières, au moment où sur tous les terrains — extraction de matières premières, transformation de matières premières, transport de matières premières, fabrication des produits manufacturés — il faut des forces neuves, des idées de progrès, des révolutions profondes, je ne pense pas que nous soyons les vaincus, parce que nous, nous représentons le progrès, parce que nous représentons l'avenir. Et si vraiment nous sommes l'expression de ces forces, nous devons surmonter les difficultés, nous devons triompher !

C'est dans cette certitude que, complétant la motion présentée hier, je vous demande de donner mandat à la Confédération Générale du Travail de constituer le Conseil Economique du Travail, expression de la classe ouvrière dans tous ses éléments de production. (*Applaudissements.*)

Le vote sur la motion

MILLION. — Camarades, le Congrès serait impardonnable, à mon avis, si, de ces cinq journées de discussion sur le Rapport moral, il ne sortait pas une œuvre positive. Ici, nous avons examiné longuement la gestion du Bureau confédéral ; est-ce à dire que vous allez retourner demain dans vos organisations, dans vos localités sans avoir les directives précises sur le sens où doit s'orienter le mouvement syndicaliste ?

Il nous reste une journée ; il faut que cette journée soit fructueuse et qu'à l'avenir, les idées guident les hommes.

Des débuts de ce Congrès, il semble ressortir nettement que le besoin d'une orientation à gauche se ferait sentir; et si, hier, il y avait des divisions parmi vous dans l'examen des faits du passé, je vois par contre qu'il se dessine une grosse majorité pour marcher résolument dans la voie de l'action.

Comment devons-nous déterminer l'action de demain ?

Vous êtes en présence de résolutions très longues qui déterminent d'une façon nette dans quel sens la C. G. T. dirigera son action ; mais aussi, il faut que vous-mêmes vous forgiez l'outil puissant qui doit vous permettre d'atteindre ce but, et alors nous vous demandons si à présent l'organisme confédéral répond bien à ce besoin ?

Certes ! par le passé, nous avons fait du mieux que nous avons pu, avec les moyens dont nous disposions. Est-ce à dire que tout était parfait, qu'il n'y a pas encore en ce moment besoin d'une fusion morale des éléments qui composent la C. G. T. ? Est-ce qu'après ces débats, nous allons nous retrouver avec la même crise que nous avons traversée hier ? Je dis : Non ! Il n'est pas possible que notre action soit efficace si, entre nous, il n'y a pas cette sympathie, il n'y a pas véritablement cette fraternité qui peut seule réaliser ce que nous désirons !

Aujourd'hui, la situation où nous nous trouvons demande qu'il n'y ait plus d'équivoque. Le syndicalisme se suffit à lui-même, a-t-on dit ; et quelques camarades font des réserves. J'estime que cette formule se trouve confirmée par les faits. Cela ne veut pas dire que les militants syndicalistes n'ont pas le droit d'affirmer leur opinion à côté du syndicat de la manière qu'ils l'entendent, mais le syndicalisme se suffit à lui-même en ce sens qu'il prend sa source dans l'élément ouvrier, à l'atelier, à l'usine ; qu'ensuite, il s'affirme par l'action sociale et qu'enfin, il se conclut par l'action transformatrice.

Notre action doit donc se caractériser par ces trois faits, et il appartient aux Unions départementales surtout de traduire dans le domaine des faits cette expression de la pensée syndicaliste.

Nous avons, dans les Unions départementales, le moyen de faire de l'action générale ; mais encore j'estime que les Unions départementales n'ont pas toujours en elles-mêmes les éléments dont elles ont besoin. Je crois qu'il faut que la Confédération Générale du Travail s'occupe du groupement régional et de former, avec ce groupement régional, une Commission de propagande, un noyau de propagandistes. Je vais même plus loin : j'estime que le Comité confédéral actuel, tel qu'il est composé, répond à un besoin ; il faut que les secrétaires d'Unions départementales, il faut que les secrétaires de Fédérations d'industrie se trouvent en contact et prennent des décisions communes. Seulement, j'estime qu'il y a une lacune dans la composition de la Commission administrative de la C. G. T. : et là, camarades, je vous demande d'élever le débat, je vous demande d'apporter ici toute la tolérance et la largesse d'esprit qu'il faut avoir pour que demain nous nous trouvions unis dans la voie qui nous est tracée par ce Congrès. La Commission administrative, telle qu'elle est composée, ne permet qu'à un secrétaire de Fédération d'en faire partie ; or, il peut se trouver que dans une même Fédération il y ait plusieurs éléments qui mériteraient d'appartenir à cette Commission administrative. D'autre part, les événements du 21 juillet nous ont prouvé la faiblesse de la composition de la Commission administrative. Il faut dire la vérité. Je crois que la Commission administrative de la C. G. T doit s'élever au-dessus des préoccupations particulières des secrétaires de Fédérations ; elle doit être l'organisme exécuteur des décisions prises par le Comité confédéral ; elle représente la Confédération Générale du Travail et non pas simplement l'état d'esprit des Fédérations prises particulièrement. J'estime donc, dans ce sens, qu'il faudra que nous revisions quelque chose de notre constitution ; pour que le Comité confédéral puisse être appelé à prendre les éléments de la Commission administrative en dehors même des secrétaires de Fédérations, si bon lui semble, il faut qu'il puisse puiser dans les meilleurs éléments ouvriers pour les besoins de l'action confédérale. Et alors, camarades, j'estime qu'il y a autre chose à faire pour que la crise morale que nous avons vécue ne subsiste plus au lendemain de ce Congrès, car nous avons besoin de ne plus sentir les divisions que nous avons trop connues hier et qui étaient compréhensibles au lendemain de la monstrueuse guerre.

Eh bien ! pour cela, je voudrais que la Commission administrative soit composée d'éléments de toutes tendances, c'est-à-dire que toutes les activités, toutes les énergies du mouvement ouvrier, quelle que soit l'opinion de ces militants, puissent être appelées à participer à l'action confédérale. Je crois par suite qu'il serait nécessaire, pour la composition de cette Commission administrative, que les camarades qu'on a appelé minoritaires soient appelés en nombre proportionnel à la composition de la Commission administrative.

Un délégué. — Et les femmes ?

Million. — Une camarade femme m'interrompt et me dit : « Il faudrait également que les femmes participent à la vie confédérale ». Nous sommes de cet avis, surtout dans le Rhône. Nous sommes pour l'organisation des ouvrières et pour qu'également les militantes puissent participer à notre action émancipatrice. A la C. G. T., non plus, on ne peut pas ignorer ce problème.

Je reviens sur ce point essentiel : composition de la Commission administrative.

Il y a en ce moment une Commission de révision des statuts. Je crois qu'elle pourrait s'occuper de la question et faire en sorte que nous nous retrouvions demain avec un organisme complet.

Je n'admets pas, pour ma part, qu'il y ait des militants capables de faire de la propagande qui se trouvent en dehors de l'action proprement dite de la C. G. T.. Il ne faut pas aller dans le pays en se heurtant les uns contre les autres; et moi, qui étais de la tendance minoritaire, moi qui me suis affirmé de toutes mes forces contre la guerre et contre la gestion du Comité confédéral, je dis qu'il est désastreux, lorsqu'on va dans le pays, que le prolétariat qui assiste à nos réunions entende les critiques lancées à des camarades de quelque tendance qu'ils soient.

Il ne faut plus que cela soit demain ! Il faut que nous parlions avec notre tempérament ; il faut que nous affirmions au besoin la nécessité d'une action révolutionnaire plus accentuée ; il faut qu'il y ait harmonie entre les efforts des uns et des autres. Pour cela, il faut qu'une Commission générale de propagande soit constituée et que tous les éléments qui en feront partie s'engagent à faire de la propagande révolutionnaire, à faire de la propagande qui serve à tous les intérêts du mouvement ouvrier.

Camarades, j'estime que notre action de demain, en dehors des considérations générales qu'a développées Jouhaux, doit porter sur l'action économique, c'est-à-dire les améliorations immédiates que nous pouvons arracher : salaire minimum, retraites ouvrières, défense de la journée de huit heures, délégués syndicaux dans les ateliers, voilà la besogne immédiate. Ensuite, sur l'action sociale : réforme de l'enseignement, telle que l'étudient nos camarades instituteurs en ce moment, car il y a là une œuvre essentielle que nous ne pouvons pas négliger ; action de toutes nos forces contre l'intervention en Russie : le temps des protestations platoniques est passé, il faut traduire nos volontés par une action positive, et lorsqu'au Comité confédéral du mois de mai j'avais présenté une proposition tendant à faire une action en faveur de la Révolution russe, je n'avais certes pas caractérisé cette action par une grève générale, je voyais mieux de plus haut : je voyais l'action préconisée par le rapport présenté par le Bureau confédéral, par les déclarations que nous ont fait Rivelli et Bidegaray. Oui, je voyais que nous pourrions par tous les moyens dont nous disposions arrêter les ressources que possèdent les gouvernants pour aider la contre-Révolution russe. De ce côté encore, il faut faire voir que nous avons des possibilités autres que la grève de 24 heures.

Pour l'action transformatrice, Jouhaux tout à l'heure vous a donné un programme. Mais il y a également un côté du problème que nous ne devons pas négliger, c'est le côté paysan. Oui, il est très beau de s'occuper de l'action transformatrice dans les grands centres, mais il faut aussi faire un petit foyer d'action dans chaque centre régional. Il faudra que nos camarades paysans trouvent dans chaque canton une bibliothèque qui leur permette de s'instruire. Ils ne sont pas antipathiques à notre action ; mais ils ne la connaissent pas : ils nous comprennent mal à cause de la caricature faite de nous par la grande presse. J'estime que nos camarades terriens auront une besogne ardue à faire, et il ne faut pas qu'ils soient livrés à eux-mêmes. Cela fait partie de l'action confédérale et il faudra que notre activité s'exerce sans cesse.

Tout à l'heure, Jouhaux parlait des Conseils Economiques du Travail où il faut abandonner toute idée de collaboration avec les gouvernants. Pour former un Conseil national du Travail, c'est en nous-mêmes qu'il faut puiser nos forces et je voudrais que les coopératives y aient une place, car le mouvement ouvrier repose sur deux bases : d'un côté les producteurs et de l'autre côté, les coopératives, organe de la consommation. Il faut qu'une fois pour toutes notre mouvement marche vers son but résolument et ne trébuche plus en hésitant ; il faut aussi que nous affirmions, puisqu'en somme on nous a méconnus, comment nous voulons développer dans notre société du travail de demain, la possibilité d'utiliser toutes les ressources, artistiques, littéraires; il faut que les penseurs soient avec nous et ne nous considèrent pas comme les saboteurs du progrès, mais comme la force de demain qui va rayonner sur le monde, comme une force de justice et de liberté. (*Applaudissements.*)

Dejonkère. — Camarades, nous avons également examiné la résolution présentée par le bureau et nous en avons pesé tous les termes.

Nous avons trouvé dans un paragraphe quelque chose qui ne nous convient pas, parce que ceci semble indiquer que l'on pourrait continuer des méthodes de collaboration que nous avons condamnées, nous minoritaires.

Ce passage est celui-ci :

Toute manifestation de la force ouvrière, en effet, tend à l'heure présente à la conclusion des contrats. Ce serait une erreur profonde d'y voir une collaboration; les conventions collectives, qu'elles s'étendent à un atelier, ou à toute une région, ou à une corporation sur toute l'étendue du territoire, possèdent une valeur de transformation parce qu'elles limitent l'autorité patronale, parce qu'elles ramènent les relations entre employés et employeurs à un marché qui encourage l'effort sans apaiser l'énergie, puisque le travail n'y trouve pas la reconnaissance à tous ses droits, mais la satisfaction d'amoindrir l'absolutisme patronal en introduisant dans l'atelier ou l'usine le contrôle d'une puissance non assujettie à l'exploitation du patronat, d'une force d'émancipation : le Syndicat.

J'ai écouté avec beaucoup d'intérêt et d'attention la proposition faite par notre camarade Jouhaux, en ce qui concerne la constitution d'un Conseil Economique du Travail. Nous sommes parfaitement d'accord avec Jouhaux, en ce qui concerne la constitution de ce Conseil Economique, parce que nous y voyons le groupement des capacités techniques pour la transformation sociale, mais au profit des producteurs et à leur seul profit. Et nous ne voudrions pas qu'on puisse faire confusion dans la partie de la résolution que je vous ai lue. Chez nous, depuis quelques années, nous luttons contre une collaboration administrative qui est néfaste aux intérêts des travailleurs des chemins de fer ; nous critiquons cette collaboration administrative, parce qu'elle donne des armes à nos exploitants, parce qu'elle maintient les privilèges de ceux qui sont nos dirigeants, et nous disons : « Nous ne voulons pas que l'on puisse faire confusion pour l'avenir ». Nous voulons qu'on établisse bien que dans ce paragraphe de la résolution, on ne pourra trouver en aucune sorte une collaboration avec le patronat qui pourrait donner des armes à ceux-là pour lutter contre nous demain.

Et puis, d'accord avec Jouhaux, nous sommes pour la nationalisation, mais contre le monopole d'Etat, parce que nous ne voulons pas que la nationalisation des moyens de transports, des mines, soit une source de profits pour le Gouvernement et la classe capitaliste et se retourne contre la classe ouvrière.

Lardeux. — Camarades, je ne pensais pas prendre la parole sur la résolution, si notre camarade Jouhaux, secrétaire confédéral, n'était venu, ici dire fort à propos : « Cette résolution, il lui manque une conclusion pratique. J'apporte cette conclusion ».

Le rapport qui vient d'être voté, c'est le passé. La résolution qui nous est présentée, c'est l'avenir, c'est la route de demain et Jouhaux, quand il voulait préciser, avait raison. Mais je crois qu'il faut préciser encore davantage.

Que nous a dit Jouhaux ? Il nous a dit : « Nous sommes partisans de la création d'une Commission qui aura pour mission l'examen du problème social ; commission qui sera composée de toutes les valeurs techniques et ouvrières nécessaires, utiles, indispensables pour frayer la route de demain ».

Il a ajouté : « Nous voulons la nationalisation des chemins de fer ; nous voulons la nationalisation des mines ; nous voulons la nationalisation de toutes les grandes industries. » Je suis parfaitement d'accord avec Jouhaux. Mais, tout de même, il ne faut pas oublier que si nous voulons tous cette nationalisation telle qu'il l'a indiquée, c'est-à-dire gérée par des techniciens appartenant à la classe ouvrière, nous sommes en régime capitaliste. Si nous faisons la nationalisation, l'Etat, la politique, les rois du rail et de la mine; en régime capitaliste, diront : Nous voulons être représentés dans les Conseils d'administrations de ces grandes firmes nationalisées. Nous disons, nous, qu'à côté de ce Conseil supérieur des études techniques, devant procéder à l'examen des problèmes définitifs, il doit y avoir, par exemple, au sein de ce Conseil, en remplacement des Chambres de commerce, en remplacement des Conseils des compagnies, pour les transports le Bureau de la Fédération des Transports, pour les mineurs le Bureau de la Fédération du Sous-Sol ; pour les ports et les docks, la même chose, et sur tous les terrains nous devons dire que la nationalisation sera entre les mains de la classe ouvrière tout entière. Et alors, on dit : C'est le « Ote-toi de là que je m'y mette » ! C'est dire au capitalisme : « Tu as assez vécu, il faut que tu t'en ailles ! » Et cela ne s'appelle plus la nationalisation, cela s'appelle la socialisation !...

Je ne joue pas sur les mots et je dis : Voici la nationalisation des chemins de fer telle que nous l'avons comprise jusqu'à aujourd'hui, dans notre corporation. Nous demandions que dans le Conseil d'administration soit représentée la C. G. T., c'est entendu ; la coopération, c'est encore entendu, mais nous disions aussi, et je l'ai entendu dire au plus qualifié de notre Fédération : les chambres de commerce y seront également représentées, le commerce, l'industrie y seront également représentés. C'est cela la forme de la nationalisation.

Mais, si vous voulez que ce soit la socialisation, il doit y avoir place pour les techniciens du travail et non pas pour toutes ces chambres de commerce qui ne représentent que ceux qui disposent des travailleurs sans jamais avoir mis la main à la pâte. (Applaudissements.)

Cela suppose, je l'ai dit, la reprise totale des moyens de production; mais cela semble déterminer cette action pour un moment précis, parce qu'enfin, si vraiment c'est comme cela que vous comprenez la nationalisation (que je qualifie de socialisation), vous devez diriger tous vos efforts vers ce but ; vous devez mobiliser tous les courages, toutes les consciences, toutes les énergies pour atteindre ce résultat. Et vous supposez bien tout de même que cette lutte aura une fin ; si cette fin est la suppression du capital, si c'est la reprise de tous les moyens de production pour les mettre entre les mains du prolétariat, c'est, que vous le vouliez ou non, la Révolution qu'a posé devant vous le camarade Jouhaux.

Il s'agit de savoir, comme l'a dit le camarade Million, si nous sommes décidés à agir dans cette voie.

En ce qui me concerne, ayant le mandat de l'organisation que je représente de voter dans ce sens, je le voterai d'un grand cœur : mais il s'agit de savoir si les uns et les autres nous sommes d'accord pour nous engager dans ce chemin, parce qu'enfin il pouvait y avoir hier des minoritaires et majoritaires, mais comme ces deux mots n'ont plus de valeur l'un sur l'autre que par la différence des chiffres. l'énergie et la bonne volonté devant nous réunir tous, il faut savoir si vraiment, comme un seul homme, nous devons nous engager dans ce chemin de la Révolution, puisque chemin de la socialisation de toutes les industries qui dépendent de notre pays.

Cette résolution que je voterai, je la trouve incomplète encore, non pas après ce qui vient d'être dit, après ce que j'interprète à mon sens et — j'en ai l'assurance — au sens de nombreux congressistes ; mais je dis que dans cette résolution, à moins que je l'aie insuffisamment lue, je ne vois rien qui parle de l'amnistie.

J'aurais été heureux de voir quelques lignes de texte dans cette résolution pour réclamer, devant ce Congrès de Lyon et devant l'Internationale, cette amnistie qui nous tient tant à cœur et que nous avons associée dans tous nos mouvement dans les périodes passées. (*Applaudissements.*)

Je suppose que cette résolution, dans le sens où elle vient d'être développée ici, réunira l'unanimité des membres du Congrès, mais je dis, je répète et je veux terminer là-dessus, qu'elle fixe, qu'elle limite, qu'elle détermine l'époque à laquelle nous devons aboutir. Elle précise, elle concrétise la forme de propagande que nous devons employer. N'oublions pas que nous nous trouvons aujourd'hui avec tous les malaises sociaux qui existaient hier, et ce n'est pas parce que l'unanimité sera faite ici que ces difficultés auront disparu.

Ah ! on nous demande de produire beaucoup. Je suis d'avis qu'il faut produire beaucoup, si cette action que l'on vient de préciser est possible dans sa réalisation ou dans ses essais de réalisation dans un avenir réellement prochain.

Mais si au contraire on devait voter cette résolution avec l'intention de ne pas en chercher le résultat le plus immédiat possible....

Rougerie. — Mais quelle date demandez-vous ?

Lardeux. — Vous nous demandez de produire le plus possible, c'est juste, puisque nous prenons cette résolution de faire valoir pour tous les travailleurs les produits qu'ils auront créés ; mais si nous devions rester dans l'expectative, pendant plusieurs années encore, j'ai le droit de dire que les travailleurs doivent regarder à côté d'eux. On a dit à cette tribune qu'il y avait un souffle d'immoralité sur la classe ouvrière parce que celle-ci, ne tenant pas compte des circonstances difficiles dans lesquelles elle se trouvait, ne produisait pas autant qu'elle aurait dû le faire. Ces circonstances, elles ne les a pas créées, elle ne les a pas voulues ! Dans ces conditions, nous devons dire que le souffle d'immoralité n'est pas seulement sur la classe ouvrière, mais plus encore sur la classe bourgeoise. Ah ! je veux bien que vous disiez que la classe ouvrière est responsable de cette non-production, mais je tiens ici, en tant que producteur, à dégager la responsabilité des nôtres... Je dis que si vous qualifiez d'immorale la non-production d'aujourd'hui, vous devez avoir le courage de rechercher les causes de cette non-production, et personne ici n'a eu ce courage....

Je dis que les capitalistes font tout ce qu'ils peuvent pour que ce souffle d'immoralité continue ! Dans les chemins de fer, nous n'avons absolument rien pour les réparations de notre matériel.

Il faut ici protester contre cet état de choses.

J'ai le droit de dire que cette, non-production est l'œuvre du capitalisme et non de la classe ouvrière. Je dis que les coupables sont ceux qui nous dirigent et que ceux qui ont souci du pays ce sont les ouvriers.

Je suis d'accord avec les conditions qu'a indiquées Jouhaux et qui déterminent une action à brève échéance.

Je suis également heureux d'avoir pu dire ici ce que mes mandants m'ont commandé de dire. (*Applaudissements.*)

LAURENT. — Camarades, je veux me permettre de lire ici trois lignes de la résolution pour montrer à notre camarade qu'il l'a lue imparfaitement :

Continuer la production pour satisfaire les besoins des hommes, l'accroître pour mettre à la disposition de tous une plus grande somme de richesses consommables, ainsi se traduisent ses préoccupations auxquelles la situation mondiale, résultant de la guerre, donne une gravité formidable. Le mouvement ouvrier affirme qu'il doit et qu'il peut y répondre, mais il déclare aussi que tout effort dans ce sens n'est plus conciliable avec le maintien du régime actuel; l'appel au travail, auquel les travailleurs sont prêts à répondre, ne peut se comprendre désormais qu'avec la reconnaissance totale des droits du travail.

LE PRÉSIDENT. — Camarades, la parole est à Coron, l'auteur d'un projet de résolution.

CORON. — Camarades, je ne vous imposerai pas un long discours ; il est nécessaire cependant de rappeler qu'hier, les congressistes ont été, à ce qu'il m'a semblé, unanimement surpris de la lecture de la résolution présentée par le camarade Jouhaux. La première impression que nous avons tous ressentie a été, je crois, une impression de surprise et je suis persuadé que si à ce moment-là on avait demandé à chaque délégué de se prononcer, unanimement ou presque la résolution eût été adoptée.

C'est qu'en effet, camarades, un document de quatre pages, qui traite de problèmes aussi complexes, laisse dans l'esprit de tous une impression vague, s'il n'est pas lu attentivement et étudié paragraphe par paragraphe.

Fort heureusement, il nous a été permis de l'étudier et là, camarades, notre impression a été que ce document était équivoque. Après avoir réclamé de ce Congrès qu'il sorte des décisions claires et précises, nous ne trouvons au contraire, dans les décisions contenues dans cette résolution, qu'équivoques, ambiguïtés, imprécisions.

C'est ce que je vais essayer de faire ressortir pour expliquer pourquoi nous ne pouvons pas accepter cette résolution, malgré notre désir d'unité et d'unanimité dans l'action.

Dans le deuxième paragraphe, nous lisons :

Participation égale de tous aux charges et aux droits que les rapports nécessaires des hommes font naître, tel est le principe initial sur lequel le mouvement ouvrier entend instaurer un régime nouveau; il réalisera celui-ci suivant ses conceptions propres, avec les organismes qu'il aura lui-même créés.

Nos prétentions sont peut-être bien grandes, mais nous prétendons que le Syndicat, la Bourse du Travail ou Union locale sont des organismes suffisants pour permettre l'instauration d'un régime nouveau et nous prétendons qu'il n'est pas nécessaire, pour faire la Révolution, d'attendre que des organismes nouveaux aient été créés.

Dans l'alinéa que notre camarade Laurent a cru, par son intervention, avoir suffisamment précisé, là encore, nous constatons une lacune, ou plutôt un manque de précision. Lorsqu'il dit, par exemple :

« Le mouvement ouvrier affirme qu'il doit et qu'il peut y répondre, mais il déclare aussi que tout effort dans ce sens n'est plus conciliable avec le maintien du régime actuel ; l'appel au travail auquel les travailleurs sont prêts à répondre, ne peut se comprendre désormais qu'avec la reconnaissance totale des droits du travail. »

Ceci vous semble précis. A mon sens, c'est absolument équivoque, parce qu'on ne nous dit pas quels sont ces droits du travail. Est-ce que ces droits du travail sont, comme le disait tout à l'heure le camarade Lardeux, la représentation de la C. G. T. et des coopératives dans ces organismes ? Est-ce la création d'un organisme nouveau qu'on ne nous a pas encore défini ? Nous demandons que l'on précise les droits parce que, pour nous, il n'y a pas d'autres droits du travail que la prise de possession de tous les moyens de production.

Et, camarades, pour vous prouver que nous sommes en droit de demander des précisions sur ce que l'on appelle les droits du travail, je m'en vais me permettre de vous relire un petit passage qui montre dans quelle équivoque nous nous trouvons :

L'impuissance de la classe dirigeante et des organisations politiques s'affirme de jour en jour plus forte, plus forte aussi apparaît constamment la nécessité pour la classe ouvrière de prendre ses responsabilités dans la gestion de la société.

Mais est-ce que ce sont les droits du travail ? Il faut préciser si c'est dans la société actuelle que nous devons partager les responsabilités de gestion.

Camarades, il me semble que le texte que j'ai présenté hier n'est plus complètement à sa place ici, parce qu'il contient un blâme et que, sur ce blâme, on s'est prononcé hier soir. Nous ne retenons donc simplement les passages qui ont trait à l'organisation du travail.

Je vous demande, camarades minoritaires, de ne pas embarrasser le débat par une nouvelle résolution et aussi de faire bloc contre la déclaration présentée par le bureau et de dire qu'elle n'est pas à sa place maintenant, et qu'on nous la présente à la discussion de la transformation sociale puisqu'elle ne parle que de la transformation sociale.

Moussaud. — Nous allons passer au vote de la résolution.
Ceux qui voteront pour voteront pour la résolution avec les explications que Jouhaux a fournies sur le Conseil économique du Travail.
La Commission qui a été nommée pour le vote sur le rapport moral
fera le dépouillement de ce vote.

Le résultat du vote est celui-ci :

Pour, 1.633 ; contre, 324 ; abstentions, 43.

La séance est levée à midi.

Séance de l'après=midi

Même bureau que le matin.

Le Président. — La parole est à la camarade Marie Guillot, des
instituteurs.

L'Organisation syndicale des femmes

Marie Guillot. — Ce Congrès, qui fut dénommé, au cours des
débats, « Assises générales du Travail », comprend un nombre infime
de femmes, sauf dans les rangs des instituteurs.

Cependant, les femmes qui travaillent hors du foyer sont nombreuses.

Comment se fait-il qu'elles soient si mal représentées à ce Congrès,
qui devrait être une assemblée délibérante du monde des travailleurs ?
Ce monde, n'est-il pas vrai, est composé d'hommes et de femmes...

Je vois à cela plusieurs causes :

Les femmes ne sont pas syndiquées en aussi grand nombre que
les hommes et, syndiquées, elles restent à l'écart dans les délibérations et les délégations, par méfiance d'elles-mêmes, parce qu'elles
sont peu habituées à la vie publique.

Privées des droits civiques dont la principale utilité serait d'élargir
leur horizon familial étroit, de les habituer à cette idée qu'elles aussi
ont leur part de droits et de responsabilités sociales et qu'elles doivent une fraction de leurs forces intellectuelles et morales à cette

œuvre, — privées de ces droits, elles se désintéressent souvent des questions d'ordre général et sont, de ce fait, plus que les hommes, mal préparées à remplir les obligations et à exercer les droits de la solidarité sociale.

Cependant, la pratique du métier en dehors du foyer, l'expérience des rudes conditions de la vie à l'atelier ou à l'usine développent en elles, comme chez les hommes, soit l'esprit de révolte plus ou moins accentué, soit le servilisme.

Pouvons-nous dire que toujours tous les hommes syndiqués, dans les groupements, les accueillent avec l'esprit de camaraderie qui développerait leur confiance et leur audace ?

Pouvons-nous dire que tous s'appliquent toujours à attirer les meilleures d'entre elles au premier rang avec eux, sur le même plan qu'eux ?

Pouvons-nous affirmer que tous ont mené, auprès des femmes de leur métier, une propagande persévérante avec des moyens appropriés pour les amener au syndicat ?

Beaucoup d'entre eux l'ont tenté ; quelques-uns ont réussi, quelques-uns ont persévéré, beaucoup se sont découragés très vite, beaucoup qui étaient allés à la lutte avec des idées préconçues ou du scepticisme. Beaucoup aussi, beaucoup trop, ne les ont encouragées qu'avec ironie, avec un manque de bienveillance, parfois même avec de l'hostilité.

Prenons un exemple ; voyons ce qui s'est passé dans l'enseignement, corporation qui comprend un peu plus de femmes que d'hommes. Il ne s'agit pas seulement de Syndicats, qui sont l'élément révolutionnaire de l'enseignement, mais aussi des Amicales, qui groupent les éléments réformistes et corporatifs....

Ce sont, en général, les hommes qui ont formé les Amicales et les Syndicats. — je dis en général, car il y a des exceptions.

Les femmes y sont venues tout de suite et leur nombre s'est augmenté peu à peu : mais que s'est-il produit au moment de l'action ?

Une fraction des hommes poussaient les femmes, non seulement à soutenir leurs revendications particulières, mais encore à prendre la parole sur les questions d'ordre professionnel et d'ordre général.

Ils soutenaient ces revendications, entre autres l'égalité du traitement aujourd'hui acquise.

Ils ne manquaient aucune occasion de les encourager à affirmer leur personnalité, soit en leur faisant place au bureau des Associations, soit en leur confiant une part du travail syndical ou en les déléguant dans les Congrès.

Mais un plus grand nombre encore faisait une opposition violente et sournoise : raillant les femmes, les ridiculisant, négligeant systématiquement d'employer la force de l'organisation pour les aider à poursuivre leurs revendications particulières.

Que firent les femmes ?

Tout en restant dans les Associations professionnelles mixtes, elles formèrent une Fédération féministe universitaire, comprenant hommes et femmes. C'est là qu'elles groupèrent leurs forces, qu'elles se dressèrent à l'action, préparèrent les campagnes à mener dans les Syndicats et les Amicales, distinguèrent celles d'entre elles qui étaient des militantes et prirent le parti de soutenir énergiquement leurs interventions.

Elles fondèrent un journal, l'*Action Féministe,* où elles réunirent leurs documentations, classèrent leurs arguments, développèrent leurs thèses.

Peu à peu, aidées par des hommes de plus en plus nombreux, peu à peu, mais non sans lutte, elles amenèrent les groupements professionnels à poursuivre la réalisation de leurs revendications, elles conquirent leur place dans les Associations et y jouèrent leur rôle — rôle qui devint de premier plan pendant la guerre, par suite du départ d'un grand nombre d'hommes. Sur sept révoqués de guerre, les instituteurs comptent cinq femmes et nous ne dénombrerons pas celles qui subirent des peines disciplinaires, des tracasseries administratives et des perquisitions.

Comment obtenir un résultat identique dans toutes les Fédérations?

Il faut grouper les femmes militantes par Fédération. Il faut leur mettre en mains un organe de propagande féminine dirigé surtout par elles.

Il faut créer, au centre de la C. G. T., un secrétariat féminin qui coordonne les efforts, qui, en cas de nécessité, les fasse naître, qui accumule l'expérience de ceux et celles qui ont obtenu des résultats ou subi des échecs.

Il faut que les Unions et les Fédérations soient représentées au Comité confédéral national par deux membres, dont une femme. Il faut que les femmes pénètrent dans la Commission administrative et fassent partie des délégations nationales et internationales.

Mme CHEVENARD. — Camarades, c'est avec plaisir que je viens à cette tribune, après cinq jours, où nous avons vu dans cette salle expliquer toutes les tendances, discuter toutes les tragédies subies dans cette horrible guerre, sauf une chose que l'on a oublié : les misères qu'ont subies les femmes.

Vous me permettrez, en quelques mots seulement, de venir ici apporter non pas leur défense mais quelques vérités.

Nos camarades hommes ont dit ici, chacun dans leur tendance, par où ils ont passé. Moi, je vais vous dire aussi par où ont passé les camarades femmes. Chaque jour, dans la presse, on lit quantité de discours où l'on déverse sur notre sexe pas mal de sottises, pas mal d'ordures. On ne voit que le vilain côté du féminisme et l'on oublie ce qu'il a de beau, de douloureux.

Je vais reprendre l'époque que nous déplorons tous : août 1914, et nous verrons, camarades militants, nous étudierons d'abord la question de vos compagnes qui s'étaient bercées des douces illusions que vous leur apportiez, en leur disant : « Nous sommes là, les syndicalistes révolutionnaires et les antimilitaristes, ne craignez rien, la guerre n'éclatera pas ! » Et, comme elles n'étaient pas assez à vos côtés à ce moment-là, elles pouvaient, en effet, se bercer de ces illusions. Tout de suite, pour vous montrer que je suis dans la logique, je vous dirai qu'hélas ! une peu d'ignorance chez nous faisait que les trois quarts ne voyaient pas la vérité. La guerre éclata brusquement. Des camarades sont venus dire qu'ils sont partis douloureusement ; Moi, Péricat, tu as dit aussi que tu le reprochais d'être parti... Je dis aussi qu'en tant que minoritaire, ce que je me reproche, c'est de n'avoir pas eu le courage que tu n'as pas eu toi-même, d'empêcher le mien de partir. Et à ce moment-là, il y eut des quantités de femmes qui préparèrent le linge de celui qu'elles aimaient pour l'envoyer tuer. Et ce que l'on oublie aussi de dire, ce sont les souffrances qu'ont vécues vos compagnes pendant ces terribles années ; il y en a qui en sont mortes et il y en a qui en meurent encore. Je m'excuse de rappeler ce douloureux souvenir à notre camarade Bécirard ; combien en avons-nous enterré de mères, mortes du chagrin d'avoir balancé entre les sentiments qui s'agitaient dans leur cœur, ou envoyer leur fils au poteau, ou l'envoyer tuer là-bas avec cette illusion que peut-être il en échapperait ? Voilà ce que l'on n'a pas su dans la guerre ! Ce que l'on n'a pas su non plus, c'est qu'il y a eu des femmes minoritaires, des femmes qui se sont élevées avant la guerre, à son début, et pendant toute sa durée, contre elle... Et nos camarades de la C. G. T. peuvent s'en rappeler.

En 1915, notre camarade Roulère, secrétaire de la Ligue féminine de Lyon, fondée par le camarade Million, était à côté du camarade Bécirard et présentait déjà à ce moment une motion pacifiste. LA camarade Mayoux, dont il a été parlé, et moi-même, constamment, nous avons été à côté des minoritaires pour défendre la cause pacifique.

A Saint-Etienne, à ce Congrès dont on a dit tant de choses, il y avait des femmes. Il y avait Brion, Mayoux qui recevait la dépêche que dans deux jours elle devait être arrêtée et qui malgré tout était au Congrès pacifiste à côté de Péricat. Je dis que les femmes qui étaient là étaient fières et sont encore fières de ce geste. Et quand j'entendis pendant ces trois jours entonner l'Internationale, je me rappelais notre Congrès de Saint-Etienne qui m'est resté cher parce que là — je tiens à le dire en tant que femme à ceux qui sont ici, à ceux qui sont revenus de la tourmente — il y avait dans ce Congrès (et je me rappelle avec plaisir que tu étais avec nous, Dumoulin), une union qui n'avait jamais été chantée par hommes et femmes comme elle a été chantée à ce Congrès de Saint-Etienne.

Si ce fut une faute, camarades, on pourrait nous la pardonner, car tous ceux qui étaient là sentaient battre leur cœur à l'unisson, et nous avions cette grande illusion que nous allions faire des gestes qui auraient une répercussion dans le monde entier et qui ferait cesser la guerre.

Voilà ce que j'avais à cœur de déclarer ici. Voilà ce qu'a fait le Congrès de Saint-Etienne.

Camarades, il y a des femmes qui depuis deux ans bientôt, — et celles-ci sont des humbles, des ignorées, — pourrissent dans les pri-

sons de la République, comme la camarade Marion, pour avoir distribué des tracts qui ne portaient jamais que ces phrases : « Douze
millions de morts couvrent les champs de bataille. Assez de morts.
La Paix ! ».

Elles sont passées devant le Conseil de guerre, ces femmes, déclarant que depuis la guerre seulement elles étaient à l'usine, qu'elles
avaient eu toutes les douleurs et que, fièrement, elles revendiquaient
d'avoir distribué ces tracts.

Je vous assure que c'était beau et je n'aurais pas voulu, pour ma
part, que ce Congrès se termine sans que tous ceux qui sont ici sachent
qu'il y avait des femmes qui étaient restées femmes, épouses et mères
et qui étaient restées des pacifistes.

La femme ne doit pas connaître la guerre et la haine et je dis que
je regrette sincèrement que toutes ne se soient pas dressées. Mais,
camarades hommes, permettez-moi de vous demander si vous-mêmes
vous n'avez pas de reproches à vous adresser avant de les faire aux
femmes qui ne se sont pas dressées pour défendre leurs petits. Si
vous-mêmes vous aviez fait le nécessaire pour faire ce que vous
deviez faire, ces reproches vous n'auriez pas à les adresser !

Pendant cette guerre, j'ai approché les femmes et j'ai considéré ce
qu'elles font quand elles ont les bébés tout petits, quand elles essayent
de les préserver de toutes les douleurs lorsqu'ils font leurs premiers
pas, qu'elles craignent une voiture et qu'elles courent au-devant de
crainte que le bébé soit heurté et je me suis demandé : « Comment
peut-il se faire qu'à vingt ans elles les laissent se faire massacrer ? »
Et je dis : C'est encore de votre faute, à vous les hommes, à nous les
militants des deux sexes; qui n'avons pas su faire l'éducation nécessaire ».

Ah oui, on était antimilitariste dans les réunions publiques ; on
était pacifiste, révolutionnaire dans les réunions publiques, mais
dans le foyer, rien de cela transpirait. (Applaudissements.) Voilà
pourquoi je dis qu'aujourd'hui où nous avons à notre ordre du jour :
transformation sociale, la question de la femme doit être posée. Je
dis à vous, camarades du Bureau confédéral, qu'il est impossible que
la transformation sociale se fasse sans l'élément essentiel de la
Société : la femme — la femme qui tient dans ses faibles mains
tout ce qui peut transformer la Société. C'est encore quand la femme
aura une meilleure éducation que les hommes iront moins au cabaret
et que vous combattrez l'alcoolisme avec succès ; quand ils auront
chez eux une femme qui ne sera plus une bête de somme, qui pourra
discuter et causer avec eux de toutes les questions sociales.

Voilà, camarades, le problème que je voulais poser aujourd'hui et
que je demande à tous les militants de porter à l'ordre du jour de leurs
réunions.

Je puis dire que je suis fière, pour ma part, d'appartenir à l'Union
des syndicats du Rhône, car je crois que c'est peut-être la seule Union
où les militants qui sont à sa tête ont songé à créer des ligues fémi-
nines d'action syndicale et n'ont pas craint, je puis le dire, de confier

le secrétariat de l'Union à une femme qui a travaillé avec ses camarades hommes, pendant les grèves, pendant les grands mouvements, et dans des mouvements vraiment révolutionnaires.

Je dis aux hommes que quand ils marchaient pour des idées pacifistes, ils auraient dû plus fermement y appeler les femmes ; ils auraient dû réveiller ce sentiment qui dormait peu profondément. Je les ai entendues, ces femmes que l'on a si fortement critiquées, les femmes des Métaux, de l'Habillement, venir apporter ce qu'elles avaient sur le cœur elles aussi (et disons-le entre nous : certainement, camarades, ce n'est pas à vous militants que s'adressent ces reproches) mais je les ai entendues, ces femmes, dire : « Nous femmes honnêtes, nous pacifistes, dans les usines, on nous aurait boycottées, pour entretenir des « câlins » à côté de nous ».

Voilà des vérités et je dis que si la Société est ainsi, c'est de notre faute à nous, militants ! C'est nous qui n'avons pas su comprendre notre devoir et qui avons trop souvent écarté les femmes.

Aujourd'hui, la question se pose, que vous le vouliez ou non, camarades. Ou la femme sera à côté de vous dans la lutte, ou si vous ne voulez pas l'admettre, elle vous écrasera et vous en supporterez le coup.

Je dis qu'il y a des camarades, telle la camarade Bouvier dont les cheveux ont blanchi à la lutte et que l'on a toujours ignorée, qu'il y a des militantes un peu partout qui ont été lassées parce qu'elles ne se sont pas senties assez soutenues.

Je suis sûre, camarade Jouhaux, camarade Dumoulin, qui nous avez dit qu'on vous avait demandé de sortir de prison, que ces femmes qui y sont ne vous ont jamais sollicité. Nous avons notre camarade Marion qui nous écrit toujours du fond de sa prison et qui jamais ne se plaint et ne sollicite qu'on la fasse sortir. Elle dit : « J'attends et j'espère ».

Voilà des exemples qu'il fallait qu'on cite.

Camarades, je ne m'éterniserai pas sur cette question. J'ai dit ce que j'avais à cœur de dire en tant que pacifiste. Je dis que personne ne pourra critiquer les femmes d'avoir été pacifistes et extrémistes, même pendant cette horrible tragédie, et je souhaite que les militants prennent l'habitude d'apporter dans leurs foyers ce qu'ils discutent dans les réunions. Croyez que les femmes ont des cerveaux prêts à enregistrer et qu'elles seront pour vous les meilleures collaboratrices.

C'est là justement où est le côté moral de la journée de huit heures et c'est justement pourquoi les forces réactionnaires luttent contre elle, parce qu'elles savent que lorsque la femme aura davantage de temps, qu'elle fera des journées plus courtes, elle aura le temps de venir à nos réunions et c'est pourquoi la réaction essaye de se dresser contre nous.

Il y a les ligues catholiques... Je demanderai à la Commission administrative d'étudier cette question des syndicats catholiques et de dire ce qu'elle en pense, parce que c'est un des points principaux sur lesquels je ne suis pas d'accord avec notre secrétaire fédéral Dumas à qui j'ai reproché d'avoir signé des contrats avec ces syndicats catholiques. Je pose la question à l'Habillement, parce que c'est là où il y a les plus forts syndicats de femmes ; je dis que c'est un danger pour nous et je dis que nous devrions tous faire ce que nous avons fait à l'Habillement quand nous avons dit aux chambres patronales : « Nous vous laissons à vous, chambres industrielles, le soin de diviser les femmes en catholiques ou protestantes ; mais, nous, nous ne connaissons que les malheureuses exploitées que nous défendrons coûte que coûte ». Je demande à notre Fédération, à toutes les Fédérations d'en faire autant. Je ne crois pas qu'il soit possible de laisser se créer à côté de nous des syndicats catholiques. Dans le Rhône, nous les avons évités ; nous sommes arrivés à les écraser à peu près en leur disant gentiment : « Venez à nous, venez dans la grande famille de la Confédération Générale du Travail » C'est la thèse que j'apportais quand j'allais les contredire dans leurs réunions. Je parle de l'Habillement, parce que c'est là où il y a le plus de femmes et le plus de dangers, car n'oubliez pas que la guerre a pu grouper du côté de la réaction quantité de femmes, par les intendances où on leur disait : « N'allez pas dans les syndicats de la C. G. T. où il y a des anarchistes et des révolutionnaires ».

Camarades, c'est un danger sur lequel j'attire l'attention du Congrès, parce que je sais qu'il y a ici des représentants de l'Habillement.

Je termine et, puisque j'ai parlé des femmes, avant de quitter cette tribune, j'adresserai mon salut fraternel à nos camarades Russes et Allemands et je salue en même temps la mémoire de l'héroïne que nous ne pouvons oublier, Rosa Luxembourg. (Applaudissements.) Et, avant de quitter cette tribune, je forme simplement le désir que sa mort ne soit pas perdue, qu'elle reste planant sur nous, camarades femmes, et qu'elle serve, dans les heures troublées que nous vivrons peut-être, aux femmes du monde entier. (Applaudissements.)

DUMOULIN. — Camarades, j'ai demandé la parole pour adresser les remerciements du Bureau confédéral à nos camarades Marie Guillot et Chevenard, pour avoir apporté ici la voix des femmes.

Je croyais que dans les critiques qui ont été formulées ici, une femme se serait dressée pour adresser ses salutations aux femmes de tous les pays qui ont souffert pendant la guerre. Je l'ai dit hier soir à votre réunion et, Jeanne Chevenard, je retrouve exactement dans vos paroles celles que j'ai prononcées hier soir, à la réunion de l'Habillement.

De plus, nous ne procédons pas par annexion dans les sexes. Liebknecht, Rosa Luxembourg n'ont pas de sexe pour nous ! Ce sont nos victimes communes que nous saluons.

J'ai bien souvent fréquenté de l'autre côté de la barricade où se trouvent, sinon les féministes, du moins les femmes, et j'étais un de ceux qui ont toujours propagé les idées qui ont été apportées à cette tribune par Marie Guillot.

La guerre est venue interrompre nos projets communs. Nous voulions qu'à la C. G. T. il y ait une place plus large que les femmes doivent mériter. Leur réalisation a été interrompue par la guerre. Nous la reprenons aujourd'hui. Je demande au Congrès d'admettre le projet formulé par Marie Guillot, non pas en témoignage de notre galanterie, mais en témoignage de notre reconnaissance de ce que les femmes ont souffert comme nous et de ce que leurs droits sont égaux aux nôtres. Il s'agit de reconnaître les mêmes droits et ainsi, pour que le débat ne s'alourdisse pas et qu'il ne s'irrite pas, je demande que vos propositions soient admises par le Congrès et renvoyées au Comité national pour leur application.

Voilà, camarades, ce que je propose au président du Congrès de faire adopter, en témoignage et en salutations à toutes celles qui ont souffert dans la guerre comme nous avons souffert.

La proposition de Dumoulin est mise aux voix et adoptée.

L'Union terrienne

LE PRÉSIDENT. — Camarades, la parole est au camarade Lapierre.

LAPIERRE. — Camarades, la question de l'Unité terrienne aurait pu être une des grosses questions du Congrès de Lyon. Depuis quinze ans, cette question revient à chacune de nos assises. Le dernier Comité confédéral national avait chargé la Commission administrative de préparer une réunion des diverses Fédérations adhérentes à la Confédération Générale du Travail, de réaliser la fusion et d'établir un programme d'action et de revendications.

Cette besogne a été préparée d'abord en juillet, à Paris. Toutes les Fédérations intéressées adhérentes à la C. G. T. se sont réunies ; elles ont jeté les bases de l'unité et l'entente s'est facilement réalisée. Dans les deux journées qui ont précédé le Congrès fédéral, les 13 et 14 septembre, les délégués de ces Fédérations et les secrétaires d'Unions départementales se sont réunis pour établir, d'une façon définitive, le programme d'action et de revendications terriennes.

Je ne veux pas discuter ce rapport. Vous l'avez tous sur vos tables.

Je crois que le Congrès doit purement et simplement enregistrer le travail préparé par les intéressés, par ceux qui demain auront charge de réaliser le programme qu'ils auront préparé. Cependant, il faut examiner dans quelles conditions pourra fonctionner la nouvelle Fédération de l'Agriculture ; tel a été le nom choisi, car nous pensions que parmi les fonctionnaires qui demain viendront à la Confédération Générale du Travail, il peut y avoir des fonctionnaires de l'agriculture, tels que nos camarades sous-agents des Haras qui, déjà, en janvier dernier, ont demandé leur adhésion à la C. G. T., et nous croyons qu'il est possible de leur faire une place dans la nouvelle Fédération.

Une large besogne de propagande devra s'organiser. Les ressources apportées par les Fédérations fusionnées ne sont pas très fortes ; on n'a pas uni quatre misères, mais peu s'en faut ; on a réuni quatre Fédérations peu prospères, groupant difficilement quatre ou cinq mille cotisants. Il faut, dès le lendemain du fonctionnement de la nouvelle Fédération, c'est-à-dire dès le 1er novembre 1919, un secrétaire permanent ; il lui faut aussi un bureau qui fonctionne régulièrement, et ce ne sont pas les seules ressources des cotisations qui peuvent, pour l'instant, lui permettre cela.

Au nom des travailleurs de la terre, j'ai le mandat de demander aux Fédérations nationales d'industrie d'apporter l'appoint financier et verser dans la caisse fédérale, dès le début de l'année 1920, quelques milliers de francs, afin de permettre à la Fédération de l'Agriculture de poursuivre sa besogne d'organisation.

Puis je me tourne du côté de nos camarades des Unions départementales, et je leur dis : Nous ne demandons pas aux Unions d'apporter un appoint financier à la Fédération de l'Agriculture, mais nous leur demandons, en bien des circonstances, de suppléer à la Fédération. Nous leur demandons d'organiser des réunions dans leurs départements, sous leur propre responsabilité et avec leurs propres finances.

En terminant, je vous demande d'adopter le rapport tel qu'il vous est présenté, après la lecture que je vais vous faire.

Les Fédérations ouvrières de l'Agriculture, de Bûcherons et de Vignerons, réunies à Lyon les 13 et 14 septembre 1919, ont accepté les statuts fédéraux ci-dessous, qui seront mis en application dès le 1er novembre 1919 par l'organisation unique des travailleurs de la terre.

Pour la Fédération Horticole : HODÉE.

Pour la Fédération des Bûcherons : BORNET.

Pour la Fédération des Agricoles du Midi : FABRE, CAMY.

Pour le Syndicat des Vignerons de la Marne : ROUILLÈRE.

FÉDÉRATION NATIONALE DES TRAVAILLEURS DE L'AGRICULTURE

Constitution

ARTICLE PREMIER. — Il est formé entre tous les syndicats groupant les ouvriers agricoles, les bûcherons, feuillardiers, gemmeurs, jardiniers, maraîchers, viticoles, etc., etc., une Fédération qui prend pour titre : « Fédération Nationale des Travailleurs de l'Agriculture ».

ART. 2. — Son action est purement économique, elle ne pourra adhérer à aucune organisation politique, ni aux congrès de ces dernières.

Son siège est fixé à Paris.

Principes fondamentaux

Considérant que par sa seule puissance, le travailleur ne peut espérer réduire à merci l'exploitation actuelle dont il est victime;

Considérant aussi que les travailleurs n'ont pas à compter sur la Providence-État, superfétation sociale, dont la raison d'être est de veiller au maintien des privilèges des dirigeants;

Que, d'autre part, ce serait s'illusionner que d'attendre notre émancipation des gouvernements, car à les supposer animés des meilleures intentions à notre égard, ils ne peuvent rien de définitif, attendu que l'amélioration de notre sort est en raison directe de la décroissance de la puissance gouvernementale;

Considérant que, de par les effets et de l'appui logique que procure le pouvoir aux détenteurs de protection, il y a antagonisme permanent entre le capital et le travail;

Que, de ce fait, deux classes bien distinctes et irréconciliables sont en présence, d'un côté ceux qui tiennent le capital, de l'autre les producteurs qui sont les créateurs de toutes les richesses, puisque le capital ne se constitue que par un prélèvement effectué au détriment du travail.

Pour ces raisons, les prolétaires de l'agriculture comme ceux de l'industrie doivent donc se faire un devoir de mettre en application l'axiome de l'Internationale :

L'émancipation des travailleurs ne peut être que l'œuvre des travailleurs eux-mêmes.

Considérant que, pour atteindre ce but, de toutes les formes de groupement le Syndicat est unanimement reconnu comme étant l'organisation susceptible de la réaliser, attendu qu'il est un groupement d'intérêts coalisant les exploités devant l'ennemi commun, le capitalisme, que par cela même, il rallie dans son sein tous les producteurs, de quelque opinion ou conception philosophique, politique ou religieuse qu'ils se réclament.

But de la Fédération

Le but de la Fédération est de resserrer les liens de solidarité et d'unir en un seul bloc, dans le Syndicat et dans la Fédération, tous les travailleurs et les spécialistes de l'agriculture, sans distinction de profession, d'âge, de sexe ou de nationalité, afin d'arriver à constituer le travail libre, affranchi de toute exploitation capitaliste, par la socialisation des moyens de production au bénéfice exclusif des producteurs et collaborateurs des richesses nationales; c'est-à-dire de réaliser un ordre social où chacun œuvrera selon ses forces et consommera selon ses besoins.

Secondant l'action de ses Syndicats, la Fédération poursuivra la transformation des méthodes et coutumes agricoles selon les règles rationnelles reconnues susceptibles de rétablir l'équilibre entre la production et la consommation.

Elle s'attachera à la réglementation des heures de travail, à l'augmentation des salaires; elle recherchera un contrôle direct des intéressés sur la production, permettant ainsi la réalisation de l'établissement d'un barème du prix des denrées, mettant un obstacle à l'abus et à la rapacité patronale. Elle s'efforcera d'amener les salaires au taux de la valeur réelle du travail seul, de provoquer leur unification.

Elle veillera à l'application des lois dites ouvrières et, notamment, de celles concernant l'hygiène et la sécurité, les accidents du travail, le repos hebdomadaire, la durée du travail, etc., etc.

Elle s'efforcera de créer et rendre l'inspection du travail agricole vraiment réelle et efficace par la nomination d'inspecteurs ouvriers professionnels désignés par les syndicats, et disposant de pouvoirs suffisants pour imposer aux exploitants le respect des mesures protégeant la santé, la vie et la dignité des travailleurs.

Elle agira en toute circonstance favorable pour l'obtention d'une caisse de retraite pour les deux sexes, sans distinction de profession ni de nationalité.

D'autre part, la Fédération se fera un devoir de démontrer, par des faits palpables, à ses adhérents que leur affranchissement intégral ne réside pas dans l'amélioration du salaire, le salariat n'étant qu'une forme modernisée de l'esclavage antique. Elle démontrera également que l'obtention de réformes et leur application dépend strictement de leur conscience, de leur cohésion et de leur volonté, et que seule l'énergie que doivent provoquer ces facteurs essentiels de la puissance, peut les mettre en mesure de conquérir leur libération totale.

Pour parvenir à ces résultats, des obligations s'imposent à la Fédération: L'entente entre tous les travailleurs de toutes les industries de France, ce qui implique son adhésion à la Confédération générale du Travail, ensuite l'entente entre tous les prolétaires du monde entier constituant l'International syndicat du Travail.

Administration

ART. 3. — § 1er. — La Fédération est administrée par un Comité national, composé des membres de la Commission exécutive et des délégués régionaux, à raison d'un délégué par région.

§ 2. — Pour détenir un mandat fédéral: bureau, Commission exécutive, contrôle, Comité national, délégué permanent, il faudra être adhérent à la Fédération depuis au moins trois ans sans interruption.

§ 3. — Les régions seront déterminées par le Comité national.

§ 4. — Les syndicats compris dans une même région devront, après chaque Congrès national, se réunir sur convocation du Bureau fédéral pour examiner les meilleurs moyens d'action et désigner leur délégué au Comité national, ainsi qu'un suppléant, pour le cas d'empêchement du titulaire.

Le délégué titulaire et le suppléant sont nommés pour deux ans; ils sont rééligibles.

Les syndicats pourront, chaque fois que les événements l'exigeront, demander au Comité national de les réunir en Congrès régional.

§ 5. — Le délégué de région est tenu d'être en rapport constant avec les syndicats qu'il représente. Après trois absences consécutives du délégué ou de son suppléant, sans excuse valable, les organisations de la région qu'il représente en seront informées et invitées à pourvoir à son remplacement.

§ 6. — Le Comité national se réunira ordinairement en cas d'urgence, sur une convocation du Bureau fédéral.

Les frais de correspondance, voyage et de déplacement des délégués au Comité national seront à la charge de la Fédération.

Bureau

ART. 4. — Le Congrès nommera lui-même son Bureau, lequel comprendra un secrétaire et un trésorier.

Les membres du Bureau sont élus pour deux ans, ils sont rééligibles.
Toutefois, le Comité national a le droit, si un fonctionnaire quelconque
ne remplissait pas ses fonctions dans les conditions voulues pour la bonne
marche de l'organisation, de convoquer un Congrès extraordinaire.

Avant les élections du Bureau, une circulaire sera envoyée à toutes les
organisations adhérentes, les invitant à présenter des candidats aux fonctions vacantes.

Les organisations de province pourront, si elles le désirent, désigner
des camarades de province au Bureau fédéral ; en cas d'élection, les frais
de déplacement seront payés par la Fédération.

Lorsqu'un camarade sera présenté aux fonctions fédérales, soit de secrétaire, soit de trésorier, son organisation pourra y faire une opposition qui
devra être motivée, mais le Congrès se prononcera en dernier ressort.

Cette opposition motivée ne pourra porter sur une question de non-
rééligibilité en vigueur dans les syndicats.

Commission exécutive

Art. 5. — Afin d'étudier et d'expédier les affaires urgentes, il est constitué une Commission exécutive de neuf membres titulaires, y compris les
membres du bureau et quatre suppléants pour combler les vacances qui se
produiraient.

Pour la nomination des sept membres restants, les organisations parisiennes et celles des régions limitrophes seront, à cet effet, invitées à présenter chacune, trois de leurs membres ayant les aptitudes nécessaires
pour pouvoir faire partie de Commission, le cas échéant.

L'élection de ces sept membres sera assurée par le Comité national.

Les décisions importantes de la Commission exécutive devront être défé-
rées au Comité national à fin de ratification.

Art. 6. — *Attribution du secrétaire.* — Le secrétaire sera chargé de la
correspondance et de l'exécution des décisions du Comité national.

Art. 7. — *Attribution du trésorier.* — Le trésorier est chargé d'en-
caisser les cotisations, de faire les paiements et d'opérer le placement des
fonds disponibles dans les endroits désignés par le Comité national ; il
tiendra le livre des recettes et dépenses, il dressera à chaque trimestre un
bilan de la situation financière qui sera envoyé à tous les syndicats fédérés ; le trésorier ne pourra conserver à sa disposition que la somme
nécessaire au fonctionnement de la Fédération (somme que le Comité
fixera). Il sera toujours responsable de cette somme.

Art. 8. — Une Commission de contrôle de cinq membres titulaires et
trois suppléants, pris parmi les organisations parisiennes et de banlieue,
en dehors de la Commission exécutive, sera nommée par le Comité national pour un an.

Les membres de cette Commission seront rééligibles et toujours révocables.

Cette Commission nommera son rapporteur dans son sein ; tous les
camarades du Comité national auront toujours le droit de demander les
livres de comptabilité, ainsi que les camarades de la province, dûment
mandatés par leurs organisations, en ayant soin de prévenir le Bureau
fédéral de l'heure et du jour de leur passage.

Art. 9. — Ne seront admis à la Fédération que les syndicats d'industries
ou de métiers exclusivement composés de salariés des diverses spécialités

de l'agriculture et des forêts et adhérentes à l'Union des syndicats ouvriers de leur département.

Pourront être admis dans ces syndicats et sous leur responsabilité les petits propriétaires, fermiers et métayers travaillant seuls avec leur famille.

Chaque syndicat devra accompagner sa demande d'admission de deux exemplaires de ses statuts et indiquer le nombre de ses adhérents, ainsi que les noms et adresses de ses secrétaires et trésoriers.

Obligation est faite à tout syndicat adhérent à la Fédération de remplir toutes les conditions confédérales, c'est-à-dire être affilié à l'Union départementale de syndicats de son département et abonné à la *Voix du Peuple*.

Dès son adhésion et après le paiement de sa première cotisation fédérale, chaque organisation recevra une provision de timbres égale au nombre de ses adhérents. Toute demande de timbres devra toujours être accompagnée du montant en mandats poste.

ART. 10. — Il ne pourra être admis à la Fédération qu'un seul syndicat par corporation et par localité.

ART. 11. — Tout syndicat qui n'aurait pas pris de timbres à la Fédération, depuis six mois, sera considéré comme disparu ou démissionnaire après lettre-avis recommandée restée sans réponse.

Tout syndicat qui aura porté atteinte aux principes ou à l'organisation de la Fédération sera déféré devant le Comité national, qui statuera en dernier ressort sur appel de l'organisation intéressée.

Cotisations

ART. 12. — Chaque syndicat adhérant à la Fédération devra verser :

1° Un droit d'admission qui sera fixé à 2 francs ;

2° Une cotisation de 0 fr. 30 par membre et par mois, afin d'assurer son bon fonctionnement.

La perception des cotisations fédérales se fera au moyen de timbres-acquits confédéraux délivrés aux organisations par provisions suivant le nombre de leurs adhérents.

Exonérations

ART. 13. — Les syndicats qui, pour un motif quelconque, décideraient une exonération de cotisations pour certains de leurs adhérents, n'en devront pas moins apposer le double timbre dans les cases de la carte.

Toute mention portée sur la carte dans le but de remplacer les timbres confédéraux reste sans valeur et exposerait les syndiqués à une contestation de leurs droits.

ART. 14. — § 1er. — Les tournées de propagande seront faites par les membres du Comité national, de la Commission exécutive et par les camarades fédérés désignés à cet effet.

§ 2. — Les délégués fédéraux pourront assister à toutes les réunions des syndicats de notre industrie, dans les villes qu'ils visiteront, et auront à assurer la bonne gestion des organisations adhérentes.

Celles-ci devront, sur la demande des délégués, mettre leurs livres à leur disposition pour le contrôle.

Grève

ART. 15. — Les syndicats fédérés devront avertir la Fédération avant de déclarer une grève.

Les syndicats, en avisant qu'une grève est déclarée ou sur le point d'être déclarée doivent envoyer tous les renseignements nécessaires : nombre de grévistes syndiqués, non syndiqués, tableau de revendications, démarches faites pour entrer en conciliation, résultat de ces démarches.

D'une manière générale, et dans l'intérêt de la réussite, les syndicats fédérés devront avoir la prudence d'éviter les conflits quand d'autres existent déjà dans le même centre.

ART. 16. — *En vue de venir en aide aux organisations fédérées, dans les mouvements de grève, il est institué une caisse de résistance alimentée par le prélèvement de 0 fr. 10 sur la cotisation fédérale (1).*

Revision des statuts

ART. 17. — Les statuts de la Fédération sont perfectibles et revisables dans les Congrès.

Toute demande de revision pourra être soumise au Comité national, qui aurait à porter la question à l'ordre du jour du prochain Congrès.

Congrès

ART. 18. — Les Congrès auront lieu tous les deux ans dans la localité désignée par le Congrès précédent.

Avant la réunion du Congrès, les organisations recevront, trois mois à l'avance l'ordre du jour comportant les propositions des syndicats ainsi qu'un rapport sur la gestion du Comité national et son avis sur les questions à discuter.

Toute proposition formulée en dehors du jour du Congrès devra être étudiée par les délégués qui statueront sur l'opportunité ainsi que les vœux qui seront présentés.

Le Comité national a charge, avec la Commission exécutive de l'exécution des décisions des Congrès : il fixe la date de ses assises qui peuvent être devancées ou retardées selon les nécessités.

Les votes auront lieu à la majorité relative des membres présents et par unité syndicale.

Dispositions générales

ART. 19. — Les syndicats adhérents devront indiquer à leurs membres quels sont les devoirs qui leur incombent et qu'ils ont à remplir vis-à-vis de la Fédération nationale.

D'autre part, chaque syndicat adhérent est tenu d'insérer dans ses propres statuts l'article additionnel suivant :

« Afin de concourir efficacement à la réalisation de ces différents points pour affirmer ses principes de solidarité, la Chambre syndicale adhère à la Fédération nationale des Travailleurs de l'Agriculture et à l'Union des syndicats de son département. »

Les présents statuts entreront en vigueur le 1er novembre 1919.

---

(1) Article dont l'application est remise après la tenue du premier Congrès de la Fédération de l'Agriculture.

La Confédération Générale du Travail
AU PROLÉTARIAT PAYSAN

L'heure est à la solidarité et à l'organisation.

Dans un geste unanime, toutes les professions industrielles et commerciales demandent au syndicalisme le moyen d'échapper à la formidable crise économique qui a succédé à la guerre destructive.

La terre française, le monde paysan ont largement payé leur tribut, et aujourd'hui, plus impérieusement que jamais, s'impose pour le prolétariat terrien la reconstitution et l'amélioration de l'œuvre de paix, de travail de bien-être et de liberté.

Pour se cicatrise la plaie nationale, pour que se réalise enfin l'œuvre émancipatrice, l'unité véritable et puissante des jours du travail, de la production et du progrès s'impose. La terre et la cité se complètent, l'une et l'autre ont une mission qu'elles doivent remplir en coordonnant fraternellement leur but dans un accord commun.

Un passé de réaction, de tyrannie, de mensonge, a divisé à notre détriment les forces du travail. Un régime de douleur, de défiance, de haine aussi parfois a consolidé un individualisme néfaste pour le plus grand profit d'un seigneurat renaissant.

La complexité, l'évolution de nos sociétés modernes, ont condamné un système agricole, dans lequel vous luttez péniblement sans retirer un bien-être et une liberté, la somme d'énergie et de persévérance dépensées.

Travailleurs de la terre, esclaves de la glèbe, il n'est plus possible de vous refuser au geste de solidarité ; à l'égoïsme des seigneurs nouveaux qui dirigent, à l'indifférence des politiciens qui ne vous considèrent que comme le contre-poids du progrès social, il faut répondre par un geste déterminé d'étroite solidarité avec l'ensemble du prolétariat.

Vos maîtres vous traitent en serfs, les politiques en bâtards, vous restez les déshérités du prolétariat, parce que vous n'avez pas encore compris la force de l'organisation syndicale.

La France, nation agricole par excellence, accuse chaque jour son impuissance productive parce que l'ignorance a perpétué chez vous la crainte du progrès. Pour que notre agriculture renaisse puissante, il faut qu'elle abdique sa tradition de routine, qu'elle adapte et applique toutes les acquisitions scientifiques partout ailleurs efficaces. Pour cela aussi, il faut que s'améliorent les conditions des travailleurs afin qu'ils ne soient plus tentés de rechercher dans les cités un relatif bien-être.

Etablir l'équivalence entre les salaires de l'agriculture et ceux de l'industrie.

Lutter contre le chômage, par un perfectionnement méthodique de notre système de production qui permettrait la réglementation des heures de travail, assurer à tous le repos hebdomadaire et des garanties d'hygiène et de production sociale. Stimuler les expériences d'exploitations communes. Protéger la main-d'œuvre nationale, non pas en établissant un étroit protectionnisme, mais un contrôle direct des organisations syndicales sur la main-d'œuvre étrangère.

Programme d'Action et de Revendications

Salaires

Tendre à l'établissement d'une équivalence entre les salaires de l'agriculture et ceux de l'industrie régionale en tenant compte : d'une part, du coût de l'existence ; d'autre part, de la nature des travaux, en recherchant cependant la possibilité d'une constante régularité.

Pour protéger le salaire féminin, s'inspirer du programme admis dans les productions industrielles : à travail égal, salaire égal.

Rétribution sur la base des salaires régionaux, du travail fourni par la main-d'œuvre étrangère.

La réalisation de ces trois premiers points constitue, selon nous, la base fondamentale de la protection de la main-d'œuvre agricole car elle limite le chômage et prévient les crises possibles.

Réglementation du travail

Malgré l'opposition du patronat agraire, la réglementation de la durée du travail s'impose dans l'agriculture, tant pour des raisons de défense économique que pour des raisons sociales.

Les longues journées et leur cortège de chômage, de misère, d'alcoolisme, d'incertitude, constituent une cause de la désorganisation dans le recrutement de la main-d'œuvre ouvrière agraire.

Les expériences étrangères et nationales prouvent en effet que la production n'est pas liée à la durée du labeur, mais à la mise en valeur de méthodes nouvelles, rationnelles et pratiques qui assurent par un minimum d'effort, un maximum de rendement.

Aussi, considérons-nous applicable et satisfaisant aux revendications déjà soumises par les organisations ouvrières agricoles, le projet déposé devant le parlement.

Durée du travail

ARTICLE PREMIER. — Dans les établissements agricoles, horticoles, viticoles ou dans leurs dépendances de quelque nature qu'ils soient, publics ou privés, laïques ou d'enseignement professionnel ou de bienfaisance, la durée du travail effectif des ouvriers ou employés de l'un ou de l'autre sexe et de tout âge, ne peut excéder soit huit heures par jour, soit quarante-huit heures par semaine, soit une limitation équivalente calculée sur une répartition annuelle de 2.496 heures, sans que toutefois la durée du travail journalier ne puisse dépasser dix heures effectives, quelle que soit la saison.

ART. 2. — Des règlements d'administration publique déterminent par région et par affinité culturale des délais et conditions d'application de l'article précédent.

Ces règlements sont pris soit d'office, soit à la demande d'une ou plusieurs organisations patronales ou ouvrières nationales ou régionales intéressées. Dans l'un ou l'autre cas, les organisations patronales et ouvrières devront donner leur avis dans le délai d'un mois. Ils sont revisés dans les mêmes formes.

Ces règlements devront se référer, dans le cas où il en existera, aux accords intervenus entre les organisations patronales et ouvrières nationales ou régionales intéressées.

Ils devront être obligatoirement revisés lorsque les délais et conditions qui y seront prévus seront contraires aux stipulations des conventions internationales sur la matière.

ART. 3. — Des règlements d'administration publique prévus à l'article précédent, détermineront notamment :

1° La répartition des heures de travail, afin de permettre le repos hebdomadaire et celui de l'après-midi du samedi ou tout autre modalité équivalente ;

2° Les délais dans lequels la durée actuelle pratiquée dans l'agriculture ou la catégorie professionnelle considérée sera ramenée en une ou plusieurs étapes aux limitations fixées à l'article premier;

3° Les dérogations temporaires qu'il y a lieu d'admettre pour permettre de faire face à des surcroîts de travail extraordinaires, à des nécessités d'ordre national ou à des accidents survenus ou imminents;

4° Pour certaines catégories de travailleurs dont le travail ne nécessite qu'un effort de surveillance (bergers, vachers), les conditions dans lesquelles des dérogations permanentes pourraient être accordées;

5° Les mesures de contrôle des heures de travail et de repos et de la durée du travail effectif, ainsi que la procédure suivant laquelle seront accordées ou utilisées les dérogations;

6° La région à laquelle ils sont applicables.

ART. 4. — La réduction des heures de travail ne pourra, en aucun cas, être une cause déterminante de la réduction des salaires.

ART. 5. — Les conventions collectives actuellement en vigueur seront abrogées dans chaque région et pour chaque catégorie professionnelle à partir de la mise en application des règlements d'administration publique intéressant ladite profession, ladite industrie, ledit commerce ou ladite catégorie professionnelle dans cette région.

ART. 6. — La présente loi est applicable à l'Algérie et aux colonies.

Nous tenons à faire remarquer que dans le projet ci-dessus, ne sont pas comprises les exploitations forestières, cette branche de l'agriculture étant considérée par le patronat lui-même comme susceptible d'être régie par la loi du 23 avril 1919, fixant à 8 heures la durée de la journée de travail dans l'industrie.

L'application de la loi sur le repos hebdomadaire, s'impose au travail de la terre comme à l'industrie, sauf en de rares circonstances, qui déterminent les dérogations, nous considérons qu'aucune impossibilité pratique ne s'oppose à son application. Il appartiendra aux organisations ouvrières et aux travailleurs de déterminer eux-mêmes le système de compensation qu'exigeront les dérogations.

Accidents du travail

Une injustice flagrante existe dans le fait de la non-assimilation des travailleurs de l'agriculture au bénéfice de la loi sur les accidents du travail.

Nous demandons que le même droit soit assuré à toutes les catégories de l'agriculture, et qu'en ce qui concerne la spécialité des travailleurs des forêts, soumis à la loi, son application soit véritable et contrôlée.

Il est indispensable aussi qu'il y ait corrélation complète entre les salires de base, qui détermine l'indemnité journalière à payer ou la pension à recevoir en cas d'accident, et le salaire réel payé à l'ouvrier.

Que toutes les mesures de sécurité soient prises pour garantir les ouvriers de la terre contre les accidents provenant de l'intensification et de l'usage du machinisme agricole.

Que soient fournis par les exploitants, vêtements et appareils de travail et de protection en cas d'usage de produits chimiques nocifs.

Que les inconvénients résultant de leur emploi soient assimilés au bénéfice de la loi sur les accidents du travail.

Prud'hommie

L'extension de la loi sur la prud'hommie nous apparaît comme étant la condition équitable au règlement des conflits entre exploitants et salariés. Nous demandons que la loi de 1910, votée par la Chambre des députés et depuis en instance devant le Sénat, soit définitivement sanctionnée.

Cette réforme aurait l'avantage de soustraire les travailleurs agricoles à l'incompétence et à la partialité des tribunaux appelés à trancher les conflits.

Hygiène des travailleurs agraires

L'amélioration du logement, couchage et nourriture des ouvriers de la terre est par nous considérée comme une revendication d'une grande importance sociale et morale, une garantie contre la démoralisation, l'alcoolisme et la misère physique.

Le fait de contraindre les travailleurs des champs à un régime d'insalubrité permanente est un danger profond pour l'avenir de la race, en outre qu'il déprime l'individu, il l'oblige à refuser la vie familiale qui lui assurerait un état social plus stable et plus digne.

Il s'impose donc que soit assuré à tout travailleur un local dont le cube d'air correspondra à celui reconnu nécessaire par les hygiénistes.

Que soit supprimé le couchage à la paille, que chaque local soit aménagé avec le minimum nécessaire au repos et à l'hygiène.

Que les fumiers soient aménagés et isolés d'au moins 300 mètres des habitations et des puits.

Que les cabinets d'aisances soient organisés en vue d'empêcher toute contamination.

L'éloignement des services médicaux et les difficultés de se procurer les produits pharmaceutiques doit rendre obligatoire pour chaque exploitation, un nécessaire de pansement suffisant aux premiers secours en cas d'accidents. Cette règle étant commune pour les soins à donner aux animaux, c'est une question de simple humanité que de l'assurer au travailleur.

Chômage

Malgré un prétendu manque de main-d'œuvre, la régularité du chômage est une preuve et un démenti à cette affirmation. Elle prouve surtout l'inorganisation du travail agraire.

Pour remédier à ce régime, il est nécessaire de procéder à un perfectionnement des méthodes culturales, à l'emploi approprié du mécanisme, à la constitution d'équipes volantes.

L'organisation du placement sous le contrôle paritaire doit apporter aussi une amélioration certaine au régime de chômage.

Main-d'œuvre étrangère et coloniale

Les considérants qui précèdent nous conduisent à l'obligation d'envisager l'éventualité et la nécessité de la main-d'œuvre étrangère.

Tant que se perpétuera l'état d'incertitude et de chômage, ce concours sera un élément de trouble dans le monde des travailleurs paysans.

Cette main-d'œuvre ne devra donc venir en France que sous le contrôle et la garantie des organisations ouvrières du pays émigrateur et des organisations françaises.

Elle sera soumise aux mêmes avantages et obligations que la main-d'œuvre nationale. Les mêmes conditions devront être appliquées aux travailleurs coloniaux amenés dans la terre métropolitaine.

Conflits. — Inspection du travail. — Délégués d'exploitations

La multiplicité des conventions collectives et des contrats exige l'extension à l'agriculture des services de l'inspection du travail.

Les inspecteurs devront être désignés par les organisations ouvrières agricoles, et seront rattachées au ministère du Travail, seul qualifié pour intervenir dans le contrôle des conventions.

Pour rendre plus efficace cette inspection, le décret instituant les délégués d'atelier sera étendu à l'agriculture, et les mêmes garanties assurées à ces délégués qui devront être élus par les organisations ouvrières.

Les inspecteurs du travail ne pourront être eux-mêmes exploitants.

Education et apprentissage

Au programme de revendications qui précède, doit s'adjoindre l'organisation de l'apprentissage et de l'éducation à faire.

Pour conserver à la terre une population consciente de son rôle, il faut tendre à développer chez l'enfant le goût de l'agriculture et le préparer à la profession qu'il embrassera.

Ce rôle, dévolu aux instituteurs, n'est possible qu'à la condition que ceux-ci ne soient pas surchargés d'élèves et de fonctions n'étant pas en rapport avec leur attribution.

Que les programmes scolaires soient mieux adaptés au milieu agraire.

Chaque commune ou région doit être dotée d'un champ d'expérience permettant d'exposer pratiquement devant les intéressés les résultats d'une meilleure utilisation des progrès acquis.

Que l'instruction supérieure agricole soit rendue accessible à tous au lieu d'être le privilège des ratés de familles bourgeoises.

Que l'enseignement départemental d'agriculture soit réorganisé sur une base pratique et réellement efficace, que les professeurs soient soumis au contrôle des organisations ouvrières et de l'inspection agricole.

Que soient multipliés les musées techniques et comparatifs susceptibles d'éveiller la curiosité et les initiatives nouvelles.

Pour le développement de notre agriculture

L'état difficile que nous subissons ne s'améliorera que par le développement des œuvres ouvrières de production coopératives, favorisées par une législation appropriée.

Le domaine communal pouvant devenir l'embryon d'une organisation de production collective ne devra plus, sous aucun prétexte, être l'objet de tractations, vente ou location quelconque, l'exploitation devra être faite en régie directe, si elle ne l'est par la voie coopérative.

Les terrains marécageux devront être assainis et les terres abandonnées mises en cultures, sous la responsabilité communale et le contrôle des organisations syndicales.

Les moyens de communications, de transports et la voirie améliorés.

Le remembrement agraire apparaissant absolument urgent, afin de lutter contre la division culturale, néfaste tant à la production qu'à la mise en valeur des moyens techniques modernes, s'impose et devra s'effectuer en tenant compte de la protection de certains droits acquis, sans pour cela sacrifier l'intérêt général.

Le déboisement et l'exploitation abusive du domaine forestier font que des mesures et garanties de conservation et de reconstitution s'imposent, la forêt étant en effet autre chose qu'une source pour la fourniture des matériaux ligneux et ayant sur le climat et la régularisation des saisons une influence incontestée, il appartient de ne pas sacrifier au présent l'intérêt de l'avenir.

Un contrôle et une réglementation de cette exploitation doit prévoir la compensation par un reboisement méthodique.

Afin d'enrayer l'exode rural et d'atténuer les effets du chômage, il y a nécessité absolue d'aider au développement et à la création des industries rurales ayant pour objet la transformation des produits du sol.

Enfin, considérant que les produits nécessaires à l'agriculture ne sauraient être livrés à la spéculation capitaliste, la monopolisation des engrais chimiques et de l'importation des céréales nous apparaît comme une mesure immédiatement efficace, tant pour l'intensification de l'usage de ces produits que la régularisation du prix de vente des céréales.

TRAVAILLEURS DE LA TERRE ! *dans l'exposé de nos revendications vous trouverez le démenti formel des allégations mensongères et intéressées que le patronat diffuse par tous les moyens dans les milieux paysans.*

Le syndicalisme, loin d'être un élément de désorganisation sociale et économique, s'inspire avant tout d'une réorganisation plus équitable et plus profitable.

Il veut que le travail ne soit plus soumis à un régime d'exploitation égoïste et tyrannique, mais qu'il procède, libre et joyeux, à l'amélioration de la vie des sociétés.

LABROUSSE. — Camarades, je ne puis laisser passer la question sans prendre la parole à cette tribune.

Fondateur de la Fédération des Sous-Agents des Haras, je tiens à vous apporter le salut fraternel de l'ensemble de cette organisation, qui manifeste le désir de voir réaliser son rattachement à la C. G. T. dans le plus bref délai possible. Notre désir formel est d'appartenir à cette grande famille ouvrière qu'est la C. G. T., pour que ses propagandistes puissent rayonner à travers la France, puisque nos divers groupements sont disséminés aux quatre coins du pays.

Je vous demande en même temps de tenir compte de la situation particulière de ces camarades qui, à l'heure actuelle, se trouvent dans une situation beaucoup plus favorable qu'ils ne l'étaient avant la reconnaissance du droit syndical aux fonctionnaires.

Ceci dit, camarades, je vous demande de faire l'effort nécessaire, conformément aux déclarations de notre camarade Lapierre, pour faire vivre l'organisation terrienne et pour développer l'idéal syndicaliste parmi ces travailleurs.

ROUILLÈRE. — Camarades, au moment où s'ouvrent les débats sur l'Unité terrienne, en tant que militant et en tant que fondateur de syndicat terrien, je crois qu'il est nécessaire de donner quelques explications au sujet de l'acceptation des petits propriétaires dans cette Fédération.

Si, jusqu'alors, j'ai accepté ces petits propriétaires dans cette Fédération, c'est que vivant parmi eux, me trouvant en contact avec eux, j'ai reconnu que parmi eux il y avait un idéal syndicaliste et que ces petits propriétaires ne sont pas des exploiteurs, mais des exploités par l'ennemi commun, qui est le capitaliste. De plus, à ces petits propriétaires pendant la guerre, on a « bourré le crâne » : on a semé des germes de haine et de division; on leur disait : « Vous n'avez pas à vous faire les camarades des ouvriers de l'industrie. » On leur disait, dans la tranchée : « Regardez, qui fait la guerre ? Regardez où sont les ouvriers de l'industrie, où sont les cheminots ? Et vous, paysans, c'est vous qui faites la guerre ! Pendant que les ouvriers de l'industrie et du commerce sont à l'intérieur et gagnent dix et quinze francs par jour, vous, paysans français, vous vous faites trouer la peau pour un sou par jour ! » A un certain moment, on en était à se demander ce qui arriverait au cas où les ouvriers de l'industrie se seraient mis en grève. Eh bien ! il nous a fallu, à nous militants, leur dire : « Vous n'avez pas à écouter des mensonges ; ces gens, eux, défendent leurs intérêts : vous n'avez pas, vous, paysans, à vous faire des briseurs de grèves, à vous faire les gendarmes du capital, à vous faire les assassins des ouvriers des villes ! » Et les paysans nous ont compris. Ils se sont syndiqués, aussitôt démobilisés, ils sont venus à la C. G. T. !

Mais le gros patronat terrien, voyant affluer ces camarades à l'organisation, a entrepris aussitôt une autre propagande. Il a dit à ces paysans : « Regardez la C. G. T. ! Regardez ceux qui se disent les défenseurs de la classe ouvrière ! Regardez ce qu'ils ont fait pour vous ! Ils ont fait toutes les lois sociales ; ils ont obtenu la journé' de huit heures pour les ouvriers de l'industrie ; mais, pour vous, ils n'ont rien fait ! » Eh bien ! là encore, il nous a fallu intervenir auprès de nos camarades. Il nous a fallu leur démontrer que s'ils n'étaient pas bénéficiaires des lois sociales, s'ils n'étaient pas bénéficiaires de la journée de huit heures, ce n'était pas la faute des ouvriers de l'industrie, ce n'était pas la faute de la C. G. T., mais que c'était carrément de leur faute à eux, parce que, jusqu'alors, ils étaient restés trop réfractaires à l'action syndicale.

Camarades ouvriers de l'industrie et du commerce, si vous voulez dissiper cette équivoque qui plane encore sur les paysans, je vous demande de tendre une main fraternelle aux paysans français, afin de les organiser.

Et, camarades, quand je vous entends parler de la Révolution, quand je vous entends étaler votre idéal révolutionnaire et quand, dans le fond de votre pensée, on sent que le paysan vous gêne pour faire votre Révolution, camarades, je dois vous dire que le paysan français est aussi révolutionnaire, au fond. Et il y a des preuves : il vous suffit de vous reporter quelques années en arrière et vous y verrez les vignerons de Narbonne, qui ont eu, eux aussi, un geste très fort : ce sont eux qui ont immortalisé le 17° ! Ensuite, en 1901, vous y trouverez les vignerons de la Champagne qui, au nombre de 10.000, ont marché, mouvement que la presse a appelé la « Jacquerie de Champagne » ! Appelez cela jacquerie, si vous voulez, mais c'est quand même une preuve de la force de l'élément révolutionnaire !

Le rapport présenté par Lapierre est adopté.

La représentation de l'Afrique du Nord

LAPIERRE. — Camarades, le dernier Comité confédéral nous avait également chargé de présenter un projet de représentation de de l'Afrique du Nord. Au 15 décembre dernier, nous n'avons pas voulu examiner cette question, mais actuellement, les trois Unions départementales de l'Algérie et celle de la Tunisie fonctionnent. Il y a là un nombre de cotisants important dans ces quatre départements. Aucune propagande n'a été faite. Nous avons pensé qu'il était possible, avec une dépense peut-être supplémentaire, mais en réglementant un peu mieux les dépenses engagées pour l'Afrique du Nord, d'y faire une besogne plus utile, et nous avons préparé un rapport que nous avons adressé aux Unions d'Algérie et Tunisie avant le Congrès.

Au cours de vos séances, on vous a donné lecture d'une protestation de l'Union de Constantine, qui n'avait pas compris probablement que nous faisions cette proposition dans leur intérêt.

Mais, entre les séances des Congrès, les camarades tunisiens et algériens se sont réunis et se sont mis d'accord sur un projet qui n'a pas à être discuté, puisqu'il est le résultat des travaux de ceux qui sont intéressés dans cette question.

Voici ce travail:

Une organisation plus logique et mieux appropriée aux nécessités actuelles du mouvement ouvrier en Afrique du Nord a préoccupé le Bureau confédéral et a été posée au Comité national confédéral du 15 décembre 1918, qui n'a pas voulu examiner les modalités de cette représentation nord-africaine au sein dudit Comité national confédéral.

Les organisations d'Afrique et de Tunisie étant saisies aujourd'hui d'un projet de représentation émanant du Bureau confédéral, les délégués de ces organisations, présents au Congrès de Lyon, ont décidé, d'un commun accord, d'examiner la question dans son ensemble, se réservant de présenter aux Unions départementales et à leurs syndicats respectifs les échanges de vues nécessaires pour décisions sur les modalités de la représentation.

Après avoir entendu les explications du camarade Lapierre, secrétaire confédéral, présentant le projet, les délégués d'Algérie et Tunisie décident:

1° *Acceptation du principe de représentation établi par le Bureau confédéral à des réunions en Afrique du Nord de délégués des organisations syndicales. Ces réunions auront un caractère temporaire et forain; des délégués de la C. G. T. assisteront à leurs travaux;*

2° *Modalités de la représentation de l'Afrique du Nord aux Comités nationaux confédéraux à déterminer pour les Unions départementales intéressées (minimum deux délégués, avec garantie de représentation des minorités).*

Les délégués de l'Afrique du Nord aux Comités nationaux confédéraux auront le même nombre de mandats que par le passé;

3° *La représentation de l'Afrique du Nord au prochain Comité national confédéral, se fera encore sur le mode actuel, mais le Comité décidera du lieu et de la date pour la première réunion à tenir en Afrique du Nord. Il sera établi, dans cette première réunion, le statut définitif de la nouvelle organisation.*

Lyon, le 20 septembre 1919.

Le secrétaire de l'Union départementale d'Alger : P. VACHER;

Le délégué de l'Union départementale d'Oran : GUILLON;

Le délégué de l'Union départementale de Tunisie : ENJALVIN.

Les délégués d'organisations syndicales :

Alger : Cuirs et Peaux et Tramways, GAUDOIN ; Employés en pharmacie, TOCAEN; Travailleurs Municipaux, TOUBAS; Métallurgistes, LAVAYSSIERE; Cheminots Alger-Blida, ADENOT.

Oran : Limonadiers-Restaurateurs, VERXHET; Métallurgistes, ALEXANDRE; Voiture, ANDRÉ.

Constantine : Cheminots Aïn-Beida, LATRILLE; Cheminots Bône, BRU.

Tunisie : Cheminots de Tunis et Instituteurs de Tunisie, VEILY ; Eaux et Gaz, Employés, Employés de Banque, coiffeurs, Livre, ENJALVIN ; Transports, Bâtiment, Arsenal (Sidi-Abdallah), FAURE.

Le rapport est adopté.

La réforme de l'Enseignement

LE PRÉSIDENT. — La parole est au camarade Zoretti, rapporteur de la Commission sur la Réforme de l'Enseignement.

ZORETTI. — Camarades, pendant cinq jours, à cette tribune, des orateurs passionnés se sont succédé, discutant âprement, avec la force de leurs convictions, sur les questions les plus importantes relatives à l'avenir du mouvement syndical français..

Cette dernière séance de notre Congrès semble revenir au calme, car dans les questions qui restent à l'ordre du jour, il n'y a plus rien qui soit de nature à passionner une assemblée.

Il ne faudrait pas néanmoins en conclure que ces questions sont moins importantes au point de vue du mouvement syndical que les questions générales étudiées dans les séances précédentes.

Parmi ces questions, la plus importante peut-être est celle que je suis chargé de rapporter devant vous. C'est celle de la réforme de l'enseignement.

L'importance de cette question n'échappe pas à la bourgeoisie. Dans la presse bourgeoise, vous avez pu remarquer, durant les journées qui ont précédé le Congrès, une sorte d'inquiétude de voir la C. G. T. sortir de la période des revendications purement matérielles pour entrer dans l'étude de questions beaucoup plus abstraites et d'un ordre intellectuel. La presse bourgeoise a essayé par avance de jeter une sorte de discrédit sur les résultats de nos travaux, disant : « Il n'y a pas, dans la C. G. T., les éléments voulus, les compétences nécessaires pour étudier d'une façon vraiment utile cette question. »

Nous disons à la presse bourgeoise que nous avons d'une façon très exacte estimé nos compétences et nos incompétences, et que nous savons parfaitement qui si la C. G. T., aujourd'hui, n'est pas constituée par ces éléments en quantité suffisante par les hommes qui lui sont indispensables pour mener à bien une tâche comme celle-ci et comme bien d'autres, il n'en est pas moins vrai que, dès maintenant, elle peut aborder le problème et apporter des solutions qui sont au moins égales, au point de vue du rendement social, à celles que la bourgeoisie elle-même nous a apportées.

Je vais entrer tout de suite dans l'étude et vous exposer tout simplement quelles sont les conclusions que vous allez avoir à voter.

Pressée par le temps, la Commission sur la réforme de l'enseignement n'a pas eu le temps de faire un travail original et complet. Elle a été forcée de prendre comme base un travail antérieur et elle s'est adressée au rapport qui a été voté par la Fédération compétente, la Fédération des syndicats de l'Enseignement, au Congrès de Tours, il y a six semaines. J'en demande pardon à l'ami Dumoulin, qui a ici, emporté par l'ardeur de sa polémique, dit beaucoup de méchantes choses sur les camarades de l'enseignement et qui, j'en suis persuadé, n'en pense pas autant que la presse bourgeoise lui en fera dire, mais ce travail a été le seul sur lequel nous puissions nous appuyer.

Voici ce rapport ; je vais le prendre paragraphe par paragraphe,
en faisant des commentaires.

Notre rapport comprend trois parties. D'abord, une partie critique :
critique de l'enseignement bourgeois et des constructions bourgeoises
en matière d'enseignement.

En second lieu, nous avons fait, si vous le voulez une sorte d'état de
de l'enseignement en période révolutionnaire. Nous nous plaçons par
la pensée à une époque à laquelle nous avons pris les pouvoirs et à
ce moment-là, nous voyons quelles sont les constructions que nous
pouvons édifier.

Comment, nous vivons dans la réalité, comme nous ne détenons pas
le pouvoir, comme nous ne savons pas quand nous le détiendrons,
il en résulte que cette partie se présente sous la forme d'une série
de revendications de la C. G. T. qui n'est pas maîtresse du pouvoir et
qui est impuissante à les réaliser toute seule.

Il y a ensuite une troisième partie, qui est la partie constructive. Il
s'agit alors de constructions précises sur lesquelles nous pouvons nous
prononcer dès maintenant et sur lesquelles nous pouvons agir dès la
fin du Congrès.

Nous apportons par conséquent, quelque chose de tangible et vous
verrez qu'en la circonstance la C. G. T. peut faire un travail sérieux.

Partie critique, paragraphe 1 :

1° *Le Congrès constate la faillite de la classe bourgeoise en matière d'enseignement ;*

2° *Elle déclare périmé le système d'organisation d'enseignement de
la Troisième République, système qui n'a su que substituer au dogme
de l'Église le dogme de l'État, et qui s'est préoccupé simplement de
maintenir la classe ouvrière sous la tutelle de la classe bourgeoise.*

C'est par conséquent une critique sociale. Nous aurions aussi à critiquer les méthodes, les procédés. Nous nous bornons à critiquer la
construction. Nous constatons que la bourgeoisie a actuellement à sa
disposition, dans les édifices de l'enseignement, un moyen de perpétuer sa souveraineté et nous devons dire que ce système est pour nous
condamné.

Vient ensuite un paragraphe relatif à nos revendications : le droit
pour la classe ouvrière de s'occuper elle-même de prendre en mains
la gestion de ses services :

3° *Le Congrès, estimant que l'heure est proche où les ouvriers devront organiser eux-mêmes la production, prend acte de la proposition de la Fédération nationale de l'Enseignement, offrant à la classe
ouvrière organisée dans ses syndicats et dans la C. G. T. de collaborer
dès maintenant pour la mise sur pied d'un programme d'éducation et
d'instruction dont l'importance au point de vue du progrès social est
manifeste.*

La Fédération n'a même pas eu l'initiative en cette matière, car cette initiative, c'est la C. G. T. qui l'a prise en inscrivant à l'ordre du jour de ce Congrès cette question.

Par conséquent, c'est une sorte de réponse à un appel mutuel que nous faisons.

Voici maintenant les principes qui doivent être mis à la base de l'enseignement dans l'avenir :

1° Le système général d'enseignement devra tendre à développer chez l'enfant, jusqu'à leur extrême limite, les facultés intellectuelles, morales et physiques. Il devra aussi armer l'homme en vue de son rendement pour une production générale maximum, assurer le recrutement de toutes les formes d'activité qui sont nécessaires dans une Société organisée, outiller le pays en bras et en cerveaux, assurer le progrès de l'avenir.

Il devra tendre à la fois, à l'éducation des masses et à un recrutement rationnel des cadres techniques.

C'est-à-dire que nous considérons deux choses dans l'enseignement : le développement de l'individu pour lui-même et le développement de l'individu au point de vue social.

Nous voulons développer l'individu pour lui-même en lui apprenant à cultiver son esprit, en lui apprenant à connaître toutes les richesses qui sont à sa portée mais auxquelles il ne peut prétendre que par un enseignement suffisant.

En second lieu, nous voulons que l'enseignement fasse des producteurs, fournisse à la Société les producteurs qui lui sont utiles pour vivre actuellement et pour progresser dans l'avenir.

Nous disions qu'il y a deux buts dans l'enseignement qui doivent tendre à l'organisation des masses et au recrutement rationnel des cadres techniques.

Il y a donc deux choses : un enseignement qui devra être donné à la masse du pays, c'est-à-dire : éducation de l'ensemble du prolétariat, éducation du pays tout entier ; en second lieu, formation des cadres techniques, c'est-à-dire formation des dirigeants de l'industrie, de l'agriculture, etc.

Cette seconde partie de la question de la formation des cadres est certainement d'une importance aussi grande que la première. Pour ceux qui en auraient douté jusqu'ici, il suffit de voir les difficultés en face desquelles s'est trouvé Lénine en Russie et qui ont été reconnues par lui-même, pour comprendre toute l'importance de cette question. Il est capital, essentiel, qu'un prolétariat qui veut organiser la Société sous son autorité ne se désintéresse pas de la formation des cadres, mais au contraire s'inquiète de sélectionner ces cadres et de mettre les meilleurs à leur place.

Voilà le paragraphe où nous limitons les compétences :

La C. G. T. n'entend pas se livrer dès aujourd'hui à une étude approfondie du problème du recrutement des cadres : mais enregistrant la venue à elle des compétences indispensables, elle se réserve d'envisager la question dans un avenir extrêmement rapproché.

Nous disons qu'il nous serait impossible dès maintenant, qu'il serait prétentieux de notre part de poser dès maintenant des bases et d'entrer dans des détails relativement à l'enseignement de tous les degrés. Il est impossible de prétendre qu'il y a à la C. G. T. un nombre suffisant de professeurs, par exemple de l'enseignement supérieur, un nombre suffisant d'ingénieurs ou de médecins pour répondre aux besoins de la Société, relativement à la production, à la formation des cadres techniques.

Je ne dis pas que lorsque les médecins, les professeurs, les ingénieurs seront venus à la C. G. T. ils devront seuls être consultés. On doit naturellement les consulter en comparant leur thèse à celle des travailleurs manuels. Il serait inexact de leur donner à eux seuls le droit de parler dans cette question.

Par conséquent, nous réservons cette question de la formation des cadres, mais nous la réservons très provisoirement, car nous constatons, depuis les quelques mois qui viennent de s'écouler, que de plus en plus ces cadres viennent à nous et qu'il suffira d'attendre très peu de temps pour que sur chacune de ces questions, nous puissions apporter des solutions.

Voici maintenant nos revendications précises :

La C. G. T. revendique dès maintenant le droit absolu pour tous les enfants d'accéder aux degrés les plus élevés de la culture si leurs aptitudes sont suffisantes.

Nous n'avons pas cru nécessaire d'ajouter d'une façon spéciale que ces enseignements supérieurs devront être gratuits. Cela va de soi. Nous ne l'avons pas dit dans le rapport, mais nous nous tenons à le dire à la tribune. Nous ne voulions pas nous lier par une formule. Si nous nous avions écrit que nous revendiquions la gratuité de cet enseignement, on nous aurait fait observer avec juste raison que cela ne suffit pas et qu'il faudrait indemniser les parents.

Par conséquent, il ne faut nous limiter par aucune formule. Nous avons donc considéré que cela devait suffire.

L'enseignement primaire obligatoire réellement gratuit sera donné jusqu'à 16 ans.

C'est là la revendication essentielle. C'est de ce côté-là que l'on doit agir. Il faut que dans tous les milieux nous essayions d'obtenir une augmentation de la durée de l'enseignement jusqu'à une limite que nous fixons à 16 ans. Il faut que les enfants soient des écoliers qui seront plus tard des producteurs.

L'enseignement comprendra, dès le début, des travaux manuels qui s'orienteront progressivement vers la technique professionnelle. La rééducation sera généralisée.

Nous voulons dire par là que l'enseignement manuel sera mis presque à la base de l'enseignement. Il faut entendre, quand nous parlons de travail manuel, qu'il s'agit de travail utilitaire pour la formation des producteurs et aussi du travail éducatif. Le travail manuel doit être éducatif et il l'est parfaitement. C'est de celui-là que nous parlons ; mais, cela ne veut pas dire que nous excluons la possibilité de faire servir ce travail manuel à ce que l'on appelle l'apprentissage.

Nous avons voulu écarter les écoles d'apprentissage proprement dites. Nous n'avons pas voulu qu'il y ait d'une part les apprentis et d'autre part les écoliers. Nous avons voulu préparer leur culture professionnelle qu'ils parachèveront par la suite à l'atelier, mais nous n'avons pas voulu dire qu'il y aurait un enseignement professionnel, mais simplement un enseignement général.

Les méthodes d'enseignement viseront moins à inculquer des connaissances qu'à développer chez les enfants, outre sa person-+ nalité, l'esprit d'initiative et le sentiment de la solidarité.

Là aussi, il y aurait une foule d'explications à donner. Lorsque nous disons que nous voulons développer chez l'enfant sa personnalité, cela veut dire que nous voulons faire de lui un être vivant, dépendant de lui-même ; nous voulons lui apprendre à choisir sa doctrine, ses opinions lui-même ; à apprendre sa pensée par lui-même et non par autrui ou par les journaux bourgeois.

Quand nous disons au contraire que nous voulons développer le sentiment de solidarité, cela veut dire que si nous voulons apprendre à cet enfant qu'il est quelqu'un, nous voulons également lui apprendre qu'il fait partie d'un corps social dans lequel il a des devoirs.

Voilà ce que nous voulons lui dire.

Formation du personnel :

Le corps enseignant recevra dans les Facultés une culture à la fois générale et professionnelle.

Cette formation se continuera dans les syndicats de l'enseignement en collaboration avec les syndicats ouvriers d'une part, avec les établissements d'enseignement supérieur d'autre part.

Nous voulons surtout que l'individu cesse de passer par ces Écoles Normales, mais par l'enseignement affranchi, l'enseignement libre, l'enseignement supérieur. N'oubliez pas que ce sont les instituteurs eux-mêmes qui réclament cela.

Telles sont les grandes lignes du projet de réorganisation de l'enseignement.

Ensuite vient la dernière partie, relative aux constructions que nous pouvons édifier tout de suite et pour lesquelles les Syndicats d'Instituteurs se mettront à la disposition des Unions pour faire tout ce qui sera possible.

Il serait vain d'entrer dès maintenant dans l'étude minutieuse des détails d'organisation, mais il appartient à la C. G. T., d'accord avec la Fédération de l'Enseignement, de réaliser immédiatement un ensemble de réformes compatibles avec l'État social.

A) Institution dans chaque école d'un Conseil de direction formé de l'ensemble des maîtres et des délégués employés, ouvriers et paysans.

Nous aurions pu dire « délégués de syndicats » ; mais il y avait là une impossibilité matérielle. Il s'agit en effet d'écoles de commune et dans ces écoles, l'instituteur, quand il est syndiqué, est le seul syndiqué. Par conséquent, cela est impossible.

B) *Institution, au siège des Unions locales et départementales, de Commissions ayant pour but :*

1° *D'adapter les programmes au milieu (Sur ce point précis, les syndicats de l'enseignement s'engagent à élaborer les programmes et à les publier dans leurs Bulletins.)*

2° *D'organiser des cours d'enseignement moyen syndicaliste destinés aux adultes et visant leur perfectionnement général professionnel et social.*

Cela, c'est le point le plus important. Il faut que, dès le mois d'octobre prochain, il y ait réunion des délégués du Syndicat de l'Enseignement du département, en vue de constituer ces Conseils. Ces Conseils auront pour but, disons-nous, d'adapter l'enseignement au milieu. Il faut comprendre ce que nous voulons dire. Nous ne voulons pas dire que le paysan né à la terre doit rester paysan toute sa vie. Il faut que le paysan ait lui aussi la possibilité d'aller à la ville et inversement. Mais quand nous disons que l'enseignement doit s'adapter au milieu, cela veut dire que le milieu est éducatif, que nous devons prendre la terre elle-même comme la propre éducatrice. Le milieu, cela varie d'une région à l'autre. Par conséquent, il est indispensable que, dans chaque région, les documents soient rassemblés pour permettre de faire cet enseignement régional. C'est, si vous le voulez, une sorte de réplique au mouvement, mouvement dont je me rappelle la genèse et qui semble avoir avorté. Eh bien ! le syndicalisme peut et doit reprendre ce travail en en prenant lui-même la direction, en faisant appel à ceux des médecins, des professeurs qui sont venus à lui pour organiser dans ses Bourses, avec ses moyens, dans ses locaux, un enseignement syndicaliste, enseignement qui sera à la fois général, professionnel et social.

C'est pour cette besogne de première importance que nous appelons l'attention de tous les secrétaires d'Unions départementales qui sont ici.

Il faut qu'ils s'occupent dans le plus bref délai possible :

1° *De l'institution d'une Commission chargée de rassembler les éléments d'une documentation nationale et internationale sur des méthodes éducatives ;*

2° *De donner des directives aux Commissions mixtes départementales ;*

3° *De mettre à l'étude le projet définitif de refonte totale de l'enseignement à tous les degrés, de la réaliser progressivement.*

Cette Commission centrale servira en quelque sorte de Commission de rassemblement des documents. On aura à rassembler les documents qui viennent des départements, auxquels documents elle pourra joindre ceux qu'elle aura produit sur cette question. Elle aura aussi à rassembler les documents venus du dehors.

La France, en matière d'enseignement, a toujours été dans sa tradition. Elle n'a jamais cherché ailleurs et il se trouve que nous sommes très arriérés au point de vue des méthodes éducatives et c'est très fâcheux. Montrons à la bourgeoisie que nous sommes plus compétents qu'elle en organisant une documentation à cet égard, alors que les ministères n'ont jamais été capables de la faire.

De façon à mettre sur pied un projet sommaire de la réforme de l'enseignement qui sera si vous le voulez, le projet révolutionnaire, c'est à cette Commission, si vous en acceptez la nomination, que nous transmettrons quelques pièces annexes qui nous ont été remises.

En premier lieu, un document qui émane du Syndicat des Musiciens de Paris :

Lyon, le 19 septembre 1919.

Camarades,

Il me semble indispensable de faire intervenir dans la réforme de l'enseignement le principe de la réforme de l'enseignement musical. Délégué par la C. S. des Artistes musiciens de Paris, je vous prie de prendre en considération les réformes suivantes qui sont désirées par tous :

1° Dans les conservatoires nationaux et les écoles nationales de musique, nous demandons que les jurys pour les concours d'admission aux écoles de musique soient désignés par les Conseils syndicaux de la Fédération du spectacle, en nombre égal avec celui des membres désignés par le Ministère. Ces jurys auront la même origine pour les concours de fin d'année ;

2° Le Conseil supérieur de l'enseignement musical en conservatoire, des lycées et des écoles communales sera formé de la même manière qu'au paragraphe 1er ;

3° Obligation pour les professeurs de musique de conservatoires, de lycées ou d'écoles de ne pas donner de leçons particulières aux élèves de leur classe ;

4° Revision complète de l'enseignement musical.

Dans les écoles communales et lycées cette revision faite par les délégués intéressés de la Fédération du spectacle et du ministre ;

5° Refonte complète des méthodes d'enseignement du Conservatoire de Paris et province sous l'égide d'une Commission nommée comme au paragraphe 4 ;

6° Exige de tous les professeurs d'écoles, de lycées ou de conservatoires un esprit d'idéal élevé pour inspirer à la jeunesse un amour ardent de notre art musical, et un esprit de désintéressement complet à opposer à celui actuel des professeurs de conservatoires qui n'ont plus aucune réserve dans la fixation de leurs honoraires particuliers.

H. GUILLET.
Délégué de la Chambre Syndicale des Artistes
Musiciens de Paris.

En second lieu, un programme de constitution d'écoles batelières qui émane du Syndicat des Mariniers de la Seine :

Rapport sur la création d'écoles batelières

Depuis sa fondation, l'organisation syndicale des mariniers a manifesté le désir d'organiser des écoles batelières afin d'éduquer la masse d'enfants de ses adhérents et d'en faire des hommes soucieux des faits sociaux qui les entourent.

Cette corporation nomade que forme la navigation intérieure est difficile à organiser et doit attirer l'attention de la C. G. T.

Toutes les organisations doivent connaître notre situation et savoir qu'une moyenne de 50 p. 100 d'illettrés existe chez les mariniers du Nord. et d'environ 35 p. 100 chez les mariniers normands et bretons.

La cause de cet état de choses doit être recherchée :

1° Dans ce fait d'abord que nous n'avons organisé un syndicat stable que depuis 1913 ; pendant les trois premières années de la guerre (exactement du 2 août 1914 à avril 1917), il est demeuré à l'état léthargique du fait de la mobilisation des membres de son Bureau ;

2° Dans ce fait que les autorités administratives mêmes se désintéressaient de la corporation, et que lorsque parfois des voix autorisées mais isolées se faisaient entendre, elles étaient écoutées d'une oreille distraite ou pas du tout, même quand un semblant de consultation était fait.

Dès avril 1917, date de la reprise de notre activité syndicale, nous recommencions auprès des pouvoirs publics à poser la question de la solution du problème des écoles batelières et, à force, nous obtenions quelques résultats très insuffisants et encore inopérants à l'heure actuelle.

Comme réponse à nos demandes, on nous disait presque invariablement: « Mettez vos enfants à l'école quand vous vous trouvez en station dans une localité ».

Nous savons tout ce que vaut cette méthode pour en avoir usé et pour en user encore.

Il peut en effet se produire que nous restions stationnaires dans une localité pendant plusieurs jours, quelquefois plusieurs semaines, mais combien rares sont les intervalles où se reproduisent ces faits.

Le plus souvent, nous voyageons sans interruption et de cette façon l'enfant qui est obligé de déserter l'école ne se trouve plus au pair avec ses petits camarades de l'endroit où, à la première occasion, il reviendra les joindre ; se voyant la risée inconsciente des autres petits, il ne voudra plus retourner à l'école ou prendra les leçons du maître en dégoût. Ce dernier, bon gré malgré, ne peut avec la meilleure volonté relever la situation de son petit nomade trop en retard ou trop avancé pour la classe dans laquelle il se trouve. De plus, le maître sait pertinemment qu'il ne pourra pas arriver au but qu'il se propose en raison du trop court laps de temps où il aura l'enfant à sa disposition, et l'immanquable se produit. L'enfant dégoûté, le parents lassés de ne voir aucun progrès, continueront de marcher dans leur routine ignorante au plus grand profit de ceux qui les exploiteront.

Ceci est dit pour certaines catégories de mariniers, et en particulier pour les mariniers du Nord faisant du bateau qu'ils conduisent leur foyer intégral ; les Normands et les Bretons ont une autre mentalité et font un sacrifice presque complet de la vie familiale. Ces derniers, afin que leurs progénitures puissent se débrouiller dans l'avenir, se font obligation d'avoir un foyer à terre et un autre à bord.

L'épouse à terre, les enfants à l'école, voici le principe, — combien gros de conséquences par les privations qu'il impose aux maigres bourses !

Que l'on se pénètre bien de la situation qu'occupe dans ces conditions un ménage ayant pour toute ressource un salaire variant entre dix et quinze francs ; elle est intenable et soulève actuellement de pressantes

·protestations car même les familles vivant à bord n'arrivent pas à joindre les deux bouts.

Cet état de choses a l'avantage de livrer à l'exploitation capitaliste une proie ignare, et cette exploitation en profitant, continuera à inculquer à notre classe laborieuse des principes contraires à nos intérêts, contraires à ceux de la masse et contraires à notre émancipation.

Cette situation doit changer aussi. Faisons appel à la C. G. T. pour appuyer d'une manière effective le programme que nous avons ébauché afin d'obtenir, pour notre corporation et pour nos enfants, des écoles-pensions laïques, primaires, professionnelles et obligatoires.

Pour éclairer les camarades sur ce que nous avons fait à ce sujet, nous leur dirons d'abord que c'est à la suite de démarches nombreuses, par des ordres du jour et par nos cahiers de revendications réclamant cette institution, que nous sommes arrivés à être entendus par les pouvoirs publics.

Nous fûmes à ce sujet convoqués pour l'institution d'une Commission mixte le 16 juillet 1919. A l'issue de cette réunion qui eut lieu à la Préfecture de la Seine-Inférieure et qui était présidée par le préfet, nous savions, après nos avis collectifs, que des baraquements dont l'achat avait été fait par la Préfecture, seraient, en vue de cette œuvre, mis au point par un agencement et rendus habitables afin qu'en octobre, pour commencer, 50 enfants du sexe masculin puissent accéder aux écoles.

Nous convenions en cette occasion qu'un taux qui resterait à fixer serait alloué et dû à l'œuvre par les intéressés et par enfant suivant la charge de famille pour l'habillement et la nourriture, et que le département, les Ministères intéressés, les armateurs et stévédores seraient pressentis pour participer à sa fondation et à son avenir.

Nous obtenions aussi qu'une péniche, en attendant mieux, fût aménagée pour l'école professionnelle, afin d'intéresser d'une façon toute pratique les enfants des bateliers qui, de naissance, aiment l'élément sur lequel ils ont grandi. Toutefois, nous·ne renonçons pas à pousser au delà de cette instruction, en dehors même de la corporation, les enfants qui pourraient absorber une éducation plus·intense, en créant des bourses.

Notre corporation doit bénéficier des droits et des lois comme peuvent en jouir et en jouissent les camarades des corporations de terre.

Nous désirions que, demain, des écoles munies de dortoirs, réfectoires, cuisines et aussi d'une clinique médicale s'élèvent dans tous les grands centres de navigation, ou alors, pour profiter de celles existantes, y adjoindre un pavillon propre à recevoir l'agencement que nous réclamons.

L'embryon d'école que nous avons obtenu, quoique bien insuffisant, est appréciable en lui-même, puisque rien n'existait en ce sens dans notre région ; ou du moins si de telles institutions existent en certains points, c'est sur l'initiative religieuse. Il faut donc, et c'est le devoir de notre Troisième République, donner l'enseignement primaire et à l'occasion l'enseignement supérieur à tous ses contribuables, le donner gratuitement en toutes circonstances et aussi ne pas obliger ces mêmes contribuables à faire œuvre de marchandage pour obtenir leur dû.

L'essor d'un pays se mesure véritablement au degré de développement d'instruction de ses citoyens ; nous demandons que l'on agisse vite et bien dans notre branche industrielle suivant les desiderata contenus dans la brochure jointe à ce rapport.

C'est ensuite un projet développé par notre camarade Fontaine :

Camarades,

Il est bien beau de former des ouvriers habiles, des producteurs conscients de leur rôle social. Beaucoup de nos adversaires dans le monde industriel signeraient nos résolutions. Les milieux les plus hostiles à la C. G. T. en approuveraient une partie et seraient très heureux de voir les efforts syndicalistes dirigés du côté de la formation technique des producteurs.

Déjà, quand nous abordons le problème de la culture générale du monde ouvrier, se précisent alors les différences de conception avec les classes dirigeantes. C'est que la libération économique du salarié n'entraîne pas logiquement, fatalement, sa libération morale. Elle n'en constitue qu'un des facteurs les plus importants.

Vous l'avez si bien senti, camarades, qu'immédiatement après l'obtention de la journée de huit heures vous avez, et cela est tout à votre honneur, porté à votre ordre du jour l'organisation des loisirs.

Dans l'organisation de l'enseignement, il y a autre chose que la formation technique et professionnelle de l'ouvrier, du producteur, il y a la formation morale. Le côté moral du problème me semble laissé dans l'ombre.

Puisque les instituteurs, dans leur ensemble, viennent à la C. G. T., c'est donc là, au cœur de la classe ouvrière vivante, agissante, organisatrice d'un ordre nouveau, qu'ils devront puiser les principes de leur enseignement moral, refondre même les bases mêmes de la morale tout entière.

Des valeurs morales nouvelles doivent surgir dans l'immense lutte mondiale engagée contre la bourgeoisie capitaliste, contre les forces du passé. Ce sont ces principes nouveaux, ces valeurs morales nouvelles qu'il vous faut vous-mêmes dégager.

Définissons ensemble ce que doit être, au point de vue moral, un bon ouvrier syndiqué. Et ne voyez pas la question à un point de vue étroit. Si j'avais le temps de m'étendre, je pourrais développer ici comment je comprends le problème.

Pour vous en faire sentir toute l'importance, qu'il me suffise d'appeler votre attention sur certains faits. Comme à moi, il vous est arrivé de discuter sincèrement, loyalement avec des adversaires courtois mais irréductibles de notre idéal syndicaliste.

Comme moi, vous avez senti qu'un immense abîme nous sépare les uns des autres. Nous ne parlons pas la même langue, les mots, les phrases ont un sens différent, la tournure d'esprit, les habitudes de penser sont différentes. Ce qui les choque est naturel pour nous, ce qui nous paraît naturel les indigne ou les étonne étrangement. Les mesures morales qui servent à édifier nos jugements sont inconciliables et c'est ainsi que nous ne serons jamais d'accord: il y a impossibilité absolue.

Pendant la guerre, cette mêlée effroyable, il m'a été donné de rencontrer beaucoup d'hommes de toutes les régions de la France, de toutes les nations du monde. Partout, aussi bien chez les Allemands qu'ailleurs, aussi bien chez les Français qu'ailleurs, j'ai rencontré des gens avec qui il m'est impossible de m'entendre, que je ne puis que combattre.

Cette fraternité mentale intellectuelle et morale qui déborde la frontière et les nationalités, c'est à vous, camarades ouvriers, à nous éducateurs du monde entier, d'en chercher le sens intime, d'en dégager les règles essentielles et de les codifier en une espèce de charte universelle où serait la source de nos leçons morales quotidiennes.

Nouvelles religions, direz-vous ? Si vous voulez, les mots ne me font pas peur.

J'ai beaucoup étudié toutes les questions qui se rattachent à l'éducation. La psychologie, la physiologie, la biologie m'ont donné la certitude que c'est dès la plus tendre enfance que doit commencer l'éducation du futur syndiqué.

Tout le problème de l'éducation consiste à donner des habitudes. Les habitudes acquises pendant l'enfance et l'adolescence sont les plus tenaces.

Or, il est démontré que l'enfant vient au monde avec un lot d'habitudes ancestrales familiales, qu'il tient de sa lignée. Ces habitudes, à l'état de tendances, sont, en général, contraires aux idées nouvelles, aux théories nouvelles, aux idées syndicalistes pour l'époque qui nous concerne.

Par conséquent, et cela est logique, car il faut des siècles de pratique constante pour que des habitudes sociales individuelles passent à l'état héréditaire dans les générations sous formes de coutumes et de mœurs.

C'est-à-dire que l'enfant est dès sa naissance un petit réactionnaire, un conservateur. L'Église et le monde bourgeois le savent bien. Voyez comme l'Église exploite ces tendances héréditaires. Comme il est facile de faire croire à l'enfant toutes les sornettes et imbécillités contenues dans le catéchisme; voyez comme le petit bourgeois trouve naturel qu'il existe une catégorie de gens pour le servir et l'aduler.

Par contre, comprenez comme il est difficile de créer chez l'enfant cet esprit scientifique fait de raison, de sagesse, d'intelligence dont parlait Anatole France à Tours. Nous autres, instituteurs syndiqués, nous en savons quelque chose.

De même il est des sentiments que l'enfant apporte dès sa naissance. Et la plupart de ces sentiments que développent et cultivent aussitôt les éducateurs fidèles à l'Église et à la bourgeoisie desservent aussi notre idéal de fraternité universelle. Les sentiments communs à la classe ouvrière sont à créer de toutes pièces dans l'esprit de l'enfant.

Et toutes ces considérations un peu trop spéciales, je m'en excuse, expliquent pourquoi il y a eu des générations à mentalité révolutionnaire auxquelles ont succédé d'autres générations réactionnaires.

Nous n'avons pas à compter sur l'hérédité dans le développement normal des facultés et des sentiments de l'enfant pour nous aider. C'est par un effort soutenu, constant, que la classe ouvrière, ayant à sa disposition la grande majorité du personnel enseignant laïque, arrivera à maintenir ses traditions révolutionnaires et à imprimer aux générations à venir un élan que plus rien n'arrêtera et qui s'inscrira dans l'homme à l'état de caractère spécifique.

Vous voyez, je crois, où je veux en venir maintenant. Que vous le vouliez ou non, le problème de l'éducation morale des enfants de la classe ouvrière se pose en même temps et avec la même nécessité impérieuse que la réorganisation de l'enseignement envisagé au point de vue pratique et économique.

Entendez-vous bien, il n'y a pas de « Morale » avec un grand M ! Il y a une quantité de morales et c'est une erreur complète et très grave de croire qu'il est possible de former des producteurs ayant l'esprit syndicaliste, sans développer dès l'enfance certaines habitudes morales d'agir, de penser, de raisonner, de sentir, que fortifieront chez l'ouvrier adulte toutes les manifestations individuelles et sociales de la vie ouvrière.

Parler ainsi, c'est évidemment condamner la neutralité scolaire. Ah !

que de choses il y aurait à dire sur ce sujet, bien délaissé à l'heure actuelle !

Il est antiscientifique au plus haut point d'exposer à l'enfant plusieurs thèses, dans le but de le laisser choisir ensuite. L'enfant n'est pas un homme qui se décide d'après les considérations objectives. C'est un petit mécanisme très délicat en formation, qui se meut sous des influences très variées, occasionnelles, locales, momentanées.

L'enfant ne connaît pas les principes. Il ne peut les connaître. Il aura peu à peu les principes des actes qu'il aura accompli le plus souvent, c'est-à-dire des habitudes qu'il aura contractées.

La vérité, c'est qu'on pense sincèrement, on pense comme on vit, et cela est particulièrement exact chez l'enfant. Etre neutre à l'école, pour les parents, c'est abandonner aux influences ancestrales, aux forces du passé essentiellement conservatrices la formation morale du futur ouvrier. C'est abdiquer, c'est capituler devant nos ennemis les plus acharnés.

Camarades, vous ne voulez pas cela. Déjà, par vos efforts pour la création des Jeunesses socialistes et syndicalistes, vous avez pris position. Il faut aller jusqu'au bout de votre pensée. Il faut, de concert avec la Fédération des syndicats, joindre au programme de la formation du producteur que vous allez voter, une résolution où vous vous engagerez à élaborer une nouvelle morale à pratiquer par les enfants de la classe ouvrière du monde entier, et à enseigner par les éducateurs officiels.

C'est une tâche urgente et noble entre toutes et pour finir je rappelle le vœu formulé par A. France, dans un passage de son admirable discours de Tours :

Mes amis, permettez-moi de former un vœu bien ardent qu'il me faut exprimer dans une forme trop rapide et trop incomplète, mais dont l'idée première me semble de nature à pénétrer dans tous les esprits généreux. Je souhaite, de tout mon cœur que bientôt l'Internationale ouvrière vienne s'adjoindre une délégation des instituteurs de toutes les nations pour préparer en commun un enseignement universel et aviser au moyen de semer dans les jeunes intelligences les idées d'où sortiront la paix du monde et de l'union des peuples.

Je conclus en vous priant de joindre aux conclusions le vœu suivant :

La C. G. T. décide en outre de mettre à l'étude la rédaction d'une espèce de charte (universelle) élaborée de concert avec la Fédération des syndicats d'Instituteurs, évolution de la morale, variabilité dans les temps et dans l'espace, et pouvant servir de base à l'action morale à conduire dans l'école et dans la famille par les instituteurs et par les parents.

FONTAINE, *instituteur.*

Et c'est enfin le projet qui nous a été remis par nos camarades Espérantistes:

Ce dernier mot à une importance spéciale.

Nous sommes tous partisans d'une langue internationale ; par conséquent, c'est avec un avis favorable que nous renvoyons ce programme à la Commission.

La difficulté qu'il y a à l'heure actuelle, c'est qu'il existe deux langues internationales. Cependant, je crois que l'Esperanto a déjà eu la faveur du Congrès national du Havre. On m'a dit en second lieu que la pétition en faveur de l'Esperanto a été signée par quelque chose comme huit cents délégués.

Camarade délégué,

En 1912, le Congrès confédéral du Havre a voté à l'unanimité un vœu en faveur de la langue internationale *Esperanto*.

Nous espérons que vous le renouvellerez et que vous voterez l'amendement (présenté par l'Union des syndicats du Rhône) au rapport sur la réforme de l'enseignement, amendement qui réclame l'introduction de l'Esperanto dans les futurs programmes scolaires.

La diversité des langues

Elle permet à nos maîtres de nous diviser en Français, Allemands, Italiens, etc., et de nous donner une mentalité nationale.

Elle leur permet de nous mentir plus facilement sur la situation et l'action de nos frères des autres pays.

Elle est une des causes profondes de la guerre et du maintien du régime capitaliste.

C'est elle qui s'oppose à la vie effective de nos organisations internationales et rend nos Congrès internationaux lourds et confus, véritables Tours de Babel.

Faisons donc tomber cette arme des mains de la bourgeoisie et, grâce à la langue universelle, réalisons l'Internationale ouvrière, non seulement sur le papier, mais dans les cerveaux.

L'Esperanto

La langue internationale existe depuis 1887, non comme projet, mais comme réalité vivante : c'est l'Esperanto créé par un polonais (le Dr Zamenhof) et enrichi par des collaborateurs de tous pays. Son étude, d'une grande facilité et d'une haute valeur éducative, demande quelques mois seulement pour toute personne d'instruction élémentaire.

Des milliers d'ouvrages sociaux, littéraires ou scientifiques ont été publiés en Esperanto.

A la veille de la guerre, 150 journaux et plus de 1.500 associations la propageaient ou l'utilisaient. Sa vitalité se manifeste au grand jour par 10 Congrès (de 1905 à 1915), qui réunirent une foule de délégués de toutes nationalités.

Le 10e Congrès devait s'ouvrir à Paris, le 2 août 1914 et comptait plus de 4.000 adhérents.

Pendant la guerre, un merveilleux exemple d'internationalisme pratique a été donné par l'Esperanto. L'Association esperantiste universelle, dont le siège est à Berne, a fonctionné avec (dans 1.120 villes) des délégués appartenant à tous les pays belligérants.

Les concurrents de l'Esperanto

Sur les principes de l'Esperanto, mais avec de nombreuses complications, plusieurs copies de cette langue ont été tentées : *Universal, Mondo, Ido*-1907, *Ido*-1913. Tous ces projets prouvent l'excellence des principes esperantistes. Aucun n'a subi l'épreuve des Congrès ; aucun ne pourra se propager, car il ne peut y avoir plusieurs langues internationales, et la langue internationale doit être stable. Seul l'Esperanto présente la stabilité nécessaire, il reste la solution la plus facile, et seul il peut rendre à la classe ouvrière des services immédiats.

Organisations syndicales, propagez la langue internationale Esperanto, exigez son enseignement dans les écoles et faites-en la langue de nos Congrès internationaux.

Le Groupe Esperanto ouvrier de Lyon.
(Groupe intersyndical.)

Camarades, j'ai terminé l'exposé de ce rapport et voilà les conclusions sur lesquelles vous allez voter.

Je n'ai pas envie de vous faire de discours. Nous devons laisser les grands discours, les phrases sonores aux orateurs parlementaires. Nous leur laissons aussi les honneurs de l'affichage et aussi leur projet de réforme de l'enseignement. Le projet de M. Viviani est un projet bâtard que la bourgeoisie a pu accepter, elle. Nous montrerons que nous pouvons faire mieux.

Voici donc les conclusions que je vous apporte et sur lesquelles je vous demande de voter. Je vous ferai remarquer que vous posez la première pierre de l'édifice social dans lequel le prolétariat sera devenu le maître et dans lequel il n'y aura plus de place à l'antagonisme.

JOUHAUX. — Je ne veux pas, selon la recommandation du camarade Zoretti, faire ici un discours ; mais je tiens cependant à rendre hommage à ce rapport succinct, condensé et précis qui nous a été apporté ici. Les réalisations qu'il indique sont faciles à faire, à la condition que les uns et les autres, nous apportions autre chose qu'une sympathie verbale ; à la condition également, — et je suis heureux que le camarade Zoretti l'ait fait ressortir dans son rapport, — à la condition que nous sortions des erreurs funestes dans lesquelles le mouvement des Universités Populaires s'est enlisé et a affirmé son impuissance.

Du rapport Zoretti ressort la conclusion qu'il s'agit, non pas de donner au monde ouvrier des savants, mais des hommes à l'intelligence claire, à la compréhension facile, à l'esprit d'observation développé. C'est pour ces conclusions vraiment syndicalistes et révolutionnaires dans la meilleure acceptation du terme que j'adresse à notre camarade Zoretti les hommages du Bureau confédéral, et que je demande au Congrès de voter, à l'unanimité, les conclusions de ce rapport. (Applaudissements.)

GILMODES. — Camarades, si j'ai demandé la parole sur la Réforme de l'Enseignement, c'est qu'à la Commission qui avait été nommée pour vous présenter un rapport, il n'y avait pas eu de délégués des instituteurs libres. Les instituteurs libres m'ayant donné quelques indications en ce qui concerne la réforme de l'enseignement, j'aurais tenu à pouvoir participer à cette Commission pour lui donner les indications qui m'avaient été fournies.

Voici les principes qui m'ont été indiqués :

Unification à la base et gratuité à tous les degrés ;
Développement de l'enseignement technique ;
Création de cours d'éducation physique permanents et fréquents ;
Limitation des élèves dans les salles de classe ;
Obligation scolaire jusqu'à l'âge de 15 ans ;
Inspection médicale mensuelle des élèves ;
Réforme des programmes dans un sens plus rationnel et utilitaire ;
Suppression des examens actuels ;
Remaniement des manuels conformément à l'esprit de fraternité internationale et de solidarité universelle ;
Création de cours postscolaires obligatoires ;
Création d'écoles syndicalistes.

D'autre part, les camarades sténographes-dactylographes demandent que l'on s'occupe également, dans cette réforme, des jeunes filles et que de plus, dans les écoles, l'on donne aux enfants le goût du travail en leur faisant faire en quelque sorte un commencement d'apprentissage.

Pour terminer, je dirai que dans un Congrès, il ne suffit pas que l'on établisse des conclusions sur un projet déterminé, si d'autre part les camarades qui sont chargés de mettre ce rapport à exécution, ne font pas le nécessaire pour qu'il y ait un résultat.

Je demanderai à nos camarades de la Fédération de l'Enseignement de faire autour d'eux la propagande qu'ils doivent faire, non seulement pour qu'il y ait un plus grand nombre d'adhérents qu'il peut y avoir actuellement, mais encore (comme le disait le camarade Rivelli en ce qui concerne l'action des Inscrits Maritimes) pour qu'ils disent qu'ils se refusent à inculquer à leurs élèves la haine et à les diriger dans le sens de la soumission à la bourgeoisie et au capitalisme.

Ils doivent inculquer à leurs élèves des idées internationalistes, car ces élèves seront appelés plus tard à mettre à exécution les desiderata que nous formulons tous aujourd'hui sur la transformation sociale et la suppression du salariat. Ainsi, lorsque ces enfants seront des hommes, ils auront les principes syndicalistes.

BERNARD. — Camarades, ceux qui m'ont entendu à Tours parler sur la même question que je veux traiter aujourd'hui, savent que je n'ai pas l'habitude d'abuser d'un Congrès.

La question sur laquelle je veux attirer votre attention se trouve contenue en principe dans le rapport de Zoretti. Mais je la considère pour mon compte comme suffisamment importante pour que l'on s'y arrête quelques instants.

On parle beaucoup de l'enseignement professionnel, et je sais que je vais me trouver en contradiction avec un grand nombre de camarades, mais je tiens à m'expliquer.

Qu'entend-on par enseignement professionnel, dans le monde ouvrier ? Si je suis bien informé, on entend un enseignement qui a pour but de faire de l'enfant un producteur, c'est-à-dire ou ouvrier, ou un employé directement utilisable dans l'industrie ou le commerce, à sa sortie de l'école. Je dis que c'est, à mon avis, une grande erreur sociale et pédagogique. En effet, cette même opinion se retrouve exprimée presque dans les mêmes termes dans la presse bourgeoise. La presse bourgeoise, en effet, dit ceci : « Comment vous, ouvriers, ne seriez-vous pas contents ? Nous avons pour les fils de la bourgeoisie l'enseignement secondaire et supérieur, c'est vrai ; mais dans cet enseignement, il n'y a guère que de l'enseignement philosophique qui ne saurait vous convenir ; tandis que l'Etat français mettra à votre disposition des écoles professionnelles ». Ne trouvez-vous pas bizarre cette communauté de pensée entre la classe bourgeoise d'un côté et le monde ouvrier de l'autre ? Je n'en tire pas de conclusion. Je fais simplement le rapprochement et je continue : l'Etat, représentant de la bourgeoisie, a fait entrer dans la réalité cette conception de l'école professionnelle ; et les programmes et les circulaires tendent tous et toutes à la formation du producteur dans les écoles. Eh bien ! je dis qu'il y a là une erreur et je crois bien en effet qu'il est nécessaire d'insister. Zoretti est d'accord avec moi, et les protestations que vous faites entendre prouvent bien que vous n'êtes pas d'accord avec moi.

Ce que nous voulons, c'est une éducation professionnelle, oui, mais qui n'enferme pas l'enfant dans un métier ! A l'heure actuelle, vous le savez mieux que moi, camarades, les ouvriers spécialisés existent de moins en moins. Les progrès du machinisme ont fait que l'ouvrier technique se rapproche de plus en plus du manœuvre. Par conséquent vous voudriez, et c'est ici que je m'indignerai, enfermer dès l'âge de l'école primaire des enfants dans un métier, dans lequel ils seraient bouclés toute leur vie.

Ce qui nous différencie, par conséquent, de la conception bourgeoise et ce que j'ai vu exprimer dans des journaux ouvriers, c'est que nous ne voulons pas enfermer l'enfant dans le métier, mais au contraire lui faire prendre contact avec plusieurs métiers, avec une encyclopédie de métiers, de manière à en faire un touche-à-tout intelligent, éclairé, qui ait une idée de la technique dans toutes les industries également et qui ait cette conception de la polytechnique, comme nous disons, c'est-à-dire l'enseignement superficiel, c'est vrai, mais encyclopédique de plusieurs industries, sans oublier la terre. C'est par ce moyen que nous entendons arriver à la culture générale que nous ne devons pas oublier.

JOUHAUX. — Camarades, je n'entendais pas, après l'admirable rapport de notre camarade Zoretti, revenir à cette tribune ; mais je ne peux pas laisser passer les paroles qui ont été apportées ici par le camarade Bernard.

Vous nous prêtez des intentions que nous n'avons jamais eues. Et quand vous faites un rapprochement entre ce que la bourgeoisie entend faire et ce que le monde ouvrier réclame, vous commettez une erreur.

La classe ouvrière française, la Confédération Générale du Travail, n'ont jamais réclamé que l'on fasse de l'enseignement professionnel dans le sens où le réclame la bourgeoisie. Moi-même, je suis un de ceux qui se sont toujours élevés contre les écoles professionnelles parce que j'en connais l'éducation, l'ayant subie moi-même.

Par conséquent, ce que nous demandons quand nous parlons de préapprentissage, c'est que l'on prépare l'enfant à connaître, non pas un métier, mais la technologie de l'industrie en général. (*Applaudissements.*)

Pour le reste, pour le métier proprement dit qui est encore nécessaire quoique vous en pensiez, Bernard...

BERNARD. — Mon intention n'a pas été de dire cela. J'ai voulu dire simplement que le monde ouvrier a une conception qui est bien celle que j'ai indiquée et contre laquelle je me suis élevé.

JOUHAUX. — ...Alors, si vous faites la différence nécessaire entre ce que vous appelez le monde ouvrier et la Confédération Générale du Travail, la question n'est plus posée !

Vous apportez ici une affirmation contre laquelle nous nous sommes toujours élevés.

Et puis sur le terrain de l'éducation professionnelle, nous estimons que ceux qui savent les difficultés dans lesquelles ils se trouvent ont tout de même le droit d'apporter leur opinion. On n'est pas un touche-à-tout, dans le monde ouvrier. (*Applaudissements.*)

Camarades, je conclus en disant que la Confédération Générale du Travail accepte intégralement le rapport de notre camarade Zoretti, moins les réserves et les appréciations qui ont été apportées ici par notre camarade Bernard.

Le rapport est mis aux voix et adopté unanimement.

La révision des Statuts confédéraux

LE PRÉSIDENT. — Camarades, la parole est au camarade Perrot, rapporteur de la Commission sur les modifications à apporter aux statuts.

PERROT. — La Commission que vous avez désignée pour examiner les propositions de modifications aux statuts formulées dans l'ordre du jour, les a examinées. Elle a également examiné d'autres propositions qu'elle ne vous demande pas de ratifier pour l'instant, mais simplement de soumettre au Comité national.

Camarades, nous avons d'abord constaté, et ce n'est pas un reproche que je vous adresse, que les Commissions qui ont déjà procédé à la modification des statuts, ont établi quelques interversions à la suite de ces modifications successives. Il existe dans les statuts des articles qui ne sont plus à leur place et c'est ce qui fait que la lecture en est quelque peu obscure.

Nous pensons qu'il y aura lieu, après les modifications que nous nous proposons de faire accepter par le Comité national, de procéder à une refonte totale des statuts, tout en maintenant les textes existants.

Camarades, je vais tout d'abord passer aux questions que la Commission a été unanime à rejeter, sauf notre camarade Jullien qui était chargé de les soutenir.

1° Il y a la question du transfert de la C. G. T. en dehors de Paris ;

2° Celle du remplacement obligatoire des secrétaires confédéraux et fédéraux.

Pour la première question, celle du transfert du siège de la C. G. T. dans une autre ville, j'estime qu'il n'est pas nécessaire de vous donner d'explication sur les raisons pour lesquelles nous ne l'avons pas examinée.

Sur la deuxième, le remplacement obligatoire des secrétaires confédéraux et fédéraux, j'écarte immédiatement les derniers, puisque ce n'est pas du ressort de ce Congrès ; c'est, sous une autre forme, la reprise des discussions que nous avons connues avant la guerre sur la rééligibilité et la non-rééligibilité des fonctionnaires. La Commission a été unanime pour juger qu'il n'y avait pas lieu de s'arrêter à cette question.

Toutefois, elle vous propose une toute petite modification qui a trait à l'élection des secrétaires, modification que certains de nos camarades ont demandée et que nous avons cru devoir leur accorder car elle ne change en rien ni l'esprit, ni la lettre des statuts.

Il y avait également à l'ordre du jour du Congrès une proposition des travailleurs municipaux demandant que la Commission administrative soit composée d'autant de délégués qu'il existe de Fédérations. Ici, tout de suite, je vais vous indiquer dans quel esprit la Commission a examiné la proposition de modifications de la Commission administrative.

Après les déclarations faites ici au nom des camarades que je regrette d'être obligé d'appeler encore de la minorité, après leur désir de participer dorénavant aux travaux et aux responsabilités de la gestion confédérale, nous avons estimé qu'il était de notre devoir de profiter de cette occasion pour leur permettre d'entrer à la Commission administrative.

Tout à l'heure, je vous donnerai lecture du nouvel article que nous proposons pour remplacer l'ancien.

Je tiens tout de suite à dire, et ceci pour bien démontrer que nous n'avons pas voulu non plus écarter de la Commission administrative les Fédérations, que nous pensons que les secrétaires fédéraux ont le droit, je dirai même plus, ont le devoir d'assister aux réunions de la Commission administrative lorsqu'ils le peuvent. De cette façon, ils ne seront pas tenus en dehors des travaux qui y seront traités.

Enfin, camarades, nous avons pensé que les nécessités économiques de demain nous obligeaient à envisager une extension plus grande de l'organisme confédéral, lui permettant de mieux s'adapter aux besoins de demain. Vous avez pu voir que, de différents côtés, le patronat industriel et commercial, les chambres de commerce, le ministre lui-même, ont reconnu que si la division départementale, division administrative qui date déjà depuis plus d'un siècle, avait sa raison d'être, il y avait cependant nécessité de constituer d'autres organismes, d'autres centres d'organisation, en groupant des départements par affinités industrielles. Nous avons pensé qu'il était nécessaire de prévoir dès aujourd'hui, dans ce Congrès, l'obligation dans laquelle nous serons, nous aussi, d'adapter notre organisme à ces besoins nouveaux.

Enfin, il y a une dernière question qui celle-là ne soulèvera pas beaucoup de discussion, mais qui cependant a son importance. C'est celle qui a trait à la question des timbres. Deux objections sont faites très souvent sur cette question des timbres tels qu'ils existent actuellement. C'est d'abord que le timbre étant composé de deux parties distinctes, il arrive parfois que le timbre de l'Union qui vient se mettre sur celui de la Fédération ne tient pas et qu'ainsi on peut croire que le camarade appartient à un syndicat qui n'est pas en règle avec son Union départementale.

D'autre part, par cette prise de timbres à un endroit différent, il arrive aussi que des syndicats ne satisfont pas aux deux obligations et que les camarades croient de bonne foi être syndiqués et confédérés, malgré qu'ils n'aient pas le timbre de l'Union départementale.

Nous pensons qu'il y a lieu d'examiner s'il ne serait pas possible de créer un timbre unique, ne permettant plus à un syndiqué, à aucune organisation d'échapper aux obligations qu'il y a à remplir pour être confédéré.

Camarades, je vais vous donner lecture des propositions qu'en accord avec la Commission, j'ai rédigées et vous aurez ensuite à vous prononcer.

ART. 5. — *Après chaque Congrès, le Comité national nomme une Commission administrative de 30 membres choisis parmi les militants de la région parisienne (Seine, Seine-et-Oise et Seine-et-Marne).*

Les candidats devront être présentés par les Unions ou les Fédérations.

Pour cette désignation, le Comité national devra tenir compte des indications du Congrès.

La Commission administrative assure avec le Bureau confédéral la gestion de la C. G. T., sous le contrôle du Comité national et dans l'intervalle de ses réunions.

Les membres de la Commission administrative assistent aux réunions du Comité national, mais seuls y ont droit de vote ceux qui sont également membres de ce Comité.

Voilà la rédaction à laquelle nous nous sommes arrêtés et je vous demande de tenir compte du désir apporté par notre camarade Million.

Je vous demande d'adopter à l'unanimité cette modification de la Commission administrative.

JULLIEN. — Camarades, c'est justement sur la question de la composition de la Commission administrative que je viens à cette tribune. Comme vous l'a indiqué Perrot, pour les questions que j'étais chargé de défendre au sein de la Commission, je suis resté dans une opposition systématique ; d'abord, parce que j'en avais reçu le mandat et ensuite parce que la proposition de notre camarade Perrot indiquant que le prochain Comité national pourrait justement étudier une nouvelle modalité concernant les statuts, j'estimais qu'elle nous donnait satisfaction, étant donné surtout les discussions qui avaient eu lieu au sein de ce Congrès même et après le vote de confiance émis en faveur du Bureau. Mais où j'ai été obligé de me séparer des membres de la Commission, et ici il n'y a pas de question de minorité et de majorité puisque Perrot était d'accord avec Sirolle, qu'il y avait dans la Commission Marie, Guillot et Million, et que par conséquent toutes les tendances étaient représentées, c'est quand vous nous dites : « Vous avez apporté des critiques contre la Commission administrative et le Bureau confédéral. Eh bien ! nous demandons que ceux qui ont apporté ces critiques prennent leur part de responsabilité... ». A cela, je réponds : « Si les minoritaires veulent prendre leur part de responsabilité, qu'on leur fasse une place dans le Bureau confédéral, puisque le Bureau confédéral a dit qu'il couvrait de ses pleins pouvoirs la Commission administrative ».

Voilà ce que je réponds à ceux qui nous disent qu'ils veulent prendre leur part de responsabilité, parce que, si les minoritaires en tant que minoritaires entrent dans la Commission administrative, que représenteront-ils ? Leur tendance, c'est entendu... Dans les discussions de tendances, ils pourront faire entendre leur voix ; mais lorsqu'il s'agira de mettre en application, de matérialiser leurs idées et de prendre position, au nom de qui parleront-ils ? Au nom de leur tendance ou des organisations qu'ils représentent ? C'est là que la question se pose.

Lorsque Bidegaray, à la Commission administrative, nous a dit : « Les cheminots sont prêts », au nom de qui parlait-il ? Au nom de la Fédération des cheminots ou au nom de la tendance de Bidegaray ? Il me semble que Bidegaray parlait au nom des cheminots et non pas comme on a cherché à l'indiquer au sein du dernier Comité national où l'on nous disait : « La Commission administrative que vous nommez au Comité national ne représente pas les Fédérations, elle représente le Comité national ; elle est chargée par le Comité national de mettre en application les décisions prises ». Mais, camarades, cela justement se retourne contre vous, puisque vous-même, Commission administrative, vous dites que vous n'avez pas pu faire le mouvement, parce que certaines grosses organisations ont flanché. Vous êtes donc obligés de reconnaître que les camarades de cette Commission administrative représentent quelque chose et il y a des principes dans la Commission administrative, comme dans un secrétariat d'Union départementale. Si une Commission exécutive d'Union départementale décrète une grève générale.

quelle importance aura-t-elle si les puissantes organisations ne marchent pas ? Pour la Commission administrative, c'est la même chose. Si les Fédérations ne viennent pas déclarer au sein de cette Commission administrative : « Nous nous lançons dans le mouvement, nous répondons à l'appel de la C. G. T. », eh bien ! camarades, vous ne trouverez pas plus de responsables que vous n'en avez trouvé.

C'est justement pour cela que nous nous étions élevés contre la constitution de la Commission administrative.

A Clermont-Ferrand, et Péricat était avec nous, nous demandions qu'il n'y ait plus d'un vote par Bourse du Travail, un vote par Union, un vote par Fédération. Nous disions justement : « Nous voulons des représentants d'Unions départementales pour apporter au Comité national la mentalité des Unions. Mais, lorsqu'il s'agit de prendre des décisions, nous estimons que seules les Fédérations doivent en avoir la responsabilité. Dans les Unions départementales, lorsque nous voulons mettre en application les décisions prises par les Congrès, quelquefois, nous nous trouvons en face de syndicats qui nous disent : « J'obéirai si je reçois un ordre de ma Fédération ».

Alors, je vous pose la question et je vous demande de la résoudre. Nous, voilà comment nous la résolvons :

Nous disons : « Au sein du Comité national, les Unions départementales doivent venir exprimer, dans les questions sociales, la mentalité des organisations des Unions départementales ; mais lorsqu'il s'agit d'entrer dans l'action, les Fédérations doivent prendre la responsabilité de cette action et les Unions doivent les aider par une propagande intense dans leur milieu ».

Voilà la situation. Nous demandons que la Commission soit composée des représentants des Fédérations.

Vous voulez que les tendances soient représentées au sein de la Commission administrative ; mais, camarades, les tendances y seront représentées selon les Fédérations et alors cela suffit.

Je répète que si vous voulez faire une place aux minoritaires, ce n'est pas dans la Commission administrative, c'est dans le Bureau confédéral.

MONATTE. — Camarades, je ne partage pas du tout le point de vue de mon ami Jullien. Je me suis élevé au cours de ces débats contre l'hégémonie des Fédérations au sein de la C. G. T. La proposition de Jullien la consacrerait définitivement.

Je dois dire que la proposition qui nous est soumise et qu'a défendue Million ne nous donne pas à nous, minorité, entièrement satisfaction.

Nous aurions souhaité, non pas le retour à l'ancien Comité confédéral, mais en gardant le Comité confédéral national tel qu'il a été établi, réveiller à côté, dans la période des quatre mois qui s'écoule entre chaque C. C. N., l'ancien Comité confédéral.

Evidemment, nous ne sentons pas que ce Congrès puisse et veuille nous l'accorder. Mais nous tenons à dire que c'est là ce que nous

aurions désiré et nous croyons que l'expérience ramènera l'organisation à cette forme. Nous acceptons comme une solution provisoire, la solution de Million ; mais je trouve que le texte que nous
rapporte la Commission est imprécis.

Nous demandons, nous minoritaires, une représentation exacte,
correspondant à la force qui s'est affirmée au sein de ce Congrès.

ROUGERIE. — Représentation proportionnelle alors ?

MONATTE. — Si la proportionnelle jouait ici, nous serions majorité !

Plusieurs délégués. — C'est faux ! C'est faux !

MONATTE. — Ce que nous voulons, c'est exercer notre droit de contrôle, prendre notre part de responsabilité, et pour cela nous nous
rallions à la proposition de Million, afin qu'il soit bien entendu
que la minorité ne recule ni devant une participation à l'action
confédérale, ni devant une participation à l'action générale.

Un second point sur lequel je suis en désaccord avec Jullien et
sur lequel la minorité entière est en désaccord :

C'est que si la proposition de Million est adoptée, nous accepterons
cette participation à la Commission administrative ; mais la minorité
entend n'accepter aucune fonction dans le Bureau confédéral, parce
que nous estimons que, dans l'intérêt du travail, il faut qu'une équipe
s'entende et soit solidaire et nous leur laissons et les honneurs et
les possibilités de travail...

Plusieurs délégués. — Et les difficultés...

MONATTE. — Les difficultés ! j'estime que les soldats de deuxième
classe courent plus de risques et de dangers que les généraux !

PERROT. — Camarades, je ne peux pas répondre aux réserves que
vient de formuler Monatte, avec une certaine ironie. Je pourrais en
faire, moi aussi, en lui disant que je suis heureux de l'avoir vu à
cette tribune venir défendre la proportionnelle.

Camarades, Jullien est venu apporter ici une raison, qui a sa valeur,
contre la constitution que nous proposons pour la C. A. Mais permettez-moi de vous dire que cette objection ne nous a pas paru suffisante et quand je vous aurai expliqué pourquoi, je pense que le
Congrès sera de notre avis.

Ce que nous demandons, c'est que les membres de la C. A. se per-
suadent qu'ils ne sont pas les représentants d'une Fédération ou
d'une Union, mais du Comité national lui-même. Et, camarades, on
dit qu'ils n'auront pas de responsabilités. Mais ils auront celle qu'a
tout syndiqué de ne pas porter tort à l'organisation et de rendre
compte de ses actes devant les Assemblées qui peuvent le lui
demander.

D'autre part, nous pensons que la Commission administrative n'a
pas à prendre de décisions d'une gravité aussi essentielle ; nous

pensons qu'il est possible de réunir le Comité national lorsqu'il y a
des décisions graves à prendre. Il y a un fait que vous pouvez invoquer contre ce que je dis, c'est le 21 juillet. Eh bien ! si nous avions
eu un jour de plus, nous aurions convoqué le Comité national pour
qu'il prenne la décision que nous avons été obligés de prendre.

Je dis que dans ces conditions, on ne peut refuser la constitution
de la Commission administrative.

Je crois que ces explications sont suffisantes et je vous demande,
par esprit de conciliation, de vous rallier à la proposition qui vous
est soumise par la Commission. J'espère que cette façon de constituer
l'organisme sera le meilleur moyen de maintenir l'unité d'action de
la classe ouvrière.

L'article 5 ainsi modifié est mis aux voix et adopté à l'unanimité
moins 8 voix.

PERROT. — Maintenant, pour répondre au désir exprimé par quelques camarades de la Commission au sujet de la proposition de non-
rééligibilité, nous vous demandons de modifier ainsi le paragraphe
de l'article 12 qui a trait à la nomination du Bureau, modification qui
n'a pas beaucoup d'importance. Il est ainsi rédigé :

*Les membres du Bureau sont élus et révocables par le Comité
national. Ils sont rééligibles.*

Pour enlever le caractère un peu impératif que comporte cette
phrase, nous l'avons remplacée par celle-ci : *Ils peuvent être réélus.*

D'autre part, afin de n'avoir pas à intervenir dans la discussion, le
camarade Sirolle m'a prié de bien vouloir formuler en son nom quelques critiques sur d'autres articles des statuts; mais il a convenu avec
nous qu'il n'était pas possible de procéder à la révision de ces articles
ici et il se réserve le droit à un prochain C. C. N., de faire présenter
de nouvelles modifications.

C'est en particulier sur l'article 4 et l'article 9.

Je tiens à dire, en passant, au sujet de l'article 4 et après explications que nous avons eues à la Commission administrative sur cet
article, que sa rédaction qui dit : *Les délégués au Comité confédéral
national devront être, dans la mesure du possible, les secrétaires
d'Unions,* n'est pas non plus impérative. C'est simplement une indication donnée, et les Fédérations et Unions restent libres de déléguer
au C. C. N. qui bon leur semble.

Voici d'autres indications que la Commission vous soumet. Nous
demandons au Congrès de les ratifier pour donner au Comité la possibilité de les réaliser :

*Le Congrès, considérant l'importance toujours plus grande du mou-
vement ouvrier et l'accroissement considérable du nombre de syndiqués, estime qu'il y a lieu de compléter les rouages de l'organisme
confédéral en lui donnant les moyens d'assurer la tâche qui lui incombe et la possibilité de rester en contact permanent avec les masses
organisées par la désignation de délégués régionaux et nationaux à
la propagande.*

Pour faciliter la tâche d'organisation qui incombe aux Fédérations et aux Unions départementales, pour permettre la pénétration du syndicalisme dans les milieux où les organismes locaux ont des difficultés de développement, le Congrès déclare qu'il y a lieu d'envisager la constitution de régions économiques suivant les affinités industrielles.

L'institution de ces régimes apparaît indispensable pour coordonner les efforts des Unions départementales dont le cadre étroit ne satisfait pas entièrement aux réalités économiques.

Le Comité national est chargé d'examiner les modalités d'application de cette organisation et d'en assurer la réalisation.

Il aura à prendre les mesures financières nécessaires pour assurer le fonctionnement matériel de l'organisme ainsi complété.

Je vous demande de vous prononcer d'abord sur cette partie qui a une réelle importance.

Je déclare tout de suite que nous n'avons pas voulu porter atteinte aux Unions départementales. Nous avons voulu simplement suivre le désir exprimé par nombre de secrétaires d'Unions qui, eux, sentent mieux que nous ne pouvons sentir nous-mêmes le besoin d'examiner par région la propagande à faire.

Je vous demande donc de vous prononcer sur cette proposition à renvoyer au Comité national.

Péricat. — Quels rapports auront ces régions avec les régions instituées par les différentes Fédérations ?

Jouhaux. — Le Comité national le déterminera.

Cette première partie est mise aux voix et adoptée.

Pernot. — *Sur la question du timbre confédéral composé par le demi-timbre des Fédérations et des Unions, le Congrès charge une Commission d'examiner les possibilités de simplification, d'impression et de distribution de ces timbres, tout en réservant le contrôle des Fédérations et des Unions.*

Nous vous demandons de désigner dès maintenant cette Commission. ..

Il n'est pas facile de modifier cette distribution des timbres, mais nous pensons tout de même, en raison des rouages administratifs, qu'il nous sera possible d'arriver à une distribution qui permettra d'éviter que les syndicats échappent aux obligations confédérales.

Dret. — Je demanderai également que cette Commission soit chargée d'étudier les moyens de faire que les cartes et les timbres arrivent suffisamment à temps aux organisations.

La proposition est adoptée et renvoyée à la Commission administrative.

Pernot. — Camarades, tout à l'heure Monatte a apporté ici une affirmation que, pour mon compte, je n'ai pas à qualifier, mais cependant cette affirmation a préoccupé la Commission.

Là encore, nous ne vous proposons rien de définitif. Les luttes qui ont eu lieu ici, sur le mode de votation dans l'organisme confédéral, font qu'il n'est pas possible de solutionner, à la fin d'un Congrès, une question aussi importante.

Nous vous demandons de donner mandat à la Commission administrative et au Comité confédéral de l'examiner.

Le Congrès demande également que le Comité national examine la représentation des syndicats dans les différents organismes et Congrès, afin de permettre aux syndiqués de faire connaître d'une façon exacte leurs aspirations et de déterminer ainsi sans équivoque les directives du mouvement ouvrier.

Je ne crois pas qu'ici, quelles que soient les opinions de chacun, vous puissiez refuser d'examiner cette question. Les uns et les autres, nous nous devons, en raison de l'accroissement considérable des syndicats, d'examiner à nouveau la question de la représentation des syndicats.

Je vous demande donc d'accepter cette proposition et de donner mandat à la Commission administrative et au Comité national de faire un rapport qui pourrait être soumis aux syndicats par voie de referendum.

La proposition est mise aux voix et adoptée à l'unanimité.

Les Lois sociales

LE PRÉSIDENT. — La parole est au camarade Luquet, rapporteur de la Commission sur les Lois sociales.

LUQUET. — J'entends bien que des questions de cet ordre arrivent toujours trop tard dans les délibérations ouvrières. Les débats plus académiques prennent la plus grande partie du temps et enfin, quand il faut se prononcer clairement, après étude sérieuse sur les questions d'ordre spécifiquement ouvrier qui intéressent directement les travailleurs, on est impatient et l'on n'a même pas le temps d'étudier les questions.

Aussi, camarades, la Commission, au nom de laquelle je rapporte, n'a pas eu la prétention, un seul moment, de vous présenter un travail complet et des solutions concrètes, et voici comment elle m'a chargé de vous rapporter son travail :

« La Commission a pensé qu'à l'heure où le Congrès lui confiait le soin d'étudier les lois ouvrières, il ne lui était pas possible de faire un travail complet et de lui présenter sur chacune des résolutions concrètes. Elle ne fera donc qu'énumérer les revendications principales de la classe ouvrière, indiquer dans quel sens les solutions doivent intervenir pour satisfaire rapidement aux besoins ouvriers et aux droits légitimes du travail.

« Nous croyons que le Congrès agira sagement en renvoyant à la Commission administrative pour étude plus approfondie après documentation et lui donner mandat de soumettre au prochain Comité confédéral national les solutions que lui auront suggéré son étude.

« Pourtant, il est une revendication d'ordre général en matière ouvrière et sociale que le Congrès tiendra à formuler immédiatement. C'est que toutes les lois de protection du travail, dont les travailleurs de la métropole peuvent avoir le bénéfice, doivent s'étendre dans leur application, à toutes les colonies françaises et aux pays de protectorat.

« Ce sera satisfaire à des considérations de justice et d'humanité en même temps qu'un désir légitime du prolétariat organisé de la Tunisie, dont le représentant a saisi la Commission. Le Congrès voudra aussi que, selon les modalités adéquates à la production agricole, la législation du travail s'applique intégralement au bénéfice du travailleur de l'agriculture. Pour les marins et les mariniers, dont le travail si particulier se distingue nettement de la production des terriens, le Congrès tiendra à faire sien le vœu des organisations intéressées, de la Fédération nationale des inscrits maritimes en particulier. Pour les gens de mer, il appuiera la demande de la Fédération nationale des inscrits maritimes tendant à ce qu'une session spéciale de la Commission permanente et internationale de législation du travail soit consacrée à l'examen des lois qui peuvent protéger dans leur travail et leur sécurité ceux qui assurent, quel que soit leur grade et leur fonction, les relations et les échanges internationaux.

« Ceci dit, et pour retenir l'attention du Congrès sur les principales lois qui se partagent son attention, il convient de placer au premier plan des préoccupations ouvrières, dans cet ordre d'idées, l'urgence d'une législation complète d'assurances sociales garantissant la vie du foyer ouvrier contre tous les risques, maladies professionnelles et autres, accidents de toute nature, chômage, vieillesse, invalidité. La société dont le travail assure la vie a, de ce point de vue, d'impérieuses obligations à l'égard des travailleurs.

« En ce qui concerne la législation sur la durée du travail, les lois antérieures se trouvent abrogées dans leurs dispositions essentielles par la loi du 23 avril 1919 sur la journée de huit heures. Cette dernière loi rompt avec la tradition en ce sens qu'elle s'applique à tous les salariés de l'industrie et du commerce, dans toutes les entreprises publiques et privées ; elle est souple et c'est son mérite essentiel, en ce sens qu'elle se reporte, pour les modalités d'application, à des règlements d'administration publique qui peuvent et doivent tenir compte de toutes les complexités des productions industrielles et professionnelles.

« Elle a un autre mérite qui ne doit pas échapper à des militants ouvriers. C'est que tant vaut l'organisation ouvrière, tant vaut l'application qui est faite de la loi. Elle est, sous ce rapport, un levier d'organisation et d'action ouvrières. Pourtant, il faut bien le dire, des organisations syndicales n'ont pas agi jusqu'ici avec toute la célérité et l'habileté nécessaires pour tirer de cette loi le maximum d'avantages.

« La Commission a pensé que sur ce point le Congrès devra formuler sa protestation contre la campagne de réaction déchaînée contre la loi.

« Cette législation des huit heures et celle sur le repos hebdomadaire se confondent en partie. Cependant, si nous ne croyons pas, pour l'instant, que des modifications soient nécessaires à la loi du 23 avril 1919, il n'en est pas de même pour la loi de juillet 1916 sur le repos hebdomadaire. C'est ainsi que l'expérience a démontré que dans la plupart des commerces, pour assurer le respect et le contrôle de la loi sur le repos hebdomadaire, il est indispensable que dans tous les établissements où le repos est collectif, la fermeture de ces établissements pendant le repos soit rendue obligatoire.

« En matière d'accidents du travail, le Congrès ne saurait mieux faire que confirmer le rapport qu'il connaît de notre camarade Quillent, complété par un amendement de notre camarade Dret, lequel tend à assurer le retour de l'ouvrier accidenté dans son emploi.

« Il est en effet inconcevable que l'accident du travail puisse être pour l'employeur une cause légitime de congédiement. C'est cependant ainsi que se prononce une jurisprudence, contre laquelle l'amendement de Dret doit prendre place dans la loi qui régit la matière. Il va sans dire que ces garanties de l'emploi doivent s'étendre à l'ouvrier atteint d'une maladie professionnelle, de même qu'il est indispensable qu'au plus tôt la maladie professionnelle soit assimilée à l'accident du travail.

« En ce qui concerne les retraites ouvrières, le Congrès ne peut que confirmer la résolution du Congrès du Havre (1912) et souligner l'ironique insuffisance du taux de la retraite servie aux vieux travailleurs par rapport à la cherté de la vie.

« Ce n'est pas seulement quand il est victime dans le travail, ou lorsqu'il est épuisé par le travail, que la société doit au salarié aide et protection ; c'est encore lorsqu'il est chômeur et lorsqu'il est malade. À ce point de vue, en matière d'assurances sociales, soulignons en passant que notre pays est bien inférieur à beaucoup d'autres.

« Une loi qui, hélas ! n'est pas assez connue des organisations ouvrières, ni davantage des ouvrières qu'elle tend à protéger, est celle du 10 juillet 1915 sur le minimum de salaires des ouvrières à domicile dans l'industrie du vêtement. Cette loi n'est certes pas parfaite : elle comporte bien des insuffisances, et il est indispensable de la retoucher dans plusieurs de ses dispositions pour en rendre le mécanisme plus souple et l'application la plus rapide, en même temps que par un texte plus impératif on obligera les tribunaux civils et la Cour de Cassation à respecter l'esprit et la lettre de la loi.

« Il faudra nettement que les organisations ouvrières intéressées puissent intervenir judiciairement pour faire respecter la loi au profit des ouvrières lésées.

« Le législateur doit intervenir à nouveau pour donner en toute certitude aux syndicats ouvriers le droit d'actionner, comme tuteurs légaux, aux lieu et place des ouvrières défaillantes.

« Une loi récente a eu la prétention de codifier des pratiques en matière de contrat collectif du travail. Elle eût atteint son but si le projet que présentait au Luxembourg le sénateur Strauss était devenu loi. Mais sous la pression d'un des représentants les plus réactionnaires du patronat français, le sénateur Touron, la loi votée n'est qu'une dérision et constitue une régression sur la jurisprudence qui s'instaurait en cette matière. On ne saurait dissimuler, en effet, que la loi votée rend vaine la passation de contrats collectifs de travail. Elle donne aux employeurs le moyen de se soustraire aux obligations desdits contrats, alors qu'au contraire il faut, dans ce domaine, une législation qui impose à tous les patrons d'une même industrie et dans une même région, le respect des conventions qui peuvent intervenir entre syndicat patronal et ouvrier.

« De toute évidence, les lois de protection ouvrière ne peuvent avoir d'effets qu'autant qu'un contrôle rigoureux en imposera le respect. Ce contrôle, l'expérience l'a démontré, ne peut être assuré par le corps de l'Inspection du Travail tel que l'a fait son recrutement. Il faut, et c'est là le vœu de nombreuses organisations ouvrières et de plusieurs Congrès corporatifs, compléter et perfectionner l'inspection du travail par l'institution de délégués ouvriers au contrôle des lois de protection ouvrière. Le prochain Comité national dira sous quelle forme et dans quelle mesure cette institution doit être réalisée.

« La Commission a été saisie de diverses propositions tendant à réglementer l'emploi de la main-d'œuvre étrangère. Il ne peut échapper à personne qu'il est, en effet, inadmissible que des entreprises se livrent au recrutement en grand de main-d'œuvre hors de France, lorsque les travailleurs qui peuvent occuper les emplois vacants se trouvent en chômage. Mais s'il convient de prendre des précautions relativement au recrutement et à l'emploi de main-d'œuvre étrangère ou coloniale, il est de toute évidence que nos principes internationalistes, notre conception du droit international du travail s'opposent à une réglementation arbitraire qui limiterait, en dehors de tous renseignements exacts, le recrutement d'ouvriers étrangers qui peuvent être employés dans de telles industries ou établissements.

« C'est pour ces raisons que la question de la main-d'œuvre étrangère, vue du point de vue de son recrutement, ne peut être séparée de celle de l'organisation rationnelle et systématique du marché du travail. L'organisation de ce marché est fonction d'institutions de placement, dont la création n'est encore qu'amorcée sur des bases très imparfaites, incertaines, mais que doit organiser une législation conforme aux principes qu'ont dégagé les Congrès corporatifs qui se sont occupés de cette question.

« La Commission propose au Congrès de renvoyer devant la Commission administrative toutes les questions soulevées dans ce rapport et qui ont pour objet de perfectionner et de compléter la législation en matière de durée du travail, d'accidents et maladies professionnelles d'assurance sociale, de contrat de travail, de protection et d'établissement du salaire, de contrôle des lois protectrices du travail, d'organisation du marché du travail. »

Camarades, je crois que le mieux est, s'il n'y a pas d'observations, de se prononcer immédiatement sur ce rapport, c'est-à-dire que le Congrès l'entérine pour étude et rapport à nouveau devant la Commission administrative qui, elle-même, rapportera devant le prochain Comité national.

Un délégué. — Et la suppression du travail à la tâche ?

Luquet. — La Commission n'a pu, sur ce point, qui est un des plus délicats et, à l'heure actuelle, un des plus controversés, se prononcer. Il ne suffit pas, vous le savez bien, de prononcer une condamnation de principe sur le travail à la tâche pour que celui-ci n'existe plus.

Je crois que si nous voulons faire œuvre pratique en ce qui concerne le travail à la tâche, il faut, à la Commission administrative, se documenter auprès de toutes les organisations, de toutes les corporations dans lesquelles cette méthode de travail sévit. Lorsque la Commission administrative aura cette documentation qui nous fait aujourd'hui totalement défaut, elle pourra, en pleine connaissance de cause, proposer des solutions conformes aux véritables intérêts ouvriers.

Un délégué. — Camarades, j'estime que malgré tout le Congrès devrait se prononcer sur le principe de la suppression du travail à la tâche.

Luquet. — Ce n'est pas la première fois que, dans un Congrès, le travail à la tâche, comme le salariat lui-même, est condamné, mais cela n'empêche pas que le travail à la tâche continue à sévir.

A l'heure actuelle, des solutions concrètes doivent intervenir. Il ne suffit plus de se débarrasser d'une question en se prononçant dans le sens d'un principe pur et simple. Il faut, si vous ne voulez pas vous livrer à de pures manifestations platoniques, que les questions soient examinées pour des solutions réalisables. (*Applaudissements.*)

Giraud. — Au nom du syndicat des Mineurs, que je représente, je viens demander au Congrès de prendre des mesures en faveur des accidentés du travail.

Dans tous les syndicats, les petits comme les gros, tout a été fait pour augmenter les salaires. Mais pour les accidentés, rien n'a été fait. Il y a dans toutes les localités, dans toutes les industries, des accidentés qui ont des pensions dérisoires et pourtant, des ouvriers organisés méritent comme les autres de manger.

Il y a dans notre corporation des femmes veuves qui touchent des pensions de vingt sous par jour ! Il y a des ouvriers frappés d'incapacité totale qui touchent des pensions de 43 francs par mois, et je demande au Congrès si avec cela on peut vivre !

J'invite le Congrès à faire le nécessaire auprès du Bureau, attendu qu'il a été appelé dans les ministères pour faire augmenter les salaires, il peut y aller aussi pour faire augmenter les pensions des accidentés du travail.

Camarades, je demanderai aussi que l'on fasse un rappel à ces accidentés.

Le rapport de Luquet est mis aux voix et adopté.

LUQUET. — Voici maintenant la résolution sur les huit heures :

Le Congrès enregistre le couronnement des efforts ouvriers, la législation enfin obtenue sur la journée de huit heures.

Mais il constate qu'aussitôt cette loi inscrite dans le Code du Travail, l'administration chargée d'en assurer le respect cède aux puissances de réaction et au parti pris d'un patronat aveugle de conservation sociale et en retarde l'application.

Aussi le Congrès met-il les travailleurs en garde contre la campagne de mensonges à l'aide de laquelle on essaie de leur ravir le bénéfice de la réforme.

Il dément formellement les affirmations inexactes qui tendent à faire croire que la journée de huit heures ne serait pas observée en Allemagne.

Il invite les organisations à agir énergiquement et rapidement pour que jouent au profit des professions qu'elles représentent respectivement toutes les dispositions de la loi, et pour que les règlements d'administration publique qui doivent en imposer l'observation et assurer le contrôle selon les modalités adéquates à la technique de la production interviennent au plus tôt et ne comportent aucun sabotage du droit admis.

Il s'élève avec force contre la théorie affirmée ces jours-ci par le ministre et selon laquelle le règlement d'administration publique rendant la loi applicable, ne serait pris qu'après accord entre les organisations ouvrières et patronales intéressées. Si pareille théorie pouvait triompher, elle donnerait au patronat le moyen de retarder indéfiniment l'application de la loi. Il lui suffirait pour cela de résister à tout accord avec l'organisation ouvrière.

Pour ces raisons, le Congrès engage les Fédérations à fournir à la Commission administrative de la Confédération Générale du Travail, chacune un rapport et toutes documentations utiles sur les conditions d'application de la loi dans leur branche d'activité économique respective et sur les résultats acquis.

Il décide qu'avec les éléments d'information qui lui sont ainsi fournis, la Commission administrative établira un rapport qu'elle soumettra au prochain Comité national confédéral, et que celui-ci aura éventuellement à décider de toute action d'ensemble utile pour imposer à tous ces partis le respect du droit des travailleurs à ne travailler que huit heures par jour, ou quarante-huit heures par semaine, sans aucune réduction de salaire.

UN DÉLÉGUÉ. — Je ne voudrais pas que l'on considère quarante-huit heures par semaine comme loi de la journée de huit heures.

Luquet. — Il faut bien considérer que si le législateur avait dit uniquement : huit heures par jour, c'eut été parfaitement impraticable dans nombre d'industries et de commerces. Il faut considérer non pas sa corporation propre, non pas sa propre technique professionnelle, mais l'ensemble de l'activité économique. Or, l'ensemble de l'activité économique exige un peu plus de souplesse dans l'application d'une loi de cet ordre. Je ne sais d'ailleurs si bon nombre d'ouvriers et d'ouvrières ne préfèrent pas la semaine de 48 heures à la journée de huit heures.

Par conséquent, il ne faut manifester aucun égoïsme corporatif.

Huit heures par jour ou 48 heures par semaine, c'est simplement dire que chaque syndicat examinera pour sa corporation, s'il doit appliquer 48 heures ou 8 heures.

La résolution est mise aux voix et adoptée.

Méric. — Je demanderai que les camarades des organisations syndicales des quatre coins de la France surveillent un peu mieux qu'ils ne l'ont fait l'inspection du travail. Il y a en France plus de 400.000 jeunes gens qui n'ont pas atteint 13 ans et qui sont employés dans les usines.

De même, il y a une loi sur l'ivresse, ce qui n'empêche pas que nous voyons des gosses qui fréquentent les marchands de vins. Il faut que la police exerce une surveillance un peu plus grande et qu'elle applique un peu la loi.

Je demande aux camarades du Bureau de faire tout le nécessaire au sujet de ces deux questions, auprès du ministre.

L'organisation des loisirs et l'hygiène sociale

Le Président. — La parole est au docteur Hazemann, rapporteur de la Commission sur les loisirs.

Hazemann. — Camarades, dans une réunion éducative à laquelle j'assistais en mai dernier, je disais à nos camarades réunis : « Prenez garde à cette loi des huit heures qui diminuera le travail de la masse ouvrière : elle augmentera considérablement le vôtre ; l'ouvrier ayant plus de loisirs, vous devrez le diriger dans l'utilisation de ces loisirs et ce sera le rôle des militants ouvriers de faire son éducation d'une façon plus suivie, plus longue aussi, puisque l'ouvrier aura de plus longues heures de repos pour vous écouter ».

La Commission que vous avez désignée hier s'est livrée à un travail de préparation de rapports ; je crois que ce serait abuser de vos instants que de vous lire ces rapports en entier.

Je vais, si vous voulez bien, vous présenter le résultat de la condensation de ces travaux :

La journée de huit heures amène le travailleur, en plus de la transformation qu'il devra apporter dans son travail pour une production journalière normale, à envisager une modification totale dans son mode d'existence ; en ajoutant aux huit heures de travail les huit à dix heures nécessaires pour la réparation des forces par le sommeil, il lui restera six à huit heures de loisirs.

Ces heures de loisirs devront être occupées par le perfectionnement des connaissances intellectuelles, morales et artistiques de l'ouvrier, par l'amélioration de sa personnalité physique, par les sports de toute nature.

Pour arriver à cette occupation des loisirs, nous pourrons mettre en œuvre les moyens collectifs et les moyens individuels.

Tout d'abord : la Maison des Syndicats.

Dans chaque localité importante, il vous appartient de créer la Maison de l'Union des Syndicats. Cette Maison des Syndicats sera spacieuse, avec un confort moderne où tout devra être concerté : bibliothèque, contenant tous les ouvrages et encyclopédies relatifs aux questions sociales, salle de lecture, salle spacieuse pour les réunions, salle de représentation théâtrale et cinématographique, où la jeunesse pourra s'instruire sous l'égide des jeunesses syndicalistes, salle de bains, grands espaces où pourront jouer les enfants des parents attirés à ce centre pour s'instruire, service médico-chirurgical, dispensaire, etc...

Pour arriver à lutter contre les fléaux sociaux dont nous parlerons tout à l'heure, il faut immédiatement entreprendre la construction de maisons individuelles, et modifier les logements actuels.

Les maisons individuelles devront comprendre au minimum cinq pièces, outre la cuisine, les waters-closets, la buanderie et autres communs.

Chaque maison aura un jardin attenant, d'une contenance minima de ceux cents mètres carrés.

Dans les grandes villes, lorsqu'il sera impossible de construire des maisons individuelles, les maisons devront être divisées en logements comportant au minimum pour un tiers, trois grandes pièces, puis une pour la cuisine, les water-closets, la buanderie-salle de bains, etc...

Pour le deuxième tiers, quatre grandes pièces, et pour le troisième tiers, cinq grandes pièces.

Dans toutes les maisons ou logements se trouvera une baignoire avec installation convenable dans la buanderie ou bien de préférence dans une salle de bains spéciale.

Toute grande maison, ou groupement de quatre maisons individuelles, sera pourvue du chauffage central.

Dans les villes, les maisons seront aménagées en vue d'une évacuation spéciale pour les ordures ménagères. Partout où cela sera possible, l'eau de source, le gaz et l'électricité seront installés dans les habitations et l'eau de rivière dans les jardins.

Les cours intérieures des grandes maisons auront une superficie minimum de trois cents mètres carrés. De préférence, plusieurs grandes maisons seront groupées, de manière à ménager un square intérieur. Dans les villages et les petites villes, les rues auront une largeur minima de douze mètres ; dans les grandes villes, cette largeur est portée à vingt mètres.

En aucun cas, la largeur de la rue ne sera inférieure à la hauteur maxima des maisons en bordure.

L'extension prise dans chaque ville pour la réalisation de ce programme de revendications amènera fatalement l'ouvrier à vivre dans un logement éloigné de son usine, il importe que les moyens de communication qui l'y conduiront soient modernisés.

Pour cela, les banlieues devront être desservies par des trains et tramways, des métropolitains, tous à marche rapide, qui pour arriver à cette rapidité circuleront tous sur doubles voies. .

En principe, les maisons seront construites par les communes. C'est elles qui effectueront les paiements ou les recettes (le roulement des fonds se faisant par l'intermédiaire de l'administration des finances).

La commune favorisant par tous les moyens — à l'instigation et par l'intermédiaire de l'Union locale des Syndicats — la création de ces cités ouvrières organisées pour l'exécution des travaux, là où il sera possible et sous certaines garanties de prix de revient, la régie directe.

La construction des maisons se fera autant que possible par série sans l'obliger à l'uniformité d'aspect.

Aucune maison ne sera construite sans qu'au préalable un programme d'ensemble ait été étudié, mis au point, et approuvé par un office central composé de techniciens et d'ouvriers qualifiés.

Afin d'obtenir des ouvriers constructeurs le maximum de rendement avec le minimum de fatigue et bénéficier de ce fait des meilleurs prix de revient, l'office central, après s'être entouré lui-même de tous les renseignements nécessaires sur les plus récents modes de construction, devra mettre à la disposition des ouvriers l'outillage le plus moderne.

Les programmes d'ensemble seront établis sur la base des programmes minima de constructions nécessaires à la localité, mais réserveront l'avenir.

Ils comprendront : voirie, alimentation en eau, égouts, gaz et électricité.

Les travaux de voirie seront toujours exécutés avant l'édification des maisons. Dans les grandes agglomérations, il sera intéressant de construire quelque groupements importants de maisons individuelles installées sur les principes de la vie en commun pour l'alimentation, l'hygiène, etc..., destinés aux célibataires ou aux voyageurs. Ces groupements comprendraient : une unique cuisine, une grande salle à manger, un restaurant, un salon, un fumoir, une bibliothèque avec salle de lecture.

Sur cette question de l'utilisation des loisirs, je me permets de citer l'ordre du jour ci-dessous voté par la Fédération des Syndicats Maritimes.

La Fédération des Syndicats Maritimes :
Considérant que les marins de commerce et agents de service géné-
ral à bord ont, comme tous leurs camarades de travail, à envisager
l'utilisation des loisirs que peut leur procurer tant à terre, dans les
ports, qu'à la mer et sur les rades, l'application de la loi des huit
heures ;
. Que ce temps de loisirs peut et doit être employé à leur instruction
et à leur éducation sociale, pour relever le niveau intellectuel et moral
de la corporation ;
Décide :.

De poursuivre la création, dans chaque port, soit au siège des syn-
dicats, soit aux restaurants coopératifs maritimes, aux Maisons des
Marins, dans les Bourses du Travail ou aux Bureaux paritaires de
placement, des salles de lecture, de cercles syndicaux et de biblio-
thèques avec la mise à la disposition à bord de livres, de brochures
et journaux.
Décide :
De se joindre à la classe ouvrière organisée dans sa lutte contre les
habitations malsaines, l'alcoolisme et la tuberculose, par tous les
moyens à sa disposition et notamment par le développement des Mai-
sons de Marins et des restaurants coopératifs maritimes.

Les spectacles

En dehors de l'éducation morale, des conférences artistiques et littéraires, au développement des sports, etc., il y a encore un point pour
lequel la Fédération du Spectacle était plus particulièrement indiquée
pour donner son avis; c'est celui que nous vous soumettons :

Il est indéniable qu'un des plaisirs favoris de la classe ouvrière
française, c'est le théâtre ; mais jusqu'à présent, ses conditions sociales ne lui permettent pas de jouir véritablement de ce plaisir, le
manque de temps, la modicité des ressources l'attirent vers des spectacles qui lui sont accessibles; le cinéma démoralisateur, empoi-
sonnant toute la jeunesse ouvrière par ses films ridicules et tendancieux, ou bien les « beuglants », où il assiste à des représentations
stupides et malsaines.

Ce qu'il faut, c'est donner à la classe ouvrière des spectacles véritablement artistiques et intéressants, interprétés par de véritables
artistes et dans le cadre qu'il convient.

La Fédération du Spectacle, notamment à Paris, a déjà tenté des
expériences qui ont pleinement réussi ; elle est prête à apporter tout
son concours à la C. G. T. puisqu'elle possède maintenant dans son
sein tous les éléments nécessaires depuis les artistes de grand talent
jusqu'aux travailleurs manuels nécessaires, mais deux conditions
essentielles lui semblent indispensables pour obtenir le maximum
de résultats.

D'abord, il faut considérer l'industrie du spectacle au même titre que les autres, ayant les mêmes droits et les mêmes devoirs ; ensuite, les travailleurs du Spectacle ne doivent pas, du fait de la diminution des heures de travail dans les autres professions, voir venir leur porter préjudice les camarades d'autres corporations qui, par esprit de lucre pour chercher un second salaire, ou pour amateurisme, essaient de les concurrencer.

La Fédération du Spectacle rappelle que toute son action doit être apportée pour faire disparaître cet état de choses ; elle doit profiter au même titre que les autres organisations de l'application de la loi de huit heures pour se débarrasser des parasites et des non-professionnels qui l'encombraient.

Enfin, il est indispensable que cette organisation se fasse en dehors de toute personnalité qui risquerait de l'entraîner à des conflits regrettables ; tous les concours sont nécessaires à condition qu'ils soient sincères et désintéressés.

La Fédération possède et tient à la disposition de la C. G. T. plusieurs programmes, aussi bien au point de vue de la composition artistique, qu'à celui des plans pour l'édification de salles de spectacle fixes ou facilement transportables dans les centres ou agglomérations ouvrières.

L'Alimentation

L'individu, pour se développer, a besoin d'une alimentation naturelle. Comment parviendrons-nous à lui donner ?

1° Établissements et usines d'alimentation

Dans l'intérêt de la commodité et de la propreté du travail, il est nécessaire d'obtenir des employeurs une transformation de l'outillage, l'aménagement mieux approprié et plus moderne de l'installation de leurs établissements.

En vue de l'hygiène, exigeons : l'assainissement, l'aération et l'entretien permanent des locaux dans un état de propreté absolue ; la suppression progressive des fournils et des laboratoires dans les caves ; la mise à la disposition du personnel de chaque établissement d'un vestiaire convenable, de salles de bains-douches et de lavabos.

Là où le personnel est nourri et couché, qu'il soit fait une obligation aux patrons de mettre à la disposition de leurs employés des chambres confortables avec les fournitures de literie toujours propres et en bon état et les objets de toilette nécessaires. Il faut aboutir à la suppression d'un couchage commun. La nourriture devra être améliorée d'une façon générale ; elle sera donnée en quantité suffisante ; les repas seront pris à des heures régulières et sans dérangements ni interruptions. Il faut aboutir à la suppression radicale du travail de nuit.

Ces prescriptions pourraient être déterminées par une loi ; la surveillance de l'application de ces prescriptions sera confiée à des délégués ouvriers désignés à cet effet par les syndicats de l'Alimentation. Ces mesures ne sont pas seulement destinées à améliorer la situation matérielle des travailleurs de l'alimentation, mais aussi à donner une garantie d'hygiène, dont l'importance n'échappera à personne, pour la préparation des aliments destinés à être consommés par tous.

2° Marchés et Abattoirs

Les marchés seront tous installés d'une façon moderne afin d'obtenir que les produits alimentaires qui y sont vendus soient à l'abri de toute souillure et en état de bonne conservation. Ils seront toujours couverts, bien aérés, et les denrées comestibles seront placées complètement à l'abri des poussières, tant pendant leur réserve que pendant leur vente.

Les marchés seront constamment tenus en bon état de propreté et désinfectés fréquemment et complètement.

Les abattoirs seront également mieux outillés. La viande n'y sera transportée que par rail aérien, les chambres frigorifiques seront suffisamment vastes et placées loin des grands centres urbains. L'eau y coulera en abondance et l'évacuation des eaux et déchets sera assurée par des égouts souterrains qui seront fréquemment nettoyés et désinfectés. Ils comprendront toujours au moins quatre quartiers complètement indépendants : bêtes vivantes, viandes abattues, abats ou déchets de toute nature, logement du personnel.

Le service d'inspection des bêtes abattues sera toujours fait par un vétérinaire. Il imposera avec sévérité que seules les viandes absolument saines puissent être livrées à la consommation.

3° Répression des fraudes

Le service de la répression des fraudes, actuellement assuré uniquement sous le contrôle et par les agents de l'État, est impuissant à réprimer les abus et les crimes des fraudeurs.

Cet organisme est d'abord trop lent à se mouvoir ; il est trop paperassier ; il ne dispose pas des crédits nécessaires pour accomplir sa tâche dans les conditions voulues.

De plus, la dualité permanente qui existe entre les agents de ce service d'État et l'Administration des départements et des communes nuit à son bon fonctionnement.

Considérant l'audace toujours accrue des commerçants malhonnêtes, falsificateurs des denrées et boissons alimentaires, il importe de réviser d'urgence la loi sur le service de l'inspection des fraudes.

La vigueur de la classe ouvrière, sa bonne santé régénérée par une bonne hygiène — et celle de l'alimentation est primordiale — précipitera l'heure de la Révolution libératrice et l'assise d'une nouvelle organisation sur des bases plus saines et c'est pour travailler dans ce but que la Commission propose au XXᵉ Congrès national les conclusions suivantes :

Il faut mettre le service de la répression des fraudes entre les mains des départements et des communes qui disposeront à cet effet des ressources nécessaires pour un fonctionnement complet.

Il faut créer des laboratoires régionaux ou départementaux dispo--

sant de tout l'outillage le plus moderne pour analyser les échantillons prélevés par le service des fraudes.

Il faut aggraver les peines encourues par tout individu coupable de s'être livré à la fraude des produits alimentaires, aliments de boissons. Ces peines qui seront décuplées à la récidive iront rapidement jusqu'à l'interdiction de l'exercice de tout commerce.

Il faut placer ce service sous le contrôle de Commissions municipales et départementales composées des délégués des municipalités ou des consommateurs par les coopératives, des syndicats ouvriers et de techniciens : médecins, chimistes, etc...

Dans leur lutte pour le mieux-être, les organisations syndicales trouveront en face d'elles, entre autres, deux ennemis : l'alcoolisme et la tuberculose ; voyons comment nous arriverons à vaincre ces deux fléaux.

Alcoolisme

La question est d'une haute portée morale, d'autant plus élevée que la santé publique est en jeu. Notre devoir est d'intervenir d'une manière efficace, surtout lorsqu'il s'agit de la classe ouvrière et par déduction de la majorité de la population de France.

Le cataclysme que nous venons de traverser a malheureusement pour les survivants été l'école de l'alcoolisme. Les projectiles de toutes sortes ne suffisaient pas à tuer ou déformer nos camarades travailleurs, acteurs de cette terrible tragédie. Avant l'attaque, il leur était servi une abondante rasade de « gnole », stimulant au moment, poison par la suite. Il vaut donc la peine de se préoccuper d'une façon active de la répression de l'alcoolisme et de la suppression de l'alcool de bouche.

Des savants ont prétendu que l'alcool était un aliment : d'autres, — et c'est le plus grand nombre, — prétendent que l'alcool est toujours inutile à l'organisme humain, et dans la plupart des cas très nuisible.

Des campagnes par les conférences, les projections, les brochures, la presse habituelle, ont ému dans notre pays comme ailleurs l'opinion publique, et démontré surabondamment la nocivité de l'ingestion de l'alcool. Nous n'entrerons pas, dans ce rapport succinct, dans tous les détails de cette question intéressante.

Voyons les moyens employés pour remédier à ce fléau qu'est l'alcoolisme. La lutte contre l'alcoolisme a été menée par des ligues qui préconisent des moyens bien différents.

. Les unes exigent de leurs membres l'abstention complète de toutes les boissons spiritueuses ou alcool de consommation, et de toutes les boissons fermentées renfermant de l'alcool comme le vin, la bière, le cidre, etc. Les autres ne demandent que la suppression des alcools de consommation et des vins suralcoolisés.

Nous croyons que les membres des premières ligues, par l'exagération de leur système, portent au point de vue pratique plus de préjudice à leur cause qu'ils ne la servent. Si nous voulons suivre la méthode préconisée par les deuxièmes, on pourra nous demander pourquoi nous voulons supprimer l'alcool à l'individu qui n'en fait pas abus.

Il est bien vrai que l'alcool pris à petite dose, à dose modérée, n'est pas nocif, pas plus d'ailleurs que la morphine et bien d'autres produits chimiques réputés toxiques. Toute la question est de savoir quelle est la dose permise ; pour les produits réputés toxiques, le médecin, sous sa responsabilité expresse, en est laissé juge, et sur son ordonnance seule le pharmacien les délivrera. Pourquoi n'en serait-il pas ainsi de l'alcool ? Où se trouve la dose limite de toxicité ? Tel qui croit rester en deçà finit par se saturer chroniquement, parce qu'il a peut-être une prédisposition constitutionnelle, et devient sans s'en douter un alcoolique chronique ; tel autre, qui va au cabaret par occasion, se laisse entraîner chaque fois un peu plus au delà de la dose minime, prend goût à l'alcool et finit par sombrer complètement dans l'abrutissement, le dégoût du travail et la misère physique et morale. L'aboutissant pour l'un comme pour l'autre, c'est l'hôpital ou le cabanon. Avant d'y parvenir, l'alcoolique aura procréé des enfants malingres, rachitiques, scrofuleux et prédisposés à la tuberculose, ou des anormaux intellectuels ; si par hasard il a procréé des enfants normaux, l'absence et la direction morale du père ou de la mère alcoolique risquera de les livrer dès leur jeune âge à la prostitution, génératrice de la syphilis, autre fléau terrible pour nos sociétés, et souvent au crime.

L'alcoolique, pour satisfaire sa passion, dépense sa paie au jour le jour ; il n'a jamais aucune avance en période de grève pour résister aux prétentions patronales ; il devient d'autant plus facilement un « jaune » qu'en période normale aucun travail ne le rebute et qu'il ne fait jamais assez d'heures pour trouver de quoi boire.

Comme tous les méfaits de l'alcool sont des méfaits sociaux et retardent l'évolution de la société vers le mieux-être, il ne peut être pris de demi-mesures. Pour que les faibles ne sombrent plus, interdisons l'alcool à tous ; tel qui était fort hier sera peut-être faible demain. La privation d'alcool pour celui qui n'en abuse pas sera compensée par une plus grande sécurité dans l'existence et plus de bien-être.

Le vin, la bière, le cidre produiront encore, il est vrai, des alcooliques, mais pourtant de combien leur nombre ne sera-t-il pas diminué par la suppression de la circulation et de la vente de l'alcool de consommation et des vins alcoolisés, avec comme corollaire la suppression du privilège des bouilleurs de crû.

Nous proposons donc au Congrès l'ordre du jour suivant qui a déjà en majeure partie été adopté par le Congrès de la Fédération des services de Santé :

Considérant que l'alcoolisme est une source de malheurs pour la société actuelle, malheurs qui auront une répercussion profonde sur

*la société future ; qu'il alimente le crime de 70 p. 100 et la folie de
33 p. 100 ;*

*Considérant que l'alcool est la cause de l'échec de bien des conflits
entre le capital et le travail ; qu'il est une entrave à l'émancipation
des travailleurs en les éloignant de leurs organisations et de leurs
devoirs de solidarité, facilitent ainsi l'exploitation capitaliste ;*

— *Qu'il favorise le chômage en excitant le travailleur qui s'alcoolise à
produire plus qu'il ne le ferait normalement ;*

*Considérant que l'alcool est un poison, sous quelque forme qu'on
l'absorbe ;*

Le Congrès décide :

*Une intense propagande antialcoolique sera créée dans tous les
syndicats adhérents à la Confédération ;*

*La Commission administrative invitera toutes les Fédérations
adhérentes à porter cette question à l'ordre du jour des réunions syndicales et à lutter elles-mêmes contre les ravages de l'alcoolisme ;*

*Il invite les militants à joindre le geste à la parole et à boycotter
sérieusement l'alcool ;*

*La Confédération Générale du Travail pèsera de tout son poids
pour obtenir la suppression du privilège des bouilleurs de cru et l'interdiction de la circulation et de la vente des vins alcoolisés et des
alcools de consommation quels qu'ils soient.*

La lutte contre la tuberculose

Avant la guerre, il mourait en France, annuellement, plus de
200.000 de nos concitoyens de la tuberculose ; la plupart de ces décès
se produisaient dans la classe ouvrière. Depuis la guerre, les Commissions de réforme françaises ont réformé, pour tuberculose, plus
de 150.000 soldats ; la lutte contre la tuberculose est donc une question de vitalité pour notre pays et pour la classe ouvrière.

Comment devient-on tuberculeux ? La tuberculose peut être con-
tractée par suite d'une prédisposition originelle ou d'une cause occa-
sionnelle. La prédisposition originelle dérive de la tuberculose des
parents, de la syphilis de ceux-ci, de leur alcoolisme, quelquefois de
leur misère physiologique ou de leur misère tout court.

Supprimons une des plus grandes causes de l'alcoolisme en supprimant la vente de l'alcool de consommation ; éduquons la jeune
fille, instruisons-la, faisons-en un être conscient qui ne puisse se
livrer à la prostitution, c'est-à-dire supprimons la syphilis à son origine, exigeons un minimum de salaire variable selon le nombre d'enfants, supprimons le taudis où parents comme enfants périclitent et
s'anémient, et nous aurons supprimé une grande part des causes
originelles de la tuberculose.

Les causes occasionnelles sont : les fatigues exagérées dans le travail, que l'on supprimera par le respect de la loi de huit heures chez
les adultes et des lois de protection des enfants dans les ateliers et
magasins ; ce sont les fatigues par les plaisirs malsains, que l'on

remplacera par l'utilisation des loisirs comme elle a été indiquée précédemment ; c'est l'alimentation insuffisante à laquelle on remédiera par la fixation du minimum de salaire et l'organisation rationnelle de la vente des produits alimentaires, ainsi que la surveillance de leur pureté ; c'est le pullulement des maladies infectieuses auxquelles on remédiera, dans les milieux ouvriers, par le respect des lois de l'hygiène dans les ateliers et magasins ; c'est le taudis, que l'on fera disparaître après construction d'habitations ouvrières à la campagne avec jardins collectifs pour l'utilisation des loisirs, avec jardins individuels pour la culture potagère, avec moyens de communications rapides entre l'atelier et le magasin et l'habitation de l'ouvrier. Mais qu'il me soit permis d'attirer toute l'attention du Congrès sur ce point : le grand ennemi de l'agent transmetteur et producteur de la tuberculose, le bacille de Koch, c'est la *lumière*. Que le magasin soit éclairé naturellement, ainsi que l'atelier ; que l'habitation soit bien aérée et ensoleillée, et la tuberculose se propagera bien difficilement.

En résumé, la disparition de la tuberculose est une question d'ordre social ; elle ne pourra être obtenue que par la suppression de l'alcoolisme, de la syphilis et de la misère physiologique ; par l'application de la journée maximum de huit heures, l'attribution d'un minimum de salaire, l'aération et l'ensoleillement de l'atelier, du magasin, de l'habitation ouvrière, l'utilisation rationnelle des loisirs, puis par des mesures plus spéciales, comme la désinfection des locaux familiaux après tout décès, de quelque origine que ce soit, l'établissement d'un dossier sanitaire pour toutes les habitations ouvrières, urbaines ou rurales avec comme mesure consécutive : fermeture et même destruction des habitations où la contamination tuberculeuse des habitants aura été nettement déterminée par le dossier sanitaire.

En attendant ce résultat, il faut soigner et guérir les tuberculeux actuels.

La tuberculose est une maladie sociale, ce doit être à la société à donner au tuberculeux le moyen de se guérir.

L'enverrons-nous à grands frais se faire soigner dans les sanatoria ? Combien de malades en sont sortis, ou non guéris, ou aggravés ? C'est que le sanatorium prive le tuberculeux de sa famille et de tout travail, même léger, et que ce malade devient, pour ces raisons, rapidement neurasthénique, se nourrit mal et, de ce fait, voit sa situation s'aggraver.

Que l'on installe le tuberculeux avec sa famille, après que l'on aura fait son éducation de porteur de germes, dans des colonies champêtres où il ira au milieu des siens, parmi l'air, la lumière, avec la nourriture saine de la campagne et un travail léger à produire : qu'on lui fasse suivre alors un traitement ayant fait ses preuves, ne serait-il pas académique, et on le verra rapidement revenir à la santé. Ce traitement médical curateur existe-t-il actuellement ?

Oui, disons-nous très affirmativement, car nous l'avons vu guérir 70 à 80 p. 100 des cas soignés, aussi bien des tuberculoses osseuses ganglionnaires ou cutanées que des tuberculoses pulmonaires des premier et deuxième degrés.

Que l'on multiplie, dans toute la France, dans les milieux syndicaux, les dispensaires antituberculeux ouvriers comme ceux qui furent créés dans différents centres importants où ils donnèrent de brillants résultats, pour y appliquer consciencieusement ce traitement curatif, les cas trop graves disparaîtront par extinction, les autres par guérison, et la grande mangeuse d'hommes, la tuberculose, sera vaincue.

L'essai loyal de cette méthode doit être fait sous le contrôle des organisations ouvrières directement intéressées.

C'est pour la guérison de la tuberculose le résultat pratique qui doit sortir de ce Congrès.

La Commission demande au Congrès de faire sien le vœu suivant :

Le Congrès demande à la Commission administrative de la C. G. T. de prendre toutes mesures utiles permettant, après étude, de faire l'expérience des remèdes efficaces contre la tuberculose.

Ces différents rapports et vœux sont mis aux voix et adoptés à l'unanimité.

BOURDERON. — Camarades, ce long rapport est très intéressant, mais nous avons à peine entendu ; il mérite mieux que cela. Il conviendrait, pour meubler et outiller les camarades militants dans les syndicats, de le voir éditer en petite brochure, sélectionner selon les chapitres, de façon à ce que véritablement nous puissions nous en servir quand nous faisons de la propagande pour l'utilisation des loisirs, l'hygiène, pour combattre la tuberculose et l'alcoolisme.

Je demande donc — et je crois que c'est l'idée de tous les camarades — que la Confédération fasse éditer cette brochure.

La clôture du Congrès

DESOBLIN. — Le Congrès a accepté la nomination d'une Commission chargée d'étudier les revendications des régions envahies.

Nous avons décidé ce matin, d'accord avec le secrétaire de l'Union départementale du Nord, le camarade Saint-Venant, de soumettre la proposition à la Commission administrative de la C. G. T.

C'est pour répondre aux camarades qui m'ont demandé si la proposition n'était pas enterrée. Voilà ce que j'avais à dire, mais je demande au Congrès de charger la C. G. T. de ne pas se désintéresser de ce qui se passe actuellement dans les régions dévastées.

JOUHAUX. — Je répondrai au camarade Desoblin, qu'à la Confédération Générale du Travail nous n'avons pas attendu le Congrès pour nous préoccuper de la situation des régions libérées ; que nous avons fait l'action nécessaire, dans la mesure du possible, pour aboutir à des résultats pratiques, que nous continuerons, et que, par conséquent, le camarade Desoblin, comme les autres camarades, auront pleinement satisfaction.

Maintenant, je vais vous lire un certain nombre d'ordres du jour avant de clôturer le débat.

Il y a d'abord une proposition de syndicats de Cheminots :

Les syndicats ci-après des Cheminots : *Puyôo, Perpignan, Paulhan, Pau, Bédarieux, Auch, Paris-Midi, Langon, Castelnaudary, Carmaux*, émettent le vœu que, dans les Congrès confédéraux futurs, les questions portées à l'ordre du jour viennent en discussion devant le Congrès avant la question d'examen du rapport moral

Le délégué, JARRIGION.

JOUHAUX. — Je crois que la Commission administrative pourra examiner cette question.

Deuxième ordre du jour :

Le Congrès rappelle l'article des statuts confédéraux qui fait obligation aux syndicats confédérés d'être adhérents à la Fédération de leur industrie et à l'Union des syndicats ouvriers de leur département.

Il insiste pour que les organisations centrales, Fédérations et Unions, n'admettent pas les syndicats qui ne rempliraient pas toutes les obligations confédérales.

Pour l'Union de l'Hérault : NICOLAS.

Adopté.

Troisième ordre du jour :

La Fédération des Ports et Docks a constaté à plusieurs reprises que la Fédération des Moyens de Transports absorbait, dans son sein, tant dans les villes de l'intérieur que dans les ports, des syndicats dont la place était toute indiquée dans celle des Ports et Docks.

Elle demande à nouveau au Bureau confédéral d'intervenir en vue de faire cesser cet état de choses préjudiciable aux intérêts du recrutement syndical, aux bonnes relations qui doivent exister de Fédération à Fédération.

Les secrétaires fédéraux : VIGNAUD, DEMEY.

Syndicats des Ports et Docks de Boulogne-sur-Mer ; des Transports et Manutentions de la Seine ; de la Marine fluviale, canaux et rivières ; des Ports et Docks de Saint-Nazaire ; des Ouvriers du Port du Havre ; des Charbonniers de Cette ; des Charretiers de Béziers ; des Déménageurs de Paris.

JOUHAUX. — C'est entendu, mais cela fait dix ans que nous intervenons.

Un délégué. — Nous faisons appel à l'honnêteté des camarades de la Fédération des Transports.

JOUHAUX. — Quatrième ordre du jour (des Monteurs électriciens de la Seine) :

Transformation sociale, suppression du régime de la propriété individuelle. Décret ou loi instituant le travail obligatoire pour tous. Retour à la collectivité de tous les moyens de production ainsi que la propriété foncière.

Suppression du service militaire obligatoire. Suppression de la peine de mort.

Signée : BACHET, LE PEN, HUBERT, POURREAU, THONIEL, VUILLERME, PERRUT, CUDET, VIGNE, BERTHET, LAMBERT, BRIOLLET.

Cinquième ordre du jour :

Aux camarades du Congrès de la C. G. T., nous nous adressons par ce cri de détresse que nous vous faisons parvenir par voie détournée.

Enfermés au camp de concentration de Précigny (Sarthe), des ouvriers honnêtes qui n'ont commis que le crime d'être syndiqués ou d'appartenir à d'autres groupements politiques, prient le Congrès de la C. G. T. d'intervenir afin de mettre un terme aux souffrances dont subissent un nombre de camarades sincères.

Salutations fraternelles.

Un groupe de syndiqués russes.

JOUHAUX. — Nous sommes déjà intervenus et nous continuerons à intervenir.

Sixième ordre du jour :

Aux camarades congressistes,

Depuis le 26 juillet, nous sommes en lutte dans la céramique au nombre de 400 ; nous ne perdons pas courage, mais il nous faut l'aide nécessaire pour continuer la lutte.

Nous vous prions de faire quelque chose en notre faveur, sachant très bien à qui nous nous adressons.

Nous vous remercions à l'avance.

Recevez, camarades, notre salut fraternel et syndicaliste.

Pour le Bureau de grève : *le secrétaire*, TROUVÉ.

Septième ordre du jour, de Givors (Rhône) :

Dès le début du Congrès, Givors avait présenté au Bureau la proposition suivante : faire une quête à la sortie de chaque séance du Congrès pour toutes organisations en grève.

La proposition a été adoptée par le Congrès, mais rien n'a été fait malgré cela.

Nous renouvelons notre proposition et demandons au camarade président de faire un appel dans ce sens.

Le secrétaire de la Bourse du Travail de Givors.

Les délégués : NOTERMAN, L. GAUCHET.

JOUHAUX. — C'est entendu, on fera la quête.

Huitième ordre du jour :

Les ouvriers bouchonniers de Saint-Tropez sont en grève du 1ᵉʳ septembre dernier, au nombre de 500 environ, pour une augmentation de salaire.

Le syndicat comprenant la majorité des ouvriers dirige la grève et a organisé des soupes communistes pour diminuer les difficultés de la vie. Ce syndicat est confédéré.

Prière d'adresser les secours de solidarité au collègue G. Glize, secrétaire du syndicat des Ouvriers bouchonniers, rue des Remparts, Saint-Tropez (Var).

Pour la Fédération du Tonneau :
Le trésorier fédéral, BOURDERON.

Neuvième ordre du jour :

Considérant l'importance et l'urgence de la question de la langue internationale ;

Rappelle le vœu voté à l'unanimité en faveur de l'Esperanto par le Congrès confédéral du Havre, en 1912 ;

Il invite les syndiqués à apprendre l'Esperanto et les syndicats et Unions d'en organiser l'enseignement :

Charge le Comité confédéral de demander l'adoption de l'Esperanto par l'Internationale syndicale et l'inscription de cette question au prochain Congrès international.

Syndicats des Instituteurs de la Dordogne, de la Vienne, de la Seine-Inférieure, de l'Ardèche, de la Côte-d'Or, de Marseille, d'Alger, Syndicats de la Lithographie de Paris et de Lyon, Syndicat de l'Habillement du Rhône, Syndicat de la Confection de Villefranche, Chemiserie-Lingerie de Paris, Union de l'Aude, Syndicat de la Loire, Syndicat des Institutrices de la Drôme.

JOUHAUX. — C'est un vœu ; nous l'adoptons en principe.

Dixième ordre du jour :

Au nom de l'Union syndicale des Ouvriers sur Métaux de Saint-Etienne (Loire), les délégués soussignés émettent au Congrès confédéral la proposition suivante :

« Le Congrès confédéral, représentation directe du prolétariat français, réuni en assises solennelles à Lyon, le 20 septembre 1919 ;

« Après avoir pris dans ses divers votes et résolutions l'engagement unanime de rentrer immédiatement dans la voie des réalisations effectives, en conséquence, le Congrès invite le Comité confédéral à entreprendre immédiatement une énergique campagne en faveur de l'amnistie complète (y compris Cottin, acte politique) ainsi que contre toute autre intervention militaire en Russie et en Hongrie ;

« Mais pour que cette déclaration ne reste pas un simple désir de simple manifestation platonique, le Congrès charge le Comité confédéral de déclarer une grève générale de 24 heures si satisfaction n'est pas donnée aux revendications précitées dans un temps déterminé par le Congrès lui-même. »

Julien MENTIRE, *délégué titulaire* ; Jouannès GUILLET, *délégué suppléant.*

JOUHAUX. — Je ne crois pas que l'on puisse accepter cet ordre du jour avec la décision qu'il implique, pour les raisons que nous avons longuement examinées au cours de ce Congrès.

...Maintenant, nous devons ici, au nom du Bureau confédéral et du Congrès tout entier, adresser nos remerciements à l'Union des Syndicats du Rhône et en particulier à nos camarades Million et Becirard, pour l'organisation de ce Congrès, que tout faisait prévoir être tumultueux. Nous devons constater que tout s'est passé dans le calme le plus parfait, et je n'hésite pas à dire que cela tient surtout aux mesures qu'avaient prises nos camarades de l'Union des Syndicats du Rhône.

Nous avons également à remercier publiquement les diverses organisations qui ont offert aux congressistes les spectacles auxquels vous avez assisté.

Nous avons à remercier aussi, par anticipation, les organisations qui nous offrent demain, à deux heures de l'après-midi, une fête champêtre à Villeurbanne, près de Lyon.

Ceci dit, camarades, et ne voulant pas allonger plus longtemps le débat, j'espère que de ce Congrès va sortir une atmosphère meilleure que celle dans laquelle nous avons vécu jusqu'ici. J'espère que l'action que nous avons à entreprendre et les réalisations qu'il nous faut mettre au point ne seront pas paralysées à leur point de départ par une atmosphère de résistance et surtout par le dénigrement systématique qui s'est un peu trop fait jour dans les milieux ouvriers. J'espère aussi que nous allons travailler dans une atmosphère de confiance et qu'au prochain Congrès confédéral, si nous n'avons pas réalisé la Révolution, tout au moins aurons-nous préparé les organismes qui nous permettront de nous adapter aux situations révolutionnaires ! (Applaudissements.)

Nous passons au vote sur le choix de la ville où aura lieu le prochain Congrès. Nous sommes en présence de deux propositions : l'une émanant de Lille, l'autre émanant de Saint-Etienne. Je ne crois pas faire pression sur le Congrès en lui demandant d'accepter la proposition de Lille, puisque aussi bien nous venons de tenir nos assises dans une région voisine de Saint-Etienne. Et je demande aux camarades de Saint-Etienne de retirer leur proposition au profit de Lille.

Les camarades de Saint-Etienne retirent leur proposition.

JOUHAUX. — Par conséquent, puisque la proposition de Saint-Etienne est retirée, c'est Lille qui est acceptée comme lieu de notre prochain Congrès.

MOUSSARD. — Camarades, je vous remercie de m'avoir facilité ma tâche et je souhaite que nous fassions maintenant du bon travail. Le Congrès est déclaré clos.

RÉSULTAT DES VOTES

FEDERATION DE L'ALIMENTATION
Délégué fédéral : Savoie

NOMS	ORGANISATIONS	1er VOTE Rapport moral	2e VOTE Résolution
Vernet	Boulangers (Alger)	p	p
Morel	Boulangers (Amiens)	p	p
Vacher	Limonadiers (Alger)	c	c
Savoie	Boulangers (Angers)	p	p
Tessier	Boulangers (Angoulême)	c	p
Ronteix	Minotiers (Angoulême)	c	c
Cors	Boulangers (Bayonne)	n. v.	n. v.
Auzer	Boulangers (Béziers)	p	p
Bos	Limonadiers (Biarritz)	p	p
Tessier	Boulangers (Blois)	p	p
Tessier	Alimentation (Blois)	p	p
Tessier	Chocolatiers (Blois)	p	p
Dassé	Boulangers (Bordeaux)	p	p
Dassé	Cuisiniers (Bordeaux)	p	p
Orgeas	Pâtissiers (Bordeaux)	c	n. v.
Bonne	Mareyeurs (Boulogne)	p	c
Fraisse	Limonadiers (Cette)	p	p
Halgrain	Boulangers (Chartres)	p	p
Forgues	Boulangers (Châtellerault)	p	p
Mars	Boulangers (Cherbourg)	p	p
Savoie	Meuniers (Corbeil)	c	p
Savoie	Boulangers (Corbeil)	p	p
Thomas	Boulangers (Le Creusot)	p	p
Vaudry	Boulangers (Dijon)	c	p
Marinier	Torréfaction des cafés (Essonnes)	p	p
Saint-Venant	Alimentation (Lille)	p	p
Bonnet	Limonadiers (Limoges)	p	p
Trévennec	Boulangers (Lorient)	n. v.	n. v.
Orgeas	Brasseurs (Lyon)	c	n. v.
Leclair	Cuisiniers (Lyon)	c	p
Marchal	Employés d'épicerie (Lyon)	c	c
Laquoi	Limonadiers (Lyon)	c	p
Orgeas	Minotiers (Lyon)	c	n. v.
Orgeas	Biscuitiers (Lyon)	c	n. v.
Roubaud	Bouchers (Marseille)	c	c
Rousse	Boulangers (Marseille)	c	c

NOMS	ORGANISATIONS	1er VOTE Rapport moral	2e VOTE Résolution
Jullien	Cuisiniers (Marseille)	c	p
Audoye	Meuniers (Marseille)	c	c
Jullien	Raffineurs sucre (Marseille)	c	p
Totti	Pâtissiers (Marseille)	c	p
Savoie	Boulangers (Nantes)	p	p
Bottin	Cuisiniers (Nice)	p	p
Meye	Employés d'hôtel (Nice)	p	p
Thomas	Chocolatiers (Noisiel)	p	p
Vernet	Limonadiers (Oran)	p	p
Vernet	Cuisiniers (Oran)	p	p
Racamond	Boulangers (Orléans)	p	p
Didaret	Fondeurs - margariniers (Pantin - Aubervilliers)	p	p
Prévost	Biscuitiers (Paris)	c	p
Henriot	Bouchers (Paris)	p	p
Racamond	Boulangers (Seine)	c	p
Sardin	Charcutiers (Paris)	c	n. v.
Lhenry	Chocolatiers (Paris)	c	p
Prévost	Confiseurs (Seine)	c	p
Bottin	Cuisiniers (Seine)	p	p
Laporte	Employés de l'Alimentation	p	p
Bos	Employés d'hôtels et cafés	p	p
Tendero	Meuniers (Paris)	p	p
Sardin	Pâtissiers (Seine)	c	n. v.
Savoie	Produits alimentaires	p	p
Delsol	Boulangers (Périgueux)	c	c
Ricart	Boulangers (Perpignan)	p	p
Leclair	Cuisiniers (Perpignan)	c	p
Ricart	Limonadiers (Perpignan)	p	p
Audinet	Boulangers (Poitiers)	p	p
Didaret	Boulangers (Rochefort-sur-Mer)	p	p
Franco Caïti	Boulangers et Meuniers (Romilly-sur-Seine)	p	p
Vanleynseele	Alimentation (Roubaix)	p	p
Vanleynseele	Brasseurs (Roubaix)	p	p
Chambaraud	Alimentation (Ruelle)	c	c
Martin	Boulangers (Rouen)	p	p
Didaret	Boulangers (Saint-Etienne)	p	p
Gaston Vincent	Alimentation (Salins)	p	p
Reux	Boulangers (Saint-Malo)	p	p
Joncheret	Boulangers (Saint-Nazaire)	p	p
Nebout	Boulangers (Toulon)	c	p
Forgues	Boulangers (Toulouse)	p	p
Forgues	Cuisiniers (Toulouse)	p	p
Forgues	Minotiers (Toulouse)	p	p
Delobel	Alimentation (Tourcoing)	p	n. v.
Lambert	Boulangers (Tours)	p	p
Vaubourg	Boulangers (Troyes)	c	p
Leclair	Alimentation (Valence)	c	p
Boban	Brasseurs (Val d'Ajol)	p	p
Serre	Etablissements thermaux (Vichy)	p	p

DELEGUES DES AGRICOLES DU MIDI

Délégué fédéral : FABRE

NOMS	ORGANISATIONS	1ᵉʳ VOTE Rapport moral	2ᵉ VOTE Résolution
Fouze	Agriculteurs (Montpellier)	p	p
Ricard	Agriculteurs (Corneilla del Vercol).	p	p
Maffre	Agriculteurs (Armissan)	p	p
Maffre	Cultivateurs (Coursan)	c	c
Camy	Agriculteurs (ferme d'Arles)	p	p
Fabre	Cultivateurs (Béziers)	p	p
Fabre	Agriculteurs (Sérignan)	p	p
Cazals	Agriculteurs (Rivesaltes)	c	c
Fabre	Agriculteurs et Terrassiers (Valros)	p	p

FEDERATION DES ALLUMETTIERS

Délégué fédéral : SIMONIN

Simonin	Allumettiers (Bègles)	p	p
Simonin	Allumettiers (Trélazé)	p	p
Simonin	Allumettiers (Pantin)	p	p
Simonin	Allumettiers (Aix-en-Provence)	p	p
Simonin	Allumettiers (Marseille)	p	p
Simonin	Allumettiers (Saintines)	p	p

FEDERATION DE L'AMEUBLEMENT

Délégué fédéral : TOUSSAINT

Toussaint	Ebénistes (Bordeaux)	p	p
Dufour	Sculpteurs (Bordeaux)	c	p
Viguier	Ameublement (Castres)	p	p
Roux	Ameublement (Clermont-Ferrand).	p	p
Dumolard	Ameublement (Bridoire)	n. v.	n. v.
Dormoy	Ameublement (Ligny-en-Barrois)	p	p
Titou	Ameublement (Limoges)	p	p
Dreyer	Sculpteurs sur bois (Lyon)	p	p
Chapotton	Ebénistes (Lyon)	c	p
Arlendis	Ebénistes (Marseille)	c	c
Pointès	Meubles (Marseille)	p	p
Garlenc	Menuisiers (Millau)	c	p

NOMS	ORGANISATIONS	1er VOTE Rapport moral	2e VOTE Résolution
Cousin	Luthiers (Mirecourt)	c	p
Vidal	Ebénistes (Montauban)	c	c
Loisel	Ameublement (Montluçon)	c	p
Vaillaux	Ameublement (Montpellier)	n. v.	n. v.
Cassin	Ameublement (Nantes)	p	p
Toussaint	Ameublement (Nantua)	p	p
Toussaint	Canneleurs (Paris)	c	p
Camus	Menuisiers (Paris)	c	p
Pistu	Tapissiers (Paris)	c	p
Loisel	Marqueterie (Paris)	c	p
Chiron	Facteurs de pianos (Paris)	p	p
Loisel	Ebénistes (Paris)	c	p
Toussaint	Miroitiers (Paris)	c	p
Méric	Vanniers (Paris)	c	a
Dufaur	Sculpteurs (Paris)	c	p
Chéreau	Ameublement (Rennes)	p	p
Reux	Vanniers (Saint-Malo)	p	p
Lambert	Ameublement (Tours)	p	p
Bonneton	Ameublement (Valence)	c	a

FEDERATION DU BATIMENT

Délégué fédéral : CHANVIN

NOMS	ORGANISATIONS	1er VOTE Rapport moral	2e VOTE Résolution
Guignet	Bâtiment (Abbeville)	p	p
Aubelis	Bâtiment (Agen)	p	n. v.
Cadier	Bâtiment (Aix-les-Bains)	p	p
Belgrand	Bâtiment (Aix)	c	c
Chabrolin	Bâtiment (Alais)	c	p
Pujos	Bâtiment (Alençon)	p	p
Gandouin	Bâtiment (Alger)	c	c
Morel	Bâtiment (Amiens)	p	p
Bellanger	Bâtiment (Angers)	p	p
Dumas	Bâtiment (Angoulème)	c	c
Charbonnier	Bâtiment (Arcachon)	p	p
Epinette	Bâtiment (Argenteuil)	c	p
Plantadis	Bâtiment (Arles)	p	c
Barrault	Bâtiment (Vallées d'Aure et du Louron)	a	p
Ducatillon	Bâtiment (Audincourt)	c	c
Picard	Bâtiment (Auxerre)	p	p
Saint-Venant	Bâtiment (Avesnelles)	p	p
Fougère	Bâtiment (Avignon)	p	p
Viro	Bâtiment (Bayonne)	c	p
Hervier	Chaufourniers (Bassin de Beffes)	p	p
Gyss	Charpentiers (Besançon)	p	p

NOMS	ORGANISATIONS	1er VOTE Rapport moral	2e VOTE Résolution
Gyss	Maçons (Besançon)	p	p
Gyss	Bâtiment (Béziers)	p	p
Prat	Bâtiment (Blois)	p	p
Tessier	Peintres (Bordeaux)	p	p
Vigne	Terrassiers (Bordeaux)	n. v.	n. v.
Vigne	Briqueteurs (Bordeaux)	c	c
Mourgues	Cimentiers (Bordeaux)	p	p
Mourgues	Electriciens (Bordeaux)	p	p
Mourgues	Maçonnerie (Bordeaux)	p	p
Mourgues	Menuisiers (Bordeaux)	p	p
Mourgues	Plâtriers (Bordeaux)	p	p
Mourgues	Sculpteurs (Bordeaux)	p	p
Mourgues	Serruriers (Bordeaux)	p	p
Mourgues	Zingueurs (Bordeaux)	p	p
Garrabe	Bâtiment (Boucau)	c	p
Lemaire	Bâtiment (Boulogne-sur-Mer)	p	p
Mavy	Bâtiment (Bourg)	p	p
Hervier	Bâtiment (Bourges)	p	p
Babouot	Bâtiment (Brest)	c	c
Duchateau	Bâtiment (Caen)	c	c
Dravalen	Bâtiment (Carhaix)	p	p
Vanleynnelle	Bâtiment (Carvin)	p	p
Fraisse	Bâtiment (Cette)	p	p
Legay	Bâtiment (Chalon-sur-Saône)	p	p
Legay	Tuiliers (Chalon-sur-Saône)	p	n. v.
Gallet	Bâtiment (Chambéry)	c	p
Galantus	Bâtiment (Champagnole)	p	p
Chazals	Tailleurs pierre (Château-Landon)	p	p
Pottier	Bâtiment (Château-du-Loir)	p	p
Lochet	Bâtiment (Châtouroux)	p	p
Roux	Bâtiment (Clermont-Ferrand)	p	p
Roux	Charpentiers (Clermont-Ferrand)	p	p
Epinette	Bâtiment (Conflans-Ste-Honorine)	c	p
Thomas	Bâtiment (Le Creusot)	p	p
Troquenet	Bâtiment (Denain)	p	p
Bonne	Bâtiment (Desvres)	p	c
Vaudry	Bâtiment (Dijon)	c	p
Cauvin	Bâtiment (Donges)	p	p
Demcy	Bâtiment (Dunkerque)	p	p
Gournay	Carriers (Enghien)	p	p
Cchimtz	Bâtiment (Epernay)	c	p
Pujos	Bâtiment (Flers)	p	p
Mourgues	Cimentiers (Floirac)	p	p
Chazals	Bâtiment (Fontainebleau)	p	p
Chéreau	Bâtiment (Fougères)	p	p
Bondoux	Bâtiment (Fourchambault)	c	c
Constant	Bâtiment (Gien)	p	p
Lorduron	Bâtiment (Grand-Croix)	c	c
Genevay	Bâtiment (Grenoble)	c	n. v.
Duchateau	Bâtiment (Havre)	c	p
Kergustand	Terrassiers (Havre)	c	c

NOMS	ORGANISATIONS	1er VOTE *Rapport moral*	2e VOTE *Résolution*
Le Lève	Bâtiment (Hennebont)	p	p
Demaret	Bâtiment (Hirson)	p	p
Richaud	Bâtiment (Honfleur)	p	p
Mathieu	Bâtiment (Juvisy)	p	p
Marinier	Bâtiment (La Boissière)	p	p
Audoye	Bâtiment (La Ciotat)	c	c
Virmot	Chaufourniers (La Guerche)	p	p
Demaret	Bâtiment (Laon)	p	p
Flégé	Bâtiment (La Rochelle)	p	p
Saint-Venant	Bâtiment (Lallaing)	p	p
Pierreton	Bâtiment (La Tour-du-Pin)	c	p
Vaillant	Bâtiment (Lille)	p	p
Petit	Bâtiment (Longwy)	c	p
Trévennec	Bâtiment (Lorient)	p	p
Feuvrier	Granitiers (Louvigné-du-Désert)	p	p
Thoniel	Carreleurs (Lyon)	c	c
Pouvreau	Charpentiers (Lyon)	c	c
Lemasson	Maçons (Lyon)	c	p
Berthet	Menuisiers (Lyon)	c	c
Legay	Plâtriers (Lyon)	c	p
Mina	Plombiers (Lyon)	c	c
Vuillerme	Serruriers (Lyon)	c	p
Philippe	Tailleurs de pierres (Lyon)	p	c
Cudet	Terrassiers (Lyon)	c	c
Léger	Briqueteurs (Lyon)	p	p
Cudet	Asphalteurs (Lyon)	c	c
Legay	Bâtiment (Mâcon)	p	p
Lera	Bâtiment (Maisons-Laffitte)	c	c
Pottier	Bâtiment (Le Mans)	p	p
Bondues	Bâtiment (Marchiennes)	p	p
Boisson	Bâtiment (Marseille)	c	c
Huc	Bâtiment (Mazamet)	p	p
Constant	Bâtiment Meung-sur-Loire)	p	p
Dagenet	Bâtiment (Montargis)	c	c
Vaudry	Bâtiment (Montbard)	c	p
Chazals	Bâtiment (Montereau)	c	p
Gilbert	Carriers (Monthermé)	n. v.	n. v.
Reisser	Plâtriers (Montluçon)	p	p
Fonzes	Plâtriers (Montpellier)	p	p
Galantus	Bâtiment (Morez)	p	p
Ganin	Bâtiment (Moulins)	p	p
Roueste	Bâtiment (Nancy)	p	p
Rochet	Charpentiers (Nantes)	p	p
Rochet	Granitiers (Nantes)	p	p
Rochet	Maçons (Nantes)	p	p
Cassin	Menuisiers (Nantes)	p	p
Cassin	Peintres (Nantes)	p	p
Marsac	Terrassiers (Nantes)	c	p
Maffre	Bâtiment (Narbonne)	n. v.	n. v.
Charbonnier	Bâtiment (Nice)	p	p
Lucietti	Peintres (Nice)	c	p

NOMS	ORGANISATIONS	1ᵉʳ VOTE Rapport moral	2ᵉ VOTE Résolution
Juchault	Bâtiment (Niort)	c	p
Sauzè	Bâtiment (Nîmes)	c	c
Constant .:...	Bâtiment (Orléans)	p	p
Epinette	Bâtiment (Orsay) ..:.............	p	p
Chanel	Bâtiment (Oyonnax)	p	p
Simon	Bâtiment (Palaiseau)	c	c
Tronchet	Tailleurs de pierres (Paris).......	c	c
Péricat	Cimentiers (Paris)	c	c
Dulong	Briqueteurs (Paris)	c	p
Darles	Charpentiers en bois (Paris).......	c	c
Perrin	Charpentiers en fer (Paris)........	c	c
Briolet	Dessinateurs du Bâtiment (Paris)..	c	c
Forget	Doreurs sur bois (Paris)..........	c	c
Juttet	Fumistes en bâtiment (Paris)......	p	p
Lechat	Granitiers (Paris)	c	c
Bachet	Maçons (Paris) ....,...........	c	c
Chanvin	Marbriers (Paris)	p	p
Briolet	Menuisiers (Paris)	c	c
Villerot	Monteurs stores (Paris)..........	p	p
Chanvin	Ornemanistes carton-pierre (Paris).	p	p
Forget	Peintres (Paris)	c	c
Michaud	Plombiers-Couvreurs (Paris)	p	p
Lechapt	Scieurs de pierre tendre (Paris).:.	c	c
Chanvin	Sculpteurs-décorateurs (Paris)	p	p
Cordier	Serruriers construction métallique (Paris)	p	p
Chanvin	Stucateurs (Paris)	p	p
Hubert	Terrassiers, Puisatiers, Mineurs (Paris)	c	c
Bertho dit Le-petit	Travailleurs de la voirie (Paris)...	c	c
Durieux	Bâtiment (Pau)	p	p
Ricard	Bâtiment (Perpignan)	p	p
Barrau	Bâtiment (Pierfitte-Nestalas)	a	p
Derat ....:.	Bâtiment (Poissy)	c	c
Audinet	Bâtiment (Poitiers)	p	p
Genevay	Bâtiment (Pont-de-Claix)	c	n. v.
Trévennec	Maçons (Port-Louis)	p	p
Schmitz	Bâtiment (Reims)	c	p
Chéreau	Bâtiment (Rennes)	p	p
Marsal	Bâtiment (Rive-du-Gier)	c	p
Marchand	Bâtiment (Roanne)	p	p
Caïti	Bâtiment (Romilly-sur-Seine)	p	p
Vanleysdele ..	Bâtiment (Roubaix)	p	p
Duchateau ...	Bâtiment (Rouen)	c'	a
Cousin	Carriers (Saulxure-sur-Moselotte)	a	n. v.
Marinier	Carriers (Savigny-sur-Orge)	p	p
Franot	Bâtiment (Sedan)	p	n. v.
Marinier	Bâtiment (Sèvres)	p	p
Bessand	Bâtiment (Sisteron)	c	a
Magnaval	Bâtiment (Saint-Chamond)	c	c

NOMS	ORGANISATIONS	1er VOTE Rapport moral	2e VOTE Résolution
Gaston Vincent	Bâtiment (Saint-Claude)	p	p
Cousin	Bâtiment (Saint-Dié)	a	p
Lorduron	Bâtiment (Saint-Etienne)	c	c
Epinette	Bâtiment (Saint-Germain-en-Laye)	c	p
Mars	Bâtiment (Saint-Lô)	p	p
Reux	Bâtiment (Saint-Malo)	p	p
Feuvrier	Granitiers (Saint-Marc-le-Blanc)	p	p
Demaret	Bâtiment (Saint-Michel-Sougland)	p	p
Demaret	Bâtiment (Saint-Quentin)	p	p
Bessand	Bâtiment (Saint-Tulle)	c	a
Chaffraie	Bâtiment (Tarare)	c	c
Bauge	Bâtiment (Toulon)	p	p
Foulcher	Charpentiers (Toulouse)	c	p
Pitet	Ferblantiers (Toulouse)	c	p
Pitet	Maçons (Toulouse)	c	p
Foulcher	Menuisiers (Toulouse)	c	p
Pitet	Plâtriers (Toulouse)	c	n. v.
Delobelle	Bâtiment (Tourcoing)	p	p
Simon	Bâtiment (Tours)	p	p
Boisjoly	Bâtiment (Trouville)	p	p
Rousseau	Bâtiment (Tulle)	p	p
Faure	Bâtiment (Tunis)	p	p
Trocmé	Bâtiment (Valenciennes)	p	p
Vincent	Bâtiment (Versailles)	p	p
Vincent	Terrassiers (Versailles)	p	p
Serre	Menuisiers (Vichy)	p	p
Grand	Bâtiment (Vienne)	p	a
Augrand	Bâtiment (Vierzon)	p	p
Bosdevesis	Bâtiment (Villefranche-sur-Saône)	p	p
Epinette	Bâtiment (Villeneuve-St-Georges)	p	p
Boisjoly	Granitiers (Vire)	p	p
Chéreau	Bâtiment (Vitré)	p	p
Pierreton	Bâtiment (Voiron)	c	p
Roux	Carriers (Volvic)	p	p
Cousin	Bâtiment (Zainvillers-Vagney)	c	c

FEDERATION DE LA BIJOUTERIE

Délégué fédéral : CALVEYRACH

Foy	Bijoutiers, Lamineurs (Paris)	c	p
Foy	Bijoutiers (Paris)	c	p
Foy	Gainiers (Paris)	p	p
Calveyrach	Diamantaires (Paris)	p	p
Foy	Orfèvres (Lyon)	p	p
Legrand	Bijoutiers (Marseille)	p	p
Chazals	Diamantaires (Nemours)	p	p

NOMS	ORGANISATIONS	1er VOTE *Rapport moral*	2e VOTE *Résolution*
Calveyrach….	Bijoutiers (Saint-Amand)	p	p
Föy -........	Lapidaires (Paris)	c	p
Gaston Vincent	Lapidaires (Saint-Claude)	p	p
Danrez	Diamantaires (Saint-Claude)	p	p
Gyss	Décorateurs de montres (Besançon).	p	p

FEDERATION DE LA BLANCHISSERIE

Délégué fédéral. RAMLYAT

Ramlyat	Blanchisseurs (Paris)	c	c
Ramlyat	Garçons de lavoirs (Paris).........	p	p

FEDERATION DES BUCHERONS

Délégué fédéral : BORNET

Bornet	Bûcherons (Versailles)	p	p
Bornet .;.....	Bûcherons (Aubigny)	p	p
Bornet	Bûcherons (Chapelle-Hugon)	p	p
Bornet	Bûcherons (Anlezy)·	p	p
Bornet	Bûcherons (La Machine)	p	p
Bornet	Bûcherons (Cercy-ia-Tour)	p	p
Bornet	Bûcherons (Champvert)	p	p
Pasteur	Bûcherons (Dôle)	p	p

FEDERATION DE LA CERAMIQUE

Délégué fédéral : TILLET

Bonnet	Céramique (Foëcy)	p	p
Tillet	Céramique (Mehun-sur-Yèvre)	p	p
Bonnet	Céramique (Limoges)	p	p
Bonnet	Céramique (Paray-le-Monial)	p	p
Buisson	Céramique (Saint-Uze)	c	p
Giaichel	Céramique (Saint-Henri-Marseille).	c	n. v.
Constant	Faïence (Gien)	p	p
Augrand	Céramique (Vierzon)	p	p
Tommasi	Céramique (Paris)	c	c
Chazals	Faïence, Briquetiers (Montereau)..	p	p
Trapet	Céramique (Lyon)	c	c
Tillet	Céramique (Orléans)	p	p

FEDERATION DE LA CHAPELLERIE

Délégué fédéral : ESPANET

NOMS	ORGANISATIONS	1ᵉʳ VOTE Rapport moral	2ᵉ VOTE Résolution
Jullien	Chapellerie (Marseille)	c	p
Espanet	Chapellerie (Paris)	c	p
Argeler	Chapellerie (Toulouse)	p	p
Espanet	Chapellerie (Chazelles-sur-Lyon)	c	p
Espanet	Chapellerie (Caussade et Septfonds)	c	p
Espanet	Syndicat (Lyon)	c	p

FEDERATION NATIONALE DES TRAVAILLEURS DES CHEMINS DE FER

Délégué fédéral : BIDEGARAY

NOMS	ORGANISATIONS	1ᵉʳ VOTE	2ᵉ VOTE
Latrille	Syndicat (Aïn-Beida)	a	c
Foury	Syndicat (Abbeville)	a	p
Leyrat	Syndicat (Achères)	c	c
Aubelis	Syndicat Midi (Agen)	p	a. v.
Delagrange	Syndicat P.-O. (Agen)	c	c
Marchal	Syndicat (Aigrefeuille)	p	p
Coudun	Syndicat (Ailleviliers)	p	p
Prest	Syndicat (Airvault)	c	p
Guillot	Syndicat (Aix)	p	p
Nouguier	Syndicat (Alais)	p	p
Rouvet	Syndicat P.-O. (Albi)	p	p
Le Guen	Syndicat (Alençon)	p	p
Adenot	Syndicat P.-L.-M. (Alger)	p	p
Guillory	Syndicat Etat (Alger)	p	p
Mérot	Syndicat (Ambérieu)	c	c
Sta	Syndicat (Amiens)	p	p
Boismier	Syndicat (Angers-Anjou)	p	p
Bidegaray	Syndicat (Angers-Etat)	p	p
Biret	Syndicat P.-O. (Angers)	c	a
Dejonkère	Syndicat Etat (Angoulème)	c	a
Ducher	Syndicat P. O. (Angoulème)	c	p
Boudeyron	Syndicat (Annemasse)	p	c
Boisnier	Syndicat C. E. N. (Annemasse)	c	p
Goubé	Syndicat (Anzin)	p	p
Sirolle	Syndicat (Argentan)	c	c
Deaubelicourt	Syndicat (Argenton-sur-Creuse)	c	c
Lardeux	Syndicat Etat (Argenteuil)	c	p
Dussaix	Syndicat P.-L.-M. (Arles)	c	p
Legier	Syndicat Régie (Arles)	c	c

NOMS	ORGANISATIONS	1er VOTE Rapport moral	2e VOTE Résolution
Blanckeman ..	Syndicat (Armentières)	p	p
Madlaine	Syndicat (Arras)	p	p
Ragot	Syndicat (Asnières)	c	c
Jarrigion	Syndicat (Auch)	p	p
Bruges	Syndicat (Audun-le-Roman)	p	p
Desoblin	Syndicat (Aulnoye)	p	p
Fougerat	Syndicat (Auray)	c	p
Gros	Syndicat (Aurillac)	p	p
Guillory	Syndicat (Auxerre)	p	p
Guillory	Syndicat (Avallon)	p	p
Marchal	Syndicat (Avranches)	p	p
Luzy	Syndicat (Badan-Triage)	c	c
Bidegaray	Syndicat (Barentin)	p	p
Coudun	Syndicat (Bar-le-Duc)	p	p
Jacobin	Syndicat (Bar-sur-Aube)	p	p
Boisjoly	Syndicat (Bayeux)	p	p
Desarmenien .	Syndicat (Bayonne et ses environs).	a	p
Thomann	Syndicat (Beauvais)	p	p
Ragot	Syndicat (Bécon-les-Bruyères)	c	c
Jarrigion	Syndicat (Bédarieux)	p	p
Labrousse ...	Syndicat (Beillant)	c	c
Collerez	Syndicat (Belfort)	p	p
Collerez	Syndicat (Belfort) int. local........	p	p
Guilbaud	Syndicat (Bellegarde) (Loiret).....	p	p
Grumet	Syndicat (Bellegarde) (Ain)........	n. v.	n. v.
Galland	Syndicat (Belleville-sur-Saône)	c	c
Olivier	Syndicat (Bergerac)	c	c
Bulliard	Syndicat (Besançon)	c	c
Tirman	Syndicat (Béthune-les-Lens)	p	p
Texier	Syndicat (Béziers)	p	p
Sauve	Syndicat P.-O. (Blanc)...........	p	p
Dejonkère ...	Syndicat (Blaye)	c	a
Adenot	Syndicat (Blida)	p	p
Guilbaud	Syndicat P.-O. (Blois)...........	p	p
Bidegaray ...	Syndicat (Bollezeele)	p	p
Ragot	Syndicat (Bois-Colombes)	c	c
Bru	Syndicat (Région Etat-Bône).......	p	p
Le Guen......	Syndicat Etat (Bordeaux)	p	p
Constant	Syndicat Midi (Bordeaux).........	c	p
Dublanche ...	Syndicat P.-O. (Bordeaux).........	p	p
Dumoulin	Syndicat (Bordy-Bou-Arrédy)	p	p
Joussenet ...	Syndicat (Bort)	p	p
Gournay	Syndicat (Boulogne-sur-Mer)	p	p
Marlot	Syndicat (Bourg) (Ain)..........	c	p
Bouchaud	Syndicat (Bourges)	p	p
Vicomte	Syndicat (Bourget)	p	p
Roux	Syndicat (Brassac-Arvant)	p	p
Finot	Syndicat (Bréauté-Beuzeville)	p	p
Besnard	Syndicat (Bressuire)	c	c
Eveillard	Syndicat (Brest)	p	p
Eveillard.....	Syndicat (Brest départementaux)..	p	p

NOMS	ORGANISATIONS	1er VOTE Rapport moral	2e VOTE Résolution
Rousseau	Syndicat P.-O. (Brive)............	p	p
Delagrange ...	Syndicat (Buisson)	c	c
Guilbaud	Syndicat (Bussières-Galant)	p	p
Bidegaray	Syndicat (Bussigny)	p	p
Marchal	Syndicat (Caen)	p	p
Marchal	Syndicat Comp. Secondaire (Caen)..	p	p
Ichard	Syndicat (Cahors)	c	p
Pouillard	Syndicat (Calais) ,..............	p	p
Demoulin	Syndicat (Cambrai)	p	p
Larroche	Syndicat (Capdenac)	c	c
Rumèbe	Syndicat (Carcassonne)	p	p
Jarrigion	Syndicat (Carmaux)	p	p
Occelli	Syndicat (Carnoules)	c	c
Boisnier	Syndicat (Castres départementaux).	p	p
Corbière	Syndicat (Castres)	p	p
Bedeaux	Syndicat (Cavaillon)	p	p
Jarrigion	Syndicat (Castelnaudary)	p	p
Toulouse	Syndicat Midi (Cette)...........	p	p
Chastagnier ..	Syndicat P.-L.-M. (Cette).........	c	c
Duragnon	Syndicat (Chagny)	p	p
Chaussy	Syndicat Comp. Second. (Chailly-en-Bière)	p	p
Pretot	Syndicat (Chalindrey)	p	p
Coudun	Syndicat (Châlons-sur-Marne)	p	n. v.
Sergent	Syndicat (Chalon-sur-Saône)	c	c
Gallice	Syndicat (Chambéry)	p	p
Bruges	Syndicat (Charmes)	p	p
Halgrain	Syndicat (Chartres)	p	p
Chambon	Syndicat (Chasse)	c	c
Gross	Syndicat (Chaumont)	p	p
Hoisnard	Syndicat (Châteaubriand)	p	p
Couvrat	Syndicat (Châteaudun)	p	p
Guilbaud	Syndicat P.-O. (Château-du-Loir)..	p	p
Quevrain	Syndicat État (Château-du-Loir)..	p	p
Dejonkère ...	Syndicat (Châteauneuf-s.-Charente)	c	a
Couvrat	Syndicat P.-O. (Châteaurenault)...	p	p
Bernon	Syndicat (Châteauroux)	p	p
Jean	Syndicat (Château-Thierry)	p	p
Traverst	Syndicat (Cherbourg)	p	p
Besnard	Syndicat (Chinon)	c	c
	Syndicat (Cholet)	p	p
Bute	Syndicat (Clamecy)	p	p
Taravant......	Syndicat P.-L.-M. (Clermont-Ferrand)	p	p
Joussenet	Syndicat P.-O. (Clermont-Ferrand).	p	p
Egretaud	Syndicat (Clisson)	p	p
Mansot	Syndicat (Cluny) (S.-et-L.)........	p	p
Dejonkère ...	Syndicat (Cognac)	c	a
Havard	Syndicat (Compiègne)	p	p
Boisjoly	Syndicat (Condé-sur-Noireau)	p	p
Vauxcouloux .	Syndicat (Conflans-Jarny)	p	p

NOMS	ORGANISATIONS	1er VOTE Rapport moral	2e VOTE Résolution
Boisnier	Syndicat (Connéré)	p	p
Pottier	Syndicat Etat (Connéré-Beillé)	p	p
Gaulodin	Syndicat (Corbeil et ses environs)	c	p
Gaulodin	Syndicat (Corbeil secondaires)	c	p
Bondoux	Syndicat (Corbigny)	p	p
Joussemet	Syndicat tramways départ. (Tulle)	p	p
Toulouse	Syndicat (Bastia)	p	p
Guillory	Syndicat (Cosne)	p	p
Quevrain	Syndicat (Courtalain)	p	p
Guillory	Syndicat (Cravant-Bazarne)	p	p
Thomann	Syndicat (Creil)	p	p
Niguet	Syndicat (Crépy-en-Valois)	p	p
Bidegaray	Syndicat (Dax)	p	p
Rolet	Syndicat P.-L.-M. (Dijon)	c	p
Le Guennic	Syndicat (Dinan)	p	p
Boisjoly	Syndicat (Dives-Cabourg)	p	p
Nanot	Syndicat (Dormans)	p	p
Montmousseau	Syndicat (Dreux)	c	c
Reux	Syndicat (Dol)	p	p
Passeur	Syndicat (Dôle)	p	p
Desmoulin	Syndicat (Douai)	p	p
Bacquet	Syndicat (Dunkerque)	p	p
Thys	Syndicat (Enghien)	p	p
Quevrain	Syndicat (Envermeu)	p	p
Imbert	Syndicat (Epernay)	p	p
Nanot	Syndicat C. B. R. (Epernay)	p	p
Croizé	Syndicat (Epinal)	p	p
Thys	Syndicat (Ermont-Eaubonne)	c	p
Fossier	Syndicat (Esternay)	p	p
Roger	Syndicat (Etampes)	p	p
Le Guen	Syndicat (Evreux)	p	p
Joussemet	Syndicat (Eygurande)	p	p
Finot	Syndicat (Fécamp)	p	p
Laroche	Syndicat (Figeac)	c	c
Guillot	Syndicat (Firminy et région)	p	p
Jamay	Syndicat (Florac)	p	p
Marchal	Syndicat (Foix)	p	p
Marchal	Syndicat (Folligny)	p	p
Lemaire	Syndicat (Fougères)	p	p
Desobin	Syndicat (Frévent)	p	p
Vauxcouloux	Syndicat (Givet)	p	p
Gachet	Syndicat (Givors)	c	c
Quevrain	Syndicat (Glos-Monfort)	p	p
Marchal	Syndicat (Granville)	p	p
Imbert	Syndicat (Gray)	p	p
Balme	Syndicat (Grenoble)	c	p
Meunier	Syndicat (Guéret)	p	p
Leguenic	Syndicat (Guingamp)	p	p
Gautier	Syndicat (Havre)	c	c
Plathel	Syndicat (Hazebrouck)	p	p
Toulouse	Syndicat (Hendaye)	p	p

NOMS	ORGANISATIONS	1er VOTE Rapport moral	2e VOTE Résolution
Gautier	Syndicat (Herbignac)	p	p
Richaud	Syndicat (Honfleur)	p	n. v.
Bernon	Syndicat (Châteauroux)	p	p
Bernon	Syndicat Tramways de l'Indre (Argenton)	p	p
Boisnier	Syndicat (Issoudun)	p	p
Amiot	Syndicat (Is-sur-Tille)	p	p
Jamay	Syndicat C. F. Y. (Joigny)	p	p
Labrousse	Syndicat (Jonzac)	c	c
Danrez	Syndicat Chemins de fer vicinaux (Jura)	p	p
Couvrat	Syndicat (Juvisy)	p	p
Vaucouloux	Syndicat (La Ferté-sous-Jouarre)	p	p
Sauvé	Syndicat (La Flèche)	p	p
Ragot	Syndicat État (La Garenne)	c	c
Corbeaux	Syndicat Nord (La Garenne)	p	p
Marchal	Syndicat (Laigle)	p	p
Le Guenic	Syndicat (Landerneau)	p	p
Eveillard	Syndicat Chemins de fer armoricains (Landivisiau)	p	p
Jarrigion	Syndicat (Langon)	p	p
Ferrand	Syndicat (Langres)	p	p
Flégeot	Syndicat (La Pallice) (Char.-Inf.)	p	p
Rey	Syndicat (La Palisse) (Allier)	p	p
Galland	Syndicat (Abresle)	c	c
Marseille	Syndicat P.-L.-M. (Ardoise)	p	n. v.
Guillory	Syndicat (Laroche)	p.	p
Dejonkère	Syndicat (La Rochelle)	c	a
Bernard	Syndicat (La Roche-sur-Yon)	p	p
Midol	Syndicat (Laumes)	c	c
Martiniaux	Syndicat État (Laval)	p	p
Martiniaux	Syndicat (Laval départementaux)	p	p
Guillory	Syndicat (Les Arcs)	p	p
Fourry	Syndicat (Tréport)	p	p
Coudun	Syndicat (Le Vigan)	p	p
Sauvé	Syndicat (Libourne)	p	p
Toulouse	Syndicat (Ligueil)	p	p
Hochedez	Syndicat (Lille)	p	p
Beaubelicourt	Syndicat (Limoges)	c	c
Boisjoly	Syndicat (Lisieux)	p	p
Boisjoly	Syndicat (Lison)	p	p
Chauviat	Syndicat (Loches)	c	n.-v.
Le Guen	Syndicat C. M. (Locminé)	p	p
Tessier	Syndicat Tramways à vapeur (Loir-et-Cher)	p	p
Coudun	Syndicat (Longuyon)	p	p
Vaudry	Syndicat P.-L.-M. (Lons-le-Saunier)	c	p
Fougerat	Syndicat (Lorient)	c	p
Besnard	Syndicat (Loudun)	c	c
Ragembach	Syndicat (Louhans)	p	p
Gauthier	Syndicat (Louviers)	c	c

NOMS	ORGANISATIONS	1er VOTE Rapport moral	2e VOTE Résolution
Granier	Syndicat (Lunel)	c	n. v.
Treuthard	Syndicat (Lure)	p	p
Blanc	Syndicat Est (Lyon)	p	p
Mérot	Syndicat P.-L.-M. (Lyon)	c	c
Bidegaray	Syndicat (Mâcon)	p	p
Quévrain	Syndicat (Maintenon)	p	p
Nobillot	Syndicat (Maisons-Alfort)	p	p
Guillory	Syndicat (Malesherbes)	p	p
Travert	Syndicat (Manche)	n. v.	n. v.
Pottier	Syndicat (Le Mans)	p	p
Le Guen......	Syndicat (Nantes)	p	p
Toulouse	Syndicat (Marcigny)	p	p
Dejonkère	Syndicat (Marennes)	c	a
Coulomb	Syndicat Marguerittes (Gard)	p	p
Gaillard	Syndicat (Marseille)	c	p
Chazal	Syndicat (Meaux)	p	p
Prest	Syndicat (Melle)	c	p
Wisteaux	Syndicat (Melun)	p	p
Laratte	Syndicat (Meung-sur-Loire)	p	p
Sirolle	Syndicat (Mézidon)	c	c
Zerolo	Syndicat (Miramas)	a	p
Croizé	Syndicat (Mirecourt)	p	p
Chencaux	Syndicat (Mohon)	p	p
Solard	Syndicat (Montargis)	p	p
Simonnet	Syndicat (Montbéliard)	c	c
Boisnier	Syndicat (Montceau-les-Mines)	p	p
Coulon	Syndicat (Montchanin-les-Mines) ..	p	p
Villa	Syndicat (Mont-de-Marsan)	p	p
Chazal	Syndicat (Montereau)	c	p
Prunet	Syndicat (Montluçon)	p	p
Coudun	Syndicat (Montmédy)	p	p
Gaillard	Syndicat (Montmédy Economique) .	p	p
Bouguenec ...	Syndicat (Hérault)	p	p
Besnard	Syndicat (Montoire-sur-Loire)	p	p
Vaillaud	Syndicat P.-L.-M. (Montpellier) ...	p	p
Jamay	Syndicat (Montréjeau)	p	p
Chazal	Syndicat (Moret-les-Sablons)	c	p
Danrez	Syndicat (Morez)	p	p
Le Guennic...	Syndicat (Morlaix)	p	p
Le Guen......	Syndicat (Mortagne)	p	p
Dumoulin	Syndicat (Mostaganem)	p	p
Midol	Syndicat (Mouchard)	n. v.	c
Gonin	Syndicat (Moulins)	p	p
Finot	Syndicat (Motteville)	p	p
Delagrange ...	Syndicat (Mussidan)	c	c
Croizé	Syndicat (Nancy)	p	p
Egretaud	Syndicat Etat (Nantes)	p	p
Sourisseau ...	Syndicat P.-O. (Nantes)	p	p
Villa	Syndicat (Narbonne)	p	p
Gross	Syndicat Neufchâteau (Vosges)	p	p
Quévrain	Syndicat (Neufchâtel-en-Bray)	p	p

NOMS	ORGANISATIONS	1er VOTE *Rapport moral*	2e VOTE *Résolution*
Boisnier	Syndicat (Neuilly-en-Theille)	p	p
Besnard	Syndicat (Neuville-de-Poitou)	c	c
Aubegny	Syndicat (Nevers)	c	c
Scimeria	Syndicat P.-L.-M. (Nice)	c	c
Coulomb	Syndicat (Nîmes)	p	p
Prest	Syndicat (Niort)	c	p
Routhier	Syndicat (Noisy-le-Sec)	c	p
Sirolle	Syndicat État (Orléans)	c	c
Laratte	Syndicat P.-O. (Orléans)	p	p
Guilbaud	Syndicat T.-L.-C. (Orléans)	p	p
Pujos	Syndicat (Orne-Economique)	p	p
Béranger	Syndicat (Oullins)	c	p
Vaucouloux ..	Syndicat (Pantin)	p	p
Delarbre	Syndicat (Paray-le-Monial)	c	p
Mongin	Syndicat Ceinture (Paris)	p	p
Montmousseau.	Syndicat État R.-D. (Paris)	c	c
Sirolle	Syndicat État R.-G. (Paris)	c	c
Raulet	Syndicat Est (Paris)	p	p
Jarrigion	Syndicat Midi (Paris)	p	c
Chaverot	Syndicat P.-L.-M. (Paris)	c	p
Thys	Syndicat Nord (Paris)	p	p
Forest	Syndicat P.-O. (Paris)	p	p
Guilbaud	Syndicat Sceaux (Paris)	p	p
Coudun	Syndicat Wagons-Lits (Paris)	p	p
Jarrigion	Syndicat (Pau)	p	p
Jarrigion	Syndicat (Paulhan)	p	p
Delagrange ...	Syndicat (Périgueux)	c	c
Jarrigion	Syndicat (Perpignan)	p	p
Vaucouloux ...	Syndicat (Le Perreux)	p	p
Caron	Syndicat (Persan-Beaumont)	c	p
Lozat	Syndicat P.-L.-M. (Pertuis)	c	p
Barrau	Syndicat (Pierrefitte-Cauterel-Lu).	p	p
Clerc	Syndicat (Peyraud)	p	p
Laratte	Syndicat (Pithiviers)	p	p
Pager	Syndicat P.-O. (Poitiers)	p	p
Ducatillon	Syndicat (Pontarlier à Mouthe)	c	c
Pasteur	Syndicat (Pontarlier)	p	p
Caron	Syndicat (Pontoise)	p	p
Dejonkère	Syndicat (Pons)	c	a
Rebourseau ...	Syndicat (Portes-les-Valence)	c	c
Millefert	Syndicat (Port-d'Atelier)	p	p
Tronschère ...	Syndicat (Fer-du-Puy)	n. v.	n. v.
Jarrigion	Syndicat (Puyoo)	p	p
Fougerat	Syndicat (Quimper)	c	p
Routhier	Syndicat (Rainey-Villemomble) ...	c	p
Batteux	Syndicat (Reims)	p	p
Bruges	Syndicat (Remiremont)	p	p
Castanier	Syndicat (Remoulins)	p	p
Lemaire	Syndicat (Rennes)	p	p
Faugue	Syndicat (Rive-de-Gier)	p	p
Balmé	Syndicat P.-L.-M. (Rives)	c	p

NOMS	ORGANISATIONS	1er VOTE Rapport moral	2e VOTE Résolution
Guilmoteau ..	Syndicat (Rochefort)	c	p
Dollin	Syndicat (Romans)	c	p
Reynier	Syndicat (Rognac)	c	p
Hautemer	Syndicat (Romescamps-Abancourt-Formerie)	p	p
Bruges	Syndicat (Romilly-sur-Seine)	p	p
Hochedez	Syndicat (Roubaix)	p	p
Finot	Syndicat État (Rouen)	p	p
Testelin	Syndicat Nord (Rouen)	p	p
Duché	Syndicat (Roumazières)	p	p
Sauvé	Syndicat (Saint-Amand-Monrond) .	p	p
Boisnier	Syndicat (St-Amand-Economique) .	p	p
Le Guennic...	Syndicat (Saint-Brieuc)	p	p
Gaston Vincent	Syndicat (Saint-Claude)	p	p
Bouvier	Syndicat (Saint-Cloud)	p	p
Thys	Syndicat Saint-Denis)	p	p
Coudun	Syndicat Saint-Dié (Vosges)	p	p
Fossier	Syndicat (Saint-Dizier)	p	p
Faugué	Syndicat (Saint-Etienne)	p	p
Gautier	Syndicat (St-Etienne-du-Rouvray).	c	c
Guilbaud	Syndicat (Saint-Flour)	p	p
Guillot	Syndicat (St-Georges-de-Commines)	p	p
Millot	Syndicat (St-Germain-des-Fossés).	n. v.	n. v.
Toulouse	Syndicat (Saint-Germain-Laval) ..	p	p
Galand	Syndicat (St-Germain-Mont-d'Or) ..	c	c
Pujos	Syndicat (Sainte-Gauburge)	p	p
Guilbaud	Syndicat (Saint-Girons)	p	p
Boisjoly	Syndicat (St-Hilaire-du-Harcoët) ..	p	p
Dejonkère	Syndicat (Saint-Jean-d'Angély) ...	c	a
Boisnier	Syndicat (St-Jean-de-Maurienne) ..	p	p
Bouguenec ...	Syndicat (Saint-Laurent-du-Pont) .	p	p
Quévrain	Syndicat Saint-Lô (Manche)	p	p
Reux	Syndicat (Saint-Malo)	p	p
Juchaud	Syndicat (Saint-Maixent)	c	p
Coudun	Syndicat (Sainte-Menehould)	p	p
Le Guen......	Syndicat État (Saint-Nazaire)	p	p
Bidegaray ...	Syndicat P.-O. (Saint-Nazaire)	p	p
Bidegaray ...	Syndicat (Saint-Omer)	p	p
Hochedez	Syndicat (Saint-Pol)	p	p
Clerc	Syndicat (Saint-Rambert-d'Albon).	p.	p
Beaubelicout ..	Syndicat (Saint-Sulpice-Laurière) .	c	c
Boisnier	Syndicat (St-Valéry-sur-Somme) ..	p	p
Guillot	Syndicat (Saint-Vallier-sur-Rhône).	p	p
Galland	Syndicat (Saint-Victor-de-Thisy) .	c	c
Gervais	Syndicat (Saint-Yzan-du-Soudiac).	c	p
Quévrain	Syndicat (Sablé)	p	p
Cormier	Syndicat (Saincaize)	c	c
Bernard	Syndicat (Saintes)	c	p
Labrousse	Syndicat (Saintes-Economique) ...	c	c
Sauvé	Syndicat (Salbris)	p	p
Guillot	Syndicat Salon (Bouches-du-Rhône)	p	p

NOMS	ORGANISATIONS	1ᵉʳ VOTE Rapport moral	2ᵉ VOTE Résolution
Besnard	Syndicat Etat (Saumur)	p	p
Besnard	Syndicat P.-O. (Saumur)	p	p
Fournier	Syndicat (Segré)	p	p
Branche	Syndicat (Sembadel)	n. v.	n. v.
Guillory	Syndicat (Sens)	p	p
Testelin	Syndicat (Serqueux)	p	p
Geay	Syndicat (Serquigny)	c	c
Motillon	Syndicat Tramways (Melle)	p	p
Imbert	Syndicat (Sézanne)	p	p
Demoulin	Syndicat (Somain)	p	p
Gautier	Syndicat (Sotteville)	c	c
Ichard	Syndicat (Souillac)	c	p
Marchal	Syndicat (Surdon)	p	p
Dejonkère	Syndicat (Taillebourg)	c	u
Barrau	Syndicat (Tarbes)	p	p
Magnet	Syndicat (Le Theil)	c	c
Delagrange	Syndicat (Terrasson)	c	c
Guillot	Syndicat (Terrenoire)	p	p
Brun	Syndicat (Thiers)	p	p
Olivier	Syndicat (Thiviers)	c	c
Chasseray	Syndicat (Thouars)	p	p
Guillory	Syndicat (Tonnerre)	p	p
Croizé	Syndicat (Toul)	p	p
Bouguennec	Syndicat (Toulon-sur-Arroux)	p	p
Nebout	Syndicat Toulon (Var)	c	p
Ostric	Syndicat Midi (Toulouse)	p	p
Linières	Syndicat P.-O. (Toulouse)	p	p
Méda	Syndicat Sud-Ouest (Toulouse)	p	p
Hochedez	Syndicat (Tourcoing)	p	p
Le Guen	Syndicat Etat (Tours)	p	p
Chauviat	Syndicat P.-O. (Tours)	c	n. v.
Sauvé	Syndicat (Toury)	p	p
Bougelot	Syndicat (Troyes)	p	p
Joussemet	Syndicat (Tulle)	p	p
Vieilly	Syndicat Tunis (Tunisie)	p	p
Joussemet	Syndicat (Ussel)	p	p
Sémard	Syndicat (Valence)	c	c
Goubé	Syndicat (Valenciennes)	p	p
Bruges	Syndicat (Varangéville)	p	p
Le Guen	Syndicat (Verneuil)	p	p
Karle	Syndicat (Versailles)	c	c
Macé	Syndicat Ceinture (Versailles)	p	p
Imbert	Syndicat (Vesoul)	p	p
Pétard	Syndicat (Vierzon)	c	p
Pétard	Syndicat Vierzon-Economique-Charente-O.)	c	p
Vapillon	Syndicat (Villefranche-sur-Saône)	p	p
Toulouse	Syndicat (Villefort)	p	p
Gauchay	Syndicat (Villeneuve-St-Georges)	c	p
Glaizette	Syndicat (Villers-Cotterets)	p	p
Gerbault	Syndicat Ligne (Vincennes)	p	p

NOMS	ORGANISATIONS	1ᵉʳ VOTE Rapport moral	2ᵉ VOTE Résolution
Boisjoly	Syndicat (Vire)	p	p
Labiesse	Syndicat (Vitry-le-François)	p	p
Peyrard	Syndicat (Vizille)	c	c
Gautier	Syndicat (Yvetot)	c	c
Macé	Syndicat (Contrôle commun)	p	p

FEDERATION DES COIFFEURS

Délégués fédéraux : LUQUET, DESPLANGUES

Monier	Coiffeurs (Béziers)	p	p
Dasse	Coiffeurs (Bordeaux)	p	p
Fraisse	Coiffeurs (Cette)	p	p
Mars	Coiffeurs (Cherbourg)	p	p
Luquet	Coiffeurs (Clermont-Ferrand)	p	p
Bobelicoux	Coiffeurs (Limoges)	c	c
Chambalte	Coiffeurs (Lyon)	p	n. v.
Lugagné	Coiffeurs (Marseille)	p	p
Nicolas	Coiffeurs (Montpellier)	p	p
Rey	Coiffeurs (Moulins)	n. v.	n. v.
Humbert	Coiffeurs (Nancy)	a	a
Vaillant	Coiffeurs (Paris)	p	p
Obviet	Coiffeurs (Toulon)	p	p
Simon	Coiffeurs (Tours)	c	p
Enjalvin	Coiffeurs (Tunisie)	p	p

DELEGATION DES CUIRS ET PEAUX

Délégués fédéraux : ROUX et DRET

Gandoin	Cuirs et peaux (Alger)	c	c
Gandoin	Bourreliers-Selliers (Alger)	c	c
Morel	Cuirs et peaux (Amiens)	p	p
Dret	Chaussures (Angers)	p	p
Marinier	Chaussures (Arpajon)	p	p
Padovani	Cuirs et peaux (Aubagne)	c	a
Pidebois	Galochiers (Aurillac)	c	c
Dret	Cuirs et peaux (Auxerre)	p	p
Arlandis	Cuirs et peaux (Avignon)	c	c
Obviet	Tanneurs (Barjols)	p	p
Cors	Cuirs et peaux (Bayonne)	c	p
Tessier	Chaussures (Blois)	p	p
Dret	Chaussures (Bordeaux)	p	p
Dasse	Galochiers-Sabotiers (Bordeaux)	p	p
Dasse	Selliers-Bourreliers (Bordeaux)	p	p

NOMS	ORGANISATIONS	1er VOTE Rapport moral	2e VOTE Résolution
Dret	Cordonniers (Boulogne-sur-Mer)	p	p
Virmot	Cuirs et peaux (Bourges)	p	p
Arlandis	Cordonniers (Brignoles)	c	c
Mergier	Sabotiers (Brive)	c	c
Simon	Cuirs et peaux (Châteaurenault)	p	p
Lochet	Chaussures (Châteauroux)	p	p
Roux	Cuirs et peaux (Clermont-Ferrand)	p	p
Bonne	Cuirs et peaux (Desvres)	p	c
Vaudry	Cuirs et peaux (Dijon)	c	p
Feuvrier	Chaussures (Fougères)	p	p
Saint-Venant	Cordonniers (Glageon)	p	p
Pages	Moutonniers (Graulhet)	p	p
Mommayeur	Chaussures (Grenoble)	c	p
Pottier	Sabotiers (Jupilles)	p	p
Lefeuvre	Cuirs et peaux (La Suze)	p	p
Pottier	Cuirs et peaux (Le Mans)	p	p
Chautant	Chaussures (Avenières)	p	p
Darmoy	Chaussures (Ligny)	p	p
Bonducs	Cuirs et peaux (Lille)	p	p
Rougerie	Chaussures (Limoges)	p	p
Rougerie	Galochiers-Sabotiers (Limoges)	p	p
Rougerie	Tannerie-Corroyeurs (Limoges)	p	p
Trévennec	Chaussures (Lorient)	p	p
Chautant	Chaussures (Lyon)	p	p
Chirat	Cuirs et peaux (Lyon)	p	p
Roudaire	Fourreurs (Lyon)	p	p
Padovani	Cuirs et peaux (Marseille)	c	a
Siré	Mégissiers (Mazamet)	p	p
Siré	Peaux de moutons (Mazamet)	p	p
Constant	Cuirs et peaux (Meung-sur-Loire)	p	p
Pages	Ganterie (Millau)	c	p
Pages	Mégissiers (Millau)	p	p
Dret	Teinturiers en peaux (Millau)	p	p
Dret	Tanneurs (Mondoubleau)	p	p
Parizot	Cuirs et peaux (Montluçon)	p	p
Humbert	Chaussures (Nancy)	p	p
Roux	Fournitures militaires (Nantes)	p	p
Cassin	Tanneurs (Nantes)	p	p
Bondoux	Chaussures (Nevers)	p	c
H. Arlandis	Cordonniers (Nice)	c	c
Juchault	Cuirs et peaux (Niort)	c	p
Roux	Cuirs et peaux (Orléans)	p	p
Roux	Apprêteurs en pelleterie (Paris)	p	p
Dychamps	Articles de voyage	c	p
Brançon	Chaussures (Paris)	a	p
Cassani	Cordonniers (Paris)	c	c
Roux	Galochiers (Paris)	p	p
Dychamps	Maroquinerie (Paris)	c	p
Roux	Sellerie (Paris)	p	p
Roux	Sièges de cuirs (Paris)	p	p
Cartigny	Cuirs et peaux (Paris)	c	c

NOMS	ORGANISATIONS	1er VOTE Rapport moral	2e VOTE Résolution
Audinet	Fabricants de colliers (Poitiers) ...	p	p
Audinet	Galochiers (Poitiers)	p	p
Chéreau	Cuirs et peaux (Rennes)	p	p
Dret	Cuirs et peaux (Roanne)	p	p
Mollet	Cuirs et peaux (Romans)	c	c
Maime	Tanneurs (Romans)	c	c
Vanymselle ...	Cuirs et peaux (Roubaix)	p	p
Martin	Tanneurs (Rouen)	p	p
Torcieux	Selliers (Saint-Étienne)	c	p
Rougerie	Cuirs et peaux (Saint-Junien)	p	p
Siré	Arçonniers (Saint-Sulpice)	p	p
Pillard	Cuirs et peaux (Segré)............	p	p
Obviet	Cordonniers (Toulon)	p	p
Burgant	Chaussures (Toulouse)	p	p
Burgant	Selliers (Toulouse)	p	p
Simon	Cuirs et peaux (Tours)	p	p
Roux	Cuirs et peaux (Troyes)	p	p
Bonneton	Cuirs et peaux (Valence)	c	c
Grand	Cuirs et peaux (Vienne)	c	c

FEDERATION DES DESSINATEURS

Délégué fédéral : DOUMENQ

Doumenq	Dessinateurs (Paris)	p	p
Doumenq	Dessinateurs (Saint-Nazaire)	p	p
Doumenq	Dessinateurs (Nantes)	p	p

FEDERATION DE L'ECLAIRAGE

Délégué fédéral : RHUL.

Verdier	Eclairage (Alger)	p	p
Cattanéo	Electricité (Avignon)	p	p
Pilard	Electricité (Angers)	p	p
Rhul	Eclairage (Auxerre)	p	p
Bussière	Gaz (Belfort)	c	c
Tessier	Gaz-Electricité (Blois)	p	p
Rhul	Eclairage (Bordeaux)	p	p
Rhul	Régie du Gaz (Bordeaux)	p	p
Passerieu	Eclairage (Bordeaux)	p	p
Lemaire	Electriciens (Boulogne-sur-Mer) ...	p	p
Cattanéo	Eclairage (Calais)	p	p

NOMS	ORGANISATIONS	1er VOTE Rapport moral	2e VOTE Résolution
Fraisse	Gaz (Cette)	p	p
Lochet	Eclairage (Châteauroux)	p	p
Vaudry	Gaz (Dijon)	n. v.	n. v.
Verdier	Eclairage (Epernay)	p	p
Cousin	Electricité (Epinal)	c	p
Rhul	Electricité (Fontainebleau)	p	p
Prété	Electricité (Lorient)	p	p
Mouton	Electricité (Lyon)	p	n. v.
Clédat	Eclairage (Lyon)	p	p
Passerieux	Electricité (Marseille)	p	p
Rival	Gaz-Electricité (Marseille)	p	p
Cailler	Eclairage (Montereau)	c	p
Nicolas	Gaz (Montpellier)	p	p
Verdier	Gaz (Nancy)	p	p
Humbert	Eclairage (Nancy)	p	p
Verdier	Gaz (Neuilly-Plaisance)	p	p
Burger	Gaz (Banlieue)	p	p
Verdier	Gaz (Paris)	p	p
Roux	Electricité (Paris)	c	p
Guiraud	Electricité (Paris)	p	p
Friess	Distribution Electricité (Paris)	p	p
Passerieu	Air comprimé (Seine)	p	p
Passerieu	Producteurs d'énergie électrique (Nantes)	p	p
Rhul	Electricité (Pau)	p	p
Rhul	Gaz (Périgueux)	p	p
Rhul	Gaz (Roanne)	p	p
Caiti	Eclairage (Romilly-sur-Seine)	p	p
Verdier	Gaz (Saint-Etienne)	p	p
Verdier	Gaz-Electricité (Toulon)	p	p
Marty Rollan	Gaz-Electricité (Toulouse)	p	p
Lambert	Gaz-Electricité (Tours)	p	p
Rhul	Gaz-Electricité (Troyes)	p	p
Passerieu	Electricité (Tuiliers)	p	p
Enjalvin	Gaz-Eau (Tunis)	p	p
Rhul	Gaz (Valence)	p	p
Trocmé	Electricité (Valenciennes)	p	p
Campanaud	Electricité (Villeneuve-St-Georges)	c	p

FEDERATION DES EMPLOYES

Délégué fédéral : FAURE

Buignet	Employés (Abbeville)	p	p
Aubélis	Employés de commerce (Agen)	p	n. v.
Vacher	Employés de commerce (Alger)	a	a
Faure	Employés (Amiens)	p	p

NOMS	ORGANISATIONS	1er vote Rapport moral	2e vote Résolution
Pavy	Employés de commerce (Annecy) ..	c	n. v.
Giss	Employés de commerce (Besançon).	p	p
Auzer	Employés de commerce (Béziers)...	p	p
Renaudel	Commis-Comptables (Bordeaux) ...	p	p
Bonne	Employés de commerce (Boulogne-sur-Mer)	a	c
Malgrain	Employés de commerce (Chartres).	p	p
Renaudel	Employés commerce (Châtellerault)	p	p
Roux	Employés commerce (Clerm.-Ferr.)	p	p
Vaudry	Employés-Comptables (Dijon)	c	p
Feuvrier	Employés de commerce (Fougères).	p	p
Giraud	Employés de commerce (Grenoble).	c	p
F. Louis	Employés de magasins (Le Havre).	p	p
Bellœuvre	Employés de commerce (Le Mans).	p	p
Saint-Venant	Employés de commerce (Lille)....	p	p
Zadock	Employés de banques (Lyon)......	p	p
Pavy	Employés de commerce (Lyon)	c	c
Dumas	Contrôleurs-Chefs-watmen (Lyon)..	p	p
Rousse	Employés de commerce (Marseille).	c	c
Bondoux	Employés de commerce (Nevers)...	p	p
Seimeria	Employés de commerce (Nice).....	c	c
Juchaud	Employés (Niort)	c	p
Faure	Clercs de notaires (Seine et Seine-et-Oise)	p	p
Faure	Clercs d'huissiers (Paris)	p	p
Faure	Employés Banques parisiennes	p	p
Renaudel	Employés (Paris)	p	p
Mantoux	Voyageurs représentants (Paris) ...	c	p
Gilhodes	Instituteurs libres (Paris)	p	p
Gilhodes	Comptables teneurs livres (Paris)...	p	p
Gilhodes	Sténographes-dactylogr. (Paris) ...	p	p
Renaudel	Employés de commerce (Rennes)..	p	p
Caili	Employés (Romilly-sur-Seine)	p	p
Renaudel	Employés de compagnie (Rouen)...	p	p
G. Vincent	Employés (Saint-Claude)	p	p
Sibylle	Employés (Saint-Etienne)	c	p
Baugé	Employés de commerce (Toulon)...	p	p
Marty-Rollan	Employés de commerce (Toulouse).	p	p
Jacob	Employés (Troyes)	p	p
Caili	Voyageurs-Courtiers (Troyes)	p	p
Enjalvin	Employés (Tunisie)	p	p
Lapierre	Employés (Versailles)	p	p

FEDERATION DES MAGASINS ADMINISTRATIFS DE LA GUERRE

Délégué fédéral : DUTHU

NOMS	ORGANISATIONS	1ᵉʳ VOTE Rapport moral	2ᵉ VOTE Résolution
Lefeuvre	Magasins administr. de la Guerre (Le Mans)	p	p
Duthu	Habillement - Camp. de la Guerre (Bordeaux)	p	p
Duthu	Magasins administr. de la Guerre (Paris)	p	p
Almérigo	Magasins administr. de la Guerre (Lyon)	p	p
Legrand	Magasins administr. de la Guerre (Limoges)	p	p
Mallon	Magasins administr. de la Guerre (Marseille)	c	c

FEDERATION PERSONNEL CIVIL DE LA GUERRE

Délégué fédéral : BERLIER

NOMS	ORGANISATIONS	1ᵉʳ VOTE	2ᵉ VOTE
Berlier	P. C. Etabliss. milit. (Grenoble)..	p	p
Berlier	P. C. Parc d'artillerie (Lorient)...	p	p
Berlier	P. C. Parc d'artillerie (Bordeaux)..	p	p
Berlier	P. C. Arsenal cartoucherie (Alger)..	p	p
Valette	P. C. Arsenal cartouch. (Toulouse).	p	p
Jaucent	P. C. Manufacture armes (Tulle)...	p	p
Lucain	P. C. Etabliss. militaires (Bourges).	p	p
Gruel	Travailleurs atel. constr. (Rennes)..	p	p
Pageault	P. C. Manuf. armes (Châtellerault).	p	p
Vercheron ...	P. C. Arsenaux (Lyon)	c	p
Muliez	P. C. Etabliss. militaires (Seine)...	p	p
Michelat	P. C. Arsenal Roanne)	c	c
Lebraly	P. C. Manuf. armes (St-Etienne)...	p	p
Barthélon	P. C. Etabliss. militaires (Valence).	p	p
Barthélon	P. C. Etabliss. artillerie (Marseille).	p	p

FEDERATION DE L'HABILLEMENT

Délégué fédéral : DUMAS

NOMS	ORGANISATIONS	1ᵉʳ VOTE	2ᵉ VOTE
Dumas M.....	Habillement (Alençon)	p	p
Dumas P.....	Confection militaire (Alger).......	p	p
Dumas P.....	Habillement (Agen)	p	p
Millerat	Habillement (Angoulème)	c	c
Lochet	Habillement (Argenton-sur-Creuse).	p	p
Faure	Habillement (Avignon)	p	p

NOMS	ORGANISATIONS	1er VOTE Rapport moral	2e VOTE Résolution
Anzer	Couture (Béziers)	p	p
Dumas P.	Habillement (Bordeaux)	p	p
Baly	Habillement (Boulogne-sur-Mer)	p	p
Hervier	Habillement militaire (Bourges)	p	p
Rousseau	Habillement civil et milit. (Brive)	p	p
Escabasse	Habillement (Caen)	c	p
Dumolard	Habillement (Chambéry)	c	p
Pujos	Gantiers (Ceton)	p	p
Dumas Marie	Couture (Châteauroux)	p	p
Feuvrier	Confection, Couture (Fougères)	p	p
Gervason	Habillement (Grenoble)	c	c
Dumas Pierre	Tailleurs (Havre)	p	p
Bouvier J.	Habillement de toutes corporations (La Rochelle)	p	p
Dumas Pierre	Habillement (Le Mans)	p	p
Lefeuvre	Habillement entrepôts (Le Mans)	p	p
Bondues	Coupeurs en confection (Lille)	p	p
Bondues	Presseurs en confection (Lille)	p	p
Saint-Venant	Tailleurs (Lille)	p	p
Dumas Marie	Habillement (Limoges)	p	p
Rougerie	Aiguille (Limoges)	n. v.	n. v.
Trévennec	Habillement (Lorient)	p	p
Chevenard	Habillement (Lyon)	c	p
Bonnat	Habillement militaire (Lyon)	p	p
Gilbert	Tailleurs (Lyon)	p	p
Chevenard	Habillement (Marseille)	c	p
Ringenbach	Habillement (Monceau-les-Mines)	p	p
Reisser	Faux-cols (Montluçon)	p	p
Fonzes	Couture (Montpellier)	p	p
Ader Noëlie	Habillement (Narbonne)	p	p
Bondoux	Tailleurs (Nevers)	p	p
Chevenard	Habillement (Nîmes)	a	p
Constant	Habillement militaire (Orléans)	p	p
Dumas Pierre	Fourreurs en confection (Paris)	p	p
Millerat	Habillement (Paris)	c	c
Bouvier	Chemiserie, Lingerie (Paris)	p	p
Dumas Marie	Parapluies, Ombrelles (Paris)	p	p
Geoffroy	Habillement militaire (Paris)	p	p
Bouvier Jeanne	Fleurs et Plumes (Paris)	p	p
Ricart	Habillement (Perpignan)	p	p
Gruel	Habillement (Rennes)	p	p
Chéreau	Ouvriers à domicile (Rennes)	p	p
Lochet	Habillement (Reuilly)	p	p
Martin	Aiguille (Rouen)	p	p
Millerat	Tailleurs (Rouen)	c	c
Martin	Habillement (Rouen)	p	p
Argelès	Habillement (Toulouse)	p	p
Dumas Pierre	Habillement (Tours)	p	p
Simon	Magasin régional (Tours)	p	p
Jacob	Habillement (Troyes)	n. v.	n. v.
Grand	Habillement (Vienne)	c	c

NOMS	ORGANISATIONS	1ᵉʳ VOTE *Rapport moral*	2ᵉ VOTE *Résolution*
Augrand	Confection (Vierzon)	p	p
Augrand	Fourrure (Vierzon)	p	p
Augrand	Manutentionnaires atel. (Vierzon)..	p	p
Dumas	Habillement (Villedieu)	p	p
Augay Jeanne.	Confection (Villefranche-sur-Saône)	c	p
Bernon	Habillement (Vineuil)	p	p

FEDERATION DES HORTICOLES

Délégué fédéral : HODÉE

Hodée	Jardiniers (Paris)	p	p
Hodée	Agricoles (Mormant)	p	p
Epinette	Agricoles Nord-Ouest (Herblay)....	p	p
Epinette	Jardiniers (Brunoy)	p	p
Chazals	Agricoles (Provins)	p	p

FEDERATION DES INSTITUTEURS

Délégué fédéral : BOUET

Bouet	Enseignement (Aisne)	c	c
Vacher	Enseignement (Alger)	c	c
Jutier	Enseignement (Allier)	c	c
Bessand	Enseignement (Basses-Alpes)	c·	c
Audoye	Enseignement laïque (Alpes-Marit.)	c	c
Daygue	Enseignement (Ardèche)	c	c
Griot	Enseignement (Ariège)	c	c
Foulon	Enseignement (Aube)	p	n. v.
Maffre	Enseignement (Aude)	c	c
Gervais	Enseignement (Aveyron)	c	n. v.
Bezot	Enseignement (Bouches-du-Rhône).	c	c
Zoretti	Universitaire (Calvados)	c	p
Bazot	Enseignement (Cantal)	c	c
Gervais	Institut⁽ʳˢ⁾ et Institutrices (Corrèze).	c	p
Avenas Elise .	Enseignement (Côte-d'Or)	c	c
Raymond	Enseignement (Charente)	c	c
Mayoux	Enseignement primaire (Char.-Inf.)	c	c
Foulon	Enseignement (Cher)	c	n. v.
Vicilly	Instituteurs et Institutrices (Côtes- du-Nord)	a	p
Bouet	Enseignement (Creuse)	c	c
Cuminal	Institut⁽ʳˢ⁾ et Institutrices (Dordogne)	c	c
Cazals	Enseignement (Doubs)	n. v.	a
Nicolas Alice .	Institut⁽ʳˢ⁾ et Institutrices (Drôme).	c	c
Monatte	Institut⁽ʳˢ⁾ et Institut⁽ʳˢ⁾ (Finistère)..	c	c
Vernochet	Enseignement (Haute-Garonne) ..	c	c
Garioux	Instituteurs et Institutrices (Ille- et-Vilaine)	p	c

NOMS	ORGANISATIONS	1er VOTE Rapport moral	2e VOTE Résolution
Chabert	Instituts et Institutrices (Indre)..	n. v.	a
Guillot Marie.	Instituteurs et Institutrices (Indre-et-Loire)	c	c
Pion	Instituts et Institutrices (Isère)...	n. v.	c
Bailly	Enseignement (Jura)	p	p
Allamercery ..	Instituts et Institutrices (Loire)..	c	a
Bernard	Enseignement (Loire-Inférieure) .	n. v.	a
Constant	Enseignement (Loiret)	a	p
Raffin ...:..	Enseignement (Loir-et-Cher)	a	a
Bazot	Instituteurs et Institutrices (Maine-et-Loire)	c	c
Loriot	Instituts et Institutrices (Mayenne)	c	c
Couzinet	Instituts et Instituts (Morbihan)..	c	a
Vacher	Instituts et Institutrices (Oran)...	c	c
Bernard	Instituts et Institutrices (Rhône)..	c	c
René	Instituteurs et Institutrices (Saône-et-Loire)	c	c
Lefeuvre	Instituts et Institutrices (Sarthe)..	p	p
Dumollard ...	Instituts et Institutrices (Savoie)..	c	p
Dejon	Enseignement (Haute-Savoie)	c	c
Foulon	Instituts et Institutrices (Seine)...	c	n. v.
Colliard	Enseignement (Seine-et-Oise)	c	c
Fontaine	Instituteurs et Institutrices (Seine-Inférieure)	c	c
Jourdan	Enseignement primaire (Tunisie)..	a	a
Lautier	Enseignement (Var)	c	c
Boland	Enseignement (Vienne)	n. v.	a

FEDERATION DE LA LITHOGRAPHIE

Délégué fédéral : Raffin

Puigenot	Lithographes, Papetiers (Angers)..	p	p
Knockaert	Papetiers (Essonnes)	p	p
Lambert	Papetiers (La Haye-Descartes).....	p	p
Puigenot	Lithographes (Limoges)	p	p
Chatailler	Photograveurs (Lyon)	c	c
Bordarie	Lithographes, Papetiers (Marseille)	c	c
Pingenot	Lithographes auxiliaires (Paris)...	p	p
Raffin	Papiers-Carton (Paris)	p	p
Caille	Photograveurs (Paris)	c	c
Pingenot	Lithographes, Papetiers (Rennes)..	p	p
Chatailler ...	Lithographes, Papetiers (Roubaix).	c	c
Lorduron	Lithographes (Saint-Etienne)	c	c

FEDERATION DU LIVRE

Délégué fédéral : Hamelin

Pujos	Livre (Alençon)	p	p
Hamelin	Typographes (Amiens)	p	p

NOMS	ORGANISATIONS	1er VOTE Rapport moral	2e VOTE Résolution
Mammale	Typographes (Angers)	p	p
Texier	Typographes (Angoulême)	n. v.	n. v.
Gyss	Typographes (Besançon)	p	p
Tessier	Typographes (Blois)	p	p
Dasse	Typographes (Bordeaux)	p	p
Bonne	Livre (Boulogne-sur-Mer)	p	p
Fraisse	Typographes (Cette)	p	n. v.
Halgrain	Typographes (Chartres)	p	p
Mammale	Typographes (Clermont-Ferrand)	p	p
Lautier	Livre (Draguignan)	c	c
Hamelin	Livre (Lagny)	p	p
Hamelin	Typographes (Lille)	p	p
Chapuy	Typographes (Lyon)	p	p
Seghetti	Typographes (Marseille)	c	c
Chaussy	Livre (Melun)	n. v.	n. v.
Hamelin	Livre (Montbéliard)	p	p
Villa	Typographes (Mont-de-Marsan)	p	p
Reisser	Livre (Montluçon)	a	p
Rey	Typographes (Moulins)	p	p
Constant	Typographes (Orléans)	p	p
Villeval	Correcteurs (Paris)	p	p
Provost	Stéréotypeurs, Galvanoplastes (Paris)	c	p
Cézan Robert	Typographes (Paris)	p	p
Provost	Impressions typographes (Paris)	c	p
Audinet	Typographes (Poitiers)	p	p
Chéreau	Typographes (Rennes)	n. v.	n. v.
Mammale	Typographes (Rouen)	p	p
Vincent Gaston	Typographes (Saint-Claude)	p	p
Bonnefond	Typographes (Saint-Etienne)	p	p
Marinier	Livre (Saint-Germain-en-Laye)	p	p
Bauge	Typographes (Toulon)	p	p
Cazalot	Typographes (Toulouse)	c	p
Simon	Livre (Tours)	p	p
Mammale	Livre (Troyes)	p	p

FEDERATION DE LA MARECHALERIE
Délégué fédéral : MOUSSARD

Gué	Maréchaux (Seine)	c	c
Constant	Maréchaux (Orléans)	n. v.	n. v.

FEDERATION DE LA MARINE DE L'ETAT
Délégué fédéral : LÉON ROBERT

Voisin	Travailleurs réunis arsenal (Cherbourg)	p	p
Nicolas	Travailleurs réunis (Indret)	p	p

NOMS	ORGANISATIONS	1ᵉʳ VOTE Rapport moral	2ᵉ VOTE Résolution
Babouot	Travailleurs réunis port (Brest)...	o	c
Le Levé.......	Travailleurs réunis port (Lorient).	p	n. v.
Robert	Travailleurs marine (Rochefort)...	p	p
Chambaraud ..	Travaileurs réunis fonderie (Ruelle)	c	c
Faure	Travailleurs port (Sidi-Abdallz)...	p	p

FEDERATION DES INSCRITS MARITIMES

Délégué fédéral : RIVELLI

Rivelli	Marins (Alger)	p	p
Durand	Marins (Arcachon)	p	p
Durand	Marins commerce (Bordeaux).....	p	p
Babouot	Marins (Brest)	c	c
Fraisse	Marins-pêcheurs (Cette)	p	p
Montagne	Marins-pêcheurs (Caen)	p	p
Boulanger	Inscrits maritimes (Calais)........	p	p
Lestideau	Marins commerce (Dunkerque).....	p	p
Montagne	Marins-pêcheurs (Fécamp)	p	p
Réaud	Agents service général (Havre).....	b	p
Montagne	Marins-pêcheurs (Havre)	p	p
Rivelli	Inscrits La Seyne)	p	p
Réaud	Agents service général (Marseille)..	p	p
Matteï	Marins-pêcheurs (Marseille)	p	p
Montagne	Marins-pêcheurs commerce (Rouen)	p	p
Rivelli	Inscrits maritimes (Saint-Jean-de-Luz)	p	p
Rivelli	Marins (La Rochelle)..............	p	p
Mouille	Marins-pêcheurs commerce (Saint-Nazaire)	p	p
Obviet	Marins-pêcheurs (Toulon)	p	p

FEDERATION DES METAUX

Délégué fédéral : MERRHEIM

Buignet	Métallurgistes (Abbeville)	p	p
Salobert	Métallurgistes (Agen)	c	c
Belgrand	Métaux (Aix-en-Provence)	c	c
Evesque	Métaux (Alais)	c	c
Brun	Métaux (Albertville)	c	p
Laveyssière ...	Métallurgistes (Alger)	p	p
Brun	Métaux (Allevard)	c	p
Brun	Métaux (Arvillard)	c	p
Sta	Métallurgistes (Amiens)	c	c

NOMS	ORGANISATIONS	1er VOTE Rapport moral	2e VOTE Résolution
Boucon	Métallurgistes Angers)	a	p
Delande	Métallurgistes (Angoulême)	c	n. v.
Gillin	Métallurgistes (Apprieu)	c	a
Taffet	Métaux (Argenteuil)	c	p
Perfette	Métaux (Arles)	c	c
Mathieu	Métallurgistes (Athis-Mons-Juvisy).	p	p
Ducatillon	Métaux (Audincourt)	c	c
Rameau	Métallurgistes (Auxerre)	c	p
Curie	Métaux (Badevel)	c	n. v.
Bobant	Métaux (Bains-les-Bains)	p	p
Mérenger	Métaux (Bar-le-Duc)	p	p
Ducatillon	Métallurgistes (Bart-Voujaucourt .	c	c
Daniel	Métallurgistes (Basse-Indre)	p	p
Lubat	Métallurgistes (Bayonne)	p	p
Curie	Métaux (Beaucourt)	c	n. v.
Hozotte	Métaux (Beaulieu)	c	c
Volf	Métallurgistes (Belfort)	p	p
Grumet	Métallurgistes (Bellegarde)	n. v.	n. v.
Gyss	Métallurgistes (Besançon)	p	p
Coron	Métallurgistes (Bessèges)	c	c
Gleize	Métallurgistes (Béziers)	c	c
Pujos	Métaux (Boisthorel,vallée de la Risle)	p	p
Thoman	Métaux (Bornel)	p	p
Dugarcin	Boîtes métalliques (Bordeaux)	p	p
Lauga	Chaudronniers cuivre (Bordeaux)..	p	p
Rougier	Chaudronniers fer (Bordeaux)	c	c
Gaye	Mécaniciens (Bordeaux)	c	c
Regaudié	Métallurgistes usine guerre (Bordeaux)	p	p
Garrabe	Métallurgistes (Boucau)	c	p
Lemaire	Métallurgistes (Boulogne-sur-Mer).	p	p
Thomas	Métal (Bourbon-Lancy)	p	p
Chareille	Métallurgistes Bourges-St-Florentin)	p	p
Franot	Métallurgistes (Braux-Levrezy)	p	p
Babouot	Métallurgistes (Brest)	c	c
Leux	Métallurgistes (Brioude)	c	c
Quinton	Métaux (Caen)	c	p
Lecorré	Métaux (Calais)	p	p
Merrheim	Métallurgistes (Castelnaudary)	p	p
Viguier	Métallurgistes (Castres)	p	p
Fraisse	Métallurgistes (Cette)	p	p
Lévêque	Métallurgistes (Chalon-sur-Saône).	c	c
Brun	Métaux mouleurs (Chambéry)	c	p.
Frécon	Métaux (Chambon-Fougerolles)	c	p
Pinault	Métallurgistes (Champagne-s.-Seine)	p	p
Galantus	Métallurgistes (Champagnole)	p	p
Dautraigue	Métaux (Champigneulles)	p	p
Grosdemouge	Métaux (Champagney)	c	c
Montmayeur	Métallurgistes (Charavine)	c	p
Franot	Métaux (Charleville)	p	p

NOMS	ORGANISATIONS	1er VOTE Rapport moral	2e VOTE Résolution
Michelin	Métallurgistes (Chartres)	c	p
Mack	Métallurgistes (Chatenois)	p	p
Cassin	Métallurgistes (Châteaubriand)	p	p
Constant	Métaux (Châteauroux)	n. v.	n. v.
Franot	Métaux (Château-Regnault)	p	p
Lochet	Métallurgistes (Châteauroux)	p	p
Briard	Métaux (Chatou)	p	p
Seux	Métaux (Clermont-Ferrand)	c	c
Vény	Métallurgistes (Commentry)	p	p
Knockaert ...	Métallurgistes (Corbeil)	c	p
Dumercq	Métallurgistes (Couéron)	p	p
Thomann	Métallurgistes (Creil)	p	p
Thomas	Métallurgistes (Creusot)	p	p
Chevalme	Métaux (Danjoutin)	c	c
Verdier	Métaux (Decazeville)	c	c
Barbu	Métaux (Dijon)	c	p
Pasteur	Métallurgistes (Dôle)	p	p
Oger	Métallurgistes (Dombasle)	p	p
Bellot	Métaux (Domène)	c	p
Gautier	Métallurgistes (Donges)	p	p
Lefebvre	Métallurgistes (Elbœuf)	n. v.	n. v.
Fossier	Métallurgistes (Epernay)	p	p
Tessier	Métaux (Etampes)	p	p
Delamare	Métaux (Evreux)	p	p
Curie	Métallurgistes (Fesches-le-Châtel)..	c	n. v.
Andrieu	Métallurgistes (Firminy)	c	c
Pujos	Mouleurs (Flers)	p	p
Feuvrier	Métallurgistes (Fougères)	p	p
Pouessel	Métallurgistes (Fourchambault) ...	c	p
Decayeux ...	Métallurgistes (Vimeu-Friville-Escarbotin)	c	c
Piétri	Métaux (Froncles)	p	p
Franot ......:	Métaux (Charleville-Fumay)	p	p
Thomas	Métallurgistes (Génélard)	p	p
Noterman	Métallurgistes (Givors)	c	c
Lorraine	Métallurgistes (Golbey)	c	c
Guichard	Métallurgistes (Grand-Croix)	c	c
Gillin	Métaux (Grenoble)	c	a
Bonnard	Métaux (Groslay)	c	p
Démaret	Métaux (Guise)	p	p
Legram	Métallurgistes (Havre)	c	c
Grosdemouge .	Métaux (Héricourt)	c	c
Débuire	Métallurgistes (Isbergues)	p	p
Ducatillon ...	Métallurgistes (Isle-sur-Doubs)	c	c
Bondoux	Métallurgistes (Imphy)	c	c
Dantraigue ..	Métallurgistes (Jarville)	p	p
Piron	Métallurgistes (Jeumont)	p	p
Dantraigue ...	Métallurgistes (Jœuf)	p	p
Reboul	Construction navale (La Ciotat)....	p	p
Delamare	Métallurgistes (La Neuve-Lyre)....	p	p

NOMS	ORGANISATIONS	1er VOTE Rapport moral	2e VOTE Résolution
Colombon	Construction navale (La Seyne-sur-Mer)	c	c
Daniel	Travailleurs réunis (Le Pellerin)..	p	p
Lefebvre	Métallurgistes (Le Mans)..........	p	p
Bonneton	Métaux (Pouzin)	c	c
Dormoy	Métaux (Ligny-en-Barrois)	p	p
Devernay	Métallurgistes (Lille)	p	p
Vasseur	Métallurgistes (Lillers)	n. v.	n. v.
Andrieux	Métallurgistes (Limoges)	p	p
Chaussy	Métallurgistes (Longueville)	n. v.	n. v.
Petit	Métallurgistes (Longwy)	c	p
Benz	Métaux (Lunéville)	p	p
Grosdemouge .	Métallurgistes (Lure)	c	c
Garin	Métallurgistes (Lyon)	c	c
Louis-Alexandre	Métaux (Mâcon)	n. v.	p
Débuire	Métallurgistes (Marquise)	p	p
Coron	Métaux (Marseille)	c	c
Labe	Métaux (Maubeuge)	p	p
Huc	Métallurgistes (Mazamet)	p	p
Legros	Métallurgistes (Meaux)	p	p
Pinault	Métallurgistes (Melun)	p	p
Knockaert	Métaux (Meudon)	p	p
Constant	Métaux (Meung-sur-Loire)	p	p
Verdier	Mécaniciens (Millau)	c	c
Daguenet	Métaux (Montargis)	c	c
Génic	Métallurgistes (Montalaire)	p	p
Blanchard ...	Métallurgistes (Monceau-les-Mines).	p	p
Gomy	Métallurgistes (Montereau)	p	p
Framot	Métaux (Monthermé)	p	p
Parizot	Métallurgistes (Montluçon)	c	p
Kreutzer	Métallurgistes (Mont-Saint-Martin).	a	p
Galantus	Métaux (Morez)	p	p
Rey	Métaux (Moulins)	p	p
Streng	Métaux (Nancy)	p	p
Daniel	Métallurgistes (Nantes)	p	p
Saurat	Métaux (Narbonne)	a	a
Duchemin ...	Métallurgistes (Nevers)	p	p
Trocmé	Métallurgistes (Onnaing)	p	p
Bonnard	Métaux (Orléans)	p	p
Le Gallos.....	Métaux (Paimbœuf)	p	p
Alègre	Chauffeurs, Mécaniciens (Paris)....	p	p
Birebent	Dessinateurs (Paris)	p	p
Bouyé	Ouvriers en limes (Paris)	c	c
Chabert	Mécaniciens (Paris)	c	a
Bouyé	Métaux (Paris)	c	c
Couffinhal ...	Mécaniciens, Modeleurs (Paris)....	c	p
Schmitt	Opticiens (Paris)	c	n. v.
Pajou	Instruments chirurgie (Paris).....	p	p
Leclère	Polisseurs, Doreurs (Paris)........	c	c
Giraud	Instruments précision (Paris)......	a	a

NOMS	ORGANISAT'ONS	1er VOTE Rapport moral	2e VOTE Résolution
Lagrange	Opticiens (Paris)	p	p
Camus	Tourneurs-robinetiers (Paris)	c	c
Ricart	Métaux (Perpignan)	p	p
Grosdemouge .	Métaux (Plancher-les-Mines)	c	c
Lorraine	Métallurgistes (Plomb.-les-Bains)...	a	p
Audinet	Métallurgistes (Poitiers)	p	p
Laporte	Métallurgistes (Pompey et Frouard)	c	c
Morel - Fourrier	Métallurgistes (Pontarlier)	c	c
Montmayeur ..	Métaux (Pont-de-Claix)	c	p
Guichard	Construction navale (Port-de-Bouc)	c	c
Pilard	Métaux (Possonière)	n. v.	n. v.
Gillet	Métallurgistes (Rehon)	a	p
Lorraine	Métallurgistes (Remiremont)	p	p
Chéreau	Métaux (Rennes)	p	p
Franot	Métallurgistes (Revin)	p	p
Poulenard	Métallurgistes (Rive-de-Gier)	c	c
Morel - Toussaint	Métaux (Rives)	c	n. v.
Roche	Métallurgistes (Roanne)	p	p
Caili	Métallurgistes (Romilly-sur-Seine).	c	p
Grosdemouge .	Métaux (Ronchamp)	c	c
D'Hont	Métallurgistes (Roubaix)	p	p
Leduc	Métallurgistes (Rouen)	p	p
Frécon	Métaux (Saint-Bonnet)	c	p
Morin	Métaux (Saint-Chamond)	c	c
Galantus	Métaux (Saint-Claude)	p	p
Tusseau	Métallurgistes (Saint-Dizier)	p	p
Jullien Martin.	Métaux (Saint-Etienne)	c	c
Chareille	Métallurgistes (Saint-Florent et Rosières)	p	p
Agussol	Métallurgistes (Saint-Juéry)	p	p
Reux	Métallurgistes (Saint-Malo)	p	p
Démaret	Métallurgistes (St-Michel) (Aisne)..	p	p
Le Gallo.....	Métallurgistes (Saint-Nazaire)	p	p
Bachellerie ...	Métallurgistes (Saint-Tropez)	c	c
Agussol	Métallurgistes (Saut-du-Tarn)	p	p
Merrheim	Métallurgistes (Sérifontaine)	p	p
Lacroix	Métallurgistes (Sochaux)	c	c
Chaffraix	Métaux (Tarare)	c	c
Courrèges	Mécaniciens (Tarbes)	n. v.	n. v.
Jacquet	Métaux (Terrenoire)	c	c
Grélixhe	Métallurgistes (Thiers)	c	c
Marspoil	Émouleurs, Polisseurs (Thiers)....	c	c
Tafanny	Métallurgistes (Toulon)	c	p
Zoégel	Métaux (Toulouse)	p	p
Decostère	Métaux (Tourcoing)	p	p
Lambert	Mouleurs (Tours)	p	p
Lambert	Mécaniciens (Tours)	p	p
Nicolet	Filiéristes et Tréfileurs (Trévoux).	p	p
Joucheret	Métallurgistes (Trignac)	p	p

NOMS	ORGANISATIONS	1er VOTE Rapport moral	2e VOTE Résolution
Somme	Métaux (Trouville)	p	p
Barthélemy	Métaux (Troyes)	c	p
Faure	Métallurgistes (Tunis)	n. v.	n. v.
Bonneton	Métallurgistes (Valence)	c	c
Devernay	Métallurgistes (Valenciennes)	p	p
Poulain	Métallurgistes (Vallée de la Blaise)	n. v.	n. v.
Dumercq	Métallurgistes (Vallée de l'Iton)	p	p
Laub	Métallurgistes (Vallée d'Hérimon-court)	c	c
Mourlot	Métallurgistes (Valentigney)	c	c
Delamarre	Métaux (Verneuil-sur-Avre)	p	p
Dassaud	Métallurgistes (Vichy)	p	p
Grand	Métaux (Vienne)	c	c
Augrand	Métallurgistes réunis (Vierzon)	p	p
Thomas	Métallurgistes (Villefranche-sur-Saône)	p	p
Boyer	Métallurgistes (Viviez-Penchot)	c	c
Challe	Métaux (Voiron)	c	a
Lambert	Mouleurs (Voiron)	c	a

SYNDICAT DES MONNAIES ET MEDAILLES

Berlier	Monnaies et médailles (Paris)	p	p

FEDERATION DES PORTS ET DOCKS

Délégués fédéraux : VIGNAUD, DEMEY

Vignaud	Ports-Docks (Bayonne)	p	p
Dasse	Arrimrs - Trieurs - Transport (Bordeaux)	p	p
Dasse	Arrimeurs-Manœuvres (Bordeaux)	p	p
Vignaud	Outillage port (Bordeaux)	p	p
Dasse	Ouvriers du port (Bordeaux)	p	p
Baly	Pers. grues port (Boulogne-s-Mer)	p	p
Baly	Ports et docks (Boulogne-sur-Mer)	p	p
Bonne	Chauffeurs autos (Boulogne-s-Mer)	p	c
Babouot	Dockers Breslois (Brest)	c	c
Boulanger	Grutiers Calaisiens (Calais)	p	p
Escabasse	Dockers (Caen)	c	p
Fraisse	Charbonniers (Cette)	p	p
Mars	Docks (Cherbourg)	p	p
Demey	Port (Dunkerque)	p	p

NOMS	ORGANISATIONS	1ᵉʳ VOTE Rapport moral	2ᵉ VOTE Résolution
Richaud	Port (Honfleur)	p	p
Tauzin	Dockers port (Boucau)	c	p
Millet	Port (Le Havre)	c	p
Monier	Charretiers (Béziers)	p	p
Lefeuvre	Camionn. - Déménag. - Charret. (Le-Mans)	p	p
Bondues	Transports (Lille)	p	p
Trévennec ...	Ports et docks (Lorient).........	p	p
Le Levé......	Camionneurs (Lorient)	p	p
Mamessier ...	Transports Manutentions (Lyon et banlieue)	p	n. v.
Filliol	Ports et docks (Marseille)	p	p
Agrinier	Chargeurs-Camionneurs (Marseille)	p	p
Filliol	Portefaix. - Emballeurs (Marseille).	p	p
Marsac	Dockers (Nantes)	c	p
Puyjalon	Charretiers (Narbonne)	n. v.	n. v.
Démonti	Port (Nice)	n. v.	n. v.
Mazeron	Déménageurs (Seine)	p	p
Mazeron	Layetiers-Emballeurs (Paris)	p	p
Bour	Transports Manutent. ports (Paris).	p	p
Vignaud	Union Fraternelle des Dockers....	p	p
Jourdain	Général de la Marine fluviale......	p	p
François	Mécaniciens-Chauffeurs (Rouen) ...	p	p
Vignaud	Transports (Roubaix)	p	p
Reux	Charbonniers port (Saint-Malo) ...	p	p
Jacob	Débardeurs-Charretiers (Troyes) ..	p	p
Gervier	Port (Saint-Nazaire)	n. v.	p
Dusse	Transporteurs-Camionneurs	p	p

SYNDICAT NATIONAL DES AGENTS DES P. T. T..

Rouanet	Agents P. T. T. (Nièvre)..........	p	p
Rouanet	Agents P. T. T. (Seine-et-Oise).....	p	p
Rouanet	Agents P. T. T. (Bouches-du-Rhône)	p	p
Lartigue	Agents P. T. T. (Section parisienne).	c	a
Rouanet	Agents P. T. T. (Lot-et-Garonne)...	p	p

SYNDICAT NATIONAL DES OUVRIERS DES P. T. T.

Rey	P. T. T. (Allier)	n. v.	n. v.
Clément	Ouvriers P. T. T. (Alpes-Maritimes)	p	p
Suchon	Ouvriers P. T. T. (Aude)..........	p	p

NOMS	ORGANISATIONS	1ᵉʳ VOTE Rapport moral	2ᵉ VOTE Résolution
Clément	Ouvriers P. T. T. (Bouc.-du-Rhône)	p	p
Clément	Ouvriers P. T. T. (Calvados).......	p	p
Clément	Ouvriers P. T. T. (Aurillac)........	p	p
Labrousse	Ouvriers P. T. T. (Saintes)........	c	c
Hervier	Ouvriers P. T. T. (Cher)..........	p	p
Rousseau	Ouvriers P. T. T. (Tulle)..........	p	p
Rey-Clément .	Ouvriers P. T. T. (Corse)..........	p	p
Auroux	Ouvriers P. T. T. (Bastia).........	p	p
Vaudry	Ouvriers P. T. T. (Côte-d'Or)......	n. v.	n. v.
Suchon	Ouvriers P. T. T. (Côtes-du-Nord)..	p	p
Suchon	Ouvriers P. T. T. (Eure-et-Loir)...	p	p
Suchon	Ouvriers P. T. T. (Finistère).......	p	p
Suchon	Ouvriers P. T. T. (Gironde)........	p	p
Valliaux	Ouvriers P. T. T. (Hérault)........	p	p
Auroux	Ouvriers P. T. T. (Isère)..........	p	p
Clément	Ouvriers P. T. T. (Indre)..........	p	p
Auroux	Ouvriers P. T. T. (Jura)..........	p	p
Auroux	Ouvriers P. T. T. (Tarn-et-Garonne)	p	p
Auroux	Ouvriers P. T. T. (Loiret)..........	p	p
Clément	Ouvriers P. T. T. (Maine-et-Loire) .	p	p
Auroux	Ouvriers P. T. T. (Marne)........	p	p
Auroux	Ouvriers P. T. T. (Morbihan).......	p	p
Clément	Ouvriers P. T. T. (Orne)..........	p	p
Suchon	Ouvriers P. T. T. (Rhône)........	c	c
Clément	Ouvriers P. T. T. (Clermont-Ferr.).	p	p
Auroux	Ouvriers P. T. T. (Arrageoise).....	n. v.	n. v.
Suchon	Ouvriers P. T. T. (Boulogne-s-Mer).	p	p
Suchon	Ouvriers P. T. T. (Mâcon).........	p	p
Lefeuvre	Ouvr., Agents, Sous-Agents P. T. T. (Sarthe)	p	p
Auroux	Ouvriers P. T. T. (Haute-Savoie)...	p	p
Dutailly	Ouvriers P. T. T. (Seine)	p	p
Juchaud	Ouvriers P. T. T. (Niort)..........	c	p
Suchon	Ouvriers P. T. T. (Amiens)........	p	p
Auroux	Ouvriers P. T. T. (Tarn-et-Garonne)	p	p
Suchon	Ouvriers P. T. T. (La Roche-s-Yon)	p	p
Clément	Ouvriers P. T. T. (Vienne)........	p	p

SYNDICAT NATIONAL DES SOUS-AGENTS DES P. T. T.

Digat	Sous-Agents P. T. T. (Alpes-Marit.).	p	p
Digat	Sous-Agents P. T. T. (Aveyron)....	p	p
Digat	Sous-Agents P. T. T. (B.-du-Rhône)	p	p
Digat	Sous-Agents P. T. T. (Cantal)......	p	p
Rousseau	Sous-Agents P. T. T. (Corrèze).....	p	p

NOMS	ORGANISATIONS	1ᵉʳ VOTE Rapport moral	2ᵉ VOTE Résolution
Gyss	Sous-Agents P. T. T. (Doubs)......	n. v.	n. v.
Laquet	Sous-Agents P. T. T. (Drôme).....	a	p
Lartigue	Sous-Agents P. T. T. (Finistère)...	c	c
Rouanet	Sous-Agents P. T. T. (Ille-et-Vil.)..	p	p
Digat	Sous-Agents P. T. T. (Ind.-et-Loire)	p	p
Flochon	Sous-Agents P. T. T. (Isère)......	p	p
Galautus	Sous-Agents P. T. T. (Jura)	p	p
Michard	Sous-Agents P. T. T. (Loire)......	c	c
Flochon	Sous-Agents P. T. T. (Loiret)......	p	p
Cassin	Sous-Agents P. T. T. (Loire-Infér.).	p	n. v.
Aubélis	Sous-Agents P. T. T. (Lot-et-Gar.) .	p	n. v.
Digat	Sous-Agents P. T. T. (Ille-Marne)..	p	p
Saint-Venant .	Sous-Agents P. T. T. (Nord)......	p	p
Boulanger	Sous-Agents P. T. T. (Pas-d.-Calais)	p	p
Digat	Sous-Agents P. T. T. (Puy-d.-Dôme)	p	p
Barrau	Sous-Agents P. T. T. (H.-Pyrén.)..	p	p
Mack	Sous-Agents P. T. T. (Belfort).....	p	p
Flochon	Sous-Agents P. T. T. (Rhône).....	p	p
Berthau	Sous-Agents P. T. T. (Saône-et-L.).	p	p
Digat	Sous-Agents P. T. T. (Seine)......	p	p
Digat	Sous-Agents P. T. T. Seine-et-Oise	n. v.	n. v.
Digat	Sous-Agents P. T. T. (Tunisie)....	p	p
Obviet	Sous-Agents P. T. T. (Var)........	p	p

FEDERATION DE LA POUDRERIE

Délégué fédéral : LARROQUE

Texier	Poudrerie (Angoulème)	c	p
Barreau	Poudrerie (Lannemezan)	c	p
Larroque	Poudrerie (Sevran-Livry)	p	p
Larroque	Poudrerie (St-Médard-en-Jalles) ..	p	p
Bedel	Poudrerie (Toulouse)	p	p
Vaudry	Poudrerie (Vosges)	c	p

FEDERATION DES PREPARATEURS EN PHARMACIE

Délégué fédéral : DIEM

Diem	Préparateurs en pharmacie (Bordeaux)	p	p
Diem	Préparateurs en pharmacie (Seine).	p	p
Diem	Préparateurs en pharmacie (Bourges)	p	p
Bonduès	Préparateurs en pharmacie (Lille)..	p	p
Giraud	Préparateurs en pharmacie (Grenoble)	c	p

NOMS	ORGANISATIONS	1er VOTE Rapport moral	2e VOTE Résolution
Martelot	Préparateurs en pharmacie (Lyon).	p	p
Rochet	Préparateurs en pharmacie (Loire-Inférieure)	p	p
Diem	Préparateurs en pharmacie (Alpes-Maritimes)	p	p
Tocabens	Employés en pharmacie (Alger)	c	c

FEDERATION DES PRODUITS CHIMIQUES

Délégué fédéral : DECOUZON

Fougère	Produits chimiques (Vaucluse)	p	p
Decouzon	Caoutchouc (Chalette) (Loiret)	p	p
Seux	Produits chimiques (Clermont-Ferrand)	c	c
Chabanon	Caoutchoutiers (Lyon)	p	n. v.
Gicquel	Caoutchoutiers (Argenteuil)	p	p
Viro	Produits chimiques (Bourau)	c	p
Hervier	Toiles peintes et cirées (Bourges)	p	p
Fraisse	Produits chimiques (Cette)	p	p
Richaud	Produits chimiques (Honfleur)	p	p
Denis	Produits chimiques (La Madeleine).	p	p
Chabanon	Produits chimiques (Lyon)	p	n. v.
Lombard	Produits chimiques (Marseille)	p	p
Nicolas	Produits chimiques (Montpellier)	p	p
Rochet	Usines réunies (Nantes)	p	p
Loze	Produits chimiques (Seine)	p	p
Decouzon	Caoutchoutiers (Persan-Beaumont).	p	p
Denis	Produits chimiques (Varangéville).	p	p
Mathieu	Produits chimiques (Villeneuve-Triage)	p	p

FEDERATION DU SERVICE DE SANTE

Délégué fédéral : DUCOUSSO

Catlu	Infirmiers (Bordeaux)	p	p
Bondous	Asiles (La Charité-sur-Loire)	p	p
Peillod	Personnel hospice (Lyon)	p	p
Bouvier	Personnel féminin hôpitaux milit. (Lyon)	p	p
Dabamaze	Services médicaux asiles d'aliénés (Marseille)	c	c
Nicolas	Infirmiers, Infirmières hôpitaux (Montpellier)	p	p

NOMS	ORGANISATIONS	1er VOTE Rapport moral	2e VOTE Résolution
Saulas	Infirmiers, Infirmières hôpit. (Nice).	c	p
Ducousso	Infirmiers (Paris)	p	p
Pineau	Personnel féminin hôpitaux milit. (Paris)	p	p
Hazemann	Médecine sociale (Paris)..........	p	p
Coadou	Personnel non gradé hôpit. (Paris)..	a	p
Tendero	Ouvriers et ouvrières à la journée (Paris)	p	p
Nicolas	Infirmiers, Infirmières (Pont-d'Au- relle)	n. v.	n. v.
Chéreau	Services santé (Rennes)...........	p	p

FEDERATION DU SCIAGE MECANIQUE

Délégué fédéral : Roux

Fourcade	Scieurs-Façonneurs bois (Bélisy- Saint-Pierre)	p	p
Roux	Scieurs mécanique (Blois)	p	p
Dassé	Layetiers-Caissiers (Bordeaux) ...	n. v.	n. v.
Galantus	Scieurs-Découpeurs (Champagnols)	p	p
G. Vincent....	Scieurs (Clairvaux)	p	p
Roux	Scieurs (Clamecy)	p	p
Ronteix	Sciage mécanique (Cognac)	c	c
Roux	Travailleurs du bois (Fontenay- Trésigny)	p	p
Lecler	Scieurs mécaniques (Langon et la région)	p	p
Trévennec	Scieurs mécanique (Lorient)	p	p
Fourcade	Scieurs mécanique (Lyon)	c	c
Ronteix	Scieurs mécanique (Ruffec)	c	c
Galantus	Scieurs mécanique (Morez)	p	p
Cassin	Scieurs mécan.-Toupill. (Nantes)..	p	p
Lecler	Scieurs - Découpeurs - Mouluriers (Paris)	p	p
Juchault	Sciage (Parthenay)	n. v.	p
Roux	Scieurs mécanique (Pau-Jurançon).	p	p
Roux	Travailleurs du bois (Pontarlier)..	p	p
Lemaire	Scieurs mécanique (Rennes)	p	p
Lecler	Scieurs (Ris-Chateldon)	p	p
Tusseau	Sciage mécanique (Saint-Dizier)..	p	p
Campanaud ...	Sciage (Villeneuve-Saint-Georges).	c	p
Fourcade	Scieurs mécanique (Villefranche- Vernet-les-Bains)	p	p
Roux	Scieurs-Découpeurs mécan. (Ven- dôme)	p	p
Lecler	Ouvriers travaillant le bois méca- niquement (Toulouse)	p	p

FEDERATION DU SOUS-SOL

Délégué fédéral : BARTUEL

NOMS	ORGANISATIONS	1er VOTE Rapport moral	2e VOTE Résolution
Chapon	Mineurs (Alais)	p	p
Cuq	Mineurs (Albi)	p	p
Rossy	Mineurs (Anzin)	p	p
Oustry	Mineurs (Aubin)	p	p
Allot	Mineurs (Auboué)	p	p
Ducros	Mineurs (Autun)	c	p
Bard	Mineurs (Auzon)	p	p
Bartuel	Mineurs (Banne)	p	p
Vigne	Mineurs (Barjac)	p	p
Gémin	Mineurs-Ardoisiers (Bel-Air)	p	p
Chapon	Mineurs (Beni-Saf)	c	c
Bélot	Mineurs (Bert-Montcombroux)	p	p
Vigne	Mineurs (Bessèges)	p	p
Giraud	Mineurs (Bézenet)	c	p
Barret	Mineurs (Bosmoreau-les-Mines)	c	p
Allot	Mineurs (Bouligny)	p	p
Nicolas	Mineurs (Bousquet-d'Orb)	p	p
Bartuel	Mineurs (Bouxières-aux-Dames)	p	p
Bard	Mineurs (Brassac-les-Mines)	c	p
Rivency	Mineurs (Briançon)	p	p
Virloyeux	Mineurs (Buxières-les-Mines)	c	c
Rivency	Mineurs (Carmaux)	p	p
Allot	Mineurs (Chaligny)	p	p
Panissal	Mineurs (Champagnac-les-Mines)	p	p
Bard	Mineurs-Charbonniers	p.	p
Gémin	Ardoisiers (Coësmes)	p	p
Giraud	Mineurs (Commentry)	c	p
Bartuel	Mineurs (Commumay)	p	p
Allot	Mineurs (Crusnes)	p	p
Mazars	Mineurs (Decazeville)	p	p
Giraud	Mineurs (Deneuille-les-Mines)	c	p
Chévelot	Mineurs (Epinac-les-Mines)	p	p
Ricart	Mineurs (Escaro)	p	p
Bartuel	Mineurs (Faymoreau)	p	p
Triverot	Mineurs (Firminy)	p	p
Bard	Mineurs (Frugières-les-Mines)	c	p
Bartuel	Mineurs (Fuveau)	p	p
Bessand	Mineurs (Gaude)	c	a
Allot	Mineurs (Giraumont-Droitaumont-Jarny)	p	p
Nicolas	Mineurs (Graissessac)	p	p
Nicolas	Mineurs (Ouest-Plaisance)	p	p
Vigne	Mineurs (Grand'Combe)	p	p
Rieux	Mineurs (Grand-Croix)	p	p
Allot	Mineurs (Homécourt)	p	p

NOMS	ORGANISATIONS	1er VOTE Rapport moral	2e VOTE Résolution
Allot	Mineurs (Hussigny)	c	p
Oustry	Mineurs (Jœuf)	p	p
Panissal	Mineurs (La Bellière)	p	p
Bartuel	Mineurs (Bouble-Saint-Eloy)	p	p
Panissal	Mineurs (La Chapelle-sous-Dun	p	p
Bard	Mineurs (La Combelle)	p	p
Pujos	Mineurs (Ferrière-aux-Etangs)	p	p
Bartuel	Mineurs (La Machine)	p	p
Rafin	Mineurs (La Mure)	c	p
Sereel	Mineurs (Ricamarie)	c	c
Layoutle	Mineurs (Lavaveix)	c	p
Vigne	Mineurs (La Vernarède)	p	p
Thomas	Mineurs (Le Creusot)	p	p
Giraud	Mineurs (Les Ferrières)	c	p
Bessand	Mineurs (Lincel-Saint-Martin)	c	a
Oustry	Mineurs (Le Luc)	n. v.	p
Allot	Mineurs (Ludres)	p	p
Michel	Mineurs (Martinet)	p	p
Panissal	Mines et carrières (Maxéville)	p	p
Gémin	Mineurs (May-sur-Orne)	p	p
Roux	Mineurs (Messeix)	a	p
Panissal	Mineurs (Miliano)	p	p
Gémin	Ardoisiers (Misengrain)	p	p
Roudil	Mineurs (Mollière-sur-Cèze)	p	p
Duvernay	Mineurs (Montceau-les-Mines)	p	p
Giraud	Mineurs (Montvicq)	c	p
Allot	Mineurs (Mourière)	p	p
Panissal	Mineurs (Mouzeil)	p	p
Giraud	Mineurs (Noyant)	p	p
Rieux	Mineurs (Nozay)	p	p
Roux	Mineurs (Pont-du-Château)	p	p
Gémin	Mineurs (Potigny)	p	p
Sévenier	Mineurs (Prades)	p	p
Cotte	Mineurs (Régny-Lay)	c	p
Gémin	Ardoisiers (Renazé)	p	p
Térasson	Mineurs (Roche-la-Molière)	p	p
Ducros	Mineurs (Rochessadoule)	p	p
Grosdemouge	Mineurs (Ronchamp)	c	c
Gémin	Mineurs (Rougé)	p	p
Rieux	Mineurs (Sahorre)	p	p
Gémin	Mineurs (Segré)	p	p
Allot	Mineurs (Sexey-aux-Forges)	p	p
Gémin	Mineurs (Saint-André-sur-Orne)	p	p
Pilard	Mineurs (Saint-Aubin)	p	p
Bartuel	Mineurs (Saint-Chamond)	p	p
Bartuel	Mineurs (Saint-Eloy)	p	p
Giraud	Mineurs (Saint-Etienne)	c	p
Bard	Mineurs (Saint-Florine)	p	p
Audin	Mineurs (Saint-Genest-Lerot)	c	c
Giraud	Mineurs (Saint-Hilaire)	p	p
Vigne	Mineurs Saint-Jean-de-Valériscle)	p	p

NOMS	ORGANISATIONS	1er VOTE Rapport moral	2e VOTE Résolution
Vigne	Mineurs (Saint-Laurent-le-Minier).	p	p
Bessand	Mineurs (Saint-Maime-Dauphin)..	c	a
Bartuel	Mineurs (St-Martin-de-Valgagues).	c	p
Panissal	Mineurs (St-Paul-de-Fenouillet) ..	p	p
Rieux	Mineurs (Saint-Perdoux)	p	p
Boisjoly	Mineurs (Saint-Rémy)	p	p
Giraud	Mineurs (La Talaudière)	c	p
Jacquet	Mineurs (Terrenoire)	c .	c
Gémin	Ardoisiers (Trélazé)	p	p
Panissal	Mineurs (Trets)	p	p
Panissal	Mineurs (Tucquegnieux)	p	p
Rieux	Mineurs (Valdonne)	p	p
Panissal	Mineurs (Vendes)	p	p
Denis	Mineurs (Varangéville)	p	p
Bard	Mineurs (Vergonghéon)	c	p
Cotte	Mineurs (Villars)	c	p

FEDERATION DU SPECTACLE

Délégué fédéral : LEGRIS

Monié	Artistes lyriques (Béziers)	p	p
Jullien	Machinistes (Bordeaux)	c	p
Legris	Choristes (Bordeaux)	p	p
Giroud	Musiciens professionnels (Lyon) ..	p	p
Moulin	Machinistes-Accessoiristes (Lyon).	p	p
Humbert	Choristes (Lyon)	p	p
Bartet	Artistes (Marseille)	p	p
Pessieux	Utilités petit personnel (Marseille).	c	n. v.
Pessieux	Musiciens professionn. (Marseille).	c	n. v.
Jullien	Choristes (Marseille)	c	p
Etienne	Dames de la Danse (Marseille)....	c	p
Jullien	Opérateurs-Electriciens (Marseille).	c	p
Jullien	Machinistes (Marseille)	c	p
Jullien	Contrôleurs-Guichetiers (Marseille)	c	p
Guillet	Musiciens (Nantes)	p	p
Guillet	Musiciens (Paris)	p	p
Legris	Utilités et comparses (Paris)	p	p
Legris	Travailleurs forains (Paris)	p	p
Legris	Artistes choristes (Paris)	p	p
Legris	Artistes concerts, music-halls, cirques	p	p
Legris	Contrôleurs théâtres, concerts, etc.	p	p
Le Ny	Choristes (Région parisienne)	p	p
Legris	Artistes peintr.-décorateurs (Paris).	p	p
Legris	Habilleurs-Habilleuses (Paris)	p	p

NOMS	ORGANISATIONS	1er VOTE Rapport moral	2e VOTE Résolution
Bellet	Artistes lyriques de théâtre (Paris).	p	p
Carpentier ...	Artistes dramatiques (comédiens) (Paris)	p	p
Chassaing	Machinistes-Accessoiristes (Paris).	p	p
Jacob	Musiciens (Troyes)	c	p

FEDERATION DES TABACS

Boisson	Tabacs-Transit (Marseille)	c	c
Roux	Tabacs (Lyon)	p	p
Barlet	Tabacs (Châteauroux)	p	p
Barlet	Tabacs (Bordeaux)	p	p
Barlet	Tabacs (Orléans)	p	p
Rougerie	Ateliers de construction (Limoges).	p	p
Barlet	Tabacs (Le Mans)	p	p

FEDERATION DE LA TABLETERIE

Délégué fédéral : ROSSET-BOLIN

Legay	Ouvriers en peignes (Oyonnax) ...	a	p
Rosset-Bolin ..	Brosserie soie (Seine)	c	p
Rosset-Bolin ..	Brossiers (Gaillon)	a	p
Vanleynseele .	Brossiers (Roubaix)	p	p
Martin	Brossiers (Rouen)	p	p
Audinet	Brossiers-Balaitiers (Poitiers)	p	p
Rouvet	Brossiers (Saint-Sulpice)	n. v.	n. v.
Rosset-Bolin ..	Ouvriers en plumeaux (Seine)....	c	p
Rosset-Bolin ..	Le Travail (article de St-Claude)..	p	p
Le Troquer...	Ouvriers et ouvrières en peignes (Ezy)	p	p

FEDERATION DES TEINTURIERS-DEGRAISSEURS

Délégué fédéral : MOUSSARD

Moussard	Ouvriers teinturiers - dégraisseurs (Paris)	p	p
Gleizes	Teinturières repasseuses - dégraisseuses (Béziers)	c	c

FEDERATION DU TEXTILE

Délégué fédéral : CNUDDE

NOMS	ORGANISATIONS	1er VOTE Rapport moral	2e VOTE Résolution
Buignet	Textile (Abbeville)	p	p
Vurpillot	Textile (Audincourt)	c	c
Vurpillot	Textile (Baume-les-Dames)	c	c
Frossard	Textile (Belfort)	n. v.	n. v.
Denis	Textile (Blainville-sur-l'Eau)	c	n. v.
Babouot	Textile (Brest)	c	c
Boulanger	Teintures et apprêts (Calais)	p	p
Boulanger	Tullistes (Calais) ....:....	p	p
Gardies	Filature de laines (Castres)	p	p
Gardies	Teinturiers (Castres)	p	p
Gardies ..:...	Textile (Castres)	p	p
Enfroy	Tullistes (Caudry)	p	. p
Flament-Cons-			
tant	Textile Chauffailles)	p	n. v.
Vendepulte ...	Ouvriers draps (Châteauroux)	p	p
Vendeputte ...	Tisseurs (Cours)	p	p
Boban	Textile (Eloyes)	p	p
Lorraine	Textile (Epinal)	a	p
Dhoyhe	Textile (Evreux)	p	p
Guincetle	Textile (Flers-de-l'Orne)	n. v.	n. v.
Boban	Textile (Fraize-Plainfaing)	p	p
Romanet	Textile (Fures)	c	p
Boban	Textile (Golbey)	c	p
Lauridan	Textile (Halluin)	n. v.	n. v.
François	Textile (Le Havre)	p	p
Franco Caili..	Textile (Héricourt)	p	p
Vendeputte ...	Textile (Laroque-d'Olmes)	p	p
Decoch	Textile (Launoy)	p	p
Lefeuvre	Textile (Le Mans)	p	p
Bauche	Textile (Lille)	p	p
Vendeputte ...	Cotonniers (Lillebonne)	p	p
Bonnet	Textile (Limoges)	p	p
Cnudde	Textile (Lisieux)	p	p
Grosdemouge.	Textile (Lure)	c	c
Violi	Apprêteurs (Lyon)	p	p
Chevenard ...	Guimpiers (Lyon)	a	p
Godiller	Teinturiers (Lyon)	c	p
Auda	Tissage lyonnais (Lyon)	p	p
Portier	Tullistes (Lyon)	p	n. v.
Gardies	Textile (Mazamet)	p	p
Cousin	Textile (Mirecourt)	a	p
Romanet	Textile (Moirans)	c	p
Enfroy	Bonnetières (Montceau-les-Mines).	p	p
Vendeputte ...	Textile (Nancy)	p	p
Rochet	Teinturiers-dégraisseurs (Nantes).	p	p

NOMS	ORGANISATIONS	1er VOTE Rapport moral	2e VOTE Résolution
Cnudde	Bonneterie (Paris)	p	p
Huyghe	Passementiers à la main (Paris)...	p	p
Huyghe	Textile (Paris)	p	p
Huyghe	Tisseurs en tous genres (Paris)...	p	p
Delsol	Textile (Périgueux)	c	c
Vurpillot	Textile (Pontarlier)	c	c
Lorraine	Textile (Remiremont)	p	p
Cnudde	Apprêteurs (Roanne)	p	p
Cnudde	Textile (Roanne)	p	p
Franco Caïli..	Textile (Romilly-sur-Seine)	p	p
Desurmont	Textile (Roubaix)	p	n. v.
Gauthier	Textile (Rouen)	c	c
Cousin	Textile (Rupt-sur-Moselle)	a	p
Lorraine	Textile (Saulxures-sur-Moselotte)..	p	p
Roban	Textile (Saint-Dié)	p	p
Lorduron	Teinturiers (Saint-Etienne)	c	c
Denis	Textile (St-Nicolas-Varangéville)..	p	p
Buignet	Textile (Saint-Ouen)	p	p
Chaffraie	Textile (Tarare)	c	c
Boban	Textile (Thaon)	p	p
Lorraine	Textile (Thillot)	p	p
Delobelle	Textile (Tourcoing)	p	n. v.
Lorraine	Textile (Trougemont)	n. v.	p
Combe	Textile (Troyes)	p	p
Boban	Textile (Val-d'Ajol)	p	p
Perdrix	Textile (Vienne)	c	c
Flament	Textile (Villefranche-sur-Saône)...	p	n. v.
Caillot	Textile (Villemaur-sur-Vanne) ...	n. v.	n. v.
Romanet	Soierie (Voiron)	c	p
Lefeuvre	Textile (Yvré-Champagné)	p	p
Lorraine	Textile (Zainvillers)	p	p

FEDERATION DU TONNEAU

Délégué fédéral : BOURDERON

Bourderon	Tonneliers (Alger)	p	p
Bonne	Tonneliers (Boulogne-sur-Mer) ...	p	c
Fraisse	Tonneau (Cette)	p	p
Nicolas	Tonneau (Frontignan)	p	p
Obviet	Ouvr. bouchonniers (Collobrières).	p	p
Nicolas	Tonneau (Clermont)	p	p
Muller	Tonneliers-Cavistes (Epernay) ...	p	p
Obviet	Mixte des ouvriers bouchonniers (Garde-Freinet)	p	p
Bondues	Tonneliers (Lille)	p	p
Bourderon	Tonneliers (Limoges)	p	p
Rochetin	Tonneliers (Lyon)	p	p

NOMS	ORGANISATIONS	1ᵉʳ VOTE Rapport moral	2ᵉ VOTE Résolution
Bourderon	Tonneau (Mâcon)	p	p
Aubelis	Bouchonniers (Mézin)	p	u. v.
Vaillaux	Tonneau (Montpellier)	p	p
Cassin	Tonneliers (Nantes)	p	p
Bourderon	Tonneau (Narbonne)	p	p .
Bourderon	Tonneliers (Nice)	p	p
Sauze	Tonneliers (Nîmes)	c	c
Castellaz	Tonneliers et Liquides en gros (Seine)	c	p
Ricart	Tonneliers (Perpignan)	p	p
Bourderon ...	Tonneliers-Cavistes (Reims)	p	p
Martin	Tonneliers (Rouen)	p	p
Obviet	Bouchonniers (Saint-Tropez)	p	p
Jacob	Tonneliers (Troyes)	p	p
Bonneton	Tonneliers - Cavistes - Liquoristes (Valence)	c	c
Bourderon ...	Tonneliers (Orléans)	u. v.	u. v.

FEDERATION DES MOYENS DE TRANSPORTS

Délégué fédéral : GUINCHARD

Vacher	Camionneurs-Charretiers (Alger) ..	c	c
Gandoin	Tramways (Alger)	c	p
Ronteix	Tramways (Angoulême)	c	c
Guinchard	Tramways (Amiens)	p	p
Goirand	Tramways (Avignon)	p	p
Guinchard ...	Tramways (Bourges)	p	p
Baly	Commissionnaires pub. (Boulogne).	p	p
Baly	Tramways (Boulogne-sur-Mer)	p	p
Jubé	Tramways (Brest)	c	p
Boulanger	Cars électriques (Calais)	p	p
Guinchard ...	Tramways (Cette)	p	p
Mazeaud	Tramways (Dijon)	p	p
Montmayeur ..	Chauffeurs-Mécaniciens (Isère) ...	c	p
Guinchard ...	Tramways (Le Havre)	p	p
Molard	Tram. (Lille-Roubaix-Tourcoing)..	p	p
Rougerie	Tramways (Limoges)	p	p
Pottier	Tramways à vapeur (Sarthe)	p	p
Le Lève	Tramways (Lorient)	p	p
Maziller	Cochers-Chauffeurs place (Lyon).	p	p
Mazeaud	Tramways (Grenoble)	p	p .
Goirand	Tramways O. T. L. (Lyon)	p	p
Joblin	Tramways (Marseille)	p	p
Assiéri	Chauffeurs d'autos poids lourds..	c	a
Vaillaux	Tramways (Montpellier)	p	p
Galantus	Transports (Morez)	p	p

NOMS	ORGANISATIONS	1er VOTE Rapport moral	2e VOTE Résolution
Guinchard	Tramways (Nantes)	p	p
Rochet	Camionneurs (Nantes)	p	p
Casanova	Tramways (Nice)	p	p
Soulas	Charretiers-Camionneurs (Nice) ..	p	p
Mazeaud	Tramways (Orléans)	p	p
Lebas	Pers. non gradé Omnibus)Seine)..	p	p
Bénard	Personnel Pompes funèbres générales de France	p	p
Bénard	Laveurs-Graiss. Voitures (Paris)..	p	p
Jaccoud	Personnel non gradé Transports en commun (Seine et Seine-et-Oise)	p	p
Guinchard ...	Métropolitain (Paris)	p	p
Moussard	Cochers-Chauffeurs (Seine)	p	p
Bénard	Cochers-Chauffeurs d'autos (Paris).	p	p
Mazeaud	Petite Batellerie (Seine)	p	p
Audinet	Tramways (Poitiers)	p	p
Boisvin	Tramways (Rennes)	p	p
Marivain	Tramways à vapeur (Ille-et-Vil.)..	p	p
Mazeaud	Tramways (Rodez)	p	p
Jaccoud	Tramways (Rouen)	p	p
Guinchard ...	Tramways (Saint-Etienne)	p	p
Guinchard ...	Camionneurs-Rouliers (Toulouse)..	p	p
Guinchard ...	Tramways (Employés) (Tours)....	p	p
Passerat	Tramways (Tours)	p	p
Jacob	Tramways (Troyes)	p	p
Faure	Tramways (Tunis)	p	p
Jaccoud	Tramways (Nancy) ....:	p	p

FÉDÉRATION DES TRAVAILLEURS MUNICIPAUX

Délégué fédéral : COPIGNEAUX

Toubas	Travailleurs municipaux (Alger)..	p	p
Dasse	Travailleurs municip. (Bordeaux).	n. v.	n. v.
Bouvet	Employés et Ouvr. munic. (Brive).	p	p
Rousseau	Employés et ouvr. munic. (arrondissement Brive)	p	p
Babouot	Travailleurs municipaux (Brest)..	c	c
Deboucq	Personnel Serv. publics (Denain)..	p	p
Dujardin	Services municip. (Dunkerque) ...	p	p
Muller	Travailleurs municip. (Epernay)..	p	p
Dujardin	Paveurs (Emerein)	p	p
Dujardin	Travailleurs municipaux (Lille)...	p	p
Caillot	Travailleurs municipaux (Lyon)...	p	p
Badet	Travailleurs Services municipaux Saône-et-Loire)	p	p
Reisser	Travailleurs munic. (Montluçon)..	p	p
Caillot	Travailleurs municipaux (Nîmes)..	p	p

NOMS	ORGANISATIONS	1er VOTE Rapport moral	2e VOTE Résolution
Lajarrige	Travailleurs municipaux (Paris) ..	p	p
Copigneaux ..	Agents municipaux (Dordogne) ...	p	p
Chéreau	Employés et ouvr. munic. (Rennes).	p	p
D'Hondt	Travailleurs munic. (Roubaix-ville)	p	p
D'Hondt	Pers. Services départem. (Roubaix).	n. v.	n. v.
Villaret	Pers. Services publics (Toulouse).	c	c
Breton	Employés communaux (Vichy)....	p	p
Giry	Travailleurs et Employés municip. (Villeurbanne)	p	p
Dujardin	Paveurs (Wattignies)	p	p
Rey	Travailleurs municipaux (Vienne).	p	p

FEDERATION DES VERRIERS

Délégué fédéral : DELZANT

Rouvet	Verriers (Albi)	p	p
Sigwart	Verriers à vitres (Andrézieux....	c	p
Nicolas	Verriers (Bousquet d'Orb)	p	p
Sarot	Verriers réunis (Boussois)	n. v.	n. v.
Sigwart	Verriers à vitres (Chalon-s-Saône).	c	p
Delzant	Verriers verre noir (Chalon.-sur-Saône)	p	p
Sigwart	Verriers en verre blanc (Couzon)..	c	p
Delzant	Verriers à bouteilles (Denain)	p	p
Delzant	Verriers (Gironcourt)	p	p
Delzant	Verriers (Graville)	p	n. v.
Martin	Verriers verre blanc	p	n. v.
Delzant	Verriers à vitres (Montluçon).....	p	p
Delzant	Verriers (Nouvion)	p	p
Marinier	Verriers (Persan)	p	p
Martin	Verriers (Puy-Guillaume)	n. v.	n. v.
Delzant	Verriers (Rambouillet)	p	p
Sigwart	Verriers (Les Vernes)	c	p
Sigwart	Verriers à vitres (Rive-de-Gier)..	c	p
Sigwart	Verriers verre noir (Rive-de-Gier).	c	p
Delzant	Verriers (Saint-Germer-de-Fly) ...	p	p
Catlin	Verriers en verre blanc (Toulouse).	c	p
Richard	Verriers (Veauche)	c	p
Augrand	Verriers (Vierzon)	p	p

SYNDICAT DES VIGNERONS DE LA MARNE

Rouillère	Vignerons (Venteuil) (Marne)......	p	p

FEDERATION DE LA VOITURE-AVIATION

Délégué fédéral : GUÉ

NOMS	ORGANISATIONS	1er VOTE *Rapport moral*	2e VOTE *Résolution*
Tommasi	Voiture (Auberive)	c	c
Frossard	Voiture-Aviation (Audincourt)	c	c
Tommasi	Voiture (Avignon)	c	c
Delort	Voiture (Bordeaux)	c	p
Patient	Voiture (Bourges)	c	c
Gué	Voiture (Bressuire)	c	c
Gué	Voiture (La Rochelle)	c	c
Tommasi	Voiture (Le Mans)	c	c
Gué	Voiture (Lille)	c	c
Le Levé	Voiture (Lorient)	p	p
Dayre	Voiture (Lyon)	c	c
Gué	Voiture (Marseille)	c	c
Gué	Voiture (Morlaix)	c	c
Delefeu	Voiture (Nantes)	c	p
Lamothe	Carrossiers (Nîmes)	c	c
Andréo	Voiture (Oran)	c	p
Tommasi	Voiture (Paris)	c	c
Ricart	Voiture (Perpignan)	p	p
Texier	Voiture (Rennes)	p	p
D'Hondt	Carrossiers-Charrons (Roubaix)	p	p
Lechère	Voiture (Rouen)	c	c
Peyrard	Carrossiers (Saint-Vallier)	c	c
Tommasi	Voiture (Tours)	c	c
Tommasi	Voiture (Vannes)	c	c
Gué	Voiture (Versailles)	c	c

FÉDÉRATIONS REPRÉSENTÉES AU CONGRÈS DE LYON
Septembre 1919

DÉSIGNATION DES FÉDÉRATIONS	NOMS DES DÉLÉGUÉS
Agricoles du Midi	*Fabre.*
Alimentation	*Savoie.*
Allumettiers	*Simonin.*
Ameublement	*Toussaint.*
Bâtiment	*Chauvin.*
Bijouterie	*Calveyrach.*
Blanchisseurs	*Ramlyat.*

DÉSIGNATION DES FÉDÉRATIONS	NOMS DES DÉLÉGUÉS
Bûcherons	Bornet.
Céramique	Tillet.
Chapellerie	Espanet.
Chemins de Fer	Bidegaray.
Coiffeurs	Luquet.
Cuirs et Peaux	Roux.
Dessinateurs	Doumenq.
Eclairage	Rhul.
Employés	Faure.
Guerre (Magasins administratifs)	Duthu.
Guerre (Personnel civil)	Berlier.
Habillement	Dumas.
Horticoles	Hodée.
Instituteurs	Bouet.
Lithographie-Papier	Raffin.
Livre	Hamelin.
Maréchalerie	Moussard.
Marine et État	Léon Robert.
Inscrits maritimes	Rivelli.
Métaux	Merrheim.
Ports et Docks	Vignaud.
Poudreries-Raffineries	Larroque.
Préparateurs en pharmacie	Diem.
Produits chimiques	Decouzon.
Services de Santé	Ducousso.
Sciage mécanique	Roux.
Sous-sol	Bartuel.
Spectacle	Legris.
Tabletterie	Rosset-Bolin.
Teinturiers-Dégraisseurs	Moussard.
Textile	Cnudde
Tonneau	Bourderon.
Transports en commun	Guinchard.
Travailleurs municipaux	Copigneaux.
Verriers	Delzant.
Voiture-Aviation	Gué.

UNIONS DÉPARTEMENTALES DES SYNDICATS

représentées au Congrès de Lyon

Septembre 1919

NOMS DES DÉLÉGUÉS	DÉSIGNATION DES UNIONS		
Marlot	Union départem¹ᵉ des Syndicats de l'Ain.
Démaret	—	—	de l'Aisne.
Vacher	—	—	d'Alger.
Jacob	—	—	de l'Aube.

NOMS DES DÉLÉGUÉS	DÉSIGNATION DES UNIONS
Maffre	Union départem^t des Syndicats de l'Aude.
Verdier	— — de l'Aveyron.
Roubaud	— — des Bouches-du-Rhône.
Boisjoly	— — du Calvados.
Pidebois	— — du Cantal.
Ronteix	— — de la Charente.
Dejonkère ...	— — de la Charente-Infér.
Hervier	— — du Cher.
Rousseau	— — de la Corrèze.
Jacob	— — de la Côte-d'Or.
Leguennic ...	— — des Côtes-du-Nord.
Delsol	— — de la Dordogne.
Cazals	— — du Doubs.
Laquet	— — de la Drôme-Ardèche.
Le Troquer ..	— — de l'Eure.
Halgrain	— — de l'Eure-et-Loir.
Dravalen	— — du Finistère.
Lescalié	— — du Gard.
Marty-Rollan..	— — de la Haute-Garonne.
Dassé	— — de la Gironde.
Nicolas	— — de l'Hérault.
Chéreau	— — d'Ille-et-Vilaine.
Montmayeur ..	— — de l'Isère.
Galantus	— — du Jura.
Tessier	— — du Loir-et-Cher.
Frécon	— — de la Loire.
Cassin	— — de la Loire-Inférieure.
Constant	— — du Loiret.
Ichard	— — du Lot.
Aubélis	— — du Lot-et-Garonne.
Pilard	— — du Maine-et-Loire.
Mars	— — de la Manche.
Mulier	— — de la Marne.
Humbert	— — de la Meurt.-et-Moselle.
Le Levé	— — du Morbihan.
Bondoux	— — de la Nièvre.
Saint-Venant..	— — du Nord.
Thomann	— — de l'Oise.
Pujos	— — de l'Orne.
Baudoin	— — du Pas-de-Calais.
Cors	— — des Pyrénées (Basses-).
Barrau	— — des Pyrénées (Hautes-).
Ricart	— — des Pyrénées-Orient.
Mack	— — du Rhin (Haut-).
Million	— — du Rhône.
Lagelée	— — de la Saône (Haute).
Merzet	— — de Saône-et-Loire.
Pottier	— — de la Sarthe.
Dumollard	— — de la Savoie.
Chappuis	— — de la Savoie (Haute).

NOMS DES DÉLÉGUÉS	DÉSIGNATION DES UNIONS
Perrot	Union départem¹ᵉ des Syndicats de la Seine.
Marinier	— — de Seine-et-Oise.
Morel	— — de la Seine-Inférieure.
Juchault	— — des Sèvres (Deux-).
Buignet	— — de la Somme.
Rouvet	— — du Tarn.
Enjalvin	— — de la Tunisie.
Faure	— — de Vaucluse.
Bernard	— — de la Vendée.
Audinet	— — de la Vienne.
Rougerie	— — de la Vienne (Haute-).
Cousin	— — des Vosges.
Picard	— — de l'Yonne.

IMPRIMERIE " L'UNION TYPOGRAPHIQUE "

VILLENEUVE-SAINT-GEORGES

L'UNION TYPOGRAPHIQUE

Imprimerie Coopérative Ouvrière

Villeneuve-St-Georges (S.-&-O.)

www.ingramcontent.com/pod-product-compliance
Lightning Source LLC
Chambersburg PA
CBHW031724210326
41599CB00018B/2505